Doris Knop

Transsib

trans18-062 dk

„Wenn ich an meine Fahrten durch Russland zurückdenke,
erinnere ich mich vor allem der russischen Eisenbahnwagen …
In einem russischen Fernzug richtete sich sofort ein gemütliches Leben ein."

Fedor Stepun

Impressum

Doris Knop
Reise Know-How Transsib

erschienen im
Reise Know-How Verlag Peter Rump GmbH,
Osnabrücker Str. 79, 33649 Bielefeld

6., neu bearbeitete und aktualisierte Auflage 2019

Gestaltung:
Umschlag: G. Pawlak, P. Rump (Layout);
M. Luck (Realisierung)
Inhalt: G. Pawlak (Layout); M. Luck (Realisierung)
Fotonachweis: siehe S. 468
Titelfoto: © Mircea Preda Struteanu | Dreamstime.com
(Motiv: Blick auf die Schienen
der Transsibirischen Eisenbahn)
Karten: C. Raisin, Th. Buri, der Verlag
Grafiken: T. Knop (S. 127, 166, 413, 420, 433)

Lektorat: M. Luck

Druck und Bindung: D3 Druckhaus, Hainburg

ISBN 978-3-8317-2753-7
Printed in Germany

Dieses Buch ist erhältlich in jeder Buchhandlung Deutschlands, der Schweiz, Österreichs, Belgiens und der Niederlande. Bitte informieren Sie Ihren Buchhändler über folgende Bezugsadressen:

Deutschland
Prolit GmbH, Postfach 1109,
D-35461 Fernwald (Annerod)
sowie alle Barsortimente
Schweiz
AVA Verlagsauslieferung AG
Postfach 27, CH-8910 Affoltern
Österreich
Mohr Morawa Buchvertrieb GmbH
Sulzengasse 2, A-1230 Wien
Niederlande, Belgien
Willems Adventure, www.willemsadventure.nl

Wer im Buchhandel trotzdem kein Glück hat, bekommt unsere Bücher auch über unseren **Büchershop im Internet: www.reise-know-how.de**

tsib13-005 Fotolia Pavel_Parmenov

Wir freuen uns über Kritik, Kommentare und Verbesserungsvorschläge, gern auch per E-Mail an info@reise-know-how.de.

Alle Informationen in diesem Buch sind von der Autorin mit größter Sorgfalt gesammelt und vom Lektorat des Verlages gewissenhaft bearbeitet und überprüft worden.

Da inhaltliche und sachliche Fehler nicht ausgeschlossen werden können, erklärt der Verlag, dass alle Angaben im Sinne der Produkthaftung ohne Garantie erfolgen und dass Verlag wie Autorin keinerlei Verantwortung und Haftung für inhaltliche und sachliche Fehler übernehmen.

Die Nennung von Firmen und ihren Produkten und ihre Reihenfolge sind als Beispiel ohne Wertung gegenüber anderen anzusehen. Qualitäts- und Quantitätsangaben sind rein subjektive Einschätzungen der Autorin und dienen keinesfalls der Bewerbung von Firmen oder Produkten.

Doris Knop

TRANSSIB

Für meinen verstorbenen Mann

Vorwort

Die legendäre Transsibirische Eisenbahn ist die längste durchgehende Bahnstrecke der Welt und zieht Menschen aller Herren Länder geradezu magisch an. Viele erfüllen sich einen **Lebenstraum:** Einmal durch die unendliche Weite Russlands, durch das berühmt-berüchtigte Sibirien, die endlosen Wälder und Sümpfe des größten Landes der Welt mit dem Transsib-Express fahren, womöglich die Zugfahrt vor der Haustür beginnen und in Peking oder Wladiwostok am Pazifischen Ozean wieder aussteigen. Und gerade jetzt sind die Voraussetzungen für eine Reise sehr günstig: Nie war man als Tourist in Russland so frei wie heute, nie waren die Menschen Fremden gegenüber so offen! Und noch nie war das Reisen im größten Land der Welt so einfach – und preiswert – wie in diesen Tagen!

Damit die Reise zu einem unvergesslichen Erlebnis wird, muss sie **gut vorbereitet** sein: von der Routenplanung und der Wahl der geeigneten Reisezeit über die zeitraubende Einholung der Visa, die rechtzeitige Reservierung von Flügen und Zugfahrkarten bis hin zur Planung lohnender Fahrtunterbrechungen und der Buchung von Unterkünften.

Die unberührte Flusslandschaft der Tassejewa bei Taischet in Sibirien

In Russland sind nicht nur Moskau und der Baikalsee **touristische Highlights,** auch unbekanntere Ziele sind einen Besuch wert: In Perm findet sich das einzige Gulag-Museum des Landes; das besonders gemütliche, typisch russische Provinzstädtchen Kungur beeindruckt mit einer berühmten Eishöhle und einem wunderschönen Kloster in der Nähe; in Tobolsk ist der traumhaft schöne, frisch restaurierte weiße Kreml mit angebauter Karawanserei eine Attraktion; Krasnojarsk am mächtigen Jenisej ist eine architektonisch vielseitige Stadt und Ausgangspunkt einer Flussfahrt zum Polarmeer, außerdem locken hier hervorragende Restaurants mit erschwinglichen Preisen; last but not least sei Ulan-Ude erwähnt, das ein wenig im Schatten der berühmten Nachbarstadt Irkutsk steht und mit dem größten Lenin-Kopf der Welt, dem größten Lamakloster auf russischem Territorium sowie einigen sehr interessanten Altgläubigendörfern in der Umgebung um Aufmerksamkeit buhlt.

trans18-059 dk

Dieser Reiseführer bietet eine Fülle von praktischen Tipps, die bei der Planung und Durchführung einer Transsibreise helfen, sei sie pauschal gebucht oder selbst organisiert. Die Beschreibung aller wichtigen Orte entlang der Route sowohl in Sibirien wie auch in der Mongolei und China mit Stadtplänen, nützlichen Adressen vor Ort und der Erläuterung der Sehenswürdigkeiten ermöglichen die problemlose Gestaltung der Reise auch auf eigene Faust. Moskau ist ein eigenes Kapitel gewidmet, da ein Besuch der russischen Hauptstadt Teil praktisch jeder Transsibreise ist. Auch die Anreise über St. Petersburg und Weißrussland sowie die Grenzformalitäten für Russland, China und die Mongolei werden ausführlich behandelt.

Dieser Reiseführer beinhaltet die Erfahrungen meiner unzähligen Transsibreisen, die seit 1983 zu den verschiedenen Jahreszeiten stattfanden. Das Buch ist eine Weiterentwicklung meines Standardwerkes „Reisen mit der Transsib“. Ich hoffe, dass Sie von meinen Erfahrungen profitieren können, und wünsche Ihnen, dass auch Ihre Reise zu einem unvergesslichen Erlebnis wird. Viel Spaß auf der Transsib!

Doris Knop

Gute Reise!
Charóschewo putí! (russisch)
Táff tä eilaré! (mongolisch)
I lu ping án! (chinesisch)

Inhalt

6 Die Transsib-Route durch Sibirien 206

7 Die Transsib-Route durch die Mongolei und China 362

8 Peking (Beijing) 404

9 Anhang 436

Hinweise

- In diesem Buch wird die **kyrillische Schrift** in einer für Deutsch Sprechende leicht zu lesenden lateinischen Umschrift wiedergegeben, die teilweise von der im Englischen üblichen Schreibweise abweicht. Der Vorteil ist, dass alles so ausgesprochen wird, wie man es im Deutschen liest.
- Die **Internet- und E-Mail-Adressen** in diesem Buch können – bedingt durch den Zeilenumbruch – so getrennt werden, dass ein Trennstrich erscheint, der nicht zur Adresse gehören muss! Es sei darauf hingewiesen, dass einige Websites nur in der jeweiligen Landessprache abgefasst sind – sie werden trotzdem angegeben, da sie mitunter nützliche Infos (z.B. Pläne, Links, Mailadressen, Bilder) enthalten, die sich auch dem nicht der jeweiligen Sprache Kundigen erschließen.

4 Die **Ziffern** in den farbigen Kästchen bei den **praktischen Informationen zu den Orten** verweisen auf den jeweiligen Legendeneintrag im entsprechenden Stadtplan.

- **Updates nach Redaktionsschluss:** Auf der Produktseite dieses Reiseführers im Internetshop des Verlages finden sich zusätzliche Informationen und wichtige Änderungen.

Exkurse

Im Zug unterwegs

St. Petersburg

Moskau

Sibirien

Die Transsib-Route durch Sibirien

Eisverkäuferin im Kaufhaus GUM (Moskau)

trans18-060 dk

Karten

Das Wichtigste in Kürze

Es macht Sinn, die nachfolgenden Angaben in aller Ruhe durchzulesen, um einen Überblick zu den Anforderungen und Eigenheiten einer Transsib-Reise zu bekommen. Ausführliche Infos und Details zu den hier nur kurz behandelten Themen finden sich in den entsprechenden Abschnitten der **Kapitel „Praktische Reisetipps A–Z"** und **„Im Zug unterwegs"**.

Visumpflicht

Alle drei bzw. inkl. Weißrussland alle vier Transsibländer sind für Österreicher und Schweizer visumpflichtig, deutsche Staatsbürger benötigen kein Visum für die Mongolei. Im Falle einer Zugreise von Westeuropa nach Moskau benötigt man ein Transitvisum für Weißrussland und für die Nonstop-Fahrt von Moskau nach Peking über die Mongolei ein Transitvisum für Russland (5 Tage Gültigkeit und daher nur im Falle einer Fahrt mit Zug Nr. 4 und Zug Nr. 6) und für Österreicher und Schweizer auch für die Mongolei. Für den Nonstop-Zug Moskau – Peking via Mandschurei (Fahrtdauer 6 Tage) braucht man für Russland ein Touristenvisum.

Einfache Visumbeschaffung

Einige Visum-Agenturen bieten ein Komplettpaket mit allen notwendigen Unterlagen inkl. Visumeinholung an (s. S. 37) – sicherlich der bequemste Weg der Visumbeschaffung.

Nötige Zeit für die Visumbeantragung

Man muss alle Visa frühzeitig einholen – für drei Visa mindestens (!) sieben bis acht Wochen, für vier Visa mindestens (!) zehn Wochen einplanen. Der Pass muss nach der Ausreise noch mindestens sechs Monate gültig sein – dies gilt für alle drei Transsibländer, und der Pass muss unbedingt (!) für China- sowie Russlandvisa je eine freie Doppelseite haben. Tipp: Den Pass vor Versand kopieren, weil man evtl. die Passdaten für Reservierungen braucht.

Die reine Visumbearbeitungszeit, d.h. ohne Zeit für den Versand, beträgt für Weißrussland 5 Arbeitstage, d.h. eine Woche (Expressvisum 2 Arbeitstage), für Russland 10 Arbeitstage bzw. in den Hauptreisemonaten Juni, Juli und August 12 Arbeitstage, d.h. zwei bzw. zweieinhalb Wochen (gegen Aufschlag gibt es ein Expressvisum innerhalb von drei Arbeitstagen), für China mindestens eine Woche (es gibt kein Expressvisum); für Österreicher und Schweizer gilt: für die Mongolei eine Woche (nach Absprache kann man evtl. gegen Aufschlag ein Expressvisum bekommen).

Visum inklusive Pufferzeit für Post- bzw. Kurierweg sowie Feiertage: Russland vier Wochen – Visumbeantragung frühestens sechs Monate vor der Einreise möglich; China zwei Wochen – frühestens 50 Tage vor der geplanten Einreise (man beachte: das Visum berechtigt ab dem Ausstellungsdatum drei Monate zur Einreise und ist bei Einreise gültig für die im Visum genannte Dauer; im Visum heißt es: *enter before,* sodass man vor dem genannten Datum einreisen muss und ab Einreisetag die volle Visumsdauer gilt); Mongolei – frühestens drei Monate vor der geplanten Einreise, da das Visum ab Ausstellungsdatum drei Monate gültig ist (betrifft nur Österreicher und Schweizer).

Visumregistrierung in Russland

Ausländer müssen nach Ankunft in Russland innerhalb der ersten sieben Tage (Wochenenden und Feiertage nicht eingerechnet) ihr Visum registrieren lassen. Übernachtet man im Hotel oder in einem Hostel, gibt man beim Einchecken den Pass kurz zum Registrieren ab. Dieser Service ist in den meisten Hotels kostenlos, Hostels hingegen verlangen um 200 Rbl. Da nicht alle Hostels registrieren, am besten vorher fragen. Reist man weiter in eine andere Stadt und hält sich dort länger als 72 Stunden auf, muss man das Visum vor Ort nochmals registrieren lassen. Ohne Registrierung kann es mit der Polizei bzw. beim Verlassen Russlands an der Grenze kostspielige und unangenehme Probleme geben.

Immigration Card (Russland)

Bei der Einreise nach Russland eine Immigration Card ausfüllen (an den Flughäfen in Moskau und St. Petersburg wird sie automatisch bei der Passkontrolle ausgestellt) und abstempeln lassen (!) und für die Ausreise gut aufbewahren.

Wie viele Wochen im Voraus muss man eine Transsib-Reise buchen?

Flüge: Je früher gebucht, desto günstiger i.d.R. der Preis – die meisten Fluggesellschaften bieten bis zu elf Monate vor dem geplanten Abflug Tickets an.

Zugfahrkarten: Sowohl innerrussische als auch internationale (z.B. nach China oder in die Mongolei) Fahrkarten kann man frühestens 60 Tage vor dem geplanten Abfahrtsdatum kaufen. Reiseveranstalter bestätigen Fahrkarten Monate vor der geplanten Abreise, weil ihre Partner vor Ort sofortigen Zugriff auf Tickets haben und diese im Moment der Freigabe kaufen, womit eine langfristige Planung möglich ist.

Visum: mind. (!) vier bis zehn Wochen (s.o.).

Reisezeit

Die schlechteste Reisezeit ist der Monat März – kein Winter mehr und noch kein Frühling, alles ist grau und matschig! Was alle anderen Monate betrifft, so kommt es u.a. auf das Endziel der Reise an. Plant man eine Reise in Russland, d.h. bis nach Irkutsk oder Wladiwostok, so ist die beste Reisezeit ab Mitte April bis Ende September. Beginnt man seine Reise Ende September, ist hier und da evtl. schon Schnee zu sehen. Ein Vorteil dieser späten Reisezeit besteht darin, dass die Bäume entlang der Eisenbahnstrecke ihre Blätter schon verloren haben und die Aussicht weiter ist. Wer echten sibirischen Winter erleben möchte, inklusive einem begehbaren, unter einer meterdicken Eisschicht liegenden Baikalsee, darf nicht vor Ende Januar in Irkutsk ankommen. Die sicherste Zeit für einen zugefrorenen See ist Mitte Februar bis Ende März. Reisenden mit Ziel Peking empfiehlt sich ein Reisebeginn ab Mitte oder Ende August: Russland hat wunderbares Spätsommerwetter, die Mongolei ist gerade noch warm genug (bis Mitte/Ende September), und in Peking kommt man nach Ende des heißen und luftfeuchten Sommers gegen Mitte September an (hier ist es angenehm bis Anfang November). Ist das Hauptziel der Reise die Mongolei mit einer Exkursion, so sollte die Abreise möglichst Anfang/Mitte Mai stattfinden, sodass man in Ulan Bator Ende Mai/Anfang Juni ankommt, wenn es warm ist und die Nomaden mit ihren Herden die Winterlager verlassen haben.

Sicherheit und Gesundheit

Allgemein ist Reisen in allen Transsibländern so sicher und unsicher wie in Westeuropa. Man sollte besser keine Privateinladungen annehmen, da man sein Gegenüber i.d.R. nicht gut genug einschätzen kann (eine Alternative wäre z.B. eine Verabredung in einem Restaurant oder Café). Betrunkenen gehe man stets aus dem Weg! In den meisten russischen Zügen steht alleinreisenden Frauen ein Frauenabteil zur Verfügung (ist im Voraus zu buchen). Diebstahl im Zug kommt nur selten vor, Wachsamkeit kann trotzdem nicht schaden. Im Zug wird das Abteil auf Wunsch von der Schaffnerin mit einem Dreikantschlüssel abgeschlossen – kein Hindernis für

Profis! Daher Wertsachen und Pass immer bei sich tragen!

Grundsätzlich: Fotokopien aller wichtigen Dokumente wie Pass, Visa, Kreditkarten und Flugtickets anfertigen und mitführen; alternativ kann man diese auch einscannen, um sie bei Bedarf abzurufen.

Aus Sicherheitsgründen ist vom Zelten in Russland (ausgenommen auf der Baikalseeinsel Olchon und auf dem kleinen Campingplatz des Hotels Derewjanka in Listwjanka am Baikalsee) abzuraten. In der Mongolei kann man überall zelten, in China ist Zelten grundsätzlich verboten.

Es sind für alle drei Transsibländer keine Impfungen vorgeschrieben. Einige werden von der WHO dennoch empfohlen.

Informationen zu den Zügen

Alkohol und Rauchen

In Russland darf Alkohol im Zugabteil nicht als solcher erkennbar sein, sonst sind 5000 Rbl. Strafe zu zahlen! Es gilt ein Rauchverbot, auch wenn hin und wieder fälschlicherweise von Raucherecken zwischen den Waggons die Rede ist.

Verständigung

Mit Händen und Füßen kommt man immer zu Recht, außerdem findet sich oft jemand, der Englisch oder Deutsch spricht.

Verpflegung

Die Speisewagen haben immer genug Vorrat an Bord, zusätzlich findet man auf den Bahnsteigen der größeren Bahnhöfe ein umfangreiches Lebensmittelangebot in Kiosks und von offiziellen Verkaufskarren. Auch die Schaffner bieten Fertigsuppen an, die man mit heißem Wasser aufgießt, ferner Nüsse und Kekse.

Sauberkeit und Hygiene

Generell ist das Zugpersonal sehr um Sauberkeit bemüht. Die Schaffner/innen fühlen sich ihren Passagieren gegenüber wie Gastgeber; sie saugen, putzen, kümmern sich um das Aufladen von Akkus etc. Trinkgeld nimmt nicht jeder „direkt" an, aber freuen darüber tun sich alle – man muss es im Zweifelsfall im Dienstabteil übergeben.

Duschen

Über Duschen verfügen nur wenige Züge: einige der zwischen Moskau und St. Petersburg verkehrenden Nachtzüge, der Rossija-Zug Nr. 1 und Nr. 2 zwischen Moskau und Wladiwostok, die chinesischen, zwischen Moskau und Peking fahrenden Züge Nr. 3 und Nr. 4, der russische Moskau-Peking Express (Nr. 19 und Nr. 20) sowie die zwischen Moskau und Krasnojarsk pendelnden Züge Nr. 55 und Nr. 56 bieten eine kostenpflichtige Dusche an – eine für alle, aber immerhin.

Zugnummer

Generell gilt, dass höhere Zugnummern langsamere Züge kennzeichnen. Man sollte seine Züge jedoch nach den passenden Abfahrts- und Ankunftszeiten aussuchen und sich nicht von der Höhe der Zugnummer beeinflussen lassen! Qualität und Atmosphäre im Zug hängen vor allem vom Zugpersonal ab und haben nichts mit der Zugnummer zu tun!

Abteilklassen

Es gibt 2- und 4-Bettabteile sowie innerhalb Russlands Großraumwaggons mit insgesamt 54 Betten ohne Abteiltüren. Der chinesische Moskau-Peking Express (Zug Nr. 3, 4) verfügt über einen Deluxe-Waggon, in welchem sich jeweils zwei 2-Bettabteile eine Nasszelle mit Dusche/WC teilen. Der Rossija-Zug Nr. 1 Wladiwostok – Moskau und in der Gegenrichtung Nr. 2 Moskau – Wladiwostok ist sehr modern und mit TV-Geräten ausgestattet; jedes Abteil hat einen Stromstecker, die sanitären Anlagen sind blitzblank. Außerdem gibt es eine kostenpflichtige Dusche.

Man kann während der Fahrt gegen Aufpreis zwischen Großraumwaggon-, 4-Bett- und 2-Bettabteil wechseln, wenn es ein freies Bett gibt.

Pünktlichkeit

Die Züge sind i.d.R. pünktlich – wenige (!) Ausnahmen bestätigen die Regel.

Moskauer Zeit

Auf allen russischen Zugfahrkarten stehen die Abfahrts- und Ankunftszeiten in Moskauer Zeit. Die entsprechende Ortszeit errechnet sich durch Addieren des Zeitunterschiedes. Dieser beträgt z.B. zwischen Moskau und Irkutsk 5 Stunden, d.h. Moskauer Zeit 12 Uhr entspricht 17 Uhr Ortszeit in Irkutsk, oder anders: Laut Fahrkarte fährt der Zug von Irkutsk ab um 12 Uhr Moskauer Zeit, d.h. „real" vor Ort in Irkutsk um 17 Uhr.

Zugfenster

Die Zugfenster lassen sich nicht öffnen – im Sommer würde es im Zug zu heiß, im Winter zu kalt.

Strom

In jedem Waggon gibt es mindestens drei Steckdosen im Gang, die für Eurostecker passen; ein Adapter erübrigt sich. Sollte kein Strom fließen, bittet man die Schaffnerin, ihn einzuschalten. Und wenn der Waggon, in dem man fährt, nur 110 Watt hat (steht an den Steckdosen), geht man in den Nachbarwaggon mit 220 Watt.

WLAN

Mit einer internationalen oder russischen SIM-Karte kann man in der Nähe von Städten online gehen. WLAN (24 Std. 200 Rbl.) gibt es bisher nur in wenigen Zügen: u.a. in den Express-Tageszügen Sapsan zwischen Moskau und St. Petersburg, dem Moskau-Ulan Bator Express Nr. 5/6 und dem Moskau-Wladiwostok Express Nr. 1/2.

Fahren die Züge täglich?

Die internationalen Sibirien-Expresszüge ab Moskau fahren nicht täglich. Es gibt zweimal wöchentlich einen Direktzug Moskau – Peking und zwei bis drei Direktzüge Moskau – Ulan Bator. Die meisten innerrussischen Züge fahren jeden zweiten Tag, bzw. der gleiche Fahrplan wird an einem Tag von einer und am Folgetag von einer anderen Zugnummer bedient, sodass man jeden Tag abfahren kann. Eine frühzeitige Buchung ist für alle Züge unbedingt empfehlenswert, ganz besonders während der russischen Sommerferien von Anfang Juni bis Ende August und in den russischen Weihnachtsferien vom 31. Dezember bis Mitte Januar.

Wichtig beim Fahrkartenkauf

Russische Fahrkarten sofort nach Erhalt genauestens (!) kontrollieren. Die Angaben auf dem Ticket müssen 100% richtig sein! Wenn Name, Vorname und Passnummer (bisweilen auch das Geburtsdatum) auch nur minimal von den Angaben im Pass abweichen, kommt man nicht in den Zug! Es gibt kein Pardon!

Fahrtunterbrechungen

Fahrtunterbrechungen sind nicht spontan möglich! Für alle Teilstrecken müssen eigene Fahrkarten ausgestellt und Bettplätze reserviert werden. Verlässt man den Zug unplanmäßig, verfallen alle weiteren Fahrkarten.

Gibt es für Pensionäre vergünstigte Preise?

Nein, auch wenn das im Internet bisweilen behauptet wird.

Fahrkartenkauf ohne Sprachkenntnisse

An Fahrkartenschaltern in allen Transsibländern findet man in der Regel jemanden, der Englisch versteht. Falls man in Russland in einer kleineren Stadt an einer Kasse steht, könnten die folgenden Begriffe nützlich sein:

abends – *wetscherom*
Fahrkarte – *biljett*
Großraumwaggon – *platskarty*
heute – *ssiwodnja*
morgen – *saftra*
morgens – *utrom*
4-Bettabteil – *kupe*
2-Bettabteil – *äss wä*

Was tun, wenn man den Zug verpasst?

Man wende sich an den Bahnhofsvorsteher *(administrator wagsala)*, der das Zugpersonal verständigt, damit es das Gepäck an einem verabredeten Bahnhof einer vorher bestimmten Person übergibt, und der den gestrandeten Reisenden in den nächstbesten Zug (das Zugticket muss man bezahlen) zum gewünschten Reiseziel setzt.

Wer mit dem Flugzeug ankommt, sollte nach Möglichkeit nicht am Ankunftstag per Zug weiterfahren; verspätet sich der Flug, bricht womöglich die ganze Zugreise zusammen.

Wenn man zu zweit oder dritt ein Vierbettabteil bucht, muss man seine zusätzlichen Plätze verteidigen?

Nein, das Zugpersonal hat keine Einwände, solange für jedes Bett ein Fahrschein vorgelegt wird.

Braucht man einen Schlafsack?

Im Zug nicht! Nur wer einen Campingaufenthalt auf der Insel Olchon oder eine Mongolei-Rundreise plant, sollte einen warmen Schlafsack dabeihaben oder einen in Irkutsk bzw. in Ulan Bator kaufen. In allen Zügen bekommt man frische Bettwäsche, die im Fahrpreis enthalten ist.

Braucht man Handtücher im Zug?

Ja, denn die Tücher, die zusammen mit der frisch gemangelten Bettwäsche verteilt werden, sind entweder sehr klein oder ähneln Geschirrtüchern.

Gibt es Toilettenpapier im Zug?

Ja, allerdings nicht immer ausreichend und nicht immer von angenehmer Qualität. Außerdem hängt das Papier bisweilen in einer unhygienischen Positition, sodass eine eigene Rolle bzw. Papiertaschentücher empfehlenswert sind.

Kann ich mein Fahrrad im Zug mitnehmen?

Man kann ein Fahrrad streng genommen nur dann mit in den Zug nehmen, wenn es auf die Größe eines Koffers zusammenklappbar ist. Maximales Gepäck im 4-Bettabteil 35 kg, im 2-Bettabteil 50 kg. In Russland wird das Gewicht so gut wie nie kontrolliert, in Peking hingegen immer!

Darf ich ein Taschenmesser im Zug mitnehmen?

In Russland und in der Mongolei ja, in China hingegen sind Taschenmesser im Zug verboten und werden dem Reisenden abgenommen!

Kann man das Wasser im Zug trinken?

Das abgekochte Wasser ist in allen Transsibländern bedenkenlos trinkbar.

Am Bahnhof

Die Aufenthaltsdauer in den Bahnhöfen großer Städte liegt zwischen 20 und 40 Min., in den kleineren Stationen bis zu 5 Min. Wenn ein Zug Verspätung hat, werden die geplanten Stopps mitunter verkürzt, also Vorsicht beim kurzzeitigen Verlassen des Zuges!

Auf Bahnsteigen beim Aussteigen zum Fußevertreten Pass und Geld einstecken für den Fall, dass einem der Zug davonfährt. Niemals den Bahnsteig am Zug verlassen! Wer diesen nicht verlässt, kann seinen Zug nicht verpassen!

Bis zu 30 Min. vor, während und nach dem Halt auf größeren Bahnhöfen werden je nach Toilettentyp (Bio-Toiletten ausgeschlossen) die Zugtoiletten in Russland abgeschlossen.

Die Zugbegleiter wecken Reisende pünktlich und sorgen dafür, dass sie am richtigen Bahnhof aussteigen. Niemand verschläft seine Station!

Sonstiges

Macht es Sinn, ein Handy mitzunehmen?

Ja, denn es ist überall benutzbar. In Russland gibt es günstige SIM-Karten zu kaufen. Aufladen kann man sein Handy beim Schaffner (Trinkgeld) oder an einer der Steckdosen im Gang (Handy nicht unbeaufsichtigt lassen!).

Soll man vor der Reise Geld wechseln?

Nein, die Kurse sind viel schlechter! Geldwechseln ist überall problemlos möglich, außerdem gibt es allerorten (in der Mongolei nur in Ulan Bator) Geldautomaten. Mongolische Tugriks bekommt man nur in der Mongolei.

Zahlungsmittel auf der Reise

In allen Banken und Wechselstuben der drei Transsibländer werden Euro gewechselt. Gezahlt wird immer und überall in der jeweiligen Landeswährung, auch in den Zügen. Die Bezahlung per Kreditkarte (MasterCard, VISA und seltener auch American Express) ist in allen Transsibländern fast ausnahmslos in Hotels, Restaurants, Geschäften, an Fahrkartenschaltern und bei Reiseagenturen vor Ort möglich, in Russland oft auch mit Girocard. Sollte ein Hotel oder Restaurant nur Bargeld akzeptieren, wird in diesem Buch darauf hingewiesen.

Reisekosten unterwegs

Bei gebuchten Zugtickets und Unterkünften gehe man von Nebenkosten für öffentliche Verkehrsmittel, Museumsbesuche und einfache Verpflegung von 15 bis 20 Euro pro Reisetag (inkl. der Tage im Zug) aus.

Wo kann man Gepäck sicher deponieren?

Während einer Stadtbesichtigung kann man sein Gepäck entweder im Hostel bzw. im Hotel oder am Bahnhof sicher deponieren. Auch Hotels berechnen wie am Bahnhof pro Gepäckstück 200 Rbl. Plastiktüten werden wie ein Gepäckstück berechnet! Dabei hat man am Bahnhof die Wahl zwischen einem Schließfach oder einer Abgabestelle, die von einer Person bedient wird. Man achte darauf, dass die Abgabestelle passend zur Abreise geöffnet hat! Die Pausenzeiten sind an den Gepäckabgabestellen in Bahnhöfen ausgehängt.

Wo kann man Wäsche waschen (lassen)?

Alle Hostels und Hotels verfügen über einen Waschservice oder stellen gegen ein geringes Entgelt eine Waschmaschine bereit.

Mücken und Zecken in Sibirien

Auf der Baikalseeinsel Olchon sorgt der Wind dafür, dass es kein Problem mit dem nervigen Getier gibt. Ansonsten muss man sich außerhalb von Städten und speziell im Wald unbedingt schützen und ein Antimücken- und Antizeckenmittel zur Hand haben. Abends den Körper nach Zecken absuchen; die Zecken in Sibirien sind groß und können daher leicht entdeckt werden. Sollte sich die Haut rund um den Zeckenstich röten, unbedingt einen Arzt aufsuchen und auf Borreliose untersuchen lassen.

trans18-061 dk

> Skulptur in Nischnij Novgorod

Die Transsib-Länder

Russland

■ **Staatsname:** Russische Föderation *(Rossijskaja Federazija)*

■ **Klima:** Von Nord nach Süd Übergang von arktischem zu kontinentalem Klima (trocken; sehr kalte Winter, warme bis heiße Sommer)

■ **Fläche:** 17.098.200 km² (flächengrößter Staat der Erde)

■ **Lage:** Nord-Süd-Ausdehnung ca. 4000 km, West-Ost-Ausdehnung ca. 9000 km. Das europäische Russland erstreckt sich vom Nordpolarmeer über Zentralrussland zum Schwarzen Meer, dem Kaukasus und dem Kaspischen Meer. Der größte Teil der Russischen Föderation liegt in Asien. Sibirien reicht von der Westsibirischen Steppe und dem Zentralsibirischen Plateau bis zu den Ostsibirischen Bergen zwischen der Lena und der Pazifikküste, einschließlich der Halbinseln Chukot und Kamtschatka.

■ **Hauptstadt:** Moskau (ca. 12,3 Mio. Einwohner)

■ **Staatsform:** Präsidialrepublik mit föderativem Staatsaufbau. Das Parlament gliedert sich in Unterhaus (Staatsduma) und Oberhaus (Föderationsrat). Seit 1991 unabhängiger Teilstaat der GUS.

■ **Staatsoberhaupt:** *Wladimir Putin* (2018 zum vierten Mal wiedergewählt, Amtszeit sechs Jahre)

■ **Regierungschef:** *Dmitri Medwedjew*

■ **Nationalfeiertag:** 12. Juni, „Tag Russlands" (Souveränitätserklärung der Russischen Sozialistischen Föderativen Sowjetrepublik 1990).

■ **Verwaltungsstruktur:** 83 Föderationssubjekte (Republiken, Autonome Gebiete, Autonome Kreise, Regionen, Gebiete sowie Moskau und St. Petersburg) in acht Föderalbezirken sowie Kommunalverwaltungen in Kreisen, Städten und Gemeinden.

■ **Bevölkerung:** 146,8 Millionen, Bevölkerungsdichte: 9 Einwohner/km², Anteile der Ethnien (insgesamt ca. 200 ethnische Gruppen): 77,7% Russen, 3,7% Tataren, 1,4% Ukrainer, 1,1% Baschkiren, 1% Tschuwaschen, 1% Tschetschenen, 10,2% andere Ethnien, 3,9% unspezifiziert; der Anteil der männlichen Bevölkerung beträgt 45%, der der weiblichen 55%; der Verstädterungsgrad ist hoch: In den Städten leben ca. 74% der Bevölkerung; das Bevölkerungswachstum tendiert gegen 0%, Russland hat eine hohe Sterbe- und eine niedrige Geburtenrate.

■ **Landessprache:** Russisch

■ **Religion:** Christentum (v.a. russisch-orthodox), daneben Islam (v.a. sunnitisch), Judentum, Buddhismus und andere religiöse Gemeinschaften

■ **Währung:** 1 Rubel = 100 Kopeken

■ **Wirtschaft:** Russland ist einer der größten Energieproduzenten der Welt (Erdöl, Erdgas, Kohle, Uran) und derzeit der weltweit größte Exporteur von Erdgas und Erdöl; die russische Konjunktur ist in hohem Maße von der Entwicklung der internationalen Rohstoffpreise abhängig. Nach schwerer Rezession konnte Russland 2017 wieder ein leichtes BIP-Wachstum von 1,5% verzeichnen; Hauptursache des positiven Trends ist der Anstieg des Ölpreises seit Ende 2016.

■ **Arbeitslosigkeit:** 7% (2017, offiziell)

■ **Medizinische Versorgung:** 42 Ärzte auf 10.000 Einwohner

■ **Lebenserwartung:** im Durchschnitt Männer ca. 67 Jahre und Frauen ca. 72 Jahre

Mongolei

■ **Staatsname:** Mongolei *(Mongol Uls)*

■ **Klima:** kontinental, semiarid

■ **Fläche:** 1,565 Millionen km²

■ **Lage:** Die Mongolei grenzt im Norden an die Russische Föderation und im Süden an China (Staatsgrenze mit Russland 3485 km, mit China 4677 km Länge). Von Nord nach Süd kann das Land in vier Vegetationszonen aufgeteilt werden: Berg-

und Waldsteppe, Bergsteppe sowie Halbwüste und Wüste.

Hauptstadt: Ulan Bator (alternative Schreibweise: Ulaanbaatar), ca. 1,5 Mio. Einwohner

Staatsform: Republik, parlamentarische Demokratie mit rechtsstaatlicher Verfassung; Parlament: Großer Staatskhural der Mongolei, Einkammerparlament.

Staatsoberhaupt: *Khaltmaa Battulga* (seit 10. Juli 2017)

Regierungschef: *Ukhnaa Khurelsukh*

Nationalfeiertag: 11. Juli (Naadam-Festspiele)

Verwaltungsstruktur: Zentralstaat, gegliedert in 21 Aimags (Provinzen), diese unterteilt in Sums (Landkreise). Dazu kommt die Hauptstadt Ulan Bator.

Bevölkerung: 3 Millionen; 94% Mongolen, 4,3% Kasachen, 1,1% Tuwiner; jährliche Zuwachsrate: 1,3% (2016); ca. 60% der Gesamtbevölkerung lebt in Städten, 1,5 Mio. Einwohner allein in der Hauptstadt, die landesweite Bevölkerungsdichte ist mit 2 Einwohnern pro km^2 extrem gering.

Landessprachen: Mongolisch 94%, Kasachisch 4,3%

Religion: Lamaistischer Buddhismus, Islam (Kasachen), geringe Anzahl Christen

Währung: Tugrik bzw. Tögrög

Wirtschaft: Das Land verfügt über riesige Kupfer-, Kohle- und Goldvorkommen sowie Zink, Uran, Erdöl, seltene Metalle und Erden – die Rohstoffverarbeitung entwickelt sich aber erst langsam. Wirtschaftswachstum 2016: 1,2% (2011: 17%).

China

Staatsname: Volksrepublik China *(Zhonghua Renmin Gongheguo)*

Klima: Im Norden kontinental, im Süden subtropisch

Fläche: 9.597.995 km^2

Lage: Ostasien, 18° bis 53° nördlicher Breite, 73° bis 135° östlicher Länge. Die Landschaft reicht vom Hochland im Westen mit über 8000 m hohen Bergen bis zu den Tiefebenen an der Pazifikküste im Osten. Ein Drittel des Landes ist Gebirge. Die Tibet-Hochebene (über 4000 m hoch, das „Dach der Welt") grenzt im Süden an den Himalaya; an der Grenze zu Nepal liegt der 8848 m hohe Mount Everest. Der Yangtsekiang ist der drittlängste Fluss der Erde (6300 km).

Hauptstadt: Peking (Beijing), im Großraum der Hauptstadt leben ca. 21,5 Mio. Einwohner, darunter ca. 8 Mio. Wanderarbeiter.

Staatsform: Sozialistische Volksrepublik; Parlament: Nationaler Volkskongress (eine Kammer, rund 3000 Abgeordnete), keine parlamentarische Opposition

Staatsoberhaupt: *Xi Jinping*

Regierungschef: *Li Keqiang*

Nationalfeiertag: 1. Oktober

Verwaltungsstruktur: Zentralregierung in Peking, 22 Provinzen, fünf Autonome Regionen sowie vier regierungsunmittelbare Städte (Peking, Tianjin, Shanghai, Chongqing), zwei Sonderverwaltungs-Regionen (Hongkong, Macau)

Bevölkerung: ca. 1,382 Mrd., davon ca. 92% Han-Chinesen, sowie 55 Minoritäten (Zhuang, Mandschu, Hui, Miao, Uighuren, Yi, Mongolen, Tibeter, Buyi, Koreaner u.a.); in den Städten leben über 57% der Menschen, die Bevölkerungsdichte beträgt 143 Einwohner pro km^2

Bevölkerungswachstum: 0,5%

Landessprache: Standard-Hochchinesisch („Putonghua"), Dialekte des Chinesischen; diverse Minderheitensprachen (Mongolisch, Tibetisch, Uigurisch, Turk-Sprachen, Koreanisch)

Religion: atheistische Staatsideologie; Buddhismus, Islam, Taoismus, protestantische und katholische „Staatskirchen" und unabhängige Hauskirchen

Währung: 1 Renminbi Yuan = 10 Jiao = 100 Fen

Wirtschaft: BIP ca. 12.84 Mrd. US-Dollar (2017) = pro Kopf ca. 8261 US-Dollar, Wirtschaftswachstum 6,9% (2017), wichtigster Wirtschaftspartner Deutschlands

Lebenserwartung: Männer 74 Jahre, Frauen 77 Jahre (2015)

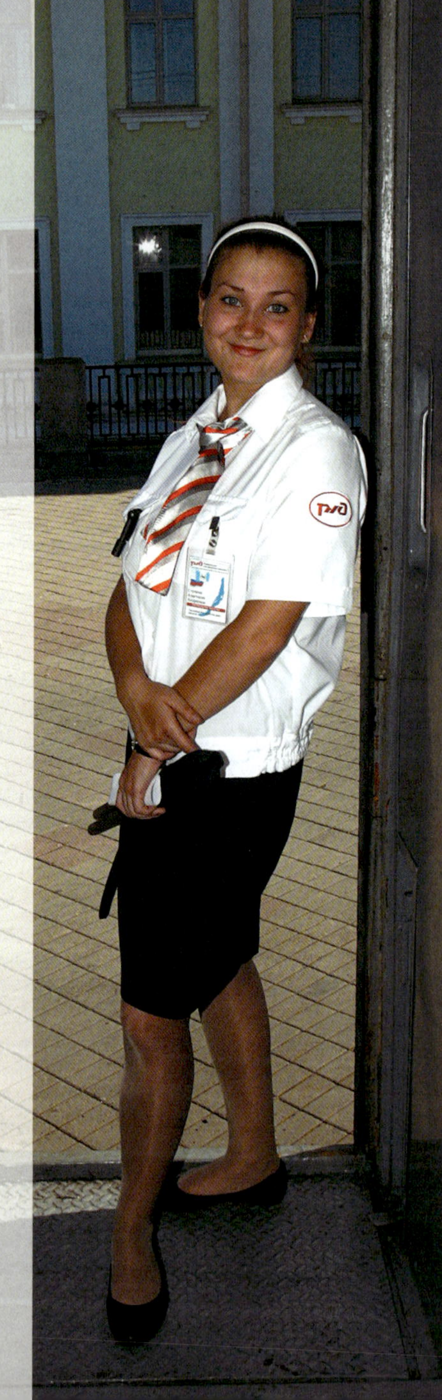
РЖД

trans18-016 dk

1 Praktische Reisetipps A–Z

Ein Lächeln für die Fahrgäste

Anreise

Flug

Ausgangspunkt einer Transsibreise können **Moskau, St. Petersburg, Irkutsk, Wladiwostok, Hongkong, Shanghai, Peking oder Ulan Bator** sein. Falls man in Moskau umsteigen muss, ist zu bedenken, dass es in der Stadt drei sehr weit voneinander entfernt liegende Flughäfen gibt, sodass man einen Flughafenwechsel in Moskau unbedingt meiden sollte. Kombinierte Flüge mit verschiedenen Airlines sind grundsätzlich kein Problem, sofern derselbe Flughafen angeflogen wird. Allerdings muss man wissen: Bucht man zwei Strecken mit unterschiedlichen Fluggesellschaften und verpasst den Anschlussflug z.B. wegen einer Verspätung, verfällt das Anschlussticket und man muss einen neuen Flug kaufen. Bucht man ein Durchgangsticket mit zwei Flügen (z.B. Peking – Moskau und Anschlussflug Moskau – Berlin), so kommt im Falle einer Verspätung die Airline für den Weiterflug bzw. Übernachtung und Verpflegung auf. Früher musste man seine Flüge spätestens 24 Stunden vor dem Abflug rückbestätigen – das gibt es heutzutage nicht mehr.

Bahn

Spezialisierte DB-Agentur

Die **„Bahnfüchse“** sind eine hervorragende Adresse für Bahnfahrten, z.B. nach Moskau. Sie bemühen sich immer, den günstigsten Tarif zu finden!

■ Mahlsdorfer Str. 1, 12555 **Berlin,** Tel. (030) 65 47 28 00, www.bahnfuechse.de. Mo bis Fr 10–18 Uhr, Sa 10–13 Uhr.

Zugfahrt nach Russland

Eine Zugfahrt nach Russland lohnt sich nur bedingt, weil zwischen Westeuropa und Moskau die **Landschaft wenig abwechslungsreich** ist. Außerdem benötigt man ein **kostenpflichtiges Transitvisum für Weißrussland** (s. „Einreise und Visa“). Wer allerdings einmal im Leben vor der Haustür in den Zug einsteigen und erst in Wladiwostok bzw. Peking wieder aussteigen will, nimmt das in Kauf.

Bei der Wahl der **Ankunftszeit** in Moskau ist zu bedenken, dass eine frühe Ankunft ggf. eine Übernachtung in der Stadt überflüssig macht, wenn man am selben Abend in Richtung Sibirien weiterreist.

Man beachte, dass **internationale Fahrkarten** 60 Tage vor der Abreise buchbar sind.

Direktzüge nach Moskau

Fuhren ursprünglich mehrmals die Woche Direktzüge **ab Berlin und Wien** bzw. in umgekehrter Richtung, so wird das Angebot immer dünner. Mehrfach pro Woche gibt es Verbindungen von Berlin mit Umsteigen in Warschau.

Der **Paris-Moskau-Express** fährt nur noch einmal wöchentlich. Wann genau, muss man erfragen, da es ständig Fahrplanänderungen gibt. Der Zug hält in Deutschland an folgenden Bahnhöfen: Karlsruhe, Frankfurt a. Main, Hannover, Berlin.

Mini „Flug-Know-how“

Nicht vergessen: Ohne einen gültigen **Reisepass mit Visum** kommt man nicht an Bord eines Flugzeuges nach Russland, China und in die Mongolei (deutsche Staatsbürger benötigen kein Visum für die Einreise in die Mongolei, Österreicher und Schweizer hingegen schon). Auch Kinder benötigen ein eigenes Reisedokument.

Check-In

Bei den meisten internationalen Flügen muss man **zwei bis drei Stunden vor Abflug** am Schalter der Fluggesellschaft eingecheckt haben. Je nach Fluggesellschaft kann man das in der Regel ab 23 Stunden vor dem Flug zu Hause im Internet erledigen und muss am Flughafen nur noch die ausgedruckte Boardkarte mit Barcode auf den Scanner legen und sein Gepäck am entsprechenden Schalter abgeben. Reist man nur mit Handgepäck, kann man je nach Fluggesellschaft nach einer kurzen Prüfung gleich durch die Schranke in den Boardingraum.

Man beachte: In **China** sind die Flughäfen so riesig, die Wege so weit und die Schlangen an den Sicherheitskontrollen so lang, dass man vom Check-In-Schalter bis zum Abflug-Gate mit bis zu 60 Minuten rechnen muss!

Das Gepäck

In der **Economy Class** darf man pro Person in der Regel ein Handgepäckstück bis zu 7 kg in die Kabine mitnehmen (nicht größer als 55 x 40 x 20 cm) und ein Gepäckstück bis zu 23 kg aufgeben. In der **Business Class** sind es pro Person meist zwei Handgepäckstücke (insgesamt nicht mehr als 12 kg) und ein Gepäckstück bis zu 30 kg. In Russland wird sehr genau gewogen und jedes Kilogramm zu viel extra berechnet.

Achtung: Bei sog. Billigfluggesellschaften gelten andere Gewichtsklassen. Man sollte sich beim Kauf des Tickets über die Bestimmungen der Airline informieren.

Beim Packen des **Handgepäcks** sollte man beachten, dass man Getränke oder ähnliche Substanzen (Gel, Parfüm, Shampoo, Creme, Zahnpasta, Suppe, Lotion, Rasierschaum, Aerosole etc.) nur in geringen Mengen bis zu jeweils 100 ml mit ins Flugzeug nehmen darf. Diese Substanzen muss man separat in einem durchsichtigen Plastikbeutel (z.B. Gefrierbeutel) transportieren, den man beim Durchleuchten in eine der bereit stehenden Schalen auf das Fließband legen sollte. Auch Smartphones oder Notebooks müssen in die Schale gelegt werden. Hat man einen Gürtel mit einer Schnalle aus Metall, empfiehlt es sich, diesen auszuziehen und ebenfalls in die Schale zu legen, da sonst in der Regel der Metalldetektor anschlägt und man vom Flughafenpersonal abgetastet werden muss.

Aus Sicherheitsgründen dürfen **Nagelfeilen** sowie **Messer** und **Scheren** aller Art, also auch **Taschenmesser,** nicht im Handgepäck untergebracht werden. Diese sollte man unbedingt daheim lassen oder im aufzugebenden Gepäck verstauen, sonst werden diese Gegenstände bei der Sicherheitskontrolle einfach weggeworfen. Darüber hinaus gilt, dass leicht entzündliche Gase in Sprühdosen (Schuhspray, Campinggas, Feuerzeugfüllung), Benzinfeuerzeuge und Feuerwerkskörper etc. nicht im Koffer oder dem Handgepäck transportiert werden dürfen.

Von einem **Verschließen des Gepäcks** mittels eines Vorhängeschlosses **wird abgeraten,** da das Gepäck von dem Flughafenpersonal bei Auffälligkeiten beim Durchleuchten durchsucht werden können muss.

Informationen zur Zugfahrt

Auf der **Fahrt durch Polen,** d.h. ab Frankfurt/Oder, führt der Zug einen polnischen Speisewagen (Bezahlung in Euro). Der Fahrgestellwechsel in Brest dauert je nach Zug bis zu etwa 3 Stunden und ist nur vom Zugfenster aus zu beobachten, denn aus Sicherheitsgründen müssen die Fahrgäste im Zug bleiben. Wichtig zu wissen: Die Toiletten bleiben drei Stunden lang geschlossen!

Auf der ganzen Fahrt zwischen Berlin und Moskau gibt es nur eine einzige **Grenzkontrolle in Brest.** Die Einreiseformulare für Russland werden im Zug nach der Abfahrt in Warschau vom Zugpersonal verteilt. Wichtig: Unbedingt die **Migration Card für Russland** abstempeln lassen, weil es zwischen Weißrussland und Russland keine Grenzkontrolle gibt und man den Einreisestempel haben muss!

Auf seinem Territorium setzt jedes Land einen eigenen **Speisewagen** ein – mal ist es ein ganzer Waggon, mal nur ein halber Bistrowagen.

Gepäck

Offiziell gelten in allen Transsibländern in Zügen die gleichen Freigepäckbestimmungen: **Länge, Breite und Höhe** dürfen **max. 180 cm** messen. Wiegen darf das Gepäck im Vierbettabteil max. 35 kg und im Zweibettabteil bis 50 kg. In Russland wird das Gewicht so gut wie nie kontrolliert, in Peking hingegen immer! Ein Fahrrad darf nur dann mit in den Zug, wenn es auf die Größe eines Koffers zusammenklappbar ist.

In Russland gibt es auf jedem Bahnhof die Möglichkeit der Gepäckaufbewahrung in Form von Schließfächern und mit Personal besetzte Abgabestellen; in beiden sind alle Habseligkeiten sicher aufgehoben. Berechnet werden jeweils bis Mitternacht pro Gepäckstück um 200 Rbl. Hinweis: Man beachte die auf einem Hinweisschild genannten Pausenzeiten, die nicht in die Abfahrtszeit des Zuges fallen sollten!

Abteile

Die internationalen Züge, die zwischen Deutschland und Russland fahren, verfügen über **4-Bett- (2. Klasse) und 2-Bettabteile (1. Klasse).** Der Paris-Moskau-Express hat **Deluxe-2-Bettabteile** mit eigener Dusche und WC, und im chinesischen Moskau-Peking-Express (Zug Nr. 3/4) teilen sich in der sog. Deluxe-Klasse jeweils zwei 2-Bettabteile eine Nasszelle mit Dusche/WC.

Buchung

Fahrkarten gibt es an jedem Bahnhof, aber es empfiehlt sich, Fahrkarten **rechtzeitig** zu kaufen (siehe Kapitel „Buchung der Reise"). Der Verkauf von Fahrkarten nach Russland beginnt 60 Tage, der für Fahrkarten innerhalb Russlands 90 Tage vor der Abfahrt. Diese Fristen sollten einen keinesfalls hindern, schon viel früher in die Planungsphase einzusteigen. Wenn für eine langfristig geplante Reise im Moment, da der Verkauf der Zugtickets beginnt, die geplanten Fahrkarten nicht angeboten werden, kann das zwei Gründe haben: entweder wegen einer Fahrplanänderung oder weil eine Reisegruppe bevorzugt behandelt wird. Das passiert besonders häufig mit Tickets für Zug Nr. 1 bzw. Nr. 2 **(Rossija),** der zwischen Moskau und Wladiwostok verkehrt. Daher sollte man diesen Zug besser nicht einplanen! Außerdem werden seit Sommer 2016 (vor allem zwischen Ende Juni und Ende August) die Preise für den „Rossija" oft ohne Vorwarnung verdoppelt.

Beim Ticketkauf ggf. nach einem **Frauenabteil** fragen.

Preise

Die einfache Fahrt inkl. Bett von Berlin nach Moskau kostet im Vierbettabteil **ab 185 Euro** und im Zweibettabteil ab 250 Euro (siehe „Buchung der Reise"). Wien – Moskau kostet im Vierbettabteil ab 180 Euro und im Zweibettabteil ab 270 Euro.

Fähre

Lübeck – St. Petersburg

- Die Fährschiffe der **Reederei Finnlines** haben ihren Betrieb bis auf Weiteres eingestellt.

Südkorea – Wladiwostok

- Die Fährschiffe der koreanischen **Reederei DBS Cruise Ferry** (www.dbsferry.com) fahren **regelmäßig** zwischen Donghae und Wladiwostok mit dem Schiff „Eastern Dream" (s.a. Fährverbindungen im Kapitel zu Wladiwostok).

Japan – Wladiwostok

- Die Fährschiffe der koreanischen **Reederei DBS Cruise Ferry** (www.dbsferry.com) fahren regelmäßig von Sakaiminato (250 km westlich von Kyoto) via Donghae in Südkorea und Wladiwostok mit dem Schiff „Eastern Dream" (s.a. Fährverbindungen im Kapitel zu Wladiwostok).

Ausrüstung

Als **Hauptgepäck** eignen sich am besten ein Kofferrucksack, ein Rucksack ohne Metallgestell oder eine Reise- bzw. Sporttasche mit Schulterriemen und langen Griffen – sie alle lassen sich auf dem Rücken tragen, leicht unter dem Zugbett verstauen und problemlos in einen Kofferraum drücken. Man bedenke auch, dass es in Bahnhöfen oft treppauf und treppab geht. Als **Handgepäck** sollte man am besten einen kleinen Rucksack mitnehmen.

036tr dk

▷ Gesellige Stunden auf der langen Fahrt

Kleidung

Grundsätzlich gilt: **So wenig wie möglich,** aber unbedingt wind- und regenfeste Kleidung, warmer Pullover, warme Unterwäsche (für weibliche Reisende platzsparende und wärmende Perlonstrumpfhosen), zwei Hosen, wobei sich dunkle und damit unempfindliche Jeans bestens eignen, Wanderschuhe und ein paar leichte Halbschuhe, rutschfeste Badesandalen. Handtücher nicht vergessen, die im Zug verteilten ähneln unseren dünnen Geschirrtüchern. Für einen Theater- bzw. Pekingoper-Besuch ist formelle Kleidung nicht notwendig.

Hinweis: Zeit zum Wäschewaschen hat man z.B. auf der Baikalseeinsel Olchon, für viele Reisende geografisch und zeitlich die Mitte der Reise.

Handy

Die Mitnahme eines Handys ist unbedingt **sinnvoll** und empfehlenswert; es gibt kaum noch Funklöcher. Vor Ort eine SIM-Karte zu kaufen, ist auch sprachlich kein Problem, da in Handyshops immer mindestens eine Person englisch spricht. Wenn man z.B. die kostenfreie **App Maps Me** nutzt, kann man in Städten ohne WiFi navigieren.

Toilettenartikel und Medikamente

Ganz besonders wichtig ist die Mitnahme eines wirkungsvollen **Mittels gegen Mücken- und Insektenstiche** (z.B. Anit Brumm Forte, Autan Protection Plus Insektenschutz oder No Bite Spray für die Kleidung; siehe „Gesundheitsvorsorge"). Ebenfalls nützlich sind Papiertaschentücher – auch als Klopapier und Servietten geeignet –, Feuchttücher (je größer, desto besser), Lippenpflegestift, Mittel gegen Reise- und Seekrankheit, ein Antibiotikum, Erkältungsmittel, Abführmittel und das Gegenteil, Schmerztabletten, Ohropax, Alka-Seltzer, Nasentropfen, Hustensaft, Halstabletten und Sonnencreme. Für den Fall, dass das Hauptgepäckstück verloren geht, sollte man **ständig benötigte Medikamente** sicherheitshalber **im Handgepäck** mitführen.

Dokumente

Neben **Reisepass mit Visa** sollte man biometrische **Passbilder und Kopien des Passes** inklusive der Seiten mit den Visa mitnehmen bzw. diese einscannen und an sich selber mailen, damit man sie notfalls unterwegs abrufen und ausdrucken kann.

Nützliche Dinge

- **Toilettenauflage,** wer sich während der Fahrt nicht auf die WC-Brille setzen mag, sollte ausreichend wasserundurchlässige Auflagen einpacken, idealerweise zugeschnitten aus umweltfreundlichem Material, oder eine Rolle Alufolie, um die WC-Brille damit einzupacken.
- **Proviant im Zug** gibt es ausreichend in allen Speisewagen und auf vielen Bahnsteigen. Dennoch macht es Sinn, immer eine kleine **Notration** Ess- und Trinkbares griffbereit mitzuführen, z.B. für den Fall, dass sich während eines Besichtigungsprogramms Hunger oder Durst einstellt. Mitnehmen sollte man außerdem löslichen Kaffee und Teebeutel sowie ggf. Trockenmilch und Zucker.

■ **Geschirr und Haushaltsgegenstände:** Trinkbecher aus unzerbrechlichem Material, Tauchsieder mit Eurostecker, Besteck, Korkenzieher, Schere, Flaschen- und Dosenöffner sollten im Gepäck nicht fehlen. Achtung: In chinesischen Zügen sind Taschenmesser verboten und werden konfisziert!

■ **Kopfkissen:** Die Kissen in den Transsibzügen sind hart bis sehr hart, also ggf. ein kleines, weiches Kissen mitnehmen.

■ **Schlafsack:** Für längere Mongolei-Rundreisen sollte man einen warmen Schlafsack dabeihaben (kann man auch in Ulan Bator kaufen); in Zügen braucht man keinen Schlafsack, es gibt bei Fahrtantritt immer frisch gewaschene Bettwäsche.

■ **Ersatzbrille und Sonnenbrille.**

■ **Textilklebeband,** möglichst breit, z.B. für Reparaturen von Gepäckstücken, zum Fixieren störender Gardinen und zum Ankleben von Landkarten im Abteil. Fensterklebeband zum Abkleben der Fensterritzen bei Zugluft.

■ **Marker** und wasserfeste Filzstifte sind z.B. zum Markieren der Route auf der Landkarte oder von Textstellen im Reiseführer hilfreich.

■ **Teelichter** sollte man auf jeden Fall mitnehmen. Ihr Vorteil: Sie können nicht umfallen.

■ **Wörterbuch Russisch – Deutsch,** z.B. „Russisch – Wort für Wort", Kauderwelsch Band 7, Reise Know-How Verlag, praktisch und alltagsnah, auch als Audio-CD (AusspracheTrainer) oder mp3-Download.

■ **Leselampe,** am besten eine Stirnlampe mit energiesparendem LED-Licht.

■ **Musik** kann Tage und Nächte versüßen – und so manche Melodie ein Leben lang Erinnerungen an die Reise hervorrufen!

■ **Zwischenstecker** sind **nicht erforderlich,** da überall Eurostecker passen.

■ **Mehrfachstecker:** Mit flachem Eurostecker am Anfang der Reise in Russland oder China kaufen.

Russland – typische Holzhäuser auf dem Land

037tr dk

- **Fernglas,** besonders empfehlenswert für Tierbeobachtungen am Baikalsee und Schiffsreisen nach Japan oder Korea sowie für Rundreisen in der Mongolei.
- **Feldflasche** aus Metall, 1. für Trinkwasser und 2. als Wärmflasche, z.B. in kalten Nächten.
- **Aufladekabel** für Foto, Notebook, Telefon etc. (bei Flügen besser ins Handgepäck).
- Eine **Wärmflasche** kann Sinn machen, z.B. während einer Mongolei-Exkursion.

Gastgeschenke

Gastfamilien in Russland freuen sich über ein kleine (symbolische) Gabe als **Zeichen der Zufriedenheit des Gastes.** Früher waren das kleine Mitbringsel, heute ist es Bargeld. Wer eine Gobi-Exkursion macht: Bei Nomaden ist Obst sehr beliebt (kann man unterwegs in kleinen Ortschaften kaufen und hinterlässt keinen Plastikmüll). Siehe zur Thematik auch „Trinkgeld".

Landkarten und Stadtpläne

Eine gute **Karte zum europäischen Teil Russlands** (Maßstab 1:2 Mio.) ist im world mapping project bei Reise Know-How erschienen. Sie ist GPS-tauglich, hat farbige Höhenlinien und -schichten sowie einen Ortsindex; Sehenswürdigkeiten sind eingezeichnet. Entsprechende Karten gibt es zur **Baikalseeregion** (1:550.000), zur **Mongolei** (1:1,6 Mio.) sowie zu **Ostchina** (1:2,7 Mio).

Sollten die **Stadtpläne** des vorliegenden Reiseführers nicht ausreichen, so kann man in allen Transsibländern problemlos welche kaufen. In Russland findet man Stadtpläne und Landkarten, z.T. in lateinischer Schrift, in Buchhandlungen *(Dom knigi)* und in Hotelkiosks. In der Mongolei kann man nur in Ulan Bator im Hauptpostamt am Suche-Bator-Platz, in den größeren Hotels und in Souvenirshops Pläne kaufen. In China werden Karten mit lateinischer Schrift in Hotels und Souvenirgeschäften angeboten. Außerdem liegen in besseren Hotels kostenlose Stadtpläne im Zimmer aus. In Peking gibt es kostenlose Infobroschüren mit Stadtplänen und den jeweils aktuellen (!) U-Bahnplänen.

Buchung der Reise

Buchung vor Ort auf eigene Faust

Reisen auf eigene Faust ist **problemlos möglich,** vorausgesetzt man hat ein **gültiges Visum** bzw. gültige Visa. Günstige Hostels gibt es in allen Städten, Anbieter wie Airbnb und Couchsurfing sind vor allem auch in Russland aktiv. Täglich kommen neue Unterkünfte dazu, sodass man immer ein freies Bett findet, auch online über Buchungsportale. Ausnahmen sind die Region Irkutsk, Listwjanka am Baikalsee und die Baikalseeinsel Olchon! Wer hier nicht rechtzeitig reserviert, hat zwischen Anfang Juni und Ende August Probleme, ein Zimmer zu bekommen. Interessant sind Übernachtungen in Privatunterkünften, die einen Einblick hinter die Kulissen erlauben; sie sind nur über Reiseveranstalter buchbar.

Wer seine Reise auf eigene Faust unternimmt und nicht im Voraus bucht, kann seine Fahrkarten an den Bahnhöfen oder über Hostels, Hotels oder Agenturen vor Ort kaufen. Es kommt vor allem während der russischen Sommerferien von Anfang Juni bis Ende August zu **Engpässen,** da die Züge dann meist lange im Voraus ausgebucht sind. Dies gilt für alle Züge, insbesondere aber für die nach und ab Ulan Bator.

Ähnlich wie bei uns Flugtickets werden in Russland **Zugfahrkarten mit Name und Passnummer** versehen, daher beim Ticketkauf unbedingt den Pass dabeihaben und haargenau auf alle Daten achten! Schon ein einziger Fehler führt meist (!) dazu, dass man nicht mitfahren darf und das Ticket verfällt!

Die **Bezahlung** mit Kreditkarte (MasterCard, VISA, in seltenen Fällen auch American Express) und Girocard ist in allen Transsibländern an Fahrkartenschaltern und bei Reiseagenturen vor Ort möglich. Auch Geschäfte und die meisten Restaurants akzeptieren Kartenzahlung. Sollte ein Hotel oder Restaurant nur Bargeld akzeptieren, wird es in diesem Buch erwähnt.

Organisierte Transsibreisen

Grundsätzlich gibt es zwei Formen einer organisierten Reise mit der Transsibirischen Eisenbahn: **Gruppen-Pauschalreisen** mit festgelegtem Programm und **Package-Reisen,** die nach individuellen Wünschen zusammengestellt werden. Pauschalreisen schließen normalerweise An- und Abreise, Unterkunft, Vollpension und ein Besichtigungsprogramm mit deutschsprachiger Führung inklusive aller Eintrittsgebühren, Transfers und der Visabeschaffung ein, während Package-Reisen nur die individuell gewünschten Leistungen enthalten. Die folgende Liste der Reiseveranstalter erhebt keinen Anspruch auf Vollständigkeit.

Reiseveranstalter

Deutschland

- **DIAMIR Erlebnisreisen**
Kleingruppenreisen und individuelle Touren
Berthold-Haupt-Str. 2, 01257 Dresden,
Tel. (0351) 312 07-0, www.diamir.de
- **Go-East Reisen**
Individual- und Gruppenreisen
Bahrenfelder Chaussee 53, 22761 Hamburg,
Tel. (040) 89 69 09-0, www.go-east.de
- **Haase Touristik**
Individualreisen
Dickhardtstr. 56, 12159 Berlin,
Tel. (030) 84 18 32 26, www.haase-touristik.de
- **Knop-Reisen**
Individualreisen
Hollerlander Weg 77, 28355 Bremen,
Tel. (0421) 988 50 30, www.knop-reisen.de
- **Lernidee Erlebnisreisen**
Individual- und Sonderzugreisen
Kurfürstenstraße 112, 10787 Berlin,
Tel. (030) 786 00 00, www.lernidee.de
- **Schnieder Reisen – CARA Tours**
Individual-, Gruppen- und Sonderzugreisen
Hellbrookkamp 29, 22177 Hamburg,
Tel. (040) 380 20 60, www.schnieder-reisen.de
- **TSA-Travel Service Asia Reisen e.K.**
Persönliche Reiseplanung
Riedäckerweg 4, 90765 Fürth,
Tel. (0911) 97 95 99-0, www.tsa-reisen.de
- **Ventus Touristik**
Individualreisen
Krefelder Str. 8, 10555 Berlin,
Tel. (030) 39 10 03 32, www.ventus.com
- **Vostok Reisen**
Individualreisen

trans18-001 dk

Ackerstraße 3, 10115 Berlin,
Tel. (030) 30 87 10 20, www.vostok.de

Schweiz

- **Atlas Reisen**
Individual- und Sonderzug-Gruppenreisen
Weinbergstr. 149, 8042 Zürich
Tel. (044) 259 80 95, www.atlas-reisen.ch
- **Globotrain**
Individual- und Sonderzug-Gruppenreisen
Neuengasse 30, 3011 Bern
Tel. (031) 313 00 03, www.globotrain.ch

England

- **Real Russia**
Transsibtickets online
4–5 Wards End, Loughborough Leicestershire, LE11 3HA, Tel. (0044-207) 100 73 70
www.realrussia.co.uk

Diplomatische Vertretungen

Vertretungen Russlands

- **www.russianembassy.net**
Überblick über Botschaften und Konsulate weltweit

Botschaft in Deutschland

- **Botschaft der Russischen Föderation**
Unter den Linden 63–65, 10117 **Berlin,**
Tel. (030) 229 11 10, Fax 229 11 29,
https://russische-botschaft.ru/de;
Visastelle: Behrenstr. 66, 10117 Berlin,
Tel. (030) 226 51 184,
infokonsulat@russische-botschaft.de,
Abgabe der Unterlagen Mo bis Fr 9.30–12.30 Uhr

◁ Luxus-Kauftempel GUM (Atrium) in Moskau

Generalkonsulate in Deutschland

- Waldstr. 42, 53177 **Bonn,**
Tel. (0228) 386 79 30/31,
www.ruskonsulatbonn.de;
Visastelle: Burgstr. 54, 53177 Bonn,
Abgabe der Unterlagen Mo bis Fr 9–15 Uhr,
Abholung Mo bis Fr 15–17 Uhr
- Eschenheimer Anlage 33/34,
60318 **Frankfurt a.M.,**
Tel. (069) 59 67 42 31, www.frankfurt.mid.ru;
Visastelle: Tel. (069) 20 17 18 36, Abgabe und Abholung der Unterlagen Mo bis Fr 15–17 Uhr
- Am Feenteich 20, 22085 **Hamburg,**
Tel. (040) 229 52 01, 229 53 01,
www.hamburg.mid.de;
Visastelle: Tel. (040) 229 52 01, Mo bis Fr 9–13 Uhr
- Turmgutstr. 1, 04155 **Leipzig,**
Tel. (0341) 590 29 23, www.ruskonsulatleipzig.de;
Visastelle: Tel. (0341) 590 29 23,
Mo, Di und Do 14–17 Uhr
- Maria-Theresia-Str. 17, 81675 **München,**
Tel. (089) 59 25 03, www.ruskonsmchn.mid.ru,
Mo bis Fr 9–13 Uhr (Einlass bis 12.30 Uhr)

In Österreich

- **Botschaft der Russischen Föderation**
Reisnerstr. 45, 1030 **Wien,** Tel. (01) 712 32 33,
https://austria.mid.ru/web/austriade;
Visastelle: Tel. (01) 712 32 33,
Abgabe der Unterlagen Mo, Mi, Fr 9.30–11.30 Uhr,
Abholung Mo, Mi, Fr 11.30–12 Uhr
- **Konsulat der Russischen Föderation**
Burgelsteinstr. 2, 5020 **Salzburg,**
Tel. (0662) 62 41 84, www.salzburg.mid.ru
(keine Visastelle, nur VHS)

In der Schweiz

- **Botschaft der Russischen Föderation**
Brunnadernrain 37, 3006 **Bern,**
Tel. (031) 352 05 66,
https://switzerland.mid.ru/web/switzerland_de;
Visastelle: Brunnadernstr. 53, Tel. (031) 352 05 67,
Mo, Di, Mi, Fr 9–12 Uhr

■ **Generalkonsulat der Russischen Föderation**
24, Rue Schaub, 1202 **Genf,** Tel. (022) 734 90 83,
Mo, Mi, Fr 9–12 Uhr

In China

■ **Botschaft der Russischen Föderation**
Dongzhimennei Beizhongjie 4, 100600 **Peking,**
Tel. (0086-10) 65 32 20 51, www.russia.org.cn;
Visastelle: Tel. (0086-1) 65 32 12 67, 65 32 19 91,
Mo bis Fr 15–17 Uhr; Generalkonsulate in
Shanghai, Shenyang und Hongkong

In der Mongolei

■ **Botschaft der Russischen Föderation**
Enkhtayvany gudamzh, A-6, **Ulan Bator,**
Tel. (00976-11) 31 78 51,
embassy_ru@mongol.net;
Konsularabteilung: Tel. 32 60 37,
cons_ru@mongol.net,
Abgabe der Unterlagen Mo bis Fr 9–12 Uhr,
Abholung Mo bis Fr 12.20–12.55 Uhr

Vertretungen Weißrusslands

In Deutschland

■ **Botschaft der Republik Belarus**
Am Treptower Park 31, 12435 **Berlin,**
Tel. (030) 536 35 90, www.germany.mta.gov.by,
Mo, Di, Do, Fr 9–12 Uhr

■ **Generalkonsulat der Republik Belarus**
Schwanseestr. 91a, 81549 **München,**
Tel. (089) 649 57 03 19, Mo, Di, Do, Fr 9–12 Uhr,
tel. Auskunft: Mo bis Fr 14–17 Uhr

In Österreich

■ **Botschaft der Republik Belarus**
Hüttelbergerstr. 6, 1140 **Wien,**
Tel. (01) 419 96 30, www.austria.mfa.gov.by;
Visastelle: Tel. (01) 419 96 30 21,
Di, Do, Fr 9–12 Uhr, tel. Auskunft:
Mo, Mi 8.30–12.30 und 13.30–17 Uhr,
Di, Do, Fr 13.30–17.30 Uhr

In der Schweiz

■ **Botschaft der Republik Belarus**
Quartierweg 6, 3074 **Muri (bei Bern),**
Tel. (031) 952 79 14,
www.switzerland.mfa.gov.by;
Visastelle: Tel. (031) 952 76 81,
Mo, Di, Do 14–16 Uhr, Mi bis Fr 9–12 Uhr,
Abgabe und Abholung der Unterlagen
Mo, Di, Do 9–12 Uhr

In Russland

■ **Botschaft der Republik Belarus**
Ul. Marosejka 17/6, **Moskau,**
Tel. (007-495) 777 66 44, www.embassybel.ru;
Visastelle: Tel. (007-495) 624 70 95,
Abgabe der Unterlagen Mo, Di, Do, Fr 10–12 Uhr,
Abholung Mo, Di, Do, Fr 16–16.30 Uhr

■ **Generalkonsulat der Republik Belarus**
Bontsch-Bruewitscha Str. 3a, **St. Petersburg,**
Tel. (007-812) 273 41 64;
Visabeantragung nur nach Terminvereinbarung

In China

■ **Botschaft der Republik Belarus**
Dong Yi Jie, Ri Tan Lu, 1, 100600 **Peking,**
Tel. (0086-10) 65 32 16 91,
www.china.mfa.gov.by;
Visastelle: Tel. 65 32 64 26, tel. Auskunft:
Mo, Mi, Fr 14–18 Uhr, Di, Do 9–18 Uhr,
Abgabe der Unterlagen Mo, Mi, Fr 9.30–12.30 Uhr,
Abholung Mo, Mi, Fr 8.30–9.30 Uhr

Vertretungen Chinas

In Deutschland

■ **Botschaft der VR China**
Konsularabteilung, Brückenstr. 10, 10179 **Berlin,**
Tel. (030) 27 58 85 72, www.china-botschaft.de;
Visastelle: Tel. (030) 27 58 85 28,
Mo bis Fr 9–12 Uhr, tel. Auskunft:
Di, Do 15–17 Uhr; Generalkonsulate in Düsseldorf,
Frankfurt a.M., Hamburg und München

In Österreich

Botschaftskanzlei der VR China
Metternichgasse 4, 1030 **Wien,**
Tel. (01) 714 31 49, www.chinaembassy.at;
Visastelle: Neulinggasse 29, 1030 Wien, Tel. (01) 710 36 48, Mo/Mi 8.30–11 und 14–16 Uhr, Fr 8.30–11 Uhr

In der Schweiz

Botschaft der VR China
Kalcheggweg 10, 3006 **Bern,**
Tel. (031) 352 73 33, www.china-embassy.ch, china-embassy@bluewin.ch;
Visastelle: Lombachweg 23, 3006 Bern,
Mo bis Fr 9–12 Uhr (Einlass bis 11.30 Uhr)

Generalkonsulat der VR China
Mythenquai 100, 8002 **Zürich,**
Tel. (044) 201 10 05,
www.zurich.china-consulate.org,
Mo bis Fr 9–12 Uhr (Einlass bis 11.30 Uhr)

In Russland

Botschaft der VR China
Ul. Druschby 6, 117330 **Moskau,**
Tel. (007-499) 951 84 35,
Mo bis Fr 9–12.30 und 15–18 Uhr

Konsulat der VR China
Lenin-Stadion, 680028 **Chabarowsk,**
Tel. (007-4212) 30 25 90 (Visastelle)

In der Mongolei

Botschaft der VR China
Zaluuchuudyn Orgon Chuluu 5, **Ulan Bator,**
Tel. (00976-11) 32 39 40,
www.mn.china-embassy.org;
Visastelle: Tel. (00976) 99 11 25 78,
Mo, Mi, Fr 9.30–12 Uhr, Abholung 16–17 Uhr

Vertretungen der Mongolei

In Deutschland

Botschaft der Mongolei
Hausvogtplatz 14, 10117 **Berlin,**
Tel. (030) 474 80 60, www.botschaft-mongolei.de;
Visastelle: Tel. (030) 47 48 06 20,
Mo, Di, Mi 9–13 und 14–17 Uhr, Do 9–13 Uhr

001tr11 dk

Fashion in the City

In Österreich

Botschaft der Mongolei
Fasangartengasse 45, 1130 **Wien,**
Tel. (01) 535 28 07, www.embassymon.at;
Visastelle: Mo, Di, Do 9–12 Uhr

In der Schweiz

Mongolische Ständige Mission
4, Chemin des Mollies, 1293 **Genf,**
Tel. (022) 774 19 74, www.missionmongolia.ch;
Visastelle: Tel. (022) 774 19 74,
consUl.mongolie@bluewin.ch,
Mo bis Fr 10–12 und 15–17 Uhr

In Russland

Botschaft der Mongolei
Borisoglebskij Per. 11, 121069 **Moskau,**
Tel. (007-495) 690 67 92;
Visastelle: Spasopeskovskiy Per. 7/1,
115127 Moskau, Tel. (007-499) 252 78 67;
Konsulate in Irkutsk und Ulan-Ude

In China

Botschaft der Mongolei
Jianguomenwai, Xiushuibeijie 2, 100600 **Peking,**
Tel. (0086-10) 65 32 12 03, 65 32 18 10,
www.mongolembassychina.org

Vertretungen Deutschlands

www.auswaertiges-amt.de

In China

Deutsche Botschaft
17, Dong Zhi Men Wai Da Jie, **Peking,**
Chaoyang District, Tel. (0086-10) 85 32 90 00,
im Notfall (0086-10) 85 32 92 00; Konsulate in
Chengdu, Hongkong, Guangzhou und Shanghai

Fingerfood im Hutong-Viertel der Altstadt von Peking

trans18-070 dk

In der Mongolei

Deutsche Botschaft
Baga-Toirruu-2, Negdsen Undestnii Gudamj 16, **Ulan Bator,** Tel. (00976-11) 32 33 25, im Notfall (00976) 99 11 46 65

In Russland

Deutsche Botschaft
Ul. Mosfimovskaya 56, **Moskau,** Tel. (007-495) 937 95 00, www.moskau.diplo.de; Konsulate in Jekaterinburg, Kaliningrad, Nowosibirsk, St. Petersburg und Saratow, Honorarkonsulate in Krasnodar und Wladiwostok

In Weißrussland

Deutsche Botschaft
Ul. Sacharowa 26, **Minsk,** Tel. (00375-17) 217 59 00, www.minsk.diplo.de

Vertretungen Österreichs

In China

Österreichische Botschaft
Xiushui Nanlu 5, Jian Wai Dajie, **Peking,** Tel. (0086-10) 65 32 98 69, 65 32 98 79, www.aussenministerium.at/peking; Konsulate in Hongkong und Shanghai

In Russland

Österreichische Botschaft
Starokonjuschennyi Per. 1, **Moskau,** Tel. (007-495) 780 60 66; Honorar- bzw. Konsulate in St. Petersburg und Jekaterinburg

In der Mongolei

Österreichisches Konsulat
Ulan Bator, Tel. (00976-11) 32 42 98, Hk_at_ub@magicnet.mn

In Weißrussland

Österreichisches Honorarkonsulat
V. Khoruzhey 31-A, **Minsk,** Tel. (00375-17) 289 95 94, www.hkat-minsk.by

Vertretungen der Schweiz

In China

Schweizer Botschaft
Sanlitun Dongwujie 3, **Peking,** Tel. (0086-10) 65 32 27 36; Konsulate in Shanghai, Guangzhou und Hongkong

In der Mongolei

Die nächste Botschaft ist in Peking, es gibt aber ein Kooperationsbüro, das in Notfällen weiterhelfen kann:

Cooperation Office of the Embassy of Switzerland
Sky Plaza Business Centre, **Ulan Bator,** Tel. (00976-11) 33 14 22

In Russland

Schweizer Botschaft
Serpov Pereulok 6, **Moskau,** Tel. (007-495) 258 38 30, www.eda.admin.ch/moscow

Schweizer Generalkonsulat
Prospekt Chernyshevskogo 17, **St. Petersburg,** Tel. (007-812) 327 08 17, www.eda.admin.ch/stpetersburg

In Weißrussland

Office of the Embassy of Switzerland
Ul. Krasnoarmeyskaya 22a, Apartment Nr. 20, 220030 **Minsk,** Tel. (00375-17) 227 18 42

Einkaufen und Souvenirs

Lebensmittel

In (großen) Lebensmittelgeschäften in **Russland** ist die Auswahl an in- und ausländischen Lebensmitteln seit den Sanktionen des Westens im Zusammenhang mit der Ukrainekrise nicht mehr so groß wie zuvor, in der **Mongolei und China** hingegen kann man fast alles kaufen (wie in einem europäischen Supermarkt). Auf den Bauernmärkten findet man neben Obst- und Gemüsesorten der jeweiligen Region auch frisches Fleisch, Fisch, Salate und Backwaren.

Souvenirs

Lackmalereien

Begehrte Geschenkartikel sind Erzeugnisse der Lackmalerei, Miniaturgemälde auf Dosen, Schatullen, Broschen und Gebrauchsgegenständen. Die Geschichte dieses Volkskunstgewerbes reicht bis in die Mitte des 17. Jahrhunderts zurück, als die Bauern der Dörfer Palech, Fedoskino und Mstjara in der weiteren Umgebung von Moskau mit der Ikonenmalerei begannen, aus der sich im Laufe der Zeit die Miniaturmalerei auf Pappmaschee-Gegenständen entwickelte.

Zu den häufigsten Themen der Palech-Malerei gehören Darstellungen von Märchenfiguren und Volksliedern. Die Malerei aus Mstjara behandelt Themen der klassischen sowie der zeitgenössischen russischen Literatur, die Fedoskino-Malerei moderne Themen wie z.B. die Erschließung des Kosmos.

Matroschkas

Die bekanntesten und wohl auch beliebtesten Souvenirs sind die bunt bemalten **Puppen in der Puppe:** Matroschkas. Die berühmtesten stammen von den Spielzeugmachern aus Sagorsk.

Holzgegenstände aus Chochlama

Bereits im 16. Jahrhundert war das Gebiet von Chochlama an der mittleren Wolga für seine Holzmalerei bekannt. Löffel und Kellen, Suppentöpfe, Becher und anderes Küchengeschirr werden aus Linden-, Espen- und Erlenholz geschnitzt und anschließend mit einem Metallpulver bestreut, bemalt und zuletzt in einem Ofen gehärtet. Die schönsten Beispiele goldglänzenden Küchengeschirrs findet man u.a. im Russischen Museum in St. Petersburg. Diese beliebten russischen Souvenirs sind aber nicht nur Ausstellungsstücke, sie können auch benutzt werden. In den Bechern kann man heiße oder kalte Getränke servieren und mit den Löffeln Suppe essen.

⊡ Matroschkas – das russische Souvenir schlechthin

Gegenstände aus Birkenrinde

Beliebt sind Andenken wie z.B. Gefäße, Haarspangen und Bilder aus Birkenrinde, die vor allem **in Sibirien** häufig angeboten werden.

Spielsachen aus Dymkowo

Die Tradition der Herstellung bunt bemalter **Tonfiguren** entstand Mitte des 19. Jahrhunderts in dem kleinen Dorf Dymkowo in der Nähe von Kirow. Dargestellt werden neben rotbäckigen Schönheiten u.a. Kinder, Tiere, Musikanten und Balalaika-Spieler.

Die Heimarbeiter von Dymkowo zeigen in ihren Spielsachen u.a. die Ausgelassenheit bei Volksfesten, den Spaß am Beisammensein und die Lust am Tanz. Die schönsten Werke der Meister aus Dymkowo können in Museen bewundert werden.

Bemalte Tabletts

Vor mehr als 150 Jahren entstand in dem kleinen **Dorf Schostowo,** in der Gegend von Moskau, das Kunsthandwerk der Tablettmalerei. Auf meist schwarzen, polierten Lackoberflächen werden Blumen- und Blütenmotive gemalt. In vielen Haushalten, ob auf dem Lande oder in der Stadt, findet man die bunten Tabletts aus Schostowo. Meistens stehen darauf das Teegeschirr und der Samowar.

043tr dk

Porzellan aus Gschel

Rund 60 km von Moskau entfernt liegt die kleine Stadt Gschel, die im 18. und 19. Jahrhundert das Zentrum des russischen Keramikhandwerks war. Hier wurden Töpfergeschirr und Spielwaren gefertigt. Heute stellt man aus der weißen Tonerde der Gegend russisches Volksporzellan her, welches mit blauen Motiven dekoriert wird.

Tücher und Schals

Immer schon sind bei Frauen in Russland große, wärmende Tücher beliebt gewesen. Berühmt sind vor allem die meist weißen oder schwarzen Tücher mit Blumenmotiven aus der kleinen Stadt Pawlow-Possad in der weiteren Umgebung von Moskau.

Chinesische Souvenirs

Zu den beliebtesten Mitbringseln aus China zählen u.a. Kleidungsstücke aus Seide, Kaschmirpullover, Papierschnitte, Süßwasserperlenketten, Rollbilder mit chinesischer Tuschemalerei, Schnitzereien und Porzellan. Antiquitäten mit Ausfuhrzertifikat sind teuer, billig dagegen sind gute Kopien. Heutzutage findet man so gut wie alle diese Dinge auch in Europa (teurer!).

Mongolische Souvenirs

Neben Kaschmirpullovern und Kamelhaardecken sind bei Touristen Filzschuhe und kleine Modelljurten beliebt.

Einreise und Visa

Vorweg: Alle Hürden bei der Einholung von Visa zur Einreise nach Russland und China sind quasi eine „Retourkutsche" dieser beiden Länder für die Schwierigkeiten, die ihre Bürger bei der Beantragung von Visa z.B. für Deutschland haben! Entsprechend wurde im Sinne eines „Prinzips der Gegenseitigkeit" – so steht es auf der Website der russischen Botschaft – das Beantragungsverfahren von russischen Visa zum 1. November 2010 verschärft. Die Visabeschaffung ist ohne Zweifel der **komplizierteste Teil einer Transsibreise!**

Die Visabedingungen ändern sich ständig, manche Regelungen gelten nur wenige Wochen! Man wende sich am besten an eine Visum-Agentur (s.u.) oder einen Reiseveranstalter, die immer über den aktuellen Stand informiert sind. Wer seinen Visumantrag nicht korrekt ausfüllt und nicht alle erforderlichen Unterlagen exakt in genau der verlangten Version (!) vorlegt, muss damit rechnen, dass die Erteilung eines Visums abgelehnt wird bzw. Korrekturgebühren anfallen! Wer eine Visum-Agentur beauftragt, muss bei Abgabe fehlerhafter und unvollständiger Unterlagen mit einem Aufpreis rechnen. Also: **Besser alles doppelt und dreifach kontrolllieren,** nichts vergessen, nichts falsch ausfüllen und an Datum und Unterschrift denken!

Visumpflichtig für Deutsche, Österreicher und Schweizer sind Russland, China und Weißrussland, für die Mongolei benötigen nur Österreicher und Schweizer ein Visum.

Zu den **Gebühren** der Visa siehe unter den Botschafts-Webseiten der verschiedenen Länder (s.u.).

Bei der Einreise füllt man per Hand (an den Flughäfen in St. Petersburg und Moskau erledigt das der Computer bei der Passkontrolle) ein **Einreiseformular** aus (in Russland „Migration Card", in der Mongolei und in China „Arrival Card" genannt).

Visum-Agentur

Während Pauschalreisende alle notwendigen Unterlagen vom Veranstalter bekommen, ist das Procedere für Individualreisende aufwendig. Da hilft eine Beratung durch eine Visum-Agentur oder eine Reiseagentur. Die Visaeinholung durch einen Profi lohnt sich, auch wenn zusätzliche Kosten entstehen. Die meisten Visum-Agenturen bieten ein **Komplettpaket** an, d.h. sie kümmern sich um alle notwendigen Unterlagen bzw. deren Beschaffung und erledigen bzw. begleiten das komplette Procedere von A bis Z.

Deutschland

- **Wolga Reisen GmbH**
Meller Str. 87, 49084 Osnabrück
Tel. (0541) 33 53 70
www.onlineweg.de/wolga-reisen
- **Visa 123**
An der Pfaffenmütze 33, 53117 Bonn
Tel. (0228) 98 92 94 00, (0171) 78 27 425
www.visa123.de

Österreich

- **Visa AT**
Landstraßer Hauptstr. 71, 1030 Wien
Tel. (01) 228 11, www.visum.at

Schweiz

- **Visadienst,** *Stephan Zurfluh*
Altenburgstr. 5, 5430 Wettingen
Tel. (079) 320 57 91, www.visadienst.ch

Visum-Typen

Unterschieden werden **Transit-, Touristen-** und **Geschäftsvisum.**

Transitvisum

Transitvisa können nur dann beantragt werden, wenn das Visum für das Zielland bereits im Pass ist. Ein Transitvisum berechtigt nur zur Durchreise, nicht zu einem Aufenthalt; Transitvisa sind nicht verlängerbar.

Ein Transitvisum **für Russland** ist für Deutsche und Österreicher fünf Tage, für Schweizer zehn Tage gültig. Fünf Tage reichen für die fünf Tage dauernde Zugreise von Moskau nach Ulan Bator bzw. via Ulan Bator nach Peking, nicht aber für die Zugdurchreise von Moskau über die Mandschurei nach China (Fahrtdauer sechs Tage auf russischem Territorium); grundsätzlich ist es empfehlenswert, ein Touristenvisum anstelle eines Transitvisums zu beantragen, das genauso viel kostet; man spart nur die kostenpflichtige Einladung für Russland.

Hinweis: Da sich die Einreisebedingungen kurzfristig ändern können, raten wir, sich kurz vor der Abreise beim Auswärtigen Amt (www.auswaertiges-amt.de bzw. www.bmeia.gv.at oder www.eda.admin.ch) oder der jeweiligen Botschaft zu informieren.

"A" (Въезд/Arrival)

Российская Федерация Russian Federation		Республика Беларусь Republic of Belarus
Миграционная карта Migration Card	Серия/ Serial	4607
	№	9232558

Фамилия/Surname (Family name)	MEYER
Имя/Given name(s)	HANS
Отчество/Patronymic	–

Дата рождения/Date of birth			Пол/Sex
День/ Day	Месяц/ Month	Год/ Year	Муж/Male ☒ Жен./Female ☐
			Гражданство/Nationality
XX	XX	19XX	DEUTSCH

Документ, удостоверяющий личность/ Passport or other ID	Номер визы/Visa number:
XXXXXXXXXX	VisANUMMER

Цель визита (нужное подчеркнуть)/ Purpose of travel (to be underlined): Служебный/Official, Туризм/Tourism, Коммерческий/Business, Учеба/Education, Работа/Employment, Частный/Private, Транзит/Transit	Сведения о приглашающей стороне (наименование юридического лица, фамилия, имя, (отчество) физического лица), населенный пункт/Name of host person or company, locality.

Срок пребывания/Duration of stay: С/From: XX.XX.20XX До/To: XX.XX	Подпись/Signature: Meyer

Служебные отметки/For official use only

Въезд в Российскую Федерацию /Республику Беларусь/ Date of arrival in the Russian Federation/Republic of Belarus	Выезд из Российской Федерации /Республики Беларусь/ Date of departure from the Russian Federation/Republic of Belarus

1

«A» (Въезд/Arrival)

Российская Федерация — Russian Federation

Миграционная карта *Migration Card* 5 0 0 3 0 18481188

Фамилия/*Surname*: MEYER

Имя/*Given name*: HANS

Отчество/*Patronymic*: –

Дата рождения/*Date of birth*

День *Day*	Месяц *Month*	Год *Year*
XX.	MONAT	19XX

Пол/*Sex*: Муж/*Male* [X] Жен/*Female* [ ]

№ паспорта/*Passport No.*: XXXXXXXXXX

Гражданство/*Nationality*: DEUTSCH

Цель визита/*Purpose of visit:*

- Служебная/*Service* [ ]
- Туризм/*Tourism* [X]
- Коммерческая/*Commerce* [ ]
- Учеба/*Education* [ ]
- Работа/*Employment* [ ]
- Частная/*Private* [ ]
- Транзит/*Transit* [ ]

Адрес (организация) в России *Address (host organization) in Russia:* Adresse der Firma, von der die Einladung stammt

Срок пребывания/*Term of stay:* Aufenthaltsdauer

С/*From:* XX.XX.200X До/*Until:* XX.XX

Подпись/*Signature:* Meyer

Для служебных отметок/*Official use only*

Въезд/*Arrival*

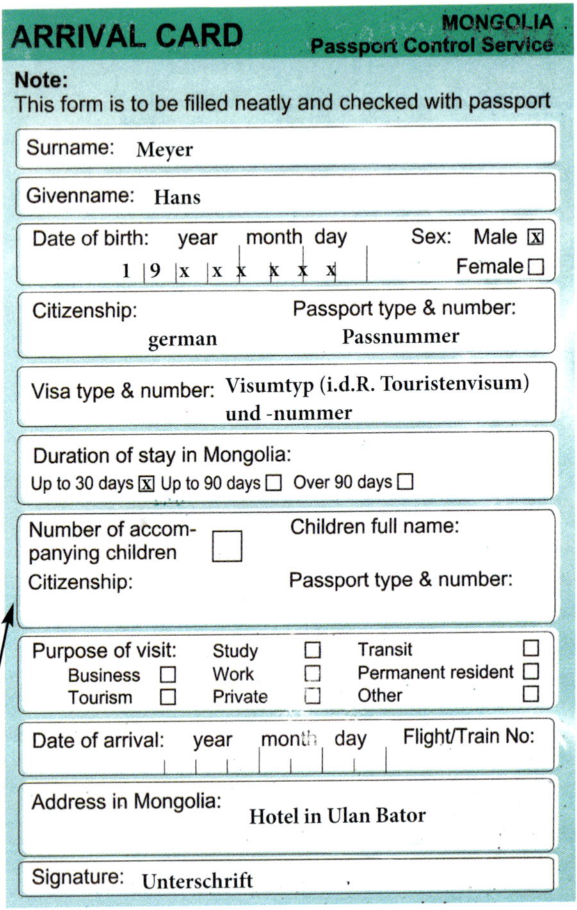

ARRIVAL CARD — MONGOLIA Passport Control Service

Note:
This form is to be filled neatly and checked with passport

Surname: Meyer

Givenname: Hans

Date of birth: year month day — 1 9 x x x x x x — Sex: Male ☒ Female ☐

Citizenship: german — Passport type & number: Passnummer

Visa type & number: Visumtyp (i.d.R. Touristenvisum) und -nummer

Duration of stay in Mongolia:
Up to 30 days ☒ Up to 90 days ☐ Over 90 days ☐

Number of accompanying children ☐ — Children full name:
Citizenship: — Passport type & number:

Purpose of visit: Business ☐ Tourism ☐ Study ☐ Work ☐ Private ☐ Transit ☐ Permanent resident ☐ Other ☐

Date of arrival: year month day — Flight/Train No:

Address in Mongolia: Hotel in Ulan Bator

Signature: Unterschrift

Zweck der Reise

Ankunftsdatum und Flugnummer

Zahl der begleitenden Kinder / Name Nationalität / Passnummer

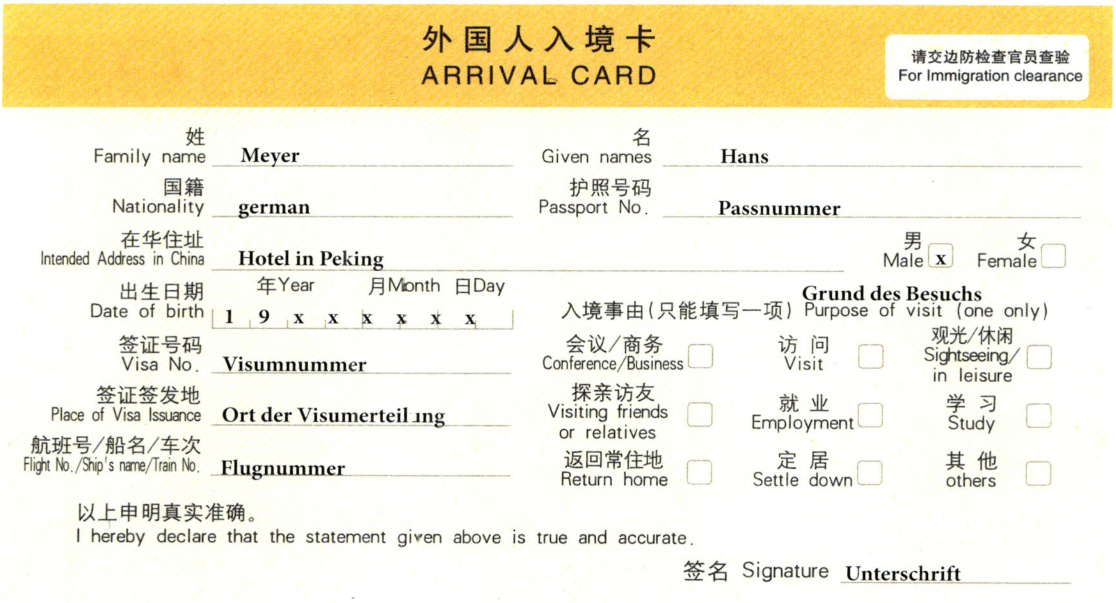

外国人入境卡
ARRIVAL CARD

请交边防检查官员查验
For Immigration clearance

姓 Family name	Meyer	名 Given names	Hans
国籍 Nationality	german	护照号码 Passport No.	Passnummer
在华住址 Intended Address in China	Hotel in Peking	男 Male [x]	女 Female [ ]
出生日期 Date of birth	年Year 月Month 日Day: 1 9 x x x x x x		
签证号码 Visa No.	Visumnummer		
签证签发地 Place of Visa Issuance	Ort der Visumerteil ıng		
航班号/船名/车次 Flight No./Ship's name/Train No.	Flugnummer		

入境事由（只能填写一项）Purpose of visit (one only) **Grund des Besuchs**

会议/商务 Conference/Business [ ]	访问 Visit [ ]	观光/休闲 Sightseeing/in leisure [ ]
探亲访友 Visiting friends or relatives [ ]	就业 Employment [ ]	学习 Study [ ]
返回常住地 Return home [ ]	定居 Settle down [ ]	其他 others [ ]

以上申明真实准确。
I hereby declare that the statement given above is true and accurate.

签名 Signature **Unterschrift**

Ein **mongolisches Transitvisum** benötigen nur Schweizer Staatsbürger; es ist drei Tage gültig.

Das **Transitvisum für Weißrussland** ist erforderlich, wenn man von Deutschland, Österreich oder der Schweiz mit dem Zug nach Moskau reisen will. Es ist 48 Stunden gültig und kann erst beantragt werden, wenn das russische Visum bereits im Pass ist (auch wer in der umgekehrten Richtung reist, muss erst das russische Visum einholen). Der Reisende bekommt an der polnisch-weißrussischen Grenze die für Russland gültige Zolldeklaration und einen Einreisestempel in das russische (!) Visum von den weißrussischen (!) Beamten. Es gibt keine Grenzkontrollen zwischen Weißrussland und Russland.

Wer nach Moskau fliegt und am selben Tag mit der Transsib ohne Zwischenstopp in die Mongolei bzw. über die Mongolei nach China fährt, kann **Transitvisa für Russland und die Mongolei** (Österreicher, Schweizer) beantragen.

Touristenvisum

Man kann mit einem **russischen Touristenvisum** maximal 30 Tage reisen. Beantragt werden kann eine ein- oder zweimalige Einreise (der Preis ist gleich). Die Gültigkeitsdauer ist auf den Tag genau angegeben mit Ein- und Ausreisedatum. Innerhalb dieses Zeitraums kann die Ein- und Ausreise bzw. können die Ein- und Ausreisen frei erfolgen: Man muss nicht am ersten Gültigkeitstag einreisen, muss aber spätestens am letzten Gültigkeitstag ausreisen.

Ein **mongolisches Touristenvisum** berechtigt zu einem Aufenthalt von maximal 30 Tagen und kann verlängert werden (nur in Ulan Bator möglich, der Prozess ist relativ kompliziert und langwierig).

Das **chinesische Touristenvisum** gibt es mit einmaliger und mit doppelter Einreise. Mit beiden kann man bis zu 90 Tage im Land bleiben, vorausgesetzt man hat eine entsprechende Einladung eines chinesisches Reiseveranstalters (Reiseveranstalter in Deutschland arbeiten mit chinesischen Agenturen zusammen und können eine Einladung besorgen), oder man kann bei der Beantragung des Visums Flüge nach und von China sowie Hotelbuchungen für die gesamte Reisedauer vorweisen. Wichtig: Im Falle eines Touristenvisums mit doppelter Einreise muss man zusätzlich die Buchungen der Transportmittel (Flug, Zug, Schiff, Bus) für die Aus- und Wiedereineise vorlegen. Die Gültigkeit des Visums beginnt am Tag der Ausstellung, wobei die Einreise innerhalb von drei Monaten ab Ausstellungsdatum erfolgen muss. Es heißt im Visum *enter before* … (Einreise vor …) – trägt man z.B. den 30.06.2018 ein, heißt das, dass man spätestens am 29.09.2018 einreisen muss und dann die volle Visadauer im Land bleiben kann.

Geschäftsvisum

Für einen **Aufenthalt von mehr als 30 Tagen** braucht man für Russland ein Geschäftsvisum plus geschäftlicher Einladung *(business visa support)*.

Visum-Beantragung

Man muss Visa frühzeitig einholen. Hinweis: Feiertage beachten und die Zeit für den Postweg einrechnen! Visa können je nach Land erst 50 bis 60 Tage vor der Einreise beantragt werden.

VISUMSANTRAG
für die Einreise in die Mongolei

Application for Mongolian Visa

Foto

1.	**Name, Vorname; Geschlecht** Full name, sex	
2.	**Staatsangehörigkeit, Geburtsdatum** Citizenship, date of birth	
3.	**Art, Nr. und Gültigkeitsfrist des Reisedokuments (Pass)** Type, number, validity of passport	
4.	**Anschrift des Wohnsitzes, Telefon-Nr. für Rückfragen** Permanent address, phone number	
5.	**Datum der Einreise in die Mongolei, Transportmittel** Date of arrival , means of Transport	
6.	**Zweck und Dauer des Aufenthaltes in der Mongolei** Purpose and duration of stay in Mongolia	
7.	**Bisherige Aufenthalte in der Mongolei** Previous stays in Mongolia	
8.	**Empfangende oder zuständige Einrichtung bzw. Person in der Mongolei, Anschrift** Receiving and responsible authority or person in Mongolia, address	
9.	**Angaben zu mitreisenden Kindern** Details of accompanying children	
10.	**Bezahlung der Visumsgebühr** (in bar oder per Überweisung*)	

Unterschrift
Signature................................

Ort, Datum
Place, date ....

Виз олгосон үндэслэл	
Ямар ангиллын визийг хэдий хугацаагаар	
Визийн зориулалт, визийн ялгаа	
Хураамж	
Мөнгө хүлээн авагч	

***Bankverbindung der Botschaft der Mongolei**: Deutsche Bank AG
Konto-Nr.: 0794933 BLZ: 100 700 00
Verwendungszweck: Name Visumsgebühr

3*4 photo (taken within the last six months
3*4 өнгөт зураг (сүүлийн 6 сард авахуулсан зураг байна)

МОНГОЛ УЛСЫН ВИЗИЙН МЭДҮҮЛЭГ
VISA APPLICATION FOR MONGOLIA

Санамж: Визийн мэдүүлгийг бөглөхийн өмнө сайтар уншиж танилцана уу.
Please read carefully before you fill in.

1. Овог/ Surname (as in passport)/

2. Өөрийн нэр/ Given and Middle names (as in passport)/

3. Иргэний харьяалал/ Current nationality(ies)/

4. Төрсөн он сар өдөр/ Date of birth/ (year-month-day)

5.Төрсөн газар/ Place and country of birth/

6. Хүйс/ Sex/

☐ Эр/Male ☐ Эм/Female

7. Гэрлэсэн байдал /Marital status/

☐ Single ☐ Married

8. Ажил, мэргэжил /Profession & Occupation/

Address
Street
City
Country
Phone/ Fax

9. Өөрийн улс дахь гэрийн хаяг, утасны дугаар / Permanent address and telephone number in your home country/

Address:

Telephone number:

10.Паспортын төрөл/ Type of passport /

☐ Энгийн/Ordinary ☐ Дипломат/Diplomatic ☐ Албан/Service

☐ Аяллын бусад баримт бичиг/ Other travel document(please specify):

11.Паспортын дугаар/ Number of passport/

12. Дуусах хугацаа/ Valid until/ (year-month-day)

13. Монгол Улсад хүлээн авах хувь иргэн, аж ахуйн нэгж байгууллагын нэр, хаяг /Name and address of host person or organization in Mongolia/

Company name:

Address:

14. Монгол Улсад байх таны хаяг, утасны дугаар / Your home address and telephone number in Mongolia/

Address:

Telephone number

15. Аяллын зорилго/ Purpose of travel/

☐ Жуулчлал/Tourism ☐ Албан/Business ☐ Суралцах/ Study ☐ Ажиллах/Employment

☐ Гэр бүлдээ зочлох/Visiting or joining family ☐ Дамжин өнгөрөх/Transit ☐ Хувийн/Private

☐ Бусад/Other

16. Хилээр нэвтрэх тоо / Number of entries requested/

☐ Нэг удаа/ Single ☐ Хоёр удаа/ Double ☐ Олон удаа/ Multiple entries

Энэ хэсгийг виз олгогч ажилтан бөглөнө.
/For for official use only/

Визийн зөвшөөрөл олгосон газар /хувийн урилга/ зөвшөөрлийн дугаар

....

....

Олгосон визийн ангилал

....

Байх хугацаа

....

Визийн ялгаа

☐ Орох

☐ 2 удаа орох

☐ Гарах-орох

☐ 2 удаа гарах-орох

☐ Олон удаа 1 жил

☐ Олон удаа 6 сар

☐ Дамжин өнгөрөх

Олгосон визийн дугаар

Виз үйлдсэн ажилтан:

....

Нэр

....

/Гарын үсэг/

Баталгаажуулсан албан тушаалтан:

....

Нэр

....

/Гарын үсэг/

Он сар өдөр

....

17. Хамт яваа 16 хүртэлх насны хүүхэд/ Children under 16 years travelling with you/
Паспорт тус бүрт виз мэдүүлэх өргөдөл бөглөх шаардлагатай.

	Иргэний харьяалал/ Current nationality(ies)/	Овог/Surname/	Нэр/Given name/	Төрсөн он сар өдөр /Date of birth/	Тантай ямар хамааралтай болох /Relationship to Applicant /
1					
2					
3					

(Applications must be submitted separately for each passport)

**18. ТА ДАРААХ АСУУЛТАНД ХАРИУЛНА УУ.
PLEASE READ AND GIVE ANSWERS TO THE FOLLOWING QUESTIONS.**

A. Танд урьд нь Монгол Улсын дипломат төлөөлөгчийн газраас виз олгохоос татгалзаж байсан эсэх ?
Have you ever been refused a visa at a Mongolian diplomatic mission?

☐Yes.. ☐No

B. Өөр нэрээр Монгол Улсын виз мэдүүлж байсан эсэх?
Have you ever applied for Mongolian visa with a different name?

☐Yes.. ☐No

19. Энэхүү өргөдлийг виз мэдүүлэгчийн өмнөөс өөр хүн бөглөж байгаа бол тухайн иргэн энэ хэсгийг бөглөнө үү.
/Please complete this section if you are filling this form on behalf of visa applicant/

1. Энэхүү өргөдлийг бөглөсөн хүний овог нэр..
/Name of person completed the form/
....

2. Өргөдөл гаргагчтай ямар хамааралтай..
/Relationship to the applicant/.
....

3. Таны хаяг, утасны дугаар..
/Address and phone number/
....

4. Гарын үсэг..
/Signature/

I agree to my person data on this appliation form being communicated to the appropriate authorities of Mongolia if necessary for the issue of visa

I declare that to the best of my knowledge the above particulars are correct and complete. I am aware that any false statements will lead to my application being rejected or to the annulment of visa already granted and may also render me liable to prosecution under the law of Mongolia.

I undertake to leave the territory of Mongolia upon the expiring date of the visa, if granted.

I realize that possession of a visa is only on or the prerequisite for entry into the territory of Mongolia.

I would get registered within 7 days after my arrival in Mongolia at the Immigration Agency and get deregistered before the departure at same office, if my stay length over thirty days.

**Миний бие дээр мэдүүлсэн мэдээллийг үнэн зөв болохыг баталж байна. Буруу, ташаа мэдээлэл өгсөн нь Монгол Улсад нэвтрүүлэхээс татгалзах болон виз олгохгүй байх шалтгаан болно гэдгийг ойлгож байна.
I hereby declare that the statement given above is true and correct. I understand that any false or misleading statement may result in the permanent refusal of a visa or denial of entry into Mongolia.**

Өргөдлийг үнэн зөв мэдүүлэгчийн гарын үсэг ....
/Applicant's signature/

Он сар өдөр..
Date(year-month-day)

中华人民共和国签证申请表

Antrag auf Erteilung eines Visums zur Einreise in die Volksrepublik China

申请人必须如实、完整地填写本表格。请逐项在空白处用中文或外文大写字母打印填写，或在□打×选择。如有更多需要声明事项，请附另纸说明。Der Antragsteller/ Die Antragstellerin ist verpflichtet, alle Angaben nach bestem Wissen und Gewissen zu machen. Bitte füllen Sie das Formular auf Chinesisch, Deutsch oder Englisch in Blockschrift aus, oder kreuzen Sie bei □ das Zutreffende an. Wenn Sie weitere Angaben machen möchten, schreiben Sie bitte auf gesondertes Blatt.

如申请到中国工作、留学，或与护照偕行人同行，或不在国籍国申请签证，你还需填写签证申请表附表（Form V.2011B）。Wenn Sie in China arbeiten, studieren oder von in Ihrem Reisepass eingetragener/n Person/en begleitet werden, oder Sie stellen den Visumantrag in einem anderen Land als dem, dessen Staatsangehörige/r Sie gegenwärtig sind, müssen Sie das zusätzliche Antragsformular (Form V.2011B) noch ausfüllen.

一、个人信息 Teil 1: Persönliche Daten

1.1 外文姓名 Name wie im Pass angegeben	姓 Familienname:	1.2 性别 Geschlecht	□ 男 M □ 女 F	照片 / Foto 请将 1 张近期正面免冠、浅色背景的彩色护照照片粘贴于此。 Bitte kleben Sie hier ein aktuelles Passbild mit hellem Hintergrund auf!
	名 Vorname:			
1.3 中文姓名（如有，请用汉字） Chinesischer Name (falls zutreffend)				
1.4 别名或曾用名 Sonstiger bzw. früherer Name				
1.5 用本国语言书写名字 Name in originaler Schrift falls abweichend von der deutschen Schrift				
1.6 现有国籍 Jetzige Staatsangehörigkeit		1.7 曾有国籍 Frühere Staatsangehörigkeit		
1.8 同时具有的国籍 Weitere Staatsangehörigkeit/en		1.9 出生日期 Geburtsdatum (Jahr-Monat-Tag)		
1.10 出生地点(国、省/市) Geburtsort (Land, Provinz/Bundesland, Stadt)		1.11 当地身份证号码 Personalausweisnummer		
1.12 婚姻状况 Familienstand	□已婚 Verheiratet □未婚 Ledig □离婚 Geschieden □丧偶 Verwitwet □其他（请说明）Sonstiges (bitte nähere Angaben):			
1.13 当前职业（可选多项） Jetzige berufliche Tätigkeit/en	□商人 Geschäftsmann □政府官员 Beamter □公司职员 Angestellter □新闻从业人员 Journalist od. Redakteur □教师 Lehrkraft □宗教人士 Geistlicher □学生 Schüler / Student □现役军人 Aktive Militärperson □家庭主妇 Hausfrau □退休 Pensionär/ Rentner □无业 Arbeitslos □乘务人员 Crew-Mitglied (Flugzeug, Zug od. Schiff) □国会议员 Parlamentarier, Abgeordneter od. Senator □其他(请说明) Sonstiges(bitte nähere Angaben):			
1.14 护照种类 Art des Passes	□外交 Diplomatenpass □公务、官员 Dienstpass / Offizieller Pass □普通 Reisepass □其他证件(请说明) Sonstiges (bitte nähere Angaben):			
1.15 护照号码 Passnummer		1.16 签发日期 Datum der Pass-Ausstellung (Jahr-Monat-Tag)		
1.17 签发地点(省/市及国家) Pass-Ausstellungsort (Land, Provinz/Bundesland, Stadt)		1.18 失效日期 Pass-Gültigkeit bis (Jahr-Monat-Tag)		
1.19 办理签证通常需要 4 个工作日。如需加急，请注明,但须另外缴费。Die normale Bearbeitung dauert 4 Arbeitstage. Für die Express-Bearbeitung muss Zuschlag bezahlt werden.	□普通(4 个工作日) Normal (Abholung in 4 Werktagen) □加急(2-3 个工作日) Abholung in 2-3 Werktagen (plus 20 €) □特急 Abholung am gleichen Tag (plus 30 €)			

二、赴华旅行信息 Teil 2: Reiseinformationen in China

2.1 赴中国主要事由（可选多项） Reisezweck/e	□旅游 Tourismus □探亲 Besuch von Familienangehörigen □访友 Besuch von Freunden □商务 Geschäftsreise □会议 Konferenz □过境 Transit □任职就业 Arbeitsaufnahme □其他（请说明） Sonstiges (bitte nähere Angaben):	□记者常驻 als Journalist mit langfristiger Akkreditierung □记者临时采访 als Journalist mit kurzfristiger Akkreditierung □常驻外交、领事官员 Akkr. Diplomat od. Konsul in China □商业演出 Kommerzielle Aufführung (Orchester, Theater...) □执行乘务 als Crew-Mitglied □留学 Studium □官方访问 Offizieller Besuch
2.2 计划入境次数 Anzahl der geplanten Einreisen	□一次入境（自申请日起 3 个月内有效）Einmalige Einreise (ab Ausstellung gültig für 3 Monate) □二次入境（自申请日起 3-6 个月内有效）Zweimalige Einreise (ab Ausstellung gültig für 3- 6 Monate) □半年多次入境（自申请日起半年内有效）Mehrfache Einreise (ab Ausstellung gültig für 6 Monate) □一年多次入境（自申请日起一年内有效）Mehrfache Einreise (ab Ausstellung gültig für 12 Monate) □其他（请说明）Sonstiges (bitte nähere Angaben):	
2.3 首次行程抵达中国的日期 Voraussichtl. Ankunftsdatum in China (Jahr-Monat-Tag)		
2.4 预计行程中单次在华停留的最长天数 Voraussichtl. Aufenthaltsdauer (Max./Pro Aufenthalt)		Tage

2.5 在中国逗留期间的住址及电话（按时间顺序） Adresse und Telefonnummer während Ihres Aufenthalts in China (nach der zeitlichen Reihenfolge)	详细邮政地址 Vollständige Anschrift	电话 Telefonnummer
	1.	
	2.	
	3.	
	4.	

2.6 谁将承担往返中国及在中国的费用？ Wer übernimmt die Kosten für Ihre Reise und Aufenthalt in China?	□ 你本人 Antragsteller/in selbst □ 邀请单位或个人 Einladende Person(en) □ 父母或法定监护 Eltern oder Vormund □ 其他（请说明）Sonstiges (bitte nähere Angaben):
2.7 在华期间有无医疗保险?如有，请填写保险公司名称及保险账号。 Haben Sie eine Krankenversicherung während des Aufenthalts in China? Wenn "ja", geben Sie bitte den Namen der Versicherungsgesellschaft und die Versicherungsnummer an.	
2.8 在华邀请、联系的单位名称、地址及电话 Name, Adresse und Telefonnummer der einladenden Institution in China	
2.9 在华亲友、联系人的姓名、地址、电话 Name, Adresse und Telefonnummer der einladenden Person/en in China	

三、家庭、工作或学习信息 Teil 3: Informationen über Ihre Familie, Arbeit oder Ihr Studium

3.1 详细家庭邮政住址 Vollständige Privatanschrift			
3.2 家庭电话 Private Telefonnummer		3.3 手机号码 Mobiltelefonnummer	
3.4 电子信箱 E-Mail Adresse			

3.5 工作单位或学校 Arbeitgeber, Schule oder Universität	名称 Name	
	邮政地址 Anschrift	
	电话 Telefonnummer	

3.6 主要家庭成员 Engste Familienangehörige	姓名 Name	国籍 Staatsangehörigkeit	职业 berufliche Tätigkeit	关系 Beziehung

3.7 紧急情况下的联系人 Ansprechpartner im Notfall		3.8 电话号码 Telefonnummer des Ansprechpartners	

四、其他情况 Teil 4: Andere Informationen

4.1 是否曾经访问过中国？如果是，请说明最近一次情况。 Waren Sie schon einmal in China? Wenn "ja", bitte geben Sie eine nähere Beschreibung über Ihren letzten Besuch in China an.			
4.2 在过去的12个月里是否访问过其他国家或地区。如果是，请说明。 Waren Sie in den vergangenen 12 Monaten in einem anderen Land oder Region? Wenn "ja", bitte geben Sie nähere Informationen an.			
4.3 是否曾在中国超过签证或居留许可允许的期限停留？Haben Sie bei Ihrem früheren Aufenthalt in China die Gültigkeit Ihres Visums oder Ihrer Aufenthaltsgenehmigung überzogen?		□是 Ja	□否 Nein
4.4 是否曾经被拒绝颁发中国签证，或被拒绝进入中国？Wurde Ihnen der Antrag auf ein chinesisches Visum abgelehnt oder die Einreise nach China verweigert?		□是 Ja	□否 Nein
4.5 是否在中国或其他国家有违法记录？ Sind Sie in China oder in einem anderen Land vorbestraft?		□是 Ja	□否 Nein
4.6 是否患有以下任一种疾病 Leiden Sie an einer der folgenden Krankheiten? ①严重精神疾病 Schwere Geisteskrankheit ②传染性肺结核病 Infektionstuberkulose ③可能对公共卫生造成危害的其他传染病 Andere Infektionskrankheit, die der Volksgesundheit schaden könnte		□是 Ja	□否 Nein
4.7 近30日内是否前往过流行性疾病传染的国家或地区？Waren Sie in den vergangenen 30 Tagen in irgendeinem/einer von Infektionskrankheit heimgesuchten Land / Region?		□是 Ja	□否 Nein
4.8 如果对4.3到4.7的任何一个问题选择“是”，请在下面详细说明。 Wenn Sie irgendeine der Fragen von 4.3 bis 4.7 mit "ja" beantwortet haben, geben Sie bitte hier eine nähere Beschreibung an.			

五、有关声明 Teil 5: Zuständige Angaben

5.1 如计划赴中国工作、留学，或使用的护照上有一同旅行的携行人，或是在非国籍国申请签证，请填写签证申请表附表(Form V.2011B)，与本表一同递交。Wenn Sie in China arbeiten, studieren oder von in Ihrem Reisepass eingetragener/n Person/en begleitet werden, oder Sie stellen den Visumantrag in einem anderen Land als dem, dessen Staatsangehörige/r Sie gegenwärtig sind, füllen Sie bitte das zusätzliche Antragsformular (Form V.2011B) aus und geben Sie es zusammen mit diesem Antragsformular ab.

5.2 如果有本表未涉及而需专门陈述的其他与签证申请相关的事项，请在此说明。Wenn Sie weitere Angaben zur Erklärung haben, die mit dem Antrag relevant sind und nicht im Formular vorkommen, geben Sie bitte hier eine nähere Beschreibung an.

六、签名 Teil 6: Unterschrift

6.1 我已阅读并理解此表所有内容要求，并对照片及填报情况的真实性和准确性负责。Ich habe sämtliche Fragen dieses Antragsformulars durchgelesen und verstanden, das Foto überprüft und meine Angaben nach bestem Wissen und Gewissen richtig und wahrheitsgemäß gemacht.

6.2 我理解，能否获得签证、获得何种签证、入境次数以及有效期、停留期等将由领事官员决定，任何不实、误导或填写不完整均可能导致签证申请被拒绝或被拒绝进入中国。Ich nehme zur Kenntnis, dass die Entscheidung über Erteilung des Visums, Art des Visums, Anzahl der Einreisen und Dauer des Aufenthalts bei dem Konsul liegt und eine falsche, irreführende oder unvollständige Angabe die Ablehnung eines Visums bzw. der Einreise zur Folge haben könnte.

申请人签名 Unterschrift: ______________ 日期 Datum(Jahr-Monat-Tag) ______________

注：未满18周岁的未成年人可由父母或监护人代签。

Note: Bei Minderjährigen unter 18 Jahren darf der Vater, die Mutter oder der gesetzliche Vormund im Auftrag unterschreiben.

七、他人代填申请表时填写以下内容 Teil 7: dieses Antragsformular für Visumantragsteller/in ausfüllende Person

7.1 代填申请表人的姓名 Name der Person, die das Formular ausgefüllt hat:		7.2 与申请人关系 Beziehung zum/r Antragsteller/in:	
7.3 地址 Anschrift:		7.4 电话 Telefonnummer	
7.5 所持身份证件种类 Art des Ausweises		7.6 证件号码 Ausweisnummer	

7.7 声明 Erklärung 我声明本人是根据申请人要求而协助填表，并证明申请人理解并确认表中所填写内容准确无误。Hiermit erkläre ich, dass ich auf Anforderung des Antragstellers Beihilfe zur Ausfüllung dieses Antragsformulars leiste, und bestätige, dass der Antragsteller den Inhalt dieses Formulars verstanden und die Richtigkeit aller Angaben überprüft hat.

代填人签名 / Unterschrift: ______________ 日期/ Datum (Jahr-Monat-Tag): ______________

以下仅供领事官员填写 der Botschaft/ dem Konsulat vorbehalten

签证种类		有效期		停留期	
审核人		日期		备注	

РЭСПУБЛІКА БЕЛАРУСЬ
ВІЗАВАЯ АНКЕТА

DIE REPUBLIK BELARUS
VISUMANTRAG

Фотаздымак/ Foto

1. Прозвішча/ Name (n)

2. Імя/ Vorname (n)

3. Іншыя імёны, прозвішчы, у тым ліку дзявочае/ Familienname bei der Geburt / frühere Familienname (n)

4. Пол/ Geschlecht
☐ мужчынскі/ männlich
☐ жаночы/ weiblich

5. Дата нараджэння/ Geburtsdatum
Tag | Monat | Jahr

6. Месца нараджэння/ Geburtsort
краіна/ Staat .... горад/ Ort ....
вобласць(раён)/ Bundesland ....

7. Цяперашняе Грамадзянства(ы)/ Derzeitige Staatsangehörigkeit (en)

Калі Вы мянялі грамадзянства(ы), назавіце грамадзянства(ы), якія былі ў Вас раней, і вызначце дату(ы) яго(іх) змены / Bei Wechsel der Staatsangehörigkeit ursprüngliche Staatsangehörigkeit und das Datum des Erhalts der neuen Staatsangehörigkeit bitte angeben

8. Тып пашпарта/ Art des Passes
☐ звычайны/ Normaler Reisepaß
☐ дыпламатычны/ Diplomatenpaß
☐ службовы/ Dienstpaß
☐ іншы дакумент/ Anderes Reisedokument:

9. Нумар пашпарта/ Passnummer

10. Кім выдадзены/ Ausgestellt durch

11. Дзе выдадзены/ Ausstellungsort

12. Дата выдачы/ Ausstellungsdatum
Tag | Monat | Jahr

13. Тэрмін дзеяння/ Gültig bis
Tag | Monat | Jahr

14. Адрас сталага месца жыхарства/ Ständiger Wohnort
краіна/ Staat .... вобласць(раён)/ Bundesland ....
горад/ Ort .... вуліца/ Straße ....
нумар дома/ Hausnummer .... нумар кватэры/ Wohnungsnummer ....
нумар тэлефона/ Telefonnummer .... e-mail ....

15. Месца працы і службовы адрас/ Arbeitsstelle und Anschrift des Arbeitgebers
прадпрыемства/ Arbeitgeber .... пасада/ Dienststellung ....
краіна/ Staat .... вобласць(раён)/ Bundesland ....
горад/ Ort .... вуліца/ Straße ....
нумар дома/ Hausnummer .... нумар тэлефона/ Telefonnummer ....

16. Тып візы/ Art des Visums
☐ індывідуальная/ Einzelvisum
☐ групавая/ Gruppenvisum

17. Катэгорыя візы/ Kategorie des Visums
☐ транзітная/ Transitvisum
☐ кароткачасовая/ Kurzaufenthalt
☐ доўгатэрміновая/ längerer Aufenthalt

18. Колькасць уездаў/ Anzahl der Einreisen
☐ аднаразовая/ einmalige Einreise
☐ двухразовая/ zweimalige Einreise
☐ шматразовая/ mehrfache Einreise

19. Тэрмін дзеяння візы/ Dauer des geplantes Aufenthalts
з/ von: Tag | Monat | Jahr
па/ bis: Tag | Monat | Jahr
на тэрмін знаходжання/ Anzahl der Tage: сутак/ Tage

20. Назва запрашаючай арганізацыі або імя запрашаючай асобы/ Name der einladenden Organisation oder Person

21. Адрас запрашаючай арганізацыі або асобы/ Adresse der einladenden Organisation oder Person
вобласць/ Gebiet .... горад/ Ort ....
вуліца/ Straße .... нумар дома/ Hausnummer ....
нумар кватэры/ Wohnungnummer .... нумар тэлефона/ Telefonnummer ....
нумар факса/ Faxnummer .... e-mail ....

22. Адрас знаходжання ў Беларусі/ Anschrift während des Aufenthalts in Belarus
вобласць(раён)/ Gebiet .... горад/ Ort ....
вуліца/ Straße .... нумар дома/ Hausnummer ....
нумар кватэры/ Wohnungnummer .... гасцініца/ Hotel ....

23. Падрабязнае тлумачэнне мэты візіту/ Hauptzweck(e) der Reise (ausführlich)

Службовыя адзнакі / Für dienstliche Vermerke

Дата звароту:
....

Падставы:
☐ сапраўдны пашпарт
☐ візавая падтрымка
☐ фінансавыя сродкі
☐ страхоўка
☐ інтэрв'ю

Рашэнне по звароту:
ад ....
☐ станоўчае
☐ адмоўнае

Тып візы:
☐ B
☐ C
☐ D

Кратнасць візы:
☐ 1
☐ 2
☐ шм

Мэта візіту:
☐ транзіт
☐ дзелавыя стасункі
☐ удзел у спартыўных/ культурных мерапрыемствах
☐ прэса
☐ гуманітарная
☐ рэлігійныя стасункі
☐ з правам працы па найму
☐ турызм
☐ на вучобу
☐ прыватная
☐ наведванне месцаў пахавання
☐ на сталае жыхарства
☐ службовая
☐ дыпламатычная

Віза:
№ ....

Сапраўдная:
з ....
па ....

Глядзі на адвароце ↓ Bitte wenden

24. Ці былі Вы раней у Рэспубліцы Беларусь/ Waren Sie schon einmal in Belarus?

☐ так/ ja ☐ не/ nein

калі так, вызначце тэрмін, месцы і мэту апошняга візіту/ Wenn ja, bitte angeben wann, wo und mit welchem Zweck

з/ von .... па/ bis .... дзе/ wo .... мэта візіту/ Zweck des Besuchs ....

25. Папярэднія візіты ў Рэспубліку Беларусь на працягу бягучага году/ Vorige Aufenthalte in Belarus im laufenden Jahr

1) з/ von .... па/ bis .... 4) з/ von .... па/ bis ....

2) з/ von .... па/ bis .... 5) з/ von .... па/ bis ....

3) з/ von .... па/ bis .... 6) з/ von .... па/ bis ....

26. Ці было Вам калі-небудзь адмоўлена ў беларускай візе альбо віза была ануляванa / Wurde Ihr Antrag auf belarussisches Visum schon einmal abgelehnt bzw. Ihr Visum storniert?

☐ так/ ja ☐ не/ nein

калі так, вызначце дату/ Wenn ja, bitte Datum angeben ....

27. Ці падпадалі Вы падчас ранейшага знаходжання на тэрыторыі Рэспублікі Беларусь пад адказнасць за парушэнне беларускага заканадаўства/ Sind Sie bei früheren Aufenthalten in Belarus mit dem Gesetz in Konflikt geraten?

☐ так/ ja ☐ не/ nein

калі так, вызначце калі/ wenn ja, bitte angeben wann .... і дзе/ und wo ....

Станоўчы адказ на пытанне не вядзе да абавязковай адмовы ў выдачы візы, аднак у гэтым выпадку пажадана Ваша асабістая прысутнасць з мэтай правядзення інтэрв'ю з консульскім работнікам / Eine positive Antwort hat nicht automatisch die Verweigerung des Visums zur Folge, Sie müssen jedoch ein persönliches Gespräch mit einem Konsularbeamten führen

28. Ці былі Вы калі-небудзь дэпартаваны з якой-небудзь краіны/ Wurden Sie schon einmal aus irgendeinem Staat deportiert?

☐ так/ ja ☐ не/ nein

калі так, вызначце калі/ wenn ja, bitte angeben wann .... і з якой краіны / und aus welchem Land ....

29. Транспартны сродак, які прадугледжаны для ўезду ў Рэспубліку Беларусь/ Transportmittel, das zur Einreise in Belarus benutzt wird

30. Маршрут руху/ Reiseroute

31. Сродкі да існавання падчас знаходжання ў Рэспубліцы Беларусь/ Mittel zur Bestreitung des Lebensunterhalts in Belarus

☐ наяўныя сродкі/ Bargeld ☐ банкаўскія чэкі/ Bankschecks

☐ крэдытныя карткі/ Kreditkarten ☐ зваротны білет/ Rückfahrkarte

☐ дарожныя чэкі/ Reiseschecks ☐ пражыванне/ Unterkunft

32. Звесткі аб медыцынскай страхоўцы/ Information über die Krankenversicherung

страхавая арганізацыя/ Versicherungsgesellschaft ....

страхавы поліс/ Police: нумар/ Nummer ....

сапраўдны з/ gültig von .... па/ bis ....

33. Сямейнае становішча/ Familienstand

☐ знаходжуся ў шлюбе/ verheiratet ☐ не знаходжуся ў шлюбе/ ledig ☐ разведзены(а)/ geschieden ☐ удавец (удава)/ verwitwet

34. Прозвішча мужа(жонкі)/ Familienname des Ehepartners

35. Прозвішча мужа(жонкі) пры нараджэнні/ Familienname des Ehepartners bei der Geburt

36. Імя і іншыя імёны мужа (жонкі)/ andere Namen des Ehepartners

37. Грамадзянства(ы) мужа(жонкі)/ Staatsangehörigkeit des Ehepartners

38. Дата нараджэння мужа(жонкі)/ Geburtsdatum des Ehepartners

Tag		Monat		Jahr			

39. Месца нараджэння мужа (жонкі)/ Geburtsort des Ehepartners

краіна/ Staat .... горад/ Ort ....

вобласць(раён)/ Bundesland ....

40. Калі Вас суправаджаюць дзеці і яны ўнесены ў Ваш пашпарт, запоўніце табліцу/Im Paß eingetragene mitreisende Kinder, bitte, in die Tabelle eintragen

Прозвішча / Name	Імя / Vorname	Дата і месца нараджэння / Geburtsdatum und -ort

41. Дэкларацыя/ Erklärung

я заяўляю, што інфармацыя, якая змешчана ў гэтай анкеце, з'яўляецца дакладнай і праўдзівай. Я ведаю, што паведамленне няпраўдзівых звестак альбо адмаўленне ад прадстаўлення неабходных дакументаў можа служыць падставай для адмовы ва ўездзе ў Рэспубліку Беларусь. Я таксама папярэджаны, што, калі гэтая інфармацыя будзе прызнана недакладнай, віза можа быць ануляванa ў любы момант. Я абавязуюся па прыбыцці ў Рэспубліку Беларусь ва ўстаноўленым парадку аформіць рэгістрацыю і пакінуць яе тэрыторыю да заканчэння тэрміну дзеяння візы./

Ich erkläre, daß die Information im Antragsformular wahr und korrekt ist . Mir ist bewußt, daß falsche Angaben oder die Zurückhaltung bei Vorweisung der erforderlichen Dokumente zum Visumantrag zur Verweigerung der Einreise nach Belarus führen können. Ich bin gewarnt, daß falsche Angaben zu jeder Zeit die Annulierung des Visums zur Folge haben können. Ich verpflichte mich, mich nach meiner Ankunft in Belarus vorschriftsmäßig anzumelden und das Hoheitsgebiet von Belarus vor Ablauf des Visums zu verlassen.

42. Асабісты подпіс/ Unterschrift

43. Дата падпісання/ Datum

Tag		Monat		Jahr			

Die reine **Visabearbeitungszeit,** d.h. ohne Zeit für den Versand, beträgt für Russland zehn Arbeitstage, d.h. zwei volle Wochen (gegen Aufschlag gibt es Expressvisa innerhalb von drei Arbeitstagen), für China eine Woche (keine Expressvisa möglich), für die Mongolei eine Woche (gegen Aufschlag gibt es Expressvisa in drei bis vier Tagen) und ggf. für ein 48 Stunden gültiges Transitvisum für Weißrussland fünf Arbeitstage (gegen Aufschlag gibt es Expressvisa innerhalb von zwei Werktagen).

Visabearbeitungszeit inkl. Pufferzeit für Post- bzw. Kurierweg sowie Feiertage: **Russland** vier Wochen, Beantragung frühestens sechs Monate vor der Einreise (falls früher ggf. schriftliche Begründung einreichen); **China** frühestens 50 Tage vor der geplanten Einreise (man beachte die Bestimmungen zur Gültigkeit des Visums, s.o.); **Mongolei** frühestens drei Monate vor der geplanten Einreise, da das Visum ab Ausstellungsdatum drei Monate gültig ist (betrifft z.Z. nur Österreicher und Schweizer).

Nicht vergessen, dass der **Pass** bei der Ausreise noch mindestens sechs Monate gültig sein muss und die Visa eingeklebt werden müssen: Für russische und chinesische Visa unbedingt (!) eine komplette freie Doppelseite vorsehen, für das mongolische Visum reicht eine freie Passseite.

Visum für Russland

Erforderliche Unterlagen zusätzlich zu dem **original Reisepass** (mit einer Mindestgültigkeit von sechs Monaten nach Ablauf des Visums), **einem vollständig ausgefüllten Visumantrag mit aufgeklebtem biometrischen Passfoto** (Maße 35 x 45 mm, keine Fotos aus dem Internet!) sind:

- Einladung aus Russland *(visa support)*, s.u.;
- offizielles Bestätigungschreiben einer in Russland gültigen Reisekrankenversicherung (zum Stichwort „Bestätigung zwecks Beantragung eines russsischen Visums" haben die Krankenversicherungen ein vorgefertigtes Formular);
- Rückkehrwilligkeitsgarantie in Form eines Gehaltsnachweises oder eines Garantieschreibens seitens des Reiseveranstalters.
- **Informationen (Botschaften):**

– https://russische-botschaft.ru/de
– https://austria.mid.ru/web/austriade
– https://switzerland.mid.ru/web/switzerland_de

Visabeantragungen erfolgen über die **Konsulate** bzw. Konsularabteilungen der Botschaften, über das **Russische Visazentrum** *(Visa Handling Services GmbH – VHS)*, eine **Visum-Agentur** oder einen **Reiseveranstalter.** Man muss den Visumantrag online über die VHS- bzw. Botschaftsseite streng nach Anweisung ausfüllen und dann ausgedruckt und unterschrieben mitnehmen bzw. verschicken. Während Visum-Agenturen Anträge unabhängig vom Bundesland annehmen, gelten für die Beantragung per VHS oder Konsulat Zuständigkeitsbereiche (s.u.). Termine sind online zu vereinbaren. Es fallen Servicegebühren an.

Die Abgabe der Visumunterlagen (sowie die Rückgabe des Passes) kann **persönlich oder über eine bevollmächtigte Person** erfolgen; die Vollmacht bedarf keiner notariellen Beglaubigung. Zu Vollmachtvordrucken siehe unter www.vhs-germany.com/data/files/docs/prox_de.pdf. Bei der Antragstellung erfährt man das Abholdatum und kann den

Pass ohne Terminvergabe zu den Öffnungszeiten abholen.

Visa Handling Services GmbH (VHS)

- **Deutschland, www.vhs-germany.com**

Zuständigkeitsbereiche (Konsularbezirke) der Konsulate und VHS-Stellen:

– **Berlin:** Berlin, Brandenburg, Sachsen-Anhalt, Mecklenburg-Vorpommern
– **Bonn:** Nordrhein-Westfalen, Rheinland-Pfalz, Saarland
– **Frankfurt a.M.:** Baden-Württemberg, Hessen
– **Hamburg:** Bremen, Hamburg, Niedersachsen, Schleswig-Holstein
– **Leipzig:** Sachsen, Thüringen
– **München:** Bayern

- **Österreich, www.vhs-austria.com**

Zuständigkeitsbereiche (Konsularbezirke) der Konsulate und VHS-Stellen:

– **Wien:** Wien, Niederösterreich, Burgenland, Steiermark
– **Salzburg:** Salzburg, Tirol, Oberösterreich, Kärnten, Voralberg

- **Schweiz, www.vhs-swiss.com**

Zuständigkeitsbereiche (Konsularbezirke) der Konsulate und VHS-Stellen:

– **Bern:** Bern, Solothurn, Basel, Aargau, Schaffhausen, Thurgau, Zürich, Appenzell, Ausserrhoden, Glarus, Schwyz, Zug, Obwalden, Nidwalden, Uri, Graubünden, Tessin, Jura, St. Gallen, Luzern
– **Genf:** Genf, Wallis, Waadt, Freiburg, Neuenburg

Anleitung zum Ausfüllen eines russischen Visumantrags

Da der Vorgang nicht gerade einfach ist, bekommt man von der Firma, die für die Visaeinholung beauftragt wurde, ganz genaue Instruktionen.

Die **VHS-Anweisungen** findet man unter: www.vhs-germany.com/main.php?id=instruction&lang=de

- **Passwort** merken (Groß- und Kleinschreibung bitte beachten) für evtl. spätere Korrekturen!

Grundsätzlich: Es werden nur absolut korrekt ausgefüllte Visumanträge vom Konsulat akzeptiert! Ein Fehler und die gesamten Visumunterlagen kommen zurück – und das kostet Zeit und Geld!

- Bei **Vornamen** bitte nur den oder die Vornamen eintragen, die auf der Fotoseite unten im Pass stehen vor den Zeichen: <<<<<<<<.
- Bei der aus neun Stellen bestehenden **Passnummer** immer eine Null (0) eingeben und kein O (wie in Oma). Die neun Stellen findet man sowohl auf der ersten Plastikseite oben rechts als auch auf allen anderen Passseiten unten in gelochter Form.
- Bei der **Privatadresse** unbedingt eine Telefonnummer, eine E-Mail-Adresse und das Land (z.B. Deutschland) angeben
- Hinter Geburtsort, Wohnort und Ort des Arbeitsplatzes jeweils das **Heimatland angeben.**
- Bei **Rentnern, Hausfrauen und Kindern** die Privatadresse als Arbeitsplatz angeben und als Beruf Rentner bzw. Hausfrau.
- Bei **Kleinkindern** ein Schreiben mit der Zustimmung zur Reise von beiden Eltern (inkl. Passkopie beider Eltern) beilegen.
- Automatisch kommt man auf die nächste Seite und findet oben rechts eine **Antragsnummer** – diese unbedingt notieren!
- **Purpose of visit:** Tourism
- **Visa category:** Common tourist
- **Reisedaten:** die Daten aus der Einladung hier eintragen
- **Name of host travel company:** einladende Firma inkl. Anschrift
- **Reference N°:** findet man auf der Einladung
- **Confirmation N°:** jede Einladung hat eine Confirmation- bzw. Voucher-Nummer – hier eintragen
- **Itinerary:** Reiseroute, alle Städte eintragen
- **Name der Krankenversicherung:** siehe entsprechende Unterlagen
- **Nummer der Krankenversicherungspolice:** siehe entsprechende Unterlagen
- **Arbeitgeber:** unbedingt Adresse und Telefonnummer angeben (für Rentner und Hausfrauen: eigene Adresse und Telefonnummer)

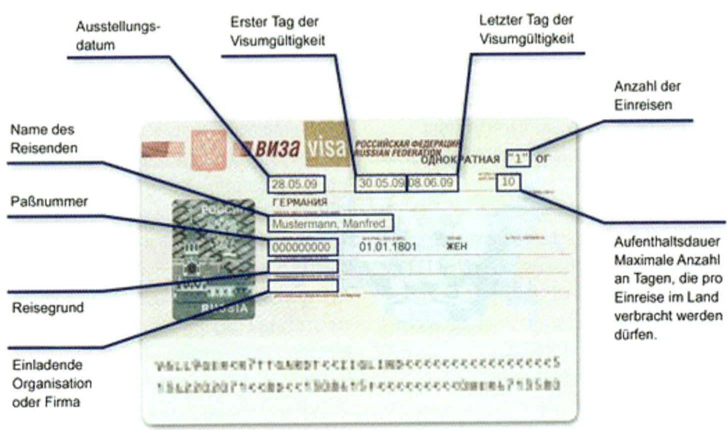

Ein Aufenthalt über das Ende der Visumgültigkeit hinaus ist nicht möglich.

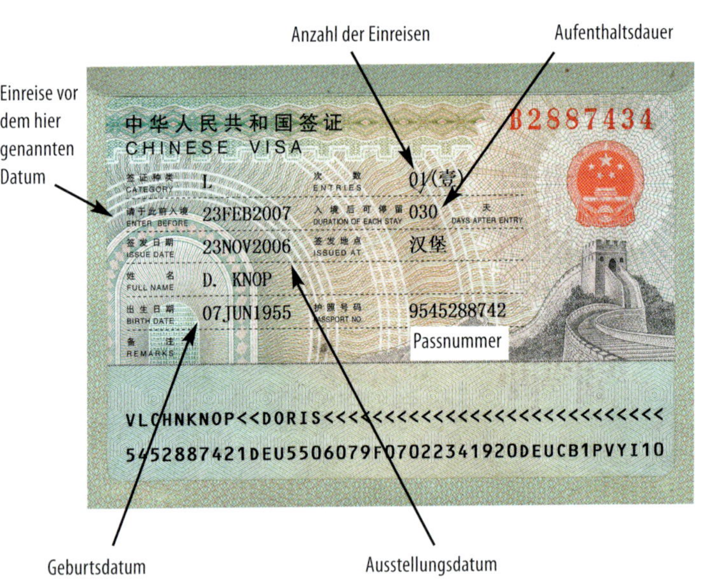

Die eingeklebten Visa im Reisepass: das russische (oben links) und chinesische (unten links), das mongolische (oben rechts – nur für Österreicher und Schweizer!) und weißrussische (unten rechts)

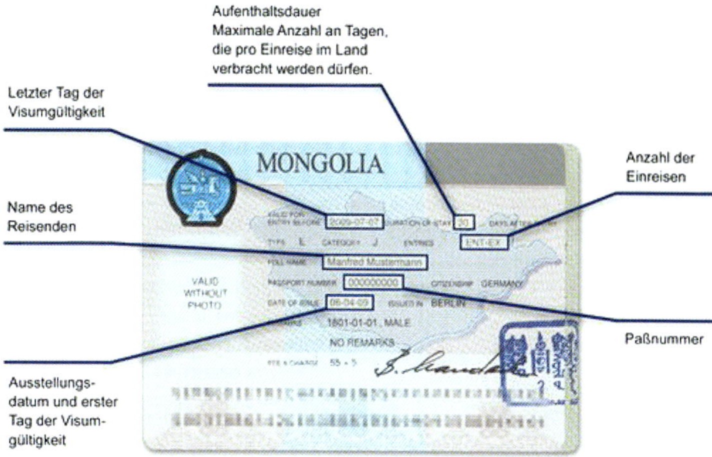

Die Einreise kann bis zum letzten Tag der Visumgültigkeit erfolgen und ein Aufenthalt entsprechend der gewährten Dauer ist darüber hinaus möglich.

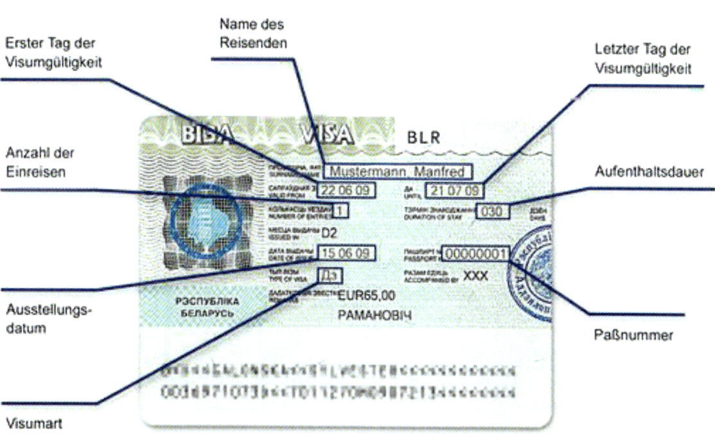

Ein Aufenthalt über das Ende der Visumgültigkeit hinaus ist nicht möglich.

- **Location, where you will apply for visa:** die Stadt mit der zuständigen VHS-Stelle angeben
- Antrag speichern und im A4-Format ausdrucken, **Unterschrift** nicht vergessen! In das Viereck ein **biometrisches Passfoto** kleben.

Hinweis: Man kann innerhalb von 30 Tagen den ausgefüllten Antrag korrigieren und erneut ausdrucken. Hierzu drückt man auf der 1. Seite den Button „Zuvor ausgefülltes Antragsformular öffnen", geht dann auf „Neue Antrag-Nummer erhalten" und folgt wieder den Anweisungen.

Visum für China

- Nachweis der Flugbuchung in Form einer Ticketkopie oder einer Online-Buchungsbestätigung;
- Nachweis aller Hotelbuchungen über den gesamten Reisezeitraum (z.B. Booking-com-Reservierungsbestätigungen);
- ein noch mind. 6 Monate ab Einreisedatum gültiger Reisepass (www.visaforchina.org und Chinavisum Ratgeber bei www.china-visum.net/).
- **Informationen (Botschaften):**

– http://www.china-botschaft.de/det
– http://www.chinaembassy.at/det
– http://ch.china-embassy.org/ger

Man kann Visa für China nicht im Konsulat beantragen; man muss über ein **Chinese Visa Application Service Center** gehen. Davon gibt es in Deutschland vier: Berlin, Frankfurt/M., Hamburg, München (Adressen siehe www.visaforchina.org). Alternativ kann man eine Visafirma (s.o.) oder einen Reiseveranstalter mit der Visaeinholung beauftragen. Die Visaunterlagen können bei den *Chinese Visa Center* in Deutschland gegen Aufpreis per Post eingereicht werden, in der Schweiz ist der Postweg ausgeschlossen. Man muss chinesische Visaanträge handschriftlich ausfüllen (Formulare für Deutsche unter www.visaforchina.org, für Österreicher unter www.chinaembassy.at, für Schweizer unter www.zurich.china-consulate. org).

Visum für die Mongolei

- Österreicher und Schweizer brauchen eine Einladung vom Reiseveranstalter.
- **Informationen (Botschaften):**

– http://www.embassymon.at
– http://www.embassyofmongolia.ch

Visum für Weißrussland

- Für die Erteilung eines Transitvisums muss das russische Visum bereits im Pass sein.
- **Informationen (Botschaften):**

– http://germany.mfa.gov.by/de
– http://austria.mfa.gov.by/de
– http://switzerland.mfa.gov.by/de

Einladung für Russland

Voraussetzung für die Erteilung eines Visums für Russland ist eine offizielle Einladung aus Russland **(visa support).** Diese gibt es entweder kostenlos vom Reiseveranstalter, oder man wendet sich an eine Visum-Agentur (s.o., allerdings können nicht alle Agenturen eine Einladung besorgen). Hinweis: Die Firma, die die Einladung ausstellt, trägt die Verantwortung für den Antragsteller während der gesamten Aufenthaltsdauer in Russland.

Die maximale Gültigkeit einer **Touristeneinladung** beträgt **30 Tage.** Diese kann man auch für eine doppelte Einreise innerhalb der zulässigen 30 Tage beantragen. Die Ausstellung einer Einladung erfolgt innerhalb weniger Stunden bzw. eines Tages, die Zustellung per E-Mail oder Fax. Eine Einladung kostet je nach Visumtyp und -dauer und Dringlichkeit: Touristenvisum 20–70 Euro, 90-Tage-Geschäftsvisum 130–200 Euro.

Eine **Geschäftseinladung** *(business visa support)* kann ebenfalls von Reiseunternehmen beantragt werden und zwar für drei Monate (doppelte Einreise) oder sechs Monate bzw. ein ganzes Jahr (jeweils mehrfache Einreise). Die Beantragung läuft über das russische Innenministerium und ist daher zeitaufwendig und kostspielig.

Wer Bekannte in Russland hat, kann eine **Privateinladung** bekommen. Aber: Erstens stehen die Bekannten auf dem zuständigen Amt stundenlang Schlange, zweitens müssen sie oft mehrmals zum Amt und wieder Schlange stehen, sodass man nie weiß, ob die Einladung fristgemäß da ist, und drittens muss die Einladung im Original vorliegen, sodass der Postweg Zeit und Geld kostet.

Angaben zur Beantragung einer Einladung

- Vor- und Nachname laut Reisepass
- Geburtsdatum
- Nationalität
- Passnummer
- Gültigkeitsdaten des Passes
- Ein- und Ausreisedatum
- Liste der Städte, die besucht werden sollen, inkl. Angabe zur Übernachtung (Hotel, Hostel, B&B); ohne Übernachtung gibt man Transit an.

Krankenversicherungsnachweis für Russland

Bei der Visum-Beantragung benötigt man einen Krankenversicherungsnachweis. Versicherungspolicen und -bestätigungen, die die unten aufgeführten Forderungen nicht erfüllen bzw. Informationen nicht enthalten, werden nicht akzeptiert.

1. Datum des Versicherungsabschlusses.
2. Nummer der Versicherungspolice.
3. Name und Vorname der versicherten Person.
4. Name und Anschrift des Versicherungsanbieters.
5. Der Gültigkeitszeitraum der Police muss die gesamte Aufenthaltsdauer in Russland abdecken. Dabei müssen die Daten der Einladung mit denen des Versicherungsschreibens übereinstimmen!
6. Übersicht der versicherten medizinischen und Krankentransportleistungen inkl. Überführung der sterblichen Überreste (Abdeckung aller Kosten, die sich aus einer dringend notwendigen ärztlichen Behandlung, einem Krankenhausaufenthalt oder dem Tod des Antragstellers während des Aufenthalts ergeben können).
7. Die Mindestdeckung muss 30.000 Euro betragen, bzw. es muss heißen, dass die Mindestdeckung „unbegrenzt" ist.
8. Territorialer Gültigkeitsraum (weltweit inkl. Russland und Europa).
9. Unterschrift des Versicherungsunternehmens.

Österreicher müssen ein Schreiben der Versicherungsgesellschaft im Original oder als Kopie bzw. Computerausdruck (Herr/Frau x ist bei uns versichert, Police Nr. y. Die Versicherung gilt auch für Russland von … bis …), eine Bestätigung über den eingezahlten Beitrag (z.B. Kontoauszug) und die Dauer des Versicherungsschutzes, eine Kopie der Versicherungspolice und pro Person ein mit Blockschrift ausgefülltes Versicherungskartenformular (http://www.russisches-konsulat.de/Versicherungskartenformular.htm) vorlegen.

Schweizer müssen genau wie Deutsche (s.o.) ein Schreiben der Krankenversicherung vorlegen.

Es ist angerichtet – typisches Gastmahl in einem Altgläubigenhaushalt

Registrierung in Russland

Jeder Ausländer muss sich am besten **sofort nach der Einreise** registrieren lassen **bzw. innerhalb von sieben Tagen nach Ankunft** in Russland; dabei zählen Samstage, Sonntage und Feiertage nicht mit. Außerdem muss man sich an jedem Ort und in jeder Stadt, wo man sich länger als sieben Tage aufhält, registrieren lassen. Hotelgäste werden automatisch und normalerweise unentgeltlich registriert. Hat man eine Privatunterkunft über einen Reiseveranstalter gebucht,

sorgt dieser in der Regel für die Registrierung. Wer in einem Hostel oder in einer Privatunterkunft übernachtet, sollte vorher fragen, wie es sich mit der Registrierung verhält; manche Unterkünfte verlangen eine Gebühr.

Man bekommt entweder einen **Stempel** auf die *Migration Card* (diese immer im Pass aufbewahren!) oder auf ein kleines Papier, welches in den Pass geheftet wird.

Bekommt man seinen Reisepass nach der Registrierung im Hotel zurück – immer **sofort kontrollieren,** ob es auch der richtige Pass ist und nicht der einer anderen Person!

Man muss zu allen Zeiten seinen **Pass bei sich tragen.** Wer den original Pass im Hotel lässt, muss eine Fotokopie mit sich führen. Wird man ohne erwischt, verliert man viel Geld und Zeit!

trans18-057 dk

Essen und Trinken

Vegetarier

In **Russland** gibt es immer mehr Vegetarier, sodass man nicht mehr auf komplettes Unverständnis stößt. Fleischlos, üppig und lecker sind z.B. einige russische Salate.

Mongolen, deren Hauptnahrung als Nomaden Fleisch ist (war), betrachten Vegetarier eher als reichlich exotische Wesen. Für Touristen ist es aber kein Problem mehr, ohne Fleisch über die Runden zu kommen. Im Falle einer mehrtägigen Mongolei-Exkursion sollten sich Vegetarier beim Veranstalter frühzeitig melden.

Die vielfältige und an fleischlosen Gerichten so reiche **chinesische Küche** hält für Vegetarier viele Leckerbissen (Gemüse, Suppen!) bereit.

Russland

Seit einigen Jahren ist Russland ein Gourmetland zu erschwinglichen Preisen! Früher konnte man nur bei Privatleuten gut essen, heute in einer ständig wachsenden Zahl einfacher bis schicker und z.T. fantastisch designter Lokale. Zu unterscheiden sind **Restaurants** (groß und eher edel), **Kafes** und **Bistros** (kleinere und einfachere Restaurants), **Schokoladnitsa** und **Kafeinaha** (beide mit einem Café bei uns zu vergleichen, d.h. mit Süßem und kleinen Speisen) sowie **Stalowajas,** bei denen es sich um SB-Restaurants handelt.

Für jeden Geschmack und jedes Budget ist etwas Passendes dabei. Bis nach Omsk haben sich auch internationale Fast-Food-Ketten wie *Starbucks, McDonald's* und *Burger King* ausgebreitet, *Subway* hat es sogar ans Ende des Kontinents bis nach Wladiwostok geschafft. Aber es gibt auch russische Burger-Ketten und Selbstbedienungslokale, die russische Speisen zu erschwinglichen Preisen anbieten. Die meisten Restaurants bieten an den Werktagen mittags von 12 bis 15/16 Uhr ein preiswertes **„Business Lunch"** für 200–400 Rbl. an. Viele Lokalitäten haben 24 Stunden geöffnet und sehr freundliches Personal, meistens Studenten oder junge Leute. **Speisekarten auf Englisch** (russ. *anglis-ki menju*) gibt es immer häufiger auf Anfrage. Eine Besonderheit sind die genauen Grammangaben zu jedem Gericht: 200 g Fleisch, 3 g Butter, 2 g Pfeffer etc.

Was eventuell stört: In den meisten Lokalen Russlands flimmern und lärmen ständig Fernsehschirme an allen Wänden und in allen Ecken, sodass es nicht einfach ist, einen Tisch zu finden, an dem man ungestört ist.

Freitag- und Samstagabend kann man in den meisten Hotelrestaurants und in größeren Lokalitäten wegen ohrenbetäubender **Tanzmusik** sein eigenes Wort nicht verstehen.

Die **russische Küche** ist durch das Zusammenleben vieler Völker in einem Staat überaus vielseitig und bietet neben einfacher Hausmannskost viele Spezialitäten. Außergewöhnlich (gut) und unbedingt zu empfehlen sind in Russland Salate und Suppen!

Das **Frühstück** ist in der Regel ausgiebig. Die meisten Hotels haben Büfetts *(Schwetski stol)* mit allem, was das russische Herz zum Frühstück liebt: Bockwürstchen, Kartoffeln, verschiedene Salate, Pfannkuchen *(Blini), Kascha* (Gries-

Vorsicht!

In der Mongolei und China ist vom Verzehr ungeschälter Früchte und rohen Gemüses absolut abzuraten! Salate sollte man ausschließlich in Fünf-Sterne-Hotels international bekannter Hotelketten bestellen!

Auch sollte man in allen Transsibländern Leitungswasser meiden und am besten **nur Mineralwasser aus Flaschen** trinken.

Verpflegung unterwegs

- Wer **Kaffeepulver bzw. Teebeutel** dabeihat, kann allerorts nach kostenlosem, kochend heißem Wasser (russ.: *Kipetock*, chin.: *Kei schwäi*) fragen.
- Vielerorts werden in Russland **Tee und Kaffee mit Zucker** angeboten. Man frage ggf. nach Kaffee ohne Zucker *(Bjäs sachara)* bzw. Tee ohne Zucker *(Tschei bjäs sachera)*.
- Man sollte stets eine **Proviantration** bei sich haben und etwas zum Trinken.
- Wer in Russland in Hotel, Restaurant oder Bar **Probleme mit dem Personal** hat, verlange den Chef *(Administrator)*.

oder Buchweizenbrei oder Milchreis), *Ssirnikis* mit *Ssmetana* (süße, gebratene Quarkkuchen mit saurer Sahne), Käse, Wurst, gekochter Schinken, Joghurt, Obst, Säfte, Kaffee, Tee und natürlich Brot, Brötchen, Toast und süße Backwaren.

Das **Mittagessen** besteht aus drei bis vier Gängen und beginnt mit einer Vorspeise *(Sakuska),* z.B. Salat, Fisch oder kalter Aufschnitt. Dann gibt es als sog. Erstes Gericht *(Pjerwoje Bljudo)* Suppe, z.B. Kohlsuppe *(Schtschi),* Borschtsch, Bouillon oder russische Fischsuppe *(Ucha)* oder auch *Blini* (russische Pfannkuchen, z.B. mit Lachs oder saurer Sahne). Die Hauptspeise *(Ftaroje Bljudo)* besteht aus Geflügel, Fisch oder Fleisch, z.B. Kotelett (Hackbällchen) oder Schnitzel ohne Beilage *(Garnir),* die man extra bestellen muss, z.B. Kartoffeln, Reis oder Gemüse. Gegen Aufpreis kann man schwarzes oder weißes Brot *(Chljäb)* ordern, das in halben Scheiben serviert wird.

So gut wie jeder mag **Borschtsch** (s.u.), **Pelmeni** (russische Ravioli) und **Piroggen** (frittierte oder im Ofen gebackene Teigtaschen mit einer Füllung aus Kohl, Kartoffeln oder Fleisch etc.), alles sättigende, schmackhafte und dabei erschwingliche Gerichte, die man so gut wie überall bekommt.

Der **Nachtisch** *(Dessert)* besteht meistens aus Eis, Kuchen oder Obst, gefolgt von Kaffee oder Tee.

Das **Abendessen** entspricht ungefähr dem Mittagessen, nur ohne Suppe.

Russen lieben **Snacks** zum Bier. Dazu gehören *Grjänki,* salziges, mit Knoblauch gewürztes und in Öl geröstetes Schwarzbrot, das fingergroß warm serviert wird – unbedingt probieren!

Borschtsch

Borschtsch ist das **ukrainische Nationalgericht** (sprich: erst Borsch und dann tsch). Es gibt sehr viele verschiedene Zubereitungsformen. Zu den Zutaten gehören Rinderbrühe, Blumenkohl, rote und weiße Rüben, Karotten, Lauch, Zwiebeln, Kartoffeln, Sellerie, Tomaten, Salz, Pfeffer, Lorbeerblätter, Petersilie, Zucker, Zitronensaft und Sauerrahm. Ursprünglich war Borschtsch ein Gericht der Armen. Wenn die Suppe mit Piroggen, gefüllt mit Fleisch, Kohl oder einer anderen Zutat, gereicht wird, ergibt das durchaus eine sättigende Mahlzeit.

Anders als bei uns …

Das aus dem Deutschen übernommene Wort **Buterbrot** bezeichnet in Russland ein belegtes Brot ohne Butter. Mit **Kafe** ist in Russland kein Cafe im europäischen Sinne gemeint, sondern ein einfaches Restaurant. Ein **Bistro** ist ebenfalls ein einfaches Restaurant. Übrigens kommt das Wort aus dem Russischen und nicht aus dem Französischen: Paris war 1816–18 von russischen Soldaten besetzt, die in den Schenken immer alles „schnell" (russ. bìstro) serviert haben wollten.

Wenn in Russland jemand mit seiner Hand eine bestimmte Bewegung in Richtung Hals bzw. Unterkiefer macht, dann bedeutet das „trinken". Die **Geste** sieht folgendermaßen aus: Die Spitze des Zeigefingers berührt den Daumen und man tut so, als ob man mit dem Mittelfinger etwas von der inneren Daumenspitze wegschnipsen würde. Führt man diese Bewegung am Hals etwa unter dem Ohr aus, so ist „Alkohol trinken" gemeint.

Schtschi

Diese **Suppe** aus Nordrussland ist dort oft die Hauptmahlzeit. Die Zutaten sind u.a. Rinderbrühe, Weißkohl, Zwiebeln, Karotten, Lauch, weiße Rüben, Sellerie, Kartoffeln, Salz, Pfeffer, Lorbeerblätter und Petersilie. Man isst dazu Roggenbrot und gesalzene Gurken.

Soljanka

Soljanka findet sich auf fast jeder Speisekarte. Es handelt sich um eine säuerlich-scharfe **Suppe** aus Kraut, saurer Sahne, Salzgurken und Gurkenbrühe mit Wurst- und Speckstücken.

Getränke

Die typisch russischen Getränke *Mors* und *Kwass* sollte man auf jeden Fall probieren! **Kwas,** gesund und verdauungsfördernd, gehört seit Jahrhunderten zu den beliebtesten Erfrischungsgetränken im Land. Durch Gärung aus Schwarzbrot hergestellt, hat es einen leicht säuerlich-süßlichen Geschmack mit Brotaroma. Der Alkoholgehalt liegt bei 0,05 bis 1,44%. Es gibt aber auch Kwas aus Beeren und Früchten. Früher machte jeder Kwas selbst, heute kauft man es in Flaschen im Supermarkt oder bestellt es im Restaurant. **Mors** wird vornehmlich aus Waldbeeren (Preisel-, Blau-, Moosbeeren, Walderdbeeren und Himbeeren) hergestellt, indem man zunächst den Saft auspresst und dann das Fruchtfleisch auskocht, siebt und zum Beerensaft gibt. Zum Schluss verdünnt man das Ganze mit Wasser und süßt mit Zucker. Immer mehr Restaurants bieten selbst gemachten Mors an.

Das beliebteste Heißgetränk ist **Tee.** In der Regel wird zunächst ein sehr starker Tee aufgegossen. Ein wenig des entstehenden Teekonzentrates wird in ein Glas gegeben und mit kochend heißem Wasser aufgefüllt. Häufig beobachtet man, wie Russen anstelle von Zucker ihren Tee mit *Warenje* süßen. Dies ist eine Art Konfitüre aus Kirschen, Erdbeeren oder anderen Beeren, die mit sehr viel Zucker relativ flüssig eingekocht werden. *Warenje* wird teelöffelweise in den Mund gegeben, der heiße Tee dazu getrunken.

Berühmt-berüchtigt ist **Wodka** (russisch für „Wässerchen"), ein etwa 40-prozentiger, aus Kartoffeln gebrannter klarer Schnaps. Großer Beliebtheit erfreut sich auch **Cognac,** wobei die besten Sorten aus Armenien und Georgien kommen. **Wein** und **Bier** (russ. *K piwo*) werden ebenfalls gern getrunken, bei feierlichen Anlässen auch **Sekt** *(Schampanskoje).*

Mongolei

In Ulan Bator gibt es eine Riesenauswahl an Bars, Bistros und Restaurants jeder Preisklasse; im Angebot sind Pizzas und Hamburger bis zu europäischer und asiatischer Küche. Vegetarier haben eine eingeschränkte Auswahl, da Fleisch, in erster Linie **Hammel,** Grundnahrungsmittel ist. Indische Restaurants führen vegetarische Speisen, und im Mongolia BBQ Restaurant stellt man seine auf ei-

Essen im chinesischen Speisewagen

ner heißen Platte zu bratenden Zutaten selbst zusammen, sodass man fleischlos essen kann. Englische Speisekarten gibt es (meistens) auf Anfrage.

China

In China findet man **Restaurants** jeder Art und Größe auf Schritt und Tritt. Mit der eigenen Reisschale aus Plastik und den in den meisten Lokalen vorhandenen Einmalstäbchen kann man äußerst preiswert und hervorragend in den kleinen, von Einheimischen besuchten Lokalen speisen. Von **Garküchen,** die ihr Geschirr auf der Straße waschen, sei aus hygienischen Gründen unbedingt abgeraten. Man esse stets nur Gekochtes bzw. Gebratenes, d.h. keine kalten Speisen und Salat.

In Mitteleuropa sind die bekanntesten chinesischen Küchen die eher süßliche kantonesische und die scharf-würzige sichuanesische. Häufig werden beide frei interpretiert und den jeweiligen Landesvorlieben angepasst. In China nun hat man die Möglichkeit, die reine und unverfälschte chinesische Kochkunst kennen und schätzen zu lernen. Man unterscheidet vier Stilrichtungen.

Nordchinesische Küche

Charakteristisch für die **Peking-Küche** ist eine exquisite Auswahl der Zutaten und die Verwendung sehr vieler erlesener Gewürze. Die Speisen sind reichhaltig, aber nicht fett, leicht, aber nicht dürftig. Bei der Zubereitung unterscheidet man rund 30 Kochmethoden wie

055tr hl

Die Lieblingsgerichte und Snacks der Autorin

①	宫保鸡丁	(Gungbau Dschi Ding) würzig-scharfes Huhn mit Nüssen
②	酱爆鸡丁	(Dschjangbau Dschi Ding) Huhn scharf
③	肉丝蒜苗	(Rou Ssi Ssuan Mjau) Schwein mit Knoblauchgemüse
④	干烧鱼	(Ganschau Jü) Fischgericht
⑤	香肠荷兰豆	(Schjang Tschang Chelan Dou) Chin. Wurstscheiben mit Kaiserschoten
⑥	干煸四季豆	(Ganbjen Ssidschi Dou) Grüne Bohnen-Gericht
⑦	华天辣子鸡	(Chuatjen Ladsi Dschi) Huhn mit scharfem Gemüse
⑧	拔丝香蕉	(Bassi Schjang Dschiau) Banane karamellisiert
⑨	鱼香肉丝	(Jü Schjang Rou Ssi) Schwein scharf-säuerlich
⑩	酸辣元白菜	(Ssuanla Jüen Beizei) Weisskohl scharf-säuerlich
⑪	煮花生米	(Dschu Chuaschang Mi) Erdnüsse würzig gekocht
⑫	炸花生米	(Dschja Chuaschang Mi) Erdnüsse geröstet
⑬	炒四辣	(Tschau Ssi La) Vier scharfe Zutaten
⑭	肉丝黄瓜	(Rou Tsau Chuang Gua) Geschnetzeltes mit Gurke

z.B. Rösten, Kurzbraten, Schmoren, Rührbraten oder Dünsten. Bekannte Gerichte der nördlichen Küche sind die Pekingente, Hammelfleisch im mongolischen Feuertopf, Mongolischer Grill und die kaiserliche Palastküche.

Südchinesische Küche

Die **Kanton-Küche** verwendet eine Vielzahl von Gemüsesorten, zubereitet mit einer minimalen Garzeit und einer genauen Abstimmung der Hitze, sodass ihr frischer, zarter Geschmack sowie alle Vitamine erhalten bleiben. Das reichhaltige Angebot an landwirtschaftlichen Erzeugnissen der sehr fruchtbaren Region ermöglicht eine Vielzahl von Stilrichtungen, sodass die Kanton-Küche die meisten Variationen bietet. Die Speisen sind erfrischend leicht, knusprig und farbenprächtig arrangiert. Zu den bekanntesten Spezialitäten gehören geröstete Spanferkel, Dim Sum, eine Auswahl an gefüllten Teigtaschen, kleine Fleischgerichte und gedämpfte Knödel, die man entweder am frühen Morgen oder zu Mittag isst.

Ostchinesische Küche

Die **Shanghaier Küche** ist reichhaltig, süß und farbenprächtig. Aufgrund der Lage in Meeresnähe und umgeben von Flüssen und Seen, kennt die Küche der Region eine vielseitige Verwendung von Fisch und Schalentieren. Die bevorzugte Geschmacksrichtung lässt sich mit salzig, süß und sauer charakterisieren. Neben den hervorragenden Fischgerichten zählen geschmortes Huhn nach Hangzhouer Art und Hühnersuppe nach Shaoxinger Art zu den bekanntesten Speisen.

Westchinesische Küche

Die **Sichuan-Küche** zeichnet sich durch scharfe Gewürze aus. Sie ist sauer, süß, pfeffrig, würzig, bitter, duftend und salzig. Zu den Spezialitäten der Region gehören junges Huhn mit scharfem Pfeffer, Fisch in würziger Sojasoße und gewürfeltes Hühnerfleisch mit Erdnüssen und rotem, scharfem Paprika.

Reis und Nudeln

Die „Reis-Nudel-Grenze" verläuft genau wie die traditionelle Aufteilung Chinas in einen nördlichen und einen südlichen Teil entlang dem Yangtsekiang: Nördlich des Flusses herrscht Weizenanbau vor, südlich Reisanbau. So findet man im Norden Chinas mehr gedämpfte Weizenbrötchen, *mantou* (eine Art Dampfnudel) und Nudeln als Grundlage jeder Mahlzeit, während im Süden kein Gericht ohne Reis vollständig ist.

Verpflegungskosten

In allen Transsibländern bieten viele Restaurants mittags ein günstiges **„Business Lunch"** an (4–5 Euro, in Russland noch billiger).

Zur **Begleichung der Rechnung** werden in fast allen Restaurants Kreditkarten (MasterCard, VISA, in Ausnahmefällen auch American Express) akzeptiert, in Russland zusätzlich die Girocard, wobei es hin und wieder vorkommt, dass sie nicht funktioniert, d.h. man sollte zur Sicherheit auch immer Bargeld dabeihaben.

Russland

In einfachen SB-Lokalen wird man für weniger als 3 Euro satt. Im Speisewagen (selten gut) und in einfachen, aber passablen Restaurants muss man pro Mahlzeit mit **10–15 Euro** ohne alkoholische Getränke rechnen.

Mongolei

In kleineren Restaurants rechne man ab 5 Euro, in besseren mit mindestens **10–15 Euro** (ohne Getränke).

China

Kaum ein Land bietet so **erstklassiges Essen zu** so **niedrigen Preisen** wie China. Isst man aus hygienischen Gründen stets mit Einmalstäbchen, trinkt aus dem mitgebrachten Blechbecher und hat möglichst noch seine eigene Reisschüssel aus Plastik dabei, kann man problemlos in den „echten" Chinesenlokalen wunderbar speisen! Für ein einfaches Gericht inkl. Reis bezahlt man ab 3 Euro, in besseren Restaurants sollten **5–10 Euro** reichen.

Feiertage

Russland

Fällt ein Feiertag auf einen Samstag oder Sonntag, so wird er auf den Montag verlegt, mit Ausnahme von Neujahr, das offiziell vom 1. bis 10. Januar, manchmal aber auch ein bisschen länger gefeiert wird. Im Mai sieht es vom 1. bis 9. ähnlich aus. Botschaften und Konsulate sind dann geschlossen, was bei einer Visumbeantragung zu beachten ist.

- 1.–10.1.: Neujahr (Ferien)
- 7.1.: Russisch-orthodoxes Weihnachtsfest
- 23.2.: Tag der Vaterlandsverteidiger
- 8.3.: Internationaler Frauentag
- 1.5.: Tag des Frühlings und der Arbeit
- 9.5.: Tag des Sieges (Zweiter Weltkrieg)
- 12.6.: Unabhängigkeitstag
- 4.11.: Tag der Einheit des Volkes

Weißrussland

- 1.1.: Neujahr
- 7.1.: Russisch-orthodoxes Weihnachtsfest
- 8.3.: Internationaler Frauentag
- 1.5.: Tag der Arbeit
- 7.5.19: Raduniza (Allerheiligen der Ostkirche, der Termin verschiebt sich jedes Jahr)
- 9.5.: Tag des Sieges (Zweiter Weltkrieg)
- 3.7.: Unabhängigkeitstag
- 7.11.: Tag der Oktoberrevolution

Mongolei

Fällt ein Feiertag auf einen Samstag oder Sonntag, ist der darauffolgende Montag arbeitsfrei. Seit 2013 ist der Geburtstag des großen *Dschingis Khan* ein gesetzlicher Feiertag, dessen genauer Termin jedes Jahr neu festgelegt wird (normalerweise im November).

- 1.1.: Neujahrstag
- 5.2.19: Tsagaan Sar (Weißmondfest bzw. mongolisches Neujahr; der Termin verschiebt sich jedes Jahr)
- 8.3.: Internationaler Frauentag
- 1.6.: Internationaler Mutter- und Kindtag
- 11.-13.7.: Nationalfeiertag (Naadam-Fest)
- Nov.: Dschingkis Khans Geburtstag (s.o.)
- 26.11.: Unabhängigkeitstag

China

Fällt ein Feiertag auf einen Samstag oder Sonntag, so wird er meist am darauffolgenden Arbeitstag nachgeholt. Die Woche ab dem 1. Mai ist in China für viele arbeitsfrei, sodass auch Botschaften und Konsulate geschlossen sind. Das gilt auch für eine Woche bis zu 10 Tagen nach dem 1. Oktober.

- 1.1.: Neujahr
- 5.2.–11.2.2019 (Jahr des Schweins)
- 25.1.–31.1.2020 (Jahr der Ratte)
- 8.3.: Internationaler Frauentag
- 5.4.: Qingming-Fest (Totengedenktag)
- 1.5.: Tag der Arbeit
- 4.5.: Tag der Jugend
- 1.6.: Internationaler Kindertag
- 7.6.2019, 25.6.2020: Drachenbootfest
- 1.7.: Gründungstag der KPCh
- 1.8.: Tag der Volksarmee
- 24.9.2018, 13.9.2019, 1.10.2020: Mondfest
- 1.10.: Nationalfeiertag (zwei Tage Urlaub im ganzen Land)

Fotografieren

Es gibt viel zu fotografieren, und im Gegensatz zu früher ist heute **während der Zugfahrt** Fotografieren überall erlaubt (eine Ausnahme bilden militärische Anlagen). Da in den russischen Zügen Klimaanlagen die Innentemperatur regeln, kann man die Fenster der meisten Züge nicht öffnen. Fotofans sollten es am Ende des Speisewagens hinter der Küche versuchen, wo oft eine Tür offen steht. Ein Fensterputzgerät mit ausziehbarem Griff lohnt die Mitnahme, da die meisten Bahnsteige so tief und damit die Zugfenster so hoch liegen, dass man sie nur so putzen kann. Mit etwas Überredungskunst erhält mancher Reisende vom Lokführer auch die Erlaubnis, eine Teilstrecke neben ihm stehen und fotografieren zu dürfen.

In **Museen, Ausstellungen und Kirchen** ist Fotografieren entweder ganz verboten oder nur gegen eine Gebühr erlaubt, wobei Blitzlicht nicht immer zugelassen ist. Chinesen wehren oft vehement ab, wenn man sie fotografieren möchte, doch geschieht das meistens aus Bescheidenheit – man hält sich nicht für fotowürdig. Mit Lächeln und Bitten kommt es zwar so gut wie immer zum gewünschten Foto, allerdings meistens zu einem recht gestellten.

Fotozubehör

Für die Digitalkamera sollte man mehrere **Speicherkarten** mitnehmen und diese regelmäßig wechseln; so sind im Falle eines Kameraverlustes oder Chipdefektes nicht alle Bilder perdü. **Batterien** nicht vergessen. Da nur die neuesten Waggons in jedem Abteil eine Steckdose haben, sollte man ein sieben Meter langes **Verlängerungskabel** mitführen, um seine Akkus im Abteil aufladen zu können. Steckdosen mit 220 V gibt es in der Waggonmitte und an den beiden Waggonenden, einen über dem Abfallbehälter und einen gegenüber dem Samowar. Man legt das Kabel unter den Teppich bis ins Abteil. Wer eine Rundreise in der Mongolei plant, braucht einen Staubschutz für die Fotoausrüstung!

Geld und Reisekosten

Das Grundsätzliche vorweg: **Euros** werden in allen Transsibländern gewechselt, man muss keine US-Dollars mitnehmen. Die **Reisekasse** besteht am besten aus Bargeld, Kreditkarte und Girocard. Für alle Transsibländer gilt: Man sollte immer Kleingeld mit sich führen! Grundsätzlich kann man **im Zug** nur mit der jeweiligen Landeswährung bezahlen, in der Mongolei und in China (dies gilt nur für die internationalen Züge) auch mit US-Dollars.

Die **russische Währung** ist der **Rubel** (Abk.: Rbl.). Ein Rubel sind **100 Kopeken.** Banknoten gibt es im Wert von 5000, 2000, 1000, 500, 200, 100, 50 und 10 Rubel, Münzen zu 10, 5, 2 und 1 Rubel.

Seit Anfang 2018 kann man **in Russland ausschließlich in Banken Geld (Euro) wechseln.** Die Geldscheine müssen makellos sein, d.h. weder eingerissen noch beschrieben oder bedruckt, noch dürfen sie auch nur kleinste Löcher oder Beschädigungen aufweisen! Schweizer Franken wechselt nicht jede Bank. An Flughäfen ist der Kurs am schlechtesten. Aus Bankomaten kann man rund um die Uhr Geld ziehen.

Die **chinesische Währung** ist der **Renminbi.** Seine Einheiten sind **Yuan,** Jiao und Fen: 1 Yuan (¥) = 10 Jiao = 100 Fen. Banknoten gibt es im Wert von 100, 50, 10, 5 und 1 ¥ sowie 5 und 1 Jiao. Münzen sind in Nennbeträgen von 1 ¥ und 5 Jiao sowie 5, 2 und 1 Fen im Umlauf.

Die **Währung der Mongolei** heißt **Tugrik** (Abk.: Tug). Banknoten sind im Wert von 10.000, 5000, 1000, 500, 100, 50, 20 und 10 Tug im Umlauf, Münzen zu 200, 100, 50 und 20 Tug.

Die **Bezahlung** mit Kreditkarten von VISA und MasterCard (in Ausnahmefällen auch American Express) ist in allen Transsibländern fast ausnahmslos möglich, in Russland auch mit Girocard (in Supermärkten und Souvenirshops).

Geldautomaten (ATM) gibt es in allen Transsibländern in den meisten großen Hotels und bei den Banken (in der Mongolei nur in der Hauptstadt Ulan Bator). Es gibt zwar viele ATM-Geräte, doch nicht alle „spucken" Geld aus, sodass man evtl. lange suchen muss, bis man Erfolg hat. In China bekommt man in den Filialen der Bank of China Bargeld gegen Vorlage der Kreditkarte. Bankomaten in Russland zahlen pro Abhebevorgang bis zu 9000 Rubel aus; man kann innerhalb von 24 Stunden zweimal Geld abheben. In China kann man pro Kalendertag höchstens zweimal maximal 2500 Yuan abheben.

Für die **Barabhebung** vom Geldautomaten mit der Girocard wird dem Konto je nach Hausbank pro Abhebung eine Gebühr von bis zu 5 Euro bzw. 4–6 SFr. berechnet. Für Barabhebungen per Kreditkarte kann das Kreditkartenkonto je nach ausstellender Bank mit einer Gebühr von bis zu 5,5% belastet werden, für das bargeldlose Zahlen werden hingegen nur 1–2% für den Auslandseinsatz berechnet. Also am besten viel bargeldlos bezahlen bzw. gleich größere Summen abheben.

Restbeträge können im Falle der Fahrtrichtung West – Ost in Ulan Bator in die mongolische oder chinesische Währung umgetauscht werden. Da die Wechselstuben an den chinesischen Grenzbahnhöfen geschlossen sein können, sollte man bereits in Ulan Bator chinesische Yuan eintauschen. Wer mit dem zwischen Moskau und Peking verkehrenden Transmandschurien-Express nach Peking fährt, sollte für die Fahrt von der chinesischen Grenzstadt Manzhouli bis nach Peking Dollars in kleinen Nominierungen mitnehmen, um ggf. im Speisewagen oder auf den Bahnsteigen bezahlen zu können.

Die **Einfuhr von Devisen** nach Russland, China und in die Mongolei ist unbegrenzt. Bei der Einreise nach Russland unbedingt eine Zolldeklaration ausfüllen und abstempeln lassen, um Devisen auch wieder ausführen zu dürfen.

Tipp: Man wechselt zu Beginn der Reise eine größere Summe in Rubel bzw. falls die Reise in Peking beginnt in Yuan. Reste tauscht man fast ohne Verlust in Ulan Bator in Tugrik. Immer nach der Devise: Besser zu viel als zu wenig! Man gehe von einem Betrag von 20 Euro pro Tag und Person aus.

Wechselkurse (August 2018)

- 1 Euro = 73,67 Rubel, 100 Rubel = 1,36 Euro
- 1 Euro = 2865 Tugrik, 10.000 Tugrik = 3,48 Euro
- 1 Euro = 7,72 Yuan, 10 Yuan = 1,29 Euro
- 1 SFr. = 63,69 Rubel/2477 Tugrik/6,68 Yuan

Aktuelle Kurse findet man z.B. auf **www.de.exchange-rates.org** oder **www.oanda.com.**

Reisekosten

Gleich vorweg: **Nie war Russland so günstig wie heute!** Dank des vorteilhaften Wechselkurses bekam man im August 2018 für 1 Euro ca. 74 Rubel, während es vor wenigen Jahren nur 40 Rubel waren.

Bargeld bereithalten, Restgeld spenden

Man sollte immer ein wenig Geld in der Landeswährung übrig behalten und nicht alles vor Verlassen eines Landes umtauschen. Gerade bei Grenzüberquerungen können **unvorhergesehene Dinge** in Landeswährung zu bezahlen sein. Es ist auch immer sinnvoll, etwas Kleingeld für die Bezahlung auf Bahnhöfen, für Eintrittsgelder und sonstige Eventualitäten bereitzuhalten (ca. 10 Euro p.P.).

Sollte man am Ende der Reise auf Restgeld sitzen bleiben, weil man keine Zeit oder Gelegenheit mehr zum Wechseln hatte, kann man die Restbestände aller Währungen als **Spende** für ein sibirisches Kinderheim bzw. an ein Kinderheim in Ulan Bator an *Doris Knop* in Bremen schicken (Knop-Reisen GmbH, Hollerlander Weg 77, 28355 Bremen).

Zusätzlich zu den Kosten für **An- und Rückreise, Übernachtungen, Zugtickets** und **Visa** muss man bei einer Transsib-Reise mit durchschnittlichen Nebenkosten pro Reisetag (inkl. der Tage im Zug) von etwa 25 Euro rechnen. Dieser Betrag schließt **Eintrittsgebühren** und **Verpflegung** mit ein; für wenig Geld kann man sich sehr gut verköstigen. Fast alle Restaurants bieten Mo bis Fr 12–15/16 Uhr einen sehr günstigen *Business Lunch* an (200–400 Rbl.), der aus Vor-, Haupt- und Nachspeise inkl. Café oder Tee besteht. In den Nebenkosten enthalten sind auch Taxifahrten und öffentliche Transportmittel (z.B. Busfahrten).

Fahrpreise Transsib

Vorweg eine Faustregel: **Je öfter man eine Reise mit der Transsibirischen Eisenbahn unterbricht, desto teurer wird**

trans18-058 dk

es. Nonstop-Tarife kosten weniger als aneinandergehängte Einzelstrecken; die hier genannten Bahnpreise gelten für **Nonstop-Fahrten.**

Nonstop-Preise 1./2./3. Klasse (3. Klasse = Großraumwaggon innerhalb Russlands)

- Moskau – Peking (via Ulan Bator): 975/670 Euro
- Moskau – Mandschurei – Peking: 1050/675 Euro
- Moskau – Ulan Bator: 530/325 Euro
- Moskau – Wladiwostok: 1060/540/200 Euro
- Moskau – Irkutsk: 560/285/115 Euro

Fährpreise

Je nach Komfort – von Matratzen auf dem Boden bis zur Royal Suite – kostet die Fährüberfahrt (Angaben in US$ p.P., Bezahlung in Rubel):

- **Wladiwostok – Sakaiminato (Japan):** Matratze in der Economy Class 265 US$, Junior Suite mit zwei Betten 615 US$, VIP Suite mit zwei Betten 765 US$, VIP Royal Suite 2785 US$.
- **Wladiwostok – Donghae (Südkorea):** Matratze in der Economy Class 205 US$, Junior Suite mit zwei Betten 420 US$, VIP Suite mit zwei Betten 510 US$, VIP Royal Suite 1910 US$.
- **Zusatzkosten:** Hafengebühr 760 Rbl., Treibstoffzuschlag p.P. 25 US$, Frühstück 7–10 US$, Mittag- und Abendbüfett 10 US$.
- **Infos:** www.parom.su oder www.dbsferry.co.kr/eng/02_ticket/ticket04.asp.

Mongolei-Rundreisen

Ein **Geländefahrzeug** für maximal sechs Personen **mit Fahrer** kostet 80 Euro pro Tag nur für den Jeep mit Fahrer, d.h. ohne Treibstoff, Verpflegung (auch für den Fahrer), Übernachtungen in Jurten und Eintrittsgelder. Komfortabler reist man zu zweit im **Jeep mit Fahrer,** Dolmetscher, Verpflegung, Eintrittsgeldern und Übernachtungen; bei zwei Personen werden so pro Tag und Person 145 Euro, zu dritt 100 Euro fällig.

Hirten in der Mongolei

Eintrittsgebühren

Die Eintrittsgebühren liegen in allen Transsibländern bei 2–6 Euro p.P., große bzw. berühmte Sehenswürdigkeiten wie der Kreml in Moskau oder die Verbotene Stadt in Peking kosten um die 8 Euro. Ausländer zahlen manchmal mehr als Einheimische.

Gesundheitsvorsorge

Je länger eine Reise, desto höher das Gesundheitsrisiko. Die meisten Krankheiten können vor allem durch Vorsorge gegen Mücken, Vorsicht vor Tierbissen, Vermeidung von sexuellen Kontakten und durch Hygienemaßnahmen vermieden werden.

Man findet **spezielle reisemedizinische Informationen** zu den Transsibländern **im Anhang** („Reise-Gesundheitsinformationen") sowie im Internet **unter www.crm.de** (u.a. individuelle reisemedizinische Beratung, sog. Reise-Gesundheits-Brief, der ausführlich informiert über aktuelle Gesundheitsrisiken in den Reiseländern, Impf- und Malariaschutz für die Reise, Hygieneverhältnisse in den Reiseländern und über die Ausstattung der Reiseapotheke inklusive der Adressen von empfohlenen Apotheken und Beratungsstellen im Wohnort des Kunden).

Medikamente, die auf die Reise mitgenommen werden sollten, sind weiter vorn im Kapitel „Ausrüstung" aufgeführt.

Trinkwasser

Am besten Leitungswasser in allen Transsibländern meiden und **nur Mineralwasser aus Flaschen** trinken.

Wodka

Vorsicht! Keinesfalls auf Bahnsteigen oder in Kiosken kaufen und auch besser keinen selbst gebrannten „Stoff" von Fremden akzeptieren. In großen Geschäften oder im Speisewagen gekauft ist er sicher.

Impfungen

In allen Transsibländern bestehen derzeit **keine Impfvorschriften;** Impfempfehlungen sind mit einem Arzt zu besprechen.

Über verschmutzte Wunden können Sporen **Tetanus** (Wundstarrkrampf) auslösen, während **Diphterie** durch Tröpfchenübertragung eine bakterielle Infektion mit Gefahr von Herz- und Nervenschäden verursachen kann. Ein Kombinationsimpfstoff gegen Tetanus und Diphterie schützt zehn Jahre.

Kinderlähmung gefährdet Erwachsene und Kinder! Die Infektion erfolgt vorwiegend über Nahrungsmittel und Trinkwasser. Der Impfstoff wird nur noch gespritzt, nicht mehr geschluckt.

Hepatitis A oder infektiöse Gelbsucht ist eine Viruskrankheit der Leber, übertragen durch Nahrung und Trinkwasser. Der Schutz der Impfung beginnt nach ein bis zwei Wochen und hält nach einer Auffrischung (sechs bis zwölf Monate später) für mehr als zehn Jahre.

Hepatitis B bzw. infektiöse Gelbsucht ist eine Viruskrankheit der Leber, übertragen durch Tröpfchenübertragung sowie durch sexuellen Kontakt und Blut von Virusträgern. Zwei Injektionen im Abstand von vier Wochen mit einer Auffrischung nach sechs Monaten wirken etwa zehn Jahre.

Typhus ist eine mit Fieber einhergehende Krankheit, die durch Nahrung und Trinkwasser übertragen wird. Schluckimpfung oder Injektionsimpfung stehen zur Wahl und wirken ca. zwei Jahre.

Tollwut wird durch den Biss eines erkrankten Tieres übertragen. Bei drei Injektionen innerhalb von drei Wochen und einer Auffrischung nach einem Jahr wirkt der Schutz zwei bis fünf Jahre.

FSME ist eine durch Zeckenbiss übertragene Viruskrankheit, die zu einer Hirnhautentzündung führen kann. Die Wirkung der aus drei Injektionen bestehenden Impfung beginnt zwei Wochen nach der zweiten Teilimpfung und hält nach Komplettierung mind. drei Jahre.

Japanische Enzephalitis ist eine von Stechmücken übertragene Viruskrankheit, die zu Hirnhautentzündung führen kann. Die aus drei Injektionen im Abstand von ein bis vier Wochen durchgeführten Impfungen wirken bei Auffrischung nach einem Jahr für weitere vier Jahre.

Informationsstellen

Fremdenverkehrsämter

Russland

Das größte Land der Welt hat **kein Fremdenverkehrsamt!** Touristische Informationen bekommt man bei Reiseveranstaltern, natürlich im Internet, z.B. unter www.transsib.de, und in den größeren Hotels vor Ort.

Mongolei

Auch die Mongolei unterhält hierzulande **kein Fremdenverkehrsamt.** Eine sehr informative deutschsprachige Website ist z.B. **www.mongolei.de.**

trans18-002 dk

⊳ Dschingis Khan hoch zu Ross in Ulan Bator

China

Die Volksrepublik China hat ein Fremdenverkehrsamt **in Deutschland** und eines **in der Schweiz,** die auch für Österreich zuständig sind. Anfragen sollte man per Post oder E-Mail schicken, da es sehr schwierig ist, telefonisch Kontakt aufzunehmen.

- Ilkenhansstr. 6, D-60433 **Frankfurt a.M.,** Tel. (069) 52 01 35, www.china-tourism.de
- Brandschenkestr. 178, CH-8002 **Zürich,** Tel. (044) 201 88 78, zurich@cnta.gov.cn

Reise- und Sicherheitshinweise

- **Deutsches Auswärtiges Amt:** www.auswaertiges-amt.de, Tel. 030-18 17 20 00 (auch App „Sicher Reisen" für iOS und Android).
- **Außenministerium Österreich:** www.bmeia.gv.at, für generelle Anfragen Tel. 01-90 11 53 775, für dringende Fälle Tel. 01-90 11 54 411 (auch „Auslandsservice-App" für iOS, Android und BlackBerry).
- **Eidgenössisches Departement für auswärtige Angelegenheiten (Schweiz):** www.eda.admin.ch, Tel. 0800-24 73 65 oder 05 84 65 33 33 (auch „itinerisApp" für iOS und Android).

Internet(cafés)

Internetcafés sind so gut wie ausgestorben, da die meisten Hotels und Hostels, Cafés und Restaurants kostenlos WLAN anbieten.

E-Mails können außer von Hotels und Hostels von Postämtern, größeren Bahnhöfen und Flughäfen verschickt werden.

Nachtleben

Sowohl in Russland als auch in der Mongolei und in China findet man in allen größeren Städten **Bars, Discos und Nachtclubs.** Tipps und Informationen dazu erhält man z.B. an der Rezeption seines Hotels bzw. im Hostel. Zu bedenken ist, dass In-Discos bisweilen weniger sicher sind als unbekanntere Locations.

Notfall

Ausweisverlust, dringender Notfall

Wird der Reisepass oder Personalausweis im Ausland gestohlen, muss man das **bei der örtlichen Polizei melden.** Darüber hinaus sollte man sich **an die nächste diplomatische Auslandsvertretung seines Landes wenden,** damit man einen Ersatz-Reiseausweis zur Rückkehr ausgestellt bekommt.

Auch in **dringenden Notfällen,** z.B. medizinischer oder rechtlicher Art, bei der Vermisstensuche, Hilfe bei Todesfällen o.Ä. sind die Auslandsvertretungen bemüht vermittelnd zu helfen.

Verlust von Kreditkarten

Bei Verlust oder Diebstahl der Kreditkarte sollte man diese **umgehend sperren lassen.** Tipp: Die Notrufnummer mit Kreditkartennummer im Mobiltelefon speichern.

trans18-005 dk

■ **Deutscher Sperr-Notruf** für alle Kreditkarten, Tel. 0049-116116, aus dem Ausland Tel. 0049-30-40504050. Sperr-Notruf bietet auch eine kostenlose SperrApp für iOS und Android an.

■ Für **österreichische und schweizerische** Kreditkarten (MasterCard, VISA, American Express und Diners Club) gilt, dass man sich vor der Reise die Rufnummer der kartenausstellenden Bank notiert haben sollte.

Geldnot

Wer dringend eine größere Summe Bargeld im Ausland benötigt, kann dies über **www.westernunion.de** regeln und sich das Geld bei der entsprechenden Vertretung von Western Union vor Ort auszahlen lassen. Je nach Höhe der Bargeldauszahlung wird eine happige Gebühr berechnet, lässt man das Geld per Sofort-Überweisung von seinem deutschen Konto anweisen. Solche Überweisungen kann man per App von Western Union tätigen, über Online-Banking von seiner eigenen Bank oder durch eine dritte Person von Deutschland aus.

Öffnungszeiten

Möchte man sich die einzelnen Zeiten nicht alle merken, so kann man davon ausgehen, dass die Öffnungszeiten für Banken und Behörden 10–12 und 14–17 Uhr sind. Museumskassen machen eine halbe oder volle Stunde vor Schließung dicht.

⌃ Die Öffnungszeiten bestimmt der Chef

Russland

- **Bahnhofskassen:** tägl. 24 Stunden
- **Banken:** Mo bis Fr 9–18 Uhr, Sa 10–16 Uhr
- **Behörden:** Mo bis Fr 10–12 Uhr, 14–18 Uhr
- **Lebensmittelgeschäfte:** Mo bis Sa 9–13/14 und 14/15–20/21 Uhr, So 8/9–13/14 und 14/15–18/19 Uhr
- **Sonstige Geschäfte:** Mo bis Fr 9/10–14 und 15–19 Uhr, Sa bis 18/19 Uhr
- **Märkte:** tägl. 8/9–17/18/19 Uhr
- **Museen:** tägl. außer Mo oder Di 10/11–17/18/19 Uhr (die Kassen schließen 30 Min. bzw. im Falle von großen Museen 60 Min. vor Ende)

Mongolei

- **Bahnhofskassen:** tägl. 24 Stunden
- **Banken:** Mo bis Fr 9–18 Uhr, einige Banken auch So 11–18 Uhr; die Golomt Bank hat außer an Feiertagen 24 Std. geöffnet
- **Behörden:** Mo bis Fr 9–13 und 14–17 Uhr
- **Geschäfte aller Art:** tägl. ca. 9–18 Uhr
- **Märkte:** tägl. 10–18/19 Uhr
- **Museen:** tägl. 9.30–17 Uhr

China

- **Bahnhofskassen:** tägl. 24 Stunden
- **Banken:** Mo bis Fr, einige auch Sa/So 9–17 Uhr
- **Behörden:** Mo bis Fr 9–11.30 und 14–17 Uhr, Sa 9–12 Uhr
- **Kaufhäuser:** tägl. 9–21 Uhr
- **Märkte:** tägl. 6/7–18/19 Uhr
- **Museen:** tägl. 8.30–17/18 Uhr

> Fensterputz für bessere Sicht

Post und Kurierdienste

Der Postweg von Moskau, Peking und Shanghai nach Westeuropa dauert drei bis fünf Tage, von Sibirien, aus der Mongolei und aus anderen Städten Chinas können es bis zu drei Wochen sein. Ansichtskarten und Briefmarken werden in den meisten größeren Hotels, an Zeitungskiosken und in Souvenirläden sowie in den Postämtern verkauft.

Porto

Aus Russland

- **Brief:** 105 Rbl.
- **Postkarte:** 85 Rbl.
- **Beschriftung der Sendung:**

„Deutschland“: Германия
„Schweiz“: Швейцария
„Österreich“: Австрия

Aus China

- **Brief:** 6 Yuan
- **Postkarte:** 4,50 Yuan

Aus der Mongolei

- **Brief:** 1100 Tugrik
- **Postkarte:** 500 Tugrik

Kurierdienste

Die weltweit operierenden Kurierdienste DHL und UPS sowie Federal Express liefern auch in die Transsibländer. Dabei gilt die Firma DHL als sehr erfahren, sie kann die Zollformalitäten relativ schnell abwickeln. An Wochenenden und Feiertagen arbeiten sowohl DHL als auch der Zoll nicht. Medikamente werden grundsätzlich nicht akzeptiert! DHL-Sendungen nach Russland brauchen in der Regel bei der Verzollung eine Woche. Kurierdienste nach Peking brauchen z.B. für ein Schriftstück zwei bis vier Tage.

Reiserouten

Wichtig für das Gelingen einer Transsibreise ist eine **gute Vorbereitung und Routenplanung,** auch unter Berücksichtigung der klimatischen Verhältnisse (siehe „Reisezeit"). Entlang der Bahnstrecke Moskau – Wladiwostok waren bis 1994 von den insgesamt 23 größeren und großen Städten nur drei offen für Touristen: Nowosibirsk, Irkutsk und Chabarowsk. Alle anderen Städte und Regionen waren gesperrt, und man konnte das traditionelle Endziel der Transsibirischen Eisenbahn, Wladiwostok, nicht besuchen. Heute ist **jeder Ort für Touristen zugänglich.** Da viele Städte jedoch während der Sowjetzeit ihr „Gesicht" verloren haben, sind einige touristisch uninteressant geworden, sodass sich ein Halt nicht unbedingt lohnt.

Die Reise in **St. Petersburg** zu beginnen/beenden, ist eine interessante Variante. Allerdings sollte man, statt viel Zeit in Europa zu verbringen, welches „vor der Haustür" liegt, bei einer Transsibreise lieber mehr Zeit für Sibirien, die Mongolei und China reservieren. Die wunderschönen altrussischen Städte am sogenannten „Goldenen Ring" in der Umgebung Moskaus sollte man lieber gesondert bereisen.

trans18-003 dk

Wer in der **dunklen Jahreszeit** zwischen Oktober und Februar reist, sollte besser „rückwärts“ fahren, d.h. **von Ost nach West.** Auf der Strecke Wladiwostok – Moskau gewinnt man auf diese Weise pro Tag eine Stunde und hat damit mehr Tageslicht bei den ohnehin kurzen Tagen. Ein weiterer Vorteil dieser Reiserichtung besteht darin, dass man zu Beginn den großen Zeitunterschied (Wladiwostok 9 Stunden, Irkutsk und Peking 7 Stunden) auf sich nimmt und nicht am Ende der Reise, wenn man nach der Rückkehr bald wieder arbeiten muss.

Man kann eine Transsibreise mit diversen **Highlights** verbinden, z.B.: Trekkingtour im Altai-Gebirge oder am Baikalsee; Flusskreuzfahrten auf Ob, Irtisch und Lena (buchbar bei einigen Transsibveranstaltern); Schifffahrt auf dem Jenisej-Fluss von Krasnojarsk bis nach Dudinka zum Nordpolarmeer (buchbar bei einigen Transsibveranstaltern; man beachte: Ohne ein wochenlang vor der Reise eingeholtes Permit darf man nicht nach Dudinka reisen; s.a. im Kapitel zu Krasnojarsk); Zugfahrt mit Dampfloks am Baikalsee (buchbar bei einigen Transsibveranstaltern, s.a. im Kapitel zu Irkutsk); Gobi-Exkursionen in der Mongolei (buchbar bei einigen Transsibveranstaltern und Reiseanbietern zur Mongolei).

Die Transsib-Strecken

Klassische Route Moskau – Wladiwostok

Die Strecke von Moskau nach Wladiwostok wird oft als **klassische Transsib-Route** bezeichnet. Wer genug Zeit hat, kann diese längste durchgehende Bahnstrecke der Welt bis nach Wladiwostok befahren, anschließend nach Irkutsk zu-

082tr dk

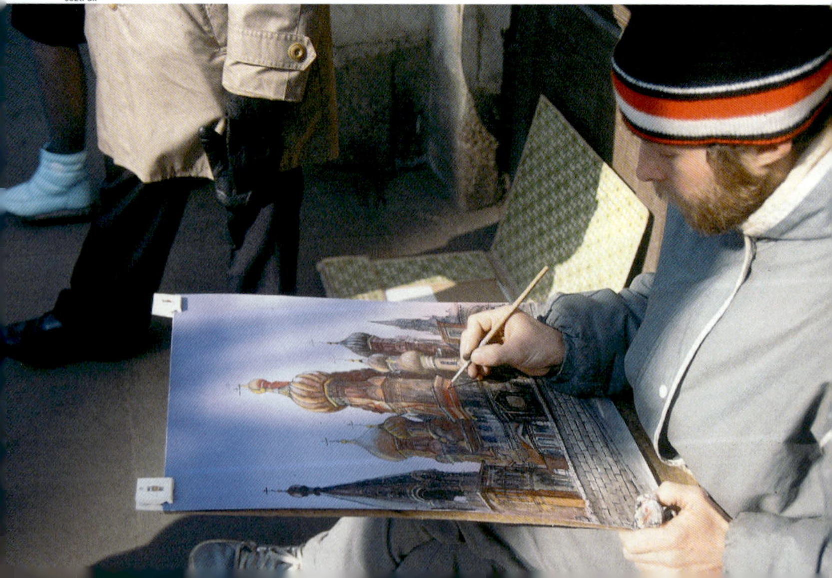

rückfliegen und von dort auf der transmongolischen Strecke durch die Mongolei bis nach China weiterreisen. Wer nicht so viel Zeit hat, wählt das Endziel Peking. Landschaftlich und kulturell abwechslungsreicher ist die Fahrt via Ulan Bator nach Peking.

Sehenswerte Städte entlang der Strecke Moskau – Wladiwostok

- **St. Petersburg:** am besten gesondert bereisen, sonst mindestens drei volle Tage.
- **Moskau:** ein bis zwei Tage.
- **Jaroslawl:** ein bis zwei Tage (die komplette Altstadt ist UNESCO-Weltkulturerbe).
- **Nischnij Nowgorod:** am besten entweder Jaroslawl oder Nischnij Nowgorod, mind. ein Tag (historische Altstadt und schöne Lage an der Wolga).
- **Perm:** ein Tag (für das Gulag-Museum).
- **Kungur:** ein Tag für die gemütliche, völlig untouristische Kleinstadtatmosphäre plus ein Tag für einen Ausflug zum Belagorskij-Kloster; die Stadt ist die lohnenswerteste Fahrtunterbrechung zwischen Moskau und Krasnojarsk.
- **Jekaterinburg:** wenn überhaupt, dann nur ein Tag am besten als Tagesstopp, d.h. morgens ankommen und abends weiterreisen (Gedenkstätten der letzten Zarenfamilie und Grenzobelisk zwischen Europa und Asien).
- **Tobolsk:** ein Tag (einer der absolut schönsten Kreml Russlands).
- **Nowosibirsk:** kein Aufenthalt (nur Zwischenstation zum Altai-Gebirge).
- **Krasnojarsk:** ein bis zwei Tage (sehr schöne Stadt, Stolby-Nationalpark und Ausgangspunkt einer ein- bis viertägigen Postschifffahrt auf dem Jenissej.
- **Irkutsk:** ein Tag für die Stadt, es können auch zwei sein; plus mehrere Tage für eine Fahrt auf der historischen Circum-Baikaltrasse z.B. mit einem von einer Dampflok gezogenen Touristenzug und Zeit für einen Aufenthalt am Baikalsee (für Reisende mit wenig Zeit in Listwjanka und für Reisende mit mindestens vier Tagen Zeit auf der wunderschönen Baikalsee-Insel Olchon).
- **Ulan-Ude:** zwei Tage, einer für die schöne Stadt und einer für ein Ausflugsprogramm zum Lama-Kloster Ivolginsk und zu einem Altgläubigendorf (Letzteres muss man über eine Agentur vor der Reise oder in Ulan-Ude buchen).
- **Chabarowsk:** mindestens ein, besser zwei Tage, da eine der schönsten Städte Russlands.
- **Wladiwostok:** mindestens ein, besser zwei Tage, um am Ende der Reise am Pazifik zu relaxen.

Von Moskau bis zum Ural geht die Fahrt durch eine lieblich-hügelige Landschaft mit Dörfern, Wäldern und Wiesen. Der Ural selbst zeigt sich entlang der Eisenbahnlinie als sanfte Hügellandschaft mit Birkenwäldern – man erwarte kein Gebirge!

Von Jekaterinburg bis nach Nowosibirsk fährt man durch die flache Westsibirische Tiefebene; Sümpfe, Felder und Wiesen reichen bis zum Horizont links und rechts der Bahngleise. Der Reisende fühlt hier die unendliche Weite und Ausdehnung Russlands bzw. Sibiriens.

Ab Nowosibirsk ändert sich die Landschaft schlagartig: Der Zug müht sich zunächst durch hügelige und dann bergige Landschaft – immer höher in die bergigen Wälder. Besonders viel zu beobachten gibt es vor und hinter **Krasnojarsk,** wo zu beiden Seiten viele bunte, liebevoll geschnitzte Datschen mit ihren gepflegten Gemüsegärten und Kartoffeläckern stehen. Da sich die hübschen Häuschen am Hang hochziehen, kann

☐ Straßenmaler in der russischen Hauptstadt

man sie besonders gut sehen. Immer höher steigt der Zug, und immer häufiger öffnet sich der Blick von oben auf Wälder und Dörfer.

Landschaftlich ebenfalls schön ist der Streckenabschnitt **von Irkutsk nach Tschita.** Der Zug windet sich durch die Berge und über pittoreske Flüsse. Die Strecke **von Tschita nach Chabarowsk** gehört ebenfalls zu den besonders schönen. Die Bahnlinie verfolgt stundenlang die Schilka und führt durch endlose, fast menschenleere Wiesen, auf denen im Sommer herrliche bunte Blumen blühen. Die Strecke **Chabarowsk – Wladiwostok** ist schön, aber nicht aufregend; man kann sie auch nachts zurücklegen.

Transmongolische Route Moskau – Ulan Bator – Peking

Bei Ulan-Ude hinter dem Baikalsee zweigt die Trasse in die Mongolei ab, eine sehr schöne und landschaftlich abwechslungsreiche Strecke. Man plane nach Möglichkeit einen längeren Aufenthalt in der faszinierenden Mongolei ein! Von der Hauptstadt Ulan Bator (1 Tag) kann man einen Ausflug ins Naturschutzgebiet Tereldsch machen (1–2 Tage) oder zu einem in herrlich weiter Landschaft gelegenen Jurtenlager nach dem Vorbild eines Lagers von *Dschingis Khan,* ferner mehrtägige Exkursionen z.B. in die Wüste Gobi (5–8 Tage) oder in die Zentralmongolei, kombiniert mit der Gobi (10–12 Tage) oder Gobi, Altai und Westmongolei (18–24 Tage).

Transmandschurische Route Moskau – Mandschurei – Peking

Diese Route, die **in Tschita** nach China abzweigt, ist landschaftlich weniger interessant und dauert einen Tag länger

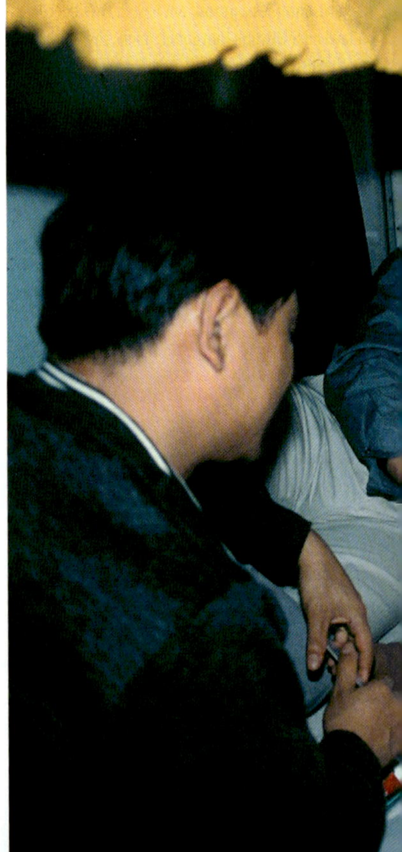

Eng, aber gemütlich: Abteil in einem chinesischen Zug

nach Peking als der Weg über die Mongolei. Die Mandschurei ist eine Provinz im Nordwesten Chinas, es bedarf somit keines zusätzlichen Visums.

Routenvorschläge

Die im Folgenden vorgeschlagenen Routen mit **lohnenden Unterbrechungen** berücksichtigen jeweils die Mindestdauer; ausbauen und erweitern kann man nach Belieben. Wer mehr Zeit hat, kann einige Tage in einem sibirischen Dorf verbringen oder in den Sommermonaten einen (mindestens viertägigen) Ausflug auf die Baikalseeinsel Olchon machen oder auf dem Weg nach Wladiwostok zwei Tage in Ulan-Ude bleiben oder in der Mongolei im Naturschutzgebiet Tereldsch in einer Jurte übernachten oder … Individualreisende können alle hier genannten Reiserouten miteinander verbinden, die Richtung umdrehen und

048tr hl

in China bzw. Wladiwostok beginnen, eine Chinareise anschließen oder mit St. Petersburg anfangen bzw. die Reise beenden. Auch kann man ab Peking einen Direktzug nach Hongkong oder Hanoi (Vietnam) nehmen, von Shanghai mit der Fähre nach Japan oder Korea weiterreisen … Möglichkeiten gibt es viele – man lasse sich von Experten beraten (siehe „Buchung der Reise“)!

Kurzreisen

8 Tage: Moskau – Baikalsee

1. Tag (dieser Tag muss ein Mo oder Fr sein): Flug nach Moskau, spät abends Abfahrt nach Irkutsk
2./3./4. Tag: im Zug
5. Tag: morgens Ankunft in Irkutsk
6. Tag: Circum-Baikaltrasse mit Dampfloks (nur Ende Mai bis Oktober), Übernachtung in Listwjanka am Baikalsee
7. Tag: nachmittags Rückfahrt nach Irkutsk mit Halt am Museumsdorf Talzy
8. Tag: Rückflug via Moskau

(Angebot z.B. bei Knop Reisen p.P. im DZ ab 1300 Euro inkl. Flüge, Zugfahrt im 4-Bett-Abteil, 3 Übernachtungen/Frühstück, 5 Transfers, Dampflokfahrt auf der Circum-Bahntrasse)

12 Tage: Moskau – Baikalsee – Wladiwostok

1. Tag (dieser Tag muss ein Mo oder Fr sein und ein ungerades Datum haben): Flug nach Moskau, spät abends Abfahrt nach Irkutsk
2./3./4. Tag: im Zug
5. Tag: morgens Ankunft in Irkutsk
6. Tag: Circum-Baikaltrasse mit Dampfloks (nur Ende Mai bis Oktober), Übernachtung in Listwjanka am Baikalsee
7. Tag: nachmittags Rückfahrt nach Irkutsk mit Halt am Museumsdorf Talzy, abends Abfahrt nach Wladiwostok
8./9./10. Tag: im Zug
11. Tag: morgens Ankunft in Wladiwostok
12. Tag: Rückflug via Moskau

(Angebot z.B. bei Knop Reisen p.P. im DZ ab 1755 Euro inkl. Flüge, Zugfahrten im 4-Bett-Abteil, 3 Übernachtungen/Frühstück, 6 Transfers, Dampflokfahrt auf der Circum-Baikaltrasse)

13 Tage: Moskau – Baikalsee – Ulan Bator – Peking

1. Tag (dieser Tag muss ein Fr sein und ein ungerades Datum haben): Flug nach Moskau, spät abends Abfahrt nach Irkutsk
2./3./4. Tag: im Zug
5. Tag: morgens Ankunft in Irkutsk
6. Tag: Circum-Baikaltrasse mit Dampfloks (nur Ende Mai bis Oktober), Übernachtung in Listwjanka am Baikalsee
7. Tag: nachmittags Rückfahrt nach Irkutsk mit Halt am Museumsdorf Talzy, abends Abfahrt nach Ulan Bator
8. Tag: im Zug
9. Tag: morgens Ankunft in Ulan Bator
10. Tag: Naturschutzgebiet Tereldsch, Übernachtung in einer Jurte
11. Tag (dieser Tag muss ein Mo oder Fr sein): Rückkehr nach Ulan Bator, abends Abfahrt nach Peking
12. Tag: im Zug
13. Tag: frühmorgens Ankunft in Peking, Rückflug

(Angebot z.B. bei Knop Reisen p.P. im DZ ab 2145 Euro inkl. Flüge, Zugfahrten im 4-Bett-Abteil, 3 Übernachtungen/Frühstück, 7 Transfers, Dampflokfahrt auf der Circum-Baikaltrasse)

[>] Schamanenpfahl am Kap Choboy, dem nördlichsten Punkt der Insel Olchon im Baikalsee

Längere Reisen

15 Tage: Moskau – Baikalsee – Wladiwostok

1. Tag: Flug nach Moskau
2. Tag: Moskau, spät abends Abfahrt nach Sibirien
3./4./5. Tag: im Zug
6. Tag: morgens Ankunft und Fahrt in ein sibirisches Dorf, Einblick ins Dorfleben und begleiteter Taigaausflug (im Sommer per Boot, im Winter Wanderung), abends Abfahrt nach Irkutsk
7. Tag: morgens Ankunft in Irkutsk
8. Tag: Tagesausflug an den Baikalsee
9. Tag (dieser Tag muss ein Do oder So sein, Ende Mai bis Oktober): Circum-Baikaltrasse mit Dampfloks, Abfahrt nach Ulan-Ude
10. Tag: morgens Ankunft in Ulan-Ude
11. Tag: morgens Abfahrt nach Wladiwostok
12./13. Tag: im Zug
14. Tag: morgens Ankunft in Wladiwostok
15. Tag: Rückflug via Moskau

(Angebot z.B. bei Knop Reisen p.P. im DZ ab 2270 Euro inkl. Flüge, Zugfahrten im 4-Bett-Abteil, 5 Übernachtungen/Frühstück, 9 Transfers, Dampflokfahrt auf der Circum-Baikaltrasse)

21 Tage: Moskau – Baikalsee – Ulan Bator – Peking

1. Tag: Flug nach Moskau
2. Tag: Moskau, spät abends Abfahrt nach Sibirien
3./4./5. Tag: im Zug
6. Tag: morgens Ankunft und Fahrt in ein sibirisches Dorf, Einblick ins Dorfleben und begleiteter Taigaausflug (im Sommer per Boot, im Winter Wanderung), abends Abfahrt nach Irkutsk
7. Tag: morgens Ankunft in Irkutsk
8. Tag: Busfahrt auf die Insel Olchon im Baikalsee, Hotel
9./10. Tag: Olchon
11. Tag: Rückfahrt per Bus nach Irkutsk
12. Tag (dieser Tag muss ein Do oder So sein, Ende Mai bis Oktober): Circum-Baikaltrasse mit Dampfloks
13. Tag: Abfahrt nach Ulan Bator
14. Tag: morgens Ankunft in Ulan Bator
15. Tag: Naturschutzgebiet Tereldsch, Übernachtung in einer Jurte
16. Tag (dieser Tag muss ein Mo oder Fr sein): Rückkehr nach Ulan Bator, abends Abfahrt nach Peking
17. Tag: im Zug
18. Tag: frühmorgens Ankunft in Peking
19./20. Tag: Peking
21. Tag: Rückflug

(Angebot z.B. bei Knop Reisen p.P. im DZ ab 2640 Euro inkl. Flüge, Zugfahrten im 4-Bett-Abteil, 7 Übernachtungen/Frühstück, 8 Transfers, 2 Busfahrten, Dampflokfahrt auf der Circum-Baikaltrasse)

23 Tage: Moskau – Baikalsee – Wladiwostok – Ulan Bator – Peking

1. Tag (dieser Tag muss ein Sa sein): Flug nach Moskau
2. Tag: Moskau, spät abends Abfahrt nach Sibirien
3./4./5. Tag: im Zug
6. Tag: morgens Ankunft und Fahrt in ein sibirisches Dorf, Einblick ins Dorfleben und begleiteter Taigaausflug (im Sommer per Boot, im Winter Wanderung), abends Abfahrt nach Irkutsk
7. Tag: morgens Ankunft in Irkutsk
8. Tag (dieser Tag muss ein Sa sein): Circum-Baikaltrasse mit Dampfloks, Übernachtung in Listwjanka am Baikalsee
9. Tag (dieser Tag muss ein ungerades Datum haben): nachmittags Rückfahrt nach Irkutsk mit Halt am Museumsdorf Talzy, abends Abfahrt nach Wladiwostok
10./11./12. Tag: im Zug
13. Tag: morgens Ankunft in Wladiwostok

[>] Erlöserkirche in Irkutsk

trans18-071 dk

trans18-015 dk

14. Tag: Flug nach Irkutsk, Übernachtung in Irkutsk
15. Tag (dieser Tag muss ein Sa sein): morgens Abfahrt nach Ulan Bator
16. Tag: morgens Ankunft in Ulan Bator
17. Tag: Naturschutzgebiet Tereldsch, Übernachtung in einer Jurte
18. Tag (dieser Tag muss ein Mo oder Fr sein): Rückkehr nach Ulan Bator, abends Abfahrt nach Peking
19. Tag: im Zug
20. Tag: frühmorgens Ankunft in Peking
21./22. Tag: Peking
23. Tag: Rückflug

(Angebot z.B. bei Knop Reisen p.P. im DZ ab 3455 Euro inkl. Flüge, Zugfahrten im 4-Bett-Abteil, 9 Übernachtungen/Frühstück, 4 Transfers, Dampflokfahrt auf der Circum-Baikaltrasse)

Bitte aus- und einsteigen!

28 Tage: Moskau – Baikalsee – Ulan Bator mit Gobi – Peking

1. Tag: Flug nach Moskau
2. Tag: Moskau, spät abends Abfahrt nach Sibirien
3./4./5. Tag: im Zug
6. Tag: morgens Ankunft und Fahrt in ein sibirisches Dorf, Einblick ins Dorfleben und begleiteter Taigaausflug (im Sommer per Boot, im Winter Wanderung), abends Abfahrt nach Irkutsk
7. Tag: morgens Ankunft in Irkutsk
8. Tag: Busfahrt auf die Insel Olchon im Baikalsee, Hotel
9./10. Tag: Olchon
11. Tag: Rückfahrt per Bus nach Irkutsk
12. Tag (dieser Tag muss ein Do oder So sein, Ende Mai bis Oktober): Circum-Baikaltrasse mit Dampflokomotiven
13. Tag: Abfahrt nach Ulan Bator
14. Tag: morgens Ankunft in Ulan Bator
15. Tag: Beginn einer 8-tägigen Exkursion in die Wüste Gobi per Geländewagen inkl. Fahrer, Dolmetscher und Vollpension

16./17./18./19./20./21. Tag: Gobi
22. Tag (dieser Tag muss ein Mo oder Fr sein): Rückfahrt nach Ulan Bator, abends Abfahrt nach Peking
23. Tag: im Zug
24. Tag: frühmorgens Ankunft in Peking
25./26. Tag: Peking
27. Tag: Rückflug

(Angebot z.B. bei Knop Reisen p.P. im DZ ab 3760 Euro inkl. Flüge, Zugfahrten im 4-Bett-Abteil, 10 Übernachtungen/Frühstück, 8 Transfers, 2–3 Busfahrten, Dampflokfahrt auf der Circum-Baikaltrasse und 8-tägige Gobi-Exkursion)

Anschlussreisen ab Peking

Wer nach der Transsibreise noch Zeit für eine Rundreise in China hat, dem seien folgende Städte und Routen empfohlen. Individual- und Gruppenreisen organisiert u.a. die Knop-Reisen GmbH (siehe „Buchung der Reise“).

Kurzreise

1. Tag: Ankunft in Peking
2./3. Tag: Peking
4. Tag: Peking, abends Abfahrt per Zug nach Xian
5. Tag: Ankunft in Xian gegen Mittag
6. Tag: Xian
7. Tag: Xian, Flug nach Peking oder Shanghai
8. Tag: Shanghai
9. Tag: Rückflug

Reise mit Highlights in China

1. Tag: Ankunft in Peking
2./3./4. Tag: Peking, abends nach Xian
5. Tag: Xian
6. Tag: Xian – Shanghai
7. Tag: Shanghai
8. Tag: Shanghai – Hangzhou
9. Tag: Hangzhou
10. Tag: Hangzhou – Guilin
11. Tag: Fahrt auf dem Li-Fluss nach Yangshuo
12. Tag: Yangshuo
13. Tag: Yangshuo – Guilin – Hongkong
14./15./16. Tag: Hongkong, abends Rückflug
17. Tag: Ankunft

Von Peking auf das Dach der Welt zum Everest Base Camp und/oder Kailash

1. Tag: Peking – Lhasa mit der Tibetbahn
2. Tag: in der Tibetbahn
3. Tag: Abends Ankunft in Lhasa
4./5./6. Tag: Akklimatisieren in Lhasa
7. Tag: Lhasa – Gyangze
8. Tag: Gyangze – Kloster Sakya
9. Tag: Gyangze – Shigatse
10. Tag: Shigatse – Sakya Kloster
11. Tag: Sakya Kloster – Shigar
12. Tag: Shigar – Everest Base Camp – Old Tingri
13. Tag: Old Tingri in Richtung Kathmandu oder in Richtung Kailash

Von Peking nach Vietnam

Direktzug von Peking nach Hanoi.

Von Peking nach Hongkong

Zug von Peking nach Hongkong.

Reisezeit

Es ist nicht einfach, eine Reisezeit die beste zu nennen, da die Transsibirische Eisenbahn mit Russland, der Mongolei und China Länder mit stark voneinander abweichenden klimatischen Bedingungen berührt. Dabei kommt es darauf an, was man in den einzelnen Ländern vorhat: nur kurze Stopps in Städten oder z.B. eine Mongolei-Rundreise, Wanderungen, einen längeren Aufenthalt in der Baikalregion etc. Möchte man in allen

Mittlere tägliche Maximum- und Minimumtemperaturen in °C

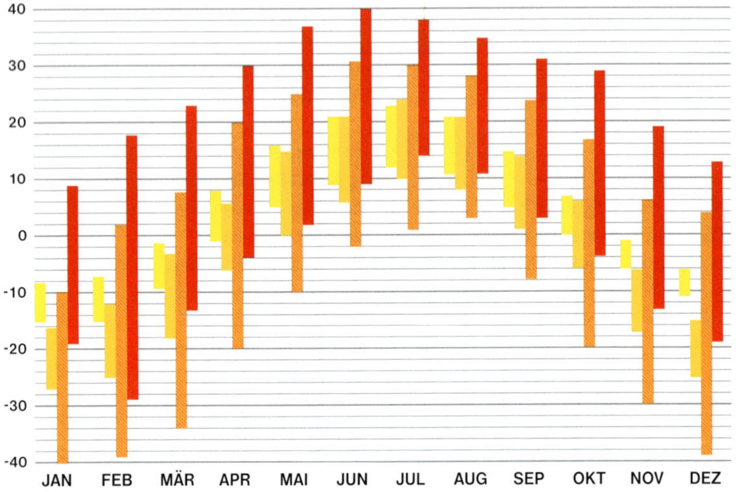

Moskau
Irkutsk
Ulan Bator
Peking

Mittlere Anzahl der Tage mit Niederschlag pro Monat

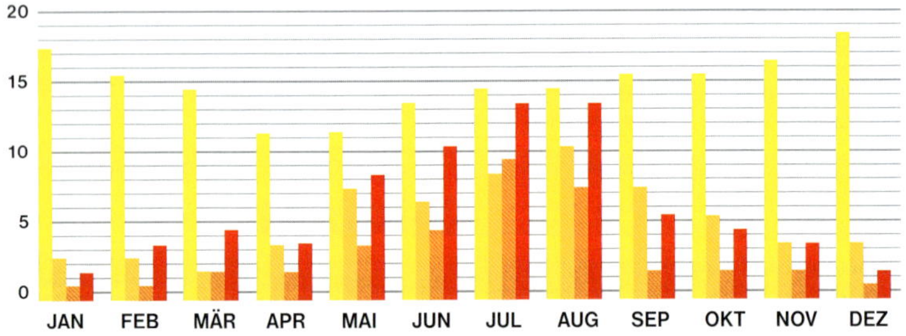

drei Ländern angenehme Temperaturen vorfinden, so sollte eine Reise **Ende August beginnen** (warm in Sibirien, noch warm in der Mongolei und nicht mehr zu warm in China).

■ Aktuelle **Wettervorhersagen** erhält man z.B. unter www.wetteronline.de.

Russland

Angenehm warm bis heiß sind die Monate **Mai bis September.** Der Oktober kann in Sibirien schon kühl bis kalt werden, gehört aber zu den klaren Monaten, sodass er mit entsprechender Kleidung zu den bevorzugten Reisemonaten gehört. Wer echten Winter erleben möchte und verschneite Bilderbuchlandschaften liebt, sollte zwischen Anfang Dezember und Ende Februar reisen.

Mongolei

Die warme Jahreszeit dauert von **Juni bis Mitte September.** Dies ist daher speziell für diejenigen, die eine Rundreise planen, die beste Reisezeit. Davor und danach ist es kalt bis bitterkalt.

China

In China muss man **Nord- und Südchina** klimatisch getrennt betrachten, wobei als Grenze der Yangtsekiang gilt. Nur in den Monaten April, Mai, September und Oktober findet man in ganz China ideale Wetterbedingungen. Juni, Juli und August sind in Ost- und Südchina heiß mit (extrem) hoher Luftfeuchtigkeit. Trocken und heiß ist es in diesen Monaten in Nordwestchina entlang des chinesischen Teils der Seidenstraße.

Schwule und Lesben

Homosexualität wird in allen drei Transsibländern **höchstens „geduldet“,** ist aber keinesfalls eine Selbstverständlichkeit zwischenmenschlichen Zusammenlebens und sexueller Selbstbestimmung. Es gibt Bars, Clubs, Discos und Treffpunkte für Homosexuelle, aber diese muss man vor Ort diskret erfragen. Würden sie in diesem Reiseführer genannt, könnte das als Propaganda für Homosexualität ausgelegt werden, und die Etablissements müssten schließen.

Homosexualität ist **in Russland** gesellschaftlich **weitgehend tabuisiert.** Aus Gründen des Kinderschutzes, so heißt es, wurde „homosexuelle Propaganda“ verboten. Ende Juni 2013 wurde ein Gesetz erlassen, das jegliche „positive“ Äußerungen über das Thema in Anwesenheit von Minderjährigen oder über Medien unter Strafe stellt. Es gibt Bars, an deren Türen Zeichen prangen: Elefanten dürfen reinkommen, Homosexuelle sind unerwünscht …

In der **Mongolei** wurde die Strafbarkeit von Homosexualität 1961 abgeschafft (früher also als z.B. in Deutschland), Schwule und Lesben bleiben jedoch stigmatisiert.

Sicherheit und Kriminalität

Die Sicherheit beim Reisen in Russland, der Mongolei und China entspricht der in Europa. In Russland und in der Mongolei sollte man besser keine **Privateinladungen** annehmen, da man sein Gegenüber nicht einschätzen kann. Auch sollte man dort als allein reisender Mann und als Frau allein oder zu zweit **keine inoffiziellen Taxis** (d.h. ohne Taxischild auf dem Dach) benutzen. Ganz speziell die Strecke zwischen Irkutsk und dem Baikalsee, die über 60 Kilometer durch einsames Waldgebiet führt, sollte auf keinen Fall mit einem unbekannten Privatfahrer zurückgelegt werden!

Nachts sollten Spätheimkehrer vorsichtig sein und ein Taxi nehmen.

Betrunkenen Mongolen sollte man unbedingt immer so schnell wie möglich aus dem Wege gehen, denn sie wissen oft nicht, was sie tun!

Diebstahl

Taschendiebe treiben ihr Unwesen überall dort, wo es eng wird, am liebsten in vollen Bussen, auf geschäftigen Märkten, in Kaufhäusern (Ulan Bator!) und in der Metro. Speziell in Ulan Bator gibt es viele Taschendiebe – auch Kinder und alte Frauen! Diebstahl auf Bahnhöfen ist generell und speziell in Ulan Bator ein Problem. Daher besser immer alle Gepäckstücke mit einem Tau so verbinden, dass ein Einzelstück nicht mal eben mitgenommen werden kann.

In St. Petersburg gibt es **Diebesbanden,** z.B. tummeln sich auf dem Newski Prospekt am hellichten Tage Roma-Kinder, die ihr Opfer umringen und festhalten, während andere die Taschen bis hin zu Brustbeuteln durchsuchen. In der Metro drängen junge Männer ihre Opfer in die Ecke, um alle Taschen zu durchwühlen.

Tipp: Pass und Geld möglichst körpernah aufbewahren. Bei Verlust diesen der Polizei melden und eine Bestätigung verlangen, damit die Versicherung für den Schaden aufkommt.

[>] Menschenandrang – Vorsicht vor Taschendieben!

Im Zug

Vorsicht mit Helfenden, z.B. beim Einsteigen in den Zug, wenn jemand beim Gepäcktragen und -verstauen mit zupackt – es kann passieren, dass hinterher der Fotoapparat oder sonst etwas fehlt!

Vorsicht vor Dieben beim Einsteigen in den Zug in Ulan Bator! Es kommt immer wieder vor, dass Reisende beim Zusteigen beklaut werden. Es scheint ein abgekartetes Zusammenspiel zwischen Schaffnern und Banditen zu sein, denn die Diebe steigen vor Abfahrt des Zuges wieder aus, d.h. sie haben keine Fahrkarten und dürften eigentlich gar nicht in den Zug gestiegen sein. Der Ablauf sieht folgendermaßen aus: Der Reisende steigt ein und trifft auf Gedränge im Zuggang sowie beim Eintreten ins Abteil. Dort halten sich schon zwei Personen auf, die ihre Hilfe beim Verstauen des Gepäcks anbieten, oder die vorgeben, sich im Abteil geirrt zu haben. Auf jeden Fall schaffen sie Unruhe und somit Ablenkung, um aus Jacken-, Hand- und Hosentaschen und sogar aus umgeschnallten Hüfttaschen Dinge zu entwenden. Um auf keinen Fall bestohlen zu werden: Man halte alles unter Verschluss, d.h. direkt am Körper oder in einer fest verschlossenen Tasche!

Auf der Straße

Für alle Transsibländer gilt: **Zebrastreifen** ist nur bedingt zu trauen! Immerhin: In Russland hat sich seit dem 1. September 2010 (gesetzlich) einiges getan, und die (meisten) Fahrer halten, will ein Fußgänger die Straße auf einem Zebrastreifen überqueren. Natürlich gibt es immer gefährliche Raser und Ausnahmen, daher sei größte Vorsicht empfohlen!

Im Winter Vorsicht vor **Eiszapfen,** die an allen Gebäuden direkt über den Gehwegen hängen und irgendwann hinunterfallen.

Dokumente kopieren

Vor der Abreise Sicherheitskopien bzw. Scans des **Flugtickets** und des **Passes** inklusive der Seiten mit den Visa und sonstiger Dokumente machen und diese zu Hause aufbewahren bzw. an seine eigene E-Mail-Adresse schicken, sodass man sie weltweit abrufen und ggf. ausdrucken kann. Zusätzlich eine Kopie mitnehmen.

Sprache und Verständigung

Für alle Transsibländer gilt: **Mit Englisch und Deutsch kommt man nicht wirklich weiter,** auch wenn die Kenntnisse je nach Stadt, Land, Bildung und Beschäftigung der Menschen sehr unterschiedlich ausfallen. In der Mongolei trifft man wahrscheinlich nur in der Hauptstadt Ulan Bator auf Menschen, die Englisch können. Hilfreich ist die Mitnahme eines Bilderwörterbuches („OhneWörterBuch“, Langenscheidt), in dem man auf Bilder zeigt, um sich verständlich zu machen.

059tr dk

RUSSISCHES ALPHABET									
DRUCKSCHRIFT		SCHREIBSCHRIFT		AUSSPRACHE	DRUCKSCHRIFT		SCHREIBSCHRIFT		AUSSPRACHE
А	а	А	а	A	Р	р	Р	р	R
Б	б	Б	б	B	С	с	С	с	S
В	в	В	в	W	Т	т	Т	т	T
Г	г	Г	г	G	У	у	У	у	U
Д	д	Д	д	D	Ф	ф	Ф	ф	F
Е	е	Е	е	JE	Х	х	Х	х	CH
Ё	ё	Ё	ё	JO	Ц	ц	Ц	ц	Z
Ж	ж	Ж	ж	SCH STIMMHAFT	Ч	ч	Ч	ч	TSCH
З	з	З	з	S STIMMHAFT	Ш	ш	Ш	ш	SCH
И	и	И	и	I	Щ	щ	Щ	щ	SCHTSCH
Й	й	-	й	I	Ъ	ъ	-	ъ	STUMM
К	к	К	к	K	Ы	ы	-	ы	Y
Л	л	Л	л	L	Ь	ь	-	ь	STUMM
М	м	М	м	M	Э	э	Э	э	Ä
Н	н	Н	н	N	Ю	ю	Ю	ю	JU
О	о	О	о	O	Я	я	Я	я	JA
П	п	П	п	P					

Buchtipps

Wer die Sprachen der Transsibländer auf leicht verständliche Art lernen möchte, sei auf die **Sprachführer der Reihe Kauderwelsch** verwiesen, erschienen im Reise Know-How Verlag. Sie sind speziell auf den Reisealltag zugeschnitten (Audiomaterial erhältlich, s.a. Anhang).

- **Russisch – Wort für Wort**
- **Russisch Slang – Wort für Wort**
- **Mongolisch – Wort für Wort**
- **Hochchinesisch – Wort für Wort**
- **Chinesisch kulinarisch – Wort für Wort**

Russland

Die Amtssprache der Russischen Föderation ist **Russisch,** daneben werden viele Minderheitensprachen und Dialekte gesprochen. Im Russischen wird die **kyrillische Schrift** verwendet, die 33 Zeichen umfasst und in ihrer Urform im 10. Jahrhundert eingeführt wurde.

Im **Anhang** findet sich ein kleines **Reisewörterbuch** Deutsch – Russisch.

Mongolei

Das **Mongolische** gehört zu den Altaischen Sprachen und ist mit dem Türkischen, dem Jakutischen und dem Tungusischen verwandt. Eine Verwandtschaft mit dem Russischen besteht nicht, obwohl die russische Schrift verwendet wird. Das Mongolische ist so **schwer zu erlernen,** dass man sich entweder nur mit Händen und Füßen oder mit der Hilfe eines Dolmetschers verständigen kann. Ein paar wichtige Worte, die einfach zu lernen sind, seien nachfolgend aufgeführt.

Guten Tag	*sanbeino*
Auf Wiedersehen	*bajirtei*
ja	*dsa*
nein	*ugui*
danke	*bajirla*
gut	*san*
Auto	*maschin*
Bus	*aftobus*
Bier	*piwo*
Tee	*tsä*
Kaffee	*koffi*
Deutschland	*german*
Österreich	*afstr*
Schweiz	*schwezar*

China

Chinesisch ist die meistgesprochene Sprache der Welt. Der nördliche Dialekt **Mandarin,** der in Peking gesprochen wird, hat sich zur chinesischen Hoch- und Amtssprache entwickelt. Chinesisch zu lernen ist **sehr schwierig.** Bei der Aussprache kommt es im wahrsten Sinne auf den **Ton** an! Ein berühmtes Beispiel ist der Satz „ma ma ma ma" (auf Deutsch: „Die Mutter beschimpft das Pferd"), wobei jedes „ma" anders betont wird: gleichbleibend, von oben nach unten, tief sowie von unten nach oben.

Während Chinesisch ursprünglich eine einsilbige Sprache war, ist sie im Laufe ihrer Entwicklung zunehmend zu einer mehrsilbigen Sprache geworden. Zwar gibt es immer noch viele einsilbige Wörter, doch sind die meisten zwei-, drei- und z.T. sogar viersilbig.

Für die **Verständigung** ist die Mitnahme eines Bilderwörterbuches oder einer den eigenen Bedürfnissen entsprechenden, selbst angefertigten Liste mit den wichtigsten Ausdrücken in chinesischer Schrift sehr hilfreich. Man zeigt dann auf das jeweilige Wort und kann so z.B. dem Taxifahrer angeben, wohin man fahren möchte, oder dem Kellner, was man bestellen möchte (s. S. 62). Vegetarier setzen am besten an die erste Stelle den Hinweis, dass sie kein Fleisch und auch keine in tierischem Fett gebratene Speisen essen.

China: Zahlen von eins bis zehn

In China werden einstellige Zahlen nicht mit beiden Händen angezeigt, sondern nur mit einer Hand. Die Abbildung zeigt, wie man's macht.

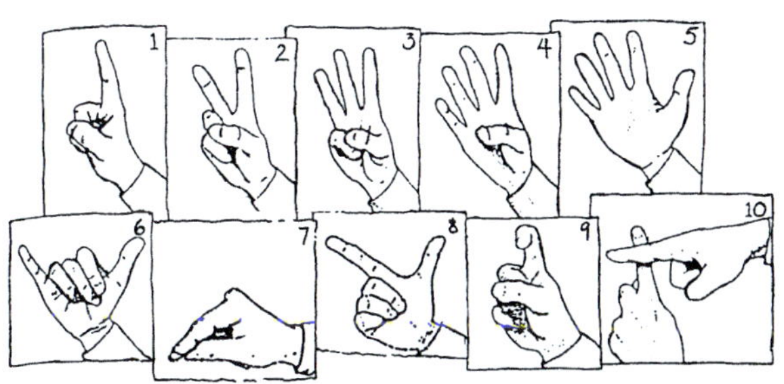

MODERNE FORM	ENTWICKLUNG	FRÜHE FORM	BEDEUTUNG
象			ELEFANT
虎			TIGER
鹿			HIRSCH
馬			PFERD
牛			OCHSE
羊			SCHAF
狗			HUND
魚			FISCH
黾			KRÖTE

Hier ein paar wichtige **Worte:**

Guten Tag	*nihau*
Auf Wiedersehen	*dsei dschjän*
ja	*duä*
nein	*bu*
danke	*schjä schjä*
gut	*hau*
schlecht	*bu hau*
Auto	*schti tsche*
Bus	*gung gung tschi tsche*
Bier	*pidschou*
Prost	*ganbäii*
ohne	*bu jau*
Tee	*tscha*
Kaffee	*kafäi*
Deutschland	*de guo*
Österreich	*audili*
Schweiz	*rissi*

Die chinesische Schrift

Die Anfänge der chinesischen Schrift liegen **4000 bis 5000 Jahre** zurück, als man begann, auf Schildkrötenpanzern und Tierknochen Orakelinschriften zu ritzen. Beispiele erster Zeugnisse chinesischer Schriftzeichen fand man 1899 in der Nähe von Anyang in der Provinz Henan. 1923 fand man in der Provinz Gans Gefäße aus dem 3. bis 2. Jahrtausend v. Chr. mit Ornamenten, die Gestalten von Menschen und Tieren sowie Elemente der Bilderschrift aufweisen.

Entwicklung

Im Wesentlichen kann die chinesische Schrift in **vier Entwicklungsstadien** unterteilt werden:

1. Bilderschrift, die schematische Darstellung konkreter Gegenstände wie Werkzeuge, Tiere etc.
2. Ideografisches Stadium: das Auswerten der Abbildungen von Gegenständen oder Tätigkeiten als Symbole für Abstrakta wie z.B. Eigenschaften oder psychologische Prozesse.
3. Phonetische Entlehnung, d.h. schon existierende Schriftzeichen wurden für die Schreibung gleichlautender Wörter, deren Bedeutungen nicht bildlich ausgedrückt oder symbolisiert werden konnten, ausgenutzt – z.B. Zahlwörter.
4. Schaffung einer komplexen Methode zur **Bildung von Schriftzeichen:** Ein Strukturbestandteil, der sogenannte Klassifikator, reiht das Schriftzeichen nach seiner Bedeutung ein, während der andere Bestandteil, das phonetische Element, die Aussprache des Schriftzeichens angibt.

Heute kennt man in der chinesischen Schrift 214 Klassifikatoren. 90% aller insgesamt etwa 60.000 Schriftzeichen sind Phonoideogramme, d.h. sie geben die Aussprache an.

Stromspannung

In Russland, der Mongolei und China beträgt die Spannung wie bei uns 220 Volt. Die Steckdosen sind für Eurostecker (wie die eines Handyaufladegerätes) geeignet. Ohne Adapter kann man unsere runden Stecker nicht benutzen.

Telefonieren

In allen Transsibländern sind Festnetztelefonate ins Ausland am günstigsten **vom Postamt aus,** denn Hotels berechnen Servicegebühren.

In der **Mongolei** ist Telefonieren rund um die Uhr im Telefonamt der Hauptpost von Ulan Bator möglich. Man legt vorher die Gesprächsdauer fest und bezahlt pro Minute. Sobald die Leitung freigeschaltet ist, wird man aufgerufen.

In **China** kann man außer in Post- und Telefonämtern In- und Auslandsgespräche auch auf der Straße an Kiosks führen.

Mobil telefonieren in Russland

Öffentliche Fernsprecher und Russen ohne Mobiltelefon gibt es kaum noch. Wer sein **Handy** dabeihat (und man sollte eines mitnehmen, denn es ist ein Stück Sicherheit), bekommt je nach Netzbetreiber fast überall in Russland Netzzugang, sogar im Zug und z.T. auch in der Wüste Gobi, wenn auch mit Funklöchern. Aufladen ist nur in einigen Zü-

Vorwahlnummern

- **Russland:** 007
- **Mongolei:** 00976
- **China:** 0086

Nach Russland

- **Moskau:** 007-495 und z.T. 007-499
- **St. Petersburg:** 007-812
- **Irkutsk:** 007-3952
- **andere Städte:** siehe am jeweiligen Kapitelanfang

Innerhalb Russlands

- **Ortsgespräch:** Mit russischer SIM-Karte wählt man die 8 + Stadtvorwahl + Rufnummer, von einem Handy ohne russische SIM-Karte nur die Rufnummer ohne Vorwahl
- **Gespräch an ein russisches Handy:** Alle russischen Mobilnummern beginnen mit 8 und dann 9; man wählt die 8 und anschließend die mit einer dreistelligen, mit 9 beginnenden Rufnummer
- **Von Stadt zu Stadt:** 8 – Vorwahl ohne 0 – Rufnummer
- **Moskau:** 8 – 495 und z.T. 499 – Rufnummer
- **St. Petersburg:** 8 – 812 – Rufnummer

Aus Russland nach

- **Deutschland**
Vom Festnetz ins Festnetz: 8 – 10 – 49 – Stadtvorwahl ohne 0 – Rufnummer; vom Handy an ein Handy: 0049 und die Handynummer ohne 0
- **Österreich** (43) und **Schweiz** (41) entsprechend

In die Mongolei

- **Ulan Bator:** 00976 – 11 – Rufnummer
- **Handy in der Mongolei:** 00976 – Handynummer

Aus der Mongolei nach

- **Deutschland:** 00149, **Schweiz:** 00141, **Österreich:** 00143 – dann jeweils Vorwahl ohne 0 – Rufnummer

Nach China

- **Peking:** 0086 – 10
- **Shanghai:** 0086 – 21

Innerhalb Chinas

- **Gespräch an eine Festnetznummer:** 0086 – Rufnummer
- **Gespräch an ein chinesisches Handy:** 0086 – Rufnummer

Aus China

- **Vom Hotel aus für ein Auslandsgespräch** – *international call* im Gegensatz zu Ortsgespräch *local call* – wählt man je nach Hotel entweder eine 9 oder eine 0 vor.
- **Deutschland:** 9 oder 0 – 0049 – Vorwahl ohne 0 – Rufnummer; vom Handy an ein Handy: 0049 – Stadt- bzw. Handyvorwahl ohne 0 – Rufnummer
- **Österreich** (0043) und **Schweiz** (0041) entsprechend

gen im Abteil möglich, ansonsten im Schaffnerabteil, oder man hat ein etwa sieben Meter langes Verlängerungskabel mit Eurostecker dabei.

Wegen extrem hoher Gebühren sollte man sein **Roaming** ausschalten. Wer auf ständigen Internetzugang ohne WLAN nicht verzichten möchte bzw. länger in Russland unterwegs ist, sollte sich eine **russische SIM-Karte** kaufen. Diese gibt es bei verschiedenen Anbietern, von denen sich die Firma MTC (sprich: Äm Tä Äss, übersetzt „Moskauer Telefonnetz") bewährt hat. MTC unterhält unzählige Filialen, u.a. in einigen größeren Hotels, die man an der roten Schrift und einem roten Ei im Firmenlogo erkennt. In jeder Niederlassung spricht mindestens ein Verkäufer englisch.

Man bittet um einen Vertrag, **zeigt seinen Pass** und bekommt einige rote Karten, auf denen direkt unter der SIM-Karte Telefonnummern stehen (+7 gefolgt von einer dreistelligen Zahl und gefolgt von einer vierstelligen Zahl). Man sucht sich eine Nummer aus und lässt sich die SIM-Karte ins Handy einsetzen. Man kann auch zweigleisig fahren und zusätzlich zu dem Handy aus dem Heimatland ein billiges russisches Handy kaufen.

Die SIM-Karte selbst kostet 150 Rbl., zusätzlich kauft man ein **Guthaben** von mindestens 100 Rbl. (sinnvoll sind eher 200 Rbl.). Eingehende Gespräche aus dem Ausland kosten nichts bzw. pro Minute 10 Rbl., je nachdem, wo man seine Karte gekauft hat (in Irkutsk gelten andere Bedingungen als in Moskau). Gespräche innerhalb der Stadt, in der man seine SIM-Karte gekauft hat, sind kostenfrei wie auch Anrufe bei MTC-Kunden. Verlässt man die Stadt, kostet jedes Gespräch pro Minute 14 Rbl.

Verträge mit Internetzugang sind kompliziert und „gefährlich", weil man aus Versehen etwas Falsches eingeben und hohe Kosten verursachen könnte.

Wichtig: Rechtzeitig **vor der Ausreise das Guthaben kontrollieren,** denn wer ein Minus hat, könnte an der Grenze aufgehalten werden. Drückt man *100# und die grüne Taste, erscheint auf Russisch die Mitteilung, dass man eine SMS bekommt mit der Guthabenanzeige, die nach 10 bis 15 Minuten folgt.

trans18-007 dk

Selfie vor dem Kaufhaus GUM in Moskau

Will man **Guthaben nachladen,** gibt es zwei Möglichkeiten: kostenlos in einer MTC-Filiale (am Terminal oder an der Kasse) oder an einem Terminal (russ. *Termial*), die man auf Schritt und Tritt z.B. in fast allen Läden, Kaufhäusern, Hotellobbys und auf Bahnhöfen findet. Hier werden 9–10% Gebühren eingezogen, d.h. man zahlt 100 Rbl. ein und das Guthaben beträgt nur 90 Rbl.

Das **Aufladen am Terminal** funktioniert wie folgt (nur auf Russisch; hat man einen Fehler gemacht, links unten *nazad* = zurück anklicken):

1. Ganz oben steht *Oplata uslug* – anklicken.
2. In der oberen Zeile erscheinen alle Anbieter, oben links MTC – anklicken.
3. Telefonnummer eingeben: 7 steht schon da; in Klammern setzt man die ersten drei Zahlen, danach folgen drei weitere Zahlen und am Ende vier Zahlen; rechts unten *dalee* = weiter (orangefarben) anklicken.
4. Zur Kontrolle erscheint noch einmal die Telefonnummer; rechts unten *dalee* = weiter anklicken.
5. Es folgt *Vnestite dengi* = Geld eingeben; rechts unten am Terminal blinkt die Geldannahme – Geldschein einschieben.
6. *Vneseno xxx Rubel* = Es wurden xxx Rubel eingegeben – *dalee* = weiter anklicken.
7. Rechts unten *oplatit* = bezahlen anklicken.
8. Quittung entnehmen.
9. Nach etwa 10 bis 15 Minuten bekommt man eine Bestätigungsmitteilung über den eingezahlten Betrag aufs Handy.

Trinkgeld

Trinkgeld wird in allen Transsibländern gern genommen – bevorzugt in der jeweiligen Landeswährung. In China ist die Bedienung in einfachen Lokalen bisweilen überrascht und lehnt zunächst

trans18-008 dk

ab, wie es sich anstandshalber gehört: Eine chinesische Tradition beim Erhalten von Geschenken lautet, zweimal vehement abzulehnen und beim dritten Mal gern anzunehmen!

Über Trinkgeld freuen sich auch Transferfahrer, Stadtführer, Reiseleiter sowie Gastfamilien. Letzteren sollte man sich mit einem Geldbetrag erkenntlich zeigen, z.B. mit dem Hinweis „statt Blumen". Ältere Damen und Herren in Russland bessern ihre karge Rente mit der Arbeit in Museumsgarderoben auf und freuen sich über ein diskret hinterlassenes Trinkgeld (offen überreicht lehnen sie meistens ab). Uber-Taxifahrer bekommen so extrem wenig Geld für ihre Fahrten, dass ein großzügiges Trinkgeld angebracht ist. Bei Zugschaffnern rundet man am besten den zu zahlenden Betrag z.B. für eine Tasse Tee oder Kaffee, für Kekse oder Instantsuppe großzügig auf.

Die folgenden **Beträge** dienen nur **zur Orientierung.** Man gebe stets den Betrag, der einem der geleistete Service wert ist – mal mehr, mal viel mehr, mal weniger und mal gar nichts.

- **Stadttransfer pro Auto:** 200–300 Rbl.; 7000–10.000 Tugrik; 30–40 Yuan
- **Privater Flughafentransfer (nicht Taxi) pro Auto:** 400–500 Rbl.; 15.000 Tugrik; 40–50 Yuan
- **Führungen pro Person:** ab 700 Rbl.; 30.000 Tugrik; 80 Yuan
- **Dolmetscher (Tagesausflug):** 1100–1200 Rbl.; 40.000–50.000 Tugrik; 120 Yuan
- **Fahrer (Tagesausflug):** 700 Rbl.; 35.000–40.000 Tugrik; 70 Yuan

< Am Baikalsee (Listwjanka)

Unterkunft

Hotels

Gleich vorweg: Die **Bezahlung** mit Kreditkarte (MasterCard, VISA, seltener American Express) ist in den Hotels der Transsibländer fast immer möglich. Auf Ausnahmen wird im Text hingewiesen.

Beim Einchecken in Hotels muss man ein **Check-in-Formular** ausfüllen (oder die Rezeption übernimmt den Job).

Nicht in allen Hotels ist die Check-in-Zeit 12 Uhr, in einigen Fällen in Russland erst 14 oder 15 Uhr! Bei früher Ankunft kann es sinnvoll sein, das Zimmer vom Vortag an zu buchen.

Hotels aller Preisklassen sollte man unbedingt **rechtzeitig reservieren.**

In allen drei Transsibländern gibt es **saisonale Preisunterschiede,** wobei von Juni bis September Hochsaison und es damit am teuersten ist. Generell bekommt man für Hotels die besten Preise über Buchungsportale im Internet.

In **Ulan Bator** findet man kurz vor, während und kurz nach dem Naadam-Fest Mitte Juli oft keine freien Betten, daher unbedingt frühzeitig reservieren!

In **China** wird beim Einchecken meist eine Anzahlung (engl. *deposit*) für den Schlüssel (200–400 Yuan) verlangt. Beim Auschecken wird unter Vorlage der Einzahlungsquittung der volle Betrag zurückerstattet.

Ausstattung

Große Hotels verfügen z.T. über einen Geldwechselschalter (nicht in Russland,

Überblick Buchungsportale

Als Ergänzung zu den sorgfältig zusammengetragenen Unterkunftsempfehlungen in diesem Buch können Buchungsportale wie Booking.com, Agoda.com, Tripadvisor, Hostelworld oder AirBnB dazu genutzt werden, **aktuelle Preise** und die **Bewertungen anderer Reisender** einzusehen sowie Unterkünfte direkt zu buchen.

Die Plattformen arbeiten mit Unterkünften aller Art zusammen und machen diese für Reisende leicht auffindbar. Sie übernehmen bürokratische Aufgaben wie die Abwicklung der **Bezahlung** oder stellen den **Kontakt** zwischen Unterkunft und Unterkunftssuchenden her.

Hilfreich bei der Entscheidungsfindung sind die Bewertungen anderer Kunden in diesen Portalen. Gäste bewerten eine Unterkunft nach oder während ihres Aufenthalts und sorgen im besten Fall für aussagekräftige **Benotungen** (1–10, 10 ist das Optimum). Je mehr Nutzer eine Bewertung abgegeben haben, desto verlässlicher ist das Ergebnis. Vorsicht ist geboten, wenn nur sehr wenige Nutzer ihre Meinung geäußert haben. Aber auch sonst lohnt es sich, kritisch zu lesen: Achtet man auf die zu den Rezensionen verfassten Texte, so erhält man oft Aufschluss über die Echtheit der Bewertung. Auch lassen sich Veränderungen im Qualitätsstandard erkennen, wenn eine insgesamt positiv bewertete Unterkunft in jüngster Zeit zahlreiche schlechte Bewertungen erhalten hat.

Über die Plattform **AirBnB** können private und gewerbliche Vermieter ihr „Zuhause" oder einen Teil davon anbieten. Auch hier vermittelt das Portal zwischen Anbieter und Kunde. Es werden zusätzlich Touren und Aktivitäten mit Einheimischen vermittelt, bisher allerdings nur in touristischen Ballungsgebieten.

Tripadvisor ermöglicht es, auch Bewertungen ohne eine Buchung abzugeben. Dies hat Vor- und Nachteile. Bei den Gastronomietipps ist es von Vorteil, da auch Gäste, die nicht über ein Buchungsportal einen Tisch reserviert haben, eine Bewertung abgeben können und somit deutlich mehr Bewertungen zustande kommen.

Ob man sich für die Buchung über ein Online-Buchungsportal entscheidet, hängt von der **Präferenz der Nutzer** ab. Zur generellen Sondierung der Marktsituation und zur Einschätzung von Unterkünften sind die Portale meist empfehlenswert. Die Nutzung ist für Endkunden zunächst kostenlos, für die Betreiber der Unterkünfte fällt jedoch eine Provision an – die im Zweifel doch irgendwann eingepreist wird. Die Haltung der Betreiber ist unterschiedlich: Während manche über das Portal sogar günstigere Preise anbieten, freuen sich andere ausdrücklich, wenn man persönlich und direkt bucht.

trans18-009 dk

Hilton Hotel in Moskau

schlechter Kurs) und/oder einen Bargeldautomaten, des Weiteren über ein Touristen- bzw. Exkursionsbüro, das Transfers und Ausflüge organisiert und Flug- sowie Bahntickets reserviert, ein oder mehrere Restaurants und eine Bar, Shops und Kiosks mit Zeitungen, Toilettenartikeln, Postkarten und Briefmarken, Souvenirs, Getränken und Snacks.

Fast jedes Hotel hat ein **Business Centre** mit Internetzugang. Die meisten Hotels bieten kostenlos WLAN an, einige wenige nicht in allen Zimmern, also beispielsweise im Foyer oder auf einer bestimmten Etage.

Macht man ein- oder mehrtägige Ausflüge, so ist es möglich, überflüssiges **Gepäck** im einem Aufbewahrungsraum zu deponieren. In China und der Mongolei ist dieser Service oft kostenlos, in Russland hingegen werden je nach Hotel z.T. 200 Rbl. pro Tag und Gepäckstück verlangt, wobei bisweilen auch Plastiktüten als Gepäckstück gelten. Leider ist das Deponieren auf Bahnhöfen auch nicht billiger.

Die meisten **Hotelzimmer** verfügen über ein Fernsehgerät und einen (in Russland oft riesigen) Kühlschrank.

Falls in Hotels kein **Wäscheservice** *(laundry service)* angeboten wird, wende man sich an die Etagenfrau oder das Reinigungpersonal, das sich mit Waschen und Bügeln gern ein Zubrot verdient. Übrigens sollte man unbedingt darauf bestehen, dass Jeans keine Bügelfalten bekommen (!).

Am besten bei der Reservierung angeben, ob man ein französisches **Bett** (*king size* oder *queen size bed* bzw. *twin room*) oder zwei getrennte Betten (*two separate beds* bzw. *double room*) haben möchte.

In allen drei Transsibländern gilt: Die 1. Etage ist das Erdgeschoss, entsprechend ist die 2. Etage unser 1. Stock usw.

Bahnhofshotels

In Russland bieten größere Bahnhöfe Reisenden mit gültiger Fahrkarte (z.T. auch ohne Zugticket) sog. **Ruhezimmer** *(Komnata otdycha)* an, in einigen Bahnhöfen gibt es auch Hotelzimmer, teils mit Gemeinschaftsbad; die Preise gelten in der Regel pro Stunde und variieren von Bahnhof zu Bahnhof. Bis auf Moskau und Wladiwostok kann man gegen ein Entgelt am Bahnhof auch duschen.

Privatunterkünfte

Privatunterkünfte bzw. **Bed & Breakfast/B&B** werden in allen Transsibländern angeboten, es werden aber immer weniger. Sie sind eine interessante Option, da man einen Einblick „hinter die Kulissen", in das alltägliche Leben gewinnt. Will man allerdings in großen Städten wie Moskau, Ulan Bator und Peking das umfangreiche Nightlife-Angebot in Anspruch nehmen, ist es sinnvoller, in ein Hotel bzw. Hostel zu gehen, um seine Gastfamilie nicht spät in der Nacht bzw. frühmorgens zu wecken. Privatunterkünfte muss man im Voraus buchen, entweder über einen Reiseveranstalter oder online über ein Buchungsportal (siehe Kasten links).

In Russlands Städten befinden sich die meisten Privatunterkünfte in **mehrstöckigen Wohnhäusern** im oder nahe

127tr dk

dem Stadtzentrum. Die Eingänge liegen bisweilen in wenig einladenden Hinterhöfen, die Treppenhäuser sind nur unzureichend oder gänzlich unbeleuchtet (Taschenlampe!). Das kann schon einen kleinen Schock auslösen. Hat man allerdings die vielfach verschlossene Eisentür (in Russland) einer Wohnung geöffnet und tritt ein, so ändert sich der Eindruck schlagartig und man fühlt sich wohl!

Hostels/Guest Houses

In allen Transsibländern gibt es eine stetig wachsende Anzahl an Hostels, die neben Mehrbettzimmern mit vier bis acht, aber auch mit zehn und mehr Betten z.T. **auch Einzel- und Doppelzimmer** anbieten, wobei der Trend zu Zimmern mit eigenem Bad und WC geht. Alle Hostels haben eine Küche für ihre Gäste. Eine rechtzeitige Reservierung ist ratsam.

Die meisten Hostels bieten kostenlos **WLAN** an, bei einigen ist das Frühstück im Preis enthalten, und die ersten (Kungur Hostel in Kungur und Hovel Hostel in Krasnojarsk) verwöhnen ihre Gäste sogar mit *Free Pancakes.*

Jugendherbergen

In Russland und China stehen Jugendherbergen der **International Youth Hostel Federation** (IYHF) bereit. Es kommen ständig neue Häuser hinzu. Infos unter www.hostelworld.com.

Übernachtungskosten

Russland

Günstige Hotels sollte man lange im Voraus (online) buchen; im Internet finden sich manchmal sehr gute Angebote weit unter Normalpreis. Häufig sind Sonderangebote aber nicht stornierbar. **Luxushotels** sind meist Häuser mit ausländischem Management, die zu großen internationalen Hotelketten wie *Kempinski, Marriott, Hilton, Sheraton, Holiday Inn* etc. gehören. Günstiger und in den Stadtzentren gelegen findet man heutzutage Mittelklassehotels mit internationalem Standard z.B. von *Ibis* und *Park Inn by Radisson*.

- **Günstige Hotels und Hostels:** 10–20 Euro p.P.
- **Gastfamilien:** DZ/F 15–40 Euro p.P.
- **Mittelklassehotels:** DZ 20–30 Euro p.P.
- **Bessere Hotels:** DZ 40–60 Euro p.P.
- **Luxushotels:** DZ ab 150 Euro p.P.

Unterkunftspreise im Buch

In den Ortsbeschreibungen werden bei den Angaben für Einzelzimmer (EZ) und Einzelzimmer mit Frühstück (EZ/F) bzw. Doppelzimmer (DZ) und Doppelzimmer mit Frühstück (DZ/F) jeweils die günstigsten Preise genannt.

Die Preise sind in der Regel in der **Landeswährung** angegeben. Nur wo die Hotels selbst ihre Preise in **US-Dollar oder Euro** nennen, stehen im Buch die Preise in diesen Währungen.

Mongolei

Günstige und gleichzeitig gute Hotels sind rar und die günstigen zum Teil recht einfach.

- **Günstige Hotels und Hostels:** Mehrbettzimmer ab 7 Euro p.P., im DZ 7–20 Euro p.P.
- **Etwas bessere Hotels:** DZ 25–40 Euro p.P.
- **Mittelklassehotels:** DZ 50–70 Euro p.P.
- **Luxushotels:** DZ ab 130 Euro p.P.

China

Die Hotellandschaft in den großen Städten Chinas gleicht der internationaler Metropolen. Man findet alle Kategorien von einfach bis luxuriös, wobei Letzteres Häuser internationaler Hotelketten sind.

- **Günstige Hotels:** Mehrbettzimmer 6–10 Euro p.P., DZ 12–20 Euro p.P.
- **Etwas bessere Hotels:** DZ 25–30 Euro p.P.
- **Mittelklassehotels:** DZ 40–60 Euro p.P.
- **Luxushotels:** DZ ab 100 Euro p.P.

Verkehrsmittel

Taxi

In allen Transsibländern fahren **offizielle,** d.h. als solche gekennzeichnete Taxis. In Russland und in der Mongolei gibt es zusätzlich **Privatfahrer,** die sich ein Zubrot verdienen, z.T. auf eigene Faust, z.T. für eine mit Privatfahrern operierende Taxifirma. Aus Sicherheitsgründen ist es für Alleinreisende und für Frauen ratsam, stets nur offizielle Taxis zu benut-

Wichtige Tipps und Hinweise

Im Straßenverkehr

■ In ausnahmslos allen Städten entlang der Transsibroute ist das **Verkehrsaufkommen** in den letzten Jahren derart **explodiert,** dass man außer an Wochenenden nur langsam vorankommt und es besser ist, zu Fuß zu gehen! Wer eine Stadtrundfahrt plant, sollte diese daher unbedingt auf einen Samstag oder Sonntag legen!

■ Im Winter Vorsicht vor Mammut-Eiszapfen, die an allen Gebäuden direkt über den Gehsteigen hängen. Jedes Jahr verlieren zahlreiche Menschen durch **Eiszapfenschlag** ihr Leben.

■ **Anti-Eisspray** hilft im Winter gegen vereiste Fenster z.B. im Bus oder Pkw.

Bei der Zugfahrt

■ Es kommt vor, dass Reisende an einem Haltebahnhof kurz aussteigen, sich zu weit vom Zug entfernen und der Zug plötzlich davonfährt. Die russischen Züge geben **kein Abfahrtssignal** und halten sich nicht immer an die Fahrpläne. Daher sei für den Fall, dass man den Zug verpasst, empfohlen, warme Kleidung sowie Pass und Geld bei sich zu haben. Notfalls an den Bahnhofsvorsteher (*Natschalnik waksala* bzw. *Administrator*) wenden, der zum einen für die Weiterreise sorgt und zum anderen den davongefahrenen Zug informiert, sodass das Gepäck an der richtigen Stelle ausgeladen und dem Direktor des Zielbahnhofs übergeben wird.

■ **Vorsicht in den Übergängen zwischen den Waggons:** Die Metallplatten sind gewölbt und oft glitschig!

■ Auf dem Weg ins Zugrestaurant muss man u.U. zahlreiche **Waggontüren öffnen** und schließen, sodass die Hände bei Ankunft im Speisewagen grau bis schwarz sind. Da es im Restaurant keine Waschmöglichkeit gibt, schütze man die Hände mit Handschuhen oder einer Plastiktüte.

■ Sollte das **Fenster im Zugabteil** defekt und/oder komplett verdreckt sein, am besten sofort beim Zugpersonal um ein anderes Abteil bitten, in dem die Aussicht ungetrübt ist.

■ Jeweils 10, 20 oder 30 Minuten vor Erreichen eines Bahnhofs werden die **Zugtoiletten** abgeschlossen und die WCs an Grenzbahnhöfen oft mehrere Stunden. Erst nach Beendigung der Zoll- und Passformalitäten kann man den Zug verlassen und die Bahnhofstoiletten aufsuchen.

■ Im Falle einer **Umbuchung** von der 2. Klasse Vierbettabteil in die 1. Klasse Zweibettabteil wende man sich an den Waggonschaffner bzw. den Zugchef *(Natschalnik pojesda)*. Die Bezahlung der Differenz erfolgt jeweils in der Landeswährung.

■ Im Falle von **Gruppenreisen** wird das **Gepäck** am Zielbahnhof oft separat zum Hotel transportiert. Meist kommen die Reisenden lange vor dem Gepäck dort an und können sich nicht frisch machen, weil die Koffer auf sich warten lassen. Es ist daher ratsam, Waschutensilien und frische Kleidung im Handgepäck mitzuführen.

■ Wer ein **Fahrrad im Zug** transportieren möchte, kann dies nur, wenn es sich in so kleine Teile zerlegen lässt, dass es in die Gepäckablage passt. Oder man bucht ein eigenes Bett für den Drahtesel.

■ Beim **Fahrkartenkauf** stets beide **Uhrzeiten,** die Moskauer Zeit *(Masskowskoje wrämja)* plus Ortszeit *(Mjestnoje wrämja)*, notieren.

■ Viele **Bahnhöfe in Russland** haben kostenpflichtige Hotel- bzw. **Ruhezimmer** *(Komnata otdycha)*, die man auch stundenweise buchen kann. Voraussetzung ist der Besitz einer gültigen Fahrkarte. Duschen kostet extra.

■ Wenn man einen **Tagesstopp** macht, kann man seine Habseligkeiten sicher in der **Bahnhofsgepäckaufbewahrung** verstauen (ca. 200 Rbl. pro

Gepäckstück je nach Größe). Der Preis gilt jeweils bis Mitternacht, danach muss man erneut zahlen.

- **Gepäckstücke auf dem Bahnsteig** zusammenbinden, um einen Diebstahl zu erschweren.
- In **Vierbettabteilen** haben die unteren Betten ungerade Nummern, die oberen gerade.
- **Am besten immer etwas Ess- und Trinkbares griffbereit haben.**

Allgemein

- Man merke/schreibe sich für alle Fälle die **Telefonnummer seiner Hausbank** und den Namen des Ansprechpartners auf.
- **Bargeld nur in makellosen Scheinen mitführen,** die nicht beschrieben und nicht eingerissen sind.
- Wenn man seinen **Pass** nach der Registrierung im Hotel oder nach der Passkontrolle im Zug zurückerhält – immer kontrollieren, ob es der richtige ist!
- Immer ein **Antibeschlagtuch, Feuchttücher und eine Taschenlampe** dabeihaben.

Fahrscheinkontrolle vor dem Einstieg

trans18-010 dk

zen bzw. solche, die bei einer offiziellen Taxifirma bestellt wurden. Der Fahrpreis sollte immer vorher abgesprochen werden bzw. wird vom Taxiunternehmen genannt. Für Billigtaxifirmen arbeitende Privatfahrer bekommen derart wenig für ihren Job, dass ein gutes Trinkgeld angebracht ist.

In **China** schalten die Taxis in der Regel ihr Taxameter ein. Ausnahme: Peking, wo es wohl Tradition ist, Ausländern das Mehrfache abzunehmen. Vom bzw. zum Flughafen sollten es inklusive Mautgebühren nicht mehr als 150 Yuan sein, vom Bahnhof nicht mehr als 30 Yuan. Tipp: Bei Ankunft am Bahnhof die dort wartende „Taximafia" meiden und ein paar hundert Meter laufen, möglichst noch die Straßenseite wechseln und dann ein Taxi heranwinken – oder am besten gleich mit der Metro fahren (Vorsicht vor Taschendieben!). Wenn man ein Taxi für mehrere Stunden mieten möchte, sollte der Preis für den Wagen vorher vereinbart werden, z.B. mit Hilfe der Hotelrezeption. Falls der Fahrer anschließend den Preis pro Person anstatt wie ausgemacht pro Wagen verlangt, kann man den Rezeptionsmitarbeiter als Zeugen rufen.

Marschroutentaxi

Hierbei handelt es sich um **private Minibusse in Russland,** die meist den Routen der öffentlichen Busse folgen, aber auf Wunsch an jeder beliebigen Stelle halten, um Passagiere aufzunehmen bzw. aussteigen zu lassen. Man nennt dem Fahrer das gewünschte Ziel. Marschroutentaxis verkehren täglich zwischen 6 und 23 Uhr und kosten etwas mehr als reguläre Busse.

trans18-011 dk

Von Marschroutentaxis für lange Strecken ist abzuraten! Sie sind z.B. von Irkutsk auf die Baikalseeinsel Olchon (über 300 km) mitunter lebensgefährlich, da sie zu schnell fahren und von den nicht durchgängig asphaltierten Straßen abrutschen und oft riskante Überholmanöver machen.

Bus

Busse sind **meistens voll** (Vorsicht vor Taschendieben!) und **relativ langsam,** dafür aber oft das preisgünstigste Verkehrsmittel und sicherer als Minibusse oder Pkw. In den meisten Städten sind sie täglich von 6 bis 24 Uhr im Einsatz. Fahrkarten gibt es beim Schaffner, dem Fahrer oder an Kiosks.

Metro

St. Petersburg, Moskau, Kasan, Jekaterinburg, Nowosibirsk, Krasnojarsk und **Peking** verfügen über eine U-Bahn – in den Stationen und Waggons ist grundsätzlich Vorsicht vor Taschendieben geboten!

⊲ Eine Augenweide – Metrostation Komsomolskaja in Moskau

Versicherungen

Zunächst ein Tipp: Für alle Versicherungen, die man abschließt, sollte man die **Notfallnummern** notieren und mit der **Policenummer** gut aufheben!

Bei Eintreten eines Notfalls sollte die Versicherungsgesellschaft unverzüglich verständigt werden! Dies gilt auch bei einem Schadensfall im Urlaub, der durch die reguläre Haftpflicht- sowie Unfallversicherung daheim abgedeckt wird, wenn man den Schaden direkt vom Urlaubsort meldet.

Grundsätzlich gilt, dass Versicherungspakete oft teuer sind und Versicherungen enthalten, die man nicht benötigt. Man sollte aber existenzielle Risiken absichern, und dazu gehört vor allem eine **Auslandskrankenversicherung** (s.u.; für die Beantragung des russischen Visums ist ein regulärer Krankenversicherungsnachweis Voraussetzung!).

Ob es sich lohnt, **weitere Versicherungen** abzuschließen (Reiserücktritts-, Reisegepäck-, Reisehaftpflicht- oder Reiseunfallversicherung), ist individuell abzuklären. Gerade diese Versicherungen enthalten sehr viele **Ausschlussklauseln,** sodass sie nicht immer Sinn machen.

Die **Reiserücktrittsversicherung** für 35–80 Euro lohnt sich nur für teure Reisen und für den Fall, dass man vor der Abreise einen schweren Unfall hat, schwer erkrankt, schwanger wird, gekündigt wird oder nach Arbeitslosigkeit einen neuen Arbeitsplatz bekommt, die Wohnung abgebrannt ist u.Ä. Nicht gelten hingegen: Terroranschlag, Streik, Naturkatastrophe etc.

Die **Reisegepäckversicherung** lohnt sich seltener, da z.B. bei Flugreisen verlorenes Gepäck oft nur nach Kilopreis und auch sonst nur der Zeitwert nach Vorlage der Rechnung ersetzt wird. Wurde eine Wertsache nicht im Safe aufbewahrt, gibt es bei Diebstahl auch keinen Ersatz; Kameraausrüstung und Laptop dürfen beim Flug nicht als Gepäck aufgegeben worden sein; Gepäck im unbeaufsichtigt abgestellten Fahrzeug ist ebenfalls nicht versichert – die Liste der Ausschlussgründe ist endlos … Überdies deckt häufig die Hausratsversicherung schon Einbruch, Raub und Beschädigung von Eigentum auch im Ausland.

trans18-006 dk

Für den Fall, dass etwas passiert ist, muss der Versicherung als Schadensnachweis ein Polizeiprotokoll vorgelegt werden.

Eine **Privathaftpflichtversicherung** hat man in der Regel schon. Hat man eine **Unfallversicherung,** sollte man prüfen, ob diese im Falle plötzlicher Arbeitsunfähigkeit aufgrund eines Unfalls im Urlaub zahlt. Auch durch manche (Gold-)**Kreditkarten** ist man für bestimmte Fälle schon versichert. Die Versicherung über die Kreditkarte gilt allerdings meist nur für den Karteninhaber!

Auslandskrankenversicherung

Die Kosten für eine ärztliche Behandlung in Russland, China und der Mongolei werden von den gesetzlichen Krankenversicherungen in Europa nicht übernommen, daher ist der **Abschluss einer privaten Auslandskrankenversicherung unverzichtbar.**

Privatversicherte (u.a. Schweizer) sollten prüfen, ob ihre private Krankenversicherungsgesellschaft die vollständige Auslandsdeckung auch in den genannten Ländern garantiert.

Man sollte eine private **Auslandskrankenversicherung abschließen, die Folgendes leistet:**

- Vergütung der Arzt-, Zahnarzt- und Krankenhauskosten ohne Summenbeschränkung;
- Deckung bei Krankheit und Unfall;
- Vergütung von Krankentransporten, Rettungungskosten und Krankenrücktransport ohne Einschränkungen und nicht nur, wenn es medizinisch notwendig ist oder der Krankenhausaufenthalt län-

◁ Russias next Topmodels

ger als 14 Tage dauert (die Kosten werden nie von gesetzlichen Krankenkassen übernommen, und es gibt viel Kleingedrucktes zu beachten);

- Abdeckung der gesamten Aufenthaltsdauer mit automatischer Verlängerung über die festgelegte Zeit hinaus, wenn die Rückreise nicht möglich ist (durch Krankheit oder Unfall);
- evtl. auch Abdeckung der Reise- und Unterkunftskosten von Familienangehörigen, wenn diese zur Betreuung anreisen;
- bei Jahresverträgen sollte man darauf achten, dass der Versicherungsschutz meist für eine bestimmte Anzahl von Tagen pro Reise gilt.

Die **Versicherung als Familie** ist i.d.R. günstiger als sich als Einzelperson zu versichern, aber man sollte die Definition von „Familie" genau prüfen.

Zur **Erstattung der Kosten** benötigt man ausführliche Quittungen (mit Datum, Namen, Bericht über Art und Umfang der Behandlung, Kosten der Behandlung und Medikamente).

Versicherungspakete

Alle oben genannten Versicherungen werden zusammengefasst auch als Paket angeboten. Je nachdem, wie Sie sich versichern wollen, kann dies **preiswerter** sein als die Summe der Einzelversicherungen. Das Original des Versicherungsscheines bleibt zu Hause. Sie reisen mit einer Fotokopie. Im Schadensfall sollten Sie sich umgehend mit der Notrufzentrale Ihrer Versicherung in Verbindung setzen, um den Fall zu melden und notwendige Instruktionen zu erhalten. Alle Auslagen erfolgen vor Ort durch den Versicherten und werden nach Rückkehr bei der Versicherung (mit Belegen, Bestätigungen) vorgelegt.

Tipp: Vergleiche der Versicherungen und Leistungen lohnen. Falls Sie Ihre Reise mit **Kreditkarte** bezahlen, kann über die Kreditkartenorganisation die Reiseversicherung eingeschlossen sein mit einer in Leistungen und Bedingungen wechselnden Abdeckung. Lesen Sie das Kleingedruckte, und nehmen Sie die Notrufnummer der Versicherung mit!

Veranstalter: Pleite!

Jeder, der eine **Rund**- oder **Pauschalreise** bucht, hat das Recht darauf, sich zu vergewissern, dass der Veranstalter für den Fall der Insolvenz versichert ist. Für Veranstalter mit Sitz in Deutschland gilt: Spätestens bei der ersten (An-)Zahlung sollte der Veranstalter bzw. das Reisebüro dem Kunden deshalb einen **Sicherungsschein** aushändigen. Wenn das nicht passiert, muss man annehmen, dass der Veranstalter nicht versichert ist und der Kunde bereits bezahlte Reiseleistungen wie den Rückflug im Falle der Insolvenz nicht erhält!

Zeitverschiebung

Die Umstellung auf Sommer- bzw. Winterzeit gibt es in Russland erst seit 2014, in der Mongolei und in China nicht. Daraus ergeben sich die im Folgenden genannten Zeitverschiebungen.

Von Moskau bis Wladiwostok werden mit der Transsib **sieben Zeitzonen** durchfahren! Stehen in Moskau die Zeiger auf 12 Uhr, zeigen sie an der östlichen Endstation der Transsib bereits 19

Zeitzonen

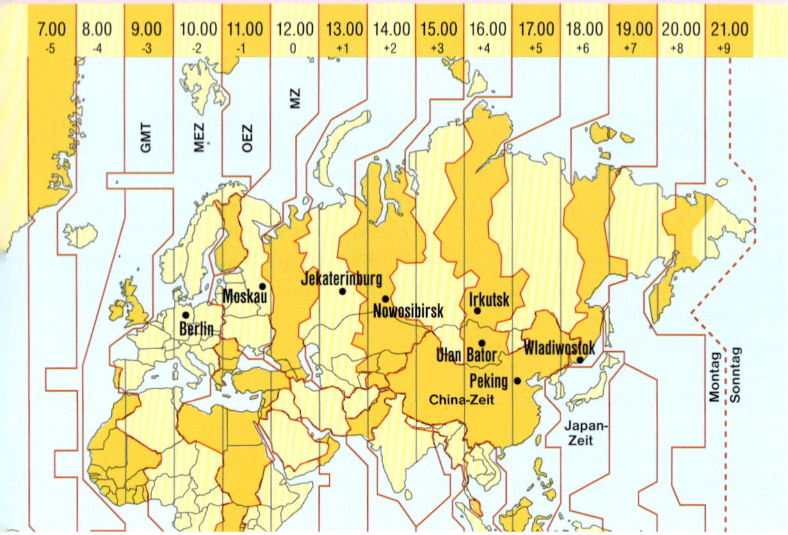

Uhr an. Wenn es in Frankfurt 12 Uhr ist, stehen die Uhren während der Sommerzeit in Moskau auf 13 Uhr und im Winter auf 14 Uhr bzw. in Wladiwostok entsprechend auf 20 bzw. auf 21 Uhr.

Zwischen China und der Mongolei gibt es keinen Zeitunterschied. In Peking und Ulan Bator ist es im Sommer sechs Stunden und im Winter sieben Stunden später als bei uns. Wenn es in Frankfurt 12 Uhr ist, stehen die Uhren während unserer Sommerzeit in Ulan Bator und Peking auf 18 Uhr bzw. im Winter auf 19 Uhr.

Unterschied zur Moskauer Zeit

- **Jekaterinburg:** + 2 Std.
- **Nowosibirsk, Krasnojarsk:** + 4 Std.
- **Irkutsk:** + 5 Std.
- **Tschita:** + 6 Std.
- **Chabarowsk, Wladiwostok:** + 7 Std.

Fahrpläne

Die Abfahrts- und Ankunftszeiten werden in Russland auf Bahnfahrkarten **seit Ende 2018 in Ortszeit angegeben.** Unter der Abfahrtszeit steht in Klammern die Zeitdifferenz zwischen der Moskauer Zeit (MCK) und der Ortszeit (MCK + Zahl). Dasselbe gilt für die Ankunftszeit.

> Getränkeverkauf auf dem Bahnsteig

Zoll

Für alle Transsibländer gilt für die Ein- und Ausreise das Übliche: keine Drogen, keine Waffen, keine Antiquitäten und keine Kunst, es sei denn mit offiziellem Ausfuhrzertifikat.

Bei der Einreise nach Russland und in die Mongolei müssen **Zolldeklarationen** ausgefüllt werden.

In allen Transsibländern ist die **Einfuhr von Devisen unbegrenzt.** Im Falle von Russland können Rubel oder ausländische Währungen bis zu einem Wert von umgerechnet 10.000 US$ ohne Deklaration eingeführt werden, man kann jedoch nur maximal 3000 US$ ohne Deklaration ausführen! Wer also mehr als 3000 US$ wieder ausführen möchte, muss bei der Einreise eine Zolldeklaration ausfüllen und diese dann abstempeln (!) lassen.

Einfuhrbestimmungen für Europa

Bei der Wiedereinreise in die Europäische Union und die Schweiz gelten verschiedene **Freigrenzen, Verbote und Beschränkungen.**

■ Die wichtigsten **Freigrenzen** für die Einreise sind: 200 St. Zigaretten oder 100 St. Zigarillos oder 50 St. Zigarren oder 250 g Rauchtabak (ab 17 Jahren); 1 Liter Spirituosen über 22 Vol.-% (ab 17 Jahren), 4 Liter nicht schäumende Weine, 16 Liter Bier und andere Waren zur persönlichen Verwendung oder als Geschenk im Wert von 430 € p.P. bzw. bei Reisenden bis 15 Jahre 175 €. Für Einreise in die Schweiz 300 SFr p.P.

trans18-012 dk

CUSTOMS DECLARATION

If you hesitate what must be reported or declared please address any of Customs officers for helf

1. a. Surname. . MEYER. . . . . . 2. Passport № . . . XXXX. . . . .
   b. Given name . . . HANS. . . . .
3. Citizenship . GERMAN. . . 4. a. Country of destination (ZIELLAND)
5. Purpose of trip ☐ Business ☒ Pleasure b. Country of destination

6. Any items prohibited for exportation ftom or importation to Mongolia
☐ Yes ☒ No
If yes, list them . . . .
. . . . . (WAREN, DEREN IM- ODER EXPORT IN DER
. . . . MONGOLEI VERBOTEN IST). . . . .

7. Any items subject to veterinary, phytosanitary regulations
☐ Yes ☒ No
If yes, list them . . . .
. . . . (PFLANZEN, TIERE) . . . .
. . . .

8. I have following Mongolian national or foreign currencies and other monetary insruments; (GELD)

Description	Quantity		Custom remarks
	In figures	In word	
EURO	500,–	FÜNFHUNDERT	

9. I have in my possision or purchased abroad in Mongolia the following precious stones, metals and articles made there of; (WERTSACHEN)

Description	Quantity	Custom remarks
GOLDRINGE	2	

(GEPÄCKSTÜCKE)
10. My luggage including hand baggage consists of . . 3 . . . pieces.
11. I have the following dutiable goods; (ZOLLPFLICHTIGE WAREN)

Description	Quantity in figures	Price
/	/	/
Total value		

12. Calculation of duties and taxes (should be done be a passenger him/ himself)

Duties and taxes	Rate	Duty amount
Customs Duty		
Excise tax		
Sales tax		
Total amount		

For official use ONLY
Bill of Payment №   State Customs Inspector Signature and stamp

14. Further more . . / . . units of cargo, containers have been sent separately

FOR TRAVELLER'S ATTENTION

1. The passenger must keep this declaration form to present to Customs together with newly completed one at his / her / return.
2. The Customs declaration form is required for receiving cargo or containers sent separately.
3. Persons giving false information in Customs declaration form to Customs inspectors shall render themselves liable under Customs law of Mongolia.
4. Smuggling of narcotic drugs, psychotropic substances and raw materials there of through customs border is subject to penalty under the relevant legislation.

I have read the above statement and have made a truthful declaration

SIGNATURE OF DECLARENT . . Hans Meyer . . DATA . . XX.XX.20XX

PASSENGER
CUSTOMS DECLARATION

- To be filled in by every person aged 16 or more.
- Use the 'x' symbol to specify your choice. ☒
- The customs declaration shall be kept at hand during the whole temporary stay within / outside the country and presented to customs authorities on return. No renewal on loss is provided.

1. Personal information: ☐ arrival ☐ departure ☐ transit

family name | first name | patronymic

country of residence | nationality / citizenship | passport batch no.

country of departure | country of destination

I have underage children accompanying me ☐ Yes ☐ No Quantity ____________

2. Luggage information:

2.1. Accompanied luggage, including hand luggage ☐ Yes ☐ No

No. of packages ____________

2.2. Unaccompanied luggage (as per shipping documents) ☐ Yes ☐ No

No. of packages ____________

3. Information about specific goods:

My accompanied luggage contains goods subject to obligatory written declaration and may be transported over the border under certificates of approval issues by the correspondent duly authorized bodies:

3.1. National currency and other cash money, valuables, articles made of precious metals and precious stones in whatever state or form, except for those carried inwards for a temporary period of time ☐ Yes ☐ No

Item currency, valuables or precious stones	Amount / Quantity	
	in figures	in words

3.2. Miscellaneous weapons, ammunition supplies ☐ Yes ☐ No

3.3. Drugs and psychotropic substances ☐ Yes ☐ No

3.4. Cultural values ☐ Yes ☐ No

3.5. Printed editions and other media ☐ Yes ☐ No

3.6. Toxic and poisonous substances and medicines ☐ Yes ☐ No

3.7. Radioactive materials ☐ Yes ☐ No

3.8. Flora and fauna items, segments and goods produced from them ☐ Yes ☐ No

3.9. Radio electronic appliances, high frequency devices ☐ Yes ☐ No

3.10. Goods subject to customs duties ☐ Yes ☐ No

3.11. Goods carried inwards (outwards) temporarily ☐ Yes ☐ No

3.12. Transport vehicle ☐ Yes ☐ No

- To provide better customs control details relating to articles specified under items 3.2 – 3.12, if any, please specify such detailed information on the back side of the declaration form under item 4.

4. Information about goods:

4.1. Information about specific goods as per items 3.2 – 3.11

Item	Name and other characteristic features of the goods, number and date of issue of the certificate of approval and the issued body	Quantity		Value in national currency, US dollars or Euros
		in numbers	in words	

Total value : ______

4.2. Information about a transport vehicle

Make ____________ Model year ______ body no. or ID number ____________

Engine volume (cm^3) ________ Chassis no. ____________ Engine no. ____________

Direction of transportation: inwards ☐ inwards temporarily ☐ inwards as return ☐

outwards ☐ outwards temporarily ☐ outwards as return ☐

I am aware of liability I shall incur as per the effective legislation in case the information specified in the declaration submitted by me is incorrect.

____________ «_____» 20___. Personal signature ____________

Service notes: ____________

L. S.

ООО «Типография «Еврокопия-2 СПб» СПб. 2009 г.

■ Bei Überschreitungen dieser Mengen- und Wertgrenzen müssen die Waren angemeldet und versteuert werden. Hierbei fallen **Abgaben** von 15% bzw. 17,5% des Kaufpreises (bis 700 € Warenwert) an. Bei Kaufpreisen über 700 € liegen die Abgaben zwischen 19% und 35%. Hohe Abgaben bei Zigaretten und Spirituosen!

■ **Verbotene Waffen** sind u.a. Spring-, Butterfly- und Faustmesser, Schlagringe, Wurfsterne, Stockdegen, Stahlruten, ausländische Elektroschocker und Reizstoffsprays.

■ Als **artengeschützte Produkte** gelten z.B. Korallen (auch am Strand gefundene), diverse Schnecken- und Muschelarten, Schlangen- und Krokodilleder, Elfenbein, Schildkrötenteile, Whisky mit eingelegter Kobra, verschiedene Tierfelle, Kakteen, Orchideen und bestimmte Kaviarsorten.

Mongolische Weiten

- Bei **Arzneimitteln** ist die Menge eines üblichen Drei-Monatseigenbedarfs erlaubt. Anabolika sind in jedem Fall verboten.
- **Markengefälschte Produkte** aller Art sind für den eigenen Gebrauch und als Geschenk in geringer Stückzahl erlaubt.
- Für **Drogen** gilt: Auch Kleinmengen sowie Hanfsamen, Kokatee und -blätter sind verboten, ggf. auch im Ausland gekaufte starke Schmerz- und Beruhigungsmittel.

trans18-013 dk

- **Feuerwerkskörper** sind einfuhrverboten.
- Für **Fleisch, Wurst, Käse, Milchprodukte und Eier** aus Nicht-EU/EFTA-Ländern gilt ein generelles Einfuhrverbot.
- **Pflanzensanitäre Vorschriften:** Pflanzen mit Wurzeln oder Erde ohne Pflanzengesundheitszeugnis aus nicht-europäischen Ländern sind einfuhrverboten. Auch für bestimmte frische Früchte in größeren Mengen gelten Verbote.
- Für die Mitnahme von **Haustieren** gelten besondere Veterinärvorschriften.
- **Barmittel** über 10.000 Euro (10.000 SFr für die Schweiz) sind dem Zoll bei Aus- und Einreise schriftlich anzumelden.
- Für selbst aufgegebene **Postsendungen** gelten gesonderte Regelungen und eine Freigrenze von 45 Euro Warenwert. **Internetbestellungen** und Sendungen von Firmen über 22 Euro Warenwert sind abgabenpflichtig.
- Die Zollbestimmungen und die Steuersätze für die **Schweiz und Österreich** können von dem Gesagten etwas abweichen.

Nähere Informationen

- **Deutschland:** www.zoll.de
- **Österreich:** www.bmf.gv.at
- **Schweiz:** www.ezv.admin.ch

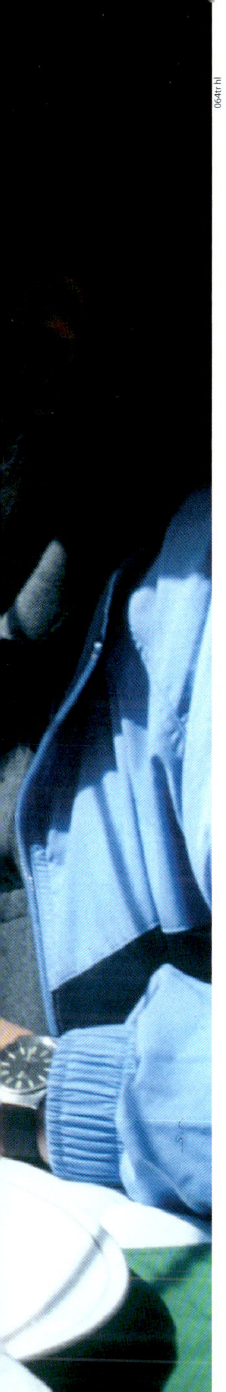

064tr hl

2 Im Zug unterwegs

◁ Fahrt entlang des Baikalsees zwischen Irkutsk und Ulan-Ude – ein Bild aus früheren Tagen, als Rauchen im Zug noch erlaubt war

Die Transsibirische Eisenbahn

Die **Hauptstrecke** der Transsibirischen Eisenbahn **von Moskau nach Wladiwostok** ist **9258 km** lang, die Fahrt dauert sieben Tage. Bei Ulan-Ude südöstlich des Baikalsees zweigt die **transmongolische Route** ab, die über Ulan Bator, die Hauptstadt der Mongolei, bis zur chinesischen Hauptstadt Peking führt. Die Entfernung **Moskau – Peking** beträgt entlang dieser Strecke **7865 km,** der Zug ist gut 130 Stunden bzw. fünfeinhalb Tage unterwegs. An der Hauptroute zweigt in Tarskaja, gut 100 km östlich von Tschita, die **transmandschurische Route** nach China ab. Sie führt **über Harbin nach Peking** und ist **ab Moskau 9025 km** lang. Die Fahrt nach Peking dauert auf dieser Strecke 145 Stunden bzw. sechs Tage.

Die Transsib verbindet über 380 Dörfer und Städte miteinander, darunter Metropolen mit (weit) über 1 Million Einwohner wie Moskau, Nischnij Nowgorod, Jekaterinburg, Nowosibirsk und Krasnojarsk. Die Transsib überquert 16 große **Flüsse,** von denen der breiteste der Amur ist; über ihn führt auch die längste Brücke der Transsib.

Die **höchste Stelle** der Transsib-Strecke liegt östlich von Irkutsk bei Kilometerstein 6110 zwischen den Stationen Jablonowaja und Turgutui, wo sie 1040 m ü.N.N. erreicht. Die **steilste Steigung** auf der Strecke liegt ebenfalls östlich von Irkutsk. Zwischen den Stationen Sludjanka und Andianowskaja überwindet der Zug auf einer Länge von 30 km 400 Meter Höhenunterschied. Die längste schnurgerade und ebene Strecke legt die Transsib in der Westsibirischen Tiefebene zurück. Über 610 km geht es ohne Kurven und Gefälle vom Ob bis zum Irtysch. Auf diesem Streckenabschnitt erreicht die Transsib mit 130 bis 140 km/h ihre Spitzengeschwindigkeit.

Seit dem Jahr 2000 ist die **gesamte Strecke** von Moskau bis nach Wladiwostok **elektrifiziert** und zweispurig befahrbar. Für die Elektrifizierung mussten über 15.000 km Fahrleitung gezogen und 250.000 Masten gesetzt werden. Trotz Elektrifizierung werden die Heizungen und Wasserboiler in jedem Waggon mit Kohle geheizt.

Kilometerangaben der Transsibirischen Eisenbahn sind auch nicht mehr das, was sie jahrzehntelang waren: einheitlich. Lag früher die Stadt Irkutsk 5191 km östlich von Moskau, so variieren die Angaben heutzutage zwischen 5185 und 5152 km – immerhin ein Unterschied von 39 km! Bisher ist nicht klar, warum es zu diesen Ungenauigkeiten kommt.

In Russland stehen die Kilometerschilder auf der rechten Seite, wenn man in Richtung Osten fährt.

> „Peking – Ulan Bator – Moskau" auf Russisch, Chinesisch und Mongolisch

Zugtypen

Sonderzüge

Der **Orient Express** wie auch der **Rus Express** und der sogenannte **Zarengold** sind Luxuszüge **nur für Touristen.** Das Personal spricht deutsch und englisch, die sanitären Anlagen sind absolut sauber, die Verpflegung ist sehr gut – aber es fehlt der Kontakt zu Einheimischen und somit zum „echten Eisenbahnleben".

Reguläre Züge

Zünftig und **viel lebendiger** geht es in den Regelzügen zu, in denen sich Touristen und „ganz normale" Fahrgäste die Abteile teilen und interessanten Bekanntschaften ergeben können.

Zum chinesischen Moskau-Peking-Express mit der Zugnummer 3/4 sei angemerkt, dass er mit chinesischem Personal durch Russland fährt – die Folge: Es riecht in den Waggons nach chinesischem Essen, das sich die Schaffner kochen … Wer das nicht möchte, sollte in Russland mit einem russischen Zug mit einheimischem Personal reisen!

Alle Züge in Fahrtrichtung von West nach Ost haben gerade **Zugnummern,** von Ost nach West ungerade.

Vorortzüge

In Russland werden auf kürzeren Strecken bzw. im Vorortverkehr **Elektritschkas** eingesetzt, meist hoffnungslos veraltete Züge. An großen Bahnhöfen haben Nahverkehrszüge ihre eigenen Bahnhofsgebäude und separate Fahrkartenschalter.

066tr dk

Die Geschichte der Transsib

Das Eisenbahnzeitalter setzte in Russland in den Jahren 1835–37 ein mit dem Bau der 28 km langen Strecke von St. Petersburg zum Kaiserschloss in Zarskoje Ssjelo, heute Puschkin. Diese Bahn hatte keine wirtschaftliche Bedeutung. Sie fuhr am Wochenende mit vier aus England und Belgien importierten Lokomotiven, an Wochentagen als Pferdebahn. Wenige Jahre später folgte in der Zeit von 1843–51 der nächste große Eisenbahnbau, die 650 km lange Strecke von St. Petersburg nach Moskau.

Mit Hilfe amerikanischer Firmen und Berater erfolgte in St. Petersburg die Gründung des für lange Zeit größten Industrieunternehmens in Russland, des Putilow-Werkes. Hier wurden unter Mitarbeit amerikanischer Facharbeiter die ersten russischen Lokomotiven gebaut. Hauptziel des Eisenbahnbaus war der Transport von Getreide sowohl nach Moskau und St. Petersburg als auch zu den Exporthäfen an der Ostsee und am Schwarzen Meer.

Mit dem Bau der Transsibirischen Eisenbahn, der längsten Eisenbahnstrecke der Welt, wurde im Jahre **1891** auf Befehl des Zaren *Alexander III.* (1881–94) **begonnen.** Man baute von zwei Seiten aus: Am 12. Mai 1891 wurde in Wladiwostok der erste Spatenstich getan, während im Westen 1892 in Tschäljabinsk am Ostrand des Ural, rund 250 km südwestlich von Jekaterinburg, die ersten Arbeiten stattfanden. Bis 1900 hatte man von Westen her den Baikalsee erreicht und im Osten konnte 1897 die Strecke von Wladiwostok

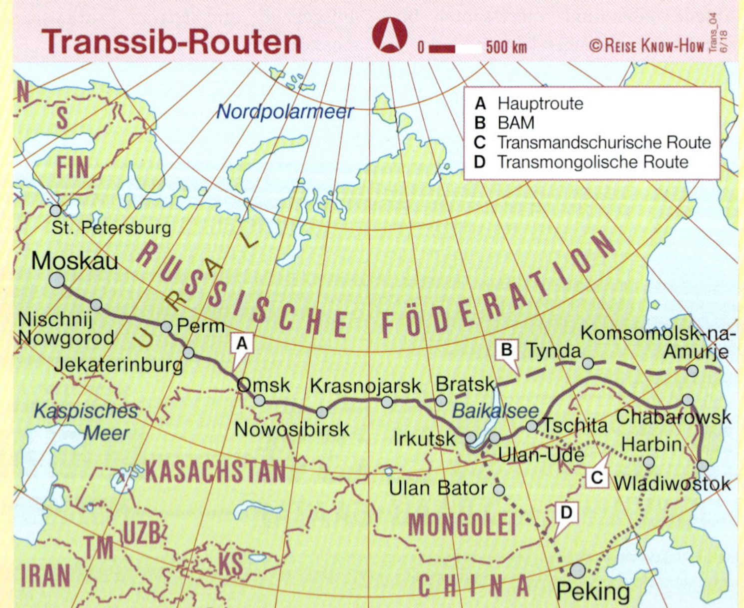

nach Chabarowsk sowie die Eisenbahnlinie von Sretensk (Kilometerstein 6531) bis zum Baikalsee fertiggestellt werden. Der Streckenabschnitt von Sretensk nach Chabarowsk folgte erst 1916. Vor 1916 fuhren die Züge von Tschita über die chinesische Mandschurei via Harbin nach Wladiwostok.

Der Bau der Transsib war eine imposante Leistung, die mit Säge, Spitzhacke, Schaufel und Schubkarren von bis zu 90.000 Arbeitskräften vollbracht wurde. Die Arbeiter, russische Bauern, Soldaten, Sträflinge und Kosaken, Koreaner, Japaner und Chinesen, schufteten unter widrigsten Bedingungen.

Mit der **Fertigstellung** der transsibirischen Magistrale **1905** begann die moderne Besiedlung Sibiriens. Bis 1914 hatten sich vier Millionen Bauern aus dem europäischen Teil Russlands in den entlang der Transsib entstehenden Städten und Siedlungen niedergelassen. Arbeitsplätze gab es für alle sowohl im Wartungsbereich der Eisenbahn als auch in den neu gegründeten Industriezentren und in der Rohstoffgewinnung.

Vor dem Bau der Transsib galt die Durchquerung Sibiriens als eine Art Heldentat. Es gab zwar eine Handelsstraße mit der Bezeichnung **Moskauer Trakt,** aber dabei handelte es sich um einen holprigen, ausgefahrenen und je nach Jahreszeit schlammigen oder staubigen Weg. Die Fahrt in einer Droschke war die reinste Quälerei. Die Notwendigkeit eines neuen Transportmittels war also akut. Allein auf dem rund 1507 km langen Abschnitt zwischen Tomsk und Irkutsk mussten 16.000 Kutscher mit 80.000 Pferden jährlich 64.000 Tonnen Güter befördern. Weil es keine Wege gab, wurden auch die Naturschätze Sibiriens praktisch nicht genutzt. Dabei gab und gibt es dort einmalige Reichtümer. Die Transsib förderte in Sibirien die Gewinnung von Kohle, Salz und Buntmetallen sowie die Holzbeschaffung.

Zugklassen und -tickets

In der Mongolei und China werden die Fahrkarten für **Schlafwagen** in der Regel **nicht nach Geschlechtern getrennt** verkauft, sodass sich evtl. völlig fremde Herren und Damen tage- und nächtelang ein Abteil teilen. In russischen Zügen gibt es Frauenabteile. Es ist ein ungeschriebenes Gesetz, dass man das Abteil verlässt, wenn das andere Geschlecht Anstalten macht, sich z.B. abends für die Nacht umzuziehen bzw. morgens zurechtzumachen. In allen Zügen befinden sich Toiletten und Waschräume, jeweils an den Waggonenden. Das gilt auch für die Waggons der chinesischen De-Luxe-Klasse.

2-Bettabteile haben den Nachteil, dass sie in Waggons mit insgesamt neun Abteilen, d.h. maximal 18 Reisenden, untergebracht sind und die meisten Abteile immer geschlossen bleiben, sodass man nichts vom Leben im Zug mitbekommt und kaum Kontakt mit anderen Passagieren aufnehmen kann.

Die ideale Variante besteht darin, ein ganzes **4-Bettabteil zu zweit** zu belegen, d.h. vier Fahrkarten zu kaufen. Die oberen Betten lassen sich mit einer Metallvorrichtung hochstellen, sodass das Abteil Raum und Aussicht hat wie ein 2-Bettabteil. Und man fährt in den lebendigen Vierbettwaggons mit Einheimischen und Ausländern, kann Bekanntschaften machen, Menschen beobachten und nach Bedarf die Tür schließen, wenn man allein sein möchte. Es besteht auch keine Gefahr, dass der Schaffner Fremde mit ins Abteil legt!

Wer sich kurz vor oder während der Fahrt für eine **höhere Zugklasse** entscheidet als ursprünglich gebucht, kann, so noch Betten frei sind, die Schaffnerin fragen und gegen Bezahlung umbuchen. Man wende sich an das Zugpersonal oder gleich an den Chef des Zuges (russ. *Natschalnik pojäsda*). Der Aufpreis wird in der jeweiligen Landeswährung (notfalls auch in Euro) bezahlt.

Wer ein russisches Zugticket inkl. einer Mahlzeit kauft, fährt automatisch in einem **modernen Waggon** mit Air Condition und Bio-Toiletten, die beim Halt an Bahnhöfen nicht geschlossen werden (s.u. „Sanitäre Anlagen/Toiletten").

In zunehmenden Maße werden die alten russischen Fahrscheine durch **e-Tickets** abgelöst (russ./engl., siehe rechts). Bucht man die Fahrt mit Essen (auf dem Ticket steht „Y1" für eine Mahlzeit (Y = russ. u = *uslugi* = Serviceleistung), wählt man je nach Ankunftszeit entweder ein Mittag- oder ein Abendessen. Das Waggonpersonal kommt auf den Fahrgast zu und fragt, was er wann essen möchte. Das Essen kann man entweder im Abteil oder im Bordrestaurant einnehmen. Wer ein Frühstück bestellt, bekommt ein aufgewärmtes Abendessen!

(Alte) **Fahrkarten** sollte man genau lesen: Wer zwei Betten gebucht hat, bekommt mitunter nur ein Ticket, auf dem aber zwei **Bettnummern** ausgewiesen sind. Wer Fahrkarten in einem rosafarbenen Umschlag hat, findet auf der Innenseite des Umschlags hinten (auf dem Deckblatt befindet sich die russische Übersetzung) unter Punkt 2 den Hinweis, dass auf allen Strecken die Bettwäsche im Preis enthalten ist. Ungerade Bettnummern sind die unteren, gerade Bettnummern die oberen Betten; an-

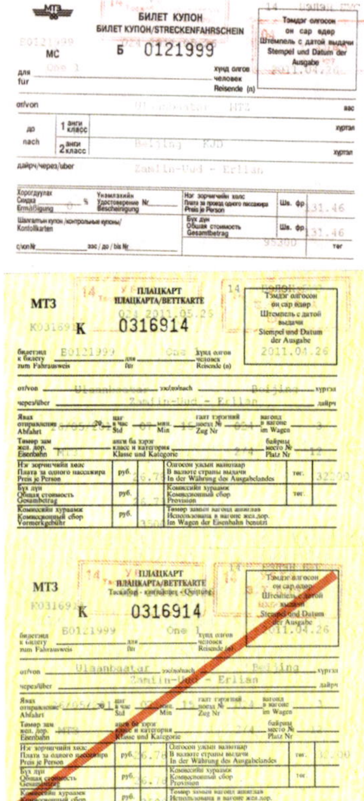

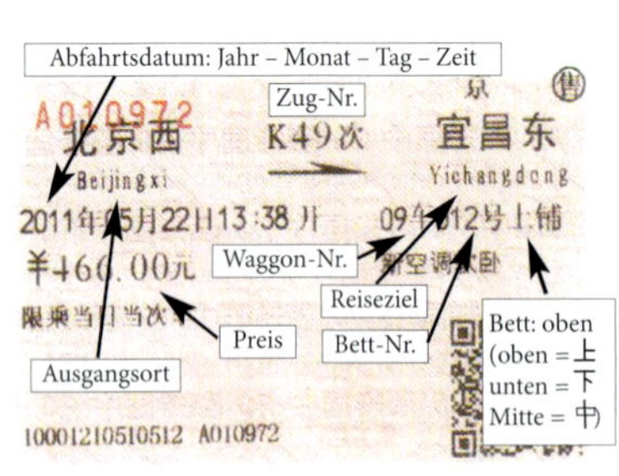

Mongolische (ganz oben) und chinesische (oben) Zugfahrkarte, russisches e-Ticket (rechts)

Электронный билет (номер) E-ticket number **76291412064964** Номер заказа Order number 76291412064953

КОНТРОЛЬНЫЙ КУПОН CHECK COUPON 1 Год совершения поездки/Year: 2019 Valid	Name des Passagiers 33 *****T6YL 07.06.1955 / DEU / F Кол-во пассажиров/Number of passengers: 1

		Маршрут следования/Route От / From -> До / То			Класс обслуживания Class
08.09	20:45	ХАБАРОВСК 1 -> ВЛАДИВОСТОК HABAROVSK 1 -> VLADIVOSTOK	09.09	08:27	1М Люкс / De Luxe sleeping
Отправление по местному времени (МСК+7) Departure local time (UTC+10)			Прибытие по местному времени (МСК+7) Arrival local time (UTC+10)		

Поезд Train	006ЭА ФИРМ	Вагон Coach	18 Люкс / De Luxe sleeping	Место Seat	008 Верхнее / Upper

Полный / Full — У1 СЕРВИСНЫЕ УСЛУГИ Питание: СТАНДАРТ

Y1 = 1 Mahlzeit

Тариф (билет, плацкарта), руб. Fare (ticket/reservation), RUB	3658.2 / 5329.8
Цена, Руб. Price, RUB	8988 (в т.ч. НДС 0% - 0.00, 20% - 481.83)
Сборы, Руб. Fee, RUB	Нет No

Статус электронного билета E-ticket status	**Пройдена электронная регистрация REGISTERED**
Отмена электронной регистрации возможна до Cancel of E-registration is available till	08.09.2019 12:45 (МСК) 08.09.2019 12:45 (UTC+3)
Дополнительная информация Additional information	.ВОЗВРАТ ВОЗМОЖЕН ПРИ ПРЕДЬЯВЛЕНИИ ВСЕХ ДОКУМЕНТОВ ЗАКАЗА;
Дата и время оформления Date and time of purchase	17.08.2019 17:54 (МСК) 17.08.2019 17:54 (UTC+3)

В билете указано время отправления и прибытия в соответствии с часовым поясом (местное)
The ticket indicates the departure and arrival times in accordance with the local time zone

Время отправления (по московскому времени) Departure time (Moscow time)	08.09.2019 **13:45(МСК)**
Время прибытия (по московскому времени) Arrival time (Moscow time)	09.09.2019 **01:27(МСК)**
Перевозчик (ИНН) Carrier (ITN)	ФПК ДАЛЬНЕВОСТОЧНЫЙ / АО "ФПК" (7708709686)
Форма оплаты Payment	Банковская карта
Служебная информация Official information	М007М37 / ФПК

Подтверждаю, что с правилами и особенностями оформления, оплаты, возврата неиспользованного электронного билета, заказанного через Интернет и проезда по электронному билету, а также с офертой, ознакомлен.
I confirm that I have read and agree with the rules and conditions of the order, e-ticket payment, refund of unused e-ticket and the offer contract.
Я согласен с реквизитами поездки и подтверждаю, что персональные данные пассажиров верны.
I agree with the travel details and confirm that all personal data are correct.

ПОСАДОЧНЫЙ КУПОН — BOARDING COUPON

Распечатайте данный купон или сохраните на мобильном устройстве и предъявите при посадке вместе с документом, удостоверяющим личность, указанным при покупке электронного билета. Если Вы хотите сохранить посадочный купон на мобильном устройстве, дождитесь полной загрузки изображения и убедитесь, что 2D-код отображается на экране.
Please print this coupon or save it on your mobile device and present it when boarding the train. You must present your passport, specified in the electronic ticket form. If you need to save your boarding coupon on your mobile device, please wait till the image is completely loaded and make sure 2D-code is seen on the screen.

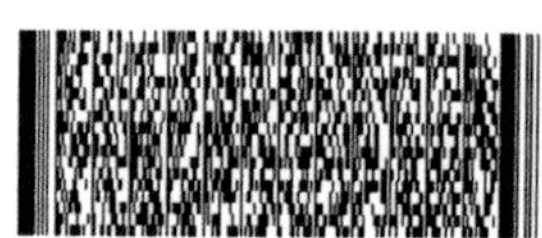

Счастливого пути! / Have a good journey!

Дата формирования купона/Coupon issued: 17.08.2019 17:57

1/2

hand der Bettennummern auf den Fahrkarten kann man erkennen, ob man oben oder unten schläft.

Bei Tickets für Fahrten von und nach Moskau und Peking sollte man darauf achten, dass es in diesen Städten **mehrere Abfahrts- und Ankunftsbahnhöfe** gibt; diese sind auf den Fahrkarten vermerkt.

Luxusklasse

Waggons der De-Luxe-Klasse gibt es nur auf der Strecke **Moskau – Mongolei – Peking.** Der von China eingesetzte Moskau-Peking-Express Nr. 3/4 führt „harte" und „weiche" (s.u.) 4-Bettabteile, die sich preislich stark voneinander unterscheiden, vom Komfort her hingegen wenig. Nur in diesen Zügen findet man De-Luxe-2-Bettabteile, von denen sich jeweils zwei einen kleinen Waschraum mit Dusche teilen.

1. Klasse

Die 1. Klasse (russ. *äss wä,* Abk. für *spalny wagon,* dt. Schlafwagen) besteht zwar auch aus 2-Bettabteilen, aber ohne Nasszelle. Die Waggons dieser Kategorie verfügen über insgesamt neun 2-Bettabteile, deren Maße denen der 4-Bettabteile entsprechen. Es fehlen lediglich die beiden oberen Betten.

Achtung: Wer seine Transsibfahrkarten in Peking kauft und „First Class"/ 1. Klasse bucht, bekommt ein „weiches" 4-Bettabteil, genannt **Soft Sleeper** (chin. *Rang wuo*), mit Betten, die nur etwas weicher sind als die in der 2. Klasse mit „harten" 4-Bettabteilen. Wer ein chinesisches 2-Bettabteil in Zug Nr. 3, Nr. 19 oder Nr. 23 buchen möchte, muss „De

Unterwegs in der 2. Klasse

trans18-019 dk

Luxe" verlangen, denn nur De Luxe bedeutet 2-Bettabteil in Peking.

2. Klasse

In Russland verfügen die Waggons der 2. Klasse (russ. *Kupäiny* = dt. Abteil) über neun 4-Bettabteile. Wer zu zweit reist und die Wahl hat, sollte ein Bett oben und eins unten buchen, sodass man tagsüber das obere Bett hochstellen und den vollen Ausblick aus dem Abteilfenster genießen kann. In China sind mit 2. Klasse „harte" 4-Bettabteile (chin. *Ying wuo*) gemeint. Diese gibt es in Zug Nr. 3/4 auf der Strecke Peking – Ulan Bator und Peking – Ulan Bator – Moskau.

Platzkartenklasse/Großraumwaggon

Bei der Platzkartenklasse (russ. *Platzkartny,* chin. *Jing wuo*) handelt es sich um Großraumwaggons **ohne Abteile.** Manche Leser fanden gerade diese Zugklasse besonders aufregend, andere hingegen hatten ständig Angst um ihr Gepäck – hier gehen die Meinungen auseinander. **Platzkartenwaggons** fahren nur innerhalb Russlands, d.h. die internationalen Züge Moskau – Peking Nr. 3/4 und 19/20 sowie Moskau – Ulan Bator Nr. 5/6 und Ulan Bator – Peking Nr. 23/24 führen keine Großraumwaggons.

Zugverbindungen

In Russland werden alle Abfahrts- und Ankunftszeiten in **Moskauer Zeit** angegeben und auf den Fahrkarten ausgedruckt. Um die jeweilige Ortszeit (russ. *mjästnoje wrämja*) zu erfahren, muss man die entsprechende Zeitzonen-Stundenzahl hinzurechnen. Um Missverständnisse zu vermeiden, sollte man stets die Moskauer plus die Ortszeit erfragen und notieren. Wer sich am Bahnhof abholen lässt, sollte unbedingt die Ankunftszeit in Moskauer und in Ortszeit angeben, damit die Abholenden wissen, wann sie dort sein müssen.

In den Ortsbeschreibungen finden sich jeweils am Ende der praktische Informationen die wichtigsten **Zugverbindungen** mit den Hauptzielen an der Transsibroute. Alle angegebenen Zeiten sind die jeweiligen **Ortszeiten.** Wenn ein Zug **nur im Sommer** verkehrt, heißt das etwa von Ende Mai bis Ende September.

Fahrtunterbrechungen

Fahrtunterbrechungen sind grundsätzlich an jedem Bahnhof möglich. Man muss jedoch **für jeden Streckenabschnitt ein separates Ticket** kaufen. Man darf den Zug nicht unplanmäßig verlassen, denn damit verfallen alle weiteren Fahrscheine. Eine Haltestelle zu verschlafen ist nicht möglich. Die Zugbegleiter in allen Transsibländern sammeln die Fahrkarten aller Passagiere ein und händigen diese etwa eine Stunde vor Erreichen des Zielbahnhofs wieder aus, sodass jeder Zeit genug hat, seine Siebensachen zu packen.

Gepäck

Offiziell darf man in allen Transsibländern **maximal 35 kg** Gepäck im Zug dabeihaben – die Hauptsache ist, alles passt in die Gepäckablage. Das Gepäck wird bei der Abreise in Peking genau gewogen, und man muss für jedes überschüssige Kilogramm teuer bezahlen bzw., wenn es zu viel wird, das Gepäck spätestens am Vortag der Abfahrt am Hauptbahnhof aufgeben.

Man kann ein **Fahrrad** nur zerlegt mitnehmen, wenn es in eine Reisetasche oder einen Koffer und damit in die Gepäckablage im Zugabteil passt. Oder man bucht ein zusätzliches Bett für den Drahtesel. In Peking muss ein Fahrrad am Vortag am Hauptbahnhof abgegeben werden.

An jedem Bahnhof gibt es mindestens eine **Gepäckaufbewahrung,** wo alle Habseligkeiten sicher aufgehoben sind. In Russland werden bis Mitternacht pro Gepäckstück 250 Rbl. berechnet. Man sollte unbedingt die **Pausenzeiten** beachten, damit der Schalter nicht kurz vor der Abfahrt des Zuges geschlossen ist!

Im Abteil

Beim Einsteigen in einen Zug sollte man sofort überprüfen, ob die **Abteilfenster** verkratzt oder kaputt sind. Im Zweifelsfall bittet man sofort um ein anderes Abteil mit guter Aussicht. Ein Trinkgeld kann dabei Wunder wirken!

Wenn vor der Abteiltür abends das oft grelle **Licht** auf dem Zuggang stört, ggfs. die Leuchtröhre bzw. Birne aus- bzw. locker drehen.

Vorsicht im Winter in den Übergängen zwischen den Waggons: Hier besteht Rutschgefahr!

Abteilmaße

In der Regel sind die Zugabteile 1,95 m lang und 1,75 m breit. Die 62 cm breiten **Betten** haben im Grunde genommen zwei Längsmaße: Die Liegefläche selbst ist 1,83 m lang, geht aber vorn und hinten in „Luftraum" über. Der Abstand zwischen dem unteren und dem oberen Bett misst 85 cm, sodass man bequem aufrecht sitzen kann. Vom oberen Bett bis zur Decke verbleibt 1,05 m. Der **Gang** zwischen den Betten ist 42 cm breit, die **Türöffnung** 55 cm.

Gepäckablagen

In **russischen Zügen** befinden sich unter den unteren Betten Gepäckablagemöglichkeiten. Die eine Hälfte ist frei zugänglicher Platz, wo das häufig benötigte Gepäck, z.B. ein kleiner Rucksack, verstaut werden kann. Die andere Hälfte ist eine Art Metallbox, die nur durch Anheben des unteren Bettes zugänglich ist, Maße: Länge 95 cm, Höhe vom Boden bis zum Bett 36 cm und Tiefe 40 bis 50 cm – nach oben hin breiter werdend.

Im Abteil, sozusagen über dem Waggongang, befindet sich eine Ablage für das große Gepäck, welches man während der Zugfahrt eher nicht benötigt, mit den Maßen: 1,75 m breit, 33 cm hoch

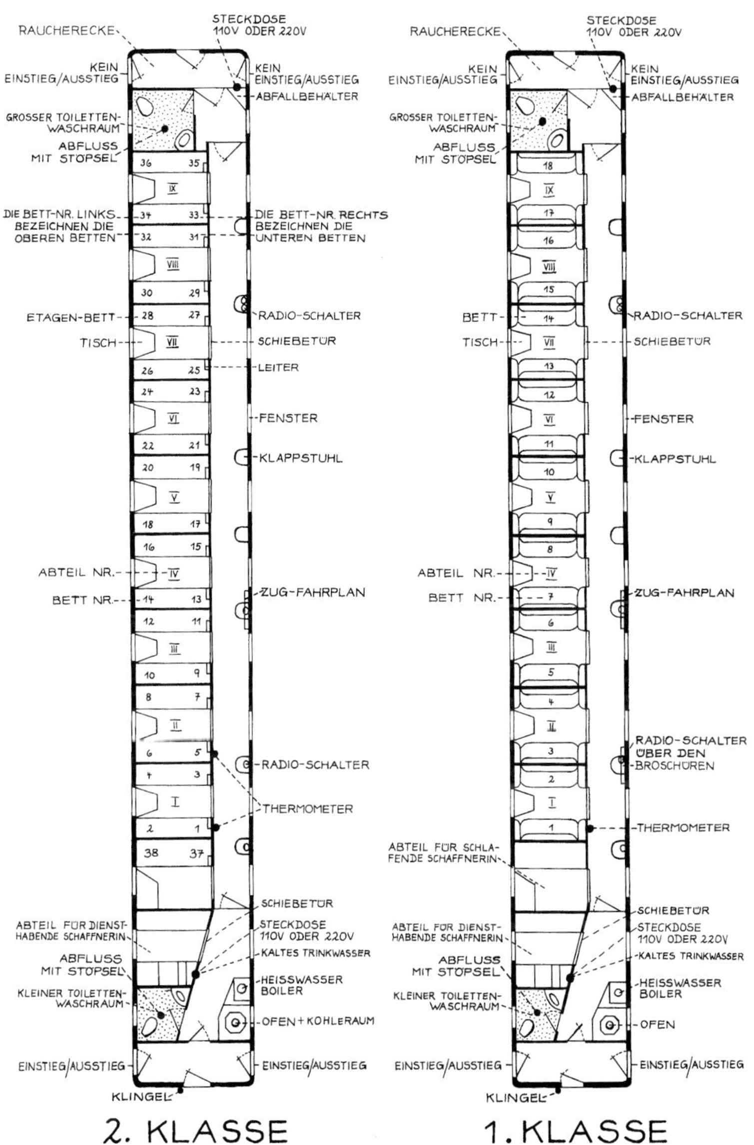
RAUCHERECKE
STECKDOSE 110V ODER 220V
KEIN EINSTIEG/AUSSTIEG
KEIN EINSTIEG/AUSSTIEG
ABFALLBEHÄLTER
GROSSER TOILETTEN-WASCHRAUM
ABFLUSS MIT STÖPSEL
DIE BETT-NR. LINKS BEZEICHNEN DIE OBEREN BETTEN
DIE BETT-NR. RECHTS BEZEICHNEN DIE UNTEREN BETTEN
ETAGEN-BETT
RADIO-SCHALTER
TISCH
SCHIEBETÜR
LEITER
FENSTER
KLAPPSTUHL
ABTEIL NR.
ZUG-FAHRPLAN
BETT NR.
RADIO-SCHALTER
THERMOMETER
SCHIEBETÜR
ABTEIL FÜR DIENST-HABENDE SCHAFFNERIN
STECKDOSE 110V ODER 220V
KALTES TRINKWASSER
ABFLUSS MIT STÖPSEL
HEISSWASSER BOILER
KLEINER TOILETTEN-WASCHRAUM
OFEN + KOHLERAUM
EINSTIEG/AUSSTIEG
EINSTIEG/AUSSTIEG
KLINGEL
2. KLASSE
RAUCHERECKE
STECKDOSE 110V ODER 220V
KEIN EINSTIEG/AUSSTIEG
KEIN EINSTIEG/AUSSTIEG
ABFALLBEHÄLTER
GROSSER TOILETTEN-WASCHRAUM
ABFLUSS MIT STÖPSEL
BETT
RADIO-SCHALTER
TISCH
SCHIEBETÜR
FENSTER
KLAPPSTUHL
ABTEIL NR.
ZUG-FAHRPLAN
BETT NR.
RADIO-SCHALTER ÜBER DEN BROSCHÜREN
THERMOMETER
ABTEIL FÜR SCHLA-FENDE SCHAFFNERIN
SCHIEBETÜR
ABTEIL FÜR DIENST-HABENDE SCHAFFNERIN
STECKDOSE 110V ODER 220V
KALTES TRINKWASSER
ABFLUSS MIT STÖPSEL
HEISSWASSER BOILER
KLEINER TOILETTEN-WASCHRAUM
OFEN
EINSTIEG/AUSSTIEG
EINSTIEG/AUSSTIEG
KLINGEL
1. KLASSE

und 69 cm tief. In den neuen Waggons, wie sie Zug Nr. 1/2 führt, sind die Ablagen z.T. wesentlich kleiner.

Die Maße der Gepäckablagen in den **chinesischen Zügen** fallen geringer aus, die unteren Betten kann man nicht hochklappen.

Bettwäsche

In **Russland** wird jedem Reisenden bei Fahrtantritt frische, gemangelte Bettwäsche zusammen mit einem Handtuch, das unseren Geschirrtüchern entspricht, gebracht. Wer Fahrkarten in einem rosafarbenen Umschlag hat, findet auf der Innenseite des Umschlags hinten (auf dem Deckblatt befindet sich die russische Übersetzung) unter Punkt 2 den Hinweis, dass auf allen Strecken die Bettwäsche im Preis enthalten ist. Sollte dieser Hinweis fehlen und die Bettwäsche nicht im Fahrpreis enthalten sein, muss man umgerechnet rund 3 Euro bezahlen. Wer seinen Schlafsack dabeihat, spart diesen Betrag. Jeder Fahrgast bezieht sein Bett selbst. Kurz bevor man aussteigt, muss man die Bettwäsche beim Schaffner abliefern.

Rauchen

Rauchen im Zug ist in allen Transsibländern (Russland, Weißrussland, Mongolei, China) **verboten.**

Sanitäre Anlagen

Toiletten

Die Zugtoiletten an beiden Enden jedes Waggons sind je nach Zugpersonal **mal mehr, mal weniger sauber.** Alufolie zum Abdecken der Toilettenbrille ist hilfreich. Toilettenpapier gibt es mittlerweile in den meisten Zügen, doch nicht immer. Niedrig angebrachte Papierrollen sollte man aus hygienischen Gründen nicht benutzen, da sie von im Stehen Urinierenden vollgespritzt sind.

Man denke immer daran, dass vor Erreichen eines Bahnhofs (im Falle großer Bahnhöfe 30 und im Falle kleinerer Stationen 15–20 Minuten davor), während des Halts und entsprechend nach Verlas-

sen des Bahnhofs die Zugtoiletten **geschlossen** sind, es sei denn, man fährt in einem modernen Zug mit Bio-Toiletten. In China sind die WCs nur während des Haltens geschlossen. Die meisten Bahnhöfe verfügen über Toiletten im Bahnhofsgebäude oder haben WC-Häuschen auf dem Bahnsteig – doch ist das Risiko groß, den Zug zu verpassen, da dieser nicht immer gemäß Plan fährt.

Duschen

Duschen gibt es bislang **nur in wenigen Zügen** und zwar im Rossija-Zug Nr. 1/2 (Moskau – Wladiwostok) und im Jenissej-Zug Nr. 55/56 (Moskau – Krasnojarsk); die Benutzung ist kostenpflichtig. Leider kann man sich auf die Duschen nicht verlassen, da sie manchmal kein Wasser haben oder defekt sind.

Kostenpflichtig duschen kann man auf **Bahnhöfen** (u.a. in Jekaterinburg, Nowosibirsk, Irkutsk und Ulan-Ude).

Temperatur im Zug

Die Züge der Transsib haben in der Regel eine **Klimaanlage.** In Russland sind die Abteile im Sommer angenehm temperiert, während der kalten Jahreszeit aber etwas zu warm. Mit einem Bakschisch kann man versuchen, die Wärme liebenden russischen Schaffner zu beeinflussen. Je näher zum Waggonanfang, desto heißer ist das Abteil oder je höher die Abteilnummer desto kühler. Nur in einigen Zügen kann man in den Abteilen und auf dem Gang die Fenster ein wenig öffnen. Zum Fotografieren sollte man die Außentür des Restaurantwaggons hinter der Küche aufsuchen, da diese häufig offen steht.

Für wen sind die Duschwaggons?

Um das Jahr 2000 erschienen auf der Transsibirischen Eisenbahn die ersten Duschwaggons in dem zwischen Moskau und Krasnojarsk verkehrenden „Jenissej". Auf die Frage nach dem **Wie und Wann,** ob man Schlange stehen müsse und wie hoch der Preis fürs Duschen sei, antwortete die Waggonschaffnerin etwas unsicher. Sie konnte sich gar nicht erklären, für wen die Dusche überhaupt da sei: für das Zugpersonal? Für die Reisenden? Von denen wasche sich doch sowieso niemand …

Eine halbstündige Benutzung der Dusche und des dazugehörigen Bügelbretts (!) kostet umgerechnet ca. 1 Euro. Sehr sauber, **geradezu feudal** sind die Waggons. Es beginnt mit Lampen im Zwischenraum, kurz über dem Boden, und setzt sich fort mit viel Platz vor dem Eingang zur Dusche, die in einem Vierbettwaggon den Raum von zwei Abteilen einnimmt. Auch die Zugtoiletten sind viel sauberer als die in den herkömmlichen Waggons und ähneln denen europäischer Züge. Heutzutage ist auch der Baikalexpress (Nr. 9 bzw. 10) – der beste Zug des Landes – mit neuen Waggons und einem Duschwaggon ausgestattet, die aber nicht immer funktionieren.

Steckdosen

In den russischen Zügen befinden sich **in der Waggonmitte und jeweils an beiden Waggonenden** – über dem Abfallbehälter und gegenüber dem Samowar – Steckdosen mit 110 oder 220 V. Im Toilettenraum neben dem Schaffnerabteil und im Dienstabteil der Zugbegleiter gibt es ebenfalls Steckdosen. Wenn zu viele Passagiere gleichzeitig ihre Geräte aufladen, kann es zu längerem Stromausfall kommen, daher sollte man sich ggf. verabreden.

trans18-014 dk

Ausstieg bei längerem Halt

Grundsätzlich kann man an allen Haltebahnhöfen aussteigen und sich die **Füße vertreten.** Allerdings ist es ratsam, nur im Falle eines längeren Aufenthalts den Zug zu verlassen und sich auch dann in der Nähe seines Waggons aufzuhalten und nicht in das Bahnhofsgebäude zu gehen, erst recht nicht auf den Bahnhofsvorplatz, sondern stets in **Sichtweite des Zuges** zu bleiben. Es gibt an russischen Bahnhöfen keine Abfahrtssignale. Ganz gefährlich kann es werden, wenn man über ein oder mehrere Gleise steigt, da der Rückweg durch eingefahrene oder durchfahrende Züge blockiert werden könnte – kommt allzu häufig vor! Und wie die Einheimischen unter den Zügen über die Gleise zu krabbeln ist äußerst gefährlich!

Wenn man im letzten Moment in einem „fremden“ Waggon einsteigen möchte, wo man dem Zugpersonal nicht bekannt ist, kann es sein, dass man nicht eingelassen wird.

Das Risiko, den Zug zu verpassen, ist groß, da dieser nicht immer laut Plan fährt. Hat ein Zug Verspätung, wird versucht, diese durch kürzere Stopps zu

◁ Sie sorgen für den reibungslosen Ablauf des Zugbetriebs

kompensieren. Man sollte also stets ausreichend warm angezogen sein sowie **Pass und Geld bei sich tragen** – für alle Fälle! Notfalls an den Bahnhofsvorsteher (*natschalnik waksala* bzw. *administrator*) wenden, der für die Weiterreise sorgt und den davongefahrenen Zug informiert, sodass das Gepäck an der richtigen Stelle ausgeladen und dem Direktor des Zielbahnhofs übergeben wird.

Der Moskauer Trakt – historischer Handelsweg zwischen Moskau und Ostsibirien

Bis zum Baubeginn der Transsibirischen Eisenbahn Ende des 19. Jahrhunderts und ihrer Fertigstellung Anfang des 20. Jahrhunderts war der Moskauer Trakt der Haupthandelsweg und die **wichtigste Landverbindung** zwischen Ostasien und Moskau. Die Gleise der Transsibirischen Eisenbahn verlaufen auf weiten Streckenabschnitten auf dem bzw. eng parallel zum Moskauer Trakt. Auf diesem über 6000 km langen Weg fand ein reger Handel zwischen China, der Mongolei, Sibirien und Moskau statt. Gehandelt wurde hauptsächlich mit Tee und Seide aus China und Pelzen aus Sibirien.

Das Vordringen russischer Händler hinter den Ural wird bereits in der Nowgoroder Chronik aus dem Jahre 1377 erwähnt. Es war vor allem der **Zobelpelz,** der die russischen Kaufleute anlockte. Sie nahmen große Strapazen und Gefahren auf sich, um die begehrten Pelze auf den Märkten Westeuropas und in Byzanz (dem heutigen Istanbul) mit hohen Gewinnen zu verkaufen. Das wachsende Interesse an sibirischen Pelzen trieb die Händler und Kaufleute immer weiter nach Osten. Gegen Ende des 16. Jahrhunderts entstanden russische Festungen und Siedlungen, zumeist an Flussläufen. So wurde beispielsweise im Jahre 1604 die Stadt Tomsk gegründet.

Vielerorts entstanden mit der Zeit mächtige **Festungsanlagen,** innerhalb derer man Kirchen, Wohngebäude und Gasthäuser errichtete. Hier überwinterten die Händler und Kaufleute, um im Frühling und damit zu Beginn der Pelzlieferung vor Ort zu sein.

Auf dem Moskauer Trakt wurde im Tausch gegen sibirische Pelze vor allem mit Wodka, Schmuck, Waffen und Werkzeugen gehandelt. Außerdem kamen Tee und Seide über die Mongolei aus dem Chinesischen Kaiserreich nach Russland.

Historisches Dorf oder Transsib-Station?

Ursprünglich gab es entlang des Moskauer Traktes Dörfer, in denen Postpferde ausgetauscht wurden und Gasthäuser Händler aufnahmen. Viel später, im Zusammenhang mit dem Bau der Transsib, wurden Dörfer mit Wassertürmen und Behausungen für die Gleisarbeiter und deren Familien errichtet.

Wenn man aus dem Zugfenster ein Dorf ohne **Wasserturm** entdeckt, so handelt es sich um ein älteres Dorf, das schon zu Beginn des 18. Jahrhunderts existierte. Hat ein Dorf einen Wasserturm, so ist es erst während des Eisenbahnbaus Ende des 19. Jahrhunderts entstanden.

Grenzkontrollen

Generell ist für alle Grenzen zu sagen, dass die Kontrollen für Ausländer **relativ schnell und unkompliziert** ablaufen. Vor dem Einlaufen des Zuges in den Grenzbahnhof informiert das Zugpersonal die Fahrgäste über das Procedere. Verlassen kann man den Zug erst nach der Pass- und Zollkontrolle.

Passkontrolle bedeutet, dass man ein **Einreiseformular** ausfüllt und den Pass abstempeln lässt. Die auszufüllenden Einreiseformulare sind heute meist auch in europäischen Sprachen vorhanden (siehe abgedruckte Formulare im Kapitel „Einreise und Visa"). Die Kontrolle findet im Zugabteil statt.

Zollkontrolle bedeutet für Ausländer eigentlich nur, dass man eine **Zolldeklaration** ausfüllt. Die Zollbeamten bitten um ein kurzes Verlassen des Abteils für einen Kontrollblick, und das war's auch schon. Russische und mongolische Fahrgäste hingegen werden viel eingehender kontrolliert.

Russische Volksmusik – zwei Lieder zum Mitsingen

Die russische Musik ist stark von Elementen der Volksmusik durchdrungen. Das Volkslied besitzt in Russland eine **jahrhundertealte Tradition,** die bis in die vorchristliche Zeit zurückreicht. Die Russen sind ein äußerst musikliebendes Volk. Weltweit rufen Auftritte russischer Kirchenchöre und Volksmusikensembles, wie z.B. der Sibirische Volkschor aus Nowosibirsk, große Begeisterung hervor.

Volkslieder werden **oft von Ziehharmonikas oder Balalaikas begleitet.** Die Balalaika ist ein Holzinstrument mit einem dreieckigen Körper und drei Darmsaiten, die mit den Fingern oder einem Spielplättchen angerissen werden. Erstmals schriftliche Erwähnung findet eine Balalaika um das Jahr 1700.

Häufig ergibt sich bei der Fahrt mit der Transsib die Möglichkeit, mit einheimischen Reisenden oder mit dem Speisewagenpersonal zu singen. **Großen Spaß** macht es sowohl russischen als auch ausländischen Reisenden, gemeinsam zu singen. Aus diesem Grund folgen an dieser Stelle einige Strophen aus einem bekannten russischen Volkslied. Viel Spaß beim Singen!

Katjuscha

Alt
Ras - cve - ta - li ja-blo-ny i gru - si, pop - ly -
li tu - ma-ny nad re - koj Vy - cho - di - la
na be-reg kat - ju - sa na - vy - so - kij na be-reg kru - toj

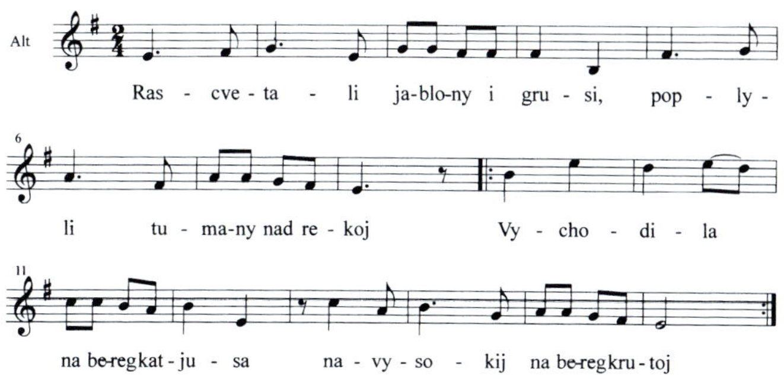

Kalinka

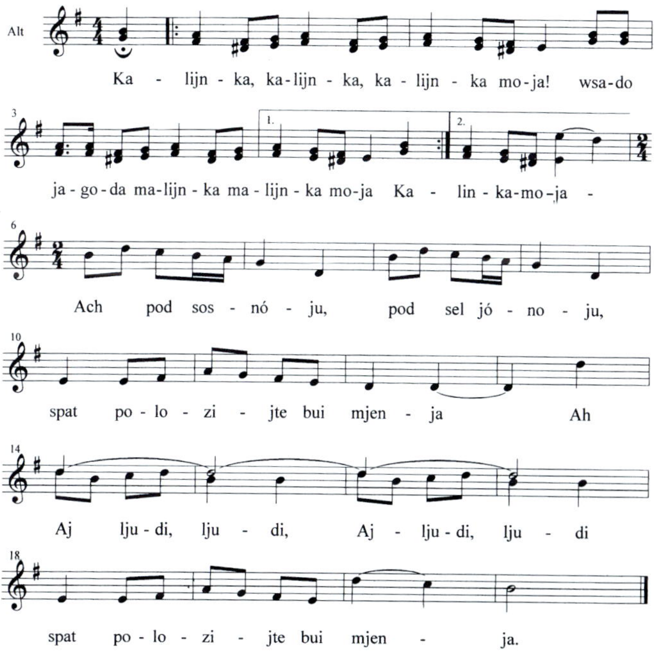

Alt
Ka - lijn - ka, ka - lijn - ka, ka - lijn - ka mo - ja! wsa - do
ja - go - da ma - lijn - ka ma - lijn - ka mo - ja Ka - lin - ka - mo - ja -
Ach pod sos - nó - ju, pod sel jó - no - ju,
spat po - lo - zi - jte bui mjen - ja Ah
Aj lju - di, lju - di, Aj - lju - di, lju - di
spat po - lo - zi - jte bui mjen - ja.

Verpflegung im Zug

Gleich vorweg: **Die Bezahlung mit Kreditkarte oder Girocard ist im Zug nicht möglich.**

Jeder Eisenbahnwaggon hat einen **Samowar,** einen Boiler mit abgekochtem Trinkwasser, mit dem man z.B. auf den Bahnsteigen oder beim Zugpersonal gekaufte Instant-Suppen, Kaffee oder Tee aufgießen kann. Wer sich **Tee oder Kaffee** im Abteil servieren lässt oder bei der Schaffnerin bestellt, bezahlt ein paar Rubel, mit Zucker etwas mehr. Kekse und Waffeln sowie Minutensuppen werden in den russischen Waggons ebenfalls angeboten.

trans18-017 dk

Speisewagen

Speisewagen haben täglich von 9 bis 21 Uhr oder Mitternacht geöffnet und servieren **bis 21 Uhr warme Speisen.** Alle Züge führen einen Speisewagen, der sich meistens zwischen dem neunten und zehnten Waggon befindet. Die nicht immer sterneverdächtigen Speisen sind relativ teuer: Suppe, Hauptgericht und Tee für 400–600 Rbl. Wenn einem morgens Eier, Brot, Käse und Tee oder Kaffee reichen und mittags eine heiße Suppe mit Brot, kommt man inkl. einem Hauptgericht zum Abendessen mit umgerechnet 10 Euro aus.

Speisewagen werden stets **an den Grenzen ausgetauscht,** sodass man in Russland einen russischen, in der Mongolei einen mongolischen und in China einen chinesischen Speisewagen hat. Die Bezahlung erfolgt in der Regel in der jeweiligen Landeswährung, doch werden notfalls auch Euro oder US-Dollar akzeptiert.

Zum Grundangebot in **russischen Speisewagen** zählen neben warmen Speisen (Suppen, Spiegeleier, Hähnchen, Fleischgerichte, Kartoffeln, Reis) kalte Vorspeisen (Wurst, Käse, Oliven), frisches Obst und Brot als wichtigste Beilage sowie Süßigkeiten (Schokolade, Gebäck, Bonbons). An Getränken gibt es

< Wasserkocher im Waggon

> Großraumabteil

Wodka, Bier, Fruchtsäfte, Erfrischungsgetränke und Mineralwasser sowie Kaffee und Tee. Wer gekühlte Getränke bevorzugt, kann das Speisewagenpersonal bitten (Trinkgeld!), einige Flaschen im Kühlschrank zu deponieren.

In **mongolischen Speisewagen** gibt es z.B. Fleischgerichte, Salate (aus hygienischen Gründen besser nicht essen) und Suppen. **Chinesische Speisewagen** sind besonders beliebt – das Angebot ist abwechslungsreich und alles schmeckt gut.

Proviant auf den Bahnsteigen

Die meisten Reisenden ernähren sich in erster Linie von dem, was auf den Bahnsteigen angeboten wird bzw. werden darf, denn die „Babuschkas" – (ältere) Frauen, die Selbstgemachtes anboten – wurden von den Bahngleisen vertrieben. **Wodka** kauft man nur im Speisewagen, in Hotels oder in Lebensmittel- bzw. Getränkeläden und nicht am Kiosk, wo er gepanscht sein kann!

trans18-018 dk

АСТРА
МАРИНА

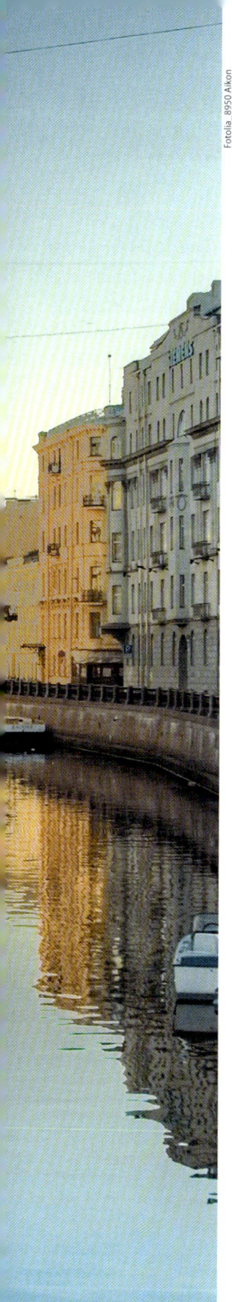

Fotolia_8950 Aikon

3 St. Petersburg

Санкт Петербург

St. Petersburg, das „Venedig des Nordens"

Überblick

- **Zeit:** Moskauer Zeit
- **Landesvorwahl:** 007
- **Vorwahl St. Petersburg:** 812

Da viele Transsib-Reisende die Stadt an der Ostsee, genauer: am Finnischen Meerbusen, zum Ausgangs- oder Endpunkt ihrer Reise machen, sei St. Petersburg hier mit seinen wichtigsten Sehenswürdigkeiten kurz beschrieben.

Die Gründung der Stadt St. Petersburg fällt auf den 28. Mai 1703, als Zar **Peter der Große** (1689–1725) das sumpfige Newa-Delta im Krieg mit Schweden eroberte, die Sümpfe trockenlegen und ein „Fenster zum Westen" erbauen ließ. Schon 1710 zählte die Stadt rund 8000 Einwohner und 1712 waren die Bauarbeiten so weit fortgeschritten, dass Peter sie zur Hauptstadt seines Reiches machte. Alles, was Rang und Namen hatte, musste von Moskau nach St. Petersburg umziehen. Adelige, reiche Kaufleute und hohe Militärs errichteten entlang der Newa und der zahlreichen Kanäle grandiose Stadtpalais. 1914 wurde die Stadt in **Petrograd** umgetauft. 1924 verlor sie ihren Status als Hauptstadt, als die Bolschewiki nach Moskau umzogen. Offiziell war Moskau bereits seit 1918 wieder Hauptstadt. 1924 wurde Petrograd zu Ehren des verstorbenen *Lenin* in **Leningrad** umgetauft und nach einer Abstimmung unter den Einwohnern der Stadt am 7. September 1991 wieder zurückgetauft in St. Petersburg. Heute leben hier über 5 Mio. Einwohner. Einer der berühmtesten Söhne der Stadt ist Russlands Staatspräsident *Wladimir Putin.*

Sehenswertes

- **Hinweis:** Die **St. Petersburg Card** vergünstigt u.a. Museumsbesuche, erlaubt die Fahrt mit Hop-on/hop-off-Bussen, Bootsfahrten etc. Derzeit kostet die Karte für 2 Tage 3500 Rbl., für 3 Tage 4700 Rbl., für 5 Tage 5800 Rbl. und für 7 Tage 6500 Rbl.
- **Empfehlung:** Wer Warteschlangen vermeiden möchte, sollte **Eintrittskarten online** kaufen.
- Die Petersburger **Metro** hat die längsten Rolltreppen Russlands und ist ein günstiges Transportmittel (5.30–1 Uhr, pro Fahrt 35 Rbl., 10 Fahrten 330 Rbl., 20 Fahrten 630 Rbl., Infos und Streckennetz unter www.metro.spb.ru/en).
- **Sightseeing mit dem Bus** (Ansagen und Infos auf Englisch) bietet **Eclectica-Guide** am Newski Prospekt 44, Tel. 610 05 40, www.eclectica-guide.ru: City Tour (tägl. 12 Uhr, 1½–2 Std., 1000 Rbl.), Peterhof (tägl. 13.50 Uhr, 5 Std., 3600 Rbl.) und Katharinenschloss in Puschkin (tägl. 14.10 Uhr, 5 Std., 3.600 Rbl.); Abfahrt ab dem Kiosk neben dem historischen Kaufhaus Gastinny Dwor gegenüber dem Belmond Grand Hotel Europa.
- **City Tour** bietet tägl. 10–20 Uhr eine 135 Min. lange **Stadtrundfahrt** (hop on/hop off) in roten Doppeldeckerbussen mit Kopfhörern (Texte in vielen Sprachen) an. Dabei kann man jederzeit aus- und zusteigen und beim Fahrer Tickets kaufen (12–15 Euro). Während der „Weißen Nächte" werden zusätzliche Nachtfahrten angeboten, für die man ein eigenes Ticket lösen muss. Die Haupthaltestellen sind Palastplatz und St.-Isaak-Kathedrale. Mehr Infos unter www.citytourspb.ru.

Stadtführungen zu Fuß

Für einen ersten Eindruck empfiehlt sich eine mehrstündige Stadtführung zu Fuß, entweder in einer Gruppe oder als Privatführung.

- Kostenlos: Die Firma **Anglotourismo** bietet vom 11.5. bis 30.9. tägl. um 10.30 Uhr eine englischsprachige Stadtführung an (3 Std.). Treffpunkt: 11 **Café Diner,** Nab. Reki Fontanka Nr. 27, Nähe Bootsanleger an der Anitschkow-Brücke (Newski Prospekt).
- Kostenlos: **Petersburg Free Tour,** www.petersburgfreetour.com, Tel. 900 627 06 27. Englischsprachige Führungen tägl. um 10.45 Uhr. Treffpunkt an der Alexandersäule auf dem Schlossplatz vor der Eremitage. Es gibt auch zweistündige Abendführungen um 19 Uhr (15.3. bis 30.9.). Die Firma hat auch kostenpflichtige Touren im Angebot.
- Gegen Bezahlung: **Tour-in-St. Petersburg,** www.tour-in-stpetersburg.com.

Ein einziger Tag ist für St. Petersburg, das auch „Venedig des Nordens" genannt wird, einfach zu wenig, aber wenn es nicht anders möglich ist, so gehört zum absoluten Muss ein **Spaziergang von der Eremitage bis zur Fontanka** auf dem Newksi Prospekt. Je nach Interesse sollte auch ein Museum besucht werden, entweder die **Eremitage** (ist so umfangreich wie der Louvre in Paris) oder das **Russische Museum,** das etwas kleiner ist. Falls die Zeit reicht, könnte man noch eine **Kanalfahrt** machen.

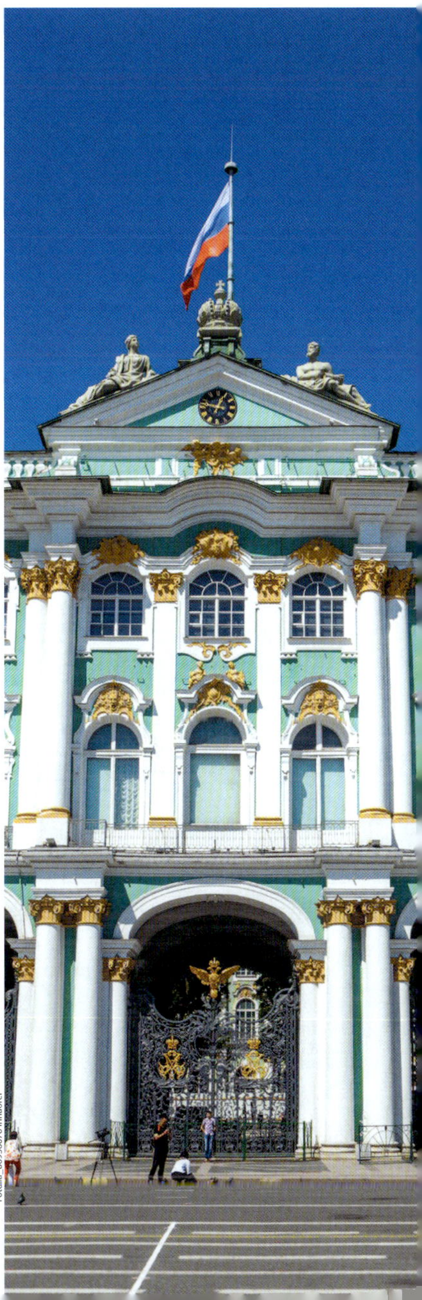

Fotolia_86938678 irinaorel

Die Eremitage, heute ein Museum, früher der Winterpalast des Zaren

St. Petersburg

Übernachtung
1 Soul Kitchen Hostel
3 Newski Grand Hotel
4 Golden Triangle
15 Anabel Hotel
Essen und Trinken
2 Pyschka
5 Café Singer
7 Café Ssewer
11 Café Diner
13 Coffeeshop Company
14 Crazy Wine Bar
Kamennostrowski Prospekt
Zoo
Peter-und-Paul Festung
Troizkij-Brücke
Birschevoi-Brücke
Sommergarten
Marsfeld
Uliza Sadowaja
Strelka
Anleger für Tragflügelboote zum Peterhof
Higher School Of Economics (Universität)
Dwarzowy-Brücke
Winterpalast
Universitetnaja Nabereschnja
Eremitage
Blutskirche
Museum für sozialistische Lebensweise
Russisches Museum
Fontanka
Newa
Admiralität
Uliza Balschaja Konjuschennaja
Belmond Grand Hotel Europe
Newski Prospekt
Reiterdenkmal für Peter den Große
Sightseeing
Isaakskathedrale
Kasaner Kathedrale
Uhrturm
Anitschkow-Brücke
Moika
Gribojedow-Kanal
Uliza Sadowaja
Jussupow-Palast
Uliza
Mariinski-Theater
Sagorodny Prospekt
Fontanka
Witebsker Bahnhof
Baltischer Bahnhof
Riga, Vilnius, Kaliningrad, Kiew

0
400 m
©Reise Know-How
Trans_40
6/18
Finnland/Helsinki
Finnischer Bahnhof
Smolnaja Navereschnja
Arsenalnaja Nabereschnja
Newa
Liteiny-Brücke
ul. Schpaternaja
Smolny-Kathedrale
Tavricheskiy Sad
Leteiny Prospekt
12
15
13
14
Rubinstein
Newski Prospekt
Newa
Moskauer Bahnhof
Ligowski Prospekt
Newski Prospekt
Bahnhof Ladoga
Alexander-Newski-Brücke
Moskau
Alexander-Newski-Kloster
Einkaufen/Sonstiges
6 Gastinny Dwor historisches Kaufhaus
8 Einkaufspassage
9 Feinkostgeschäft Jelissejewski
Nachtleben
10 Luna
12 Commode Club & Self-Cost Bar

Newski Prospekt

Die **4½ Kilometer lange Prachtstraße** lädt zum Spazierengehen, Shopping und zum Ausruhen in Cafés ein. An schönen Tagen ist die ganze Stadt unterwegs auf der Flaniermeile, deren interessantester Abschnitt von der Admiralität bis zur Anitschkow-Brücke reicht. Etwas weniger aufregend ist es von der Brücke bis zum Platz Ploschtschad Wastanija in der Nähe des Moskauer Bahnhofs. Auffällig sind die vielen schönen und eleganten Damen, die hier flanieren – wie auf den Champs-Élysées in Paris. Bei schönem Wetter ist ein Mittagessen auf der im 2. Stock (bei uns 1. Etage) gelegenen offenen Terrasse des Wiener Cafés der Coffeeshop Company (Newski Prospekt Nr. 47) mit herrlichem Ausblick auf den Newski eine Option (siehe „Praktische Infos/Essen und Trinken“).

Am **Grand Hotel Europe** angekommen, sollte man einen Blick in dieses Jugendstilhotel werfen (s.u.). Auf der anderen Seite des Newski Prospekt, schräg gegenüber, befindet sich das **Gastinny Dwor,** das größte Kaufhaus der Stadt und ein schönes Beispiel für die Architektur des späten 18. Jahrhunderts. Die **Einkaufspassage** (*Passasch,* Mo bis Sa 10–21 Uhr, So 11–21 Uhr) auf dem Newski Prospekt Nr. 48 sollte man ebenfalls besuchen; man betrete das Gebäude unbedingt durch den Haupteingang zwischen zwei Säulen, gegenüber einer Straßenlaterne. Auch das **Feinkostgeschäft Jelissejewski** mit der Hausnummer 56 (tägl. 9–21 Uhr) ist einen Blick wert – das Interieur ist äußerst sehenswert. Kommt man an die Fontanka an der Anitschkow-Brücke mit den Pferdehaltern, kann man hier bei schönem Wetter eine **Kanalbootsfahrt** beginnen (s.u.).

Fotolia_1670 balakate

Eremitage

Dieses **Museum** ist sowohl von seinen Ausmaßen als auch von den Sammlungen her mit dem Louvre in Paris vergleichbar. Auch hier waren die Räumlichkeiten ursprünglich ein Palast, und zwar der **Winterpalast der Zaren.** Im Sommer wohnte man im Peterhof. Die meisten Touristen besuchen die Abteilung für **europäische Kunst** und lassen die Abteilungen für russische, asiatische, griechische und römische Kunst und Geschichte aus.

■ **Eremitage,** Tel. 710 90 79, Di bis Sa 10.30–18 Uhr, Mi und Fr 10.30–21 Uhr, So 10.30–17 Uhr, 700 Rbl., an jedem ersten Do im Monat freier Eintritt. www.hermitagemuseum.org

Russisches Museum

Das Museum gibt einen umfassenden Einblick in die **russische Geschichte und Malerei** und ist ein Muss!

■ **Russisches Museum,** Ul. Inschenernaja 4, Tel. 595 42 48, tägl. außer Di 10–18 Uhr, Eintritt für alle Ausstellungsräume 850 Rbl. www.rusmusem.ru

Belmond Grand Hotel Europe

Dieses wunderschöne, fantastisch renovierte Hotel liegt direkt am Newsky Prospekt eingebettet zwischen den architektonischen Attraktionen der Stadt und lohnt unbedingt eine kurze Visite! Seit mehr als 130 Jahren ist das **luxuriöse Haus** kultureller und kulinarischer Treffpunkt im gesellschaftlichen Leben von St. Petersburg. Das legendäre Hotel ist berühmt für seine beeindruckende Fassade und die opulente Gestaltung der Innenräume. Falls das Budget es erlaubt, sollte man der Bar für einen Drink einen Besuch abstatten.

Museum für sozialistische Lebensweise

Das Anfang 2017 eröffnete Museum ist eine Art Sowjet-Retroshow mit Spielen und Kleidung aus der damaligen Zeit, ein altes Fernsehgerät zeigt Zeichentrick- und andere Filme nach Wahl, von einem sowjetzeitlichen Plattenspieler ertönt auf Anfrage Musik, in Vitrinen werden die zu UdSSR-Zeiten gängigen Lebensmittel, Wodka, Haushaltsartikel, Seifen, Zigaretten etc. ausgestellt. Es ist immer ein Mitarbeiter anwesend, der englisch spricht.

■ **Museum für sozialistische Lebensweise,** Ul. Nabereschnja Kanala Gribojedowa 15, Tel. 8-981 782 44 16, tägl. 10–21 Uhr, 350 Rbl.

Kanalbootsfahrt

Ein unvergessliches Erlebnis und eine besondere Perspektive auf das **„Venedig des Nordens“** bietet sich vom Wasser aus. Dabei hat man die Wahl zwischen einer Fahrt per Ausflugsboot oder mit privaten Motorbötchen. Beide warten an diversen Stellen auf Interessenten.

◁ Auf einer Kanalbootsfahrt entdeckt man die ganze Pracht der Stadt vom Wasser aus

■ **Anitschkow-Brücke,** Newski Prospekt, tägl. 10–21 Uhr legen alle 30–40 Min. Schiffe ab, Dauer 1½ Std., 1100 Rbl. Die Firma Anglotourismo (Reservierung tägl. 10–18 Uhr unter Tel. 921 989 47 22 und 702 90 09, www.anglotourismo.com) bietet vom 11.5. bis 30.9. tägl. um 11, 13, 15, 17 und 19 Uhr 1½-stündige Bootstouren über fünf Kanäle sowie Flüsse und unter knapp 50 Brücken hindurch.

■ **Moika/Gribojedow-Kanal,** auf der Höhe der Blutskirche. Kleine, private Boote, der Preis ist Verhandlungssache.

Peterhof

Der Peterhof *(Petergoff)* liegt rund 30 km westlich von St. Petersburg am Finnischen Meerbusen. Das Schloss, erbaut nach dem **Vorbild Versailles,** ist ein Juwel; der dazugehörige, 1000 Hektar große Park mit Schlösschen und Pavillons lädt zu Spaziergängen ein. Die **Brunnen** sprudeln von Mitte Mai (Samstag) bis Mitte September (Sonntag) täglich von 11 bis 18 Uhr. Wenn die Temperaturen es zulassen, werden die Brunnen bereits am letzten Aprilwochenende in Betrieb genommen und erst Mitte Oktober (Sonntag) stillgelegt.

005tr11 dk

■ **Petergoff,** Tel. 450 56 52, tägl. außer Mo und am letzten Di jeden Monats 10.30–18 Uhr (Ticketverkauf bis 17 Uhr). www.peterhofmuseum.com

■ **Busausflüge** bucht man am besten bei Eclectica-Guide, s.o.

Anfahrt auf eigene Faust

■ Die einfachste Variante ist per **Bus K 404:** Bis zur Metrostation *Baltiskaja* fahren und den Ausgang *Wychod w gorod* nehmen. Dort fährt der Bus alle 20–25 Min. ab und kommt nach 45 Min. an die Haltestelle *Werchniy Park*. Ticketkauf beim Fahrer.

■ **Bus 424:** Bis zur Metrostation *Aftowo* fahren. 100 m vom Ausgang entfernt befindet sich die Bushaltestelle. Busse fahren alle 20–25 Min. bis zur Haltestelle *Werchnij Park* und brauchen 30 Min. Ticketkauf beim Fahrer.

■ **Zu Wasser:** Schnellschiffe vom Typ „Meteor" und „Raketa" fahren alle 30 Min. und sind 25 Min. unterwegs. Anleger vor der Eremitage, Tickets gibt es dort an einer Kasse.

■ **Mit dem Nahverkehrszug:** Von Ende Mai bis Ende September fährt alle 30 Min. ein Vorortzug *(Elektritschka)* vom Baltischen Bahnhof (Metro *Baltiskaja*), Dauer 40 Min. Man nehme den Metroausgang *Wychod na waksal* (Ausgang zum Bahnhof). Man kommt in die Bahnhofshalle, wo linker Hand die Fahrkartenschalter sind. Von hier sind es noch 40 Min. zu Fuß oder mit Bus Nr. 350, 351, 352, 354 oder 356 bis zur Haltestelle *Verchnij Park*.

Katharinenschloss

Das rund 25 km südlich von St. Petersburg liegende Katharinenschloss in **Puschkin** (*Zarskoje Sjelo* = Zarendorf) mit seinem berühmten Bernsteinzimmer lohnt unbedingt einen Besuch. Der Tanzsaal ist ein Traum!

[<] Teenager in der Großstadt

Hinweis: Wer auf eigene Faust anreist, muss mit sehr langen Schlangen an der Kasse rechnen; es gelten folgende Öffnungszeiten: Mai und Sept. 12–17.45 Uhr, Juni, Juli, Aug. 12–18.45 Uhr, Okt. bis Mitte Nov. 12–16.45 Uhr, Mitte Nov. bis Ende April 10–16.45 Uhr. Gruppen werden schon ab 8.30/9 Uhr eingelassen, daher ist eine im Voraus gebuchte Tour absolut empfehlenswert.

Katharinenschloss *(Puschkinski Dwaretz),* Tel. 465 94 24, www.tzar.ru/en, tägl. außer Di und dem letzten Mo des Monats.

Busausflüge bucht man am besten bei Eclectica-Guide, s.o.

Anfahrt auf eigene Faust (Katharinenschloss und Pawlowsk): Die beste Variante sind **Nahverkehrszüge** *(Elektritschka).* Zunächst bis zur Metrostation *Puschkinskaja,* dort Ausgang *Wychod w gorod.* Linker Hand befindet sich der Witebsker Bahnhof *(Vitebski waksal).* Dort nimmt man die Treppe in den 1. Stock und geht durch den Saal mit der Lenin-Statue in die nächste Halle. Rechter Hand sind die Nahverkehrszugskassen *Prigorodnyje pojesda.* Mit dem im Sommer alle 30 Min. abfahrenden Vorortzug sind es ca. 25 Min. bis zur Haltestelle *Detskoje sjelo.* Vom Bahnhofsvorplatz in Puschkin sind es etwa 2 km bis zum Park (zu Fuß oder per Bus 371 oder 382) und nach Pawlowsk ist es etwa 1 km (zu Fuß oder mit Bus 371 oder 382).

Pawlowsk

Das kleine **Schloss** mit seinem wunderschönen **Garten** liegt nur etwa 4 km vom Katharinenschloss entfernt.

Die Entstehung bzw. der Ursprung des Wortes *Waksal,* russ. für Bahnhof, geht zurück auf die erste Eisenbahnlinie zwischen St. Petersburg und Pawlowsk, wo die private Eisenbahngesellschaft direkt neben dem Bahnhof einen **Pavillon** errichtete, nach dem Vorbild eines Musikpavillons im Londoner Lustgarten **Vauxhall.** Neben der Zarenfamilie und der feinen Petersburger Gesellschaft strömte an schönen Wochenenden und Feiertagen auch das Volk nach Pawlowsk und lauschte den Konzerten in der russischen Vauxhall. Viele nannten den **Pawlowsker Bahnhof** bald *Vauxhall* und im russischen Sprachgebrauch wurde der Name als *Waksal* bald zur Bezeichnung für jeden Bahnhof.

Schloss von Pawlowsk, Tel. 452 15 36, tägl. geöffnet außer am ersten Mo jeden Monats 10–18 Uhr (die Kassen schließen um 17 Uhr); Infos unter www.en.pavlovskmuseum.ru

Anfahrt auf eigene Faust: s.o. Anfahrt zum Katharinenschloss.

Anfahrt per Marschroutentaxi: Von der Metrostation Maskowskaja verkehren die *Marschrutni Taxi* Nr. 342 und 545 nach Puschkin sowie Nr. 299 nach Pawlowsk; sie fahren jeweils bis zum Bahnhof.

Praktische Infos

Touristeninformation

Tourist Helpline, 24 Std., Tel. 300 33 33, kostenloser Infoservice in vielen Sprachen zu Hotels, Restaurants, Taxi etc.

Visit Petersburg, www.visit-petersburg.com (engl.) und www.ispb.info, Tel. 242 39 09. Neun Infocenter verteilen sich über die Stadt (siehe dazu online), Mo bis Sa 10–19 Uhr.

Unterkunft

Die Hotelsituation hat sich dank vieler Neueröffnungen sowohl von Hotels und Minihotels aller Preisklassen als auch von günstigen Hostels merklich

Wladimir Iljitsch Uljanow, genannt Lenin

Wladimir Iljitsch Uljanow wurde am 22. April 1870 als Sohn eines Schulinspektors in Simbirsk geboren und starb am 21. Januar 1924 in Gorki (heute Nischnij Nowgorod). Wladimir Uljanow hatte viele Pseudonyme, weil er sehr oft illegal im Ausland war und sich Decknamen zulegte. So war er eine Zeit lang der bulgarische Doktor *Jordanow*, der Deutsche Herr *Meyer*, in Russland Herr *Petrow* und vom Herbst 1901 an *Lenin*.

Lenin kam durch die Hinrichtung seines Bruders *Alexander*, der 1887 an einem Putschversuch gegen den Zaren teilgenommen hatte und dafür zum Tode verurteilt worden war, schon früh mit der revolutionären Bewegung in Berührung. Nach einem juristischen Studium war Lenin **Advokat in St. Petersburg,** wo er revolutionär tätig war. Bevor er 1896 für drei Jahre in das sibirische Dorf Schuschenskoje verbannt wurde, lernte er im Gefängnis in Petersburg die Revolutionärin *Nadeschda Krupskaja* (1869–1939) kennen. Sie folgte Lenin 1897 in die Verbannung und wurde später seine Frau.

In seinem **Verbannungsort Schuschenskoje** arbeitete Lenin wie besessen und entwickelte nach den Lehren von *Marx* und *Engels* die theoretischen Grundlagen eines revolutionären Programms für Russland. Nach 1900 lebte er im Exil, u.a. in München, Paris, London und Zürich. Von dort aus propagierte er in der für Russland bestimmten, in München herausgegebenen Zei-

Fotolia_41762809 illucesco

tung „Iskra" („Funke") die Organisation der **Sozialdemokratischen Arbeiterpartei Russlands** als aktionsfähige, revolutionäre Kampfpartei. 1903 kam es auf deren Parteitag zu Meinungsverschiedenheiten, die zur Spaltung führten in Bolschewiki („Mehrheit", weil sie bei einer Abstimmung die Mehrheit erzielt hatten) und Menschewiki („Minderheit", weil sie in der Minderheit waren).

Als **Führer der Bolschewiki** verfolgte Lenin das Ziel einer proletarischen Revolution. Im April 1917 kehrte er mit Hilfe der deutschen Regierung in einem streng bewachten Eisenbahnwaggon aus der Schweiz zurück nach Russland. Dort gelang ihm, unterstützt von *Trotzki* und anderen, am 7. November 1917 (nach alter Zeitrechnung der 25. Oktober) die **„Große Proletarische Oktoberrevolution".** Die Bolschewiki ergriffen die Macht und gründeten unter Lenins Führung am 30. Dezember 1922 die **Sowjetunion.**

Lenin blieb bis zu seinem Tod im Januar 1924 Regierungschef der Sowjetunion. Die aus seinen Schriften entwickelte Lehre wurde als **Leninismus** zur Staats- und Parteidoktrin des Bolschewismus. Der Leichnam Lenins wurde nach seinem Tod am 21. Januar 1924 einbalsamiert und liegt in Moskau im Lenin-Mausoleum aufgebahrt, wo er betrachtet werden kann. Immer wieder ist die Rede davon, dass er nach St. Petersburg überführt werden soll – in die Stadt, die ihm zu Ehren 1924 in **Leningrad** umgetauft worden war und bis 1991 so hieß.

< Lenin ist in Russland immer noch allgegenwärtig

entspannt. Dennoch kann es während der Weißen Nächte und der Ferienmonate Juli und August zu Engpässen kommen. Eine **rechtzeitige Reservierung** ist daher unbedingt empfehlenswert! Die saisonalen Preisschwankungen sind enorm! Am günstigsten ist es in der Zeit von Oktober bis April, teurer wird es von Anfang bis Mitte Mai, am teuersten ist es von Mitte Mai bis Ende Juni. Es lohnt sich, online nach guten Angeboten zu suchen, z.B. unter www.booking.com.

15 Anabel Hotel
Newski Prospekt 88, Tel. 400 22 11. Absolut empfehlenswertes, gemütliches Hotel in Bestlage, das über 56 Zimmer verfügt. EZ/F ab 3400 Rbl., DZ/F ab 4000 Rbl.

1 Soul Kitchen Hostel
Moika-Ufer 62/2, Tel. 965 816 34 70, www.soulkitchenhostel.com. Das Traumhostel schlechthin! So freundlich und so gemütlich und eine Küche wie zu Großmutters Zeiten! 4- und 8-Bettzimmer 900–1000 Rbl., DZ 2800–3000 Rbl.

4 Golden Triangle
Ul. Balschaja Konjuschennaja 12, Tel. 490 77 10, www.goldtriangle.ru. Das 2009 eröffnete luxuriöse Boutique-Hotel in Bestlage verströmt ein wenig Zarenzeit-Atmosphäre. 24 Zimmer, inkl. Frühstücksbüfett je nach Saison EZ/F 3500–12.000 Rbl. und DZ/F 5500–16.000 Rbl. Das wunderbare Zimmer Nr. 308 ist ein Deluxe-Zimmer mit Kamin für 165 Euro, am zweitschönsten ist das Deluxe-Zimmer Nr. 415. Das Luxuszimmer Nr. 301 hat einen Kronleuchter und einen Kamin, der auf Wunsch befeuert wird. Zimmer Nr. 409 ist sehr gemütlich, aber klein. Große Gepäckstücke passen nicht in den vielleicht kleinsten Fahrstuhl Russlands.

3 Newski Grand Hotel
Ul. Balschaja Konjuschennaja 10, Tel. 703 38 60, www.nevskygrandhotel.com. Das Beste am Hotel ist seine Lage! 135 (sehr) kleine Zimmer mit Klimaanlage, von denen fünf etwas größere Fenster auf die baumbestandene Ul. Balschaja Konjuschennaja haben. EZ/F ab 4500 Rbl., DZ/F ab 5500 Rbl.

Essen und Trinken

Viele Restaurants bieten mittags ein preiswertes **„Business Lunch"** für 250–400 Rbl.

13 Coffeeshop Company
Wiener Café über dem Newski Prospekt (Nr. 47) auf einer Terrasse unter freiem Himmel im 1. Stock mit herrlichem Weitblick auf den Newski. Wunderbare, sättigende warme Paninis, diverse Kaffeespezialitäten, Salate etc.

5 Café Singer
Newski Prospekt 28, Tel. 571 82 23, tägl. 10–23 Uhr. Auch wenn die Preise hier eher hoch sind, lohnt es sich ganz besonders abends, eine Weile an einem der riesigen Panoramafenster zu sitzen und das Treiben unter sich zu beobachten. Das Singer-Haus ist eines der architektonisch auffälligsten Gebäude des Newski Prospekt und liegt gegenüber der Kasaner Kathedrale. Ursprünglich befand sich hier der Firmensitz des berühmten Nähmaschinenherstellers, dann war das Haus ein Buchladen; seit 2009 ist es vorne ein Café und hinten werden weiterhin Bücher verkauft.

Vorsicht vor Diebstahl!

Speziell in der Metro und auf dem Newski Prospekt, so berichten Reisende, tauchen mitunter ganze Diebesbanden auf, umringen Ausländer und entleeren ihnen dabei sämtliche Taschen. Im Falle eines Falles unbedingt die Polizei benachrichtigen und eine Schadensmeldung für die Reisegepäckversicherung mitnehmen, da diese ohne offizielle Polizeipapiere für den Schaden nicht aufkommt.

7 Café Ssewer
Newski Prospekt 44, eines der ältesten Cafés, zu klassischer Musik gibt es Kuchen und Torten. Mo bis Fr 9–23 Uhr, Sa 10–23 Uhr, So 10–22 Uhr.

2 Pyschka
Ul. Balschaja Konjuschennaja 25, hat die besten *Pyschki* (russ. Donuts) der Stadt. Das sehr einfache Café verdankt sein Überleben einer Unterschriftensammlung, mit der die Petersburger den Erhalt dieses Mini-Lokals sicherten. Wie früher wird hier Kaffee mit Milch und Zucker serviert, schwarzen Kaffee gibt's nicht. Tägl. 8–20 Uhr.

14 Crazy Wine Bar
Ul. Rubinstein 6, Tel. 950 04 74, die Stimmung ist gut, das Publikum offen, die meisten Gäste können Englisch. Cocktails ab 500 Rbl. und kleine, schmackhafte Speisen zu westeuropäischen Preisen. Samstags mit DJ, es darf getanzt werden.

Abends ausgehen

10 Luna
Nabereschnja Reki Fontanka 20, wirkt im Inneren auf den ersten Blick wie eine Art „schicke Hausbesetzung" – ein Innenhof umgeben von dreistöckigen Gebäuden mit ganz speziellen Läden, Bars, Restaurants usw. Mehr sei hier nicht verraten, man lasse sich von der Vielfalt, die den Besucher erwartet, überraschen. Beliebt bei einem jungen, sehr gemischten Publikum. Hier kann man interessante Kontakte knüpfen und in die „Szene" der Stadt eintauchen, idealerweise am Samstagabend. Cafés 11–24 Uhr, Bars Mo bis Do 18/19–1/2 Uhr, Fr/Sa z.T. bis 6 Uhr morgens. Manchmal werden Konzerte jeglicher Musikrichtung gegeben, z.T. auch mit großem Orchester.

12 Commode Club & Self-Cost Bar
Ul. Rubinstein 1, Tel. 777 89 65, Mo bis Fr 16–2 Uhr, Fr/Sa 16–6 Uhr, So 16–2 Uhr, Fr/Sa ab 21 Uhr Live-Musik. Das Lokal befindet sich in der 2. Etage. Man muss bei „Commode" an einer überdachten Tür zwischen dem italienischen Restaurant Martschelis

und dem Lokal Saigon klingeln. Interessant ist das Bezahlsystem nach Stunden: Am Eingang bekommt man eine kreditkartenähnliche Plastikarte mit der Ankunftsuhrzeit. Wenn man das Lokal verlässt, wird abgelesen, wie viele Stunden man in der Bar war – pro Stunde werden 180 Rbl. berechnet. Dafür kosten die Getränke günstige 80–210 Rbl., ein großes Bier etwas mehr als 200 Rbl., Flaschenbier 100–300 Rbl. Neben Knabbereien werden auch kleine Speisen und Burger angeboten. Das junge Publikum ist kommunikativ; am lautesten geht es im Barraum zu, am ruhigsten in einem Raum mit Brettspielen.

Zugverbindungen

Nach Moskau ab Moskauer Bahnhof (800 km, tagsüber 4 Std., nachts 9 Std.)

Da die Landschaft flach und uninteressant ist, bietet sich eine Nachtfahrt an. Diese dauert ganz bewusst bis zu 9 Stunden, damit man ausschlafen kann. Trotz der vielen Zugverbindungen ist es sehr schwierig, eine Fahrkarte zu bekommen. Daher unbedingt rechtzeitig reservieren!

- **Nr. 151:** tägl. 6.45 Uhr
- **Nr. 751:** tägl. 5.30 Uhr
- **Nr. 753:** tägl. 6.40 Uhr
- **Nr. 755:** tägl. 6.50 Uhr
- **Nr. 757:** tägl. 9 Uhr
- **Nr. 761:** tägl. 11 Uhr
- **Nr. 763:** tägl. 11.10 Uhr
- **Nr. 765:** tägl. 13 Uhr
- **Nr. 747:** tägl. 13.10 Uhr
- **Nr. 767:** tägl. 15 Uhr
- **Nr. 769:** tägl. 15.10 Uhr
- **Nr. 773:** tägl. 17.10 Uhr
- **Nr. 775:** tägl. 19 Uhr
- **Nr. 777:** tägl. 19.10 Uhr
- **Nr. 779:** tägl. 21 Uhr
- **Nr. 25:** tägl. 21.55 Uhr
- **Nr. 19:** tägl. 22.29 Uhr
- **Nr. 15:** tägl. 22.41 Uhr
- **Nr. 5:** tägl. 22.50 Uhr
- **Nr. 27:** tägl. 23.36 Uhr
- **Nr. 53:** tägl. 23.44 Uhr
- **Nr. 3:** tägl. 23.30 Uhr
- **Nr. 1:** tägl. 23.55 Uhr

Nach Nischnij Nowgorod (1112 km, 13 Std.)

- **Nr. 131/145:** tägl. 13.33 Uhr ab Moskauer Bahnhof
- **Nr. 59:** tägl. 19.15 Uhr ab Bahnhof Ladoga

Nach Jekaterinburg ab Bahnhof Ladoga (2090 km, 35 Std.)

- **Nr. 145:** an ungeraden Tagen 13.33 Uhr
- **Nr. 74:** an ungeraden Tagen 15.30 Uhr
- **Nr. 14:** an geraden Tagen 15.30 Uhr
- **Nr. 72:** tägl. 17.09 Uhr

Flughafen

Der **Internationale Flughafen Pulkovo** liegt 23 km südlich von St. Petersburg. Die beiden Flughafenterminals Pulkovo I und II liegen nicht direkt nebeneinander! Man erkundige sich rechtzeitig, welches Terminal die gebuchte Fluglinie nutzt. Verbindungen gibt es in viele Städte Russlands und zu Destinationen in der ganzen Welt; siehe dazu unter https://pulkovoairport.ru/en.

Taxis aus der Stadt heraus kosten sehr wenig, besonders Uber-Taxis. In die Stadt hinein wird es teuer, wenn man der „Taxi-Mafia“ am Flughafen in die Hände fällt; daher besser im Flughafen am Taxistand buchen.

Öffentliche Busse pendeln zwischen dem Flughafen und der Metrostation Moskovskaya: Der Express City Bus Nr. 39Ex (5.25–0.20 Uhr) fährt alle 25–30 Min. für 30 Rbl. Ebenfalls 30 Rbl. kostet die Fahrt mit Bus Nr. 39 (5.30–1.30 Uhr alle 12–20 Min. Für 40 Rbl. kann man mit dem Minivan Taxi Nr. K39 (7–23.30 Uhr) fahren.

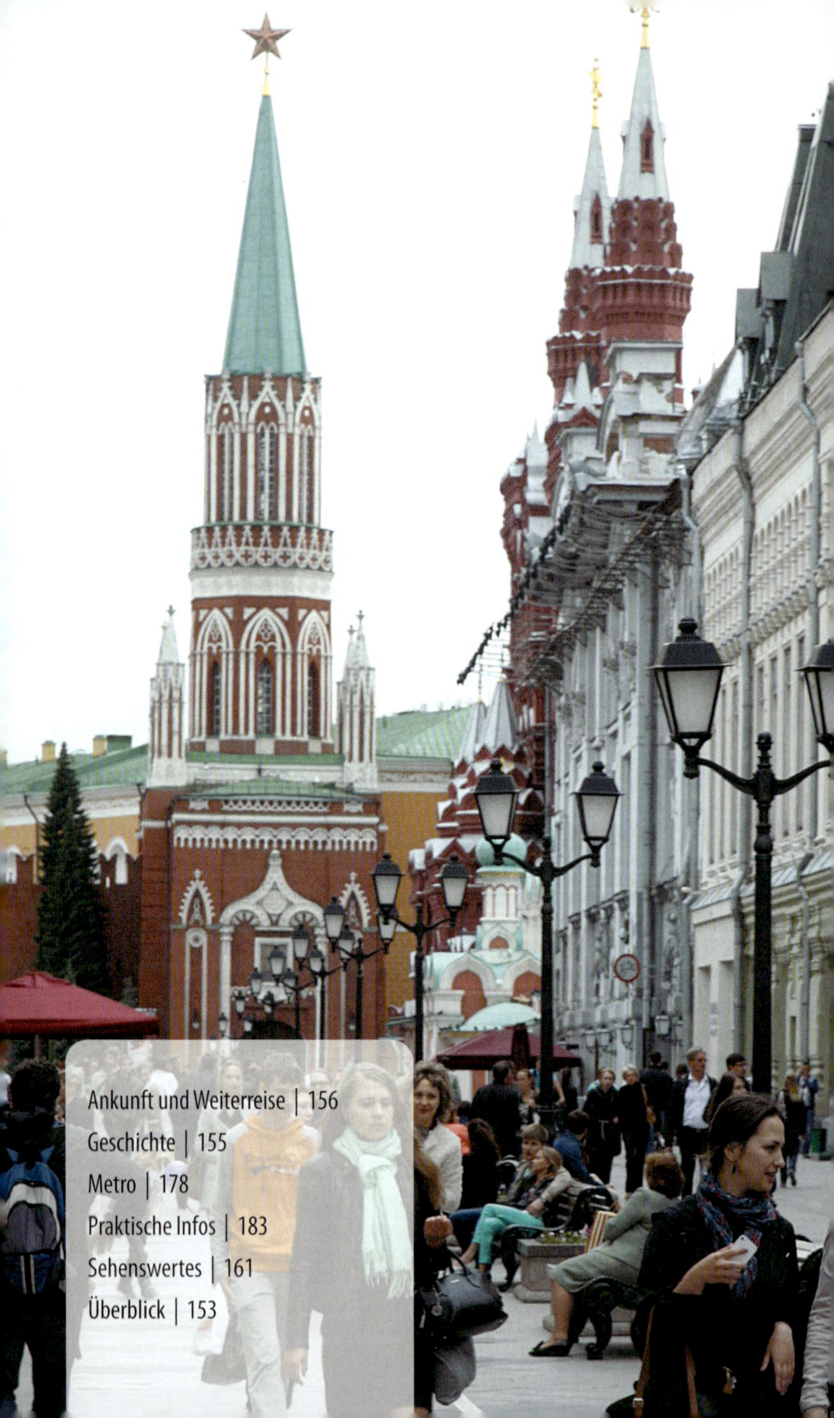

trans18-067 dk

4 Moskau

Москва

< Unterwegs in der Nikolskaya-Straße

Moskau
0
400 m
Scheremetjewo
Leningradskij Pr.
Aeroexpress-Zug zum Flughafen Scheremetjewo
Weißrussischer Bahnhof ("Belarus")
1-ja Twerskaja
Ul. Dolgorowskaja
Ul. M. Dimitrovka
7 (3,5 km),
VDNCH,
Fernsehturm Ostankino (4 km),
Rigaer Bahnhof (1,5 km)
Prospekt Mira
Sad. Sucharewskaja
Sad.-Samototschnaja
Sad.-
Alter Zirkus
Sadowaja Triumfalnaja Ul.
Tschaikowskij-Konzertsaal
Bol. Sadowaja Ul.
Roschdestwenskij Bulw.
Ul. Bol. Lubjanka
Stretenskij Bulw.
Ul. Mjasnizkaja
Twerskaja Ul.
Ul. B. Dimitrowka
Neglinnaja Ul.
Zoo
Planetarium
Ul. Krasnaja Presnja
Bol. Sadowaja
Rathaus
Tschechow-Haus
Warenhaus ZUM
Bolschoi-Theater
Teatralnyi Pr.
Lubjanskaja Pl.
Stadtmuseum
5
Gorki-Museum
Museum für Kunst der Völker des Orients
Bolschaja Nikitskaja Ul.
Manegnaja Pl.
Lubjanskij Projesd
Staraja Pl.
4
Weißes Haus
Konservatorium
GUM
Iljinka Ul.
Roter Platz
Alte Universität
Krasnopresnenskaja Nab.
Nowinskij Bulw.
162
Ul. Nowyi Arbat
Arbatskaja pl.
Wosdwischenka Ul.
Mochowaja Ul.
Maneschnaja Ul.
Kreml
Sarjadje Park
Kutusowskij Pr.
Smolenskaja Nab.
Smolenskaja
Staatsbibliothek
Moskworezkaja Nab.
Ul. Arbat
1
2
Gogolewskij Bul.
Puschkin-Museum
Kremljowskaja Nab.
Sofijskaja Nab.
Rauschskaja Nab.
3
164
Smolenskij Bulw.
Christi-Erlöser-Kathedrale
Nab.
Kiewer Bahnhof
Aeroexpress-Zug zum Flughafen Wnukowo
Ul. Pretschistenka
Ul. Ostoschenka
Kropotkinskaja Nab.
Kadaschewskaja-
Krymskaja Nab.
Alte Tretjakow-Galerie
Owtschinnikowskaja
Rostowskaja Nab.
Subowskij Bulw.
Moskwa
Leninskij Pr.
Bol. Ordynka Ul.
Pjatnizkaja Ul.
Nowokusnezkaja Ul.
Bolschaja Pirogowskaja Ul.
Staatsgalerie (Neue Tretjakow-Galerie)
Usatschewa Ul.
Ul. Krymskij Wal
Walowaja Ul.
Komsomolskij Pr.
Frunsenskaja Nab.
Puschkinskaja Nab.
Gorki Park
Neujungfrauenkloster,
Sportpark
Neuer Moskauer Staatszirkus,
Universität (3 km)
Domodjedowo
Übernachtung
1 Minihotel Bulgakow
2 Landmark City Hotel
3 Hotel Baltschug-Kempinski
4 Kitai Gorod Hotel
5 Comrade Hostel
6 Hilton Leningradskaja Hotel

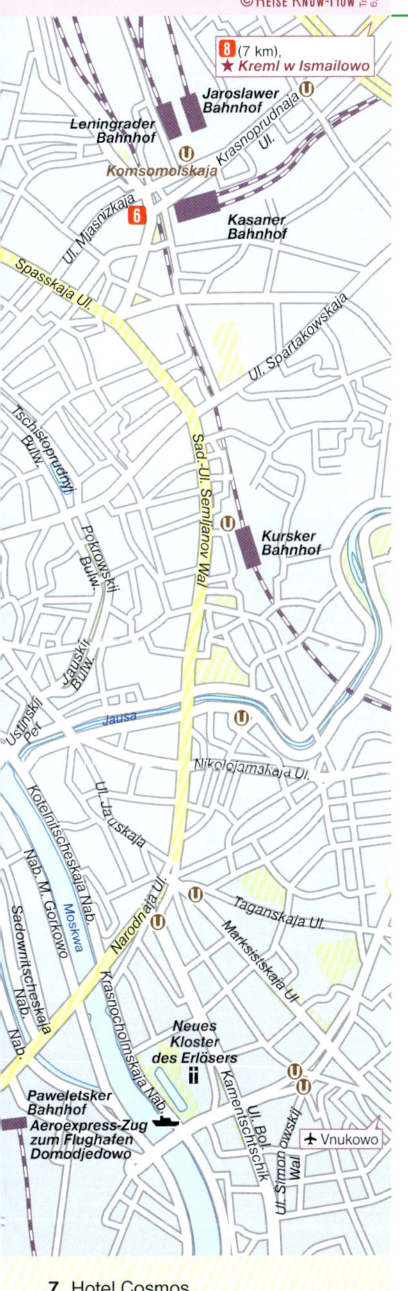

Moskau

Überblick

- **Zeit:** Moskauer Zeit
- **Landesvorwahl:** 007
- **Vorwahl Moskau:** z.T. 495 und z.T. 499 (muss auch bei Stadtgesprächen gewählt werden)
- **Internet:** www.moskau.ru

Ausgangs- bzw. Endpunkt einer Reise mit der Transsibirischen Eisenbahn ist Moskau, russisch **Masskwa.** Die Hauptstadt Russlands hat über 12 Mio. Einwohner. *Matuschka Masskwa* („Mütterchen Moskau") liegt am gleichnamigen Fluss Moskwa 146 m ü.N.N. und hat eine Fläche von 2511 km², davon sind rund 35% Grünflächen. Vielerorts wird renoviert und rekonstruiert, ein futuristisch anmutender Park findet sich beim Kreml, Shopping- und Fußgängerzonen mit Pflanzen und Sitzbänken wurden angelegt, nachts ist die Stadt z.T. herrlich illuminiert – kurz: Moskau ist **eine der schönsten Metropolen der Welt!**

Buchtipp für den Stadttrip

- **CityTrip Moskau**
Heike Maria Johenning
Reise Know-How Verlag

trans18-052 dk

Geschichte

Die Geschichte Moskaus beginnt im Jahre **1147,** als es zum ersten Mal urkundlich erwähnt wird als ein Ort, an dem sich mehrere wichtige Handelswege kreuzen. Wenige Jahre später, 1156, lässt der Gründer Moskaus, *Juri Dolgoruki,* an den Ufern der Moskwa und ihrer Nebenflüsse eine kleine Festung errichten, den ersten Moskauer **Kreml.** Dieser macht nur etwa ein Zwanzigstel des heutigen Kreml aus.

1238 erobert *Baru,* ein Nachkomme *Dschingis Khans,* Moskau. Gegen Ende des 13. Jahrhunderts wird Moskau Hauptstadt des gleichnamigen Fürstentums. 1382 wird die Stadt von den **Mongolen** geplündert und niedergebrannt, erstarkt jedoch schon bald wieder und erlangt zunehmend politischen Einfluss in ganz Russland. Bis 1480, fast 250 Jahre lang, ist Moskau dem Großkhan der Goldenen Horde tributpflichtig.

1547 lässt sich *Iwan IV.,* bekannt als **Iwan der Schreckliche** (1547–84), im Moskauer Kreml zum Zaren aller Russen krönen und Moskau gilt fortan als **Hauptstadt des russischen Staates.** Die Stadt wächst, immer mehr Steinhäuser werden gebaut. Der Zuwachs zieht den Bau neuer Stadtmauern nach sich. Anfang des 17. Jahrhunderts zählt Moskau 200.000 Einwohner.

☐ Der Erlöser-Turm (Spasskaya Tower) am Kreml

Im Jahr 1712 verlegt **Peter der Große** (1689–1725) die Hauptstadt nach St. Petersburg und befiehlt die Zwangsumsiedlung aller Beamten, des hohen Klerus und der Adeligen in die erst 1703 gegründete Stadt an der Newa. Moskau bleibt dennoch das Herz Russlands, und viele Adelige kehren nach Peters Tod zurück an die Moskwa.

1755 wird in Moskau auf Betreiben des Gelehrten und Schriftstellers *Michail Lomonossow* (1711–65) die erste russische **Universität** gegründet. 1780 folgt die Eröffnung des **Bolschoi-Theaters,** das schon 1805 einem Brand zum Opfer fällt. Zwanzig Jahre später wird das „Große Theater" wiedereröffnet.

1812 zieht **Napoleon** gegen Russland. Nach der Schlacht von Borodino vernichtet ein Brand zwei Drittel der Stadt. Die Moskowiter überlassen Napoleon ein brennendes Moskau, um seine Truppen auf diese Weise auszuhungern. Danach wird Moskau wieder aufgebaut, diesmal in Stein.

1851 wird die **Bahnverbindung St Petersburg – Moskau** in Betrieb genommen. Mit dem Ende der Leibeigenschaft 1861 strömen landlose Bauern in die Städte; Moskaus Bevölkerung wächst auf rund eine Million an.

Im Dezember 1905 kommt es zu einem Arbeiteraufstand in Moskau, das zu diesem Zeitpunkt bereits knapp zwei Millionen Einwohner zählt.

Am 25. Oktober 1917 (nach heutiger Zeitrechnung am 7. November) beginnt in St. Petersburg die **„Große Sozialistische Oktoberrevolution".** 1918 zieht die neue Sowjetregierung von St. Petersburg nach Moskau und 1922 wird Moskau zur **Hauptstadt der UdSSR,** der Union der Sozialistischen Sowjetrepubliken, ernannt. Durch die zunehmende Bedeutung der Stadt wächst die Einwohnerzahl, es entstehen viele neue Betriebe und Moskau entwickelt sich schon bald zu einem modernen Industriezentrum.

Am 22. Juni 1941 bricht *Hitler* den Nichtangriffspakt mit der Sowjetunion und marschiert in das Land ein; die **deutschen Truppen** bleiben kurz vor Moskau stecken. Am 9. Mai 1945 feiern die Alliierten die siegreiche Beendigung des Zweiten Weltkriegs.

1980 ist Moskau Austragungsort der XXII. Olympischen Sommerspiele.

Ende 1991 zerfällt die UdSSR und wird später in die Gemeinschaft Unabhängiger Staaten, GUS, umbenannt. Heute ist Moskau Hauptstadt der **Russischen Föderation** (= Russland).

1997 feiert Moskau seinen **850. Geburtstag,** im Jahr 2015 wird in der Stadt die größte Moschee Europas eingeweiht; sie bietet Platz für 10.000 Gläubige. Weitere Gebetshäuser sind geplant, allein 400 neue russisch-orthodoxe Kirchen. Zur Zarenzeit kam auf 1500 Menschen eine Kirche, heute teilen sich 40.000 Menschen ein Gotteshaus.

2017 feiert die Stadt ihren 870. Geburtstag mit der Einweihung des spektakulären **Sarjadje-Parks** auf der dem **3 Hotel Baltschug Kempinski** gegenüberliegenden Seite der Moskwa (vom Lenin-Mausoleum aus links hinter der Basilius-Kathedrale), eine Art supermoderner Central Park.

Ankunft und Weiterreise

Moskau hat **drei Flughäfen** (s.u.), zwischen denen ein Transfer per Pkw wegen der Entfernung und Staus mehrere Stunden dauern kann, sodass kombinierte Flüge mit verschiedenen Airlines, die unterschiedliche Flughäfen anfliegen, zeitlich kaum planbar und machbar sind, es sei denn zwischen dem pünktlichen (!) Ankunftsflug und dem Weiterflug liegen mindestens fünf bis sechs Stunden. Man sollte rechtzeitig fragen, welchen Flughafen die gebuchte Fluglinie nutzt. **Wichtig zu wissen:** Bucht man bei ein und derselben Fluggesellschaft einen Umsteigeflug, d.h. mit **Anschlussflug,** und wird Letzterer wegen Verspätung versäumt, sorgt die Airline für den Weiterflug bzw. kostenlose Übernachtung und Verpflegung. Bucht man jedoch zwei einzelne Flüge bei derselben Airline oder bei zwei verschiedenen Fluglinien und verpasst den Anschlussflug, so verfällt das Ticket und man muss einen neuen Flug kaufen.

Kostengünstig, aber unbequem ist der **Aeroexpress** (www.aeroexpress.ru), ein Shuttlezug zwischen den Flughäfen und dem Stadtzentrum (Fahrpreis 470 Rbl. bzw. im Internet gekauft 420 Rbl.). Weiter kann man mit der **Metro** fahren, dabei gilt es allerdings zu bedenken, dass man an den Metrostationen mit dem Gepäck treppauf, treppab (Fahrstühle gibt es nicht) und durch schmale, schwer zu öffnende Schwingtüren gehen muss.

Am bequemsten sind **Taxis,** sie fahren vom Flughafen bis vor die Hoteltür, allerdings kosten sie etwa viermal so viel wie der Aeroexpress. Wenn man den günstigen Rubelkurs und die Entfernung der Flughäfen zum Stadtzentrum bedenkt, und wenn man zu zweit oder sogar zu dritt ein Taxi nimmt, rechnet sich das. Man kann Taxis mit Debit- oder Kreditkarte bezahlen, entweder am Taxischalter im Flughafen oder beim Fahrer direkt. Hinweis: Wer am Schalter bucht, bekommt ein offizielles Taxi und bezahlt die Hälfte dessen, was die freien Fahrer verlangen, die in der Ankunftshalle Reisende ansprechen und ihre Dienste anbieten.

Am billigsten sind **Busse,** die es in zwei Varianten gibt: große öffentliche Busse und Minibusse *(Marschrutka),* die zwischen Flughafen und einer Metrostation fahren; jeder Aiport hat „seine“ Metrostation (s.u.).

Am Flughafen kann man an „Exchange“-Schaltern **Geld wechseln** (kein guter Kurs, daher am besten nur eine kleine Summe tauschen) oder mit der Debitkarte **Bargeld abheben** (der Kurs ist wie bei allen Banken), um z.B. Bus und Metro bezahlen zu können.

Bei der **Abreise** ist der zeitlich kalkulierbare Aeroexpress die sicherste Option. Wer ein Taxi bevorzugt, sollte wegen der bisweilen extremen Verkehrsstaus mindestens vier Stunden vor Abflug losfahren. Im Fall eines frühen Flugs kann man eventuell eine Übernachtung in einem flughafennahen, allerdings meist teuren Hotel in Erwägung ziehen. Genau 40 Minuten vor Abflug schließt der Check-in-Schalter an allen Flughäfen.

Wichtiger Hinweis zur Metro

Damit man die im Text genannten **Metrostationen** auf dem Metroplan (S. 178) leicht finden kann, wird deren Position mit folgenden Abkürzungen beschrieben.

Himmelsrichtungen

N = Norden
O = Osten
S = Süden
W = Westen
Z = Zentrum (d.h. innerhalb der braunen Zirkellinie)

Liegt eine Station z.B. im nordöstlichen Zentrum, heißt es entsprechend NOZ, liegt sie im Südosten SO usw.

Schnittpunkte

Wenn sich zwei oder drei **Metrolinien überschneiden,** erscheint ein Plus (+), z.B. Schnittpunkt der roten mit der grünen Linie = R+G.

Abkürzungen für die Linien

Zi = braune Zirkellinie
R = rote Linie
DB = dunkelblaue Linie
HB = hellblaue Linie
DG = dunkelgrüne Linie
HG = hellgrüne Linie
L = lila Linie
G = gelbe Linie
O = orangene Linie
Gr = graue Linie

Flughafen Domodjedowo

- **www.domodedovo.ru**
- **Flughafenauskunft:** Tel. 495 933 66 66
- **Lost & Found (Fundbüro):**
Tel. 495 504 02 58-59

Der Flughafen liegt rund **40 km östlich vom Stadtzentrum** und wird u.a. von Lufthansa, Austrian Airlines, Swiss Airlines, British Airways und S7 Airlines angeflogen.

Mit dem **Aeroexpress-Zug** fährt man vom Flughafen in 45 Min. zum **Pawletsker Bahnhof,** Metrostation Pawljetskaja (Zi+DG im SO): 6.30–24 Uhr alle 30 Min., um 12.30 Uhr kein Zug; vom Pawletsker Bahnhof zum Flughafen 6–24 Uhr alle 30 Min., ebenfalls kein Zug um 12.30 Uhr; 500 Rbl.

Der **Bus Nr. 308** fährt für 100 Rbl. in 25–30 Min. von der Metrostation Domodjedowskaja (DG im S, vorletzte Station) zum Flughafen (tägl. 6–24 Uhr alle 15 Min.).

Minibusse **(Marschrutka Nr. 308)** fahren für 120 Rbl. (Aufpreis für große Gepäckstücke) von derselben Metrostation wie der Bus, Fahrtdauer 25–30 Min., tägl. 6–24 Uhr alle 15 Min.; Abfahrt sobald alle Plätze besetzt sind.

Per **Taxi** ist es zwar am schnellsten und bei Weitem am bequemsten, aber bei einer offiziellen Taxifirma gebucht mit 1650 Rbl. auch am teuersten. Auf keinen Fall sollte man im Dunkeln mit einem inoffiziellen Taxi fahren, denn ein gerade angekommener Reisender hat stets Geld bei sich …

[>] Die Fußgängerzone Arbat im ehemaligen Adelsviertel von Moskau

Flughafen Scheremetjewo

- **www.svo.aero**
- **Flughafenauskunft:** Tel. 495 232 65 65
- **Lost & Found (Fundbüro):**
Tel. 495 578 74 64

Der aus **drei Terminals** bestehende Airport liegt rund **30 km nordwestlich vom Stadtzentrum.** Scheremetjewo 1 ist der Inlandsflughafen, Scheremetjewo 2 und 3 wickeln internationale Flüge ab und werden u.a. von Aeroflot, Air France, SAS, KLM und Baltic Airlines genutzt.

Mit dem **Aeroexpress-Zug** geht es in 35 Min. zum **Weißrussischen Bahnhof,** Metrostation Belarusski Waksal (Zi+DG im NW): ab Flughafen 5.30–8 Uhr alle 30 Min., dann 8.20 und 8.40 Uhr, danach 9–12.30 Uhr alle 30 Min., um 13 Uhr fährt kein Zug, 13.30–17 Uhr alle 30 Min., dann 17.20 und 17.40 Uhr und 18–24 Uhr alle 30 Min.; ab Weißrussischem Bahnhof um 5 Uhr, dann 6–9 Uhr alle 30 Min., dann 9.20 und 9.40 Uhr, danach 10, 10.30, 11 und 11.30 Uhr, um 12 Uhr fährt kein Zug, 13–18 Uhr alle 30 Min., dann um 18.20 und 18.40 Uhr, danach 19–0.30 Uhr alle 30 Min; 470 Rbl.

Der **Bus Nr. 851** fährt für 30 Rbl. in 40–50 Min. (falls es unterwegs keinen Stau gibt!) von der Metrostation Retschnoi Waksal (Ende DG im NW) tägl. 5.35–0.49 Uhr alle 9–30 Min. und hält an allen drei Terminals.

Minibusse **(Marschrutka Nr. 949)** fahren für 75 Rbl. in 30–50 Min. (falls es unterwegs keinen Stau gibt!) von derselben Metrostation wie Bus Nr. 851 tägl. 5.45–0.30 Uhr; Abfahrt sobald alle Plätze besetzt sind.

Per **Taxi** ist es zwar am schnellsten und bequemsten, aber bei einer offiziellen Taxifirma gebucht mit 2200 Rbl. am teuersten. Seit November 2015 müssen die Fahrer pro Strecke 250 Rbl. Maut bezahlen, die sie auf den Fahrpreis aufschlagen. Offizielle, im Flughafen gebuchte und im Voraus bezahlte Fahrer sind sicherer als Privatfahrer! Auf keinen Fall sollte man im Dunkeln mit einem inoffiziellen Taxi fahren, denn dann besteht die Gefahr von Diebstahl.

Flughafen Wnukowo

- **www.vnukovo.ru**
- **Flughafenauskunft:** Tel. 495 436 28 13
- **Lost & Found (Fundbüro):** Tel. 495 436 74 64.

Der Flughafen liegt rund **30 km südwestlich vom Stadtzentrum** und wird u.a. von Turkish Airlines angeflogen.

Mit dem **Aeroexpress-Zug** sind es 40 Min. zum **Kiewer Bahnhof,** Metrostation Kiewskaja (hellblaue Linie am Schnittpunkt mit der dunkelblauen und der Zirkellinie im Südwesten der City). Vom Flughafen jede volle Stunde 6–24 Uhr sowie um 10.30, 15.30, 17.30 und 19.30 Uhr zum Kiewer Bahnhof (Metrostation Kiewskaja: Zi+ HB+DB im W); ab Kiewer Bahnhof fahren Züge zu jeder vollen Stunde 6–24 Uhr sowie um 10.30, 15.30, 17.30 und 19.30 Uhr, um 12 Uhr fährt kein Zug; 420 Rbl.

Die **Busse Nr. 611, 611c und 611f** fahren für 30 Rbl. von der Metrostation

Fotolia miras2011

Jugo Sapadnaja (letzte Station R im SW) tägl. 5.30–0.20 Uhr.

Minibusse **(Marschrutka Nr. 45)** fahren für 100 Rbl. plus 10 Rbl. pro Gepäckstück von derselben Metrostation wie die Busse Nr. 611, Fahrtdauer 15–20 Min., tägl. 7–22 Uhr; Abfahrt sobald alle Plätze besetzt sind.

Per **Taxi** ist es zwar am schnellsten und bequemsten, aber bei einer offiziellen Taxifirma gebucht mit 2100 Rbl. auch am teuersten. Auf keinen Fall sollte man im Dunkeln mit einem inoffiziellen Taxi fahren, denn dann ist für die Sicherheit nicht garantiert.

Bahnhöfe

Alle Bahnhöfe liegen an **Metrostationen** direkt an der Zirkellinie und sind damit gut ans Zentrum angebunden. Züge aus Westeuropa über Weißrussland kommen am **Weißrussischen Bahnhof** *(Belarusski Waksal),* Metro Belarusskaja (Zi+DG im NW), an, Züge aus St. Petersburg am **Leningrader Bahnhof** *(Leningradski Waksal),* Metro Komsomolskaja (Zi+R im NO), Züge aus dem Baltikum am **Rigaer Bahnhof** *(Rischski Waksal),* Metro Rischskaja (O im N). Die Züge fahren 30 Min. vor Abfahrt ein.

Wer morgens mit dem Zug ankommt und nur einen Tagesaufenthalt in Moskau plant, d.h. schon am Abend weiterreist, kann sein Gepäck sicher in einer **Gepäckaufbewahrung** *(Kamera Chranenja)* im Bahnhof aufgeben. Der Preis richtet sich nach der Größe des Gepäckstücks und liegt bei 120–170 Rbl. Den Berechnungszeitraum muss man erfragen, da er entweder um 24 Uhr oder um 6 Uhr morgens endet. Wer sich nach der langen Bahnreise erfrischen möchte,

trans18-056 dk

Jaroslawer Bahnhof

könnte die berühmte **Banja** (russische Version einer Sauna) **Sanduny** besuchen, Ul. Neglinnaja 14/3–7, Metro Kusnjetski Most (L+R), im historischen Stadtzentrum, tägl. 8–20 Uhr, Eintritt für Herren ab 2000 Rbl. (mit Pool und antiken Möbeln 500 Rbl. mehr), für Damen ab 1600 Rbl., Tel. 495 782 18 08, www.sanduny.ru.

Weiterreise mit der Transsib

Die meisten Züge in Richtung Sibirien fahren **ab dem Jaroslawer Bahnhof,** einige vom gegenüberliegenden Kasaner Bahnhof, beide Metro Komsomolskaja (Zi+R im NO). Näheres s.u.

Sehenswertes

■ In Moskau kann man man kostenlose **Free Walking Touren** machen, erwartet wird am Ende ein Trinkgeld. Die Touren werden meist von jungen Russen durchgeführt, oft Studenten, und das Publikum besteht in erster Linie aus einzeln reisenden jungen Leuten. Man erfährt nicht so viele geschichtliche Daten und Details, dafür einiges, was professionelle Stadtführungen nicht vermitteln. www.moscowfreetour.com/dailytours/moscow-free-tour-full

■ **Free Walking Tours Moscow,** Tel. 905 539 23 03, bietet kostenlose Stadtführungen zu Fuß an (engl., 2½ Std.), Treffpunkt ist das Marschall-Schukow-Reiterstandbild vor dem Historischen Museum (auf der Seite des Manegenplatzes); Start ist täglich um 10.30 Uhr.

■ Den **schönsten Ausblick** (bei schönem Wetter) auf das historische Stadtzentrum mit Rotem Platz, Kreml etc. hat man von der **Dachterrasse der 02 Lounge** im 12. Stock des Hotels Ritz Carlton, Ul. Twerskaja 3.

Rund um den Roten Platz

Der Rote Platz **(Krassnaja Ploschtschad),** das **Herz der Stadt,** ist 400 m lang und 150 m breit. Ursprünglich hieß er „Handelsplatz"; erst im 17. Jahrhundert bekam er seinen bis heute gültigen Namen. Im Altrussischen war das Wort *kràsny* (rot) gleichbedeutend mit „schön", sodass der Platz eigentlich „Schöner Platz" heißt. Seit *Iwan III.* (1462–1505) ist der Platz ein Ort, an dem sich die wichtigsten Ereignisse des Landes abspielen, politische Versammlungen, religiöse Feiern, Militärparaden, aber auch Jahrmärkte. Man sollte dem Roten Platz nach Möglichkeit gleich am Ankunftstag einen Besuch abstatten – dann fühlt man erst so richtig, dass man in Moskau angekommen ist!

■ **Metro:** Ochotni Rjad (R+DG im Z),
Teatralnaja (DG+R+DB im Z),
Kitai Gorod (O+L im Z)
und Ploschtschad Revoluzii (DG+DB im Z)

Basilius-Kathedrale

Die Basilius-Kathedrale **(Ssabor Vassilja Blaschennowo)** ist **eine der schönsten Kirchen der Welt!** Mit ihren Zwiebeltürmen und der bunten Bemalung ist sie das Wahrzeichen der Stadt. *Iwan IV.,* auch bekannt als *Iwan der Schreckliche* (1547–84), ließ sie zur Feier seines Sieges über die Tataren bei Kasan in den Jahren 1555–61 erbauen. Den Grundriss der Kathedrale bildet ein Kreuz, an dessen Enden vier Kapellen stehen. Zwischen ihnen sind vier weitere Kapellen angeordnet, sodass sich insgesamt acht Kapellen um das Zentrum der Kirche grup-

Moskau, Zentrum

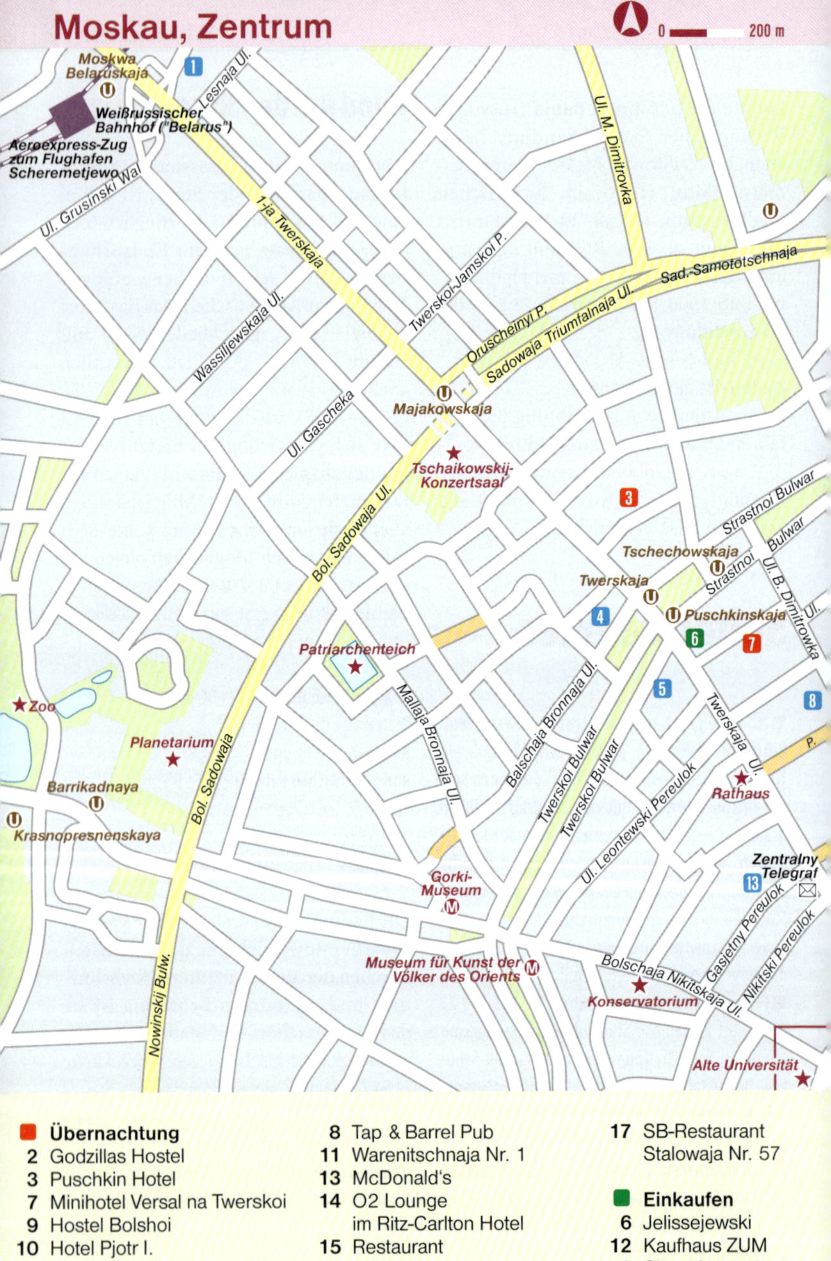

Übernachtung
2 Godzillas Hostel
3 Puschkin Hotel
7 Minihotel Versal na Twerskoi
9 Hostel Bolshoi
10 Hotel Pjotr I.

Essen und Trinken
1 Torro Grill
4 McDonald's
5 Restaurant Café Puschkin
8 Tap & Barrel Pub
11 Warenitschnaja Nr. 1
13 McDonald's
14 O2 Lounge im Ritz-Carlton Hotel
15 Restaurant im Hotel National
16 McDonald's und sonstige Gastronomie im Shoppingcenter Ochotni Rjad
17 SB-Restaurant Stalowaja Nr. 57

Einkaufen
6 Jelissejewski
12 Kaufhaus ZUM
16 Shoppingcenter Ochotni Rjad
17 Kaufhaus GUM

pieren, das höher und größer ist. Der Zar war so entzückt, dass er den Baumeistern *Barma* und *Posnik* die Augen ausstechen ließ, damit sie kein zweites, vergleichbar schönes Kunstwerk würden bauen können …

- **Öffnungszeiten:** 1. bis 31. Mai tägl. außer am ersten Mi im Monat 11–18 Uhr; 1. Juni bis 31. Aug. tägl. außer Mi 10–19 Uhr; 1. Sept. bis 6. Nov. tägl. außer am ersten Mi im Monat 11–18 Uhr; 8. Nov. bis 30. April tägl. außer am ersten Mi im Monat 11–17 Uhr. Hinweis: Bei Temperaturen unter minus 15 Grad bleibt die Kirche geschlossen.
- **Eintritt:** 500 Rbl.
- **Internet:** www.shm.ru/en
- **Tel.** 495 698 33 04
- **Metro:** Ochotni Rjad (R+DG im Z), Kitai Gorod (O+L im Z) und Ploschtschad Revoluzii (DG+DB im Z)

Steinrundplatz

Der Steinrundplatz **(Lobnoje Mjesto)** ist nicht, wie häufig behauptet wird, ein Exekutionsplatz gewesen. Er wird erstmalig im Jahr 1547 erwähnt, als *Iwan der Schreckliche* hier das Volk um Verzeihung für seine Willkür bat. Später wurden hier Predigten gehalten und Erlasse des Zaren sowie Urteile verlesen.

Lenin-Mausoleum

An der Kremlmauer auf dem Roten Platz steht das 1930 an der Stelle eines provisorischen Holzbauwerks aus dem Jahre 1917 aus dunkelrotem Granit erbaute Lenin-Mausoleum **(Mawsolei Lenina)**, in dem der Begründer der Sowjetunion aufgebahrt ist. Hinter dem

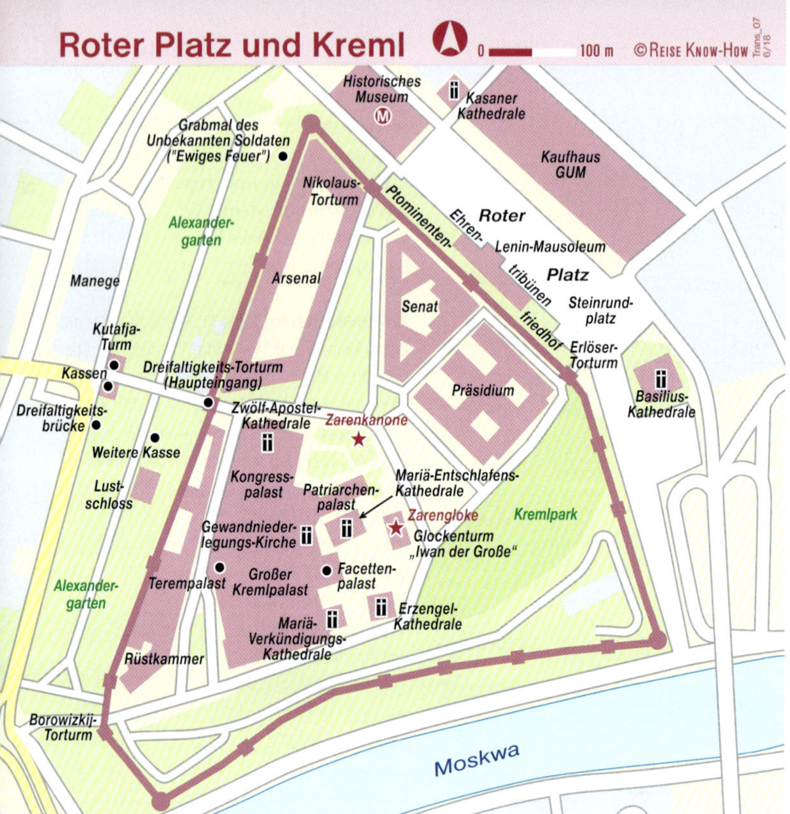

Mausoleum, an der Kremlmauer, befinden sich neben zwei Massengräbern der Helden der Oktoberrevolution weitere Grabstätten: u.a. die von *Josef Stalin, Leonid Breschnew,* des ersten Kosmonauten *Juri Gagarin,* der Ehefrau von *Lenin, Nadeschda Krupskaja,* und des amerikanischen Journalisten *John Reed.*

■ **Öffnungszeiten:**
tägl. außer Mo und Fr 10–13 Uhr.
■ **Metro:** Ochotni Rjad (R+DG im Z)

Kaufhaus GUM

Gegenüber dem Lenin-Mausoleum wird der Rote Platz vom berühmten Kaufhaus GUM **(Glavny Universalny Magasin)** begrenzt. Das 250 m lange und 90 m breite Gebäude wurde 1805 erbaut. Heute führen die auf zwei Etagen untergebrachten Geschäfte und Luxusläden in erster Linie ausländische Marken. Die lichtdurchfluteten Galerien mit ihren kunstvollen schmiedeeisernen Geländern und Übergängen sind unbedingt einen Besuch wert. **Cafés** laden zu einer Pause ein. Den besten Ausblick hat man vom Lokal Stalowaja Nr. 57 im Obergeschoss des vom Roten Platz aus gesehen dritten und letzten Ganges oben rechts (Tel. 495 620 31 29, tägl. 10–22 Uhr).

- **Öffnungszeiten:** tägl. 10–22 Uhr
- **Internet:** www.gum.ru
- **Tel.** 495 788 43 43
- **Metro:** Ploschtschad Revoluzii (DG+DB im Z), Twerskaja (R+HG+L+G im Z), Kitai Gorod (O+L im Z)

Sarjadje Park

Pünktlich zum 870. Stadtgeburtstag wurde am 9. September 2017 dieser äußerst **faszinierende Stadtpark** feierlich eröffnet. Der Name Sarjadje geht zurück auf erstmals im Jahre 1365 erwähnte Handelsreihen *(ryadye)*, welche hinter *(sa)* dem Kreml lagen. Auf dem 10 Hektar großen Areal im Zentrum von Moskau, nur wenige Schritte vom Roten Platz entfernt, standen ursprünglich zahllose Kirchen, die während der kommunistischen Zeit für den Bau des Hotels Rossija (1967–2006) abgerissen wurden. Der futuristisch anmutende Park verfügt über fünf größtenteils gläserne Pavillons und bietet **Erholung im Grünen.** Eine spektakuläre, 70 m lange und absolut freischwebende Brücke mit einer **Aussichtsplattform** ragt über den Moskwa-Fluss. Das von Nordosten nach Südwesten abfallende Gelände verläuft durch die vier Klimazonen Tundra, Steppe, Wald und Sumpf. Unterirdisch angelegt sind u.a. ein Museum, ein Multimediazentrum und ein Konzertsaal (Akustik von *J. Toyota,* der auch für die Akustik der Elbphilharmonie in Hamburg verantwortlich ist).

Nicht verpassen!

- **Roter Platz** – zu jeder Tages- und Nachtzeit ein Erlebnis!
- **Kaufhaus GUM** (tägl. 10–22 Uhr).
- **Kreml** (Do mit allen Kirchen und inkl. Patriarchenpalast geschlossen). Der Blick von der gegenüberliegenden Moskwa-Seite auf den Kreml ist ein Muss und besonders bei Festbeleuchtung aus Anlass von Staatsbesuchen oder Feiertagen einmalig. An einer Stelle führt eine Treppe hinunter zum Wasser, wo man mit Kremlblick picknicken kann: Vom Roten Platz über die Moskwabrücke gehen und nach rechts laufen bis zu einer großen Steintreppe runter zum Fluss.
- **Twerskaja-Straße** – Spaziergang vom Hotel National hoch bis zum Rathaus. Die Unterführung zum gegenüberliegenden Twerskaja-Platz nehmen, wo ein Reiterdenkmal des Stadtgründers *Dolgoruki* steht. Von dort weiter auf der wunderschön restaurierten Straße Stoleschnikow Pereulok bis zur Petrowka-Straße und von dort nach rechts in Richtung Bolschoi-Theater – tagsüber, abends und nachts schön!
- **Moskau von oben:** Von der Dachterrasse der O2 Lounge im 12. Stock des Hotels Ritz Carlton (am Anfang der Twerskaja-Straße) hat man den absolut schönsten Ausblick auf das historische Herz der Stadt (bei schönem Wetter).
- **Metrofahrt** zu den schönsten Stationen – am besten nach 20 Uhr außerhalb der Rushhour.
- **Bolschoi-Theater** – keine Vorstellungen Mo und Anfang Juni bis Ende Aug.
- Der **Alte Moskauer Staatszirkus** ist weltberühmt und unbedingt einen Besuch wert.
- **Basilius-Kathedrale** – nach Möglichkeit auch von innen angucken.
- **Sarjadje Park** – eine Parkanlage der Superlative!

Kreml und Roter Platz

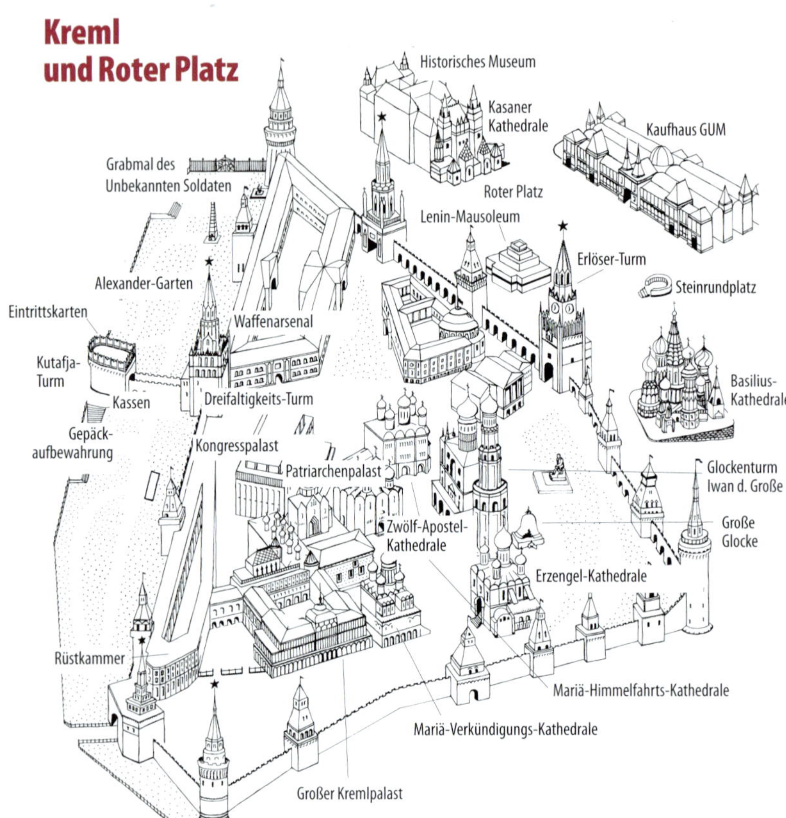

Metro: Ochotni Rjad (R+DG im Z), Kitai Gorod (O+L im Z) und Ploschtschad Revoluzii (DG+DB im Z)

Historisches Museum

An der Westseite wird der Rote Platz vom Historischen Museum **(Istoritscheski Musei)** begrenzt. Die hellen Dächer des im Jahre 1883 erbauten roten Backsteinbaus wirken ewig verschneit. Mit rund **4,5 Millionen Exponaten** ist es das größte Historische Museum Russlands. In den wunderschönen Sälen, die mal an eine Burg, mal an ein Schloss erinnern, befinden sich nach verschiedenen Themenbereichen und Zeitepochen eingeteilte Ausstellungen. Die archäologische Sammlung reicht von der Steinzeit bis ins Mittelalter, die Edelmetallabteilung zeigt russische Juwelierskunst vom 11. bis 20. Jahrhundert und eine 1,7 Millionen historische Münzen, Geldscheine, Medaillen und Orden umfassende Sammlung, die ebenso interessant ist wie eine Abteilung mit rund 500.000 Gemälden, Skulpturen und Fotografien. Außerdem finden regelmäßig Sonderausstellungen statt.

- **Öffnungszeiten:** Mo, Mi, Do und So 10–18 Uhr, Fr/Sa 10–21 Uhr, Juni bis Sept. am ersten Di im Monat geschlossen, Okt. bis Mai jeden Di geschlossen
- **Eintritt:** 400 Rbl.
- **Internet:** www.shm.ru
- **Tel.** 495 692 40 19
- **Metro:** Ochotni Rjad (R+DG im Z)

Manege

An der Westseite des Kreml befindet sich die Manege **(Manjesch)**, die **zentrale Ausstellungshalle.** Das Gebäude wurde 1812 aus Anlass des fünften Jahrestages des Sieges über *Napoleon* erbaut und war ursprünglich für Militärübungen bestimmt. Nach 1917 wurde der Bau als Parkhaus für Regierungsmitglieder genutzt und später zu einer Ausstellungshalle umfunktioniert, in der heute große Kunstausstellungen und sonstige Events stattfinden.

- **Öffnungszeiten:** Di bis So 12–22 Uhr, Mo geschlossen
- **Eintritt:** 250 Rbl.
- **Internet:** www.moscowmanege.ru/en
- **Metro:** Alexandrowski Ssad (HB im Z) und Biblioteka Lenina (R+DB+Gr im Z)

Kreml

Der erste Kreml wurde 1156 vom Gründer Moskaus, *Juri Dolgoruki,* aus Holz errichtet. Die Festung **war von Wasser umgeben:** Auf der einen Seite der Moskwa, auf der Westseite, floss damals die heute kanalisierte und unterirdisch geführte Neglinnaja. Die Seite zum Roten Platz hin schützte ein Graben.

1365–67 wurde eine weiße, 2000 m lange Steinmauer errichtet. Als *Iwan III.* (1462–1505) den Kreml zu seinem Sitz und dem des Patriarchen machte, entstand eine **Vielzahl prächtiger sakraler und profaner Steinbauten innerhalb der Kremlmauer.** Heute hat die Mauer 20 Türme und misst 2235 m Länge, zwischen 5 und 19 m Höhe und ist 3,50 bis 6,50 m dick.

Während der offizielle **Eingang** für Politiker und Beamte das Tor im Erlöserturm *(Spasskaja Baschnja)* am Roten Platz ist, betritt der Tourist das Gelände durch den **Kutafja-Turm** an der Westmauer.

Nachdem man über eine altertümliche Brücke gegangen ist, erreicht man den **Dreifaltigkeits-Turm** *(Troizkaja Baschnja),* den jüngsten (erbaut 1495–99) und höchsten Kreml-Turm mit einer Höhe von 80 m.

Zur Linken erblickt man das Gebäude des ehemaligen Waffenarsenals und zur Rechten den **Kongresspalast,** der 1961 fertiggestellt wurde und heute für Veranstaltungen genutzt wird.

Als Nächstes gelangt man zur **Zwölf-Apostel-Kathedrale** *(Zerkow Dwenadzati Apostolow)* und zum **Patriarchenpalast** *(Patriarschi Dwarjez),* erbaut in den Jahren 1653–55. Der Palast mit der angebauten Kirche diente bis ins 18. Jahrhundert hinein als Wohn- und Arbeitsresidenz sowie Hauskirche des Moskauer Patriarchen. Heute werden in den wunderschönen Gemächern Kirchen- und Alltagsgegenstände des 16. und 17. Jahrhunderts ausgestellt.

Die **Mariä-Entschlafens-Kathedrale** *(Uspenski Ssabor)* wurde 1479 von einem italienischen Baumeister erbaut, sie war die Hauptkirche der russischen Orthodoxie. In ihr befand sich die berühmte, wunderbringende „Ikone der Gottesmutter von Wladimir". Ab 1498 fanden hier, auch als St. Petersburg Hauptstadt war, alle Zarenkrönungen statt und ab 1598 wurden die russischen Patriarchen in dieser Kirche inthronisiert. Auch wurden in der Kathedrale Staatsakte verkündet, hier leisteten die Teilfürstentümer Moskau ihren Treueeid und nahmen wichtige Prozessionen ihren Anfang.

In der Kathedrale sind der aus Holz geschnitzte Thron *Iwans des Schrecklichen* aus dem Jahre 1551 und ein riesiger

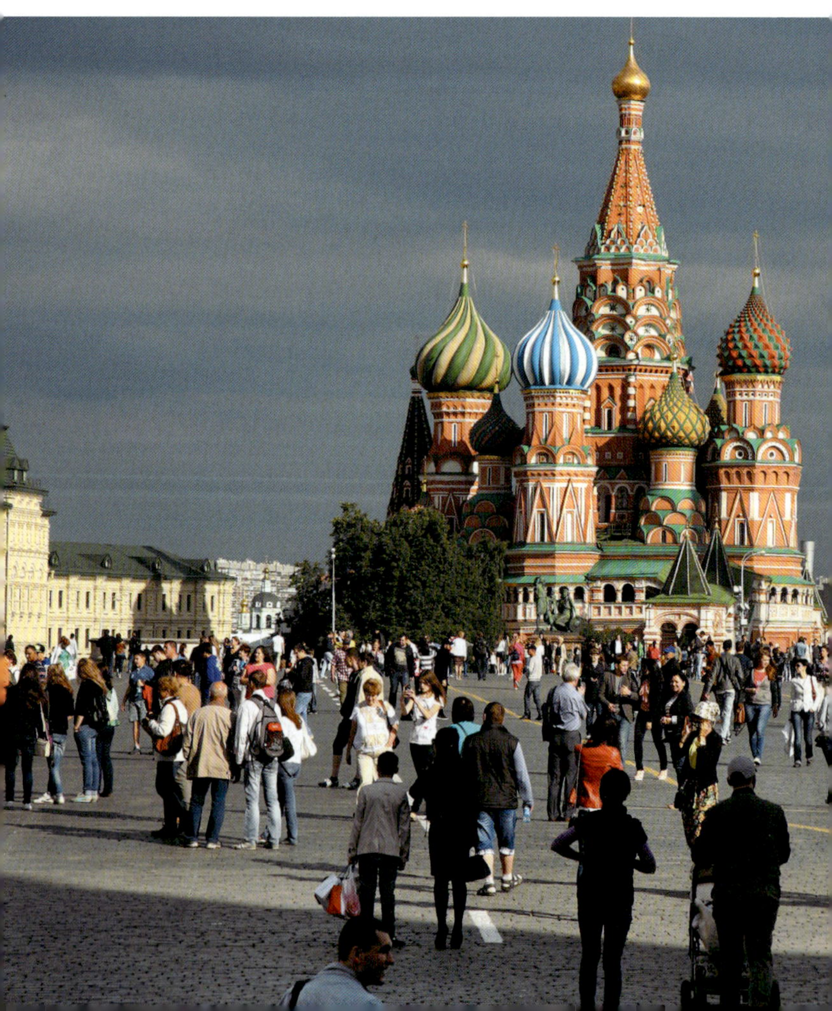

Kirchenkronleuchter von 1812 zu sehen. Im Altarteil sind Teile von Fresken aus dem späten 15. Jahrhundert erhalten.

Der **Glockenturm „Iwan der Große“** wurde in den Jahren 1505–08 errichtet. Er war mit einer Höhe von 81 m lange Zeit das höchste Bauwerk Moskaus und diente deshalb zu Kriegszeiten auch als Wachturm.

trans18-053 dk

Die **Große Glocke** oder auch **Glocke „Zar Kolokol“** wurde 1733–35 gegossen. Am unteren Rand beträgt ihr Durchmesser 6,60 m, das Gewicht liegt bei 210 Tonnen. Während eines Brandes im Jahre 1737 bekam die Glocke einen Sprung und ein Stück von knapp 12 Tonnen Gewicht brach heraus.

Die **Erzengel-Kathedrale** *(Archangelski Ssabor)* stammt aus den Jahren 1505–08 und wurde von einem italienischen Baumeister errichtet. Sie wurde als Grabstätte der Moskauer Fürsten und russischen Zaren genutzt. Ihr Inneres wurde 1652–66 von russischen Malern ausgestaltet. Bemerkenswert ist die Porträtgalerie mit Darstellungen von Fürsten und Zaren. In der Kathedrale befinden sich insgesamt 46 Sarkophage. Nach der Verlegung der Hauptstadt nach St. Petersburg im Jahr 1712 wurden die russischen Zaren, angefangen mit *Peter dem Großen,* in St. Petersburg beigesetzt.

Die kleinste der drei Kreml-Kathedralen ist die **Mariä-Verkündigungs-Kathedrale** *(Blagoweschtschenski Ssabor),* deren Bau im Jahre 1498 von russischen und italienischen Baumeistern beendet wurde und die die Hofkirche der Zaren war. Hier fanden Tauf- und Hochzeitszeremonien statt.

Der **Große Kremlpalast** *(Kremljowski Dworjez)* entstand in den Jahren 1838–49. Vor der Revolution von 1917 diente er als Residenz des Zaren in Moskau. Die prachtvoll ausgestatteten Räume im Erdgeschoss werden heute für offizielle Empfänge genutzt.

◁ Basilius-Kathedrale vor dem Kreml

Mit dem Bau des **Facettenpalastes** wurde 1487 begonnen. Die Fassade aus den Jahren 1487–91 ist mit facettierten Kalksteinen verkleidet. In dem Gebäude befindet sich ein fast 500 m² großer Festsaal. In diesem größten Saal des alten Moskau fanden feierliche Zeremonien statt und wurden ausländische Würdenträger empfangen. Er ist der älteste bis heute erhaltene Profanbau in Moskau.

Beerdigung und Totenverehrung nach russischem Brauch

Wenn in Russland jemand stirbt, findet **am dritten Tag** die **Beerdigung** statt, zu der Verwandte, Freunde und Bekannte kommen, die zusammen mit dem Popen den Sarg zum Grab begleiten. Anschließend sitzen die Trauergäste beisammen und essen Pfannkuchen, dazu wird *Kissel* getrunken, ein angedickter Fruchtsaft aus Sanddorn oder Preiselbeeren.

Auch **am 9. und 40. Tag** sowie nach sechs Monaten und ab dann jedes Jahr am Todestag treffen sich die Freunde und Verwandten am Grab. Ein kleiner Tisch und Sitzbänke befinden sich auf jeder von einem kleinen Eisenzaun umgebenen Grabstelle. Außer *Kissel* und Pfannkuchen werden beliebige andere Speisen aufgetischt. Wenn bei diesen Treffen Wodka getrunken wird, so auf jeden Fall ohne Anstoßen der Gläser.

Am Tag der Beerdigung wird **ein Glas Wodka mit Brot bedeckt** und neben dem Foto des Verstorbenen aufgestellt. Am 40. Tag sollte der Wodka verdunstet sein – ein Zeichen, dass die Seele des Verstorbenen diese Welt für immer hat verlassen können.

In der staatlichen **Rüstkammer** *(Oruschennaja Palata)*, einst die Schatzkammer der Großfürsten und Zaren, befindet sich heute ein Museum mit Waffen, Rüstungen und kunsthandwerklichen Gegenständen aus Gold, Silber, Edelsteinen und Emaille. Es beherbergt auch seltene Gewänder und Gewebe, Geschenke ausländischer Gesandter an russische Fürsten und Zaren, alte Kutschen usw. Besonders interessant ist eine Sammlung von Zarenthronen. In einem Saal befindet sich eine Edelsteinsammlung *(Almasny Fond)* mit den größten Diamanten, Gold- und Platinklumpen, die man in Russland gefunden hat. Außerdem werden hier die schönsten Stücke der berühmtesten Juweliere des Landes ausgestellt.

Der 1492 erbaute, mit seinem krönenden Stern 71 m hohe **Erlöserturm** *(Spasskaja Baschnja)* war der Haupteingang zu Zarenzeiten und ist heute einer von zwei Eingängen für Politiker und Staatsgäste. 1625 wurde eine drei Stockwerke hohe, 25 Tonnen schwere Uhr eingebaut, mit einem Ziffernblatt von über 6 m Durchmesser auf jeder der vier Turmseiten; der Minutenzeiger ist fast 3,50 m lang.

Nach der Oktoberrevolution 1917 zog die **bolschewistische Regierung** in den Kreml. Ab den 1920er Jahren bis 1955 war der gesamte Kreml für die Öffentlichkeit unzugänglich. 1955 begann man mit Restaurierungsarbeiten und der Einrichtung von Museen in den Kirchen und Kathedralen.

Auf dem Weg vom Kutafja-Tor (dem Kremleingang für Touristen) zum Roten Platz läuft man durch den schönen **Alexandergarten** mit Bänken und Blumenbeeten. Am Ende der Parkanlage kommt man am **Ewigen Feuer des Grabmals des Unbekannten Soldaten** vorbei, das 1967 errichtet wurde und wo zu jeder vollen Stunde eine Wachablösung stattfindet.

■ **Tickets:** An den Kassen kann man keine Tickets im Voraus kaufen! Wegen deren Limitierung und um Warteschlangen an den Kassen zu vermeiden, sei eine Ticketbuchung online bis zu 14 Tage vorher empfohlen (www.kreml.ru/en-Us/museums-moscow-kremlin: „Visit us" anklicken, genaue Buchungs- und Abholungsanweisungen unter „Rules"). Man darf maximal vier Tickets pro Person bestellen und muss die elektronischen Tickets an der Kasse in „echte" Eintrittskarten eintauschen.
■ Man kann **Audioguides** für das Kremlgelände und die Kathedralen gegen eine Sicherheitskaution in Höhe von 1500 Rbl. oder gegen Hinterlegung des Reisepasses ausleihen.
■ **Öffnungszeiten:** Der Kreml ist Do geschlossen und etwa zwischen 3. und 11. Mai (die Daten variieren von Jahr zu Jahr). An allen anderen Tagen im Sommer (Mitte Mai bis Ende Sept.) 9–17 Uhr geöffnet, im Winter (Okt. bis Mitte Mai) 9.30–16.30 Uhr. Die Kassen öffnen 30 Min. vor Einlass und schließen 30 Min. vor Schließung. Rüstkammer *(Oruschennaja Palata):* geöffnet tägl. 10–11.30, 12–13.30, 14.30–16 und 16.30–17 Uhr.
■ **Eintritt:** Für das Kremlgelände mit allen Kirchen und dem Patriarchenpalast sind 500 Rbl. zu bezahlen, zusätzlich für den Glockenturm 250 Rbl. und die Rüstkammer 700 Rbl.
■ **Taschen und Rucksäcke müssen abgegeben werden.** Bei den Kassen am Kutafja-Turm rechts die große Treppe runter und gleich wieder rechts, 10–18 Uhr, Preis je nach Gewicht.
■ **Internet:** www.kreml.ru/en-Us/museums-moscow-kremlin
■ **Tel.** 495 695 41 46
■ **Metro:** Ochotni Rjad (R+DG im Z), Alexandrowski Ssad (HB im Z) und Biblioteka Lenina (R+DB+Gr im Z)

Rund um die Twerskaja-Straße

Um einen **Eindruck vom hauptstädtischen Alltagsleben** zu gewinnen, sollte man einen Spaziergang auf der Twerskaja-Straße, Moskaus Champs Elysees, unternehmen. Hier reihen sich Geschäfte, Hotels, Restaurants, Night Clubs, Bistros, Fast-Food-Lokale und Cafés aneinander, man passiert berühmte Theater und Konzertsäle. Die Nebenstraßen der Twerskaja werden renoviert, Fußgängerzonen mit edlen Geschäften entstehen, und überall findet man Bars und Lokale. Die Nebenstraßen mit ihren alten Häusern und Kirchen und der romantischen Atmosphäre sind unbedingt einen Abstecher wert.

In der Twerskaja 14 befindet sich das wunderschöne **6 Delikatessengeschäft Jelissejewski** (Plan S. 162), dessen Ausstattung an einen prunkvollen Palastsaal erinnert. Allein die Lampen sind eine Sensation. Hier hat man u.a. eine Auswahl der besten russischen Hartwürste, die sich auch als Proviant für die Fahrt mit der Transsib und als Mitbringsel eignen (24 Std. geöffnet).

■ **Metro:** Puschkinskaja (L+DG im Z)

Bolschoi-Theater

Das **„Große Theater"** (russ. Bolscoi mit Betonung auf dem zweiten o) ist die **größte Bühne Europas** und ein Symbol für die russische Kultur insgesamt. Auf dem Spielplan stehen Balletts, Opern und Konzerte.

Am 28. März 1776 gab Zarin *Katharina die Große* dem Fürsten *Ussuow* den Auftrag, eine Theatertruppe zusammenzustellen. Am 30. Dezember **1780** wurde das erste, **aus Holz** erbaute Theater in Moskau eröffnet. Dieses brannte 1805 ab und wurde durch ein hölzernes Theater ersetzt, das 1812 vor dem Einzug der napoleonischen Truppen niedergebrannt wurde. **1825** fand dann die feierliche Eröffnung eines **aus Stein** erbauten Theaters statt, welches größer und prächtiger war als das Bolschoi-Theater in St. Petersburg, damals die Hauptstadt Russlands. Doch 1853 brannte das Theater noch einmal bis auf seine Grundmauern nieder. Und wieder wurde es neu gebaut, dieses Mal von dem russisch-italienischen Architekten *Alberto Cavos,* der später auch das Mariinski-Theater in St. Petersburg entwarf. Mit 2300 Sitzplätzen war das Moskauer Bolschoi seinerzeit das größte Theater der Welt. Nach der Machtübernahme der Bolschewiken erwog die sowjetische Regierung tatsächlich, das Theater niederzureißen, besann sich aber eines Besseren und eröffnete das Haus 1976 wieder. Die umfangreichsten **Renovierungsarbeiten** in der Geschichte des Theaters dauerten von **2005 bis 2011** und sollen rund eine Milliarde Euro verschlungen haben. Ende Oktober 2011 fand die feierliche Wiedereröffnung statt.

Da es grundsätzlich, aber vor allem bei den berühmten Balletts wie „Schwanensee" und „Giselle", zu Engpässen bei den **Eintrittskarten** kommt, besteht die letzte Chance, ein Ticket zu bekommen, am Abend der Vorstellung vor dem Theatergebäude. Eine Art „Theaterkartenmafia" verkauft dort zu extrem überhöhten Preisen, z.T. auf den schlechtesten Plätzen – Handeln ist angesagt. Der Hinweis „unbequemer Platz" auf der Eintrittskarte zeigt die schlechte Sicht an. Ein Ballett von einem Seitenplatz nahe der Bühne aus zu verfolgen, ist fast sinnlos, weil man nie den richtigen Blick auf's Ganze hat. Wer im Internet unter www.bolshoi.ru/en Tickets kaufen will, achte darauf, Karten für die Bühne des historischen Bolschoi-Theaters *(historic stage)* zu erwerben und nicht für die neue Bühne „Beethoven Hall" gleich nebenan. Unter „Buy a Ticket" findet man online eine Übersicht über die Sitzverteilung, Preise und rechts auf der Seite den Button für den Ticketverkauf („On-Line Board").

- Leider fallen die **Theaterferien** von Mitte Juli bis Mitte Sept. in die Haupt-Transsibreisezeit. Wer das Theater von innen besichtigen möchte, kann sich einer einstündigen Theaterführung anschließen (s.u.).
- Das **Theaterprogramm** wird drei Monate vorher im Internet bekanntgegeben.
- **Vorstellungsbeginn** ist meist um 19 Uhr, manchmal schon um 18 Uhr, sonntags gibt es auch am Tage Vorstellungen.
- **Theaterführung:** Außer während der Theaterferien von Mitte Juli bis Mitte Sept. Mo, Mi und Fr um 12.15 Uhr englischsprachig und um 12 Uhr russischsprachig, p.P. 1300 Rbl., Ticketverkauf nur am Tag der Führung ab 11 Uhr, ab 10.45 Uhr werden Wartenummern vergeben. Infos unter www.bolshoi.ru/en/about/excursions.
- **Ticketverkauf:** Drei Monate vor der Aufführung. Man muss beim Kauf und beim Theaterbesuch den Pass vorlegen. Auch wer ein Internetticket hat, muss beim Theaterbesuch seinen Pass vorzeigen.
- **Internet:** www.bolshoi.ru/en
- **Tel.** 495 455 55 55
- **Metro:** Teatralnaja (DG+R+DB im Z), Ochotni Rjad (R+DG im Z)

Alte Tretjakow-Galerie

In Moskau gibt es eine Vielzahl interessanter Museen, doch erlaubt die kurze Aufenthaltszeit im Zusammenhang mit einer Transsibreise oft nur den Besuch einiger weniger. Die berühmte Tretjakow-Galerie **(Tretjakowskaja Galereja)** zählt zu den wichtigsten Sehenswürdigkeiten Moskaus. Das Museum wurde 1892 von dem Moskauer Kaufmann *Pawel Tretjakow* (1832–98) gegründet. 1856 begann *Tretjakow* mit einer Privatsammlung **russischer Malerei.** Bereits sechs Jahre später umfasste seine Sammlung 1200 Bilder, einige Hundert Skulpturen und grafische Arbeiten, die er der Stadt Moskau vermachte. Heute verfügt das Museum über etwa 8000 Gemälde, 2000 Skulpturen, ca. 35.000 Zeichnungen und 5000 frühe Werke russischer Kunst. Hierzu zählt eine sehr schöne und umfassende Ikonensammlung mit Werken u.a. des berühmtesten Ikonenmalers Russlands, *Andrei Rubljow* (ca. 1360–1430). Es empfiehlt sich ein informativer Rundgang mit Audioguide.

- **Öffnungszeiten:** Di, Mi und So 10–18 Uhr, Do, Fr und Sa 10–21 Uhr, Mo geschlossen. Kassenschluss 17 bzw. 20 Uhr
- **Eintritt:** 500 Rbl.
- **Audioguide:** 450 Rbl.
- **Internet:** www.tretyakovgallery.ru/en
- **Tel.** 495 951 13 62
- **Metro:** Tretjakowskaja (O+G im Z) und Nowokusnjetskaja (DG im SO im Z)

⊡ Hochzeitsgrüße aus Moskau

Südwestlich des Kreml

Puschkin-Museum

Das Puschkin-Museum **(Musei Puschkina)** wurde am 31. Mai 1912 eröffnet und ist berühmt für Russlands größte **Sammlung französischer Impressionisten** wie *Manet, Degas, Renoir* und *Monet.* Das Museum hat so viele Werke aus dieser Epoche, dass es die Ausstellung regelmäßig ändert. Zu den bedeutendsten Exponaten gehören außerdem Gemälde französischer Expressionisten und Postexpressionisten, darunter Arbeiten von *Matisse, Picasso, van Gogh* und *Gaugin.* Jahrzehntelang verschwiegen wurde der Besitz des von *Heinrich Schliemann* in Troja ausgegrabenen „Schatz des Priamos", der leider nicht gezeigt wird. Des Weiteren kann man Exponate der antiken Kunst Assyriens, Ägyptens, Babylons, Roms und Griechenlands bewundern.

trans18-054 dk

- **Öffnungszeiten:** Di, Mi, Sa und So 11–20 Uhr, Do und Fr 11–21 Uhr, Mo und letzter Fr im Monat geschlossen (Kassenschluss 1 Std. vor Schließung)
- **Eintritt:** 550 Rbl.
- **Internet:** www.arts-museum.ru
- **Tel.** 495 697 95 78
- **Metro:** Krapotkinskaja (R im Z), Borowitskaja (Gr+R+DB im Z) und Biblioteka Lenina (R+DB+Gr im Z)

Christi-Erlöser-Kathedrale

Nachdem der letzte Soldat der 600.000 Mann starken napoleonischen Armee vertrieben war, befahl Zar *Nikolaus I.* am 25. Dezember 1812 den Bau einer Kirche zum Gedenken an den Sieg. Am 12. Oktober **1817** erfolgte die **Grundsteinlegung.** Das Vorhaben musste wegen des schlechten Untergrunds 1826 eingestellt werden. Man begab sich auf die Suche nach einem geeigneten Bauplatz, wo am 10. September 1839 der zweite Grundstein gelegt wurde. Am 26. Mai 1883 wurde die Christi-Erlöser-Kathedrale **(Chram Christa Spassitelja)** feierlich geweiht. Während der Sowjetherrschaft, als der Atheismus Staatsdoktrin war, kam es am 5. Dezember 1931 zur Zerstörung der Kathedrale, um an Ort und Stelle das höchste Gebäude der Welt zu errichten. Als man nach dem Abriss jedoch feststellte, dass der Untergrund für ein Hochhaus ungeeignet war, wurde 1958 das Schwimmbad „Moskwa" eröffnet. Bis 1994 konnte man hier in einem Hallenbad drinnen und in einem auch im kältesten Moskauer Winter (!) geöffneten Außenbecken seine Runden drehen. Im Jahr 2000, in der Nacht vom 6. auf den 7. Januar (gemäß dem russisch-orthodoxen Kalender die Nacht der Geburt Christi), fand dann die feierliche Einweihung der **nach dem alten Vorbild wiedererrichteten Kathedrale** statt. Die Erlöser-Kathedrale gilt heute als das zentrale Gotteshaus der Russisch-Orthodoxen Kirche und gehört mit einer Höhe von 103 Metern zu den größten orthodoxen Sakralbauten der Welt.

- **Öffnungszeiten:** tägl. 10–18 Uhr
- **Gottesdienste:** tägl. 8 und 17 Uhr, So 8, 10 und 17 Uhr
- **Internet:** www.xxc.ru
- **Metro:** Krapotkinskaja (R im Z)

Arbat

Die auf das 15. Jahrhundert zurückgehende Arbat-Straße ist eine der ältesten Straßen Moskaus; sie war die **erste Fußgängerzone Russlands.** Die Atmosphäre in dem ehemaligen Adelsviertel ähnelt ein wenig der des Quartier Latin in Paris. In- und ausländische Touristen gehen auf der rund einen Kilometer langen Ul. Arbat spazieren, die mit altmodischen Straßenlaternen und liebevoll gepflegten Blumenbeeten Moskaus beliebteste Flaniermeile ist. In den mit Matroschkas, bemalten Holzeiern, Fellmützen, Armeeabzeichen und vielem mehr vollgestopften Souvenir- und Antiquitätenläden kann man sich mit Mitbringseln eindecken. Außer Geschäften gibt es Cafés, Restaurants, Bars und Fast-Food-Lokale. Clowns treten auf, Porträtzeichner und Fotografen bieten ihre Dienste an, Straßenmusikanten sorgen für die akustische Untermalung. Sehr schön und sehenswert sind auch die Nebenstraßen und Innenhöfe, die links und rechts von der Arbat-Straße abgehen.

■ **Metro:** Arbatskaja (HB im Z), Smoljenskaja (DB im SW im Z)

Neujungfrauenkloster

Zu den **schönsten Klosteranlagen des Landes** zählt das im Süden von Moskau am Moskwa-Fluss gelegene Neujungfrauenkloster **(Nowodewitschi Monastir).** Seine Gründung als Festung und Nonnenkloster geht zurück auf das Jahr 1524. Einst gehörte es zu einem Ring von sechs Wehrklöstern, die nach Süden und Osten zum Schutz der Stadt errichtet wurden. *Boris Godunow* wurde hier zum Zaren gekrönt, und *Peter der Große* ließ seine Halbschwester *Sofia* bis zu ihrem Tod im Jahre 1704 im Kloster einsperren. Errichtet nach dem Vorbild des Moskauer Kreml und im Stil des Moskauer Barock, steht im Zentrum der Anlage das älteste Gebäude, die **Kathedrale der Gottesmutter von Smolensk** (1524/25), deren Ikonostase (1683–86) bis heute komplett erhalten geblieben ist. Als die Sowjets die Macht ergriffen, wurde das Kloster 1922 aufgelöst und 1934 zum Museum umfunktioniert. Seit 1994 leben hier wieder Nonnen, und seit 2004 gehört das Kloster zum UNESCO-Weltkulturerbe. Besonders schön ist ein Besuch samstags, wenn Hochzeitspaare zu beobachten sind und gegen 16.45 Uhr ein wahres Glockenkonzert beginnt.

■ **Öffnungszeiten:** So/Mo 10–17.30 Uhr, Di und am ersten Montag jeden Monats geschlossen.
■ **Gottesdienste:** Mo bis Sa 7.40 und 17 Uhr, So und an Feiertagen 6.20, 8.40 und 17 Uhr.
■ **Eintritt:** 300 Rbl., Fotografieren kostet 100 Rbl. zusätzlich, Video 200 Rbl. (wer zum Gottesdienst kommt, bezahlt keinen Eintritt).
■ **Internet:** www.novodev.msk.ru
■ **Tel.** 499 245 31 68 und 499 246 85 26
■ **Metro:** Sportiwnaja (R im SW) und weiter per Trolleybus Nr. 5 oder 15

Der **Friedhof** des Neujungfrauenklosters ist einer der bekanntesten Ehrenfriedhöfe Russlands, vergleichbar z.B. mit dem Pariser Friedhof Père-Lachaise. Hier befinden sich zahlreiche Gräber der geistig-kulturellen und politischen Elite Russlands. So gibt es auf der Internetseite die folgenden Rubriken: Architekten, Schauspiel und Kino, Musik und Kunst, Revolutionäre, Kommunisten und Politiker, Armee und Luftfahrt, Schriftsteller, Dichter und Journalisten, Mediziner und Sportler. Beliebt bei Ausländern ist der Besuch der Gräber von *Anton Tschechow, Lew Tolstoi, Nikolai Gogol, Michail Bulgakov, Dmitri Schostakowitsch, Boris Jelzin* etc.

■ **Öffnungszeiten:** tägl. 9–17 Uhr
■ **Internet:** www.novodevichye.com

Schiffsausflug auf der Moskwa

Bei schönem Wetter kann man wunderbare Schiffsausflüge auf der Moskwa unternehmen – eine **Stadtrundfahrt auf dem Wasser,** die herrliche Ausblicke bietet. Je nach Reederei kann man längere oder kürzere Touren buchen, z.B. vom Kiewer Bahnhof oder der Brücke Nowospasski Most vorbei an der Moskauer Universität und durch das historische Zentrum mit schönem Blick auf den Kreml. An mehreren Stellen an der Moskwa befinden sich Schiffsanlegestellen mit Kassen. Manche Reedereien fahren nur von April/Mai bis Ende Sept./Anfang Okt., andere das ganze Jahr über.

- **Preis:** je nach Anbieter und Streckenlänge 500–1000 Rbl.; Ticketverkauf am Anleger
- **Internet** der Firma *Stolitschnaja Sudachodnaja Kampanija:* www.cck-ship.ru
- **Metro:** Station Kiewskaja (Zi+DB+HB im SW) oder – wenn man mit dem Schiff in der entgegengesetzten Richtung fahren möchte – von der Brücke Nowospasski Most (Metro Proletarskaja, L+HG im SO), von der man 5–10 Min. bis zum Fluss laufen muss. Weitere Abfahrtsstellen: Metrostation Tretjakowskaja (O+G im Z) und im Süden von Moskau Metrostation Kolomenskaja (DG im S).

Fahrplan

- **Ab Kiewer Bahnhof** (Zi+DB+HB im SW) tägl. 12–20 Uhr alle 25 Min., Dauer 1½ Std.; zweistündige Touren tägl. 12–19.20 Uhr
- **Ab Brücke Nowospasski Most** (Metro Proletarskaja L+HG im SO) tägl. 11–18 Uhr alle 25 Min., Dauer 1½ Std.
- **Ab Metro Tretjakowskaja** (O+G im Z) Mo bis Fr 12–21 Uhr, Sa/So 11–21 Uhr, stündl., Dauer 1 Std.
- **Ab Metro Kolomenskaja** (DG im S) Mo bis Fr 12–21 Uhr, Sa/So 11–21 Uhr, stündl., Dauer 1 Std.

Parks und Funparks

Gorki Park

Für Reisende mit Zeit lohnt sich ein Besuch des durch den Song der *Scorpions* „Wind of Change" berühmt gewordenen Gorki Park **im Stadtzentrum am Ufer der Moskwa.** Jung und Alt strömen bei schönem Wetter hierher, um auf riesigen blauen Kissen zu relaxen, zu flanieren, zu joggen und sich auf Karussells zu vergnügen.

- **Öffnungszeiten:** tägl. 10–22 Uhr, 80 Rbl.
- **Eintritt:** 80 Rbl.
- **Internet:** www.gorkiypark.ru
- **Tel.** 495 995 00 20
- **Metro:** Oktjabrskaja (Zi+O im S)

VDNCH

Zu den interessanten Parks gehört auch der Vergnügungspark VDNCH (sprich: Wä Dä Än Cha). Auf dem riesigen Areal mit viel Grün, architektonisch interessanten Ausstellungspavillos, Karussells, Hüpfburgen, Verleihstellen für Fahrräder, Skateboards, Roller und Tretwagen sowie edel designten Cafés, Restaurants und einfachen Imbissständen befindet sich **Russlands höchstes Riesenrad:** Aus einer Höhe von 73 Metern genießt man einen herrlichen Weitblick.

Einen Besuch lohnt auch das 2015 eröffnete **Moskwarium** mit über 8000 Meerestieren, u.a. Haie und Wale. Beliebt sind die Shows am Wochenende, dann ist es entsprechend voll.

Im Winter wird eine riesige **Eisbahn** zum Schlittschuhlaufen angelegt.

- **Öffnungszeiten:** tägl. 10–22 Uhr (Einlass bis 21 Uhr)
- **Eintritt:** Parkgelände freier Eintritt, Moskwarium 600 Rbl., die dortigen Shows Fr, Sa und So 15 und 19 Uhr kosten je nach Sitzplatz 1100–2500 Rbl.
- **Internet:** www.vdnh.ru, www.moskvarium.ru
- **Tel.** 499 677 77 77
- **Metro:** VDNCH (O im N)

Kreml w Ismailowo

Hinter dem Hotel Ismailowo Alfa **im Nordosten des Stadtzentrums** befindet sich in der Ismailowskoje Schosse Nr. 73 der im Jahr 2003 eröffnete Kulturkomplex Kreml w Ismailowo, eine wunderbare Mischung aus Kunsthandwerks- und Flohmarkt. Dazu gibt es Stände mit frisch gegrillten Fleischspießchen und viele russische kulinarische Spezialitäten. Ziel der Einrichtung ist die Pflege der russischen Kultur. Hier finden Hochzeiten und Kindergeburtstage statt, und man kann eine Vielzahl an Museen besuchen, z.B. zu den Themen Wodka, Brot, Schokolade, Geschichte der russischen Flotte etc., auch ein Museum für unerzogene Kinder gibt es.

- **Öffnungszeiten:** tägl. 10–20 Uhr
- **Eintritt:** kostenlos
- **Internet:** www.kremlin-izmailovo.com
- **Tel.** 495 215 54 37
- **Metro:** Partisanskaja (DB im O)

Zirkus

Weltruhm genießen mit Recht die Moskauer Zirkusse, von denen es zwei gibt.

Neuer Moskauer Staatszirkus

Dieser Zirkus (**Novy Zirk**) ist in einem modernen Gebäude außerhalb des Zentrums untergebracht (Wernadski Prospekt 7).

- **Vorstellungen:** Di bis So unterschiedlich, mal drei Vorstellungen (11, 13 oder 15 und 18 oder 19 Uhr), mal zwei Vorstellungen (13 oder 15 und 18 oder 19 Uhr) plus Abendvorstellungen mal um 18, mal um 19 Uhr, an Feiertagen 11, 15 und 19 Uhr. Mo keine Vorstellung.
- **Ticketverkauf:** im Zirkusgebäude tägl. 10.30–19.30 Uhr (Kasse Tel. 495 765 04 09), an den meisten Theater- und Konzertkassen im Stadtzentrum (oft Kiosks dekoriert mit Eintrittskarten) und im Internet bei Ticketland (Tel. 495 937 77 37, www.ticketland.ru) sowie unter www.bilet-v-cirk.ru/afisha. Preise: 1500–4000 Rbl.
- **Internet:** www.bigcirk.ru
- **Metro:** Universitjet (R im SW)

Alter Moskauer Staatszirkus

Der im Jahr 2002 nach aufwendiger Renovierung wiedereröffnete Zirkus (**Stary Zirk** bzw. offiziell **Moskowski Zirk Nikulina na Zwetnom Bulwarje**) direkt neben dem Zentralmarkt *(Zentralni Rinok)* im historischen Zentrum Moskaus ist von der Atmosphäre her vielleicht etwas schöner als der Neue Zirkus – hier wird „altmodischer Zirkus" geboten –, aber Zirkusfans und alle, die es werden wollen, sollten unbedingt beide besuchen – die besten Clowns der Welt sind Russen!

- **Vorstellungen:** Do bis So unterschiedlich, 14.30 und 18 oder 19 Uhr, Mo, Di und bisweilen Mi keine Vorstellung, Dauer etwa 2½ Std. mit Pause.
- **Ticketverkauf:** im Zirkusgebäude (Kasse Tel. 495 625 89 70) Mo bis Fr 11–14 und 15–19 Uhr, Sa/So und an Feiertagen 11–12.30 und 13.30–19 Uhr, an den meisten Theater- und Konzertkassen im Stadtzentrum (oft Kiosks dekoriert mit Eintrittskarten) und im Internet bei Ticketland (Tel. 495 786 96 55, www.ticketland.ru). Preise: 500–3500 Rbl.
- **Internet:** www.circusnikulin.ru
- **Tel.** 495 780 31 35
- **Metro:** Zwetnoi Bulwar (GR im Z)

Die Metro

- **Siehe auch Info-Kasten S. 157**
- **Öffnungszeiten:** tägl. 5.30–1 Uhr
- **Internet:** www.mosmetro.ru
- **Metropläne:** www.metro-moskva.ru

Mit den Bauarbeiten an der Metro wurde am 15. Mai 1935 begonnen, ab 1954 war die Hauptstrecke befahrbar. 2015 transportierte sie im Schnitt sieben Millionen Fahrgäste täglich, von Montag bis Freitag sogar neun Millionen am Tag, womit sie weltweit Platz 1 belegt. Das Streckennetz umfasst derzeit **330 km mit 197 Haltestationen.** Auf den **zwölf Linien** verkehren **über 500 Züge mit insgesamt rund 5000 Waggons.** Die Durchschnittsgeschwindigkeit beträgt gut 40 km/h, womit sie die schnellste Metro der Welt ist. Wahnwitzig ist auch die Geschwindigkeit, mit der die z.T. endlos lang erscheinenden Rolltreppen wahre Menschenmassen in kürzester Zeit zu den Zügen befördern. Die Aufenthaltsdauer in den Stationen beträgt im Durchschnitt 90 Sekunden, während der Hauptverkehrszeit nur 45 Sekunden.

Die Moskauer Metro ist eine der schönsten U-Bahnen der Welt, eine Besichtigungsfahrt lohnt unbedingt. Die **prunkvollsten Haltestationen** liegen an der 19,4 km langen **Zirkellinie** (*Kalzevaja Linija,* Braune Linie), die die wichtigsten Moskauer Plätze und sieben Bahnhöfe miteinander verbindet. Die Stationen an diesem Ring sind immer Umsteigestationen. Marmor in allen Farben, Halbedelsteine aus allen Teilen des Landes, glitzernde Kronleuchter, Skulpturen und riesige Mosaiken zieren die wie Paläste wirkenden Stationen.

Moskau, Metro

Seligerskaja
СЕЛИГЕРСКАЯ
Werchnye Lichobory
ВЕРХИНЕ ЛИХОБОРЫ
Okruschnaja
ОКРУЖНАЯ
Petrowsko-Rasumowskaja
ПЕТРОВСКО-РАЗУМОВСКАЯ
Altufjewo
АЛТУФЬЕВО
Bibirewo
БИБИРЕВО
Otradnoje
ОТРАДНОЕ
Wladykino
ВЛАДЫКИНО
Medwedkowo
МЕДВЕДКОВО
Babuschkinskaja
БАБУШКИНСКАЯ
Swiblowo
СВИБЛОВО
Botanitscheskij Sad
БОТАНИЧЕСКИЙ САД
WDNCH
ВДНХ
Aleksejewskaja
АЛЕКСЕЕВСКАЯ
Rischskaja
РИЖСКАЯ
Prospekt Mira
ПРОСПЕКТ МИРА
Timiriasewskaja
ТИМИРЯЗЕВСКАЯ
Uliza Milaschenkowa
УЛИЦА МИЛАШЕНКОВА
Telezentr
ТЕЛЕЦЕНТР
Uliza Akademika Koroljowa
УЛИЦА АКАДЕМИКА КОРОЛЕВА
Wystawotschnyj Zentr
ВЫСТАВОЧНЫЙ ЦЕНТР
Uliza Sergeja Eisensteina
УЛИЦА СЕРГЕЯ ЭЙЗЕНШТЕЙНА
Timirjasewskaja
ТИМИРЯЗЕВСКАЯ
Dmitrowskaja
ДМИТРОВСКАЯ
Sawjolowskaja
САВЕЛОВСКАЯ
Mendelejewskaja
МЕНДЕЛЕЕВСКАЯ
Butyrskaja
БУТЫРСКАЯ
Marina Roschtscha
МАРЬИНА РОЩА
Dostojewskaja
ДОСТОЕВСКАЯ
Uliza Podbelskowo
УЛИЦА ПОДБЕЛЬСКОГО
Tscherkisowskaja
ЧЕРКИЗОВСКАЯ
Preobraschenskaja Ploschtschad
ПРЕОБРАЖЕНСКАЯ ПЛОЩАДЬ
Sokolniki
СОКОЛЬНИКИ
Krasnoselskaja
КРАСНОСЕЛЬСКАЯ
Komsomolskaja
КОМСОМОЛЬСКАЯ
Belorusskaja
БЕЛОРУССКАЯ
Nowoslobodskaja
НОВОСЛОБОДСКАЯ
Sucharewskaja
СУХАРЕВСКАЯ
Zwetnoj Bulwar
ЦВЕТНОЙ БУЛЬВАР
Trubnaja
ТРУБНАЯ
Krasnyje Worota
КРАСНЫЕ ВОРОТА
Schtschelkowskaja
ЩЕЛКОВСКАЯ
Perwomajskaja
ПЕРВОМАЙСКАЯ
Ismajlowskaja
ИЗМАЙЛОВСКАЯ
Partisanskaja
ПАРТИЗАНСКАЯ
Semjonowskaja
СЕМЕНОВСКАЯ
Elektrosawodskaja
ЭЛЕКТРОЗАВОДСКАЯ
Baumanskaja
БАУМАНСКАЯ
Majakowskaja
МАЯКОВСКАЯ
Tschechowskaja
ЧЕХОВСКАЯ
Sretenskij Bulwar
СРЕТЕНСКИЙ БУЛЬВАР
Tschistyje Prudy
ЧИСТЫЕ ПРУДЫ
Turgenewskaja
ТУРГЕНЕВСКАЯ
Puschkinskaja
ПУШКИНСКАЯ
Twerskaja
ТВЕРСКАЯ
Lubjanka
ЛУБЯНКА
Kusnezkij Most
КУЗНЕЦКИЙ МОСТ
Smolenskaja
СМОЛЕНСКАЯ
Aleksandrowskij Sad
АЛЕКСАНДРОВСКИЙ САД
Ochotnyj Rjad
ОХОТНЫЙ РЯД
Teatralnaja
ТЕАТРАЛЬНАЯ
Ploschtschad Rewoljuzii
ПЛОЩАДЬ РЕВОЛЮЦИИ
Kurskaja
КУРСКАЯ
Arbatskaja
АРБАТСКАЯ
Nowokosino
НОВОКОСИНО
Nowogirejewo
НОВОГИРЕЕВО
Smolenskaja
СМОЛЕНСКАЯ
Arbatskaja
АРБАТСКАЯ
Biblioteka imeni Lenina
БИБЛИОТЕКА ИМЕНИ ЛЕНИНА
Kitaj-Gorod
КИТАЙ-ГОРОД
Tschkalowskaja
ЧКАЛОВСКАЯ
Borowizkaja
БОРОВИЦКАЯ
Perowo
ПЕРОВО
Schosse Entusiastow
ШОССЕ ЭНТУЗИАСТОВ
Kropotkinskaja
КРОПОТКИНСКАЯ
Tretjakowskaja
ТРЕТЬЯКОВСКАЯ
Taganskaja
ТАГАНСКАЯ
Rimskaja
РИМСКАЯ
Awiamotornaja
АВИАМОТОРНАЯ
Poljanka
ПОЛЯНКА
Park Kultury
ПАРК КУЛЬТУРЫ
Marksistskaja
МАРКСИСТСКАЯ
Ploschtschad Iljitscha
ПЛОЩАДЬ ИЛЬИЧА
Nowokusnezkaja
НОВОКУЗНЕЦКАЯ
Proletarskaja
ПРОЛЕТАРСКАЯ
Aeroexpress-Zug zum Flughafen Wnukowo
Oktjabrskaja
ОКТЯБРЬСКАЯ
Krestjanskaja Sastawa
КРЕСТЬЯНСКАЯ ЗАСТАВА
Wolgogradskij Prospekt
ВОЛГОГРАДСКИЙ ПРОСПЕКТ
Dobryninskaja
ДОБРЫНИНСКАЯ
Pawelezkaja
ПАВЕЛЕЦКАЯ
Tekstilschtschiki
ТЕКСТИЛЬЩИКИ
Lermontowskij Prosp.
ЛЕРМОНТОВСКИЙ ПРОСПЕКТ
Serpuchowskaja
СЕРПУХОВСКАЯ
Dubrowka
ДУБРОВКА
Nowye Tscherjomuschki
НОВЫЕ ЧЕРЕМУШКИ
Schabolowskaja
ШАБОЛОВСКАЯ
Aeroexpress-Zug zum Flughafen Domodjedowo
Kusminki
КУЗЬМИНКИ
Leninskij Prospekt
ЛЕНИНСКИЙ ПРОСПЕКТ
Tulskaja
ТУЛЬСКАЯ
Koschuchowskaja
КОЖУХОВСКАЯ
Rjasanskij Prospekt
РЯЗАНСКИЙ ПРОСПЕКТ
Wychino
ВЫХИНО
Akademitscheskaja
АКАДЕМИЧЕСКАЯ
Awtosawodskaja
АВТОЗАВОДСКАЯ
Petschatniki
ПЕЧАТНИКИ
Profsojusnaja
ПРОФСОЮЗНАЯ
Nagatinskaja
НАГАТИНСКАЯ
Wolschskaja
ВОЛЖСКАЯ
Nagornaja
НАГОРНАЯ
Ljublino
ЛЮБЛИНО
Nachimowskij Prospekt
НАХИМОВСКИЙ ПРОСПЕКТ
Kachowskaja
КАХОВСКАЯ
Warschawskaja
ВАРШАВСКАЯ
Kolomenskaja
КОЛОМЕНСКАЯ
Bratislawskaja
БРАТИСЛАВСКАЯ
Sewastopolskaja
СЕВАСТОПОЛЬСКАЯ
Kaschirskaja
КАШИРСКАЯ
Marino
МАРЬИНО
Tschertanowskaja
ЧЕРТАНОВСКАЯ
Kantemirowskaja
КАНТЕМИРОВСКАЯ
Borisowo
БОРИСОВО
Jasenewo
ЯСЕНЕВО
Juschnaja
ЮЖНАЯ
Zarizyno
ЦАРИЦЫНО
Schipilowskaja
ШИПИЛОВСКАЯ
Bitzewskij Park
БИТЦЕВСКИЙ ПАРК
Praschskaja
ПРАЖСКАЯ
Orechowo
ОРЕХОВО
Sjablikowo
ЗЯБЛИКОВО
Nowojasenewskaja
НОВОЯСЕНЕВСКАЯ
Uliza Akademika Jangelja
УЛИЦА АКАДЕМИКА ЯНГЕЛЯ
Domodedowskaja
ДОМОДЕДОВСКАЯ
Lesoparkowaja
ЛЕСОПАРКОВАЯ
Annino
АННИНО
Krasnogwardejskaja
КРАСНОГВАРДЕЙСКАЯ
Uliza Starokatschalowskaja
УЛИЦА СТАРОКАЧАЛОВСКАЯ
Bulwar Dmitrija Donskowo
БУЛЬВАР ДМИТРИЯ ДОНСКОГО
Uliza Skobelewskaja
УЛИЦА СКОБЕЛЕВСКАЯ
Bulwar Admirala Uschakowa
БУЛЬВАР АДМИРАЛА УШАКОВА
Uliza Gortschakowa
УЛИЦА ГОРЧАКОВА
Buninskaja Alleja
БУНИНСКАЯ АЛЛЕЯ
9
6
1
M2
5
3
8
7
11
10
2
L1

Zu den **schönsten Metrostationen** zählen *Komsomolskaja* (Zi im N; die große Halle unter dem Jaroslawer Bahnhof ist eine echte Sensation!), **Belarusskaja/Weißrussischer Bahnhof** (Zi+DG im NW), **Kiewskaja/Kiewer Bahnhof** (Zi+DB im SW), **Nowoslabotskaja** (Zi im N), **Krapotkinskaja** (R im SWZ), **Majakowskaja** (DG im NWZ), **Biblioteka Lenina** (R im Z), **Barrikadnaja** (L im WZ) und **Arbatskaja** (HB im Z).

- **Fahrkarten** mit Magnetstreifen kauft man in den Stationen jeweils vor den Eingangsschranken an **Kassen,** die mit Personal besetzt sind (häufig lange Warteschlangen), oder an **Automaten:** Man gehe auf „EN" für Englisch, bezahlen kann man mit Scheinen zu 10, 50 und 100 Rbl. sowie mit Geldstücken zu 1, 2, 5 und 10 Rbl.
- **Preise:** Die einfache Fahrt mit beliebigem Umsteigen kostet 50 Rbl. Es gibt Mehrfachtickets für 5 Fahrten (180 Rbl.), 11 Fahrten (360 Rbl.), 20 Fahrten (580 Rbl.) etc., des Weiteren 24-Stunden-Tickets (210 Rbl.), 3-Tage-Tickets (400 Rbl.), 7-Tage-Tickets (800 Rbl.) usw.
- In der Moskauer Metro ist **WLAN** verfügbar.
- **Ansagen:** Für Interessierte seien an dieser Stelle die immer wiederkehrenden Lautsprecheransagen in der Metro übersetzt: 1. Vorsicht, die Türen schließen *(astaroschno, dwery sakrywajutsa)*, 2. Name der nächsten Haltestation xxx *(sledujuschtschaja stanzia)*, 3. Umsteigemöglichkeiten zu den Stationen xxx *(perechod na stanzia)*.

[>] Die Moskauer Metro gehört zu den schönsten der Welt (im Bild die Station Ploschtschad Revoluzii)

Die Linien und ihre wichtigsten Stationen

Zu den verwendeten **Abkürzungen** beachte man den Hinweis auf S. 157.

Braune Zirkellinie

- **Belarusskaja** (Zi+DG im NW) – Weißrussischer Bahnhof, Twerskaja-Straße, Aeroexpress-Zug zum Flughafen Scheremetjewo (schöne Metrostation!)
- **Komsomolskaja** (Zi+R im NO) – 3 Bahnhöfe: Leningrader, Kasaner und Jaroslawer, Hotel (schöne Metrostation!)
- **Kiewskaja** (Zi+DB+HB im SW) – Kiewer Bahnhof, Aeroexpress-Zug zum Flughafen Vnukovo, Anleger für Flussfahrten auf der Moskwa (schöne Metrostation!)
- **Kurskaja** (DB+HG+Zi im O) – Kursker Bahnhof
- **Nowoslabotskaja** (NW) – schöne Metrostation!
- **Park Kultury** (SW) – Gorki Park
- **Paweljetskaja** (Zi+DG im S) – Pawletsker Bahnhof, Aeroexpress-Zug zum Flughafen Domodjedowo

Rote Linie

- **Ochotny Rjad** (R+DG im Z) – Twerskaja-Straße, Ritz-Carlton Hotel, Bolschoi-Theater, Manegenplatz, Kreml, Roter Platz
- **Biblioteka Lenina** (R+DB+Gr im Z) – Puschkin-Museum
- **Krapotkinskaja** (im Z) – Puschkin-Museum, Christi-Erlöser-Kathedrale
- **Park Kultury** (im Z im SW) – Gorki Park
- **Sportiwnaja** (SW) – Neujungfrauenkloster
- **Twerskaja** (R+HG+L+G im Z) – Puschkin-Platz
- **Universitjet** (SW) – Neuer Zirkus, Universität

Dunkelgrüne Linie

- **Majakowskaja** (Z im NW) – Tschaikowski-Konzertsaal, Twerskaja-Straße (schöne Metrostation!)
- **Nowokusnjetskaja** (Z im SO) – Alte Tretjakow-Galerie

■ **Paweljetskaja** (DG+Zi im S) – Pawletsker Bahnhof, Aeroexpress-Zug zum Flughafen Domodjedowo
■ **Ploschtschad Revoluzii** (DG+DB im Z) – ehem. KGB-Gebäude
■ **Teatralnaja** (DG+R+DB im Z) – Bolschoi-Theater, Roter Platz, Twerskaja-Straße
■ **Twerskaja** (DG+Gr im Z) – Puschkin-Platz, Twerskaja-Straße

Dunkelblaue Linie

■ **Kiewskaja** (HB+DB+Zi im SW) – Kiewer Bahnhof, Aeroexpress-Zug zum Flughafen Vnukovo, Anleger für Flussfahrten auf der Moskwa (schöne Metrostation!)
■ **Kurskaja** (DB+HB+Zi im O) – Kursker Bahnhof
■ **Ploschtschad Revoluzii** (DB+DG im Z) – ehem. KGB-Gebäude
■ **Smoljenskaja** (SW im Z) – Arbat

Hellblaue Linie

■ **Alexandrowski Ssad** (im Z) – Kreml
■ **Arbatskaja** (im Z) – Arbat (schöne Station!)
■ **Kiewskaja** (HB+DB+Zi im SW) – Kiewer Bahnhof, Aeroexpress-Zug zum Flughafen Vnukovo, Anleger für Flussfahrten auf der Moskwa (schöne Metrostation!)

Orangefarbene Linie

■ **Kitei Gorod** (O+L im Z) – Kaufhaus GUM, Roter Platz, Basilius-Kathedrale
■ **Rischskaja** (N) – Rigaer Bahnhof
■ **Tretjakowskaja** (O+G im Z) – Alte Tretjakow-Galerie
■ **VDNCH** (N) – Erholungspark

Lilafarbene Linie

■ **Kitei Gorod** (L+O im Z) – Kaufhaus GUM, Roter Platz, Basilius-Kathedrale, Sarjadje Park

trans18-055 dk

■ **Kusnjetski Most** (L+R im Z) – Restaurants, Shopping
■ **Puschkinskaja** (L+DG im Z) – Puschkin-Platz, Twerskaja-Straße

Graue Linie

■ **Zwetnoi Bulwar** (im Z) – Alter Zirkus

Wichtige Metrostationen A–Z

■ **Alexandrowski Ssad** (HB im Z) – Kreml
■ **Arbatskaja** (HB im Z) – Arbat
■ **Biblioteka Lenina** (R+DB+Gr im Z) – Kreml, Puschkin-Museum, Manege
■ **Belarusskaja** (Zi+DG im NW) – Weißrussischer Bahnhof, Twerskaja-Straße, Aeroexpress-Zug zum Flughafen Scheremetjewo (schöne Metrostation!)
■ **Borowitskaja** (Gr+R+DB im Z) – Puschkin-Museum
■ **Kiewskaja** (Zi+DB+HB im SW) – Kiewer Bahnhof, Aeroexpress-Zug zum Flughafen Vnukovo, Anleger für Flussfahrten auf der Moskwa (schöne Metrostation!)
■ **Kitei Gorod** (L+O im Z) – Kaufhaus GUM, Roter Platz, Basilius-Kathedrale
■ **Komsomolskaja** (Zi+R im NO) – 3 Bahnhöfe: Leningrader, Kasaner und Jaroslawer, Hotel (schöne Metrostation!)
■ **Krapotkinskaja** (R im Z) – Puschkin-Museum, Christi-Erlöser-Kathedrale
■ **Kurskaja** (DB+HB+Zi im O) – Kursker Bahnhof
■ **Kusnjetski Most** (L+R im Z) – Restaurants, Shopping
■ **Majakowskaja** (DG im NW im Z) – Tschaikowski-Konzertsaal, Twerskaja-Straße (schöne Metrostation!)
■ **Nowokusnjetskaja** (DG im SO im Z) – Alte Tretjakow-Galerie
■ **Nowoslabotskaja** (Zi im NW) – schöne Metrostation!
■ **Ochotny Rjad** (R+DG im Z) – Twerskaja-Straße, Bolschoi-Theater, Manegenplatz, Kreml
■ **Park Kultury** (Z im SW) – Gorki Park
■ **Paweljetskaja** (DG+Zi im S) – Pawletsker Bahnhof, Aeroexpress-Zug zum Flughafen Domodjedowo
■ **Ploschtschad Revoluzii** (DG+DB im Z) – ehem. KGB-Gebäude
■ **Puschkinskaja** (L+DG im Z) – Puschkin-Platz, Twerskaja-Straße
■ **Rischskaja** (O im N) – Rigaer Bahnhof
■ **Smoljenskaja** (DB im SW im Z) – Arbat
■ **Sportiwnaja** (R im SW) – Neujungfrauenkloster
■ **Teatralnaja** (DG+R+DB im Z) – Bolschoi-Theater, Twerskaja-Straße, Roter Platz
■ **Tretjakowskaja** (O+G im Z) – Alte Tretjakow-Galerie
■ **Twerskaja** (DG+Gr im Z) – Puschkin-Platz, Twerskaja-Straße
■ **Universitjet** (R im SW) – Neuer Zirkus, Universität
■ **VDNCH** (O im N) – Erholungspark
■ **Zwetnoi Bulwar** (G im Z) – Alter Zirkus

Sehenswürdigkeiten, Orte, Sonstiges A–Z und ihre Metrostationen

■ **Alte Tretjakow-Galerie** – Tretjakowskaja (O+G im Z), Nowokusnjetskaja (DG im SO im Z)
■ **Arbat** – Smoljenskaja (DB im SW im Z), Arbatskaja (HB im Z)
■ **Aeroexpress-Zug** zum Flughafen Domodjedowo – Paweljetskaja (DG+Zi im S)
■ **Aeroexpress-Zug** zum Flughafen Scheremetjewo – Belarusskaja (Zi+DG im NW)
■ **Aeroexpress-Zug** zum Flughafen Vnukovo – Kiewskaja (Zi+DB+HB im SW)
■ **Bahnhof Belarusskaja** – Belarusskaja (Zi+DG im NW)
■ **Bahnhof Komsomolskaja** – Komsomolskaja (Zi+R im NO)
■ **Basilius-Kathedrale** – Kitai Gorod (L+O im Z)
■ **Bolschoi-Theater** – Teatralnaja (DG+R+DB im Z), Ochotny Rjad (R+DG im Z)

- **Christi-Erlöser-Kathedrale** – Krapotkinskaja (R im Z)
- **Domodjedowo-Flughafen** – Paweljetskaja (DG+Zi im S)
- **Gorki Park** – Park Kultury (Z im SW)
- **GUM-Kaufhaus** – Kitai Gorod (L+O im Z)
- **Jaroslawer Bahnhof** – Komsomolskaja (Zi+R im NO)
- **Kasaner Bahnhof** – Komsomolskaja (Zi+R im NO)
- **Kiewer Bahnhof** – Kiewskaja (HB+DB+Zi im SW)
- **Kreml** – Ochotny Rjad (R+DG im Z), Alexandrowski Ssad (HB im Z), Biblioteka Lenina (R+DB+Gr im Z)
- **Leningrader Bahnhof** – Komsomolskaja (Zi+R im NO)
- **Neujungfrauenkloster** – Sportiwnaja (R im SW)
- **Puschkin-Museum** – Krapotkinskaja (R im Z), Biblioteka Lenina (R+DB+Gr im Z), Borowitskaja (Gr+R+DB im Z)
- **Puschkin-Platz** – Twerskaja (R+HG+L+G im Z), Puschkinskaja (L+DG im Z)
- **Rigaer Bahnhof** – Rischskaja (O im N)
- **Ritz-Carlton Hotel** – Ochotny Rjad (R+DG im Z)
- **Roter Platz** – Ochotny Rjad (R+DG im Z), Alexandrowski Ssad (HB im Z)
- **Scheremetjewo-Flughafen** – Belarusskaja (Zi+DG im NW)
- **Tschaikowski-Konzertsaal** – Majakowskaja (DG im NW im Z)
- **Twerskaja-Straße** – Ochotny Rjad (R+DG im Z), Majakowskaja (DG im NW im Z), Twerskaja (DG+Gr im Z)
- **Universität** – Universitjet (R im SW)
- **Vnukovo-Flughafen** – Kiewskaja (Zi+DB+HB im SW)
- **Weißrussischer Bahnhof** – Belarusskaja (Zi+DG im NW)
- **Sarjadje Park** – (Kitai Gorod (L+O im Z)
- **Zirkus, Alter** – Zwetnoi Bulwar (G im Z)
- **Zirkus, Neuer** – Universitjet (R im SW)

Praktische Infos

Tourist-Information

Es gibt in Moskau wie in anderen russischen Städten **keine offizielle Tourist-Information.** Die großen Hotels haben Servicebüros, die Führungen und Ausflüge vermitteln und Taxireservierungen vornehmen. Außerdem liegen in den Luxushotels kostenlose Zeitungen in englischer Sprache, **Stadtpläne und Infobroschüren** aus, so z.B. das zweimal monatlich erscheinende „Where Moscow" und „Moscow in your Pocket" sowie „Visitor's guide Moscow – Street by Street" mit Stadtplänen, Restaurant-, Nightlife-, Shopping-, Theater-, Konzert- und Galerietipps sowie einem Stadtführer mit Erklärungen zu allen wichtigen Sehenswürdigkeiten, Sporteinrichtungen, Botschaften, medizinischen Einrichtungen und Hinweisen zu Verkehrsmitteln.

Die **„Moskauer Deutsche Zeitung"** (www.mdz-moskau.eu) und **„The Moscow Times"** (www.themoscowtimes.com) liegen in vielen großen Hotels, Supermärkten, Bars, Restaurants etc. kostenlos aus.

Post (Hauptstelle)

- **Zentralny Telegraf,** Metro Ochotny Rjad (R im Z), Ul. Twerskaja 7, tägl. 8–22.45 Uhr. Hier kann man rund um die Uhr telefonieren.

Geld

- **Wechselstuben** sind an Leuchtschrifttafeln mit den Wechselkursen für US-Dollar und Euro zu erkennen. Auch Banken wechseln.
- **Western Union,** Geldtransfer ist an zahllosen Stellen in der Stadt möglich, man google einfach „Western Union in Moskau".

Unterkunft

Trotz des immens gewachsenen Angebots an Unterkünften **aller Art** von Hostels und Minihotels bis zu Luxusherbergen ist eine frühzeitige Reservierung empfehlenswert. Es gibt fantastische Hotels in mit größtem Aufwand renovierten historischen Gebäuden, die allerdings derart teuer sind, dass sie wohl nur selten in das Budget eines Transsibreisenden passen, wohl aber einen Besuch lohnen. Ganz besonders hervorzuheben sind die Hotels **Metropol** (ein aufwendigst renoviertes Jugendstilhotel gegenüber dem Bolschoi-Theater) und das **Savoy** (hinter dem Bolschoi-Theater) mit einem einmalig schönen Restaurant.

Angebote für **Übernachtungen bei Privat** findet man unter www.couchsurfing.com und www.airbnb.com, doch in Moskau empfiehlt sich eher die Übernachtung in einem Hotel oder Hostel, wo es niemanden stört, wenn man nach einer Nightlifetour spät zurückkommt.

Das Angebot an **Hostels** wächst und wächst. Bei der Auswahl sollte man vor allem die Lage und die Klientel beachten, wobei: Wer die Hauptkunden einer Herberge sind, kann man nur selten am Namen oder der Lage erkennen. Am zentralsten wohnt man im Stadtteil Tverskaja zwischen der Tverskaja-Straße und dem Gebiet hinter dem Bolschoi-Theater sowie in der Kitai Gorod östlich vom Roten Platz. Buchen kann man natürlich auch online z.B. über www.hostelworld.com, www.hostels.com sowie www.booking.com.

3 Puschkin Hotel (Plan S. 162)
Nastasinski Pereulok, Metro Puschkinskaja (L+DG im Z), Tel. 495 201 02 22, Handy 8-985 924 09 90, www.otel-pushkin.ru. Empfehlenswerte Adresse mitten im historischen Stadtzentrum mit kleinen, aber gemütlichen Zimmern; am ruhigsten sind die zum Innenhof. DZ/F 9000 Rbl., Fr bis So 6000 Rbl., EZ/F 8000 Rbl. bzw. 5000 Rbl.

9 Hostel Bolshoi (Plan S. 162)
Petrovskije Linii Nr. 1, Handy 8-926 135 46 78, www.hostelbolschoi.ru. Wegbeschreibung: Große, grüne Tür genau gegenüber dem Eingang zum Budapest, das Hostel hat eine eigene Klingel. Insgesamt 40 Betten in hellen Räumen: Gemeinschaftszimmer für Männer und Frauen mit 14 Betten à 500–600 Rbl., mit 6 Betten à 700 Rbl. sowie mit 6 Betten für Frauen à 700 Rbl. und ein 6-Bett-Zimmer für Frauen mit Bad à 850 Rbl., DZ 2200–2600 Rbl. Jedes Bett hat eine 3er Steckdose und eine helle Leselampe sowie einen kleinen, weißen Vorhang. Dieses supersaubere Hostel in Bestlage wurde im Juli 2015 eröffnet und ist mit Sicherheit eines der besten Hostels in Moskau! Zur Unterkunft gehört das angeschlossene Hotel Centeral.

4 Kitai Gorod Hotel (Plan S. 152)
Ul. Lubjanski Projesd 25, Tel. 495 991 99 71 und 495 624 64 62, www.otel-kg.ru. Das angenehme Hotel liegt in dem sehr schönen alten Stadtteil Kitai Gorod wenige Gehminuten vom Kreml und Roten Platz. Die insgesamt 46 kleinen, gemütlichen Zimmer sind zur Straße hin laut, die zum Innenhof hingegen ruhig. Die Mansardenzimmer sind ebenfalls sehr charmant. EZ/F Mo bis Fr 5900 Rbl. bzw. Fr bis Mo 3800 Rbl., DZ/F 7500 Rbl. bzw. Fr bis Mo 5300 Rbl.

8 Hotel Ismailowo Alfa (Plan S. 152)
Izmailowskoje Schosse 71, Tel. 495 721 33 22, EZ und DZ ab 3400 Rbl., Frühstück 500 Rbl. Das empfehlenswerte Hotel mit 28 Etagen und insgesamt 945 Zimmern liegt günstig direkt an der Metrostation Partisanskaja (DB, drittletzte Station im O), man fährt 11 Min. bis zum Ploschtschad Revoluzii (DB+DG im Z), etwa 10 Gehminuten zum Roten Platz. Vor dem Hotel 24 Std. Geldwechsel und mehrere Restaurants.

7 Hotel Cosmos (Plan S. 152)
Prospekt Mira 150, Tel. 495 234 10 00, www.hotelcosmos.ru. EZ/F 3100 Rbl., DZ/F 3600 Rbl., 3-Bett-DZ mit Zusatzbett 4700 Rbl. Das große, für die Pres-

Das Moskau des 21. Jahrhunderts

seleute der Olympischen Spiele 1980 erbaute, empfehlenswerte Hotel mit 25 Etagen und mehr als 1700 Zimmern liegt gegenüber dem Erholungspark VDNCH an der gleichnamigen Metrostation (O im N). Das Frühstücksbüfett gehört zu den reichhaltigsten der Stadt!

6 Hilton Leningradskaja Hotel (Plan S. 152)
Ul. Kalantschewskaja 21/40, Tel. 495 627 55 50, www.hilton.com. Das im stalinistischen Zuckerbäckerstil erbaute Hotel liegt am Platz der drei Bahnhöfe (Leningrader, Jaroslawer, Kasaner) und ist eine edle Adresse. Man verlange ein Zimmer mit Blick auf die drei Bahnhöfe und nicht auf das Gebäude „ärr schä (sch wie in Garage) dä". EZ und DZ 6500 Rbl., Frühstücksbüfett p.P. 1350 Rbl.

10 Hotel Pjotr I. (Plan S. 162)
Ul. Neglinnaja 17, Tel. 495 925 30 50, www.hotelpeter1.ru, EZ/F 9200 Rbl., DZ/F 10.600 Rbl. Wunderschönes Hotel mit sehr geschmackvoll eingerichteten Luxuszimmern (die Standardzimmer sind einfacher) in Bestlage – hier fühlt man das alte Moskau!

2 Godzillas Hostel (Plan S. 162)
Bolshoi Karjetny Pereulok 6, Tel. 495 699 42 23, www.godzillashostel.com. Wegbeschreibung: In dem Gebäude mit der Hausnummer 6 (dunkelblaues Schild an der Hausecke) befindet sich nur eine Tür mit einer Klingel des Hostels, das sich über die unteren drei Etagen erstreckt und insgesamt rund 60 Betten bietet, und zwar in Zimmern, die für Männer und Frauen gemischt sind; Gemeinschaftsbäder. DZ à 75 US$, 4-Bett à 32 US$, 6-Bett à 30 US$, 8-Bett à 28 US$ und 14-Bett à 24 US$. Dieses saubere Hostel in Bestlage gehört zu den beliebtesten der Stadt. Wichtig: Die Preise werden zwar in US-Dollar angegeben, man bezahlt aber gemäß Tageskurs in Rubel; nur Barzahlung!

5 Comrade Hostel (Plan S. 152)
Ul. Maroseyka 1, Tel. 499 709 87 60, www.comradehostel.com. Wegbeschreibung: Gegenüber Hausnummer 8 befindet sich neben einem Zebrastreifen ein großer Torbogen; im Innenhof angekommen geht man nach links und sieht zwei Haustüren, die

002_Fotolia sborisov

rechte davon mit Hostelschild und einer Klingel – sehr netter Eindruck schon dank der ersten Frage: Soll ich Ihnen beim Gepäcktragen helfen, denn wir sind im 3. Stock? Das saubere Hostel mit kleinen Korridoren, vielen Ecken, vier Duschen und vier Toiletten liegt ruhig zum Innenhof und beherbergt maximal 34 Gäste in 9 Zimmern: 6 DZ à 2600 Rbl., ein 6-Bett-Zimmer für Frauen à 650 Rbl. und zwei 8-Bett-Zimmer für Männer und Frauen gemischt à 650 Rbl. Nur Barzahlung! Der Stadtteil Kitai Gorod ist sehr reizvoll mit seinen über Hügel sich hinziehenden Straßen durch das alte Moskau mit wunderbar restaurierten historischen Gebäuden, in denen sich Cafés, Restaurants, Lebensmittelgeschäfte und Bäckereien befinden.

1 **Minihotel Bulgakow** (Plan S. 152)
Ul. Arbat 49, Tel. 495 229 80 18 und 499 241 44 82, www.bulgakovhotel.com. Wegbeschreibung: Bei dem Denkmal des Dichters *Bulat Okudschawa* einbiegen; nach wenigen Schritten sieht man rechter Hand ein schwarzes Eisengitter, welches zu einem Innenhof mit Parkplatz und einem kleineren Haus mit dem Schriftzug „Otto" (deutsche Versandfirma) gehört. Auf der Rückseite dieses Hauses in der Ecke befindet sich die Tür zum Hotel und rechts oben die Klingel. Die insgesamt 19 recht kleinen Zimmer sind liebevoll designt und haben ein kleines Duschbad mit WC. DZ ohne Frühstück 4000–5000 Rbl., Frühstück p.P. 250 Rbl. zusätzlich (wird auf's Zimmer gebracht). Eine kleine Küche steht allen Hotelgästen zur Verfügung.

7 **Minihotel Versal na Twerskoi** (Plan S. 162)
Ul. Twerskaja 12, Gebäude 7, Ap. 269 im 4. Stock (mit Fahrstuhl), Handy 8-985 420 09 48 und 8-925 878 96 85, www.hotel-versali.com. Wegbeschreibung: Unweit des Delikatessen- und Lebensmittelgeschäfts 6 **Jelissejewski** (Ul. Twerskaja 14) biegt man von der Twerskaja-Straße in die kleine Straße Kositski Pereulok ab; im zweiten Gebäude auf der rechten Seite, an der ersten Tür, gibt man den Türcode 269 plus Schlüsselsymbol ein. Die sechs Zimmer dieser sehr zentral gelegenen Herberge sind mit großen bis riesigen Kronleuchtern und alten Möbeln gemütlich eingerichtet und können je nach Größe bis zu vier Personen beherbergen, maximal 18 Gäste. Preis pro Zimmer 4000–4500 Rbl., egal ob Belegung mit ein, zwei oder drei Personen. Gemeinschaftsbad mit Waschmaschine, große Küche in rotem Granit. Frühstück p.P. 250 Rbl. extra.

2 **Landmark City Hotel** (Plan S. 152)
Ul. Arbat 43, Gebäude 2, Tel. 499 653 77 69, www.landmarkhotel.ru. Wegbeschreibung: Beim Denkmal des Dichters *Bulat Okudschawa* einbiegen; nach wenigen Schritten sieht man rechter Hand ein schwarzes Eisengitter, welches zu einem Innenhof mit Parkplatz und einem kleineren Haus mit dem Schriftzug Otto (deutsche Versandfirma) gehört. Auf der gegenüberliegenden Seite ist ein Durchgang, durch den man einen Innenhof erreicht. Dort angekommen biegt man nach links und am Ende nach rechts in einen weiteren Innenhof, an dessen Ende sich das zweistöckige Gebäude des Hotels befindet. Die 15 Zimmer, Duschen und Toiletten sind blitzsauber. Das 8-Bett-Zimmer für Männer und Frauen kostet 700 Rbl., das 3-Bett- und die DZ 2600 Rbl. Wer direkt bucht, bekommt eine Einladung für Russland sowie die Registrierung kostenlos.

Essen und Trinken (Plan S. 162)

Die meisten Lokale bieten Mo bis Fr 12–16 Uhr ein preiswertes **„Business Lunch"** ab 200 Rbl. an.

Ein **Picknick an der Moskwa** mit Kremlblick ist bei schönem Wetter absolut zu empfehlen!

11 Das **Warenitschnaja Nr. 1,** Ul. Bolschaja Dmitrowskaja 5 (Eingang von der Ecke), Handy 8-903 019 71 78, ist ein supergemütliches Lokal, sowjetzeitlich eingerichtet, im Erdgeschoss wie eine große Küche. Man sitzt bei guter russischer und ukrainischer Hausmannskost in Wohnzimmeratmosphäre, am besten im Obergeschoss, wo man die Wahl zwischen Sofas und Stühlen hat.

14 Von der Dachterrasse der **02 Lounge** im Ritz-Carlton Hotel, Ul. Twerskaja 3, hat man die beste

Aussicht auf Moskaus historisches Stadtzentrum (bei gutem Wetter). Von Tisch Nr. 40 rechts in der Ecke ist der Blick am besten! Die beiden hinteren Fahrstühle führen von der Lobby in die 12. Etage. Kaffee und Soft Drinks 300–400 Rbl.

1 Im **Torro Grill** kommen Fleischfans auf ihre Kosten. Das Lokal befindet sich schräg gegenüber vom Weißrussischen Bahnhof, hinter der weißen Kirche, im Erdgeschoss des auffälligen, modernen Bürogebäudes neben Starbucks, Ul. Lesnaya 5 B, Tel. 495 921 04 88. Man kann zusehen, wie auf einem großen Grill Steaks, Hamburger und superzarte Spareribs zubereitet werden. Das Lokal ist eines der besten Fleischrestaurants der Stadt und hat moderate Preise.

17 Im Kaufhaus GUM bietet das beliebte **SB-Restaurant Stalowaja Nr. 57,** Tel. 495 620 31 29, www.gum.ru, Hausmannskost zu günstigen Preisen. Vom Roten Platz aus gesehen im hinteren „Schiff" des GUM, hinten in der Ecke rechts im obersten Stock. Tägl. 10–22 Uhr.

8 **Tap & Barrel Pub,** Ul. Bolshaja Dmitrovka 15, Tel. 495 636 29 04. In dem sehr empfehlenswerten Pub in einem roten Backsteinkellergewölbe werden gute Küche und gute Musik geboten. Fr/Sa 23–0.30 Uhr Live-Musik. Tägl. ab 12 Uhr.

15 Russische Küche mit Traumausblick auf Roten Platz und Kreml bietet das **Restaurant im** altehrwürdigen **Jugendstil-Hotel National,** Ul. Mochovaja 15/1 (am Anfang der Ul. Twerskaja), Tel. 495 258 70 00. Günstig und gut. Reservierung eines Fensterplatzes ist unbedingt empfehlenswert!

5 Das **Restaurant Café Puschkin,** Twerskoi Bulwar 26a, Tel. 495 739 00 33, verfügt über sensationell schöne historische Räumlichkeiten mit antiken Möbeln, nur leider lässt das Essen sehr (!) zu wünschen übrig, so auch die Meinung der berühmtesten russischen TV-Restaurantkritikerin. Mit Borschtsch kann man vielleicht nichts falsch machen … oder doch nur einen Blick hineinwerfen …

Einkaufen (Plan S. 162)

17 Das **Kaufhaus GUM** am Roten Platz ist außen wie innen faszinierend. Im Angebot sind die Produkte internationaler Luxusmarken.

12 Das **Kaufhaus ZUM** in der Nähe des Bolschoi-Theaters zählt zu den edelsten Adressen in Moskau.

Souvenirstand

trans18-068 dk

Der dunkelgraue Bau sieht nicht gerade einladend aus, aber das Innenleben ist purer Luxus. Im Kellergeschoss findet man eine Delikatessenabteilung vom Feinsten.

16 Das **Shoppingcenter Ochotni Rjad** liegt am Manegenplatz, Eingang u.a. vom Hotel Four Seasons aus, Metro Twerskaja (O+G im Z) und Teatralnaja (DG+R+DB im Z). Neben vielen Shops finden sich hier auch 16 **Lokale** – bei schönem Wetter sitzt man am besten mit Blick auf den Alexandergarten und den Kreml unter freiem Himmel. Günstig und schnell (allerdings nicht besonders gut) isst man im Untergeschoss des Shopping-Komplexes in SB-Lokalen. Hier gibt es auch Toiletten.

■ Entlang der **Straße Bolschaja Dimitrowka** finden sich superelegante Shops aller großen und bekannten Marken der Welt.

Zugverbindungen

Verbindungen mit Berlin siehe „Praktische Reisetipps A–Z/Anreise". Hinweis: Die hier jeweils genannte Fahrtdauer bezieht sich stets auf den schnellsten Zug.

Nach Wladimir (190 km, 2 Std.)

- **Nr. 702:** tägl. 6.35 Uhr
- **Nr. 728:** tägl. 7.15 Uhr
- **Nr. 730:** tägl. 9.30 Uhr
- **Nr. 704:** tägl. 11 Uhr
- **Nr. 706:** tägl. 14 Uhr
- **Nr. 708:** tägl. 15.40 Uhr
- **Nr. 732:** tägl. 16.35 Uhr
- **Nr. 734:** tägl. 18.35 Uhr
- **Nr. 738:** tägl. 20.07 Uhr
- **Nr. 710:** tägl. 20.20 Uhr
- **Nr. 772:** tägl. 21.08 Uhr
- **Nr. 736:** tägl. 21.18 Uhr

Nach Jaroslawl (282 km, 3½ Std.)

- **Nr. 102:** tägl. 7.35 Uhr
- **Nr. 16:** tägl. 10.05 Uhr
- **Nr. 70:** tägl. 13.50 Uhr
- **Nr. 104:** tägl. 14.45 Uhr
- **Nr. 106:** tägl. 19.05 Uhr
- **Nr. 116/118:** tägl. 20.20 Uhr
- **Nr. 126:** tägl. 21.05 Uhr

Nach Nischnij Nowgorod (461 km, 6 Std.)

- **Nr. 702:** tägl. 6.35 Uhr
- **Nr. 728:** tägl. 7.15 Uhr
- **Nr. 730:** tägl. 9.30 Uhr
- **Nr. 704:** tägl. 11 Uhr
- **Nr. 12/84:** tägl. 13.35 Uhr
- **Nr. 706:** tägl. 14 Uhr
- **Nr. 708:** tägl. 15.40 Uhr
- **Nr. 56/92:** tägl. 16.20 Uhr
- **Nr. 8:** tägl. 16.50 Uhr
- **Nr. 732:** tägl. 16.35 Uhr
- **Nr. 734:** tägl. 18.35 Uhr
- **Nr. 710:** tägl. 20.20 Uhr
- **Nr. 110:** tägl. 22.35 Uhr
- **Nr. 30/38:** tägl. 22.50 Uhr
- **Nr. 2:** an ungeraden Tagen 23.45 Uhr
- **Nr. 20:** Sa 23.45 Uhr
- **Nr. 4/6:** Di, Mi 23.55 Uhr
- **Nr. 36:** tägl. 0.10 Uhr

Nach Perm (1438 km, 20 Std.)

- **Nr. 12/84:** tägl. 13.35 Uhr
- **Nr. 70:** tägl. 13.50 Uhr
- **Nr. 56/92:** tägl. 16.20 Uhr
- **Nr. 8:** tägl. 16.50 Uhr
- **Nr. 110:** tägl. 22.35 Uhr
- **Nr. 30/38:** tägl. 22.50 Uhr
- **Nr. 68:** tägl. 23.05 Uhr
- **Nr. 2:** an ungeraden Tagen 23.45 Uhr
- **Nr. 100:** tägl. 0.35 Uhr

Nach Kungur (1535 km, 23 Std.)

- **Nr. 70:** tägl. 13.50 Uhr
- **Nr. 110:** tägl. 22.35 Uhr
- **Nr. 30/38:** tägl. 22.50 Uhr
- **Nr. 100:** tägl. 0.35 Uhr

Nach Jekaterinburg (1819 km, 26 Std.)

- **Nr. 76/82:** tägl. 13.10 Uhr
- **Nr. 118:** an ungeraden Tagen 13.18 Uhr
- **Nr. 12:** an ungeraden Tagen 13.35 Uhr
- **Nr. 70:** tägl. 13.50 Uhr
- **Nr. 56/92:** tägl. 16.20 Uhr
- **Nr. 16/60:** tägl. 16.38 Uhr
- **Nr. 96/136:** tägl. 18.50 Uhr
- **Nr. 80/90:** tägl. 19.20 Uhr
- **Nr. 110:** tägl. 22.35 Uhr
- **Nr. 30/38:** tägl. 22.50 Uhr
- **Nr. 66:** tägl. 23.05 Uhr
- **Nr. 2:** an ungeraden Tagen 23.45 Uhr
- **Nr. 20:** Sa 23.45 Uhr
- **Nr. 4/6:** Di, Mi 23.55 Uhr
- **Nr. 100:** tägl. 0.35 Uhr

Nach Nowosibirsk (3344 km, 46 Std.)

- **Nr. 76/82:** tägl. 13.10 Uhr
- **Nr. 118:** an ungeraden Tagen 13.18 Uhr
- **Nr. 70:** tägl. 13.50 Uhr
- **Nr. 56/92:** tägl. 16.20 Uhr
- **Nr. 30/38:** tägl. 22.50 Uhr
- **Nr. 66:** tägl. 23.05 Uhr
- **Nr. 2:** an ungeraden Tagen 23.45 Uhr
- **Nr. 20:** Sa 23.45 Uhr
- **Nr. 4/6:** Di, Mi 23.55 Uhr
- **Nr. 100:** tägl. 0.35 Uhr

Nach Krasnojarsk (4106 km, 57 Std.)

- **Nr. 76/82:** tägl. 13.10 Uhr
- **Nr. 70:** tägl. 13.50 Uhr
- **Nr. 56/92:** tägl. 16.20 Uhr
- **Nr. 2:** an ungeraden Tagen 23.45 Uhr
- **Nr. 20:** Sa 23.45 Uhr
- **Nr. 4/6:** Di, Mi 23.55 Uhr
- **Nr. 100:** tägl. 0.35 Uhr

Nach Irkutsk (5194 km, 74 Std.)

- **Nr. 82:** an geraden Tagen 13.10 Uhr
- **Nr. 70:** tägl. 13.50 Uhr
- **Nr. 2:** an ungeraden Tagen 23.45 Uhr
- **Nr. 20:** Sa 23.45 Uhr
- **Nr. 4/6:** Di, Mi 23.55 Uhr
- **Nr. 100:** tägl. 0.35 Uhr

Nach Chabarowsk (8534 km, 131 Std.)

- **Nr. 2:** an ungeraden Tagen 23.45 Uhr
- **Nr. 100:** tägl. 0.35 Uhr

Nach Wladiwostok (9300 km, 143 Std.)

- **Nr. 2:** an ungeraden Tagen 23.45 Uhr
- **Nr. 100:** tägl. 0.35 Uhr

Nach Ulan Bator (6267 km, 98 Std.)

- **Nr. 4/6:** Di, Mi 23.55 Uhr

Nach Peking (Zug Nr. 4: 7623 km, 133 Std.) (Zug Nr. 20: 8961 km, 145 Std.)

- **Nr. 20:** Sa 23.45 Uhr
- **Nr. 4:** Di 23.55 Uhr

Nachtzüge nach St. Petersburg (600 km, 8 Std.)

- **Nr. 26:** tägl. 21.10 Uhr
- **Nr. 28:** tägl. 22.28 Uhr
- **Nr. 6:** tägl. 22.50 Uhr
- **Nr. 4:** tägl. 23.30 Uhr
- **Nr. 54:** tägl. 23.40 Uhr
- **Nr. 2:** tägl. 23.55 Uhr

Tageszüge nach St. Petersburg (4 Std.)

- **Nr. 752:** tägl. 5.45 Uhr
- **Nr. 754:** tägl. 6.50 Uhr
- **Nr. 756:** tägl. 7 Uhr
- **Nr. 760:** tägl. 9.40 Uhr
- **Nr. 762:** Sa, So 11.30 Uhr
- **Nr. 764:** Sa, So 11.40 Uhr
- **Nr. 766:** tägl. 13.30 Uhr
- **Nr. 768:** tägl. 15.30 Uhr
- **Nr. 770:** tägl. 15.40 Uhr
- **Nr. 774:** tägl. 17.40 Uhr
- **Nr. 776:** tägl. 19.30 Uhr
- **Nr. 778:** tägl. 19.40 Uhr
- **Nr. 780:** tägl. 21 Uhr

5 Sibirien

Fensterfassade eines historischen Hauses in Irkutsk

Geografie

Der Name Sibirien, russisch *Ssibír,* soll nach einer nicht von allen Wissenschaftlern akzeptierten Theorie von den tatarischen Worten *sib* (schlafen) und *ir* (Erde) abgeleitet sein und damit **„Schlafende Erde“** bedeuten.

Sibirien umfasst ein Gebiet von rund **9,6 Mio. km²** und erstreckt sich im Norden bis zum Polarmeer, im Süden bis nach Kasachstan, zur Grenze der Mongolischen Volksrepublik und der VR China, im Westen bis zum Ural und im Osten bis zum Pazifischen Ozean.

Westsibirien

Westsibirien bzw. die Westsibirische Tiefebene liegt durchschnittlich etwa 200 m ü.N.N. und reicht vom Uralgebirge bis zum Fluss Jenisej. Westsibirien besteht zum großen Teil aus **sumpfigem Tiefland,** durch dessen Mitte einer der längsten Flüsse Russlands, der Ob, und sein größter Nebenfluss, der Irtisch, fließen. Im Norden der Tiefebene herrscht Tundra vor, im Zentrum Wald und im Süden Waldsteppe.

Westsibirien ist **reich an Bodenschätzen.** Im Kuznezki-Becken östlich von Nowosibirsk wird hauptsächlich Steinkohle im Tagebau gewonnen. Hinzu kommen riesige Gas-, Eisenerz-, Aluminium- und Buntmetallvorkommen sowie das größte Torflager der Erde. Das wichtigste landwirtschaftliche Anbauprodukt ist Weizen.

Westsibirien ist in sechs administrative Gebiete unterteilt: Tjumen, Tomsk, Omsk, Nowosibirsk, Kemerow, Altai.

Mittelsibirien

Mittelsibirien liegt 400 bis 900 m hoch und reicht vom Jenisej im Westen bis zur Lena im Osten. Das Gebiet umfasst 7,2 Mio. km². Die Region ist administrativ unterteilt in die Gebiete Krasnojarsk, Irkutsk und Tschita und die Republiken Burjatien, Tuwa und Jakutien.

Das Klima Mittelsibiriens ist gekennzeichnet von fünf bis acht Monate dauernden Wintern, in denen die Temperaturen bis auf -40 oder -50°C, in einigen Regionen sogar bis auf -60°C fallen. In weiten Teilen des Landes herrscht **ewiger Frost.** Die Sommer sind relativ warm, im Süden bisweilen heiß. Im Juli ist es in Mittelsibirien meistens wärmer als im europäischen Teil Russlands. Die größten Temperaturunterschiede kommen in Westjakutien vor, wo der Unterschied zwischen der wärmsten und der kältesten Temperatur innerhalb eines Jahres bis zu 100°C ausmacht, während der durchschnittliche Unterschied in Mittelsibirien bei etwa 40–60°C liegt.

Der Osten Sibiriens

Das östliche Sibirien bzw. der „Ferne Osten“ liegt durchschnittlich etwa 2000 bis 3500 m hoch und erstreckt sich von der Lena im Westen bis zur Beringsee im Nordosten sowie zum Ochotskischen Meer und Pazifischen Ozean im Osten. Im Norden Ostsibiriens liegen schneebedeckte **Tundragebiete,** während grüne **Reisplantagen** das Küstengebiet am Pazifik kennzeichnen. Zum Osten Sibiriens gehört auch die Halbinsel Kamtschatka mit zahlreichen aktiven **Vulkanen,** darunter der 4750 m hohe Kljutschen.

trans18-049 dk

Die längsten Flüsse

In dem riesigen Binnenland Russlands haben die Flüsse als Verkehrs- und Lebensadern immer schon eine große Rolle gespielt – dies kommt z.B. in der liebevollen Bezeichnung „Mütterchen Wolga" zum Ausdruck. Zu den größten Flüssen zählen der **Ob,** der längste Fluss Sibiriens (5410 km), der **Amur** (5052 km), die **Lena** (4294 km), der **Jenisej** (5540 km) und die **Wolga** (3531 km), der längste Fluss Europas. Die sibirischen Flüsse fließen von Süden nach Norden. Sie sind die meiste Zeit des Jahres zugefroren und daher für die Schifffahrt nur kurze Zeit frei.

Charakteristisch für den **Ob** ist seine geringe Strömung, da er auf 1900 km Länge nur 100 m Gefälle hat. Hinter dem Zusammenfluss mit dem Irtysch sind die Auen bis zu 25 km breit.

Der **Jenisej** ist der wasserreichste Fluss Russlands und mit einer Länge von 5540 km (über die Angara mit Selenga und Ider) der fünftlängste Fluss der Welt. Mehrere riesige Wasserkraftwerke in Krasnojarsk und Sajano-Schuschenskoje bewirken eine Regulierung des Wasserstandes.

Der bedeutendste Nebenfluss des Jenisej ist die aus dem Baikalsee entspringende **Angara** (3387 km). Große Wasserkraftwerke in Irkutsk, Bratsk und Ust-Ilimsk stellen beachtliche technische Leistungen dar. Unter schwierigsten Bedingungen bei Temperaturen bis zu -60°C wurden diese Kraftwerke erbaut.

Die **Lena** entspringt in den Baikalbergen und ist bis Ust-Kut an der BAM schiffbar.

Der Fluss Selenga mündet in den Baikalsee

Die Vegetationszonen Russlands

Tundra

Der Begriff Tundra kommt aus dem Finnischen *tunturi* und heißt „waldloser Berg". Insgesamt nimmt die Tundra eine Fläche von drei Millionen Quadratkilometern ein. Im Norden besteht ihre Vegetation aus **Flechten und Moosen,** die fleckenweise den sonst vegetationslosen Boden der arktischen Kältewüste bedecken. Die typische Tundra weiter südlich besteht aus einer lückenlosen Moos- und Flechtenschicht, während sie noch weiter im Süden eine knie- bis mannshohe Strauchschicht aus Polarbirke und zwergwüchsiger Weide aufweist.

Das **Klima** ist durch lange, kalte Winter, kurze Sommer und geringe Niederschläge geprägt. Der Frühlingsbeginn fällt in den Mai und es folgt eine frostfreie Periode von nur 50 bis 90 Tagen. Die Schneedecke der Tundra beträgt durchschnittlich 30 bis 70 cm und hält 200 bis 270 Tage. Der Permafrostboden reicht bis weit in die sich anschließende Taiga und hat eine Tiefe von bis zu 300 m.

Ackerbau ist in der Tundra bis auf den Anbau weniger Gemüsesorten nicht möglich.

Die **Tierwelt** ist reicher als in der arktischen Wüste. Von wirtschaftlicher Bedeutung für den Menschen ist das **Rentier,** welches als Zugtier verwendet wird, das Milch und Fleisch liefert, und dessen Fell als Bekleidung Verwendung findet. Neben der Rentierzucht sind **Fischfang**

und Jagd von wirtschaftlicher Bedeutung. Viehzucht ist aus klimatischen Gründen nur als Stallhaltung möglich. Neben dem Rentier sind Polarfuchs, Fuchs, Wolf, Hermelin, Wiesel, Rebhuhn und Polareule vertreten. Die Geißel der Tundra ist die **Mücken-, Bremsen- und Fliegenplage.**

Taiga

Unter Taiga versteht man gemeinhin einen flächendeckenden **Nadelwald.** Die Flora der Taiga ist bestimmt durch Nadelhölzer, die 77% der Waldzone einnehmen. Föhren, Lärchen, Fichten, Tannen und Kiefern machen einen Großteil der Holzvorräte Russlands aus, sodass die Taiga allein schon durch die Holzgewinnung große wirtschaftliche Bedeutung hat. Neben den Nadelbäumen sind Birke, Espe und Erle vertreten. Die Taiga ist reich an Beeren und Pilzen.

Das **Klima** ist gekennzeichnet durch mäßig warme, kurze Sommer und lange Winter. Die Schneedecke ist zwischen 40 und 80 cm dick und hält 130 bis 210 Tage. Die Niederschläge in der Taiga liegen über der möglichen Verdunstung, wodurch es zu starker **Versumpfung** weiter Gebiete kommt.

Zur **Tierwelt** gehören u.a. Elch, Braunbär, Reh, Hirsch, Luchs, Schneehase, Eichhörnchen, Birkhahn, Auerhahn, Specht, Meise, Rebhuhn, Otter, Natter und Eidechse. Zahlreiche Insekten treten als Schädlinge auf.

Ein Großteil der russischen Kohle, des Erdöls und -gases sowie weiterer **Bodenschätze** liegen in den nördlichen Taiga-Gebieten. Während das Klima für den Ackerbau relativ ungünstig ist, kann sich die **Viehzucht** und die **Pelztierzucht** gut entwickeln.

Mischwald

Die Mischwaldzone schließt im Süden an die Taiga an. Die typischen Vertreter des Mischwaldes sind **Eiche, Linde, Ahorn und Esche,** im Fernen Osten die mongolische Eiche, der mandschurische Ahorn, der Nussbaum sowie verschiedene Birken- und Nadelbaumarten. Die landwirtschaftliche Nutzfläche wird durch die Entwässerung weiter Landstriche ständig verbessert.

Die **Tierwelt** ist sehr reich. Sie besteht aus den Vertretern der Taiga und weiteren Arten wie Wisent, Iltis und Nerz. Im Fernen Osten kommen außerdem u.a. Damhirsch, Ussuri-Tiger, Zobel sowie Braun- und Schwarzbär vor.

Waldsteppe

Die Waldsteppe ist die Übergangszone vom feuchten und kalten Waldklima zum trockenen und heißen Grassteppenklima. Die ursprüngliche Vegetation mit großer Artenvielfalt ist nicht mehr erhalten. Nur im Norden gibt es noch vereinzelt **Eichenwälder,** in Sibirien herrscht die **Birke** vor. Die Waldsteppenzone bietet sehr gute Voraussetzungen für die **Landwirtschaft.**

Grassteppe

In der Grassteppenzone wachsen, wie der Name schon sagt, in erster Linie **Gräser und Sträucher.** Das Klima ist gekennzeichnet von langen, heißen Sommern mit geringen Niederschlägen. Zu den wichtigsten Agrarprodukten zählen Sommer- und Winterweizen, Mais, Sonnenblume, Hirse, Melonen, Obst und Gemüse. Zur Tierwelt gehören u.a. Fuchs, Wolf, Dachs, Nagetiere (Zieselmaus, Hamster) und verschiedene Vögel, die meisten davon sind Zugvögel.

Halbwüste

Die Übergangszone von der Steppe zur Wüste bildet die Halbwüste, in der u.a. wegen der Trockenheit und des Windes die landwirtschaftliche Nutzung schwierig ist.

Wüste

In der Wüste ist das Klima trocken und heiß mit häufigen Sandstürmen. Hier finden sich **Bodenschätze** wie Öl, Gas, Salze und Schwefel.

Wirtschaft

Sibirien ist in zwei wirtschaftliche Zonen unterteilt: **Westsibirien,** welches vom Ural bis zum Jenisej reicht, und **Ostsibirien,** das sich vom Jenisej bis zur Beringsee und zum Pazifischen Ozean erstreckt. Die wirtschaftliche Grundlage Sibiriens bilden die reichen Rohstoffvorkommen: Drei Viertel aller Rohstoffe Russlands entfallen auf Sibirien.

Steinkohle gibt es vor allem im Kuznezki-, Tunguska-, Lena- und Retschowa-Becken sowie im Gebiet von Bratsk und Irkutsk. **Braunkohle** findet sich im Lena-Becken südlich von Jakutsk. 90% der gesamten Kohlevorkommen der GUS lagern in Sibirien. Die Hälfte aller **Eisenerzvorkommen** und drei Viertel aller Holzvorräte des Landes sind hier zu finden. Weitere wichtige Rohstoffe sind **Diamanten** und **Erdöl:** Große Erdöllager befinden sich in der Westsibirischen Tiefebene, im Lena-Becken und im Fernen Osten.

Landwirtschaft und Viehhaltung sind aufgrund der schwierigen klimatischen Verhältnisse nur eingeschränkt möglich (siehe „Die Vegetationszonen Russlands“).

Das **Straßennetz** ist außerhalb der Industriezentren nur wenig ausgebaut, zwischen den größten Städten Sibiriens verlaufen Verbindungsstraßen. Auf den **Flüssen** Ob, Jenisej, Lena und Amur verkehren in der warmen Jahreszeit sowohl Frachtschiffe als auch Personenfähren. Der **Luftverkehr** ist für viele Städte und Regionen Sibiriens das wichtigste Verkehrsmittel.

trans18-047 dk

Bevölkerung

Bis zum Ende des 16. Jahrhunderts, als das zaristische Russland Sibirien in sein Reich eingliederte, lebte in Sibirien eine Vielzahl **tatarischer, mongolischer und anderer Völker.** Danach siedelten sich immer mehr Menschen verschiedener Nationalitäten in Sibirien an, in erster Linie jedoch **Russen und Ukrainer,** die bis heute den größten Teil der Bevölkerung ausmachen. Heute leben in Sibirien über **25 Millionen Menschen,** die Besiedlungsdichte ist extrem gering.

Mit dem Zusammenbruch der Sowjetunion wurden viele Menschen arm oder waren von **Armut** bedroht. Am häufigsten waren und sind ältere Menschen betroffen. Auch allein erziehende Mütter und Väter kämpfen ums Überleben, ebenso Familien mit Kindern. Die Arbeitslosigkeit ist hoch, soziale Leistungen wie Kindergeld und Rente fließen nur spärlich und ersetzen den Verdienstausfall nicht. Um zu überleben, müssen viele Russen Nebenjobs annehmen bzw. zwei oder drei Tätigkeiten nachgehen, oft auf dem schwarzen Arbeitsmarkt zu schlechten Konditionen.

Als Folge der Verarmung hat sich der **Gesundheitszustand** der Bevölkerung verschlechtert, und die Anfälligkeit für Erkrankungen in Folge mangelhafter Ernährung ist hoch.

☐ Private Gemüsegärten in Taischet

Drogensucht und Alkoholismus sind in Russland ein nationales Problem geworden. Experten sehen eine ganze Generation in Gefahr, mit verheerenden wirtschaftlichen und sozialen Folgen.

Kommunalka – die russische Zwangs-WG

Noch gibt es in Russland die verhasste Gemeinschaftswohnung „Kommunalka", diese **typische Wohnform aus frühen sowjetischen Zeiten,** entstanden im russischen Zarenreich aus Mangel an Wohnraum. Vor allem in St. Petersburg, aber auch in Moskau findet man sie noch, allerdings schrumpft ihre Zahl rapide.

In den großzügigen Wohnungen der ehemaligen Elite, der Adeligen und Reichen, wohnt heute in jedem Zimmer eine Partei. Mal sind es Einzelpersonen, mal ganze Familien, die **auf engstem Raum** miteinander leben müssen, unabhängig von Herkunft und Bildung. Gemeinsam genutzt werden Toilette, Bad und Küche. Man muss miteinander auskommen, es gibt keine Alternative – eine Horrorvorstellung für Menschen, die ihre Freiheit und Unabhängigkeit lieben. Eine Kommunalka ist ein bisschen wie eine Großfamilie – im Guten wie im Schlechten. Zu denen, die sich in einer solchen Familie wohlfühlen, zählen in erster Linie alleinstehende ältere Menschen. Übrigens wuchs auch der russische Präsident *Wladimir Putin* in einer Kommunalka in St. Petersburg auf.

Das russische Bildungswesen

Die Vorschulerziehung in **Kinderkrippen** für Kinder bis zum dritten Lebensjahr und in **Kindergärten** für das Alter zwischen drei und sieben Jahren ist unentgeltlich. Die Kinder lernen in Gruppen mit bis zu 25 Gleichaltrigen Lesen, Schreiben, Rechnen und manchmal sogar eine Fremdsprache.

Schulpflicht besteht in Russland von sieben bis 17 Jahren. Mit sieben Jahren werden die Kinder eingeschult und besuchen die **Grundschule.** Schwerpunkte werden in Russisch und Mathematik gesetzt. Dann folgen sieben Jahre **Hauptschulunterricht.** Für nichtakademische Ausbildungswege ist nach fünf Jahren ein Abschluss möglich. Die elfte Klasse endet mit dem **Abitur.** Wer eine Hochschule besuchen möchte, muss eine Aufnahmeprüfung ablegen.

Beruflich-technische Schulen sind für jene Schüler, die nach der achten Klasse die Schule verlassen und in einem Betrieb arbeiten. Neben der Berufsausbildung können diese Schüler auch die „vollständige Mittelschulbildung" erhalten. Die „Mittlere Fachschule", genannt **Technikum,** kann nach der vollständigen zehnjährigen oder nach der unvollständigen achtjährigen Mittelschule besucht werden. Die Schulen sind nach dem Ausbildungszweck in landwirtschaftliche, medizinische, technische und pädagogische Schulen eingeteilt. Die Ausbildung variiert je nach Vorbildung und Fachrichtung. Die Absolventen eines Technikums erlangen zwar die Hochschulreife, müssen aber in der Regel mindestens drei Jahre arbeiten, bevor sie an einer Hochschule weiterstudieren dürfen.

Die höchste Bildungsstufe ist die **Hochschulbildung.** Die Regelstudienzeit an russischen Universitäten beträgt fünf Jahre. Das Studienjahr beginnt jeweils am 1. September und dauert bis Ende Juni. Das Höchstalter für das Direktstudium ist auf 35 Jahre festgelegt, während es für das Abend- oder Fernstudium an einer Hochschule keine Altersbeschränkung gibt.

Beweggründe für ein Hochschulstudium sind selten materieller Art, denn Hochschulabsolventen wie z.B. Lehrer oder Ärzte verdienen vergleichsweise wenig. Es ist das Prestige der höheren Bildung, das die Bewerber anlockt. Allerdings ist **Geldmangel** für viele junge Menschen ein Hinderungsgrund. War der Besuch einer Universität und das Wohnen in einem Studentenwohnheim zu Zeiten der Sowjetunion kostenlos, so muss man heute mit mehreren Tausend Euro rechnen, um zu bestimmten Studiengängen an den renommierten Universitäten überhaupt zugelassen zu werden. Dieses Geld fließt keineswegs als offizielle Aufnahmegebühr an die Universitätsverwaltung – sondern in die Privattaschen der Professoren; sie werden so schlecht bezahlt, dass sie sozusagen zu diesem Schritt gezwungen sind. Außerdem sind Studiengebühren zu entrichten. Auch muss jeder Student seine Lehrmittel kaufen und seinen Lebensunterhalt selbst bestreiten. Stipendien gibt es nur in wenigen Ausnahmefällen.

Geschichte

Im 16. Jahrhundert setzte eine Massenwanderung **russischer Kolonialisten** auf der Suche nach Gold und in der Erwartung guter Handelsbedingungen mit den Mongolen und Chinesen in Richtung Osten ein. Im Jahre 1560 erreichten die ersten russischen Siedler den Ural. 1581 zog der **Kosakenführer Ataman Jermak** im Auftrag des Fürsten *Stroganow* mit einem Kosakenheer zum Kampf gegen das Sibirische Khanat des Sultans *Kutschum,* der den Handel asiatischer Völker wie Mongolen und Chinesen mit Russland zu unterbinden versuchte. In mehreren Feldzügen konnte Jermak Sibirien erobern. **Tataren, Burjaten und Jakuten** wurden rücksichtslos zu Untertanen des Zaren erklärt und mussten ihm regelmäßig Tribute in Form von Pelzen entrichten.

In der Folgezeit zogen zunächst vorwiegend **Pelzjäger** nach Sibirien. Später entstand eine Kette hölzerner Befestigungsanlagen *(ostrogs)* und Versorgungsstationen, die nach und nach ausgebaut wurden, bis aus ihnen schließlich Dörfer und kleine Städte entstanden.

Im 18. Jahrhundert wurden zahlreiche **politische Gefangene** in die Verbannung nach Sibirien geschickt. Unter ihnen befanden sich viele Gebildete, die an Ort und Stelle **Schulen, Krankenhäuser, Theater** und andere kulturelle Einrichtungen gründeten.

1891 wurde mit dem Bau der **Transsibirischen Eisenbahn** begonnen, der „Transsibirischen Magistrale", wie sie auf Russisch heißt. Ihre Einweihung 1916 setzte eine Einwanderungswelle in Gang, entlang der Eisenbahnlinie entstanden Siedlungen und Dörfer. *Michail Lomonossow* (1711–65), der große russische Wissenschaftler, Gelehrte und „Vater der russischen Literatur", erkannte schon früh die zukünftige Bedeutung Sibiriens für Russland, als er sagte: „Russlands Macht wird mit Sibirien wachsen"!

Durch den **Russisch-Japanischen Krieg** (1904–05), der für Russland mit schweren Verlusten endete, litt auch die Entwicklung des sibirischen Raumes. Nach heftigen Kämpfen zwischen der Roten Armee (Bolschewisten) und den Weißen (Zarentreue) setzte mit dem Sieg der Bolschewisten in den frühen 1920er Jahren ein wirtschaftlicher Aufschwung in Sibirien ein. Die zunehmende **Erschließung von Bodenschätzen** machte Sibirien wirtschaftlich zu einem der bedeutendsten Gebiete der Sowjetunion, das es bis heute geblieben ist.

Der **Bruch zwischen der UdSSR und China** Ende der 1950er Jahre gab der Industrialisierung und Entwicklung Sibiriens einen weiteren Schub. Zwischen 1955 und 1985 entstanden in Sibirien im Zuge der Erschließung des Landes und des Abbaus von Bodenschätzen mehr als 700 Städte und Dörfer.

Nachfolgend nun einige **historische Eckdaten** zu Russland und Sibirien.

Russische Geschichte im Überblick

- **Ab 3000 v. Chr.:** Herausbildung slawischer Volksgruppen in West- und Zentralrussland.
- **Ca. 850–900 n. Chr.:** Schwedische **Normannen** (Wikinger, Waräger) dringen über die Ostsee vor und ziehen als kriegerische Händler nach Byzanz (das heutige Istanbul), wobei sie meist dem Verlauf von Flüssen folgen. Sie gründen unter Füh-

trans18-048 dk

rung des legendären *Rjurik* die Städte **Nowgorod** (862) und **Kiew** (879) und vermischen sich mit den Einheimischen zu den **Rus** (später Russen). Aus den beiden Städten entwickeln sich mit der Zeit Fürstentümer.

■ **Ca. 1000–1050:** Am Ende des 10. Jahrhunderts wird Kiew Hauptstadt der Rus. *Großfürst Wladimir der Heilige* führt das **Christentum** ein und öffnet sein Land dem **byzantinischen Einfluss,** womit eine machtvolle Ausweitung der byzantinischen Kultursphäre einsetzt. Zwischen 1019 und 1054 lässt *Großfürst Jaroslaw der Weise* in Kiew prächtige Kirchen nach dem Vorbild von Byzanz erbauen. Ein Metropolit mit Sitz in Kiew wird eingesetzt und der Ritus der Ostkirche mit der slawischen Kirchensprache und Liturgie übernommen. Durch Zwistigkeiten unter den fünf Söhnen des Großfürsten Jaroslaw bilden sich allmählich zahlreiche selbstständige Fürstentümer.

■ **1147:** Erste Erwähnung **Moskaus.**

■ **1156:** Der Susdaler Fürst *Juri Dolgoruki* errichtet auf einer Anhöhe an der Moskwa eine Festung, die ein Zwanzigstel des heutigen **Kreml** umfasst, und legt damit den Grundstein für Moskau.

■ **1220–50:** Der Mongolenführer *Dschingis Khan* schlägt die russischen Fürsten vernichtend. Sein Enkel *Batu* macht Russland tributpflichtig und gründet das **Mongolenreich „Khanat der Goldenen Horde"** an der unteren Wolga. Im Jahre 1240 erobern die Mongolen Kiew. Am 15. Juli 1240 schlagen die Russen unter dem Nowgoroder Fürsten *Alexander Newski* die Schweden.

■ **Ab 1330:** Moskau entwickelt sich zum Zentrum der russischen Staatsidee.

^ Das Opernhaus in Ulan-Ude

trans18-050 dk

1450–1505: *Iwan III.* heiratet die Nichte des letzten byzantinischen Kaisers und ruft Russland zum Nachfolger von Byzanz aus. Die Kirchenmetropole Moskau wird zum „Dritten Reich".

1533–84: *Iwan IV.*, bekannt als *Iwan der Schreckliche,* lässt sich 1547 zum **Zaren von Russland** krönen. Innenpolitisch führt er eine grausame Gewaltherrschaft, außenpolitisch beginnt er mit der **Erschließung des Ostens.** Kosaken unter der Führung von *Jermak* dringen bis nach Sibirien vor.

1605–13: Die „Zeit der Wirren" beginnt, als der letzte Zar, *Boris Godunow,* 1605 stirbt und Machtkämpfe ausbrechen. 1610 besetzen polnische Truppen Moskau, können aber zwei Jahre später wieder vertrieben werden.

1613–45: *Michail Romanow* wird zum Zaren gewählt. Damit beginnt die über 300 Jahre währende **Herrschaft der Romanows,** die mit der Ermordung der Zarenfamilie im Jahre 1918 endet. *Zar Michail* macht Schenkungen von Grund und Boden an den Dienstadel, womit fast die gesamte ländliche Bevölkerung leibeigen wird.

1645–76: Zar Michail verstärkt den Einfluss westlicher Ratgeber.

1689–1725: Zar Peter I. der Große macht als erster russischer Zar Auslandsreisen u.a. nach Preußen, Holland, England und Österreich. Nach seiner Rückkehr beginnt er in Russland mit umfassenden Reformen. 1703 gründet er **St. Petersburg** als „Fenster zum Westen".

1725–27: Peters zweite Frau, *Katharina I.,* wird Kaiserin.

1762–96: *Katharina II.*, bekannt als **Katharina die Große,** geborene Prinzessin von Anhalt-Zerbst, setzt die innere Reformierung Russlands im Sinne

Gewitterstimmung auf dem Land

Die BAM – eine zweite Bahnlinie zum Pazifik

Mit dem Bau der **Baikal-Amur-Magistrale,** kurz BAM, wurde im Jahr 1974 begonnen, die Inbetriebnahme erfolgte 1984. Die Eisenbahnstrecke verläuft von Taischet, einer Station an der Transsib-Strecke, bis ans Japanische Meer in einem Abstand von 400 bis 700 km **nördlich der Transsib.** Sie führt durch die Gebirge Ostsibiriens und des Fernen Ostens bis zum Amur und Pazifik. Kernstück ist die ca. 3100 km lange Strecke von Ust-Kut an der Lena nach Komsomolsk am Amur. Die BAM durchquert Gebiete, die früher praktisch menschenleer waren. Die Bahn machte ihre wirtschaftliche Erschließung erst möglich. Entdeckt wurden riesige Rohstoffvorkommen.

Die BAM verläuft fast in ihrer gesamten Länge über ewige Frostböden (Permafrost). Es herrschen **extreme Witterungsverhältnisse:** im Juli bis zu 40°C, im Januar Minustemperaturen zwischen 30 und 60°C.

Während die Transsib große Gebirge umgehen konnte, war dies bei der BAM nicht möglich. Für deren Bau wurden viele **Tunnel** und etwa 3000 **Brücken** nötig. An der Strecke liegt der Seweromuisker Tunnel, mit 15.343 Metern der längste Tunnel Russlands.

Die Strecke war bis Ende der 1990er Jahre nur schwach ausgelastet, arbeitete defizitär und wurde allgemein als Fehlinvestition eingeschätzt. Die Situation hat sich mit dem Rohstoffboom der letzten Jahre zum Positiven gewendet, inzwischen ist auch geplant, die BAM als Alternativstrecke zur Transsib für den Containertransport vom Pazifik nach Europa zu etablieren. Dazu sind aber noch gewaltige Investitionen und neue Streckenabschnitte nötig.

der absolutistischen europäischen Herrscher fort. Territorialer Zuwachs des Reiches.

■ **1801–25:** Unter dem reformfreudigen Zar *Alexander I.* erfolgt die Gründung eines Reichsrates und mehrerer Ministerien.

■ **1812: Napoleon** zieht gegen Russland, zwei Drittel Moskaus verbrennen.

■ **26.12.1825:** Dekabristenaufstand

■ **Ca. 1850–1900:** Zahlreiche Kriege führen zur Ausweitung des Zarenreiches.

■ **1861:** *Alexander II.* schafft die Leibeigenschaft ab, die mittellosen Bauern strömen in die Städte, wo sie sich als Industriearbeiter verdingen; das russische **Proletariat** entsteht.

■ **1867:** Russland verkauft Alaska für 7,2 Millionen Dollar an die USA.

■ **22.4.1870:** Geburt von *Wladimir Iljitsch Uljanow,* bekannt als **Lenin,** in Simbirsk bzw. Uljanowsk.

■ **1891:** Baubeginn der **Transsibirischen Eisenbahn.** Der verlorene **Russisch-Japanische Krieg** und die Not der Arbeiter und Bauern führen zu Aufständen im ganzen Land. **Zar Nikolaus II.** verspricht eine Verfassung, ein Parlament und eine demokratische Regierung, hält sich aber nicht daran, als seine Macht wieder gesichert ist.

■ **1912:** Endgültige Spaltung der **Sozialdemokratischen Arbeiterpartei** in Bolschewisten und Menschewisten.

■ **1914–18:** Teilnahme Russlands am **Ersten Weltkrieg.** 1917 kommt es infolge hoher Kriegsverluste, der militärischen Lage und skandalöser Zustände am Hof sowie schlechter sozialer Verhältnisse zur Zuspitzung der revolutionären Stimmung.

■ **1917:** Zar Nikolaus II. muss zugunsten einer liberal-bürgerlichen Regierung abdanken, der Arbeiterrat „Sowjet" übernimmt die Macht. Der Zar wird im Sommer 1918 zusammen mit seiner Familie in Jekaterinenburg erschossen. Unter Führung Lenins siegt die **Große Sozialistische Oktoberrevolution** und die Bolschewisten ergreifen die Macht. Nach der alten russischen Zeitrechnung ist dieser Tag der 25. Oktober 1917.

■ **30.12.1922:** Gründung der **Sowjetunion.**

■ **1917–24:** Lenin versucht die Wirtschaft nach marxistischen Prinzipien zu organisieren. Die **Rote Armee** setzt nach und nach gegen konterrevolutionäre Gruppen im ganzen Land die Macht der Sowjets durch.

■ **21.1.1924:** Tod Lenins.

■ **1924–38:** *Josef Wissarionowitsch Dschugaschwili,* genannt **Stalin,** wird Alleinherrscher, vor allem nach der „Großen Säuberung" der Jahre 1936–38.

■ **22.6.1941:** Deutsche Truppen greifen die UdSSR an, die damit in den **Zweiten Weltkrieg,** den „Großen Vaterländischen Krieg", eintritt, der für die Sowjetunion mit dem Sieg und einer Gebietszunahme endet.

■ **5.3.1953:** Tod Stalins, Nachfolger wird *Nikita Chruschtschow.* Abwendung vom Personenkult.

■ **1960:** Bruch mit der Volksrepublik China wegen ideologischer Differenzen. Die Industrialisierung und Entwicklung Sibiriens wird intensiv in Angriff genommen.

■ **1962:** Kubakrise.

■ **1971–82:** Ära *Leonid Breschnjew.*

■ **1980:** Olympische Sommerspiele in der UdSSR, boykottiert von vielen westlichen Staaten.

■ **1985: Michail Gorbatschow** wird Generalsekretär der KPdSU und beginnt mit der **Perestroika,** dem „Umbau" des Landes.

■ **1991:** *Boris Jelzin* verhindert beim Putsch gegen Gorbatschow dessen Absetzung. Die **Sowjetunion zerfällt.** Im Dezember 1991 wird die „Gemeinschaft Unabhängiger Staaten", kurz **GUS,** besiegelt. Dazu gehören zwölf der ehemals 15 Sowjetrepubliken: Russland, Weißrussland, Ukraine, Moldawien, Armenien, Aserbaidschan, Georgien, Kasachstan, Turkmenistan, Tadschikistan, Usbekistan, Kirgistan.

■ **1993:** Die **Russische Föderation** gibt sich als föderative, demokratische Republik eine neue Verfassung. **Boris Jelzin** wird in freien Wahlen zum Präsidenten gewählt. Verwaltungstechnisch gliedert sich die Russische Föderation in „Gebiete" (russ. *oblast*) mit einem gewählten Gouverneur, in sog. „Regionen" (russ. *krei*), in denen wiederum in sog. „autonomen Bezirken" (russ. *aftonomny okrug*) nationale Minderheiten leben, und mehrere eigenständige „Republiken" (russ. *respublika,* wie z.B. die an der Transsibstrecke liegende Burjatische Republik mit der Hauptstadt Ulan-Ude) sowie zwei Städte: Moskau und St. Petersburg.

■ **31. Dezember 1999: Wladimir Putin** wird von Jelzin zum Nachfolger ernannt.

■ **26.3.2000:** *Putin* gewinnt die Präsidentschaftswahlen mit absoluter Mehrheit (53%).

■ **28.4.2000:** Übergabe von Teilen des **Bernsteinzimmers** an die russische Regierung durch den Bremer Oberbürgermeister *Henning Scherf.*

■ **12.8.2000:** Nach einer schweren Havarie sinkt das russische **Atom-U-Boot „Kursk"** rund 180 km nordöstlich des Hafens Murmansk. Alle Besatzungsmitglieder kommen ums Leben.

■ **14.8.2000:** Die Bischofskonferenz der russisch-orthodoxen Kirche beschließt, den Zaren *Nikolaj II.* und seine Familie heiligzusprechen.

■ **4.12.2000:** Präsident *Putin* gibt bekannt, dass Russland die alte sowjetische **Nationalhymne** (ohne Text) und das **Staatswappen** des zaristischen Russland übernehmen wird. Staatsfahne bleibt die weiß-blau-rote Trikolore, die rote „Siegesfahne" aus dem Zweiten Weltkrieg wird zur offiziellen Fahne der Streitkräfte.

■ **25.9.2001:** Staatsbesuch *Putins* in Deutschland. Dabei hält er als erstes russisches Staatsoberhaupt eine Rede im Deutschen Bundestag.

■ **26.6.2002:** Die Duma verabschiedet das Bodengesetz, das russischen Bauern erlaubt, Grund und Boden als Eigentum zu erwerben. Sie entscheidet über den zivilen Alternativdienst, wonach Wehrpflichtige anstelle des Militärdienstes einen 3½-jährigen Ersatzdienst ableisten.

■ **23.10.2002:** Tschetschenische Freischärler unter *Movsar Baraev* besetzen das **Theaterzentrum** an der Dubrovka in Moskau und nehmen etwa **700 Geiseln.** Am 26. Okt. dringen russische Spezialkräfte unter Einsatz von **Betäubungsgas** in das Theater ein, töten die Geiselnehmer und befreien die Geiseln, von denen fünf durch Schussverletzungen und 123 durch Gasvergiftungen umkommen.

■ **März 2004:** Bei den Präsidentschaftswahlen wird *Putin* im Amt bestätigt.

■ **1.9.2004:** Etwa 30 Bewaffnete besetzen eine Schule in der nordossetischen Stadt **Beslan** und nehmen ca. 1200 Personen, hauptsächlich Schüler, als Geiseln. Zwei Tage später stürmen Sicherheitskräfte die Schule. Bei den folgenden Kämpfen zwischen Geiselnehmern und Sicherheitskräften gibt es viele Verletzte und Tote.

■ **1.7.2006:** Der russische **Rubel** wird zur frei konvertierbaren Währung.

■ **März 2008: Dmitrij Medwedew** tritt die Nachfolge von Staatspräsident Putin an, dieser wird Ministerpräsident.

■ **August 2008: Militärischer Konflikt zwischen Russland und Georgien.** Georgien verlässt die GUS.

■ **19.11.2009:** Das russische Oberste Verfassungsgericht untersagt die Anwendung der Todesstrafe in Russland.

■ **30.6.2010:** Die UNESCO teilt der russischen Regierung ihre Besorgnis über die Situation am Welterbe Baikalsee mit. Mitte Juni erlaubt das Oberste Verfassungsgericht Russlands die erneute Inbetriebnahme des Zellulosekombinats in Baikalsk.

■ **Juli/August 2010:** Bei **Rekordhitze** greifen Wald- und Torfbrände um sich, landesweit kommen Juli 52 Menschen um. In Moskau reicht Anfang August die Sicht auf Grund des Qualmes der **brennenden Torffelder** nicht weiter als 50 m.

■ **18.8.2010:** In Moskau wird ab dem 1. Sept. 2010 der Verkauf von Spirituosen ab einem Alkoholgehalt von 15 Vol.-% zwischen 22 und 10 Uhr verboten. Davor galt ein Verkaufsverbot von 23–8 Uhr.

28.9.2010: Staatspräsident *Dmitrij Medwedew* unterzeichnet ein Dekret, in dem er *Jurij Lushkow,* seit 1992 Moskauer Bürgermeister, mit der Begründung entlässt, der Präsident habe kein Vertrauen mehr in den Bürgermeister. Bis zur Wahl eines Nachfolgers übernimmt der Erste Vizebürgermeister, *Wladimir Resin,* kommissarisch das Amt.

3.11.2010: Nach einer Volkszählung wird die Einwohnerzahl Russlands mit ca. 141 Mio. Menschen angegeben.

März 2011: Russland beschließt, in Zukunft das ganze Jahr über die Sommerzeit beizubehalten.

2012: *Wladimir Putin* wird zum dritten Mal Staatspräsident.

2013: Die Mitglieder der Punkband „Pussy Riot" werden wegen eines Anti-Putin-Auftritts zu Haftstrafen verurteilt. Die Adoption russischer Kinder

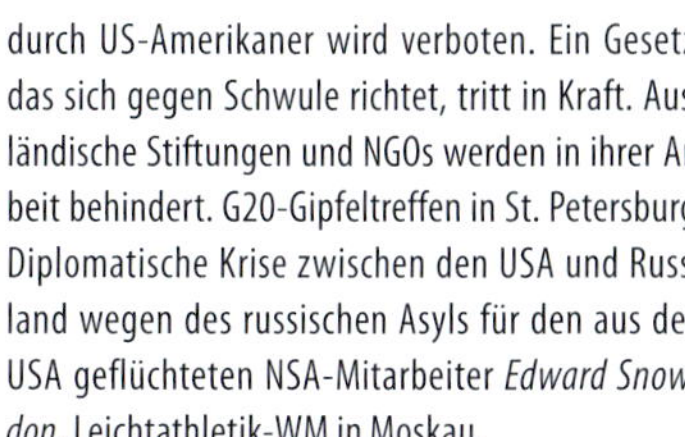

durch US-Amerikaner wird verboten. Ein Gesetz, das sich gegen Schwule richtet, tritt in Kraft. Ausländische Stiftungen und NGOs werden in ihrer Arbeit behindert. G20-Gipfeltreffen in St. Petersburg. Diplomatische Krise zwischen den USA und Russland wegen des russischen Asyls für den aus den USA geflüchteten NSA-Mitarbeiter *Edward Snowdon.* Leichtathletik-WM in Moskau.

2014: Olympische Winterspiele in Sotschi (Februar). Im gleichen Monat beginnt der **Krieg in der Ukraine;** Russland unterstützt separatistische Milizen. Der Rubelkurs fällt auf ein historisches Tief (90 Rbl. für 1 Euro). Im März Annexion der Krim durch Russland; der Rubel wird offizielle Währung auf der Krim. Im Juli Abschuss einer Malaysian-Airlines-Passagiermaschine über der Ostukraine mit 298 Toten; russlandfreundliche Milizen werden verantwortlich gemacht. Im September Unterzeichnung des Minsker Abkommens (Waffenstillstand).

2015: Seit dem 30. Sept. greift Russland vor allem mit Luftangriffen auf Seiten der Regierung Syriens in den **Syrienkrieg** ein. Am 31. Okt. Absturz einer russischen Passagiermaschine über der Sinai-Halbinsel mit 224 Toten. Am 24. Nov. Abschuss eines russischen Kampfjets durch türkische Streitkräfte im türkisch-syrischen Grenzgebiet.

2015/16: Die massiven Schwankungen bzw. der **Verfall des Ölpreises** auf bis zu unter 28 US-Dollar treffen die russische Wirtschaft schwer.

2017: Im März, Mai und Juni **Massenproteste** gegen Korruption und gegen *Putin.* Zahlreiche Verhaftungen.

März 2018: *Wladimir Putin* gewinnt die Präsidentschaftswahlen mit 76,6% der Stimmen und geht in seine vierte Amtszeit.

Juni/Juli 2018: Fußball-WM in Russland.

Juli 2018: Gipfeltreffen der Präsidenten *Trump* (USA) und *Putin* in Helsinki.

trans18-065 dk

< Fahrscheinkontrolle am Zug

trans18-045 dk

6 Die Transsib-Route durch Sibirien

Lenin grüßt die Reisenden in vielen Städten an der Strecke

Von Moskau zum Ural

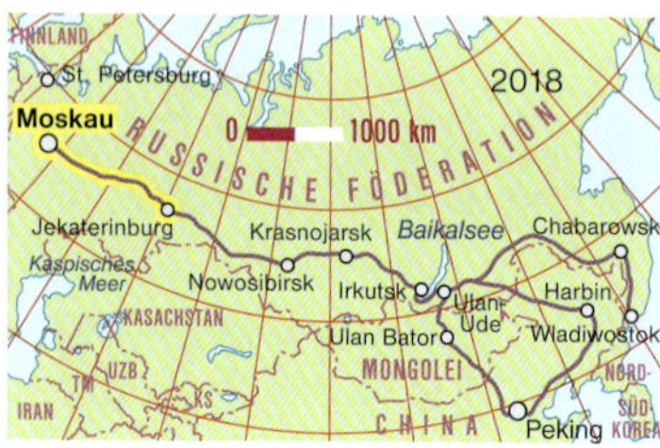

Wladimir

Владимир

- **Transsib-Kilometer:** 190
- **Zeit:** Moskauer Zeit
- **Vorwahl:** 4922

Einige wenige Transsibzüge fahren über Wladimir, die erste größere Stadt, die der Zug nach Verlassen des Jaroslawer Bahnhofs passiert. Das rund **345.000 Einwohner** zählende, **am Fluss Kljasma** liegende Wladimir ist berühmt für seine Kirchen und Kathedralen und gehört zu den ältesten Städten am sog. **„Goldenen Ring"**, einer Gruppe altrussischer Städte nordöstlich von Moskau. Leider ist nur wenig vom ehemaligen Glanz übrig geblieben, aber die Pracht der Kirchen und Kathedralen lohnt einen Besuch.

In den historischen Zentren vieler russischer Städte finden sich teils im Boden versunkene Holzhäuser

Die Geschichte der Stadt begann **1108** mit dem **Bau einer Festung.** Im Jahre 1152 folgte die Errichtung der ersten Kirche, und zwischen 1158 und 1165 kamen weitere Sakralbauten hinzu. Unter Fürst *Vsevolod III.* (1176–1212) erlebte die Stadt ihre erste Blüte. Wladimir entwickelte sich zu einem **Zentrum russischer Baumeister und Handwerker.** Mit der Eroberung und Verwüstung durch die Tataren im Jahre 1238 verlor die Stadt an Bedeutung, die sie als Sitz des Metropoliten von 1299–1317 zurückgewann. Ab 1299 fand die Krönung der Großfürsten in der Maria-Entschlafens-Kathedrale *(Uspenski Ssabor)* statt, eine Tradition, die bis 1432 beibehalten wurde. Einen wirtschaftlichen Aufschwung erlebte Wladimir **1719** als **Provinzhauptstadt.** 1861 erhielt sie Anschluss an die Bahnstrecke Moskau – Nischnij Nowgorod. Seit 1944 ist Wladimir Hauptstadt des gleichnamigen Gebiets. Haupteinnahmequelle ist heutzutage der Tourismus.

Sehenswertes

Im Zentrum von Wladimir gehören seit 1992 folgende Bauwerke zum UNESCO-Weltkulturerbe: die in den Jahren 1157–60 erbaute **Maria-Entschlafens-Kathedrale** (*Uspenski Ssabor,* kostenloser Eintritt So ab 15 Uhr und tägl. während der Gottesdienste um 7, 12.45 und 20 Uhr, ansonsten tägl. außer Mo 13–16.45 Uhr 100 Rbl.), das alte Stadttor **Goldenes Tor** *(Salatije Warota),* erbaut 1158–64, und die **Demetrius-Kirche** *(Dmitrjewski Ssabor),* erbaut 1194–97. Des Weiteren kann man diverse Museen und kleinere Kirchen besuchen.

Einige Kilometer außerhalb der Stadt befinden sich das **Kloster Bogoljubowo** und die berühmte **Mariä-Schutz-und-Fürbitte-Kirche** *(Zerkow Pakrowa na Nerli)* aus dem Jahre 1165.

Anreise

Man kann Wladimir als **Tagesausflug ab Moskau** besuchen – morgens hin und abends zurück: Abfahrt in Moskau vom Kursker Bahnhof um 7.15 Uhr mit Zug Nr. 704, Ankunft um 8.55 Uhr, Rückfahrt ab Wladimir um 20.14 Uhr mit Zug Nr. 729, Ankunft um 22 Uhr, oder Abfahrt um 22.15 Uhr mit Zug Nr. 713, Ankunft um 23.56 Uhr.

Unterkunft

- **Hotel Wladimir**

Ul. Bolschaja Moskowskaja 74, in Bahnhofsnähe, Tel. 32 30 42, vladimirhotel@mail.ru. EZ/F 3500 Rbl., DZ/F 4100 Rbl.

Zugverbindungen

Alle nachfolgend genannten Zeiten sind Ortszeiten. Die Fahrtdauer bezieht sich stets auf den schnellsten Zug.

Nach Moskau (190 km, 2 Std.)

- **Nr. 109:** tägl. 7.12 Uhr
- **Nr. 701:** tägl. 8.39 Uhr
- **Nr. 727:** tägl. 9.44 Uhr
- **Nr. 1:** an geraden Tagen 11.10 Uhr
- **Nr. 729:** tägl. 12 Uhr
- **Nr. 703:** tägl. 12.57 Uhr
- **Nr. 731:** tägl. 15.48 Uhr
- **Nr. 705:** tägl. 17.59 Uhr
- **Nr. 733:** tägl. 20.15 Uhr
- **Nr. 707:** tägl. 20.54 Uhr
- **Nr. 709:** tägl. 22.17 Uhr

Nach Nischnij Nowgorod (250 km, 3 Std.)

- **Nr. 2:** an geraden Tagen 2.54 Uhr
- **Nr. 702:** tägl. 8.16 Uhr
- **Nr. 728:** tägl. 8.58 Uhr
- **Nr. 730:** tägl. 11.16 Uhr

094tr dk

- **Nr. 704:** tägl. 12.41 Uhr
- **Nr. 706:** tägl. 15.41 Uhr
- **Nr. 708:** tägl. 17.21 Uhr
- **Nr. 732:** tägl. 18.21 Uhr
- **Nr. 734:** tägl. 20.18 Uhr
- **Nr. 710:** tägl. 22.01 Uhr

Nach Perm (1243 km, 17 Std.)

- **Nr. 2:** an geraden Tagen 2.54 Uhr
- **Nr. 12/84:** tägl. 16.51 Uhr
- **Nr. 56/92:** tägl. 19.53 Uhr
- **Nr. 8:** tägl. 20.26 Uhr

Nach Kungur (1344 km, 19 Std.)

- **Nr. 110:** tägl. 1.51 Uhr

Nach Jekaterinburg (1624 km, 22 Std.)

- **Nr. 2:** an geraden Tagen 2.54 Uhr
- **Nr. 12:** an ungeraden Tagen 16.51 Uhr
- **Nr. 56/92:** tägl. 19.53 Uhr

Nach Nowosibirsk (3152 km, 43 Std.)

- **Nr. 2:** an geraden Tagen 2.54 Uhr
- **Nr. 56/92:** tägl. 19.53 Uhr

Nach Krasnojarsk (3913 km, 54 Std.)

- **Nr. 2:** an geraden Tagen 2.54 Uhr
- **Nr. 12:** an ungeraden Tagen 16.51 Uhr
- **Nr. 56/92:** tägl. 19.53 Uhr

Nach Irkutsk (5000 km, 71 Std.)

- **Nr. 2:** an geraden Tagen 2.54 Uhr

☒ Kriegerdenkmal in Jaroslawl (rechts die Prophet-Elias-Kirche)

Jaroslawl

Йарославл

- **Transsib-Kilometer:** 282
- **Zeit:** Moskauer Zeit
- **Vorwahl:** 4852

Jaroslawl ist **eine der schönsten Städte Russlands!** Bis 2001 fuhren fast alle Transsibzüge über die nördlichere Strecke via Jaroslawl – heute nehmen die meisten die Route via Wladimir (s.o.).

Jaroslawl bietet die einzigartige Möglichkeit, ein **Russland** zu sehen, **wie es früher einmal war.** Würde man in dem wunderschönen Kreml auf mittelalterlich gekleidete Menschen treffen, fühlte man sich um Jahrhunderte zurückversetzt. Kein Wunder, dass die UNESCO 2005 über dieses einzigartige Denkmal des Städtebaus der Zarenzeit ihre schützende Hand gelegt hat! Jaroslawl ist über 1000 Jahre alt – das Stadtjubiläum wurde im September 2010 groß gefeiert –, gehört zu den ältesten Städten Russlands und zu den acht Städten des „Goldenen Rings" (s.o.).

Jaroslawl ist seit 2001 **auf der Rückseite des 1000-Rubel-Scheins** abgebildet und gehört damit zu den sieben Städten Russlands, die Geldnoten zieren. Die Vorderseite schmückt das Christi-Verklärungs-Kloster.

Geschichte

Jaroslawl war ein **Knotenpunkt wichtiger Handelswege** zwischen Russland, Westeuropa und dem Osten und entwickelte sich dank der **strategisch günstigen Lage** an der Mündung der Flüsse Wolga und Kotorosl zu einem der bedeutendsten und reichsten Handelszen-

☐ Karte Umschlag vorn

tren Russlands. Reiche Kaufleute und Handwerker errichteten prächtige Villen und stifteten viele Kirchen, Kathedralen und Klöster, die meisten aus dem 17. Jahrhundert. Das älteste von ihnen ist das 1506–16 erbaute Christi-Verklärungs-Kloster.

Der **Reichtum** lockte immer wieder Eroberer an, und so wurde die Stadt mehrmals eingenommen, niedergebrannt und wieder aufgebaut. Von April bis Juli 1612 war Jaroslawl de facto die Hauptstadt Russlands und mit seinen rund 15.000 Einwohnern Ende des 17. Jahrhunderts nach Moskau die zweitgrößte Stadt des russischen Zarenreichs.

Als St. Petersburg Anfang des 18. Jahrhunderts einen Hafen an der Ostsee gründete, verlor Jaroslawl als Handelsstadt schnell an Bedeutung. Im Jahre 1763 wurde Jaroslawl gemäß einer von *Katharina der Großen* verordneten, für ganz Russland geltenden **Baureform** umgestaltet und bekam ein Stadtzentrum nach klassizistischem Muster mit strahlenförmig ausgerichteten Straßen. Im 18., 19. und 20. Jahrhundert entwickelte sich Jaroslawl zu einem **wichtigen Industriezentrum** Russlands.

Anfang des 18. Jahrhunderts wurde die erste Textilfabrik erbaut; mit der Zeit entwickelte sich die Stadt zu einem wichtigen Standort der **Textilindustrie.** Im 19. Jahrhundert nahmen mit der zunehmenden Industrialisierung die städtebaulichen Aktivitäten zu. Die Gründung der ersten **Hochschule** fällt in das Jahr 1803, die erste Steinbrücke über die Wolga wurde erbaut und die erste Bahnstrecke nach Moskau (1870) eingeweiht.

Heute zählt Jaroslawl knapp **600.000 Einwohner** und ist die Hauptstadt des Jaroslawer Gebiets, dessen Fläche in etwa der von Baden-Württemberg entspricht. Seit 1988 ist Kassel, seit 1994 auch Hanau offizielle Partnerstadt von Jaroslawl. Die Lage an der Mündung des Flusses Kotorosl in die Wolga ist malerisch; im Sommer kann man hier an großen Stränden baden. Zur Fußball-WM in Russland wurde ein 40.000 Zuschauer fassendes Stadion gebaut.

Sehenswertes/Stadtrundgang

Die **Altstadt** ist ein Musterbeispiel der neuen Stadtplanung, die in Russland 1763–1830 durchgeführt wurde. Das historische Zentrum besteht aus einem dreieckigen, durch die Flüsse Kotorosl und Wolga begrenzten Gebiet mit einem fächerartigen Straßennetz aus dem 18. Jahrhundert. Bei einem Rundgang durch die **malerischen Gassen** entdeckt man viele kleinere und größere **Kirchen,** von denen die meisten aus dem 17. Jahrhundert stammen, eine Zeit wirtschaftlicher Blüte, als der Handel auf der Wolga florierte. Seit 2005 zählt das historische Zentrum als Beispiel für das harmonische Zusammenspiel verschiedener Baustile zum **UNESCO-Weltkulturerbe.** Hier wird die Vermischung altrussischer und westlicher Baukultur sichtbar: Typisch russische Kirchen und neoklassizistische Herrenhäuser verleihen Jaroslawl eine einzigartige Silhouette und ganz besondere Atmosphäre.

Der ideale **Ausgangspunkt** für einen Spaziergang durch den wie ein großes Dorf wirkenden historischen Stadtkern ist das wie ein Kreml angelegte Kloster. Anschließend kann man an den Uferstraßen mit Flussblick laufen und durch die Altstadtstraßen, von denen eine schöner ist als die andere.

Die wichtigste Sehenswürdigkeit ist das vermutlich bereits im 12. Jahrhundert gegründete **Christi-Verklärungs-Kloster** *(Spasso-Preobraschenski Monastyr).* Wie viele mittelalterliche Klöster in Russland diente die Anlage gleichzeitig als **Kreml.** Das gesamte Ensemble mit seinen Wachtürmen, dem Glockenturm, der im Jahre 1516 erbauten **Christi-Verklärungs-Kathedrale** *(Spasso-Preobraschenski Ssabor)* und den aufwendig dekorierten Innenräumen ist ein repräsentatives Beispiel typisch russischer Architektur und gilt als ältestes Bauwerk in Jaroslawl, errichtet auf dem Fundament einer alten Holzkirche aus dem 13. Jahrhundert. Die Fresken aus dem 16. und 17. Jahrhundert sind sehr gut erhalten und absolut sehenswert. Im Kloster fand man im 18. Jahrhundert das älteste Manuskript des Igorliedes, des bekanntesten Werkes mittelalterlicher russischsprachiger Literatur.

■ **Christi-Verklärungs-Kloster:** Öffnungszeiten tägl. 9–17.30 Uhr, zwei Eingänge, einer von der Flussseite und einer vom Ploschtschad Bogojawljenskaja aus, Eintritt nur für das Kremlgelände 40 Rbl. In der warmen Jahreszeit vom 1. Mai bis zum 30. Sept. kann man die Christi-Verklärungs-Kathedrale *(Spasso-Preobraschenski Ssabor)* besuchen. Wer vom Glockenturm den Ausblick auf den Kreml genießen möchte, bezahlt für den Kreml, die Kirche und den Aufstieg eine pauschale Eintrittsgebühr.

Die weiße **Prophet-Elias-Kirche** *(Zerkow Ili Proroka),* erbaut 1647–50, mit ihren fünf Zwiebelkuppeln und zwei Zeltdach-Türmen, zählt zu den schönsten in

Jaroslawl. Sie wurde von einer reichen Kaufmannsfamilie in Auftrag gegeben, die mit Zobel- und Pelzhandel für den Zarenhof zu Wohlstand kam.

Prophet-Elias-Kirche: geöffnet Anfang Mai bis Ende Sept. tägl. außer bei Regen 8.30–19.30 Uhr, Okt. bis April nur mit Terminvereinbarung.

Anreise

Tagesausflug von Moskau: Mit dem Frühzug Nr. 102 ab Moskau um 7.35 Uhr, Ankunft um 11 Uhr; zurück mit Zug Nr. 105 um 19.33 Uhr, Ankunft um 22.53 Uhr. Hinweis: Man kann gegen 23 Uhr von Moskau mit einem Zug nach Nischni Nowgorod bzw. gegen Mitternacht mit einem Zug in Richtung Sibirien weiterfahren.

Gepäckaufbewahrung am Bahnhof: Man verlässt den Bahnhof und geht rechts zum Kassengebäude (KACCA); im Kassensaal nach links gehen zum Saalende und die Treppe runter.

Bus in die Altstadt: Man verlässt den Bahnhof und geht nach rechts zum Kassengebäude (KACCA), vor welchem der Trolleybus Nr. 6 abfährt.

Unterkunft

Lesen Sie auch die allgemeinen Hinweise zu Unterkünften in Russland im Kapitel „Praktische Reisetipps A–Z/Unterkunft".

Wolschskaja Schemtschuschina Hotel
Wolschskaja Nabereschnja 2 A, Tel. 73 12 73, www.riverhotel-vp.ru. Das Hotel auf (!) der Wolga ist von der Lage her nicht zu übertreffen! EZ/F 1800–2500 Rbl., DZ/F 2500–3900 Rbl.

Boutique-Hotel Ioann Wassilewitsch
Ul. Revoluzionnaja 34, Tel. 267 07 60 und 8-902 331 47 07, www.ivyar.ru. Das wirklich besondere Haus in Bestlage ist wohl das gemütlichste Hotel der Stadt. Jedes Zimmer hat sein eigenes Design, das Spektrum reicht von Blockhausstil bis elegant. EZ 2500 Rbl., DZ 4000 Rbl.

Like Hostel
Ul. Andropowa 25 B, Tel. 8-930 127 67 56, www.likehostels.ru. Das sehr ansprechende Hostel verfügt über insgesamt 29 Betten in sechs hellen Zimmern mit unterschiedlichen Themen wie z.B. Paris, Venedig etc., die von Studenten der örtlichen Kunstakademie malerisch gestaltet wurden. DZ Mo bis Fr 1400 Rbl., Sa/So 1600 Rbl.; 3-Bett-Zimmer Mo bis Fr 1700 Rbl., Sa/So 1900 Rbl.; zwei gemischte 4-Bett-Zimmer Mo bis Fr à 500 Rbl., Sa/So 550 Rbl. sowie ein 6-Bett-Zimmer Mo bis Fr 450 Rbl., Sa/So 500 Rbl. Wer Frühstück für 100 Rbl. zusätzlich bestellt, bekommt einen Voucher für das Café Garosch um die Ecke. Wegbeschreibung: Der Durchgang zu dem gut ausgeschilderten Hostel befindet sich in der Mitte der Andropow-Straße zwischen Kirow- und Deputatskaja-Straße.

Jubileinaja Hotel
Kotoroslnaja Nabereschnja 26, Tel. 30 73 63 und 30 92 59, www.yubilyar.com. Das hohe Hotelgebäude aus Sowjetzeiten steht an dem Fluss Kotorosl kurz bevor dieser in die Wolga mündet und hat für die Zeit typische kleine, einfachst eingerichtete Zimmer. EZ/F 3100 Rbl., DZ/F 3700 Rbl.

Park Inn Hotel
Schräg links gegenüber vom Bahnhof, Ul. P. Marosowa 3b, Tel. 77 00 88, info.yaroslavl@rezidorpark-inn.com. Die besten Zimmer der Stadt sind hell und geschmackvoll eingerichtet, doch liegt das Hotel nicht zentral. EZ/F 4500 Rbl., DZ/F 5200 Rbl.

Essen und Trinken

Aljoscha Papowitsch Dwor
Ul. Pjerwomeiskaja 55, Eingang von der Straße Rewolutsonny Pereulok, Tel. 64 11 091. Russische Küche in mehreren Restaurants, eines sieht aus wie ein Burgsaal, eines ist ein Holz-Glasbau und eines nach einem Märchen bemalt.

Gastronom Nr. 1
Ul. Nachinsona 21. Der Delikatessenladen betreibt ein kleines, urgemütliches Restaurant mit empfehlenswerten russischen Speisen. Die Borschtsch und den Salat *Lubownitsa* (Geliebte) mit sehr viel (!) Knoblauch kann man nur empfehlen.

Garosch
Ul. Kirowa, mit einer unübersehbaren roten Fassade, tägl. 9–24 Uhr. Einladendes Lokal, in dem man an Tischen oder in gemütlichen Sofaecken sitzt.

Touranbieter

- **Exkursjonoje Bjuro,** im Hotel Jubileinaja (s.o.), neben der Hotelrezeption, Tel. 73 03 49, Mo bis Fr 8.30–17.30 Uhr. Deutschsprachige Stadtrundfahrten muss man rechtzeitig reservieren.

Zugverbindungen

Alle nachfolgend genannten Zeiten sind Ortszeiten. Die Fahrtdauer bezieht sich stets auf den schnellsten Zug.

Nach Moskau (282 km, 2½ Std.)

- **Nr. 101:** tägl. 7 Uhr
- **Nr. 99:** tägl. 7.17 Uhr
- **Nr. 375:** tägl. 11.33 Uhr
- **Nr. 15:** tägl. 12.22 Uhr
- **Nr. 67:** tägl. 12.31 Uhr
- **Nr. 103:** tägl. 13.52 Uhr
- **Nr. 105:** tägl. 19.33 Uhr

Nach Perm (1158 km, 18 Std.)

- **Nr. 70:** tägl. 18.17 Uhr

Nach Kungur (1259 km, 24 Std.)

- **Nr. 70:** tägl. 18.17 Uhr

Nach Jekaterinburg (1539 km, 28 Std.)

- **Nr. 70:** tägl. 18.17 Uhr

Nach Nowosibirsk (3064 km, 52 Std.)

- **Nr. 70:** tägl. 18.17 Uhr

Nach Krasnojarsk (3826 km, 65 Std.)

- **Nr. 70:** tägl. 18.17 Uhr

Nach Irkutsk (4914 km, 84 Std.)

- **Nr. 70:** tägl. 18.17 Uhr

Nischnij Nowgorod (Gorki)

Нижний Новгород (Горький)

- **Transsib-Kilometer:** 461
- **Zeit:** Moskauer Zeit
- **Vorwahl:** 831

Nischnij Nowgorod, **eine der schönsten Städte Russlands** und oft als „Dritte Hauptstadt" bezeichnet, hat 1,25 Mio. Einwohner und ist damit die siebtgrößte Stadt Russlands. Gibt es eine Stadt in Russland, die mehr Kirchen hat? Warum die UNESCO dieses besondere Stück Altrussland nicht schon lange unter ihren Schutz gestellt hat, bleibt rätselhaft!

Nischnij Nowgorod trägt den Zusatz „Nischnij" (russ. „unteres"), um nicht mit dem „oberen", d.h. nördlicher, etwa 100 km südöstlich von St. Petersburg gelegenen Welikij Nowgorod verwechselt zu werden.

Die **Geschichte** der Stadt geht zurück auf das Jahr 1221. Dank ihrer günstigen Lage an der Mündung der Oka in die Wolga entwickelte sie sich rasch zu einem blühenden Handelszentrum mit einem weithin bedeutenden, regelmäßig stattfindenden Markt *(Jarmark)*. Durch Kriege und Mongoleneinfälle wurde Nischnij Nowgorod mehrfach zerstört. Erst nachdem im 16. Jahrhundert ein steinerner Kreml um die Stadt angelegt worden war, konnte sie sich erfolgreich vor Angriffen und Zerstörungen schützen. Im 19. Jahrhundert war die Stadt so reich, dass es im Volksmund hieß: „St. Petersburg ist der Kopf, Moskau das Herz und Nischnij Nowgorod der Geldbeutel Russlands".

Von 1932–1990 war die Stadt nach dem hier 1868 geborenen Schriftsteller **Maxim Gorki** benannt. Sie ist außerdem weltbekannt als Verbannungsort des berühmten Menschenrechtlers, Kernphysikers und Nobelpreisträgers **Andrei Sacharow** (1921–89), der hier von 1980–1986 lebte.

Nischnij Nowgorod lag ursprünglich nicht an der Transsiblinie, sondern wurde erst Mitte 2001 an die Hauptstrecke angeschlossen, die vorher ein ganzes Stück weiter nördlich verlief. Wie auch im Falle von Jekaterinburg (ehemals Swerdlowsk) und Wjatka (ehemals Kirow) wird man „Nischnij Nowgorod" vergeblich in den Eisenbahnfahrplänen suchen, denn sie wird in Fahr- und Flugplänen weiterhin unter dem Namen Gorki geführt – nicht zu verwechseln mit der kleinen Stadt Gorki zwischen Rostow am Don und Wolgograd.

Nach Moskau, St. Petersburg und Jekaterinburg ist Nischnij Nowgorod heute die viertgrößte Stadt Russlands, eine bedeutende **Industrie- und Handelsstadt** mit Werften sowie Maschinenbaubetrieben und Autofabriken, in denen u.a. Autos der Marke Wolga und Lkw vom Typ GAZ produziert werden.

Sehenswertes/Stadtrundgang

Ein voller Tag in Nischnij Nowgorod reicht, um die wichtigsten Schönheiten der Stadt kennenzulernen, und erweckt das wunderbare Gefühl, im **alten Russland** angekommen zu sein. Dabei sollte ein Spaziergang durch die Altstadt, auf der Kremlmauer und auf dem Hochufer nicht fehlen. Bei schönem Wetter ist ein ein- bis eineinhalbstündiger Schiffsausflug auf der Wolga empfehlenswert. Auf dem wunderschönen Theaterplatz lädt ein Café mit Außenbereich zum Verweilen ein.

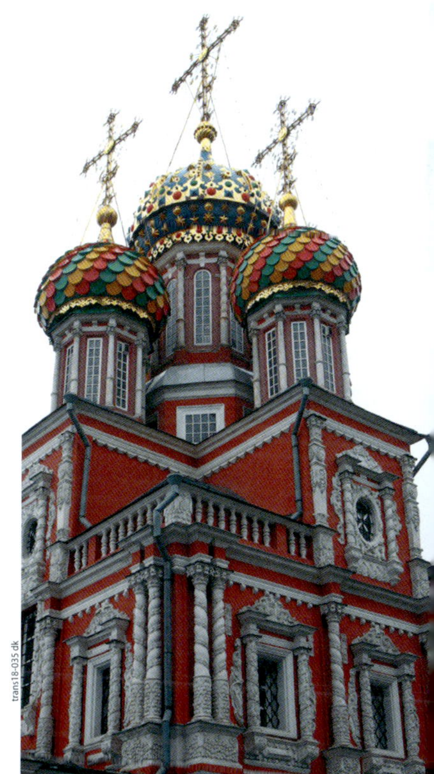

trans18-035 dk

> Mariä-Geburt-Kathedrale

Kreml

Der im 16. Jahrhundert erbaute Kreml mit seinen elf Türmen ist von außen sehr beeindruckend, enttäuscht aber innen, denn er beherbergt wie auch der Moskauer Kreml zahlreiche Regierungsgebäude, die nicht zugänglich sind. Ausnahmen sind die kleine **Erzengel-Michael-Kirche** aus dem 17. Jahrhundert, in der täglich Gottesdienste abgehalten werden, und das **Staatliche Kunstmuseum** im ehemaligen Gouverneurspalast (tägl. außer Di 10–17 Uhr).

Ussadba Rukawischnikowych

Dieses äußerst beeindruckende ehemalige Kaufmannshaus ist heute ein **Architekturmuseum.**

■ **Infos:** Werchnje-Wolschskaja Nabereschnja 7, Tel. 422 10 80, 422 10 50, 422 10 52, www.ngiamz.ru, Di bis Do 10–17 Uhr, Fr bis So 12–19 Uhr, 170 Rbl. bzw. 250 Rbl. mit Führung auf Russisch, auf Wunsch bei Voranmeldung und gegen Aufpreis mit Führung auf Englisch.

Kirchen

Die vielen größeren und kleineren Kirchen mit ihren goldenen Zwiebeltürmen erinnern an den Reichtum der früher blühenden Handelsstadt. Auf Schritt und Tritt trifft man auf aufwendig restaurierte Gotteshäuser, von denen eines schöner als das andere ist. Besonders hervorstechend ist die 1696–1719 erbaute, sowohl von außen als auch von innen äußerst beeindruckende **Mariä-Geburt-Kathedrale** (*Roschdjeswänskaja Zerkow*, auch *Stroganowskaja Zerkow*), deren Bau von der berühmten russischen Fürstenfamilie *Stroganow* finanziert wurde. Das Interieur mit viel Gold ist äußerst beeindruckend!

Petschorski-Männerkloster

Einen Besuch wert ist dieses ruhige Kloster *(Petschorski Monastyr)* aus dem 17. Jahrhundert, das **oberhalb der Wolga,** rund 2 km südöstlich vom Kreml liegt. Entweder man geht zu Fuß und folgt der Wolga an der Seilbahnstation vorbei (eine Fahrt damit bringt keine aufregende Aussicht!) bis zu einem nach unten auf das Kloster zuführenden Weg. Oder man wählt die Anfahrt vom Platz Ploschtschad Minina i Poscharskowo vor dem Kreml, von dem unzählige Busse und Marschrutentaxi zum Platz Ploschtschad Sennaja, von dem man in Fahrtrichtung weiterläuft.

Schiffsausflug auf der Wolga

„Wolga" klingt so sehr nach Russland wie das Wort Zar, und so gehört es eigentlich zu einer Russlandreise dazu, einen Schiffsausflug auf der Wolga zu machen (1½ Std.), es sei denn, man kommt zur falschen Jahreszeit. Doch sobald im **Mai** das Wetter warm genug ist – und dann **bis** hinein in den **September** – fahren täglich je nach Saison mehr oder weniger oft Schiffe vom Anleger ab (täglich wechselnde Abfahrtszeiten zwischen 10 und 19 Uhr). Abfahrtszeiten um 12, 14, 16 und 19 Uhr findet man häufiger, aber nicht jeden Tag. Fahrkartenverkauf: Man geht auf den Flussbahnhof *(Retschnoi Waksal)* zu, links vorbei hinter das Gebäude und dann die Treppe runter, wo sich linker Hand eine Reihe von Shops befindet, von denen der erste die Schiffskasse ist.

■ **Infos:** Anleger (Retschnoi Waksal), Ploschtschad Markina 15a, Tel. 461 80 10 und 431 30 01, Fahrkartenverkauf Mo bis Fr 9–19 Uhr, Sa/So 10–17 Uhr. Verkauf 20 bis 2 Min. vor der Abfahrt von Anleger

Nr. 12; die Preise variieren nach Dauer und Wochentag: Mo bis Fr kosten 1½ Std. 300 Rbl., Sa und So 350 Rbl.

Sacharow-Museum

Das *Andrej Sacharow* gewidmete Museum knapp 10 km südlich der Altstadt befindet sich in der **Wohnung,** in der der Nuklearphysiker und Regimekritiker zusammen mit seiner Frau *Jelena Bonner*, die ihm freiwillig gefolgt war, bis 1986 wohnte.

■ **Infos:** Prospjekt Gagarina 214, Tel. 462 61 25, tägl. 10–17 Uhr außer Fr. Anfahrt vom Ploschtschad Minina i Poscharskowo vor dem Kreml mit Bus Nr. 1 oder dem Marschrutentaxis Nr. 3 und 19 bis zur Haltestelle Musei Akademika Sacharowa.

Unterkunft

Lesen Sie auch die allgemeinen Hinweise zu Unterkünften in Russland im Kapitel „Praktische Reisetipps A–Z/Unterkunft".

Hinweis: Man sollte möglichst nicht auf der Bahnhofsseite übernachten, da der Stadtteil eher trostlos wirkt, sondern in der Altstadt mit Hostels und Hotels aller Preisklassen.

■ **Nikola House**
Ul. Poscharskowo 18, Tel. 419 39 39, www.nikola-house.ru. Das mitten in der Altstadt liegende, von außen eher kalt wirkende Gebäude beherbergt 31 gemütliche Zimmer. EZ/F 4500 Rbl., DZ/F 5600 Rbl.

■ **Otel Rest Home**
In der Fußgängerzone Ul. Balschaja Pakrowskaja 7, Tel. 439 05 88, www.rest-home.nnov.ru. Dieses sieben Zimmer zählende Hotel mit seinen schweren Möbeln und Teppichen hat eine typisch russische Atmosphäre. EZ/F ab 3000 Rbl., DZ/F ab 3500 Rbl. Wegbeschreibung: Gegenüber Haus Nr. 2, beim Eingang zum Markt Mytny Rynok; man gehe durch den Hausdurchgang zum Innenhof und geradeaus auf die Eingangstür zu.

■ **Ibis Hotel**
Ul. Maxima Gorkowo 115, Tel. 233 11 00, www.ibis-hotel.com. Das Ibis gilt unter Russen als das beste Hotel der Stadt und ist daher so gut wie immer ausgebucht, es liegt aber nicht besonders einladend an einer breiten, viel befahrenen Hauptstraße. Die 220 hellen Zimmer kosten Mo bis Do EZ ab 3200 Rbl., Fr bis So 2900 Rbl., Mo bis Do DZ 3800 Rbl., Fr bis So 2900 Rbl., Frühstück 400 Rbl.

■ **Smile Hostel**
In der Fußgängerzone Ul. Balschaja Pakrowskaja 4, Tel. 21 60 222, info@smilehostel.net. Schon die lange „Klaviertreppe" zu diesem mitten in der Altstadt, etwa 300 m vom Kreml entfernten Hostel stimmt den Gast auf etwas Besonderes ein. Die insgesamt 37 Betten dieses empfehlenswerten Hostels verteilen sich auf sieben helle, lustig bunte Zimmer. 2 DZ für je 1700 Rbl. sowie für Männer und Frauen gemischte Zimmer: ein 5-Bett-Zimmer à 600 Rbl., zwei 6-Bett-Zimmer à 500 Rbl. und zwei 8-Bett-Zimmer à 400 Rbl. In den zwei nach Geschlechtern getrennten Bädern mit jeweils mehreren Waschgelegenheiten stehen Blumen! Es gibt nur eine Herrentoilette. Der Eingangs-Küchen-Aufenthaltsraum ist riesig und urgemütlich, allerdings müssen alle Gäste mit zwei Herdplatten auskommen. Wegbeschreibung: Am einfachsten ist es mit der Metro, die unten im Bahnhof abfährt. Erste Haltestelle Gorkowskaja am Gorki-Platz (Ploschtschad Gorkowo); aussteigen und die ganze (lange, aber sehr schöne) Fußgängerzone Ul. Balschaja Pakrowskaja runter auf den Kreml zu. Kurz nachdem man über den wunderschönen Theaterplatz gelaufen ist, sieht man rechter Hand ein Gebäude mit Säulen; direkt daneben ist ein Café und als nächstes der Eingang zum Hostel.

■ **Oktjabrskaja**
Werchnje-Wolschskaja Nabereschnja 9A, Tel. 432 80 80, www.oktyabrskaya.ru. Das aus Sowjetzeiten stammende Hotel hat 70 Zimmer und liegt sehr schön und ruhig direkt am Hochufer der Wolga, we-

nige Gehminuten vom Kreml. EZ/F Mo bis Do ab 4000 Rbl., Fr bis So 3600 Rbl., DZ/F entsprechend 5400 Rbl. bzw. 6000 Rbl. Den schönsten Wolga-Blick haben die Zimmer Nr. 1–6 in der 7. Etage.

Essen und Trinken

Schokoladniza

An der Fußgängerzone direkt gegenüber dem Theater, tägl. 10–24 Uhr. Einladend helles, modernes Café mit günstigen russische Speisen, im Sommer auch im Freien.

Pjatkin

Ul. Roschdjestwenskaja 25, Tel. 430 91 83, www.pir.nnov.ru, tägl. 12–2 Uhr. Die drei unterschiedlich dekorierten Räume geben einem das Gefühl, Gast bei Privat zu sein, wo man z.T. in weichen Armsesseln sitzt. Der erste Saal mutet an wie ein Wohnzimmer, der mittlere wie eine große Wohnküche, der hintere gleicht einer „guten Stube". Nirgends sonst sitzt man so urgemütlich! Es gibt keine störenden Fernsehbildschirme, und die Musik ist immer russisch – von Folklore bis zu Schlagern. Englisches Menü vorhanden. Leider schmeckt das Essen nur durchschnittlich, aber für eine gemütliche Teepause lohnt sich der Besuch.

Vitalitsch

In der Fußgängerzone Ul. Balschaja Pakrowskaja 35, Tel. 433 16 91 und 433 73 74. Nicht zu übersehen ist die überlebensgroße Bronzefigur des Restaurantbesitzers, der mit einer einladenden Geste zu sich bittet. In gemütlicher Atmosphäre (zwei Bojarensäle und hinten das besonders schöne Jagdzimmer) werden hier russische Spezialitäten angeboten, u.a. eigens vom Boss erlegtes Wild.

trans18-034 dk

Gawrosch
Ul. Roschdjestwenskaja 23, Tel. 431 32 64. Das urgemütliche Café-Bistro bietet u.a. belgische Biere in Flaschen sowie vom Fass, Sa und So Frühstück. Mo bis Do 12–24 Uhr, Sa 8–2 Uhr und So 8–24 Uhr.

Literaturcafe Besuchov
Balschaja Roschdjestwenskaja 6, Tel. 433 87 63, www.bezuhov.ru, tägl. 24 Std. Ideal auch für eine Pause zwischendurch. Auf dicken Sofas und in gemütlichen Armsesseln genießt man bei guter Backgroundmusik das „Verfalls-Interieur" oder den Blick nach draußen.

Spar
Ul. Roschdjestwenskaja 21, tägl. 7–22 Uhr. Hier finden budgetbewusste Traveller frische Backwaren und Pizza, Salate und Coffee to go.

Touranbieter

Roza Vetrov, Ul. Minina 18/3, Büro 15, Tel. 419 94 94 und 8-910 103 23 17, www.roza-nn.ru, Mo bis Fr 10–19 Uhr, Sa 10–15 Uhr, So geschlossen.

Shopping

In dem **Souvenirgeschäft** in der Fußgängerzone Balschaja Pakrowskaja 43 findet man alles und das in sehr guter Qualität: Matroschkas, Prjanniki-

Blick vom Kreml auf die Hauptstraße mit den Häusern reicher Kaufleute aus vorrevolutionären Zeiten

Lebkuchen, Messer, Puppen, Silber, Geschel-Porzellan, Birkenholzartikel wie z.B. bemalte Birkengefäße aus Chochlama, Miniaturmalerei aus Fedokino, Tücher, Ikonen etc. Tägl. 10–22 Uhr.

Nachtleben

- **Franky Bar,** am oberen Ende der Fußgängerzone nach links im zweiten Gebäude, Ul. Swesdinka 10, Tel. 434 01 66, tägl. 12–2 Uhr, gilt mit Recht als die beste Cocktailbar der Stadt und ist urgemütlich.
- **Union Jack,** Ul. Roschdjestwenskaja gegenüber Haus Nr. 21 (Spar), typischer englischer Pub, tägl. 9–24 Uhr.
- **Rock Bar,** Ul. Piskunova 11, Tel. 419 26 36, Mo bis Do und So 12–2 Uhr, Fr und Sa 12–5 Uhr. Die mit viel Holz gemütlich designte Bar bietet Essen und Getränke bei guter Musik an. Do bis Sa Live-Musik – es wird getanzt.

Zugverbindungen

Vom großen Bahnhofssaal kommt man direkt zu Gleis 1, zu alle anderen Gleisen nimmt man die Treppe nach unten, wo sich auch die Gepäckaufbewahrung befindet.

Alle nachfolgend genannten Zeiten sind Ortszeiten. Die Fahrtdauer bezieht sich stets auf den schnellsten Zug.

Nach Moskau (461 km, 6 Std.)

- **Nr. 701:** tägl. 6.43 Uhr
- **Nr. 727:** tägl. 7.39 Uhr
- **Nr. 729:** tägl. 9.40 Uhr
- **Nr. 29/37:** tägl. 9.49 Uhr
- **Nr. 703:** tägl. 10.50 Uhr
- **Nr. 737/731:** tägl. 13.43 Uhr
- **Nr. 131/145:** tägl. 13.50 Uhr
- **Nr. 705:** tägl. 15.53 Uhr
- **Nr. 733:** tägl. 17.55 Uhr
- **Nr. 63/103:** Mi, Fr 18.14 Uhr
- **Nr. 707:** tägl. 18.58 Uhr
- **Nr. 709:** tägl. 20.11 Uhr
- **Nr. 035:** tägl. 23.35 Uhr

Nach St. Petersburg (1264 km, 15 Std.)

- **Nr. 131/145:** tägl. 13.50 Uhr
- **Nr. 337/347:** tägl. 13.58 Uhr
- **Nr. 59:** tägl. 19.06 Uhr

Nach Perm (1158 km, 18 Std.)

- **Nr. 104:** Mo, Sa 11.20 Uhr
- **Nr. 56/92:** tägl. 23.12 Uhr
- **Nr. 8:** tägl. 23.22 Uhr

Nach Kungur (1259 km, 17 Std.)

- **Nr. 110:** tägl. 4.52 Uhr
- **Nr. 104:** Mo, Sa 11.20 Uhr

Nach Jekaterinburg (1317 km, 19 Std.)

- **Nr. 2:** an geraden Tagen 5.50 Uhr
- **Nr. 12:** an ungeraden Tagen 20.11 Uhr
- **Nr. 56/92:** tägl. 23.12 Uhr

Nach Nowosibirsk (2842 km, 39 Std.)

- **Nr. 2:** an geraden Tagen 5.50 Uhr
- **Nr. 64/104:** Mo, Sa 11.20 Uhr
- **Nr. 56/92:** tägl. 23.12 Uhr

Nach Krasnojarsk (3604 km, 51 Std.)

- **Nr. 2:** an geraden Tagen 5.50 Uhr
- **Nr. 56/92:** tägl. 23.12 Uhr

Nach Irkutsk (4692 km, 68 Std.)

- **Nr. 2:** an geraden Tagen 5.50 Uhr

Nach Ulan-Ude (5148 km, 75 Std.)

- **Nr. 2:** an geraden Tagen 5.50 Uhr

Nach Chabarowsk (8032 km, 125 Std.)

- **Nr. 2:** an geraden Tagen 5.50 Uhr

Nach Wladiwostok (8798 km, 137 Std.)

- **Nr. 2:** an geraden Tagen 5.50 Uhr

Kasan

Казан

- **Transsib-Kilometer:** 793
- **Zeit:** Moskauer Zeit
- **Vorwahl:** 843

Kasan liegt **nicht an der Hauptroute** der Transsib-Expresszüge, von denen die meisten über Nischnij Nowgorod fahren. Etwa 50 km westlich von Jekaterinburg treffen die beiden Bahnlinien aufeinander. Vor die Entscheidung gestellt, entweder einen Stopp in Nischnij Nowgorod oder einen in Kasan einzulegen, sollte man wissen, dass beide Städte einen Kreml sowie ein schönes Stadtbild mit vielen historischen Bauwerken vorweisen, die Weiterfahrt nach Sibirien ab Nischnij Nowgorod jedoch einfacher ist, weil man von Kasan kommend ggf. in Jekaterinburg umsteigen muss.

Kasan, die **Hauptstadt der Republik Tatarstan,** zählt gut **1,2 Mio. Einwohner** und liegt knapp 800 km östlich von Moskau an der Stelle, wo die Kasanka in die Wolga einmündet. Jeweils knapp die Hälfte der Einwohner sind Russen und Tataren, womit Kasan das **Zentrum des Islam** in Russland ist. Sowohl Tatarisch als auch Russisch sind Amtssprachen, sodass viele Straßenschilder zweisprachig sind.

Geschichte

Im Jahr 1177 von Wolgabulgaren gegründet, wurde die Stadt im 13. Jahrhundert von der aus der Mongolei kommenden Goldenen Horde eingenommen. Der Niedergang der mongolischen Herrschaft Ende des 14. Jahrhunderts führte zur Gründung des **Khanats von Kasan,** welches bis Mitte des 16. Jahrhunderts bestand. Als Hauptstadt des Khanats entwickelte sich die Stadt zu einem wichtigen Handelszentrum. Als die Truppen *Iwans IV. (des Schrecklichen)* im Jahr 1552 Kasan einnahmen, wurde zum Zeichen des Sieges die Basilius-Kathedrale auf dem Roten Platz in Moskau errichtet. Die Eroberung Kasans war der erste Schritt Russlands zur Weltmacht; von hier nahm *Iwan der Schreckliche* die Erkundung und Eroberung Sibiriens in Angriff.

Nachdem die aus Holz gebaute Stadt wieder einmal niedergebrannt war, befahl *Katharina II.* (Zarin 1762–96) den Wiederaufbau des Stadtzentrums aus Stein. Kasans **Handel** mit Porzellan und Keramik sowie Lederwaren, Stoffen, Gewürzen und Wein blühte erneut auf. An der 1832 gegründeten Universität wurde u.a. das Fach Orientalistik gelehrt, dessen prominenter Student *Lew Tolstoi* war. 1999 öffnete die **erste islamische Universität Russlands** ihre Pforten. Zu den wichtigsten Wirtschaftszweigen zählen u.a. die petrochemische Verarbeitung des in Tatarstan geförderten Öls und der Flugzeugbau.

Sehenswertes/Stadtrundgang

Um einen Eindruck von Kasan zu bekommen, reicht ein Tag, d.h. man kann mit dem Nachtzug morgens anreisen und abends weiterziehen. Die Hauptsehenswürdigkeit ist das **historische Stadtzentrum.** Bei einem Spaziergang durch die wunderschöne Altstadt fühlt man sich ins alte Russland zurückversetzt. Die schönsten Straßen liegen in dem Viereck zwischen Kreml, der

Kasan
0
500 m
©Reise Know-How
Trans_39 6/18
Bahnhof Kasan 2 (ca. 4 km)
Übernachtung
1 Hotel Giuseppe
2 Kasanskoje Podworje Hostel
3 Hotel Tatarstan
Essen und Trinken
4 Tatarskaja Ussadba
Kasanka
Uliza Dekabristow
Uliza Baturina
Uliza Fedossejewskaja
Uliza Kassatkina
Mariä-Verkündigungs-Kathedrale
Kreml
Kul-Scharif-Moschee
Zirkus
Uliza Bolschaja Krasnaja
Uliza Karla Marxa
Tourist Information Center
Lutherische Kirche der Heiligen Katharina
Uliza Dserschinskowo
Nationalmuseum der Republik Tatarstan
Chornoye Osero
Peter-und-Paul Kathedrale
Uliza Mussy Dschalilja
Uliza Kremljowskaja
Uliza Moskowskaja
Uliza Tschernitschewskowo
Uliza Profsojusnaja
Uliza Baumana
Universität
Uliza Bulatschnaja
Kasan 1/ Kasan Passaschirski
Zentralmarkt
Verkündigungs-kathedrale
Krankenhäuser
Uliza Pushkina
Uliza Tasi Gisata
Uliza Moskowskaja
Uliza Ostrowskowo
Kommuny
Uliza Marselja Salimschanowa
Millenium Park
Uliza Galiaskara Kamala
Soltanov-Moschee
Nurullah-Moschee
Uliza Parischskoi
Uliza Tatarstana
Uliza Mardschani
Nischnij Kaban

Prachtstraße Kremljowskaja, der Puschkin-Straße und der Kasanka, die in die Wolga mündet. Bei einem Spaziergang vom Kreml auf der teils von Tannen und Laubbäumen gesäumten Ul. Kremljowskaja passiert man wunderbar erhaltene Fassaden aus dem 19. Jahrhundert. Emsiges Treiben herrscht in der **Fußgängerzone** *(Peschchodnaja Son)* der Baumana-Straße.

Der seit dem Jahr 2000 zum UNESCO-Weltkulturerbe zählende **Kasaner Kreml** *(Kasanski Kreml)* ist Sitz der Regierung von Tatarstan. Innerhalb der Kremlmauern (rund um die Uhr geöffnet) befinden sich diverse Museen (tägl. außer Mo 9–18 Uhr) und Regierungsgebäude, deren Architektur sowohl christlich-orthodoxe als auch moslemische Stilelemente aufweist. Die 2005 erbaute **Kul-Scharif-Moschee** *(Metschet Kul Scharif)* gilt nach der 2015 in Moskau eröffneten Kathedralmoschee als zweitgrößte Europas. Ihr Name geht zurück auf den Imam *Kol Sharif*, der bei der Verteidigung Kasans gegen die Truppen von Zar *Iwan IV.* getötet wurde. Sehenswert ist die Mitte des 16. Jahrhunderts erbaute **Mariä-Verkündigungs-Kathedrale** *(Blagoweschenski Ssabor)*. Wenige Schritte von ihr entfernt befindet sich hinter dem im 18. Jahrhundert aus roten Ziegelsteinen errichteten **Sujumbike-Turm** ein Mausoleum mit Sarkophagen tatarischer Khane.

Verlässt man den Kreml auf der Kremljowskaja-Straße, sieht man gleich rechts an der Ecke ein prunkvolles altes Gebäude, welches im Jahre 1894 zu Ehren von *Alexander II.* (Zar 1855–81) erbaut wurde. Heute beherbergt es das **Nationalmuseum der Republik Tatarstan** *(Nazionalny Musei Respublika Tatarstana)*, Ul. Kremljowskaja 3, Tel. 292 89 84, tägl. außer Mo 10–18 Uhr. Die Ausstellung zeigt archäologische Funde, Waffen und Schmuck sowie Eindrücke vom tatarischen Alltagsleben.

Folgt man der Kremljowskaja-Straße weiter und biegt an der zweiten Kreuzung nach rechts ab, sieht man rechter Hand die wunderschöne, 1726 eingeweihte, im Barockstil gehaltene **Peter-und-Paul-Kathedrale** *(Petropawlowski Ssabor)*, Ul. Mussy Dschalilja 21, tägl. 7.30–19 Uhr. Ursprünglich stand an ihrer Stelle eine Mitte des 16. Jahrhunderts errichtete Holzkirche. Erfahrene Kirchenbauer aus Pskow errichteten die zweistöckige Kathedrale. Nach mehreren Bränden wurde sie 1888–90 restauriert. Nach der bolschewistischen Revolution von 1917 diente das Gotteshaus als Sammelstätte für Heiligtümer und sakrale Artefakte aus geschlossenen Kirchen. Seit 1989 finden wieder regelmäßig Gottesdienste statt. Besonders schön im Inneren ist die 25 m hohe, neunstöckige geschnitzte Ikonostase.

Tourist-Info

Tourist Information Center
Ul. Kremljowskaja 15, Tel. 270 32 70, neben dem Hotel Giuseppe, Mo bis Fr 9.30–18.30 Uhr, Sa 9.30–15.30 Uhr, So geschlossen.

Unterkunft

1 Hotel Giuseppe
Ul. Kremljowskaja 15/25, Tel. 292 34 88, info@giuseppe.ru, www.giuseppe.ru. Perfekte Lage und tolles Interieur! In diesem Hotel an Kasans Prachtstraße mitten in der Altstadt fühlt man sich wie in ei-

nem Haus, das alter russischer Literatur entsprungen scheint. Je nach Größe und Ausstattung EZ/F ab 2900 Rbl. und DZ/F ab 3900 Rbl. Wer ein Buch von *Turgenjew* dabeihat, sollte sich das Zimmer „Klassik Garda" für 4400 Rbl. leisten (mit Sofa und Tischchen) oder das „Studija Verona" für 6300 Rbl.

3 Hotel Tatarstan

Ul. Pushkina 4, Tel. 231 67 04, www.hotel-tatarstan.ru. Das typische Sowjetzeit-Hotel in guter Lage bietet günstige Zimmer; aus den Zimmern mit gerader Zimmernummer in der 11. bis 13. Etage hat man einen wunderbaren Ausblick bis hin zur Moschee im Kasaner Kreml. EZ/F 2500 Rbl., DZ/F 3200 Rbl., 3-Bett-Zimmer 5000 Rbl.

2 Kasanskoje Podworje Hostel

Ul. Baumana 68, Tel. 222 60 20, kazan-hostel@mail.ru, baumana68kazan@gmail.com, www.kazan-hostel.com. Das Hostel mit seinen liebevoll eingerichteten Zimmern und einem urgemütlichen Innenhof sowie einladendem Restaurant zählt wohl zu den schönsten Hostels in ganz Russland. EZ und DZ mit eigenem Bad/WC 2000 Rbl., 3- und 4-Bett-Zimmer mit Gemeinschaftsbad 650 Rbl. p.P. und im einzigen 6-Bett-Zimmer 600 Rbl. p.P.

Essen und Trinken

4 Tatarskaja Ussadba

Ul. Mardschani 8, Tel. 225 04 33, So bis Do tägl. 11–24 Uhr, Fr und Sa 11–2 Uhr. Wer die typische tatarische Küche probieren möchte, is(s)t hier richtig!

Zugverbindungen

Kasan hat **zwei Bahnhöfe:** Kasan Passaschirski bzw. Kasan 1 (russ. *adin*) und einen zweiten Bahnhof mit vielen Namen – Kasan Wostanije, Kasan Ssewerny (Kasan-Nord), Kasan Nowy (russ. für

„neu", eröffnet 2012), Kasan 2 (russ. *dwa*). Zwischen Kasan 1 und Kasan 2 verkehren der Bus Nr. 53 und die Straßenbahnlinie 1, beide bis zur Station „Metro Ssewernaja". Von Kasan 2 starten die meisten Züge nach Moskau und Sibirien, Kasan 1 liegt direkt an der Altstadt; Tipp: Beim Kauf einer Fahrkarte fragen, ob es einen Zug vom Bahnhof Kasan Passaschirski gibt.

Alle nachfolgend genannten Zeiten sind Ortszeiten. Die Fahrtdauer bezieht sich stets auf den schnellsten Zug.

Nach Nischnij Nowgorod (503 km, 9 Std.)

- **Nr. 25:** tägl. 21.41 Uhr
- **Nr. 41:** tägl. 22.07 Uhr

Nach Moskau (793 km, 12 Std.)

- **Nr. 75/81:** tägl. 15.55 Uhr
- **Nr. 79/89:** tägl. 16.13 Uhr
- **Nr. 111:** tägl. 16.15 Uhr
- **Nr. 117:** an geraden Tagen 16.30 Uhr
- **Nr. 135/95:** tägl. 16.42 Uhr
- **Nr. 23:** tägl. 18.11 Uhr
- **Nr. 1:** tägl. 20 Uhr
- **Nr. 25:** tägl. 21.41 Uhr
- **Nr. 15/59:** tägl. 21.57 Uhr

Nach Jekaterinburg (940 km, 12 Std.)

- **Nr. 76/82:** tägl. 2.04 Uhr
- **Nr. 118:** an geraden Tagen 2.16 Uhr
- **Nr. 16/60:** tägl. 5.42 Uhr
- **Nr. 136/96:** tägl. 7.45 Uhr
- **Nr. 80/90:** tägl. 7.55 Uhr
- **Nr. 46:** an ungeraden Tagen 14.56 Uhr
- **Nr. 140:** an geraden Tagen 15.45 Uhr
- **Nr. 378:** tägl. 20.08 Uhr
- **Nr. 106:** tägl. 23.45 Uhr

Weltkulturerbe – der Kreml von Kasan

Fotolia_1186 r_andrei

Nach Tobolsk (1430 km, 24 Std.)
- **Nr. 60:** an geraden Tagen 5.42 Uhr
- **Nr. 378:** tägl. 20.08 Uhr
- **Nr. 106:** tägl. 23.45 Uhr

Nach Nowosibirsk (2400 km, 36 Std.)
- **Nr. 76/82:** an geraden Tagen 2.04 Uhr
- **Nr. 118:** an geraden Tagen 2.10 Uhr
- **Nr. 140:** an geraden Tagen 14.56 Uhr
- **Nr. 378:** tägl. 20.08 Uhr

Nach Krasnojarsk (3162 km, 48 Std.)
- **Nr. 76/82:** tägl. 2.04 Uhr

Nach Irkutsk (4250 km, 68 Std.)
- **Nr. 82:** an ungeraden Tagen 2.04 Uhr

Nach Ulan-Ude (4706 km, 76 Std.)
- **Nr. 82:** an ungeraden Tagen 2.04 Uhr

Wjatka (Kirow) Вятка (Киров)

- **Transsib-Kilometer:** 957
- **Zeit:** Moskauer Zeit + 1 Std.

957 km nordöstlich von Moskau erreicht der Zug die etwa 470.000 Einwohner zählende, am gleichnamigen Fluss gelegene Stadt Wjatka, früher bekannt als Kirow. Wjatka liegt in einem Gebiet mit **dichten Wäldern und großen Äckern.** Zu den wichtigsten landwirtschaftlichen Erzeugnissen der Region gehören Roggen, Gerste und Zuckerrüben, ferner Milch- und Fleischprodukte.

Im 12. Jahrhundert ließen sich hier Siedler aus der Gegend von Nowgorod nieder und gründeten 1181 die Stadt Klynow, später umbenannt in Wjatka, 1934 umbenannt in Kirow und seit den 1990er Jahren wieder in Wjatka. Bis 1917 war die Stadt ein **Verbannungsort für politische Häftlinge.** So lebten hier z.B. der Philosoph und Revolutionär *Alexander Herzen* (1812–70) und der Revolutionär *Felix Dserschinski* (1877–1926) für einige Jahre.

Heute ist Wjatka das administrative und kulturelle Zentrum des Kirower Gebietes mit Museen, Theatern und einer Philharmonie.

Perm Пермь

- **Transsib-Kilometer:** 1434
- **Zeit:** Moskauer Zeit + 2 Std.
- **Vorwahl:** 342

An den Ufern der Kama liegt die knapp eine Million Einwohner zählende Stadt Perm, deren Name im Finno-Ugrischen so viel wie „Fernes Land" bedeutet. Die erste Erwähnung eines Dorfes an der heutigen Stelle fällt in das Jahr 1647. Die Gründung von Perm Ende des 18. Jahrhunderts verdankt sich den Kupfererzvorkommen in der Region und dem daraus resultierenden Bau von Kupferhütten, die wiederum zahlreiche Schwerindustriebetriebe mit sich brachten. Von großer Bedeutung für die wirtschaftliche Entwicklung der Stadt war die günstige Lage, die den Warentransport über die in die Wolga fließende Kama ermöglichte. 1878 erreichte die erste Eisenbahnlinie Perm und bewirkte einen gewaltigen wirtschaftlichen Aufschwung. Seit den 1920er Jahren fahren die Transsibexpresszüge über Perm.

Heute steht Perm an 13. Stelle der größten Städte Russlands und ist ein wichtiges **wirtschaftliches und kulturelles Zentrum** mit Museen, Theatern, einer Oper, einem berühmten Ballett sowie sieben Hochschulen und über 20 wissenschaftlichen Forschungszentren.

Der wohl bekannteste „Permer" (russ. *Permjak*) ist der in Moskau geborene Dichter und Schriftsteller **Boris Pasternak,** der 1958 für seinen weltberühmten Roman „Doktor Schiwago" (geschrieben 1945–55) den Nobelpreis für Literatur bekam. Die Handlung spielt in der frei erfundenen Stadt Jurjatin, die in Wirklichkeit Perm ist. Eingeweihte und Stadtführer kennen die im Roman beschriebenen Gebäude und Stadtviertel, sodass man auf den Spuren des *Dr. Schiwago* durch Perm spazieren kann. Ein weiterer Permer ist *Sergei Diagilev,* der Gründer der Balletts Russes (1909), eines der bedeutendsten Ballettensembles des 20. Jahrhunderts. Von 1940 bis 1957 hieß die Stadt übrigens Molotov (nach dem früheren sowjetischen Außenminister und engen Vertrauen *Stalins*).

Das **Stadtbild** erfuhr in den letzten Jahren eine deutliche Verschönerung, da ein Gesetz aus dem Jahr 2010 die Renovierung aller Fassaden entlang der wichtigen Straßen vorschreibt.

Sehenswertes

Die Permjaken rühmen sich, die Erfinder der mittlerweile von mehreren russischen Städten (u.a. Irkutsk) kopierten **green line** (www.lines.perm.ru) zu sein, die Touristen durch die Stadt führt. Folgt man den Richtungspfeilen der auf Gehsteigen und Straßen aufgemalten Grünen Linie, so kommt man zu den Sehenswürdigkeiten, vor denen Informationstafeln mit Hinweisen auf Englisch zur Geschichte und Bedeutung stehen.

Museum für Moderne Kunst

Seit Juli 2014 ist eine **interessante Sammlung** von Installationen, Videos, Objekten und Bildern in einem neuen Gebäude untergebracht. Im obersten Stockwerk können Kinder in einem gut ausgestatteten **Mal- und Bastelraum** selbst Kunst erschaffen.

■ **Musei Ssowremennowo Iskustwa,** Ul. Gagarina 24, Tel. 254 35 52, Di bis So 12–21 Uhr, Mo Ruhetag, Eintritt 150 Rbl. Anfahrt: Straßenbahn Nr. 7 von der Station gegenüber dem Restaurant Pasternak bis zur Haltestelle Studentitscheskaja; der dreieckige, mit Kacheln verkleidete, hellblau-grau gestreifte Neubau ist nicht zu übersehen.

Heimatkundemuseum

Wie die meisten Heimatkundemuseen Russlands ist auch das in Perm sehr liebevoll gestaltet.

■ **Krajewetschäski Musei,** Ul. Monastyrskaja 11, Tel. 257 18 09, außer Mo tägl. 10–19 Uhr, feiertags 12–21 Uhr, Mo geschlossen, Eintritt 120 Rbl.

Unterkunft

1 Hotel Chosjajuschka

Ul. Permskaja 126, Tel. 236 03 57. Dieses wirklich empfehlenswerte Hotel hat extrem nettes Personal, liegt absolut zentral, verfügt über neun sehr einladende Zimmer mit allem Drum und Dran (die Handtücher liegen im Schrank!), fast wie bei Privat im besten Gästezimmer. Ruhig mit Fenstern zum Hinterhof. Zwei Zimmer teilen sich jeweils ein Duschbad/WC. EZ/F ab 1700 Rbl., DZ/F ab 2200 Rbl. Es gibt auch etwas teurere Zimmer mit eigener Dusche und WC. Nur Barbezahlung. Wegbeschreibung: Neben der Sberbank durch den Hausdurchgang und am Ende scharf rechts. Das Frühstück wird im Zimmer serviert und nach Wunsch zusammengestellt.

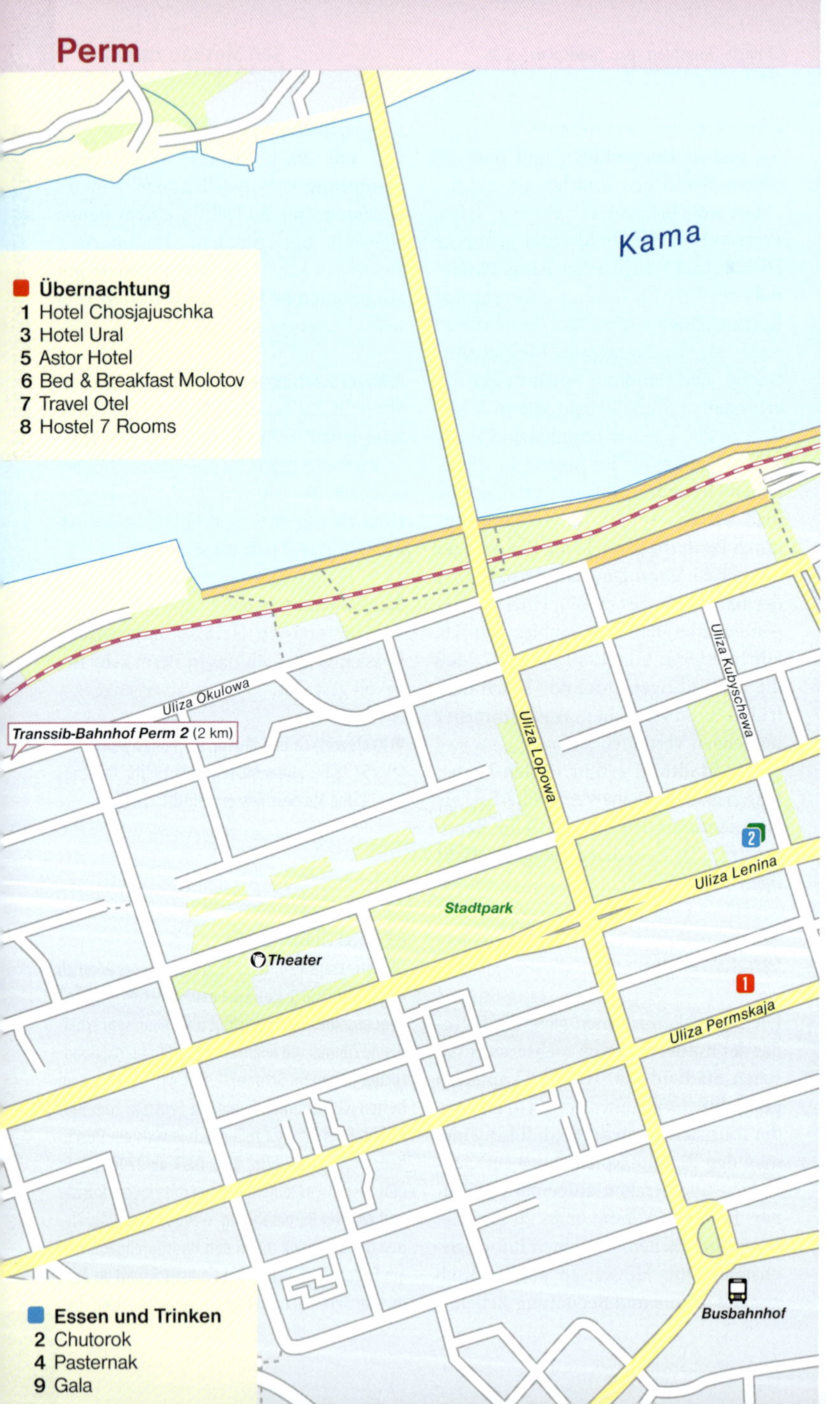
Kama
Übernachtung
1 Hotel Chosjajuschka
3 Hotel Ural
5 Astor Hotel
6 Bed & Breakfast Molotov
7 Travel Otel
8 Hostel 7 Rooms
Uliza Okulowa
Transsib-Bahnhof Perm 2 (2 km)
Uliza Kubyschewa
Uliza Lopowa
Uliza Lenina
Stadtpark
Theater
Uliza Permskaja
Busbahnhof
Essen und Trinken
2 Chutorok
4 Pasternak
9 Gala

0
200 m
©Reise Know-How
Trans_38
6/18
Heimatkunde-
museum
Bahnhof Perm 1
(Vorortzüge)
Uliza Maxima Gorkowo
7
Zoo
Theater
Komsomolzen-
platz
Museum für
Moderne Kunst (2 km)
6
Uliza Lenina
Uliza Petropawlowskaja
5
4
Uliza Permskaja
Uliza Nikolai Ostrovskowo
3
8
Uliza Pushkina
Komsomolski Prospekt
Zentralpark
9
Uliza Revoluzii
Uliza Revoluzii
Einkaufen/Sonstiges
2 Kaufhaus Kolisei
3 Permturist
6 Boris Molotov (Touren)

3 Hotel Ural

Ul. Lenina 58, Tel. 218 62 62, www.hotel-ural.com. Das größte und zentralste Hotel der Stadt sieht wenig einladend wie ein Regierungsgebäude aus, hat aber helle, saubere Zimmer zu relativ günstigen Preisen: EZ/F 2700 Rbl., DZ/F 3600 Rbl. Die rechte Lobbyhälfte sieht aus wie ein überdimensioniertes Wohnzimmer im Stil der 1960er Jahre. An Tischen und in Sofaecken kann man hier in Ruhe am Computer sitzen. Wellness-Einrichtungen, Indoor-Pool. Anfahrt: Vom Bahnhof mit Bus Nr. 68 und mit Trolleybus Nr. 5 bis zur Haltestelle Gastinitsa Ural.

8 Hostel 7 Rooms

Ul. Nikolai Ostrovskowo 49/Ecke Ul. Puschkina 24, Tel. 259 68 87 und 8-951 926 19 41. Das wohl schönste Hostel der Stadt liegt leider nicht ganz so zentral. Es hat sechs helle, modern eingerichtete Zimmer: ein EZ/F für 1300 Rbl., zwei DZ/F für je 1300 Rbl., ein 4-Bett-Zimmer/F für 1900 Rbl. und je ein 6-Bett-Zimmer/F für Männer und für Frauen à 500 Rbl. Wegbeschreibung: Am Ende des Gebäudes mit der Nr. 49 (das nächste hat die Nr. 51) biegt man rechts in einen Innenhof ein, geht geradeaus und passiert zwei Türen auf der rechten Seite; die dritte Tür (gelb-lila mit einer großen 7 und zwei Klingeln) ist der Eingang zum Hostel.

7 Travel Otel

Ul. Maxima Gorkowo 146, Tel. 222 18 18, hotel.travel@bk.ru. Die 15 relativ kleinen Zimmer dieses angenehmen Hotels sind einladend und modern eingerichtet. EZ/F 2800 Rbl., DZ/F 2900 Rbl.

5 Astor Hotel

Ul. Petropawlowskaja 40, Tel. 212 22 12, www.astorhotel.ru. In den 16 Zimmern dieses sehr geschmackvoll eingerichteten Hotels (helle Möbel und z.T. blumige Tapeten) fühlt man sich wohl. Verschiedene Zimmerkategorien ab 3800 Rbl.

6 Bed & Breakfast Molotov

Boris Molotov vermittelt Privatunterkünfte im Stadtzentrum, Tel. 8-922 330 46 04, vasvavi@gmail.com. Er selbst ist ein idealer Stadtführer und Spezialist für das Straflager Perm-36 (s.u.).

Essen und Trinken

9 Gala

Ul. Revoluzii 44, Tel. 204 25 45, tägl. 10–23 Uhr. Dieses sehr moderne und absolut empfehlenswerte SB-Lokal (russ. *Stalowaja*) ist Perms günstigste Adresse für gute Küche! Junge Leute sitzen mit ihren Smartphones und Laptops an Tischen und in Sofaecken – WLAN vorhanden.

2 Chutorok

Filiale im Erdgeschoss des unübersehbaren Kaufhauses **2 Kolisei** (westlich vom Hotel Ural), Eingang von der Lenina-Straße, Tel. 257 60 61, tägl. 10–2 Uhr, englische Speisekarte vorhanden. Die bei den Permjaken beliebte Restaurantkette mit Holzhaus-Charme hat derzeit 12 Filialen und bietet traditionelle russische und ukrainische Speisen an. Guter Borschtsch, große Auswahl an Salaten, leckeres *Chicken à la Kiew*. Mittlere Preislage.

4 Pasternak

Ul. Lenina 37, Tel. 299 99 97, tägl. 10–23 Uhr. Wer nicht im Restaurant essen möchte, kann sich hier mit leckeren Salaten, Brot und Kuchen z.B. für ein Picknick eindecken. Beeindruckende Auswahl an Weinen aus aller Welt.

Infos und Touren

6 Boris Molotov, Tel. 8-922 330 46 04, vasvavi@gmail.com. *Boris* spricht perfekt englisch und ist mit Leib und Seele Botschafter seiner Stadt. Eine bessere Infoquelle gibt es nicht!

3 Permturist, im Hotel Ural, Büro 219, Ul. Lenina 58, Tel. 218 69 99, www.turizm-ural.ru, Mo bis Fr 10–19 Uhr.

Post

- Das Postamt befindet sich in der **Ul. Lenina 29;** geöffnet ist es Mo bis Fr 8–22 Uhr, Sa/So 9–18 Uhr.

Zugverbindungen

Am **Bahnhof Perm 2** stehen Duschen und Ruheräume zur Verfügung. Taxis verlangen bis zu 500 Rbl. für die Fahrt ins Zentrum, ein offiziell reserviertes Taxi kostet nur ca. 150 Rbl. Die Busse Nr. 9, Nr. 68 und weitere fahren wenige Schritte links vom Bahnhof ab; man frage den Fahrer nach dem Hotel Ural, um direkt ins Zentrum zu kommen.

Alle nachfolgend genannten Zeiten sind Ortszeiten. Die Fahrtdauer bezieht sich stets auf den schnellsten Zug.

Nach Kungur (101 km, 1 Std.)

- **Nr. 100:** tägl. 5.40 Uhr
- **Nr. 70:** tägl. 16 Uhr
- Nach Kungur fahren täglich von 7.20 bis 20.45 Uhr mehrere **Vorortzüge** *(Elektritschka)*; Fahrtdauer: 2 Std., 173 Rbl.
- **Busse** fahren ebenfalls mehrmals am Tag zwischen 8 und 19.55 Uhr (300 Rbl.).

Nach Tobolsk (936 km, 14 Std.)

- **Nr. 12:** an ungeraden Tagen 13.15 Uhr
- **Nr. 110:** tägl. 22.32 Uhr

Nach Jekaterinburg (381 km, 5 Std.)

- **Nr. 100:** tägl. 5.40 Uhr
- **Nr. 12:** an ungeraden Tagen 13.15 Uhr
- **Nr. 56/92:** tägl. 15.48 Uhr
- **Nr. 70:** tägl. 16 Uhr
- **Nr. 2:** an geraden Tagen 22.06 Uhr
- **Nr. 110:** tägl. 22.32 Uhr

Nach Nowosibirsk (1906 km, 25 Std.)

- **Nr. 100:** tägl. 5.40 Uhr
- **Nr. 56/92:** tägl. 15.48 Uhr
- **Nr. 70:** tägl. 16 Uhr
- **Nr. 2:** an geraden Tagen 22.06 Uhr
- **Nr. 110:** tägl. 22.32 Uhr

Nach Krasnojarsk (2668 km, 37 Std.)

- **Nr. 100:** tägl. 5.40 Uhr
- **Nr. 56/92:** tägl. 15.48 Uhr
- **Nr. 70:** tägl. 16 Uhr
- **Nr. 2:** an geraden Tagen 22.06 Uhr

Nach Irkutsk (1906 km, 25 Std.)

- **Nr. 100:** tägl. 5.40 Uhr
- **Nr. 70:** tägl. 16 Uhr
- **Nr. 2:** an geraden Tagen 22.06 Uhr

Nach Nischnij Nowgorod (936 km, 14 Std.)

- **Nr. 7:** tägl. 11.35 Uhr
- **Nr. 55/91:** tägl. 11.44 Uhr
- **Nr. 109:** tägl. 14.50 Uhr
- **Nr. 11/83:** tägl. 15 Uhr
- **Nr. 1:** an ungeraden Tagen 19.50 Uhr
- **Nr. 29/37:** tägl. 20.42 Uhr
- **Nr. 145:** an ungeraden Tagen 23.30 Uhr

Nach Jaroslawl (1158 km, 20 Std.)

- **Nr. 69:** tägl. 5 Uhr
- **Nr. 99:** tägl. 11.56 Uhr
- **Nr. 67:** tägl. 19.30 Uhr

Nach Moskau (1438 km, 20 Std.)

- **Nr. 69:** tägl. 5 Uhr
- **Nr. 7:** tägl. 11.35 Uhr
- **Nr. 55/91:** tägl. 11.44 Uhr
- **Nr. 99:** tägl. 11.56 Uhr
- **Nr. 109:** tägl. 14.50 Uhr
- **Nr. 11/83:** tägl. 15 Uhr
- **Nr. 67:** tägl. 19.30 Uhr
- **Nr. 1:** an ungeraden Tagen 19.50 Uhr
- **Nr. 29/37:** tägl. 20.42 Uhr
- **Nr. 145:** an ungeraden Tagen 23.30 Uhr

Gulag-Museum Perm-36

Der Hauptgrund eines Stopps in Perm ist der Besuch dieser Erinnerungsstätte rund 120 km nordöstlich von Perm im **Dorf Kutschino.** Offiziell heißt das Museum **Gedenkstätte der Geschichte politischer Repressionen Perm-36;** es ist das einzige Gulag-Museum auf dem gesamten Territorium Russlands. Auf dem Gelände stehen noch einige aus der Stalinzeit stammende Gebäude. Perm-36 war eines der Hochsicherheitslager der UdSSR, in welchem als besonders gefährlich eingestufte Delinquenten inhaftiert wurden. In den letzten Jahren seines Bestehens saßen hier nur politische Gefangene ein. Geschlossen wurde das Lager erst 1987!

Von Regierungsseite war zunächst geplant, das Lager wie alle anderen einfach verfallen zu lassen bzw. anderweitig zu nutzen, z.B. als Behindertenheim. Anfang der 1990er Jahre setzte sich dann die Permer Nichtregierungsorganisation „Perm-36" für die Umfunktionierung des Lagers in eine Gedenkstätte mit Museum ein. Die **Eröffnung** war **1994,** zwei Jahre später bekamen auch ausländische Touristen Zutritt.

Stück für Stück wird alles in seinen **ursprünglichen Zustand** versetzt, Gebäude werden renoviert und wieder aufgebaut. Die Arbeit wird zum großen Teil von russischen und internationalen Freiwilligen geleistet.

Im Frühjahr 2014 gab es Diskussionen darüber, ob **Ausländern** dieser dunkle Aspekt der russischen bzw. sowjetischen Geschichte unbedingt gezeigt werden sollte, und man schloss das Lager. Großer Unmut in der Bevölkerung sorgte dafür, dass Perm-36 nach drei Monaten wieder geöffnet wurde. Als die

trans18-036 dk

von offizieller Seite eingesetzten Touristenführer die Geschichte und Geschehnisse nun leicht geschönt darstellten, kam es erneut zu Auseinandersetzungen, mit dem Ergebnis, dass seit September 2015 alles wieder beim Alten ist und die Erläuterungen der historischen Wahrheit entsprechen.

Der Besucher bekommt einen erschreckend **realistischen Eindruck vom Leben und Leiden im Lager.** Neben Wohnbaracken, Isolationszelle, Werkstätten, Sanitätsgebäude etc. gibt es eine Reihe sehr interessanter und eindrucksvoller Ausstellungen zu sehen.

Die Geschichte des Lagers

Die **Gründung** von Perm-36 fällt in das Jahr **1943.** Während das Gulag-System in den 1930er Jahren aus großen, weit voneinander entfernten Lagern bestand, ging man Ende der 1940er Jahre dazu über, kleine Lager (bis zu 1000 Häftlinge), die nicht weit auseinander lagen, zu errichten. Diese waren kostengünstiger zu erbauen, effizienter zu betreiben und meist von kurzer Lebensdauer: Nachdem die Zwangsarbeit erfüllt war (Bau eines Kanals, Holzfällarbeiten), zogen die Häftlinge weiter, und die Lager wurden entweder zerstört oder dem Verfall preisgegeben.

Perm-36 wurde als Lager für **Holzfällarbeiten** gegründet. Aufgrund seiner für den Holzabtransport günstigen Lage direkt am Fluss Tschussowaja wurde es nach der Rodung der umliegenden Waldgebiete nicht aufgegeben, sondern aufgerüstet und technisch modernisiert, sodass mit Lastwagen und Traktoren auch weiter entfernt gelegene Waldstücke erreicht werden konnten. Außerdem wurden auf dem Lagergelände Abstellräume und verschiedene Werkstätten, so eine Schmiede und ein Sägewerk, eingerichtet.

Nach Stalins Tod 1953 wurde Perm-36 aufgrund seiner guten Infrastruktur und Ausstattung nicht geschlossen. Ab 1954 saßen hier **hochrangige Mitglieder verschiedener staatlicher Organe** (Polizei, Geheimdienst, Gerichte) ein, die einst selbst Menschen in die sowjetischen Arbeitslager geschickt hatten. Diese besonderen Gefangenen hatten eine Reihe von Sonderrechten, darunter bessere Verpflegung, aber auch das Kulturprogramm des Lagers wurde für sie ausgebaut, und sie bekamen sogar ausländische Filme zu sehen.

In der Zeit von 1954 bis 1972 diente Perm-36 als einziges Lager der UdSSR für „besondere Zwecke“. Im Zuge der neuen Repressions- und Isolationspolitik der sowjetischen Regierung gegen politische Dissidenten zu Beginn der 1970er Jahre wurde Perm-36 zum **Lager für politische Gefangene.** Zu diesem Zweck wurden die Sicherheitsvorkehrungen verschärft: So wurde das alte Ofenheizsystem, das bis dahin das Weiterleiten geheimer Nachrichten ermöglicht hatte, durch eine Zentralheizung ersetzt. Hinzu kamen neue Zäune und bessere Alarmanlagen.

In der UdSSR unterschied man bezüglich der Lagerklassifikation vier **Sicherheitsstufen:** einfach, verstärkt, streng und Sonderregime. Das Stammlager von Perm-36 gehörte zum „strengen Regime". Einige hundert Meter entfernt wurde ein kleiner Komplex der Kategorie „Sonderregime" errichtet, in dem von 1980 bis 1987 56 Häftlinge wegen „Verbrechen gegen den sowjetischen Staat" rund um die Uhr in ihren Zellen eingesperrt waren. Bei den Gefangenen handelte es sich u.a. um Aktivisten nationaler Unabhängigkeitsbewegungen (Ukraine, Baltikum) und um Menschenrechtler. Das Sonderregime von Perm-36 war das erste und einzige in der gesamten Sowjetunion, das ausschließlich für politische Häftlinge bestimmt war.

Als das **Lager 1987 geschlossen** wurde, kamen die meisten dieser politischen Gefangenen frei und wurden später rehabilitiert. Das Stammlager übernahm das Gesundheitsamt, das die Gebäude für psychisch Kranke nutzte. Viele der alten Sicherheitssysteme wurden beseitigt, viele Gebäude umgebaut oder zerstört.

2009 und 2010 erfuhr das Areal eine ganz andere Nutzung: Das Opernhaus Perm inszenierte im ehemaligen Lager ein **Musiktheater.** 2009 war es eine Auftragskomposition mit *Solschenizyns* „Ein Tag im Leben des Iwan Denissowitsch" als Grundlage, 2010 *Beethovens* Oper „Fidelio".

■ **Anfahrt:** Am wenigsten kostet es mit dem zwischen Perm und Tschussovoi verkehrenden öffentlichen Bus ab dem Busbahnhof in Perm (Áfto Waksal, tägl. ab 7.15 Uhr alle 30 Min.). Man rechne mit 3 Std. Anreise, da die Bushaltestelle 4 km Fußweg vom Gulag-Museum entfernt ist: Von der Bushaltestelle Tjomnaja (bei km-Stein 72) läuft man bis zum km-Stein 71 zurück, biegt nach links ab und erreicht sehr bald das fast verlassene Dörfchen Machnutino. Man läuft bis zum Dorfende und folgt der Naturstraße nach links, wo ein Schild auf das nächste, 2,5 km entfernte Dorf Kutschino hinweist. Dort steht rechter Hand ein einstöckiges, aus weißen Steinen erbautes Gebäude, der Eingang zu Perm-36. Hier gibt es zwei Möglichkeiten: Entweder man läuft allein durch das Lager, oder man schließt sich einer russischen Führung an, die im Schnitt 2x täglich um 14 und 16 Uhr stattfindet (je nach Saison sind es mehr oder weniger Führungen, die Zeiten können sich ändern). Ein Problem ist die Rückfahrt nach Perm, weil es keinen Fahrplan für die Busse von Tschussovoi nach Perm gibt. Man muss zurück zur Haupttrasse laufen, dort nach links bis zum km-Stein 72, zu einem rechter Hand befindlichen Busschild; jeder hier vorbeikommende Bus fährt nach Perm – man muss deutliche Zeichen geben, damit ein Bus auch hält.

■ Die informativste und einfachste Variante ist eine **organisierte Tour** (unbedingt rechtzeitig reservieren, mindestens ein, besser zwei Tage vorher!). Für Transfer, Eintritt und deutsch- bzw. englischsprachige Führung verlangen die großen Agenturen 12.000–13.000 Rbl. für 2 Personen. *Boris Molotov* ist mit Preisen zwischen 9000 und 10.000 Rbl. am günstigsten (siehe bei Perm).

■ Tipp: **Verpflegung mitnehmen!** Im Museum gibt es einen Raum mit bequemen Sofas. Heißes und kaltes Trinkwasser wird kostenlos angeboten.

■ **Büro des Museums:** Tel. 212 61 29, 212 72 33

■ **Öffnungszeiten:** tägl. außer Mo 10–17 Uhr

■ **Eintritt:** 600 Rbl.

■ **www.perm36.ru**
und **www.gulagmuseum.ru**

⊡ Sehenswert – das Belagorskij-Kloster 50 km westlich von Kungur

Kungur

Кунгур

- **Transsib-Kilometer:** 1535
- **Zeit:** Moskauer Zeit + 2 Std.
- **Vorwahl:** 34271

Kungur ist unbedingt einen Stopp wert und für viele nach 1535 km Fahrt ab Moskau eine willkommene Fahrtunterbrechung auf dem Weg zum Baikalsee. Man fühlt sich in dieser **typischen Provinzstadt** wie im Russland längst vergangener Zeiten.

An der Eisenbahnlinie Perm – Jekaterinburg **rund 100 km südöstlich von Perm** gelegen, zählt die 1663 gegründete Stadt 66.000 Einwohner. Eine gemütliche Atmosphäre herrscht vor allem in der Altstadt, wo man bei einem Spaziergang überraschend viele schöne historische Gebäude und Kirchen entdeckt.

Kungur war **früher ein bedeutendes Handelszentrum** mit einem großen Jahrmarkt. Der Teehandel entwickelte sich zur wichtigsten Einkommensquelle: Die Fellhändler von Kungur verkauften ihre Ware damals auf Russlands zweitgrößtem Jahrmarkt in der sibirischen Stadt Irbit knapp 500 km östlich von Jekaterinburg. Dort bot man den Händlern Tee in großen Kisten an. Dieses noch recht unbekannte Getränk in so großen Einheiten weiterzuverkaufen, war kaum möglich, bis ein Kungurjak die Idee hatte, eine Manufaktur zum Abwiegen und Portionieren von Tee zu gründen. In kleine Mengen verpackt wurde das Produkt zum Verkaufsschlager. Das Geschäft lief so gut, dass zwei Drittel des gesamten russischen Teehandels über Kungur abgewickelt wurden und die Stadt zu einem wichtigen Messeort wurde, in dem der Handel mit landwirtschaftlichen Erzeugnissen blühte! Davon zeugen der 1876 erbaute **Handelshof** *(Gastinny Dwor)*, in dem heutzutage kleine Läden untergebracht sind, sowie zahlreiche, von reichen Kaufleu-

trans18-004 dk

Kungur

Iren
Uliza Krasnoarmeyskaja
Uliza Swerdlowa
Uliza Gagarina
Uliza Karla Marxa
Bushaltestelle Gastiniza
Uliza Lenina
Uliza Swerdlowa
Uliza Sowjetskaja
Lenski Trakt
Belagorskij-Kloster (50 km)
Übernachtung
1 Hotel Baschnja
2 Hotel Iren
4 Hostel Kungur
Essen und Trinken
1 Restaurant Baschnja
3 Café Megatort

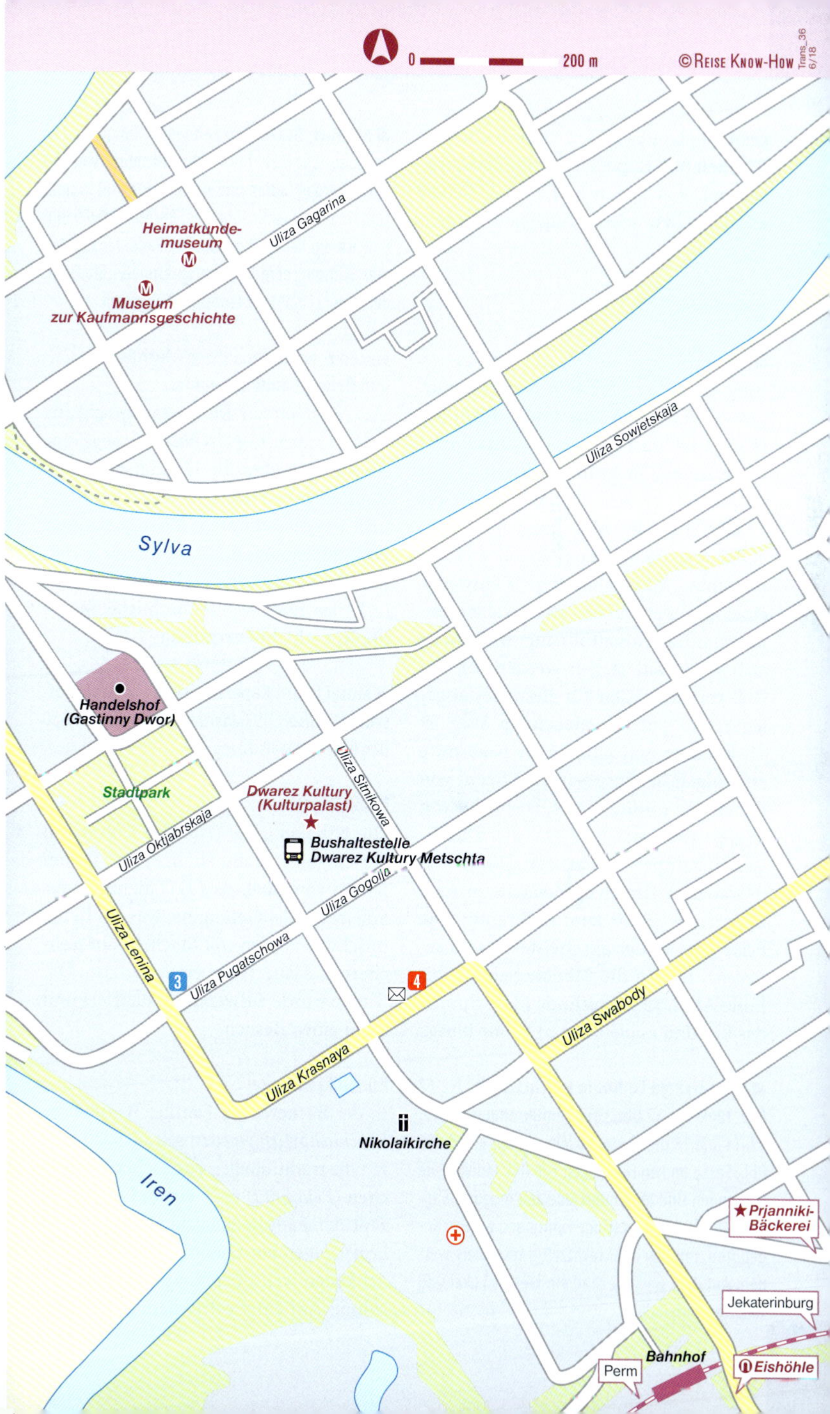
0
200 m
©Reise Know-How
Trans_36
6/18
Uliza Gagarina
Heimatkunde-
museum
Museum
zur Kaufmannsgeschichte
Uliza Sowjetskaja
Sylva
Handelshof
(Gastinny Dwor)
Stadtpark
Dwarez Kultury
(Kulturpalast)
Uliza Sitnikowa
Bushaltestelle
Dwarez Kultury Metschta
Uliza Oktjabrskaja
Uliza Gogolja
Uliza Lenina
Uliza Pugatschowa
3
4
Uliza Swabody
Uliza Krasnaya
Nikolaikirche
Iren
Prjanniki-
Bäckerei
Jekaterinburg
Bahnhof
Perm
Eishöhle

gestiftete Gotteshäuser, ursprünglich 14 **Kirchen** und Kapellen für nur 3000 Einwohner, von denen heute noch sieben existieren bzw. wieder aufgebaut werden.

Sehenswertes

Eishöhle

Viele Besucher kommen nach Kungur, um die knapp **6 km lange Eishöhle (Kungurskaja Ledinaja Peschtschera)** zu besuchen. Sie gehört weltweit zu den größten ihrer Art und ist 10.000 bis 12.000 Jahre alt. Man kann nur einen Teil der aus **58 Sälen** bestehenden Höhle besuchen. Man schließt sich entweder einer Gruppentour an oder bezahlt mehr für eine Individualführung. Man ziehe sich warm an! Jacken werden für 100 Rbl. verliehen. Der für Besucher angelegte und gut ausgeleuchtete Weg ist 1½ km lang und führt in die Säle sowie zu einigen der insgesamt **70 Seen,** von denen der größte eine Oberfläche von knapp 1500 m² hat. Da die Durchschnittstemperatur in der Höhle um 0 Grad liegt, frieren die Seen nie zu. Eine Lasershow gehört zum Programm. Die beste Zeit, in der am meisten Eis zu sehen ist, fällt in die Monate Februar bis Ende April, ab Mitte/Ende Mai schmilzt das Eis, und es bleiben nur Steine übrig.

■ **Kungurskaja Ledinaja Peschtschera,** Tel. 62 610, tägl. 10–17 Uhr, Gruppenführungen um 10, 12, 14 und 16 Uhr, Dauer 80 Min., Mo bis Fr p.P. 600 Rbl., Sa/So und an Feiertagen 700 Rbl. Individuelle Führungen sind teurer und jederzeit möglich. Englisch- und deutschsprachige Führungen werden angeboten, müssen aber rechtzeitig reserviert werden. Auf dem Gelände sind ein kleines Lokal und Toiletten vorhanden.

■ **Anfahrt:** Bus Nr. 9 ab Bahnhof in Kungur und ab Bushaltestelle Metschta bis zur Endstation. Von dort leicht bergan laufen und nach knapp 100 m links zum Hotel Stalagmit abbiegen. Rechter Hand befindet sich ein liebevoll gestalteter Park, der sich *Jermak* widmet, dem berühmten Eroberer Sibiriens, der in der Eishöhle übernachtet haben soll.

Museum zur Kaufmannsgeschichte und Heimatkundemuseum

Das Museum zur Kaufmannsgeschichte *(Musei Istorii Kupetschästwa)* zeigt eine Ausstellung über die **Handelsgüter** der Kaufleute von Kungur, ihre Kleidung und wie sie wohnten. Wenige Schritte entfernt liegt das liebevoll gestaltete Heimatkundemuseum *(Krajewetscheski Musei),* das interessante Einblicke in die **Stadtgeschichte** vermittelt.

■ **Musei Istorii Kupetschästwa** und **Krajewetscheski Musei,** Ul. Gagarina, Mi bis So 10–16.30 Uhr, Eintritt jeweils 70 Rbl.

Nikolaikirche

Die Nikolaikirche *(Nikolski Chram)* in der Gogolja-Straße Nr. 5, erbaut in den Jahren von 1894 bis 1917, diente in der Sowjetzeit als Gefängnis, was bis heute unschwer an den mit Stacheldraht gesicherten Mauern zu erkennen ist. Die Kirche wurde aufwendig restauriert und lohnt einen Besuch.

Prjanniki-Bäckerei

In der Bäckerei der Familie *Wjasowich-Koschuchowich* werden seit über 20 Jahren die traditionellen **russischen Lebkuchen** *(Prjanniki)* nach einem Geheimrezept der Familie gebacken. Dank ihrer herausragenden Qualität sind die Köstlichkeiten weit über Kungur hinaus berühmt. Auf einer offiziellen, in Moskau herausgegebenen „Prjanniki-Landkarte" mit insgesamt acht Städten ist Kungur als östlichste Prjanniki-Stadt eingezeichnet. *Galja* und ihr Mann *Igor* haben fünf Kinder, die bis auf den jüngsten Sohn bei der Produktion mithelfen. Es werden Backkurse angeboten, die 2½ Std. dauern (bei 1 bis 5 Personen 1500 Rbl. p.P.).

Und so fing alles an: *Galja* und *Igor* begegneten sich an einer Kunstschule bei Moskau – sie lernte Holzschnitzerei, er Steinmetz. Die beiden heirateten und lebten in Kungur. Im Zuge der Restaurierung der Nikolaikirche bekamen sie den Auftrag, eine Ikonostase zu schnitzen (1990–92). Bei der Einweihung bemerkte das damalige Oberhaupt der russisch-orthodoxen Kirche, Patriarch *Alexius II.*, die exzellente Ausführung und erteilte *Igor* den Auftrag für eine Ikonostase in Moskau – vier Jahre dauerte die Arbeit (die Kirche befindet sich in der Ul. Roschdjestwenskaja 13). *Galja,* die Spaß sowohl am Schnitzen als auch am Backen hatte, verband beides und begann Formen für Prjanniki zu schnitzen, die in der Familie und im Freundeskreis mit Begeisterung aufgenommen wurden. Als der Bürgermeister im Jahr 2002 aus Anlass des ersten internationalen Heißluftballonevents einen Wettbewerb ausschrieb, wer die beste Idee für Souvenirs hat, die man an die Gäste aus dem In- und Ausland verkaufen könnte, gewann *Galjas* Familie mit einer Papierlampe in Ballonform den 1. Preis, eine Ballonfahrt. Um sich beim Ballonfahrer zu bedanken, schnitzte und buk *Galja* einen Lebkuchen in Ballonform. Der Pilot war derart begeistert, dass er das Geschenk dem Bürgermeister zeigte, der wiederum so angetan war, dass er ab dem Moment für jeden Anlass bei *Galja* Lebkuchen bestellte – z.B. mit dem Stadtwappen, mit entsprechenden Motiven zu Ostern oder als Schmuck für den Weihnachtsbaum.

Ausflug zum Belagorskij-Kloster

Absolut empfehlenswert ist ein Ausflug zum Belagorskij-Kloster *(Bjälagorski Monastyr),* das sich als **eine Art russisches Neuschwanstein** präsentiert. Schon von Weitem glitzern die goldenen Kuppeln der 446 m ü.N.N. thronenden Klosterkirche „Weißer Berg" – wahrlich ein märchenhafter Prachtbau mitten in der Natur! Wer vorher Moskau besucht hat, wird ein Dejà-vu-Erlebnis haben, denn der Bau ist eine kleinere Kopie der Moskauer Erlöserkathedrale.

Die Grundsteinlegung der Kirche steht im Zusammenhang mit einem gescheiterten Attentat auf den jungen Zarewitsch *Nikolai* (später Zar *Nikolaus II.*) im Jahre 1891 in Japan. Wo zunächst nur ein über 10 m hohes Kreuz stand, begann man am 18. Juni 1893 mit dem Bau des Klosters, das 1917 eingeweiht wurde. Nur ein Jahr später, in den Wirren der Oktoberrevolution, wurde die große Kuppel zerstört, und das Kloster verfiel.

Früher lebten hier 100 Mönche und zahlreiche Helfer, heute sind es nur noch zehn Mönche und viele Arbeiter, die die Klostergebäude instand setzen. Besucher können sich in der einfachen Klosterkantine stärken (mit Toiletten).

■ **Anfahrt:** Das Kloster liegt rund 50 km westlich von Kungur. Per Taxi kostet der etwa vierstündige Ausflug 2000 Rbl. plus 100 Rbl. pro Stunde Wartezeit. Man kann den Ausflug bei *Olga* im Hostel Kungur buchen (s.u.).

Unterkunft

4 Hostel Kungur
Ul. Krasnaya 15, Tel. 8-908 258 95 55 und 8-982 470 62 16, www.hostel-kungur.ru. Anfahrt vom Bahnhof per Taxi 100–150 Rbl. und mit den Bussen 1, 7, 8 und 9 22 Rbl. (ca. 15 Min. Fahrt): Von der Haltestelle Metschta geht man zurück, überquert die Kreuzung und läuft bis zur nächsten Straße; dort biegt man nach links ab und hinter dem Geschäftsgebäude wieder nach links in eine Art Hinterhof bis zu einer Treppe, die zum Hostel führt. Die Betreiberin *Olga* verfügt über fünf Zimmer, alle mit Gemeinschaftsbad und inkl. Frühstück: DZ/F 1200 bzw. als Einzelzimmer 1000 Rbl., ein 5-Bett- und zwei 8-Bett-Zimmer à 500 Rbl. und ein Familienzimmer mit vier Betten (2 Pers. zahlen 1400 Rbl., 3 Pers. 1700 Rbl., 4 Pers. 2000 Rbl.). Nur Barzahlung. In dem gemütlichen Hostel mit Pancakes for free fühlt man sich wie zu Hause. *Olga* ist mit Leib und Seele Gastgeberin und organisiert Ausflüge. Ihr Sohn *Danil* spricht englisch und unterstützt seine Mutter. *Olgas* Bratkartoffeln mit selbst gesuchten Waldpilzen sind ein Traum!

2 Hotel Iren
Ul. Lenina 30, Tel. 322 70, iren-hotel@mail.ru, Anfahrt vom Bahnhof mit den Bussen Nr. 1, 7, 8 und 9 bis zur Haltestelle Gastinitsa Iren. 54 Zimmer, EZ/F mit eigenem Bad 2400 Rbl., DZ/F 3100 Rbl., 4-Bett-Zimmer mit Gemeinschaftsbad/-WC 2600 Rbl., jeweils inkl. Frühstück. Von den besten Zimmern, groß und hell, gibt es zwei in der 4. Etage und ein weiteres in der 5. Etage, allerdings ohne Fahrstuhl.

1 Hotel Baschnja (russ. für Turm)
Ul. Swerdlowa 70, Tel. 615 56 und 8-964 196 14 26, www.grandkungur.ru. Das neue Hotel empfängt seit Juni 2017 Gäste und hat insgesamt 35 Zimmer. EZ und DZ 2700–3300 Rbl., Frühstück 300 Rbl.

Essen und Trinken

1 Restaurant Baschnja
Im gleichnamigen Hotel, Tel. 8-922 335 69 00, tägl. 8–24 Uhr. Zählt zu den besten Restaurants der Stadt, besonders lecker ist das Schweineschnitzel mit Käse überbacken *(Atbiwnaja pod Ssyrom)*.

3 Café Megatort
Ecke Ul. Pugatschova/Ul. Lenina, Mo bis Fr 8–20 Uhr, Sa/So 8–19 Uhr. Unten werden leckere Kuchen und Torten verkauft, oben befindet sich ein kleines Lokal mit guter Hausmannskost. Empfehlenswert sind der leckere *Plov* (kaukasisches Reisgericht mit Fleisch), Kohlrouladen *(Galuptsi)*, verschiedene Salate und Suppen sowie nicht übersüßte Desserts zu günstigen Preisen.

Zugverbindungen

Alle nachfolgend genannten Zeiten sind Ortszeiten. Die Fahrtdauer bezieht sich stets auf den schnellsten Zug.

Nach Moskau (1535 km, 23 Std.)

- **Nr. 99:** tägl. 10.03 Uhr
- **Nr. 109:** tägl. 12.01 Uhr
- **Nr. 67:** tägl. 17.40 Uhr
- **Nr. 29/37:** tägl. 18.12 Uhr
- **Nr. 145:** an ungeraden Tagen 21.38 Uhr

Nach Nischnij Nowgorod (1259 km, 17 Std.)

- **Nr. 109:** tägl. 12.01 Uhr
- **Nr. 29/37:** tägl. 18.12 Uhr
- **Nr. 145:** an ungeraden Tagen 21.38 Uhr

Nach Perm (101 km, 1½ Std.)

- **Nr. 71:** tägl. 3 Uhr
- **Nr. 99:** tägl. 10.03 Uhr
- **Nr. 109:** tägl. 12.01 Uhr
- **Nr. 67:** tägl. 17.40 Uhr
- **Nr. 29/37:** tägl. 18.12 Uhr

- **Nr. 145:** an ungeraden Tagen 21.58 Uhr
- Nach Perm fahren täglich von 7 bis 20.07 Uhr mehrere **Vorortzüge** *(Elektritschka);* Fahrtdauer: 2 Std., 173 Rbl.
- **Busse** fahren ebenfalls mehrmals am Tag zwischen 7 und 19.55 Uhr (300 Rbl.).

Nach Jekaterinburg (280 km, 5 Std.)

- **Nr. 72:** tägl. 2.09 Uhr
- **Nr. 100:** tägl. 7.12 Uhr
- **Nr. 64:** Di, Sa 7.22 Uhr
- **Nr. 104:** Do 7.22 Uhr
- **Nr. 70:** tägl. 17.26 Uhr
- **Nr. 30/38:** tägl. 23.47 Uhr
- **Nr. 110:** tägl. 23.59 Uhr

Nach Nowosibirsk (1805 km, 24 Std.)

- **Nr. 100:** Do 7.12 Uhr
- **Nr. 64/104:** Di, Do, So 7.22 Uhr
- **Nr. 70:** tägl. 17.26 Uhr
- **Nr. 30/38:** tägl. 23.47 Uhr

Nach Krasnojarsk (2567 km, 38 Std.)

- **Nr. 100:** Do 7.12 Uhr
- **Nr. 70:** tägl. 17.26 Uhr

Nach Irkutsk (3655 km, 57 Std.)

- **Nr. 100:** Do 7.12 Uhr
- **Nr. 70:** tägl. 17.26 Uhr

Der Ural

Viele Transsibreisende empfinden das Uralgebirge als Enttäuschung. Von Moskau kommend, geht die Fahrt durch leicht hügeliges Land, und man wartet auf das in topografischen Landkarten dunkelbraun dargestellte Gebirge. Alle gucken neugierig aus den Zugfenstern, zücken ihre Fotoapparate und Videokameras, um schneebedeckte Gipfel aufzunehmen – und es passiert nichts! Wenn der Zug den Ural auf einer durchschnittlichen Höhe von 450 m ü.N.N. durchquert, ist von Bergen, geschweige denn von Gebirge keine Spur. Alles, was man sieht, ist eine **hügelige Birkenlandschaft.** Aber die ist sehr schön anzusehen! Vielleicht ist die Urallandschaft für Reisende aus Asien in Richtung Europa interessanter, weil sie aus der endlosen Westsibirischen Tiefebene kommen, in der sie fast 2000 km durch eine total flache, bis zum Horizont reichende, meist sumpfige Ebene gerattert sind.

Der bis zu 1886 m hohe Ural erstreckt sich von Norden nach Süden über eine **Gesamtlänge von über 2500 km.** Das Gebirge bildet die **natürliche Grenze zwischen Europa und Asien** und ist eine wahre Schatzkammer an **Rohstoffen:** Es finden sich Eisen, Kupfer und Mangan sowie Erdöl, Steinkohle, Asbest und Bergkristalle. Zu den wichtigsten Edel- und Halbedelsteinen gehören Amethyst, Smaragd und Alexandrit sowie Diamanten, Rubine und Malachite. Auch große Marmorvorkommen sind vorhanden.

Die ersten Russen, die sich in der Region niederließen, waren im 11. Jahrhundert Nowgoroder Kaufleute und

Siedler. Sie sammelten in den Gebieten von Wjatka und Perm u.a. Honig, Wachs, Pelze und Salz, mit denen sie erfolgreich handelten.

Die systematische **Besiedlung** Sibiriens durch Russen setzte erst viel später als Folge der ersten Sibirienexpedition des Kosakenführers *Jermak* im Jahr 1580 ein. Der **Abbau von Bodenschätzen** begann im 17. Jahrhundert und der Bau von Eisenhütten im 18. Jahrhundert unter *Peter dem Großen*. Der Eisenbahnverkehr nahm Ende des 19. Jahrhunderts den Betrieb auf.

Bis zur Oktoberrevolution im Jahre 1917 stellte der Ural nicht nur die historische und geografische Trennlinie zwischen zwei Kontinenten dar, sondern auch eine wirtschaftliche, und seit 1917 wird vom Ural aus die wirtschaftliche Entwicklung Sibiriens und des gesamten Fernen Ostens beeinflusst. Aus traurigem Grund nahm die **Industrialisierung** des Ural einen bis heute wirkenden Aufschwung, als nach dem deutschen Überfall auf Russland während des Zweiten Weltkriegs Hunderte von Fabriken und Unternehmen aus Westrussland in das Uralgebiet ausgelagert wurden und alsdann einen Großteil der an der Front benötigten Waffen produzierten.

Heute leben im Uralgebiet weit **über 20 Millionen Menschen verschiedener Volkszugehörigkeiten.** Viele von ihnen sind in Bergwerken und Industriebetrieben tätig. Zu den wichtigsten Industriezweigen zählen der Maschinenbau, die Metallindustrie, die u.a. Gusseisen und Stahl produziert, sowie die chemische und Holz verarbeitende Industrie, die u.a. Papier herstellt.

So sagt man in Sibirien

Als Gott, beladen mit einem schweren Sack, Bodenschätze über die ganze Erde verteilte, machte er in Sibirien eine kleine Verschnaufpause und schlief neben seinem Sack ein. Beim Aufwachen bemerkte er, dass ihm etwas aus dem Sack geklaut worden war. Wütend schüttete Gott nun den restlichen Sackinhalt in Sibirien aus und verfügte, dass eine dicke Eisschicht alles verdecken solle. Seither liegen in Sibirien viele bisher noch verborgene Bodenschätze, die nur darauf warten, dass man sie herausholt – doch dazu braucht man teure Technologien, Infrastruktur und viel Geld.

Kilometerstein 1777 – die Grenze der Kontinente

Am Kilometerstein 1777 erreicht der Sibirienexpress die **Grenze zwischen Europa und Asien.** Knapp 15 m vom Zug entfernt sieht man, von Moskau kommend auf der rechten Seite, einen hellen, ca. 4 m hohen **Steinobelisken** mit der Aufschrift „Europa-Asien" in kyrillischer Schrift (s.a. bei Jekaterinburg).

Für Fotografen sei erwähnt, dass im Speisewagen, direkt im Anschluss an die Küche, meist eine Tür geöffnet werden kann, welche, so sie sich zufälligerweise auf der richtigen Seite befindet, ein Foto vom Grenzstein ermöglicht, vorausgesetzt der Zug fährt langsam. Gemäß den momentan gültigen Fahrplänen der großen Transsibzüge passiert man, wenn sie pünktlich sind, den Grenzstein am Abend bzw. nachts.

Jekaterinburg

Екатеринбург

- **Transsib-Kilometer:** 1815
- **Zeit:** Moskauer Zeit + 2 Std.
- **Vorwahl:** 343

Mit knapp **1,4 Millionen Einwohnern** nach Moskau, St. Petersburg und Nowosibirsk die viertgrößte Stadt Russlands, ist Jekaterinburg eine auffallend helle Stadt mit Neubauten, eleganten Hochhäusern, glitzernden Geschäftsgebäuden und gepflegten Grünanlagen. Dennoch ist Jekaterinburg kein Muss für Transsibreisende; wer es einrichten kann, unterbricht die Fahrt für einen Tag.

Die Stadtgeschichte beginnt im Jahr 1723, als *Peter der Große* auf der Suche nach Bodenschätzen hier die erste Fabrik zur Gewinnung von Eisen errichten lässt. Zu Ehren der **Zarin Katharina I.** wird die neue Stadt nach ihr benannt. Diese wächst und bekommt im Jahre 1783 die Stadtrechte. Als später Edelsteine und Gold sowie Diamanten gefunden werden, wächst der Wohlstand, und auch das kulturelle Leben erhält entscheidende Impulse.

Der **Anschluss an die Transsib** ist für Jekaterinburgs Entwicklung von großer Bedeutung. Neben Erzgewinnung und Eisenproduktion florieren vor allem der Schwermaschinenbau und die chemische Industrie. Im Zweiten Weltkrieg werden aus dem Westen Russlands Fabriken nach Jekaterinburg verlegt, was zu einem weiteren wirtschaftlichen Aufschwung führt. Insbesondere Waffen- und Munitionsfabriken arbeiten in dieser Zeit auf Hochtouren.

Von 1924 bis 1991 hieß die Stadt nach dem Arbeiterführer **Swerdlowsk (Jakow).** Noch heute prangt dieser Name in großen Lettern auf dem Bahnhofsgebäude und alle Fahrpläne benutzen ihn. Die geschichtliche Entwicklung der Stadt ist in wunderbaren Wandbildern in den Wartesälen des restaurierten Bahnhofs anschaulich dargestellt.

Einen deutlichen Entwicklungsschub und **Veränderungen im Stadtbild** erlebte Jekaterinburg 2009 dank eines internationalen Symposiums. Aus diesem Anlass wurden viele Gebäude restauriert, Hotels gebaut, Parkanlagen angelegt und das Straßennetz verbessert. Auch mit Blick auf die Fußball-WM 2018 – in der Stadt fanden einige Spiele statt – wurde in das Erscheinungsbild der Stadt investiert.

Sehenswertes

Ein Spaziergang bzw. eine Führung durch das **historische Stadtzentrum** ist die beste Art, Jekaterinburg und seine Sehenswürdigkeiten kennenzulernen. Besonders viele historische Gebäude findet man in der Straße 8. Marta. Ausflüge nach Ganina Jama und an die Kontinentengrenze zum Grenzstein zwischen Europa und Asien gehören zum Standardprogramm.

Fotografiemuseum

Das im typischen Uralstil gebaute historische Gebäude (unten Stein, oben Holz) beherbergte vor der Revolution das Geschäft des Fotografen *Wenjamin Metenkov* (1857–1933). Im August 1998 eröffnete hier das erste Fotomuseum der Uralregion. In den **sehr schönen Räumlichkeiten** werden alte Fotoapparate und u.a. eine umfangreiche Sammlung vorrevolutionärer Fotos ausgestellt.

■ **Fotografitscheski Musei Doma Metenkova,** Ul. Karla Liebknechta 36, tägl. außer Mo 10–20 Uhr, 200 Rbl.

Kathedrale auf dem Blut und Ganina Jama

Im **Ipatjew-Haus** *(Dom Ipatjewa),* benannt nach seinem ehemaligen Besitzer, dem Ingenieur *Nikolai Ipatjew,* wurde **Zar Nikolaus II.** mit seiner Familie monatelang gefangen gehalten und in der Nacht vom 16. auf den 17. Juli 1918 **ermordet.** Auf Anordnung des Moskauer Politbüros ließ 1977 der damalige Parteichef von Swerdlowsk, *Boris Jelzin,* das Haus abreißen. Seit 2003 steht hier die **Kathedrale auf dem Blut (Chram-na-Krawi).** Die sterblichen Überreste der Zarenfamilie wurden in einem Wald etwa 15 km nordwestlich der Stadt an einer ehemaligen Eisengrube (russ. **Ganina Jama**) verbrannt und verscharrt. Nachdem heimlich vorgenommene private Nachforschungen im Jahr 1979 auf diese Stelle gestoßen waren, wurde hier im Jahr 2000 ein russisch-orthodoxes Männerkloster gegründet, das **Kloster der Heiligen Zarenmärtyrer.** Die Anlage ist ein einzigartiges, aus sieben wunderschönen Holzkirchen bestehendes Ensemble inmitten eines Birkenwaldes. Gemäß traditioneller Handwerkskunst benutzten die Arbeiter beim Bau der Kirchen nur Axt und Säge. Jede der sieben Kirchen ist jeweils einem Mitglied der Zarenfamilie gewidmet, also Zar *Nikolaus II.,* seiner Ehefrau *Alexandra Fjodorowna,* ihren vier Töchtern und dem Zarensohn. Die russisch-orthodoxe Kirche sprach *Nikolaus II.* und seine Familienmitglieder als Märtyrer heilig.

Am schönsten ist die kleine **Zarenkapelle (Zarski Chram)** links vor der Hauptkirche, erbaut aus dicken Baumstämmen wie ein typisch russisches Haus auf dem Lande. Die Ikonostase gehört zu den eindrucksvollsten und verleiht dem Gebetsraum mit seinen flackernden, duftenden Kerzen eine unvergessliche Atmosphäre. Ebenfalls sehenswert ist die kleine Kirche links neben der Zarenkapelle. Auch hier wurde alles aus ganzen Baumstämmen erbaut.

■ **Ganina Jama:** Für den Besuch (tägl. 6–21 Uhr) gilt ein Dresscode, nach dem Frauen Rock und Kopftuch tragen müssen; beides wird am Eingang kostenlos verteilt. Der Eintritt ist frei, es wird eine Spende erwartet. Auf dem Gelände gibt es ein Teelokal, ein einfaches Klosterrestaurant (Trapesnaja) und ein Lädchen mit Ikonen, Bibeln etc.

■ **Anfahrt:** Am günstigsten fährt man von der Metrostation Maschinostraitjelnaja mit Bus Nr. 223 bis direkt vor den Haupteingang zum Kloster; Abfahrt tägl. 8.53, 11.28, 13.40 und 15.50 Uhr. Vom Kloster zur Metrostation Maschinostraitjelnaja tägl. 7.45, 10.23, 12.33, 14.48, 16.55 und 20.37 Uhr. Einfacher bzw. bequemer ist es mit einem Taxi: Hin- und Rückfahrt ca. 500 Rbl. plus 4 Rbl. pro Warteminute. Oder man bucht einen Ausflug bei einem Touranbieter inkl. Führung (s.u.).

Jekaterinburg

Übernachtung
2 Hotel Marins Park
3 Hostel R.E.D.
6 Hotel Park Inn
7 Hotel and Hostel Centre
10 Tschechow Hotel

Essen und Trinken
1 Loschka Wilka
4 Podkowa
11 Plov Project

Einkaufen/Sonstiges
5 Agentur Sputnik
9 Visit Ural
11 Shopping Center Grinwitsch

Boris Yeltsin Presidential Center

Das Ende 2015 eröffnete **Museum** befindet sich in einem hochmodernen Bürokomplex. Hier wird über Leben und Werk des früheren Staatspräsidenten *Boris Jelzin* und über die Geschichte Russlands am Ende des 20. Jahrunderts informiert. Angeschlossen ist u.a. eine Bibliothek. Auch Buchpreise werden verliehen.

■ **Boris Yeltsin Presidential Center,** Tel. 312 43 43, tägl. außer Mo 10–21 Uhr, 200 Rbl.

Wandgemälde im Bahnhof

Die Kronleuchter und die Deckenmalereien in den beiden Wartesälen im ersten Obergeschoss des Bahnhofs von Jekaterinburg sind eine Besichtigung wert! In romantischen Großbildern wird die **Geschichte Jekaterinburgs** erklärt. Unter jedem Bild befindet sich die entsprechende Jahreszahl:

■ **1581:** Kosakenführer *Jermak* wird von *Iwan IV.,* bekannt als *Iwan der Schreckliche,* auf die erste Sibirienexpedition geschickt und erreicht Jekaterinburg.

■ **1598:** Rund 400 km von Jekaterinburg entfernt liegt ein wichtiges religiöses Zentrum, das die Bedeutung der Stadt widerspiegelt.

■ **1686:** Eine wunderschöne Jahrmarktszene mit der feinen Gesellschaft in edlen Roben und schönen Kutschen. Wodka wird ausgeschenkt, Fischstände locken mit duftendem Räucherfisch. Die aus Stein gebauten Kirchen gab es zur damaligen Zeit genauso wenig wie die dekorativen Luftballons im Bild.

■ **1723:** Eine Brücke wird gebaut und die ersten Industrieanlagen entstehen.

■ **1833:** Die Bahnlinie erreicht Jekaterinburg und trägt zur Wirtschaftsentwicklung bei.

■ **1893:** Verschiedene Edelsteine werden unter die Lupe genommen. Edelsteinfunde führen zu einem weiteren Aufschwung für die Region.

■ **1917–22:** Die 1998 heilig gesprochene und in der Petersburger St.-Pauls-Kathedrale bestattete Zarenfamilie aus dem Hause *Romanow* wird hier in einem Heiligenschein dargestellt. Die Ermordung von Zar *Nikolaus II.,* seiner Frau und seiner fünf Kinder im Jahre 1918 nimmt einen traurigen Platz in der Geschichte der Stadt ein. Auf dem Bild ist außerdem der Kampf der Roten Armee gegen die zarenfreundliche Weiße Armee zu sehen.

■ **1929–34:** Die Industrie der Stadt läuft auf Hochtouren, Jekaterinburg erlebt eine Blüte.

■ **1941–45:** Szenen aus dem Zweiten Weltkrieg, sowohl der Kampf an der Front als auch die Produktion von Waffen für den Krieg beherrschen dieses Bild. Als nach dem deutschen Überfall auf Russland an die 700 Betriebe in den Ural verfrachtet wurden, diente Jekaterinburg als eine der wichtigsten Waffenschmieden Russlands.

■ **1956–2000:** Die Frauen-Basketballmannschaft (alle als Blondinen dargestellt) brachte der Stadt durch ihre schiere Unbesiegbarkeit viel Ruhm.

■ **1960:** Ein amerikanischer Spion wird während der Parade am 1. Mai mit seinem Flugzeug abgeschossen. Alle Menschen halten die Szene für eine Einlage bei den Feierlichkeiten. Ahnungslos laden die Bewohner eines rund acht Kilometer vom Stadtzentrum entfernt gelegenen Dorfes den per Fallschirm vom Himmel einschwebenden *Gary Powers* gemäß russischer Tradition zu einem Glas Wodka ein, er lehnt ab, akzeptiert aber eine Zigarette. Später wird er gegen russische Geheimdienstler ausgetauscht und kehrt unversehrt in die USA zurück. Heute liegt im Militärmuseum von Jekaterinburg ein Stück des Flugzeugs.

■ **1991–2001:** Die Volksnähe von *Boris Jelzin* ist das Thema dieses Bildes. Der ehemalige Staatspräsident läuft zwischen Kirchenhäuptern und Familien, langhaarigen Jugendlichen mit Gitarren und Mädchen in Miniröcken, „neuen Russen" mit Handy und Rollstuhlfahrern durch seine Stadt. Gleichzeitig sieht man Demonstranten mit roten Fahnen, die für den Kommunismus eintreten. Moderne Autos, die nicht alle russischer Bauart zu sein scheinen, runden das Bild vom modernen Russland ab.

Die Grenze der Kontinente

40 km westlich von Jekaterinburg befindet sich direkt an der Autobahn der Grenzstein zwischen Europa und Asien. Dies war der erste Grenzstein, ein zweiter befindet sich nur 17 km westlich der Stadt. Man beachte die beiden Entfernungsangaben: „Paris 4546 km" und „Berlin 3502 km". 1836 wurde hier eine erste Holzkonstruktion errichtet, die der russische Doppeladler ziert. Den Anstoß gab Zarensohn *Alexander III.*, der auf seiner Weltreise an dieser Stelle einen Halt einlegte. Der russische Geograf und Historiker *Tatischtschew* (1686–1750) erkannte, dass der Ural eine natürliche Grenze zwischen Europa und Asien darstellt. Er ist sowohl die Wasserscheide zwischen den Kontinenten als auch eine Klimagrenze. Fischarten, die auf der europäischen Seite vorkommen, findet man nicht auf der asiatischen.

■ **Anfahrt:** Wer auf eigene Faust fahren möchte, bestellt am besten ein Taxi (ca. 500 Rbl.). Wer den Ausflug mit Erklärungen bevorzugt, wende sich an einen Touranbieter (s.u.) .

Prachtvolles historisches Gebäude im Zentrum von Jekaterinburg

Fotolia_9049 becklasl

Praktische Infos

9 Visit Ural, Ul. Radischtschewa 28, Büro 503, Tel. 217 77 25, uralmice@gmail.com, www.visit-ural.ru, Mo bis Fr 9–19 Uhr, Sa 11–17 Uhr. Infos und Stadtführungen.

■ **Taxi Maxim,** Tel. 288 88 88.

■ **Postamt,** Prospekt Lenina 39, geradeaus geht es zu den Postschaltern: Mo bis Fr 8–22 Uhr, Sa/So 9–18 Uhr.

■ **Deutsches Generalkonsulat,** Ul. Kuibyschewa 44, Tel. (007-343) 351 13 00, www.germania.diplo.de/Vertretung/russland/de/03-jeka.

■ **Geldwechsel** u.a. im Hotel Marins Park gegenüber dem Bahnhof: Wenn man in die Lobby kommt, sofort nach links zur vorletzten Tür mit der Aufschrift „Bank" gehen, tägl. 9–13.30 und 14–20 Uhr.

Unterkunft

2 Hotel Marins Park

Das sehr praktisch direkt gegenüber dem Bahnhof gelegene Hotel ist empfehlenswert, Tel. 228 00 00, hotel@sv-hotel.ru, www.sv-hotel.ru. Einfache EZ/F und DZ/F 2700 Rbl. sowie bessere EZ/F und DZ/F 3600 Rbl. Wegbeschreibung: Wenn man aus dem Bahnhof kommt, nach rechts gehen bis zur Straße, dann die Treppe runter, durch die Unterführung und oben angekommen links halten.

3 Hostel R.E.D.

Krasny Pereulok 5/2, Tel. 8-922 181 80 46, www.arthostels.ru. Das zentral gelegene, 2016 eröffnete Hostel gehört mit seinem schicken Design zu den schönsten Häusern Russlands und verdient die Auszeichnung „Boutique-Hostel" (auch wenn es so etwas offiziell nicht gibt). Die insgesamt 19 Zimmer haben Gemeinschaftsbad/-WC; Preise inkl. Frühstück: 9 DZ/F je nach Größe 1300–1500 Rbl., 3 EZ/F 1200 Rbl., 3-Bett-Zimmer (DZ mit Zustellbett) 1900 Rbl., sieben 6-Bett-Zimmer à 550 Rbl. Vom Bahnhof sind es etwa 15 Min. zu Fuß; Wegbeschreibung: Man verlässt den Bahnhof, geht nach rechts, kommt an eine große Dreieckskreuzung und biegt links in die breite Ul. Tscheljukinzew ein, der man auf der linken Straßenseite folgt, bis rechts etwas zurückversetzt hinter Tannen ein riesiges Gebäude erscheint, dem gegenüber die kleine Straße Krasny Pereulok nach links abgeht; dieser folgt man bis zu einem linker Hand liegenden modernen, runden Gebäude, passiert das in dem Gebäude befindliche Lebensmittelgeschäft *Jabloko* (Apfel) und biegt gleich danach links ab durch einen Durchgang zum Innenhof (hier sieht man ein auffälliges rotes R.E.D.-Zeichen), geht immer geradeaus, kommt an einen Schlagbaum, überquert einen Parkplatz und geht auf das Gebäude mit R.E.D.-Schildern zu, in welchem sich das Hostel in der 4. Etage befindet. Die Tür unten ist immer geöffnet.

7 Hotel and Hostel Centre

Ul. Maxima Gorkowo 49 B, Eingang von der Ul. Engels, Tel. 361 80 00 und 8-922 181 80 00, hostelcenter@mail.ru (center und nicht wie im Hostelname Centre!), www.facebook.com/hostelcenter/. Die in einem über 160 Jahre alten Kaufmannshaus untergebrachte Unterkunft ist eines der besten Hostels der Stadt. Mitten im Zentrum, in historischem Gemäuer, moderne Einrichtung und ein sehr engagierter Gastgeber, *Wladimir.* Alle Preise inkl. Frühstück: 4-Bett-Zimmer für Frauen und Männer getrennt à 500 Rbl. p.P., mit Dusche/WC gibt es ein EZ/F und ein DZ/F für 2500–3000 Rbl., 4-Bett-Zimmer mit Gemeinschaftsbad/-WC p.P. 500–600 Rbl. Fahrradverleih 500 Rbl. pro Tag. *Wladimir* bietet Ausflüge nach Ganina Jama und zum Obelisken an: pro Auto mit max. 4 Personen 1200 Rbl.; Anfahrt per Taxi (vorbestellt bei *Wladimir*) für 300 Rbl.

10 Tschechow Hotel

Ul. 8. Marta 32, Tel. 282 97 37, mail@chekhov-hotel. ru, www.chekhov-hotel.ru. Kleines, aber feines Hotel mit 20 liebevoll möblierten Zimmern (die Standardzimmer haben wenig Flair, es lohnt sich, ein etwas teureres Zimmer zu nehmen). EZ/F 4400 Rbl., DZ/F 4900 Rbl. Fahrstuhl vorhanden.

6 Hotel Park Inn
Ul. Mamina-Sibirjaka 98, Tel. 216 60 00, info.ekaterinburg@parkinn.com, www.parkinn.com/hotel-ekaterinburg. Das mitten im Stadtzentrum gelegene Hotel ist eine absolut empfehlenswerte Adresse mit Zimmern, wie sie in internationalen Businesshotels überall üblich sind. EZ/F Fr bis Mo 4000 Rbl. und Mo bis Fr 5000 Rbl., entsprechend DZ/F 5000 bzw. 6000 Rbl.

Essen und Trinken

4 Podkowa
Ul. Lenina 28, Korpus 2 (Eingang von der Seite), Tel. 371 15 70. Empfehlenswerte russische Küche in angenehmem traditionellem Ambiente. *Business Lunch* 250 Rbl. Im Sommer kann man draußen unter alten Bäumen sitzen.

11 Plov Project
Ul. 8. Marta 46, 4. Etage des Shopping Centers Grinwitsch, Tel. 356 56 00, So bis Mi 12–1 Uhr, Do bis Sa 12–2 Uhr. Sehr schmackhafte usbekische Küche sowie europäische und russische Speisen in einer an 1001 Nacht erinnernden Atmosphäre.

1 Loschka Wilka
Russische SB-Restaurantkette. Günstige Landesküche, u.a. im Bahnhof (wenn man aus dem Haupteingang kommt nach links), tägl. 8–23 Uhr. Alle Filialen haben ihre eigenen Öffnungszeiten, z.T. So geschlossen oder nur bis 19 Uhr geöffnet.

Einkaufen

11 Shopping Center Grinwitsch, Ul. 8. Marta 46, tägl. 10–22 Uhr. Das riesige Einkaufszentrum wird ständig ausgebaut und nimmt fast einen ganzen Straßenblock ein; *Bar Friends* an der Ecke Ul. Radischtschewa, *Restaurant Plov Project* s.o.

Touren

Alle unten genannten Ausflüge werden von der **5 Agentur Sputnik** angeboten (www.sputnik-ekb.ru). Einige Touren können nur in den Monaten Mai bis Ende September durchgeführt werden.

- **„Ein Fuß in Europa, ein Fuß in Asien":** Insgesamt 3 Std. dauert ein Ausflug an die Grenze zwischen Europa und Asien. An dem Markierungsstein trifft man vor allem am Wochenende viele Frischvermählte, die hier in voller Hochzeitsmontur für ein Erinnerungsfoto posieren.
- **Wandern im Ural:** 6 Std. dauert eine Wanderung im nahe gelegenen Ural, es geht durch Wälder, vorbei an Seen und Felsen. Die maximale Höhe, die erreicht wird, beträgt 600 m ü.N.N.
- **Floßfahrt:** Einen ganzen Tag dauert eine Floßfahrt auf dem ruhigen Tschusovaja-Fluss durch dichten Wald, vorbei an malerischen Dörfern, inkl. Picknick am Lagerfeuer.
- **Im Winter:** Skiwanderungen, Eisfischen auf dem See, Touren mit Schlittenhunden.

Zugverbindungen

- Im **Bahnhof** stehen **Rest Rooms** *(Komnata otdycha)* zur Verfügung, Tel. 358 57 83, 4. Etage. Betten in 6-, 4- und 2-Bett-Zimmern werden für 6, 12 und 24 Std. angeboten, Preise pro Person: 6 Std. ab 500 Rbl., 12 Std. ab 650 Rbl., 24 Std. ab 1100 Rbl.
- **Duschen** im Bahnhof: Man verlasse das Gebäude durch den Haupteingang und gehe nach rechts an einem Durchgang vorbei bis rechter Hand eine vierstufige Treppe aufwärts führt (über der Tür steht „VIP Business Lounge"); hier kann man für 150 Rbl. duschen und in weichen Sesseln ausruhen (die erste Stunde kostet 140 Rbl., jede weitere 100 Rbl.).
- Das **Handy aufladen** kann man in den Wartesälen beim Personal (80 Rbl. pro Std.).
- **WLAN** in allen Wartesälen im Obergeschoss.

Fotolia_2065 frank-j-hoffman

Alle nachfolgend genannten Zeiten sind Ortszeiten. Die Fahrtdauer bezieht sich stets auf den schnellsten Zug.

Nach Kungur (280 km, 5 Std.)

- **Nr. 99:** tägl. 5.40 Uhr
- **Nr. 109:** tägl. 6.48 Uhr
- **Nr. 67:** tägl. 13.36 Uhr
- **Nr. 29/37:** tägl. 14.18 Uhr
- **Nr. 145:** an ungeraden Tagen 17.33 Uhr
- **Nr. 69:** tägl. 23.14 Uhr

Nach Moskau (1778 km, 26 Std.)

- **Nr. 55/91:** tägl. 5.32 Uhr
- **Nr. 99:** tägl. 5.40 Uhr
- **Nr. 109:** tägl. 6.48 Uhr
- **Nr. 15/59:** tägl. 10.12 Uhr
- **Nr. 67:** tägl. 13.36 Uhr
- **Nr. 3/5:** Sa, So 13.58 Uhr
- **Nr. 1:** an ungeraden Tagen 14.07 Uhr
- **Nr. 29/37:** tägl. 14.18 Uhr
- **Nr. 145:** an ungeraden Tagen 17.33 Uhr
- **Nr. 69:** tägl. 23.14 Uhr

Nach St. Petersburg (2091 km, 36 Std.)

- **Nr. 131/145:** tägl. 13.50 Uhr
- **Nr. 337/347:** tägl. 13.58 Uhr
- **Nr. 59:** tägl. 19.06 Uhr

Nach Nowosibirsk (1525 km, 20 Std.)

- **Nr. 2:** an ungeraden Tagen 3.34 Uhr
- **Nr. 4/6:** Do, Fr 3.44 Uhr
- **Nr. 66:** tägl. 6.02 Uhr
- **Nr. 100:** tägl. 12.04 Uhr
- **Nr. 118:** an geraden Tagen 18.41 Uhr
- **Nr. 76/82:** tägl. 18.57 Uhr
- **Nr. 56/92:** tägl. 21.41 Uhr
- **Nr. 70:** tägl. 21.49 Uhr

Nach Krasnojarsk (2287 km, 31 Std.)

- **Nr. 2:** an ungeraden Tagen 3.34 Uhr
- **Nr. 4/6:** Do, Fr 3.44 Uhr
- **Nr. 100:** tägl. 12.04 Uhr
- **Nr. 82:** an geraden Tagen 18.57 Uhr
- **Nr. 56/92:** tägl. 21.41 Uhr
- **Nr. 70:** tägl. 21.49 Uhr

Es braut sich etwas zusammen über Jekaterinburg

Nach Irkutsk (3375 km, 48 Std.)

- **Nr. 2:** an ungeraden Tagen 3.34 Uhr
- **Nr. 4/6:** Do, Fr 3.44 Uhr
- **Nr. 20:** Mo 3.34 Uhr
- **Nr. 100:** tägl. 12.04 Uhr
- **Nr. 82:** an geraden Tagen 18.57 Uhr
- **Nr. 70:** tägl. 21.49 Uhr

Nach Ulan-Ude (3831 km, 55 Std.)

- **Nr. 2:** an ungeraden Tagen 3.34 Uhr
- **Nr. 4/6:** Do, Fr 3.44 Uhr
- **Nr. 20:** Mo 4.02 Uhr
- **Nr. 100:** tägl. 12.04 Uhr
- **Nr. 82:** an geraden Tagen 18.57 Uhr
- **Nr. 70:** tägl. 21.49 Uhr

Nach Chabarowsk (6715 km, 105 Std.)

- **Nr. 2:** an ungeraden Tagen 3.34 Uhr
- **Nr. 100:** tägl. 12.04 Uhr

Nach Wladiwostok (7481 km, 118 Std.)

- **Nr. 2:** an ungeraden Tagen 3.34 Uhr
- **Nr. 100:** tägl. 12.04 Uhr

Nach Ulan Bator (4489 km, 75 Std.)

- **Nr. 4/6:** Do, Fr 3.44 Uhr

Nach Peking

- **Nr. 4:** Do 3.44 Uhr (5845 km, 101 Std.)
- **Nr. 20:** Mo 4.02 Uhr (7183 km, 120 Std.)

Flughafen

- **Flughafen Koltsowo,** www.koltsovo.ru/en, Tel. 226 85 82. Der Flughafen liegt 25 km vom Stadtzentrum entfernt. Transfer z.B. mit den Koltsovo Expresszügen 2x tägl., Fahrtzeit 40 Min., oder mit Bus Nr. 1 vom Bahnhof tägl. 6–23.40 Uhr, 1 Std.; Taxi, Tel. 222 02 22. Viele nationale und internationale Flugverbindungen.

Von Jekaterinburg nach Nowosibirsk

Tjumen

Тюмень

- **Transsib-Kilometer:** 2144
- **Zeit:** Moskauer Zeit + 2 Std.

Die Stadt an der Tura zählt **über 582.000 Einwohner.** Trotz Kloster, Kirchen und Museen lohnt sie einen Stopp nicht. Tjumen, auch „Mutter der sibirischen Städte“ genannt, ist die erste russische Stadt in Sibirien. Ihre **Gründung** erfolgte **1586,** als Kosaken an der Stelle der tatarischen Siedlung Tschingi-Tura am Steilufer der Tura eine hölzerne Festung errichteten. Anfang des 17. Jahrhunderts siedelten sich hier die ersten Handwerksbetriebe an, später kamen Schiffswerften hinzu.

Im Jahre **1885** erfolgte die Fertigstellung der **Eisenbahnverbindung Jekaterinburg – Tjumen,** womit ein wirtschaftlicher Aufschwung der Stadt einsetzte. 1913 wurde die Eisenbahnlinie nach Omsk eingeweiht. Als in den 1960er Jahren große Erdölvorkommen entdeckt wurden, nahmen Bedeutung und Wohlstand Tjumens schlagartig zu.

Neben unzähligen größeren und kleineren Flüssen fließen zwei der mächtigsten Ströme Sibiriens, die Ob und der Irtysch, durch das **sumpfige Tjumener Gebiet,** mit reichen Fischvorkommen in ungezählten Seen.

Tobolsk

Тобольск

- **229 km abseits der Transsibstrecke**
- **Zeit:** Moskauer Zeit + 2 Std.
- **Vorwahl:** 3456

Tobolsk zählt rund **100.000 Einwohner** und liegt nördlich der Mündung des Tobol in den Irtysch. Der wunderschöne, liebevoll restaurierte Kreml ist ein Highlight und neben dem großen Moskauer Pendant sicher einer der schönsten in Russland. Einmalig sind die **äußerst interessanten Übernachtungsmöglichkeiten** zwischen historischen Mauern, wahlweise in einer einfachen Pilgerunterkunft im Kreml, in einer ehemaligen, an die Kremlmauer angebauten Karawanserei oder in einer „echten" Gefängniszelle im angrenzenden früheren Gefängnis.

Geschichte

Die Geschichte der Stadt ist eng verbunden mit dem Sieg Zar *Iwan IV.,* bekannt als *Iwan der Schreckliche,* im Jahre 1552 über die **Baschkiren,** ein bis heute verstreut in Russland lebendes islamisches Volk. Von Kasan ausgehend drangen die Russen immer weiter gen Osten bis in das Gebiet des mongolischen Khanats Sibir vor, dem Sibirien seinen Namen verdankt. Der Kosakenführer *Jermak* nahm 1580 Tjumen ein und 1582 die Festung Isker am Tobol. 1587 wurde flussabwärts von Isker unweit des Zusammenflusses von Tobol und Irtysch eine hölzerne **Festung namens Ostrog** erbaut – sie steht am Anfang der Siedlungsgeschichte von Tobolsk. Schon drei Jahre später, **1590,** erhielt Tobolsk die **Stadtrechte,** womit es nach Tjumen die zweitälteste russische Stadt in Sibirien ist. Im 17. und 18. Jahrhundert entwickelte sie sich zum Handelszentrum der Region, ab 1712 war sie Verwaltungszentrum des Gouvernements Sibirien, d.h. Hauptstadt Sibiriens.

Zum wachsenden **Reichtum** der Stadt trug wesentlich ihre günstige Lage an zehn aus allen Himmelsrichtungen kommenden **Handelswegen** bei; u.a. verlief hier der sog. „Moskauer Trakt" zwischen dem Kaiserhof in Peking und dem Zarenhof in Moskau, später in St. Petersburg, auf welchem z.B. Tee und Porzellan nach Russland kamen.

Tobolsk lag auf der Strecke gen Osten, die ab der Mitte des 16. Jahrhunderts viele in die **Verbannung nach Sibirien** Verurteilte zurücklegen mussten, darunter **Fjodor Dostojewski,** der berühmte Schriftsteller, der vier Jahre in einem Arbeitslager in Omsk verbrachte. Hier ein Auszug aus seinem Tagebuch: „Wir kamen nach Tobolsk (…) und wurden im Ostrogg in einen großen Raum geführt, von wo aus die weitere Verteilung der Gruppen erfolgte. In diesem Raum waren an die dreihundert Männer, Frauen und Kinder von jedem Alter und von allen Rassen; die einen wurden in Ketten geschmiedet, andere an einer eisernen Stange aufgereiht, den dritten wurde das Haar vom Schädel bis zur Haut abrasiert.

Dieses ganze Schaustück machte auf mich einen erschütternden Eindruck. Wir wurden dem Aufseher des Gefängnisses übergeben (…). Wir waren die ganze Nacht und einen Teil des Tages bei 40° Kälte gefahren, da war es wohl erklärlich, dass ich mir unsere Ankunft in Tobolsk in Verbindung mit der Vorstellung von irgendeiner warmen Unterkunft und heißem Tee gedacht hatte. Doch auf meine Frage, ob wir einen Ssamowar bekommen könnten, antwortete *Iwan Gawrilowitsch* (der Aufseher) mit der Gegenfrage: „Wie denken Sie denn die Etappenreise durch Sibirien fortzusetzen? Wir haben keinen Ssamowar." Diese Worte eröffneten mir die Perspektive der Weiterreise zu Fuß vielleicht über Tausende von Werst. Und mir fiel das soeben gesehene Bild der Vorbereitung zum Weitermarsch der Gruppen ein (…).

Wir kamen in die Gefängniskanzlei, einen dunklen, schmutzigen Raum (…). Und wir wurden einer Durchsuchung unterzogen, dass uns vor Scham und Empörung das Blut zu Kopfe stieg (…). Hierauf wurden wir in eine Kammer geführt, in einen schmalen, dunklen, kalten, schmutzigen Raum (…). In diesem Raum war eine Pritsche, auf der drei schmutzige, mit Heu gefüllte Säcke lagen und drei ebensolche Kopfkissen, sonst nichts. Vollkommene Finsternis. Hinter der Tür, im Flur, die schweren Schritte des Postens, der hin und her schritt – in einer Kälte von vierzig Grad."

Ein Mitgefangener notierte: „Dank einem Zufall erhielten wir ganz unverhofft ein Talglicht, Streichhölzer und heißen Tee, der uns schöner dünkte als Nektar. *Dostojewski* hatte noch vorzügliche Zigarren, die dem verehrten *Iwan Gawrilowitsch* bei der Durchsuchung zum Glück entgangen waren. In freundschaftlicher Unterhaltung verbrachten wir den größeren Teil der Nacht. *Dostojewskis* angenehme, liebe Stimme, die Zartheit und Weichheit seines Empfindens, ja sogar einzelne seiner ganz weiblichen-kapriziösen Ausbrüche wirkten auf mich beruhigend. Ich sagte mich von jedem äußersten Entschluss los. Dort im Tobolskschen Ostrogg wurde ich von *Dostojewski* und *Duroff* getrennt. Wir umarmten uns unter Tränen und sahen uns nie wieder."

Tobolsk war auch einer der letzten Aufenthaltsorte der **letzten Zarenfamilie,** die hier ab Ende August 1917 im Gouverneuspalast lebte und dann nach Jekaterinburg weiterzog.

Sehenswertes

Kreml

Der einzigartige Kreml ist eigentlich für jeden Sibirien-Reisenden ein Muss, und der Besuch sollte eingeplant werden, wenn es die Zeit zulässt! Schon von außen beeindruckt die Anlage mit der großen, gepflegten Wiese vor weißen Mauern. Vom Fluss aus gesehen liegt der Kreml **atemberaubend auf einer steil aufragenden Landspitze** mächtig und beschützend über der ehemaligen Altstadt (untere Stadt), von der „oberen" Stadt betrachtet wie auf einer Plattform. Nachdem die ehemals hölzernen Gebäude 17 Mal abgebrannt waren, befahl *Peter der Große* im Jahr 1703 den Wiederaufbau aus Stein.

Als erstes fällt der weiße, rechteckige Vorbau auf, die **Handelsreihen** bzw. der **Handelshof** *(Gostinny Dwor).* Dieser wurde ebenfalls auf Befehl *Peters des Großen* im Jahre 1708 im Stil einer Karawanserei erbaut: Oben befand sich eine Herberge für die reicheren Kaufleute, unten deren Geschäfte und im Keller in kühlen Lagerräumen deren Waren. Ein Gemälde zeigt, wie früher Händler mit Schiffen unterhalb des Kremls anlegten, um ihre Produkte auf dem jeden Freitag stattfindenden Markt feilzubieten. Gehandelt wurde nicht nur innerhalb des Handelshofs, sondern auch außerhalb. Im Juli 2015 kam wieder Leben in die alten Gemäuer: Oben können Touristen übernachten, unten reihen sich kleine Souvenirgeschäfte aneinander.

Betritt man den Kreml, so zieht einen zunächst die große, innen wie außen wunderbar restaurierte **Sophienkathedrale** *(Ssofisko-Uspjenski Kafedralny Ssabor)* mit ihren goldenen und blauen Zwiebeltürmen in ihren Bann. Das 1686 erbaute Gotteshaus, der älteste steinerne Sakralbau Sibiriens, hat eine wunderschöne Ikonostase und sehr schöne restaurierte Wandmalereien. Nach Möglichkeit sollte man hier einen Gottesdienst besuchen; die Uhrzeiten erfährt man in der Kirche. Frauen können sich „Röcke“ und Kopftücher ausleihen, sie hängen im Vorraum an einem Geländer linker Hand.

Ganz in der Nähe steht eine zweite, kleinere Kirche, die **Schutz- und Fürbitte-Kathedrale** *(Uspjenski Pakrowski Kafedralny Ssabor)*, erbaut 1743–46. Sie weist Stilelemente des für jene Zeit typischen Barock auf.

Der zwischen den beiden Kirchen errichtete **Glockenturm** *(Kalakolnik)* aus dem Jahr 1799 wurde speziell für die Glocke aus Uglisch errichtet. Die Glocke hatte im Jahr 1581 den Tod von *Dimitri*, Sohn *Iwan IV.*, verkündet; ihr wurde die Schuld an den danach ausbrechenden Unruhen zugeschrieben, was zu ihrer Verbannung nach Sibirien bzw. Tobolsk führte.

Betritt man das eigentliche Kremlgelände, so gelangt man geradeaus rechts in einen großen, rasenbewachsenen Innenhof, an dessen Ende das 1773–75 erbaute **Erzbischofsgebäude** *(Archijpäiski Dom)* steht, die Residenz der sibirischen Metropoliten und Erzbischöfe. Noch heute nutzen die hohen kirchlichen Würdenträger das Gebäude für Empfänge und als Residenz. Von hier aus erfolgte die Missionierung Sibiriens vom Ural bis nach China. Man kann das **Museum zur Geschichte der russischen Orthodoxie in Sibirien** besuchen (geöffnet Do bis So 12–16 Uhr, 100 Rbl.).

Von dem im Jahre 1782 erbauten **Abgeordnetenpalast** *(Dwarjets Namjestnika)* wurde 300 Jahre lang die Geschichte Sibiriens bestimmt. Heute beherbergt er ein über drei Stockwerke verteiltes Museum. Wenn man 600 Rbl. bezahlt (doppelt so viel wie Einheimische), kann man alle Ausstellungen besichtigen, was sich lohnt. Eine eindrucksvolle Abteilung ist den *Romanovs* gewidmet, die hier ab Ende August 1917 für einige Zeit untergebracht waren und Möbel, Geschirr etc. zurückließen, als sie nach Jekaterinburg umziehen mussten. Große Fotos zeigen die Familie, kleinere Abbildungen Mo-

[>] Der Kreml von Tobolsk thront über der „unteren" Stadt

mentaufnahmen einzelner Familienmitglieder. Des Weiteren findet man eine Ausstellung über den Chemiker *Mendelejew* (1834–1907) sowie eine Bildergalerie mit Werken örtlicher Künstler. Tägl. außer Mo 10–18 Uhr, 200 Rbl.

Das auf zwei Hügeln gebaute **Gebäude namens Rentereja** ist in seiner Form einmalig. Noch heute verbindet es die Ober- mit der Unterstadt über eine 100 Meter lange gepflasterte Straße (erbaut 1714–17), die durch einen Gang mit bis zu elf Metern hohen Mauern verläuft und übergeht in eine Holzkonstruktion mit 205 Holzstufen und 19 Absätzen.

Das **Gefängnis** *(Tjurjemny Samok)* sollte man ans Ende der Besichtigungen legen, da der Besuch unter Umständen die Stimmung stark belastet. Am 23. November 1885 festlich eingeweiht, wurde die Anstalt erst 1998 (!) geschlossen. Das Gefängnis galt Anfang des 20. Jahrhunderts als das schlimmste Russlands und auch zu Sowjetzeiten als eines der härtesten der UdSSR. Heute kann man die wahrlich bedrückenden Räumlichkeiten besichtigen und sich seine Gedanken machen. Geöffnet tägl. außer Mo 10–18 Uhr, 150 Rbl.

Kreml, Tel. 22 37 13, tägl. 8–20 Uhr, der Eintritt auf das Kremlgelände ist frei (die Museen im Kreml verlangen Eintritt, s.o.). Hinweis: Eine rechtzeitig im Voraus gebuchte Führung lohnt sich unbedingt (in der Unterkunft erkundigen bzw. buchen)!

Gouvernement-Museum

Das auffallende rot-weiße Gebäude links vom Kreml wurde aus Anlass des 300-jährigen Stadtjubiläums im Jahr 1887 als

Fotolia_6577 Aikon

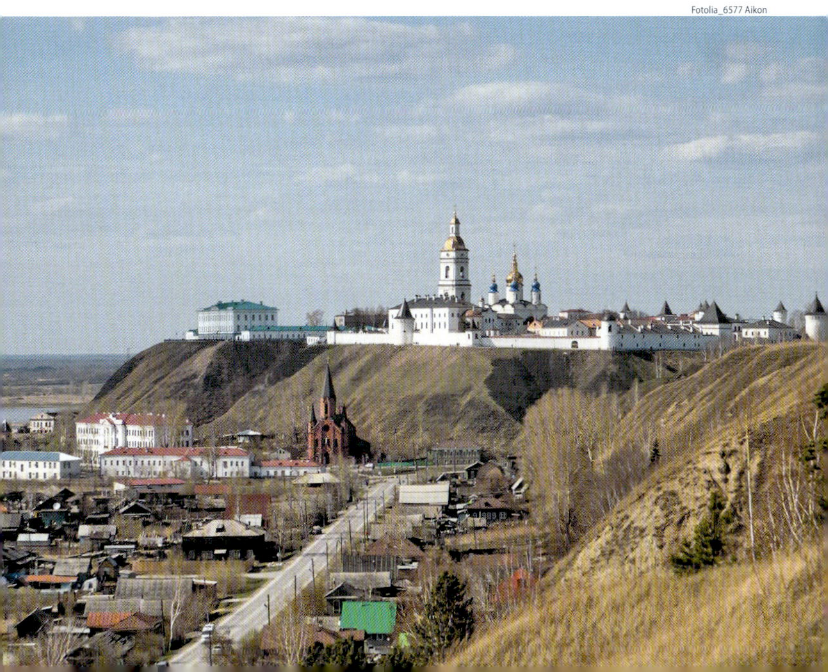

Geschichtsmuseum eingeweiht. In den liebevoll restaurierten Räumen werden ähnlich wie in russischen Heimatmuseen Wohnungseinrichtungen, Kleider, ausgestopfte Tiere der Region usw. ausgestellt. Außerdem kann man hier ein Mammutskelett bewundern.

■ **Gubernski Musei,** Tel. 622 09 07, tägl. außer Mo 10–18 Uhr, 120 Rbl.

Unterkunft

■ **Hotel Visit Zentr Gostinny Dwor**
Tel. 26 41 58 und 26 41 57. Seit Juli 2014 gibt es ein Hotel in der über 300 Jahre alten ehemaligen Karawanserei. Von den insgesamt 12 Zimmern teilen sich jeweils zwei ein Duschbad/WC. EZ/F und DZ/F 4000 Rbl. Mahlzeiten werden in der Powarnja, dem ehemaligen Restaurant für die hier übernachtenden Kaufleute, serviert. Wunderbarer russisch-orthodoxer Kirchenmusik kann man in der Kapelle Tschassownja lauschen, wo die Kaufleute früher um gute Geschäfte beteten. In den vier Wehrtürmen befinden sich gemütliche Aufenthaltsräume. Wegbeschreibung zum Hotel: Im östlichen Eingangstor zum Handelshof befindet sich rechter Hand der Eingang mit einem großen Schild über der Tür.

■ **Hostel Usnik**
Ein fast schon gruseliges Hostel im ehemaligen Gefängnis, Tel. 26 41 57 und 26 41 58 für Reservierungen (man spricht nur russisch). 2-Bett-, 4-Bett- und 6-Bett-Zimmer bzw. -Zellen für 600 Rbl. p.P. Anfahrt mit Marschrutka Nr. 20 vom Bahnhof.

■ **Hostel Sibirski Palomnik**
Tel. 8-345 238 11 23, die spartanische Unterkunft „Sibirischer Pilger" liegt mitten im Kreml. Eine Reservierung ist nicht möglich, man muss vor Ort nach einem freien Bett fragen. Helle Zimmer mit Hochbetten und mit nebeneinander stehenden Betten kosten 400 Rbl. p.P. Kühlschrank und Mikrowelle auf dem Flur. Im Waschraum mit drei durchsichtigen (!) Duschkabinen fließt bisweilen nur kaltes Wasser. Wegbeschreibung: Man geht durch das Haupttor in den Kreml, hält sich leicht links und läuft geradeaus bis zu einem Tor aus Holzbrettern; vor dem Tor biegt man rechts ab bis zum Ende des Zauns, geht dann nach links, vier Treppenstufen hoch und sieht das weiße, einstöckige Hostelgebäude ganz hinten links in der Ecke. Dorthin läuft man geradeaus weiter, biegt rechts ab und kommt zu einer Holztür mit einem grünen Namensschild auf Russisch.

■ **Hotel Sibir**
Ploschtschad Remisowo 1, Tel. 22 09 01 und 22 09 05, sibir_gost@bk.ru, www.hotel-siberia.com. Sehr angenehmes Hotel in Bestlage direkt gegenüber dem Kreml. Die 35 liebevoll eingerichteten Zimmer sind urgemütlich. EZ/F ab 2300 Rbl., DZ/F ab 4000 Rbl. bzw. ein DZ/F, das sich Bad und Dusche mit einem EZ teilt (russ. *block*), für 2900 Rbl. Man frage nach einem Zimmer *pod starinu* (zu Deutsch: „auf alt") mit Möbeln aus alten Zeiten.

Essen und Trinken

■ **Restaurant U Nikolskowo Wswowa** im Hotel Sibir, 24 Std. geöffnet, Frühstücksbüfett, Mittagsmenü für 300 Rbl. und Gerichte a la carte. Es ist das gemütlichste Restaurant weit und breit mit empfehlenswerter russischer Küche.

Sonstiges

■ Das **Visit Zentr Gostinny Dwor** im gleichnamigen Hotel bietet Führungen an, Tel. 26 41 58 und 26 41 57; siehe auch unten.

■ **Postamt,** Komsomolski Prospekt 42, Mo bis Fr 8–20 Uhr, Sa 9–18 Uhr, So 9–14 Uhr.

■ **Einkaufen: Gostinny Dwor** am Kreml. Im Erdgeschoss reihen sich in historischen Mauern elf Souvenirlädchen aneinander (s.o.).

Zugverbindungen

Der **Bahnhof** liegt 20 km nördlich vom historischen Stadtkern. Bus Nr. 4 und weiße Mercedes-Marschrutkas mit der Nr. 20 fahren zum Kreml.

Alle nachfolgend genannten Zeiten sind Ortszeiten. Die Fahrtdauer bezieht sich stets auf den schnellsten Zug.

Nach Tjumen (229 km, 4 Std.)

- **Nr. 125/331:** tägl. 7.20 Uhr
- **Nr. 377:** tägl. 11.38 Uhr
- **Nr. 105:** tägl. 11.53 Uhr
- **Nr. 143/147:** tägl. 16.02 Uhr
- **Nr. 11/309:** tägl. 16.45 Uhr
- **Nr. 109:** tägl. 19.53 Uhr
- **Nr. 59:** an ungeraden Tagen 22.47 Uhr
- **Nr. 379:** tägl. 23.11 Uhr

Nach Jekaterinburg (574 km, 10 Std.)

- **Nr. 377:** tägl. 11.38 Uhr
- **Nr. 105:** tägl. 11.53 Uhr
- **Nr. 11/309:** tägl. 16.45 Uhr
- **Nr. 109:** tägl. 19.53 Uhr
- **Nr. 379:** tägl. 23.11 Uhr

Nach Nowosibirsk (1383 km, 24 Std.)

- **Nr. 125:** an ungeraden Tagen 7.20 Uhr
- **Nr. 115:** an geraden Tagen 1.24 Uhr

Omsk

Омск

- **Transsib-Kilometer:** 2716
- **Zeit:** Moskauer Zeit + 3 Std.

An den Ufern des Irtysch liegt die gut **1,15 Mio. Einwohner** zählende Stadt Omsk. Ihre Gründung geht zurück auf das Jahr 1716, als hier eine hölzerne Festung errichtet wurde. 1838 wurde Omsk Hauptstadt Westsibiriens mit dem Sitz des Generalgouverneurs. Der strategisch wichtige Stützpunkt entwickelte sich zu einem bedeutenden Handelszentrum, in dem große Messen bzw. Jahrmärkte stattfanden. Mitte des 19. Jahrhunderts wurden die ersten Fabriken errichtet. Die Einweihung der Eisenbahnstrecke nach Tjumen fällt in das Jahr 1913. Omsk wuchs schnell zur **zweitgrößten Stadt Sibiriens** heran, ist aber touristisch ohne Belang.

- Falls ein Stopp geplant ist, empfiehlt sich das wunderbare **Hotel Schukow,** Ul. Marshala Schukowa 105, Eingang von der Ul. Majakowskaja 18, Tel. (3812) 58 06 58 und 8-913 969 80 82, info@zhukov-hotel.com, www.zhukovhotel.m/main/ru. Das Boutique-Hotel hat acht auf zwei Etagen verteilte, sehr ansprechend gestaltete Zimmer mit Bodenheizung im Bad. EZ/F 3500 Rbl., DZ/F ab 3500 Rbl.; man bezahlt immer für 24 Std., d.h. wer um 6 Uhr morgens eincheckt, kann bis zum nächsten Morgen um 6 Uhr bleiben. Anfahrt vom Bahnhof mit den Straßenbahnen 4, 8 und 9 bis zur Haltestelle ulitsa Truda.

Tatarskaja

Татарская

- **Transsib-Kilometer:** 2885
- **Zeit:** Moskauer Zeit + 3 Std.

Der Name der **30.000 Einwohner** zählenden Stadt Tatarskaja ist auf die tatarischen Ureinwohner der Region zurückzuführen. Die ersten Siedler waren Verbannte und aus dem europäischen Teil Russlands geflohene Bauern. Mit dem Bau des Handelsweges Moskauer Trakt in den Jahren 1733–35 erlebte die Siedlung einen Aufschwung, der mit dem Bau der Transsibirischen Eisenbahn Ende des 19. Jahrhunderts fortgesetzt wurde. Die Milchbauern in den umliegenden Dörfern lebten gut von den großen Mengen Butter, die sie verkauften. Tatarskaja erhielt 1925 die Stadtrechte.

Barabinsk

Барабинск

- **Transsib-Kilometer:** 3035
- **Zeit:** Moskauer Zeit + 3 Std.

Auf dem Territorium des Nowosibirsker Gebiets, in der Weite der **Waldsteppenzone,** liegt die gut **30.000 Einwohner** zählende Stadt Barabinsk. Der Name der Stadt deutet auf das tatarische Volk der Baraba hin, die in dieser Region lebten. In den Jahren 1715–18 wurde hier eine Holzfestung errichtet. 1917 erhielt Barabinsk die Stadtrechte.

Unzählige **fischreiche Seen** verteilen sich über die ausgedehnte Steppenebene. Fischzucht ist neben Milchwirtschaft die wichtigste Einnahmequelle hier.

006tr11 dk

Nowosibirsk

Новосибирск

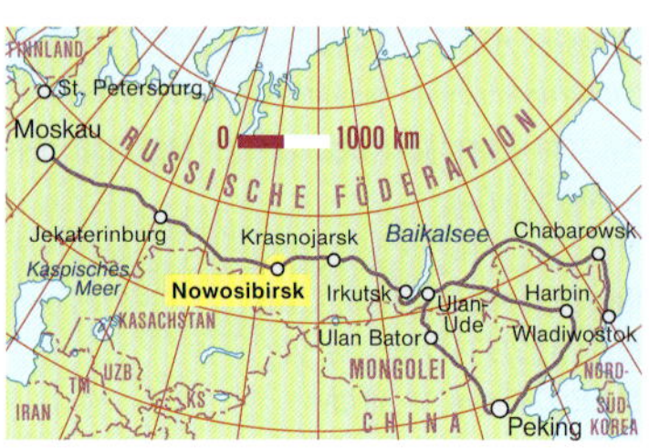

- **Transsib-Kilometer:** 3343
- **Zeit:** Moskauer Zeit + 4 Std.
- **Vorwahl:** 383

Am Ostrand der Westsibirischen Tiefebene liegt am Oberlauf der **Ob** auf einer Höhe von 140 m ü.N.N. die **mit knapp 1,5 Mio. Einwohnern größte Stadt Sibiriens** und nach Moskau und St. Petersburg drittgrößte Stadt Russlands. Nowosibirsk ist die einzige sibirische Stadt, die sich einer Metro rühmen kann, und sie verfügt über den größten und einen der schönsten Bahnhöfe Sibiriens.

Als Nowosibirsk im Zusammenhang mit dem Bau der Transsib und aus Anlass der feierlichen Einweihungszeremonie der Eisenbahnbrücke über die Ob **am 20. Juli 1893 gegründet** wurde, zählte sie rund 3000 Einwohner und trug den Namen Alexandrowsk. 1903 erhielt die Siedlung das Stadtrecht und wurde umbenannt in Nowonikolajewsk. 1916 soll die Stadt über 60.000, 1925 bereits 120.000 Menschen gezählt haben. Nowosibirsk wurde innerhalb von nur 70 Jahren eine Millionenstadt – Chicago brauchte 85, New York 200 und Moskau 700 Jahre. 1926 wurde die Stadt erneut umbenannt und erhielt den Namen Nowosibirsk, was so viel wie „Neue Stadt in Sibirien" bedeutet.

Heute ist sie ein bedeutendes wirtschaftliches und kulturelles Zentrum mit drei **Universitäten** und 15 Hochschulen und ein wichtiger **Eisenbahnknotenpunkt.** Von hier aus verläuft die Turk-Sib in Richtung Süden nach Almaty, ein möglicher Ausgangs- oder Endpunkt für eine Reise entlang der Seidenstraße. Nowosibirsk ist eine moderne, ausgesprochen saubere und angenehme Stadt mit großzügigen Straßen, gepflegten Parkanlagen und vielen modernen Geschäften. Mit dem Bau der Metro wurde 1980 begonnen, die erste Bahn konnte ihren Betrieb 1986 aufnehmen.

Die meisten Touristen denken bei einer Transsibreise automatisch an einen Stopp in Nowosibirsk; bis zum Zerfall der Sowjetunion war das auch naheliegend, denn neben Irkutsk und Chabarowsk war es die einzige sibirische Stadt, die von Ausländern besucht werden durfte. Das ist längst nicht mehr der Fall, und es gibt sicher interessantere Haltepunkte. Für einen Einblick in das Leben in einer sibirischen Großstadt kann man jedoch durchaus einen Stopp einlegen, und auch als Ausgangspunkt für **Ausflüge ins Altai-Gebirge** eignet sich die Stadt. Die meisten Reisenden allerdings, die in Nowosibirsk aussteigen, möchten lediglich die lange Zugfahrt nach Irkutsk auf halber Strecke unterbrechen.

Wer einen Tagesaufenthalt plant, kann das Gepäck am Bahnhof zur Aufbewahrung *(Kamera Chranenija)* abgeben und abends die Weiterreise antreten.

Lange Zeit war es übrigens ein Geheimnis, dass für den Fall eines Angriffs aus Westeuropa Nowosibirsk als **russischer Not-Regierungssitz** vorgesehen war. Es ist ganz interessant, sich die Architektur der Stadt einmal unter diesem Aspekt anzusehen. Die Stadt ist wegen dem nahen Akademgorodok (s.u.) auch akademisch geprägt, vielerorts trifft man auf junge, gut ausgebildete Menschen mit hervorragenden Englischkenntnissen, die auch von westlichen Hightech- und IT-Firmen umworben werden.

Sehenswertes

Schon an der hier folgenden Liste der Sehenswürdigkeiten kann man erkennen, dass es bis auf einige Museen nicht wirklich viel zu sehen gibt.

Heimatmuseum

In dem **modernen Museum** ist zwar alles nur auf Russisch ausgeschildert, aber auch so sind die Steinsammlung, Versteinerungen, ein wie echt aussehender Mammut, ein riesiger Bär und viele Tierarten und Vögel interessant anzusehen.

■ **Krajewetscheski Musei Atdjel Prirody,** Waksalnaja Magistral 11, Tel. 227 15 43 und 221 70 31, tägl. außer Mo und Di 10–18 Uhr, Sa/So und an Feiertagen 11–19 Uhr, 100 Rbl.

Gemäldegalerie

Als die Gemäldegalerie 1958 erbaut wurde, erhielt sie u.a. vom Russischen Museum in St. Petersburg und von der Tretjakow-Galerie in Moskau eine **Reihe wertvoller Bilder russischer Künstler.** Zu den Werken gehören neben Ikonen aus

Nowosibirsk
0 500 m
©Reise Know-How
Trans_19 6/18
Zoo (1,5 km)
Irkutsk
Eltsovka
Uliza
Scheljasodaroschnaja
Narymskaja Uliza
Uliza 1905 Goda
Uliza Tscheljuskinzef
Ssowjetskaja Uliza
Zentralmarkt
Bahnhof
Uliza Frunse
Krasnyi Prospekt
Uliza Mitschurina
Kamenskaja Uliza
Uliza Ssemi Schamschinych
Heimatmuseum
Kaufhaus ZUM
Waksalnaja Magistral
Jadrinzewskaja Uliza
Theater
Ploschtschad Lenina
Prospekt Dimitrowa
Uliza Lenina
Lenin-Platz
Fabritschnaja Uliza
Geschichts-museum
Uliza Maksima Gorkowo
Deutsches Generalkonsulat
Museum der UdSSR
Aktjabrskaja Uliza
Uliza Swerdlowa
Kamenka
Gemäldegalerie
Alexander-Newski-Kathedrale
Fabritschnaja Uliza
Busbahnhof
Ob
Passagierhafen
Übernachtung
1 Marins Park Hotel
2 Park Inn by Radisson Hotel
5 Funkey Hostel
7 Hotel Zentralnaja
Essen und Trinken
3 Tinkoff
4 Loschka Wilka
8 La Maison
9 Dublin Pub
10 Schaschlikoff
11 Biblioteka
12 Tschaschka Koffi
Einkaufen
6 Supermarkt Universam

dem 16. Jahrhundert auch Gemälde des 17. bis 20. Jahrhunderts sowie Porzellan und Skulpturen. Durchaus interessant ist auch die aus 60 Werken bestehende Sammlung des russischen Malers *Nikolaus Roerich*, die dieser dem Museum 1966 vermacht hat.

■ **Chudoschestwenny Musei,** Krasny Prospekt 5, Tel. 223 53 31, Mo geschlossen, Di bis Fr 10–18 Uhr, Sa/So 12–20 Uhr, 120 Rbl.

Zoo

Ob man den Tieren in ihren engen Gehegen einen Besuch abstatten will, bleibt jedem selbst überlassen. Weltweit einzigartig ist der **Mischling aus Bengalischer Tigrin und afrikanischem Löwen;** um ihn zu sehen, gehe man vom Eingang erst geradeaus und dann den dritten Weg links rein bis zum dritten Weg rechts – dort befindet sich der Käfig mit dem exotischen Tier.

■ **So Park,** Ul. Timirjasewa 71, Tel. 227 36 32, www.zoonovosib, tägl. im Sommer 9–22 Uhr (Kasse bis 20.30 Uhr), im Herbst 9–20 Uhr (Kasse bis 19 Uhr) und im Winter 9–18 Uhr (Kasse bis 17 Uhr), 200 Rbl., Anfahrt vom Bahnhof mit Trolleybus Nr. 2 bis zur Haltestelle So Park, 19 Rbl.

Museum der UdSSR

Seit 2010 befindet sich **in einem uralten Holzhäuschen** mit steilen Stiegen und kleinen Räumen dieses „Museum“ mit wild durcheinander gewürfelten Ausstellungsstücken aus der Sowjetzeit (englischsprachige Führung möglich).

■ **Musei SSSR,** Tel. 223 87 97, Ul. Gorkowo 16, tägl. außer So und Mo 10–18 Uhr, 250 Rbl.

Bahnhof

Der grün-weiß gestrichene Bahnhof von Nowosibirsk ist eine **Attraktion.** 1941 erbaut und Ende der 1990er Jahre mit immensem Aufwand komplett renoviert, präsentieren sich die Säle blitzsauber und der Hauptwartesaal äußerst beeindruckend.

Alexander-Newski-Kathedrale

Die **1894 erbaute Kathedrale** (*Ssabor Alexandra Njewskowo,* Krasny Prospekt 1) war das erste Steingebäude der Stadt.

Theater

Leider hat das **Staatliche Opern- und Balletttheater** *(Gassudarstwenny Teatr Opery i Baljeta)* wie alle Theaterhäuser in Russland genau während der Hauptreisezeit von Anfang Juni bis Ende August Spielpause (die Spielzeit beginnt am ersten Freitag nach Mitte September). Doch auch so lohnt sich ein Besuch auf jeden Fall. Das **imposante Gebäude** wurde in den Kriegsjahren 1940–45 errichtet und besteht aus einer Konzerthalle mit 1000 Sitzplätzen sowie einem rund gebauten Theater mit 2100 Plätzen, von dessen Decke ein über zwei Tonnen schwerer Kronleuchter und 23 kleinere hängen. Auf der 1044 m^2 großen Bühne können bis zu 1000 Menschen gleichzeitig auftreten.

Praktische Infos

■ **Postamt,** Ul. Lenina 5, Mo bis Fr 8–22 Uhr, Sa/So 9–18 Uhr.

■ **Deutsches Generalkonsulat,** Krasnij Prospekt 28, Tel. (007-383) 231 00 20, www.nowosibirsk.diplo.de.

6 **Supermarkt Universam,** Ul. Lenina 10, ideal für Selbstversorger und für Provianteinkäufe, große Auswahl an Salaten, leckeren Dips, Wurst und Käse. 24 Std. geöffnet.

Unterkunft

7 Hotel Zentralnaja

Ul. Lenina 3, Tel. 222 36 38, hotel@maria-ra.ru, www.hotel-1.ru. Dieses angenehme „sowjetische" Hotel in Bestlage bietet günstige Zimmer zu Hostelpreisen an. Wie zu Zeiten der UdSSR hat jeder Stock tagsüber ab 7 Uhr morgens eine Etagenfrau (russ. *Deschurnaja*), die die Gäste auf Wunsch mit heißem Wasser oder einer Tasse Tee weckt sowie gegen Bezahlung wäscht und bügelt. EZ „Standard" kosten 1400 Rbl., DZ 1600 Rbl., „Standard Pljus" (wie eine Minisuite mit zwei Räumen) kosten als EZ und DZ je 2000 Rbl. Frühstück für ca. 100 Rbl. gibt es in den Lokalen Loschka Wilka oder Sushi Terra neben dem Hotel.

1 Marins Park Hotel

Vor Ort besser bekannt unter den ehem. Namen Hotel Nowosibirsk bzw. Congress Hotel. Modernes Hochhaus direkt gegenüber dem Bahnhof, Tel. 364 01 01, reservation@hotel-novosibirsk.ru, www.hotel-novosibirsk.ru. EZ/F und DZ/F ab 2700 Rbl.

2 Park Inn by Radisson Hotel

Ul. Dmitirja Schamschurina 37, Tel. 230 08 80, reservation.novosibirsk@rezidorparkinn.com, www.parkinn.com/hotel-novosibirsk. Das 150 Zimmer zählende Hotel ist wie alle Park Inns modern, sauber und international. EZ/F und DZ/F Mo bis Fr 4900 Rbl., Fr bis Mo 3500 Rbl. Wegbeschreibung: Man verlässt den Bahnhof, geht nach rechts am Bahnhofsgebäude entlang und sieht in etwa 250 m Entfernung rechts das Hotel.

5 Funkey Hostel

Ul. Frunse 5/2, Tel. 263 65 03 und 8-903 900 65 03, booking@funhostel.ru, www.funhostel.ru. Das angenehme Hostel hat 30 Betten, einen großen Eingangs-, Rezeptions- und Aufenthaltsraum. Ein DZ für 1600 Rbl., zwei 6-Bett-Zimmer (eines nur für Frauen und eines für Männer und Frauen gemischt) à 600 Rbl., zwei 8-Bett-Zimmer (eines gemischt und eines nur für Frauen) à 500 Rbl. Wegbeschreibung: Man nehme den Durchgang zwischen den Häusern Nr. 3 und Nr. 5, dann rechts halten und weiter zu der lilafarbenen Wand mit einer Vogeldarstellung; die Klingel ist rechts von der Tür, wo ein großer Schlüssel aufgemalt ist.

Essen und Trinken

12 Tschaschka Koffi (russ. für Kaffeetasse)

Restaurantkette, www.chaschkacoffee.ru. Hier gibt es die wohl beste Schokoladentrüffeltorte russlandweit, wenn nicht gar weltweit (russ. *Trjufelny Tort*) – fast allein schon ein Grund, einen Stopp in Nowosibirsk einzulegen! Die mit Fotos versehene Speisekarte gibt es auch auf Englisch. Besonders gemütlich sitzt man in der schick designten Filiale Krasny Prospekt 22, Tel. 280 80 94, tägl. 7–2.30 Uhr.

11 Biblioteka

Ul. Sowjetskaja 20, Tel. 222 26 08, So bis Do 12–23 Uhr, Fr 12–2 Uhr, Sa 12–1 Uhr. Empfehlenswertes Restaurant mit liebevoll-gemütlichem Design, in dem man die Wahl zwischen Stühlen und weichen Sesseln hat. Absolut empfehlenswert ist die kalte Vorspeise „Teiski" (Auberginen und Gemüse mit asiatischer Soße) und für Fleischesser das gegrillte Steak „Derewjanski Stek" mit Grillgemüse.

10 Schaschlikoff

Die empfehlenswerte Restaurantkette erfreut sich großen Zuspruchs unter jungen Nowosibirskern, www.shashlikoff.com. Auf der langen Speisekarte findet jeder etwas Passendes und das zu günstigen

Preisen. Große Auswahl an Cocktails. Filiale Krasny Prospekt 17, Tel. 251 01 05, So bis Do 10–2 Uhr, Fr und Sa 10–3 Uhr.

4 Loschka Wilka

Mehrere Filialen, u.a. neben dem Hotel Zentralnaja und in der Ul. Frunse 2, Tel. 222 17 10. Geboten wird einfache und günstige russische Hausmannskost.

8 La Maison

Ul. Sowjetskaja 25, Eingang Ecke Gorki-Straße, Tel. 209 00 10. Dieses sehr elegante Restaurant ist gemütlich und einladend. Im Hinterzimmer sitzt man in bequemen Ledersofas am Kamin, vorne geht es etwas einfacher zu. Italienische, französische und russische Küche.

9 Dublin Pub

Ul. Gorkowo 54, Tel. 210 01 18. Irisch gemütlich, Frühstück 8–12 Uhr, *Business Lunch* Mo bis Fr 12–16 Uhr (300 Rbl.), Pubbetrieb tägl. bis 2 Uhr, Fr und Sa 21–24 Uhr Live-Musik und Tanz.

3 Tinkoff

Ul. Lenina 29, Tel. 222 27 03, tägl. 12–2 Uhr. Selbst gebraute Biere, gute internat. Küche, faire Preise.

Zugverbindungen

Alle nachfolgend genannten Zeiten sind Ortszeiten. Die Fahrtdauer bezieht sich stets auf den schnellsten Zug.

Nach Moskau (3303 km, 47 Std.)

- **Nr. 69:** tägl. 1.05 Uhr
- **Nr. 81/75:** tägl. 6.50 Uhr
- **Nr. 117:** an ungeraden Tagen 7.48 Uhr
- **Nr. 55/91:** tägl. 9.24 Uhr
- **Nr. 99:** tägl. 10.04 Uhr
- **Nr. 67:** tägl. 17.07 Uhr

☐ Eine Sehenswürdigkeit – der Bahnhof von Nowosibirsk

Fotolia_5802 Alex_Po

- **Nr. 1:** an geraden Tagen 19.59 Uhr
- **Nr. 19:** Mi 19.59 Uhr
- **Nr. 29/37:** tägl. 20.09 Uhr
- **Nr. 3/5:** Fr, Sa 20.20 Uhr

Nach Jekaterinburg (1525 km, 21 Std.)

- **Nr. 69:** tägl. 1.05 Uhr
- **Nr. 81/75:** tägl. 6.50 Uhr
- **Nr. 117:** an ungeraden Tagen 7.48 Uhr
- **Nr. 55/91:** tägl. 9.24 Uhr
- **Nr. 99:** tägl. 10.04 Uhr
- **Nr. 67:** tägl. 17.07 Uhr
- **Nr. 1:** an geraden Tagen 19.59 Uhr
- **Nr. 19:** Mi 19.59 Uhr
- **Nr. 29/37:** tägl. 20.09 Uhr
- **Nr. 3/5:** Fr, Sa 20.20 Uhr

Nach Kungur (1805 km, 24 Std.)

- **Nr. 99:** tägl. 10.04 Uhr
- **Nr. 67:** tägl. 17.07 Uhr
- **Nr. 29/37:** tägl. 20.09 Uhr

Nach Krasnojarsk (762 km, 11 Std.)

- **Nr. 70:** tägl. 1.05 Uhr
- **Nr. 2:** an geraden Tagen 1.41 Uhr
- **Nr. 100:** tägl. 12.34 Uhr
- **Nr. 76/82:** tägl. 18.57 Uhr
- **Nr. 86:** an geraden Tagen 20.02 Uhr
- **Nr. 56/92:** tägl. 20.39 Uhr
- **Nr. 8:** an geraden Tagen 23.59 Uhr
- **Nr. 70:** tägl. 1.05 Uhr
- **Nr. 4/6:** Fr, Sa 1.23 Uhr
- **Nr. 20:** Di 1.41 Uhr

Auf der BAM nach Sewerobaikalsk (2243 km, 41 Std.)

- **Nr. 92:** an geraden Tagen 20.39 Uhr
- **Nr. 76:** an ungeraden Tagen 18.57 Uhr

Nach Irkutsk (1850 km, 29 Std.)

- **Nr. 78:** an ungeraden Tagen 1.52 Uhr
- **Nr. 100:** tägl. 12.34 Uhr
- **Nr. 82:** an geraden Tagen 18.57 Uhr
- **Nr. 8:** an geraden Tagen 23.59 Uhr
- **Nr. 70:** tägl. 1.05 Uhr
- **Nr. 4/6:** Fr, Sa 1.23 Uhr
- **Nr. 20:** Di 1.41 Uhr
- **Nr. 2:** an geraden Tagen 1.41 Uhr

Nach Ulan-Ude (2306 km, 36 Std.)

- **Nr. 78:** an ungeraden Tagen 1.52 Uhr
- **Nr. 100:** tägl. 12.34 Uhr
- **Nr. 82:** an geraden Tagen 18.57 Uhr
- **Nr. 8:** an geraden Tagen 23.59 Uhr
- **Nr. 70:** tägl. 1.05 Uhr
- **Nr. 4/6:** Fr, Sa 1.23 Uhr
- **Nr. 2:** an geraden Tagen 1.41 Uhr
- **Nr. 20:** Di 1.41 Uhr

Nach Chabarowsk (5190 km, 85 Std.)

- **Nr. 2:** an geraden Tagen 1.41 Uhr
- **Nr. 100:** tägl. 12.34 Uhr
- **Nr. 8:** an geraden Tagen 23.59 Uhr

Nach Wladiwostok (5956 km, 98 Std.)

- **Nr. 2:** an geraden Tagen 1.41 Uhr
- **Nr. 100:** tägl. 12.34 Uhr
- **Nr. 8:** an geraden Tagen 23.59 Uhr

Nach Ulan Bator (2964 km, 52 Std.)

- **Nr. 4:** Fr 1.23 Uhr
- **Nr. 6:** Sa 1.23 Uhr

Nach Peking

- **Nr. 4:** Fr 1.23 Uhr (4320 km, 81 Std.)
- **Nr. 20:** Di 1.41 Uhr (5658 km, 100 Std.)

Flughafen

- 17 km westlich vom Stadtzentrum liegt der **Flughafen Tolmatschowo**, vom Bahnhof in 40–50 Min. erreichbar mit dem Marschroutentaxi Nr. 312, außerdem fahren die Busse Nr. 111 Э (russ. für Express) und Nr. 112. Flugauskunft: Tel. 216 99 99. Nationale und internationale Flugverbindungen.

Ausflug nach Akademgorodok

Nachdem der russische Physiker und Mathematiker *Michail Lawrentjew* 1957 das **„Akademikerstädtchen"** – so die Übersetzung von Akademgorodok – gegründet hatte, siedelten sich innerhalb kurzer Zeit zahlreiche Forschungseinrichtungen und die Nowosibirsker Staatsuniversität an. 20 km südlich vom Nowosibirsker Stadtzentrum in einem lichten Birkenwald gelegen, umgeben von frischer Luft und Ruhe, konnten hier Wissenschaftler, Ärzte und Forscher konzentriert und abgeschirmt vom Rest der Welt ihrer Arbeit nachgehen. Zu den besten Zeiten sowjetischer Forschung und Wissenschaft lebten hier rund 200.000 Menschen, 65.000 Akademiker mit ihren Familien. In dieser **privilegierten Zone** mangelte es an nichts, auch nicht an Importgütern. Nach dem Zerfall der Sowjetunion zogen viele Wissenschaftler nach Moskau und ins Ausland, doch inzwischen genießt **„Silicon Taiga"** einen guten Ruf in vielen Bereichen moderner wissenschaftlicher Arbeit. Zudem haben sich seit den 1990er Jahren im Umfeld der Universität mehr als 40 wissenschaftliche Institute und Laboratorien angesiedelt, und seit 2007 erfolgt der Aufbau eines Technologieparks für innovative Firmen.

Für Interessierte lohnt sich der Besuch des **Geologiemuseums,** in dem u.a. viele Edel- und Halbedelsteine gezeigt und erklärt werden, die z.T. nur in Russland und Sibirien vorkommen (Anfahrt mit dem Bus Nr. 8 vom Hauptbahnhof in Nowosibirsk). Sehenswert ist auch das **Eisenbahnmuseum** *(Musei Schelesnodoroschnowo Techniki),* Tel. 337 96 22, tägl. außer Mo 11–18 Uhr, Einlass bis 17 Uhr, 250 Rbl. (Anfahrt ebenfalls mit Bus Nr. 8, 19 Rbl., an der Haltestelle Klinika Mjeschalkina aussteigen, über die Brücke und dann auf die gegenüberliegende Straßenseite gehen).

Vor Ort kann man **Schiffstouren** auf der Ob unternehmen (tägl. Ende April/Anfang Mai bis Mitte Oktober 10.30–19.30 Uhr alle 1½ Std., Mo bis Do 250 Rbl., Fr bis So 300 Rbl., Tel. 266 00 20, alkoholfreie Getränke gibt es an Bord).

„Schornsteine" am Bahndamm

Entlang der Bahngleise am Rande von Städten, direkt am Bahndamm, bemerkt der aufmerksame Reisende oftmals kleine Schornsteine, die in etwa quadratmetergroßen Deckeln stecken. Besonders auffallend ist ihre große Zahl im Stadtgebiet von Nowosibirsk. Es handelt sich hierbei um eine Art **Vorratskammern.** In Ermangelung von Kellern in den Fertigbauhochhäusern entstand die Idee, in das unbenutzte Land am Bahndamm Löcher zu graben, zu befestigen und als Kühlraum für Kartoffeln, Karotten und Eingemachtes zu nutzen. Die „Schornsteine" sind ihre Lüftungsrohre.

Garagenbesitzer lagern ihre Winterrationen dort und brennen neben den vollen Reserve-Benzinkanistern ihren *Samaon,* den **Selbstgebrannten.** Wie oft hört die Ehefrau von ihrem „armen" Mann, dass er schon wieder das Auto reparieren müsse und dass ihm dabei netterweise ein Freund helfen wolle … Wie gut, dass es keine verlässlichen Reparaturwerkstätten gibt, außerdem wären sie viel zu teuer …

Von Nowosibirsk nach Krasnojarsk

Taiga

Тайга

■ **Transsib-Kilometer:** 3571
■ **Zeit:** Moskauer Zeit + 3 Std.

Die Gründung der Kleinstadt Taiga (gut **25.000 Einwohner**) fällt in das Jahr 1896, als hier inmitten der dichten sibirischen Taiga eine Station für die Transsibirische Eisenbahn eingerichtet wurde. Reisende, die Tomsk besuchen, steigen meistens in Taiga aus und fahren die verbl.eibenden 79 km mit dem Vorortzug *(Elektritschka)* nach Tomsk. Es gibt nur wenige Verbindungen täglich, die man wegen Verspätung meistens nicht erreicht.

Mariinsk

Мариинск

■ **Transsib-Kilometer:** 3719
■ **Zeit:** Moskauer Zeit + 4 Std.

Die gut **40.000 Einwohner** zählende Stadt Mariinsk entwickelte sich im Zusammenhang mit dem Bau der Transsib in der ersten Hälfte des 18. Jahrhunderts aus einem Dorf namens Kiiskoje, das 1856 den Namen Mariinsk erhielt.

Bogotol

Боготол

■ **Transsib-Kilometer:** 3846
■ **Zeit:** Moskauer Zeit + 4 Std.

Auch die heute **30.000 Einwohner** zählende Kleinstadt Bogotol verdankt wie Mariinsk ihre Entwicklung dem Bau der Transsib.

Krasnojarsk

Красноярск

■ **Transsib-Kilometer:** 4104
■ **Zeit:** Moskauer Zeit + 4 Std.
■ **Vorwahl:** 391

4104 km östlich von Moskau erreicht der Zug die **an den Ufern des Jenisej** gelegene, knapp **1,1 Mio. Einwohner** zählende Stadt Krasnojarsk, **eine der schönsten Städte an der Transsibstrecke!** Ihre Gründung erfolgte im Jahr 1628 durch *Andrej Dubenskij*, der den 300 ihn begleitenden Kosaken am Zusammenfluss des mächtigen Jenisej und der kleinen

Katscha eine Holzfestung mit dem Namen Krasny errichten ließ. Später wurde die Siedlung umbenannt in **Krasny Jar** und bekam 1690 das Stadtrecht. 1822 erfolgte die Ernennung der Stadt zum Zentrum des Gouvernements Jenisej. In den Jahren 1735–41 bescherte der Handelsweg Moskauer Trakt der Stadt eine rasche Entwicklung, ein weiterer Impuls war die Anbindung an die Transsibirische Eisenbahn im Jahr 1896.

Die im Jahr 1899 erbaute und mittlerweile leider abgerissene **Eisenbahnbrücke** über den Jenisej war ein technisches Meisterwerk. Bei der Pariser Weltausstellung im Jahr 1900 bekam sie eine Goldmedaille, eine Auszeichnung, die auch der Eiffelturm erhielt. Zu sehen ist die Brücke heutzutage nur noch auf dem 10-Rubel-Schein.

Im Zweiten Weltkrieg wurden viele Fabriken und Betriebe aus dem Westen des Landes nach Krasnojarsk verlegt, sodass die Stadt während der Sowjetzeit zu den reicheren in Sibirien zählte.

Heute ist Krasnojarsk ein bedeutendes wirtschaftliches, wissenschaftliches und kulturelles Zentrum mit über 120 Industriebetrieben. Der wichtigste Industriezweig ist die **Metallproduktion,** in der über 30 Schwer- und Leichtmetalle sowie Legierungen hergestellt werden; die bedeutendsten sind Aluminium, das Edelmetall Platin und Gold. Des Weiteren gibt es zahlreiche Betriebe in den Bereichen Maschinenbau, Leichtindustrie, chemische und holzverarbeitende Industrie sowie Textilindustrie. Die Stadt weist über zehn **Hochschulen** und zahlreiche Forschungszentren auf. Außerdem ist man stolz auf fünf Theater und das weltberühmte sibirische Tanz- und Gesangsensemble *M.S. Godenko.*

Krasnojarsk ist nicht nur eine schöne, sondern mit ihren vielen **guten Restaurants** auch eine Stadt für Gourmets. Wer hier einen Stopp einlegt, sollte den Aufenthalt zudem so planen, dass eine **Fahrt** mit dem Postschiff **auf dem Jenisej** möglich ist; die Schiffe fahren zwischen Mitte/Ende Juni und Mitte Oktober alle fünf bis sieben Tage (s.u.). Außerdem kann man im Nationalpark Stolby (s.u.) wunderbar wandern.

Krasnojarsk putzt sich Stück für Stück heraus für die **Winter-Universiade im März 2019,** ein großes internationales Sportevent. Das Wort „Universiade" ist eine Kreation aus Universität und Olympiade. Seit 1959 finden diese Weltsportspiele der Studenten alle zwei Jahre statt, Sommer- und Winterspiele. In Krasnojarsk rechnet man mit 3500 studentischen Sportlern aus aller Welt.

Sehenswertes

Wer **nur einen Tag** Zeit hat, sollte unbedingt das Heimatmuseum besuchen und einen Spaziergang auf der Hauptstraße Prospekt Mira unternehmen, die von morgens bis abends mit Musik beschallt wird.

Ansonsten darf man die **Altstadt** mit ihren verschiedenen Architekturstilen aus allen Bauepochen, mit wunderschönen alten Holzhäusern sowie dem genannten Heimatmuseum nicht verpassen! Im Jahr 2000 beschloss der Bürgermeister von Krasnojarsk, die Stadt für ihre Bürger attraktiver zu machen und ordnete u.a. den Bau von mehr als 200 Springbrunnen und die Aufstellung vieler gemütlicher schmiedeeiserner Parkbänke an. An jeder Straßenecke – nicht nur auf der zentralen Straße Prospekt Mira – trifft man auf kleine, gepflegte Anlagen, die zu einer Ruhepause einladen. Die Bürgersteige sind von perfekter Qualität, ohne Löcher und Stolpersteine.

Heimatmuseum

Das Heimatmuseum gehört zu den besten landeskundlichen Museen Russlands und ist mit Sicherheit **das interessanteste und modernste seiner Art in Sibirien.** Der Grund, warum sich das Museum mit seinem sibirischen „Inhalt" in einem Gebäude mit ägyptischer Architektur befindet, ist einfach: Es soll damit zum Ausdruck kommen, dass die sibirische Geschichte so weit zurückreicht und ähnlich monumental ist wie die ägyptische … Liebevoll werden die verschiedenen Völker Sibiriens vorgestellt, in ihren Behausungen und als Wachsfiguren in bunten Trachten.

Fotolia_1125 sirus

■ **Krajewetscheski Musei,** Ul. Dubrowinskowo 84, Tel. 227 05 80 und 227 92 04, Mo geschlossen, Juni bis August Di, Mi, Fr, Sa und So 10–18 Uhr, Do 13–21 Uhr, Sept. bis Mai Do 10–21 Uhr, 150 Rbl. Eine Führung ist empfehlenswert und buchbar über einen Touranbieter.

Ansicht von Krasnojarsk

Surikow-Kunstmuseum

Das Museum besteht aus **drei Teilen:** In den Sälen des Prospekt Mira 12 ist moderne Kunst ausgestellt, in der Ul. Parischskoi Komuny 20 (Ecke Marx-Straße) kann man eine Sammlung von Ikonen und Gemälden russischer Maler aus dem 18. und 19. Jahrhundert bewundern, und die Ausstellung in der Ul. Lenina 98 widmet sich dem Leben des Malers *Surikow*. Nach diesem wohl berühmtesten Sohn der Stadt wurde die bekannte Kunstakademie in Moskau, das Surikow-Institut, benannt.

Wassilij Iwanowitsch Surikow, geboren 1848 in Krasnojarsk als Sohn einer alteingesessenen Kosakenfamilie, starb im März 1916 in Moskau. Er ist einer der größten und berühmtesten Maler Russlands und gilt als der bedeutendste Meister großformatiger historischer Sujets und Gemälde, die das Leben der einfachen Menschen im damaligen Russland zeigen. Sein Studium absolvierte er an der Kunstakademie in St. Petersburg. 1877 zog er nach Moskau. Die bekanntesten Werke hängen in der Alten Tretjakow-Galerie in Moskau und im Russischen Museum in St. Petersburg.

■ **Chudoschestwenny Musei imeni Ssurikowa,** Prospekt Mira 12, Tel. 227 54 91 und 212 22 50, tägl. außer Mo 10–18 Uhr, Do 13–21 Uhr, 150 Rbl.

Gutshof Surikow

Das **Geburtshaus des Malers** befindet sich in der Lenin-Straße zwischen den Hausnummern 92 und 102. Das alte Holzhaus und der niedliche Garten sind einen Besuch wert – hier kann man sich

Krasnojarsk

vorstellen, wie es früher, vor der Erbauung von Stein- und Hochhäusern, in der Stadt ausgesehen hat.

■ **Musei Ussadby imeni Ssurikowa,** Ul. Lenina 98, Tel. 211 24 78, tägl. außer Mo 10–18 Uhr, für ausländische Besucher 200 Rbl.

Literaturmuseum

Das Literaturmuseum, untergebracht in einer **wunderschönen Kaufmannsvilla aus Holz** aus dem Jahre 1911 (das Haus an sich ist schon eine Sehenswürdigkeit!), zeigt auf sehr liebevolle Art und Weise die Arbeiten sibirischer Schriftsteller und Journalisten. Bis 1997 lebten hier mehrere Familien in einer Kommunalka (siehe entsprechenden Exkurs).

■ **Literaturny Musei,** Ul. Lenina 66 (gegenüber Nr. 61), Tel. 227 48 30, tägl. außer Mo 10–18 Uhr, 100 Rbl., Audioguide (engl.) 50 Rbl.

Eisenbahnmuseum

Seit August 2017 informiert dieses Museum über die Geschichte der Krasnojarsker Eisenbahn mit unterschiedlichsten **Ausstellungsstücken:** Fotos, Modelle (u.a. der abgerissenen Bahnbrücke, die bei der Weltausstellung in Paris 1889 nach dem Eiffelturm den zweiten Platz belegte!), Spaten, die beim Bau der Bahn benutzt wurden, Zugabteile etc.

■ **Musei istorii Krasnojarskoi schelesnoi dorogi,** Prospekt Mira 101, Tel. 229 22 28 und 229 22 35, Di bis Sa 9–18 Uhr, 150 Rbl. Fotos s.u. https://ok.ru/okrasnoyarsk/topic/67183067545639.

Apotheke Nr. 1

Die Apotheke Nr. 1 wurde 1896 erbaut und ist wegen ihrem **schönen Holzinterieur** sehenswert.

Apteka Nomer Adin (russ. für Apotheke Nr. 1), Prospekt Mira 75, Mo bis Fr 8–22 Uhr, Sa/So 10–20 Uhr.

Praktische Infos

5 **Touristenbüro Alegria,** im Hotel Krasnojarsk gegenüber der Fahrstühle, Tel. 227 16 26 und 8-983 265 96 44, Mo bis Fr 10–19 Uhr, Sa 10–15 Uhr. Informationen und Touren.

Hauptpostamt, Ul. Lenina 62, Mo bis Fr 8–20 Uhr, Sa 9–18 Uhr, So 9–14 Uhr.

Taxi Maxim, Tel. 252 99 99.

Einkaufen: Auf dem **Zentralmarkt** *(Zentralny Rynok),* Ul. Respublika 20, findet man wie auf allen großen Märkten in Sibirien alles, was das Herz begehrt: Früchte, Gemüse, frischen Fisch, Kaviar, Brot, Geräuchertes, Schaschlickbratereien, Blumen, Backwaren usw. usf. Tägl. 8–18 Uhr. Schon die herrlichen Gerüche wirken betörend und machen Appetit!

Kino: IMax Cine Park, am Jenisej, Ul. Dubrowinskowo 1, Eingang gegenüber Haus Nr. 54. Das 2015 eröffnete Großkino hat diverse kleinere und größere Kinosäle, und natürlich gibt es Popcorn, Waffeln, Cola, Bier etc. Mo bis Do 10–2 Uhr, Sa/So 10–4 Uhr.

Unterkunft

5 **Hotel Krasnojarsk**
Ul. Urizkowo 94, Tel. 274 94 03, reception@hotelkrs.ru, www.hotelkrs.ru. Empfehlenswertes Hotel in Bestlage. EZ/F 4200 Rbl., DZ/F ab 5600 Rbl. Das sehr leckere Frühstücksbüfett gibt es in der 4. Etage, ein Touristenbüro im Erdgeschoss (s.o.) und ferner die 5 **Nightbar Amsterdam** (mit Disco), Tel. 292 41 43, tägl. 21–9 Uhr.

6 **Hotel Ogni Jenisseja**
Ul. Dubrowinskowo 80, Tel. 227 52 11, hoteloe@mail.ru, www.oe-hotel.ru. Die 142 kleinen, einfach eingerichteten und hellen Zimmer wurden 2015 renoviert. EZ/F ab 2300 Rbl., DZ/F 4000 Rbl. Die Zimmer mit ungerader Nummer haben Jenisej-Blick.

11 **Hovel Hostel**
Ul. Lenina 52, Tel. 8-929 309 40 20, hovel24@mail.ru, www.hovel24.ru. Ausgerechnet das von der Au-

Typisch sibirische Wohnhäuser: Datscha – Isba – Kottedsch

Während eine klassische **Datscha** ein hölzernes Sommer- bzw. Wochenendhaus auf dem Lande ist, handelt es sich bei einer **Isba** um ein hölzernes Bauernhaus. Beide Haustypen sieht man häufig in den zahlreichen Dörfern und Stationen entlang der Transsibirischen Eisenbahn.

Die Fensterrahmen und -läden dieser Häuser sind meist hellblau, grün und weiß angemalt. Bei den Farben handelt es sich im Falle der ersten beiden um die Farben der russisch-orthodoxen Kirche: Hellblau symbolisiert den Himmel, Grün die Erde. Bei den russischen Bauern war der Glaube verbreitet, dass Gott diese Farben besonders schätzt und deshalb des Öfteren durch das Fenster nach dem Rechten schaut. Der weiße Anstrich soll Insekten abhalten.

099tr dk

Die Datschas neureicher Russen können mehrstöckige Villen mit allem Komfort und Luxus sein, die in ihren Ausmaßen und ihrer protzigen, z.T. schlossähnlichen Architektur oft an die majestätischen Prunkvillen der Gründerzeit erinnern.

Mit einer **„Kottedsch"** (von engl. *cottage*) ist ein bescheidenes Freizeithaus gemeint.

torin zum ersten „Boutique-Hostel" Russlands gekürte, außergewöhnlich schicke Hostel wurde von seinem sehr freundlichen Besitzer *Albert* auf den englischen Namen „Hovel" getauft, zu Deutsch Hütte oder Bruchbude bzw. auf Russisch *Latschuga!* Das Design erinnert mit seinen Farben und Farbflächen an den niederländischen Maler *Piet Mondrian.* In dem seit Mai 2015 geöffneten Hostel ist alles Spitzenklasse: Neben vielem, was jedes Hostel hat, gibt es hier *Free Pancakes* und einen (kostenlosen) Wäschetrockner, ferner eine Kaffeemaschine und einen Getränke- und Süßigkeiten-Automaten (natürlich nicht kostenlos). Die Betten verteilen sich auf insgesamt sechs Zimmer: zwei DZ à 1700 Rbl., ein 3-Bett-Zimmer à 800 Rbl., ein 8-Bett-Zimmer für Frauen à 600 Rbl. p.P. und ein 12-Bett-Zimmer für Männer à 600 Rbl. p.P. sowie ein Zimmer mit eigener Dusche/WC: 2 Personen zahlen 2700 Rbl., 3 Personen 3600 Rbl., 4 Personen 4400 Rbl. (alle Preise inkl. Frühstück). Anfahrt: Trolleybus Nr. 7 und Bus Nr. 81 bis zur Haltestelle Dom Techniki und mit den Bussen Nr. 11 und Nr. 64 bis zur Haltestelle Chimtschistka. Wegbeschreibung: Von der Ul. Markowskaja (bei Haus Nr. 27) kommend, geht man über ein zwischen zwei Holzhäusern befindliches Plätzchen mit einem Denkmal (aufgestützt sitzender *Lenin*) geradeaus auf eine Treppe zum Hostel zu.

4 Novotel

Ul. Karla Marxa 123, Tel. 204 14 00, h8122-re@accor.com, www.novotel.com/ru/hotel-8122-novotel. Typisches Hotel der internationalen Kette, Ende 2015 eröffnet, Preise je nach Saison und Auslastung: EZ und DZ 4400–5200 Rbl., Frühstücksbüfett 700 Rbl.

4 Ibis Hotel

Ul. Karla Marxa 123 (der schwarze Bau), Tel. 204 13 00. 2015 zusammen mit dem Novotel eröffnet und ein typisches Ibis Hotel. Je nach Saison und Auslastung kosten EZ und DZ 2800–3800 Rbl., das Frühstücksbüfett 500 Rbl.

Essen und Trinken

0 Barber Loft Yushin Brothers
Prospekt Mira 85 (am Denkmal vorbei, unter dem Bogen durch, Eingang rechts, 4. Stock), Tel. 215 43 21, So bis Do 11–24 Uhr (frisiert wird bis 21 Uhr), Fr und Sa 11–3 Uhr. Der Inhaber, *Dennis,* ist Friseur und Motorradweltreisender (Motto: Neue Frisur und Rasur gegen Kost und Logis) und hat Anfang 2018 in einem traumhaft schönen Loft mit riesigen Fenstern und toller Dekoration diesen Barbier- und Bar-Restaurant-Betrieb eröffnet.

7 Bulgakov Bar & Restaurant
Ul. Urizkowo gegenüber Haus Nr. 51, neben dem Rock Jazz Café, Tel. 272 87 78, www.barbulgakov.ru, Reservierungen möglich per Mail: 2728778@gmail.com, tägl. 12–2 Uhr. Dieses hervorragende Restaurant ist sehr geschmackvoll eingerichtet, wie eine Bibliothek, mit roten Backsteinwänden, gemütlichen Sofas, einem langen Tresen – und das Essen ist mindestens einen sibirischen Stern wert! Vegetarier werden glücklich mit gegrilltem Gemüse und genießen zum Dessert Mango- oder Schokoladeneis. *Business Lunch* ab 400 Rbl.

12 Vinegret Bufet
Ul. Surikowa 12, Tel. 8-908 212 72 73, tägl. 10–24 Uhr. Das 2015 eröffnete Lokal hat ein interessantes Design und sehr günstige Preise, außerdem läuft super Musik. Es gibt russische Speisen in guter Qualität und riesiger Auswahl, wunderbare Salate, Piroggen und Pfannkuchen (russ. *Blini*), Fleischgerichte, Pizza & Pasta, Sushi, Desserts, Torten etc. pp. Alle Speisen werden auch *to go* angeboten.

1 Schkwarok
Prospekt Mira 102, Tel. 265 13 04, Mo bis Fr 12–24 Uhr, Sa/So 12–2 Uhr. Dieses total verrückt dekorierte Restaurant ist bekannt für seine ukrainische Küche; einzigartig sind die Vorspeisenteller mit verschiedenen exzellenten Specksorten (russ. *Ssala*)! Hat man seinen Lieblingsspeck entdeckt, bestellt man möglicherweise gleich eine ganze Portion davon anstatt einer Hauptspeise. *Business Lunch* 550 Rbl. (leider ohne Speck …).

3 Balkan Grill
Schräg gegenüber vom Hotel Krasnojarsk, Ul. Perensona 9, Ecke Ul. Urizkowo, Tel. 212 07 28, tägl. 12–24 Uhr. Das Restaurant ist seit vielen Jahren ein beliebtes und verlässliches Lokal mit üppigen Portionen sehr schmackhafter Grillgerichte.

10 Mama Roma
Prospekt Mira 50a, Tel. 266 10 72, Mo bis Fr 9–1 Uhr, Sa/So 11–1 Uhr. Seit Jahren empfehlenswerter „Italiener". *Business Lunch* 390 Rbl.

8 People's Bar & Grill
Krasny Prospekt 22, Tel. 209 25 90, www.peoplesbar.ru, tägl. 24 Std. geöffnet. Schickes, gemütliches Lokal mit großen Fenstern und vielen Bildern. Hervorragende Fleischgerichte zu guten Preisen.

9 Travellers' Coffee
Prospekt Mira 54, Tel. 265 28 53, tägl. 8–24 Uhr. Sehr gemütliches Lokal zum Relaxen.

■ Oldtimer-Straßenbars
Seit einigen Jahren findet man hier und da wunderbar restaurierte Minibusse der Marken VW, Renault und Mercedes, aus denen es Kaffee und Snacks auf die Hand gibt. In Mark's Coffee verkauft *Mark,* Sohn eines Ghanaers und einer Russin, nicht nur an Vorbeigehende, sondern er hat auch einige wenige Sitzplätze in seinem mit Plastikblumen liebevoll dekorierten Mercedes-Bus (tägl. 8–2 Uhr).

Zugverbindungen

Alle nachfolgend genannten Zeiten sind Ortszeiten. Die Fahrtdauer bezieht sich stets auf den schnellsten Zug.

Nach Moskau (4065 km, 59 Std.)

- **Nr. 3/5:** Fr, Sa 8.15 Uhr
- **Nr. 1:** an geraden Tagen 8.25 Uhr
- **Nr. 69:** tägl. 11.15 Uhr
- **Nr. 75/81:** tägl. 18.20 Uhr
- **Nr. 55/91:** tägl. 20.32 Uhr
- **Nr. 99:** tägl. 21.16 Uhr

Nach Nowosibirsk (762 km, 11 Std.)

- **Nr. 3/5:** Fr, Sa 8.15 Uhr
- **Nr. 1:** an geraden Tagen 8.25 Uhr
- **Nr. 57/97:** tägl. 10.37 Uhr
- **Nr. 69:** tägl. 11.15 Uhr
- **Nr. 7:** an ungeraden Tagen 16.41 Uhr
- **Nr. 75/81:** tägl. 18.20 Uhr
- **Nr. 85:** an ungeraden Tagen 19.52 Uhr
- **Nr. 55/91:** tägl. 20.32 Uhr
- **Nr. 99:** tägl. 21.16 Uhr

Nach Jekaterinburg (2287 km, 32 Std.)

- **Nr. 3/5:** Fr, Sa 8.15 Uhr
- **Nr. 1:** an geraden Tagen 8.25 Uhr
- **Nr. 69:** tägl. 11.15 Uhr
- **Nr. 75/81:** tägl. 18.20 Uhr
- **Nr. 55/91:** tägl. 20.32 Uhr
- **Nr. 99:** tägl. 21.16 Uhr

Nach Kungur (2567 km, 38 Std.)

- **Nr. 69:** tägl. 11.15 Uhr
- **Nr. 99:** tägl. 21.16 Uhr

Nach Perm (2668 km, 37 Std.)

- **Nr. 1:** an geraden Tagen 8.25 Uhr
- **Nr. 69:** tägl. 11.15 Uhr
- **Nr. 55/91:** tägl. 20.32 Uhr
- **Nr. 99:** tägl. 21.16 Uhr

Nach Nischnij Nowgorod (3604 km, 51 Std.)

- **Nr. 1:** an geraden Tagen 8.25 Uhr
- **Nr. 55/91:** tägl. 10.32 Uhr

Nach Irkutsk (1088 km, 17 Std.)

- **Nr. 100:** tägl. 1.14 Uhr
- **Nr. 82:** an ungeraden Tagen 7.23 Uhr
- **Nr. 4/6:** Fr, Sa 13.01 Uhr
- **Nr. 20:** Di 13.23 Uhr
- **Nr. 2:** an geraden Tagen 13.23 Uhr
- **Nr. 8:** an ungeraden Tagen 13.31 Uhr
- **Nr. 78:** an ungeraden Tagen 14.13 Uhr
- **Nr. 70:** tägl. 14.41 Uhr

Nach Ulan-Ude (1544 km, 24 Std.)

- **Nr. 100:** tägl. 1.14 Uhr
- **Nr. 82:** an ungeraden Tagen 7.23 Uhr
- **Nr. 4/6:** Fr, Sa 13.01 Uhr
- **Nr. 20:** Di 13.23 Uhr
- **Nr. 2:** an geraden Tagen 13.23 Uhr
- **Nr. 8:** an ungeraden Tagen 13.31 Uhr
- **Nr. 78:** an ungeraden Tagen 14.13 Uhr
- **Nr. 70:** tägl. 14.41 Uhr

Nach Chabarowsk (4428 km, 74 Std.)

- **Nr. 100:** tägl. 1.14 Uhr
- **Nr. 2:** an geraden Tagen 13.23 Uhr
- **Nr. 8:** an ungeraden Tagen 13.31 Uhr

Nach Wladiwostok (5194 km, 86 Std.)

- **Nr. 100:** tägl. 1.14 Uhr
- **Nr. 2:** an geraden Tagen 13.23 Uhr
- **Nr. 8:** an ungeraden Tagen 13.31 Uhr

Nach Ulan Bator (2202 km, 41 Std.)

- **Nr. 4/6:** Fr, Sa 13.01 Uhr

Nach Peking

- **Nr. 4:** Fr 13.01 Uhr (3558 km, 70 Std.)
- **Nr. 20:** Di 13.23 Uhr (4896 km, 88 Std.)

Flughafen

- Der **Flughafen Jemeljanowo** liegt 27 km nordwestlich von Krasnojarsk, Tel. 252 09 75 und 233 59 99. Anfahrt mit Bus Nr. 135 und 135 K, die stündlich fahren. Hauptsächlich nationale Flugverbindungen.

Die Umgebung von Krasnojarsk

Rund 50 km östlich von Krasnojarsk sieht man links und rechts der Bahnstrecke besonders schöne **Datscha-Gebiete,** die sich malerisch die Hänge hinaufziehen. Manchmal hat man den Eindruck, dass ein Schönheitswettbewerb dazu geführt hat, dass die niedlichen Holzhäuschen so besonders liebevoll bunt gestrichen und mit Holzschnitzereien verziert wurden – eine wahre Pracht und durch die Hanglage wunderbar vom Zug aus zu fotografieren!

Nationalpark Stolby

Nur 3 km südwestlich von Krasnojarsk liegt am rechten Ufer des Jenisej der 1925 gegründete Nationalpark Stolby (Betonung auf dem y); Stolby bedeutet „Pfähle" und bezieht sich auf die **zahllosen Granitfelsen,** die in der Gegend wie Pfähle aus der Erde ragen. Der Park ist ein beliebtes Wandergebiet der Krasnojarsker und auch ausländischer Touristen. Getränke und Proviant kann man vor Ort kaufen.

■ **Anfahrt** entweder per **Taxi** (250 Rbl.) oder mit **Bus Nr. 37** (alle 15–20 Min., ca. 30 Min. Fahrt, 22 Rbl., Abfahrt von der Bushaltestelle gegenüber dem Uhrturm, an der Straße, die auf die Jenisej-Brücke führt, neben dem Hotel Krasnojarsk) bis zur Endhaltestelle am Sessellift (Kanatno Kreselnaja Daroga). Betriebszeiten des Lifts: im Sommer Di bis So 10–19 Uhr, Mo 13–19 Uhr, im Winter Mo bis So 10–17 Uhr, Mo 13–17 Uhr, hin und zurück 270 Rbl. Oben angekommen geht man einige Schritte nach rechts und folgt einem Wanderweg durch den Wald zu einer Aussichtsterrasse. Der Wanderweg führt noch ca. 3 km weiter zu einer Felsengruppe.

Anfahrt auch mit **Bus Nr. 50** (alle 15–20 Min., ca. 30 Min. Fahrt, 22 Rbl., Abfahrt von derselben Bushaltestelle wie Bus Nr. 37) bis zur Haltestelle Turbasa. Von dort wandert man etwa 7 km leicht bergan und die letzten 2 km etwas steiler.

Abstecher nach Jenisejsk

Енисеевск

■ **Zeit:** Moskauer Zeit + 4 Std.
■ **Vorwahl:** 39195

340 km nördlich von Krasnojarsk, am Ufer des Jenisej, liegt die rund **18.000 Einwohner** zählende Kleinstadt Jenisejsk. Ihre Gründung als Militärfestung zur Besiedlung Sibiriens durch Kosaken fällt in das Jahr 1619, womit sie eine der ältesten Städte in Sibirien ist. Jenisejsk war eineinhalb Jahrhunderte **lang das Haupttor nach Ostsibirien** und entwickelte sich Ende des 17. Jahrhunderts zu einem wichtigen Zentrum des Schmiedehandwerks, der Silberverarbeitung und der Formgießerei. Auch der **Handel** mit Pelzen, Fischen und Holz brachte der Bevölkerung Wohlstand. Wichtige Handelswege nach Tobolsk und Moskau, gen Osten bis nach China und in den Süden Sibiriens liefen über Jenisejsk. Auf ihnen kamen Ikonenmaler und Baumeister, die wunderschöne Kirchen und reich verzierte Häuser bauten. Als ein Handelsweg zwischen Irkutsk und Moskau die Stadt umging, verlor sie rasch an Bedeutung. Erst als in den 1940er Jahren **Gold** (immerhin rund 90% der russischen Goldvorkommen!) entdeckt wurde, begann eine neue Blütezeit, und mit ihr enstanden prächtige Steinhäuser. Als im Jahr 1863 das erste Dampfschiff in Jenisejsk vom Stapel lief, entwickelte sich eine reguläre Schifffahrt auf dem Jenisej.

Jenisejsk wird auch „Vater der sibirischen Städte" genannt und hat sich mit seinen alten Häusern sowie mehreren aktiven Klöstern und Kirchen im Jahre 2001 um die Aufnahme in die Weltkulturerbe-Liste der UNESCO bemüht – leider ohne Erfolg. Seit der russische Staat aus Anlass des **400. Stadtgeburtstages im Jahr 2019** kräftig in den Wiederaufbau von Kirchen und die Restaurierung ehemaliger Kaufmannshäuser investiert, entwickelt sich Jenisejsk mehr und mehr zu einem Must-See auf einer Sibirienreise.

Am interessantesten ist die **Anreise mit dem Postschiff** auf dem Jenisej. Die gemächliche Fahrt auf dem ruhig dahinfließenden Strom, durch die (unspektakulären) Kasatschinsky-Stromschnellen, vorbei an malerischen Hängen zu beiden Flussseiten und durch weitgehend unberührte Natur, wirkt wunderbar entschleunigend und macht die Minikreuzfahrt zu einem unvergesslichen Erlebnis. Derzeit verkehren zwei jeweils 250 Passagiere fassende Schiffe, die „MS Matrosov" und die „MS Tschkalov" (zu Details s.u.). Sie wurden 1954 in der Mathias-Theisen-Werft in Wismar gebaut, als Entschädigung für von den Nazis begangenes Unrecht an Russland geliefert und sind heute noch in überraschend gutem Zustand. Eigentlich verkommt vieles in Russland relativ schnell, Kapitäne jedoch kümmern sich offensichtlich um die ihnen anvertrauten Schiffe und sorgen für glänzend polierte Messingteile und fein säuberlich ausgebesserte Holzplanken.

Sehenswertes

Das Stadtbild von Jenisejsk und die **besondere altrussische Kleinstadtatmosphäre** machen den Hauptreiz eines Besuches aus. Nach Möglichkeit sind ein bis zwei Tage einzuplanen. Für die Stadttour mietet man sich am besten auf dem Markt im Laden Nr. 16 ein Fahrrad (Tel. 8-923 454 92 57). Auf jeden Fall der neu angelegten Flusspromenade einen Besuch abstatten! Renoviert werden derzeit (Mitte 2018) folgende Kirchen und Klöster: Verklärungskloster (*Spasso Breobraschenski Monastyr*, erbaut 1642–1827), Erscheinungskathedrale (*Bogojawljenski Ssabor*, 1738–64), Auferstehungskirche (*Woskressenskaja Zerkow*, 1735–47), Dreifaltigkeitskirche (*Troitskaja Zerkow*, 1772–76) und die Mariä-Entschlafens-Kirche (*Uspenskaja Prichodskaja Zerkow*, 1793–1819).

Im **Heimatmuseum** wird die Stadtgeschichte in aller Ausführlichkeit mit Liebe präsentiert und von den Museumsmitarbeitern voller Begeisterung und Stolz erläutert.

■ **Jenisseyski Krajewetscheski Musei,** Ul. Kirowa 81, Ecke Ul. Babkina 8, 9–18 Uhr außer Mo. Nach Vorbestellung mit deutsch- oder englischsprachiger Führung.

Unterkunft

1 Hotel Jenisseyskaja

Ul. Lenina 133, Tel. 263 58, poloniya.ru@yandex.ru, www.poloniya.ru. Dieses kleine, 2002 gegründete Hotel in einem wunderschönen, 130 Jahre alten Kaufmannshaus aus Holz ist die beste und gemütlichste Adresse vor Ort. Eine rechtzeitige Reservierung ist unbedingt notwendig. Von den insgesamt zehn Zimmern haben drei Dusche und WC (EZ 3700 Rbl., DZ 4800 Rbl.), die anderen teilen sich ein Gemeinschaftsbad und kosten pro Bett 1000–1200 Rbl. Frühstück zur gewünschten Uhrzeit kostet 200 Rbl., Abendessen auf Vorbestellung 300 Rbl., beide Mahlzeiten werden in einem sehr einladenden Raum serviert. Nur Barzahlung. Die Dame des Hauses, *Swetlana*, versteht Englisch.

Jenisejsk

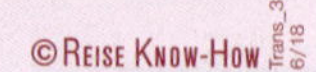

Übernachtung
1 Hotel Jenisseyskaja
3 Hotel im Geologenhaus
4 Hotel Domino
5 Hotel Dom Palomnikow

Einkaufen/Sonstiges
2 Markt, Fahrradladen

Jenisej
Promenade
Promenade
Erscheinungs-kathedrale
Uliza Lenina
Uliza Petrowskowo
Auferstehungs-kirche
Heimat-museum
Uliza Babkina
Apotheke
Verklärungs-kloster,
Mariä-Entschlafens-Kirche
Uliza Rabotsche-Krestjanskaja
Partisanski Pereulok
Uliza Lenina
Uliza Gorkowo
Uliza Gorkowo
Uliza Lytkina
Uliza Wanejewa
Dreifaltigkeits-kirche
Uliza Perensona

4 Hotel Domino
Ul. Petrowskowo 2, Tel. 983 150 47 60 und 983 297 33. Von den insgesamt elf nicht wirklich gemütlichen Zimmern haben nur vier ein eigenes WC. EZ/F 1600–2000 Rbl., DZ/F 1700–3000 Rbl. Nur Barzahlung. Eine rechtzeitige Reservierung ist unbedingt notwendig.

3 Hotel im Geologenhaus (der offizielle Name steht noch nicht fest), buchbar über das Hotel Domino (s.o.). Dieses historische Gebäude mit zehn Fremdenzimmern (Dusche und WC auf dem Gang) und einem Apartment (eigenes Bad und WC) ist eine einfache, aber sympathische Unterkunft. EZ/F 1600 Rbl., DZ/F 1700 Rbl. Nur Barzahlung.

5 Hotel Dom Palomnikow
Ul. Lenina 94 (gegenüber Haus Nr. 75), buchbar über das Hotel Domino (s.o.). Die unter Denkmalschutz stehende Pilgerherberge ist in einem wunderschönen, uralten Holzhaus aus dem Jahr 1880 untergebracht. Ursprünglich wohnte hier ein wohlhabender Kaufmann – seit 2005 sind es Pilger und andere Reisende. Der besondere Reiz der sehr, sehr einfachen Zimmer besteht in ihrer Kargheit, den alten Holzbohlen und den freundlichen, tief religiösen Gastgeberinnen *Raissa Grigorjäwna* und *Tatiana Iwanowna*. Insgesamt verfügt das Haus über 40 Betten (à 500 Rbl.), die sich auf drei kleine und neun größere Räume verteilen. Im Sommer kom-

men Betten auf der überdachten Veranda und in einem kleinen Holzhaus am Ende des Gemüsegartens dazu. Das Hotel verfügt über ein Bad und ein WC für alle. Das helle 3-Bett-Zimmer mit der Nummer 2-01 ist das schönste – an der Wand hängt ein großer Christusteppich, auf einem Holztischchen liegen kleine Heiligenbilder. Das 4-Bett-Zimmer Nr. 1-03 zeichnet sich durch viele Blumen am Fenster und eine Heiligenecke aus. Wenn im Sommer häufiger Pilger kommen, kann man zu festen Zeiten in der sog. „Trapesnaja" einfache Hausmannskost bestellen; alle Zutaten liefert der Garten hinterm Haus.

Hin- und Rückfahrt

In der warmen Jahreszeit von Anfang/Mitte Juni bis Anfang/Mitte Oktober verkehren in Intervallen von fünf bis sieben Tagen **Postschiffe:** Abfahrt in Krasnojarsk gegen 7 Uhr morgens, Ankunft in Jenisejsk gegen Mitternacht; in umgekehrter Richtung brauchen die Schiffe länger: Abfahrt in Jenisejsk um 12 Uhr, Ankunft in Krasnojarsk nach knapp 32 Std. Fahrt um 20 Uhr am nächsten Tag. Tickets kosten für die 1. Klasse Doppelkabine mit Waschbecken 6000 Rbl. p.P., in der 2. Klasse in der 4-Bett-Kabine mit Waschbecken werden 4500 Rbl. p.P. fällig; Gemeinschaftsdusche und WC auf dem Gang. Die 3. Klasse ist noch günstiger: p.P. in der 4-Bett-Kabine 3800 Rbl. Es empfiehlt sich unbedingt, die Tour inklusive Schiffsticket, Busfahrkarte und Hotelzimmer rechtzeitig zu reservieren.

■ **Schiffsanleger in Krasnojarsk:** Am Flussbahnhof *(Retschnoi Waksal)* in der Ul. Dubrowinskowo 1a (gegenüber Haus Nr. 58) führt eine Treppe hinunter zu einem modernen Gebäude. Unten angekommen, bleibt man auf der Höhe des Parkplatzes und geht durch die Tür direkt um die Ecke; die Tür hat ein Regendach, neben ihr befindet sich ein großes, rundes Fenster: die Kasse. Fahrkarten gibt es von Anfang/Mitte Juni bis Anfang/Mitte Oktober, tägl. 8–19 Uhr, Tel. 227 66 88, www.prt24.ru.

■ **Busfahrt Jenisejsk – Krasnojarsk:** 340 km, Fahrtdauer 6–7½ Std., 861 Rbl., Gepäck kostet extra; die täglichen Fahrzeiten: Jenisejsk – Krasnojarsk 7.15, 9.10, 10.30, 11.40, 13.10, 13.40, 14.30, 15.50, 16 Uhr, Krasnojarsk – Jenisejsk 7.40, 8.20, 10.45, 12, 12.45, 14.30, 15, 16 Uhr.

Jenisej-Flussfahrt nach Dudinka

1992 km nördlich von Krasnojarsk und 300 km nördlich vom Polarkreis liegt am Ufer des Jenisej die rund **22.000 Einwohner** zählende Stadt Dudinka, Hauptstadt des Taimyr-Kreises und **nördlichste Stadt Russlands.** Wer bis hierher mit dem Schiff fahren möchte, muss über eine Agentur buchen, weil man dafür ein **spezielles Permit** benötigt, welches nur Veranstalter vor Ort beantragen können.

■ **Von Krasnojarsk** braucht das Schiff mit dem Strom ca. **90 Std.,** in umgekehrter Richtung gegen den Strom ca. 130 Std. Fahrkarten kosten in der 1. Klasse Doppelkabine mit Waschbecken 25.000 Rbl. p.P., in der 2. Klasse 4-Bett-Kabine mit Waschbecken 17.000 Rbl. p.P.; Gemeinschaftsdusche und WC auf dem Gang. Am billigsten ist die 4-Bett-Kabine in der 3. Klasse mit 13.000 Rbl. p.P.

■ Außer mit dem Schiff kann man Dudinka nur mit dem **Flugzeug** erreichen, und zwar von der rund 100 km östlich gelegenen Stadt Norilsk aus. Flüge gehen u.a. nach Krasnojarsk, Jekaterinburg, St. Petersburg und Moskau.

Die Kosaken – Krieger, Söldner und Eroberer Sibiriens

Bei der Eroberung Sibiriens spielten die Kosaken eine bedeutende Rolle. Wer waren sie? Als im 15. Jahrhundert das Mongolenreich zerfiel, blieb ein großer Teil des Südens des heutigen europäischen Russlands herrenlos. Die zurückgebliebenen Reste von Turkvölkern und Mongolen, **Tataren** genannt, siedelten hier, brandschatzten und plünderten und taten sich mit russischen Bauern, Sträflingen, Wegelagerern, Piraten sowie Flüchtlingen aus dem Sklavendienst auf türkischen Galeeren zusammen. Die hieraus entstandenen **militärischen Männerbünde** nannten die Russen „Kosaken", im Tatarischen „Freie Krieger".

Diese immer unter Waffen stehenden Reiterheere überfielen Grenzbefestigungen, raubten Kaufleute aus und enterten Wolgaschiffe. Im 16. Jahrhundert gründeten die Kosaken an Dnjepr, Don und Wolga ihre eigenen Siedlungen und lebten von der Viehzucht.

Iwan IV., bekannt als der Schreckliche, machte die Kosaken Mitte des 16. Jahrhunderts zu russischen Söldnern, die sich in Horden zusammentaten und gen Osten zogen, wo sie Dorf für Dorf überfielen. Sie forderten Tribut in Form von Zobelfellen. Mit der Zeit kamen Truppenführer mit regulären Soldaten und ergriffen im Namen des Zaren Besitz vom Land. Auf diese Weise wurden 1587 das Fort Tobolsk, 1604 die Forts Tomsk und Jenissejsk am Jenissej gegründet.

Von Krasnojarsk nach Irkutsk

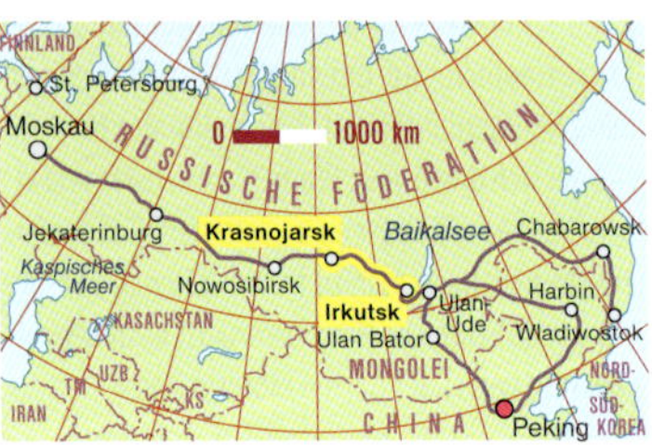

Ilanskaja

Иланская

- **Transsib-Kilometer:** 4383
- **Zeit:** Moskauer Zeit + 4 Std.

Die Gründung der rund **16.000 Einwohner** zählenden Stadt Ilanskaja am **Fluss Ilanka** geht zurück auf das Jahr 1645. Ihre Entwicklung ab der Mitte des 18. Jahrhunderts steht in Zusammenhang mit dem Handelsweg Moskauer Trakt, als hier eine Poststation eingerichtet wurde. 1894 baute man eine Station zur Wartung der Eisenbahn, 1939 bekam Ilanskaja die Stadtrechte.

Taischet

Тайшет

- **Transsib-Kilometer:** 4522
- **Zeit:** Moskauer Zeit + 5 Std.

Die Stadt mit heute gut **35.000 Einwohnern** verdankt ihre Gründung im Jahr 1897 dem Bau der Transsibirischen Eisenbahn als Baustützpunkt und Haltestation. Der Name der Stadt bedeutet in der Sprache der Keten, eines Nomadenvolkes der Region, „Kaltes Wasser“ bzw. „Kalter Fluss“. Das Stadtrecht wurde dem Ort 1938 verliehen.

Taischet wird als **„Eisenbahnhauptstadt Sibiriens“** bezeichnet, da hier **drei Strecken** aufeinandertreffen: die Transsib, die Linie Nowosibirsk – Irkutsk via Abakan und die Baikal-Amur-Magistrale BAM. Daher findet man den Namen dieser kleinen Stadt auf so gut wie allen Landkarten. Die Bauarbeiten an der BAM ab dem Jahr 1965 wurden von Taischet aus organisiert.

In den Jahren zwischen 1930 und 1953 gab es in der Gegend von Taischet diverse Straflager, **Gulags;** der russische Begriff ist eine Abkürzung und bedeutet übersetzt „Hauptverwaltung der Besserungsarbeitslager“. Taischet war Gulag-Zentrale zweier Lagerbezirke, deren russische, japanische und deutsche Insassen beim Eisenbahnbau schuften mussten. So heißt es, dass auf den 340 Kilometern von Taischet bis nach Bratsk „unter jeder Schwelle mindestens ein Toter liegt“. Nach *Konrad Adenauers* Besuch in Moskau im Herbst 1955 traten die überlebenden Deutschen von Taischet die Heimreise nach Deutschland an. Heute ist von den Lagern nichts mehr zu sehen.

Der Taischeter **Bahnhof** wurde aufwendig restauriert und erstrahlt seit 2002 wieder in vollem Glanz. Abends sieht er mit seiner ausgetüftelten Beleuchtung, die die architektonischen Feinheiten des Gebäudes hervorhebt, besonders schön aus.

Nischnjeudinsk Нижнеудинск

- **Transsib-Kilometer:** 4685
- **Zeit:** Moskauer Zeit + 5 Std.

Kosaken gründeten die heute rund **37.000 Einwohner** zählende Stadt im Jahr 1648. Ein Jahr später errichteten sie eine erste Holzfestung (russ. *Astrog*) und ersetzten diese 1664 durch eine neue, größere Anlage. Der Ort liegt am **Fluss Uda** – Nischnjeudinsk bedeutet „An der unteren Uda“) – und bekam 1783 die Stadtrechte verliehen. Einen wesentlichen Teil ihrer Entwicklung verdankt die Stadt dem Handel auf dem Moskauer Trakt. Zu Beginn des 19. Jahrhunderts siedelten sich hier Goldsucher an, die im Fluss Birjusa **Gold** wuschen. Heute ist

trans18-037 dk

☐ Beim Kartenspiel vergeht die Zeit

Nischnjeudinsk eine kleine Industriestadt mit Betrieben, die Holz verarbeiten. Berühmtester Bürger der Stadt dürfte der weltbekannte Dichter und Schriftsteller *Jewgeni Jewtuschenko* sein, der hier als Sohn eines Deutschen und einer Russin am 18. Juli 1932 das Licht der Welt erbl.ickte und bei seiner Großmutter im gut 250 km östlich gelegenen Sima (s.u.) aufwuchs.

Sima

Зима

- **Transsib-Kilometer:** 4941
- **Zeit:** Moskauer Zeit + 5 Std.

Die kleine Industriestadt Sima (russ. für Winter) liegt am **Fluss Oka** unweit der Einmündung des **Flusses Sima,** von dem sie ihren Namen bekam. Sie hat gut **32.000 Einwohner.** Die erste Siedlung entstand 1743 und entwickelte sich mit dem Anschluss an die Transsibirische Eisenbahn im Jahr 1898 zu einem wichtigen Zentrum der holzverarbeitenden Industrie.

Angarsk

Ангарск

- **Transsib-Kilometer:** 5152
- **Zeit:** Moskauer Zeit + 5 Std.

Mitten im dichten Wald der sibirischen Taiga, am Ufer des **Angara-Flusses,** liegt die knapp **234.000 Einwohner** zählende junge Stadt Angarsk, deren späte Gründung in das Jahr 1948 fällt. Angarsk lebt von der Ölindustrie, der Metall- und Holzverarbeitung, dem Maschinenbau, von der Chemiekalienproduktion und der Petrochemie.

Irkutsk

Иркутск

- **Transsib-Kilometer:** 5191
- **Zeit:** Moskauer Zeit + 5 Std.
- **Vorwahl:** 3952
- **Internet:** www.irkutsk.org/fed/title_eng.html

70 km nordwestlich vom Baikalsee, an den Flüssen Angara und Irkut, erstreckt sich die rund **625.000 Einwohner** zählende Stadt Irkutsk, auch „Paris des Ostens" und „Perle Sibiriens" genannt – beides trifft zu: Irkutsk ist definitiv die **schönste Stadt Sibiriens** und eine der schönsten ganz Russlands. Die Altstadt zählt zu den malerischsten in Russland, die Kleinstadtatmosphäre lädt zum Verweilen ein. In den letzten Jahren ist viel geschehen: Kirchen und Gebäude wurden aufwendig renoviert und viele Gehwege im Stadtzentrum neu gepflastert.

Stadtgeschichte

- **6. Juli 1661:** Bau der Holzfestung Ostrog.
- **1686:** Irkutsk erhält die Stadtrechte.
- **1713:** Bau des ersten Steingebäudes, der Erlöserkirche.
- **19. Okt. 1764:** Gründung des Gouvernements Irkutsk.
- **1805:** Eröffnung des ersten Gymnasiums.

- **1826:** Ankunft der ersten Dekabristen.
- **1857:** Die erste Zeitung erscheint.
- **11.–24. Juni 1879:** Zwei Drittel der Stadt fallen einem Großfeuer zum Opfer.
- **1883:** Einweihung der katholischen, polnischen Kirche
- **1891:** Eröffnung einer Pontonbrücke über die Angara
- **1894–97:** Bau des Theaters
- **16. Aug.1898:** Der erste Zug erreicht Irkutsk
- **1901:** Elektrische Straßenlaternen werden aufgestellt
- **November 1918:** Eröffnung der Universität
- **1920:** Erschießung des Admirals *A.W. Koltschak,* im März erreicht die Rote Armee Irkutsk
- **1926:** Einführung öffentlicher Busse
- **1947:** Die erste Straßenbahnlinie wird eröffnet
- **1948:** Einweihung des Fremdspracheninstituts
- **1950:** Baubeginn des Irkutsker Wasserkraftwerks (eingeweiht 1958)
- **1956:** Das erste Flugzeug landet in Irkutsk
- **1959:** Ein Erdbeben erschüttert die Stadt.
- **1975:** Irkutsk zählt 500.000 Einwohner.
- **2011:** Irkutsk feiert seinen 350. Geburtstag.
- **2014:** Irkutsk zählt 600.000 Einwohner.

Sehenswertes

Das Irkutsk Tourist Information Office (s.u.) hat für eine insgesamt 5 km lange **green line** auf den Gehwegen gesorgt, die Reisende zu den wichtigsten Sehenswürdigkeiten der Stadt führt. Da die Linie mancherorts nicht mehr gut erkennbar ist, empfiehlt sich eine **Stadtführung;** sie wird von Touranbietern (s.u.) und Hostels organisiert.

Auch in Irkutsk darf eine Lenin-Statue nicht fehlen

103tr dk

Irkutsk
0
1 km
©Reise Know-How
Trans_20 6/18
Irkut
Moskau
2
1
Uliza Surinova
Polnische Kirche
Touristeninformation
Hauptbahnhof
Zentralmarkt
Uliza Lenina
Theater
Stadion
Kirche der Kreuzerhöhung
Uliza Sowjetskaja
Uliza Baikalskaja
Denkmal Alexander III.
Heimat-kundemuseum
286
Uliza Gogolya
Uliza Lermontova
Uliza Kommunisticheskaya
Flughafen
Angara
Uliza Baikalskaja
Ulan-Ude
Baikalsee, Listwjanka
Eisbrecher Ledokol Angara
Schiffsanlegestelle (Schiffe nach Listwjanka, Olchon und Sewerobaikalsk)
Angara-Stausee
Essen und Trinken
2 Amrita
Sonstiges
1 Baikal Adventure Travel Company

■ Wer nur einen Tag Zeit hat für diese schöne Stadt, sollte unbedingt vom Theater auf der Marx-Straße bis zum Zentralmarkt laufen und das wunderschöne Dekabristenhaus des Fürsten *Volkonski* besuchen. Außerdem sind mind. 5 Std. für einen Ausflug zum Baikalsee einzuplanen; auf der Hinfahrt das Museumsdorf Talzy besuchen und 1–2 Std. für Listwjanka Zeit nehmen.

Die wichtigste Sehenswürdigkeit in Irkutsk ist die **Altstadt** mit ihren wunderschönen, z.T. aufwendig restaurierten Holzhäusern. Man kann der erwähnten *green line* folgen (die allerdings nicht immer gut erkennbar und im Winter wegen der Vereisung der Gehwege gar nicht zu sehen ist), oder man läuft auf eigene Faust los: Der **Rundgang** startet am Denkmal für Zar *Alexander III.* an der Angara-Uferstraße, führt vorbei am altehrwürdigen Theater, überquert die Lenin-Straße und folgt der Marx-Straße bis zum Zentralmarkt – so sieht man vor allem die historischen Steingebäude. Das alte Irkutsk findet man in den folgenden Nebenstraßen, in denen alte Holzhäuser stehen: Grjasnowa, Litwinowa, Liebknechta, Babuschkina sowie Swerdlowa und Dekabriskich Sabitii. Beliebt vor allem abends bei der Jugend sind die Kneipen in dem neu aufgebauten, aus Holzhäusern bestehenden **130. Stadtteil** *(Sto Tritsaty Kwartal)*; hier hat man ein Stück altes Irkutsk wiederauferstehen lassen, um dem Besucher einen Eindruck früherer Zeiten zu vermitteln. Bei der einheimischen Jugend sind die Bars und Bierlokale im Viertel sehr beliebt.

Dekabristenhäuser

Nur in Irkutsk kann man **ehemalige Wohnhäuser** der nach Sibirien verbannten Dekabristen (siehe Exkurs unten)

☒ Das alte Irkutsk

trans18-063 dk

Irkutsk, Zentrum

Übernachtung
1 Courtyard Marriott
3 Hotel Angara
4 Ushanka Hostel
5 Hotel Irkut
6 Hostel 3 Matroschki, The Best Hostel
12 Hotel Victoria
14 Ussadba Jegorowa
15 Hotel Sayen
16 Hotel Rus
17 Hostel 3952
18 Hotel Irkutsk
21 Sweet Home Hostel

Essen und Trinken
3 The London Pub
9 Govinda
10 Korjo
13 Bierhaus
14 Ussadba Jegorowa
20 Asador Steak House, Baikal Love
23 Totschka
24 Rassolnik

Einkaufen
2 Baikal Explorer
8 Kaufhaus Targowy Komplex
18 Souvenirshop
19 Künstlersalon Chudoschnik
22 Slata

bewundern. Diese mit besonders aufwendigen Schnitzereien verzierten Häuser sind eine echte Augenweide. Das Haus der Familie *Trubjetskoi* wie auch das des Fürsten *Volkonski* (sprich Walkonski) wurde im Jahr 1854 erbaut. Die **Ausstellungen** umfassen Möbel und sonstige Gegenstände der Familien und vermitteln ein Gefühl alten Irkutsker Stadtlebens (in der Oberschicht).

- **Dom Trubezkoi,** Ul. Dserschinskowo 64, Tel. 29 26 63, tägl. außer Di 10–18 Uhr, 200 Rbl.
- **Dom Wolkonskowo,** Pereulok Volkonskowo 10, Tel. 20 75 32, tägl. außer Mo 10–17.30 Uhr, 200 Rbl.

Heimatkundemuseum

Das ursprünglich im Jahr 1782 gegründete Heimatkundemuseum ist das **älteste Museum Sibiriens** und eines der ältesten ganz Russlands. Die ersten Exponate wurden von der Ostsibirischen Abteilung der Russischen Geographischen Gesellschaft zusammengetragen, die hier auch ihren Sitz hatte. Im Jahre 1883 entwarf Baron *Rosen* das heutige Gebäude im maurischen Stil mit Festungstürmen, schmalen Fenstern und Steindekor. An der Fassade stehen die Namen der Wissenschaftler und Reisenden, die Sibirien und Asien erforscht haben. Mehrere Abteilungen gewähren einen umfassenden Einblick in die **Geschichte und Eroberung Sibiriens** mit Ausstellungen über die Urbevölkerung der Ewenken, Burjaten, Jakuten etc. und deren schamanistische Traditonen. Außerdem werden Tiere und Felle aus der Irkutsker Region gezeigt, und ein Teil der Ausstellung befasst sich mit dem Leben der nach Sibirien Verbannten. Im Erdgeschoss sind alle Exponate auch auf Englisch beschrieben, im Obergeschoss hingegen nur auf Russisch, u.a. eine sehr interessante Sammlung von Fotos mit Ansichten des alten Irkutsk. Man sehe sich unbedingt das auch ohne englischsprachigen Erläuterung für sich sprechende Radio *Swesda* (russ. für Stern) an!

- **Krajewetscheski Musei,** Ul. Karla Marxa 2, Tel. 33 34 49, in der warmen Jahreszeit 1.6.–31.8. tägl. außer Mo 11–19 Uhr, in der kalten Jahreszeit 1.9.–31.5. tägl. außer Mo 10–18 Uhr, 200 Rbl.

Die Dekabristen – im Namen der Freiheit gegen die Zaren

Die Bezeichnung „Dekabristen" stammt von dem russischen Wort *dekabr* für Dezember. Mit Dekabristen werden die **Teilnehmer des Aufstands** bezeichnet, der am 26. Dezember 1825 in St. Petersburg ausbrach. Geheimbünde junger Gardeoffiziere des Zaren verlangten Freiheits-, Menschen- und politische Rechte nach dem Vorbild der Französischen Revolution. Der planlose Aufstand wurde von *Nikolaus I.* rasch niedergeschlagen. Viele der Verschwörer wurden gehenkt, noch mehr nach Sibirien verbannt, u.a. nach Irkutsk.

Die Dekabristen sind als **Freiheitskämpfer** zum Symbol aller freiheitlichen Bewegungen unter dem Zarismus geworden. Für Sibirien waren sie Kulturbringer und -verbreiter, da sie in der Verbannung großen Einfluss auf das gesellschaftliche und kulturelle Leben ausübten.

Naturkundemuseum

Das Naturkundemuseum widmet sich der **Flora und Fauna Sibiriens.** Sehr interessant sind die Felle der in Sibirien vorkommenden Pelztiere und ein anschauliches Model des Baikalsees.

■ **Musei Prirody Ssibiri,** Ul. Karla Marxa 11, Tel. 34 28 32, tägl. außer Mo und dem ersten Mi im Monat 10–18 Uhr, 200 Rbl.

Kunstmuseum

Das Kunstmuseum verfügt über eine sehenswerte Sammlung alter **Ikonen sowie Bilder und Skulpturen russischer Maler,** wobei auch die zeitgenössische Kunst nicht zu kurz kommt. Auch wer sich nicht so sehr für Kunst interessiert, sollte das schöne Gebäude besuchen, das ursprünglich ein Jungengymnasium war.

■ **Chudoschestwenny Musei,** Ul. Lenina 5, Tel. 34 01 46, tägl. außer Di und an Feiertagen 10–18 Uhr, 200 Rbl.

Museum der Stadtgeschichte

Das Museum ist in einer ehemaligen Schule für Waisenkinder untergebracht, die der reiche Goldminenbesitzer *A.M. Sibirjakow* im Jahre 1884 erbauen ließ. Bis 2009 beherbergte das Gebäude eine Schule. Das Museum verfügt über eine **sehr sehenswerte Sammlung,** beginnend mit Ausgrabungsfunden aus der Steinzeit. Eine umfangreiche Ausstellung zum Thema **„Irkutsk durch drei Jahrhunderte"** mit Exponaten u.a. zur Geschichte des Kaufmannsstandes, des Mäzenatentums, der Kirchen und der Bildung bringt dem Besucher die Stadtgeschichte näher. Sehr interessant und aufschlussreich sind Zeichnungen u.a. der ersten Holzfestung (russ. *Astrog*) und des Stadtbildes 40 Jahre später sowie Gemälde mit Darstellungen z.B. des verheerenden Brandes im Jahre 1879 und z.T. kolorierte Schwarz-Weiß-Fotos.

■ **Musei Istorii Goroda Irkutska,** Ul. Frank-Kamenjetskowo 16a, Tel. 71 01 61, tägl. außer Mi 10–18 Uhr, 100 Rbl.

Erlöserkirche

Die Erlöserkirche wurde **ursprünglich 1704 aus Holz erbaut** und schon 1710 aus Stein erneuert. Heute werden in dieser zu den ältesten Steingebäuden Sibiriens zählenden Kirche wieder Gottesdienste abgehalten.

■ **Spasskaja Zerkow,** Ul. Suche Batora 2, tägl. 8–18 Uhr.

Kirche der Kreuzerhöhung

Die Kirche der Kreuzerhöhung *(Kresto-Wasdwischenskaja Zerkow)* wurde **1758 erbaut** und ist eine der aktivsten Kirchen der Stadt. Gottesdienste tägl. 8.30–10 und 17 Uhr, ab 19 Uhr geschlossen.

Gottes-Erscheinungs-Kathedrale

1693 zunächst aus Holz als Teil eines Nonnenklosters **erbaut,** brannte die Gottes-Erscheinungs-Kathedrale *(Ssabor Bogojawlenija)* 1716 komplett ab.

Erste Wiederaufbauten, diesmal aus Stein, begannen 1725 und dauerten bis in die Mitte des 18. Jahrhunderts. Heute befindet sich hier der **Sitz des Erzbischofs von Ostsibirien.** In der Kirche kann man die wertvollsten Ikonen der Stadt betrachten. Ferner finden sich hier die Gräber der Dekabristen *Muchanow, Panow* und *Betschasnow* sowie der Fürstin *Trubetskaja* und ihrer beiden Kinder. Gottesdienste tägl. um 8.30 und 17 Uhr.

Theater

Das Irkutsker Dramatheater wurde nach dem Entwurf des deutschen Architekten *W.A. Schreter* **im klassizistischen Stil erbaut** und am 22. September 1851 festlich eingeweiht. Das Theater ist sowohl von außen als auch innen wunderschön. 2014 feierte es seine 165. Saison. Egal, ob man Russisch versteht oder nicht – ein Besuch lohnt sich! Die Bestuhlung ist eine originalgetreue Kopie jener in der Mailänder Scala. Das Interieur des Theaters wirkt viel größer, als es in Wirklichkeit ist, in den Logen z.B. muss man seinen Kopf einziehen.

Im Zentrum von Irkutsk

trans18-038 dk

■ **Irkutski Dramatitscheski Teatr,** Ul. Karla Marxa 14, Theaterkasse tägl. außer Mo 12–18.30 Uhr, Kasse Tel. 20 04 77, tägl. 12–18.30 Uhr, Eintrittskarten 100–500 Rbl., www.dramteatr.ru.

Weißes Haus

Das dreistöckige Weiße Haus (*Bjely Dom*, Ul. Gagarina 24) wurde von dem reichen Kaufmann und Pelzhändler *Sibirjakow* im Jahre 1804 im Stil des **russischen Klassizismus** nach einem Entwurf von Petersburger Architekten erbaut. Als *Sibirjakows* Geschäfte schlechter liefen, verkaufte er das Haus an die Stadt, die es dem Generalgouverneur von Ostsibirien als Amtssitz überließ. Später diente das Weiße Haus als Universität. Heute ist hier die über drei Millionen Bände zählende **Stadtbibliothek** untergebracht. Seit 2006 ist das Weiße Haus hellgelb gestrichen – und das, obwohl die Irkutsker über Jahrzehnte sehr stolz waren, dass nicht nur die Amerikaner ein Weißes Haus haben.

Zentralmarkt

Der Zentralmarkt versorgt die Bevölkerung mit allem, was zum (guten) Leben gehört: Fisch, Fleisch, Obst, Gemüse, Süßigkeiten, Backwaren, Kaviar usw. usf. An den **blitzsauberen Theken der bunten Stände** verkaufen die mit gestärkten weißen Schürzen und Häubchen bekleideten, meist sehr hübschen und kräftig geschminkten Marktfrauen ihre Ware. Viele Händler reisen u.a. aus dem Kaukasus an und bieten Melonen, Weintrauben, auf Hochglanz geputzte Äpfel, getrocknete Aprikosen, Nüsse und Gewürze und vieles mehr voller Begeisterung für jede einzelne Nuss an. Auch die in durchsichtigen Plastikschläuchen verpackten Salate sind sehr zu empfehlen. Man probiere unbedingt die scharfen koreanischen Karottensalate. Rund um die eigentliche Markthalle werden an Ständen (abgepackte) Lebensmittel und Waren wie Kleidung, Schuhe, von *Babuschkas* gestrickte Strümpfe und Socken sowie selbst gefertigte Schals und feine Tücher angeboten.

■ **Zentralny Rynok,** im Sommer Mo bis Sa 8–19 Uhr, im Winter 8–18 Uhr, ganzjährig jeden 1. und 3. Sonntag im Monat 8–17 Uhr.

Fahrt auf der Circum-Baikal-Bahntrasse

Für viele Reisende ein Highlight und ein absolutes Muss ist die Fahrt mit der Circum-Baikalbahn auf der historischen Trasse **zwischen Port Baikal und Sludjanka.** Seit Sommer 2015 ist es wegen der großen Nachfrage seitens chinesischer Touristen extrem schwierig, Zugfahrkarten zu bekommen. Also unbedingt lange im Voraus buchen!

Der **Bau der** insgesamt 84 km langen **Bahnlinie** dauerte zwei Jahre und drei Monate und war eine technische Meisterleistung. Der erste Passagierzug fuhr am 15. September 1905 durch 39 Tunnel (der längste misst 778 m) mit einer Gesamtlänge von 9063 m, über 15 Viadukte und über 29 mittelgroße sowie 411 kleine Brücken. Der Zug fährt nie schneller als 40 km/h und macht mehrere Zwischenstopps unterwegs an Tunneln und in kleinen Dörfern.

In der Zeit von Mai bis Oktober fahren mehrmals pro Woche auf der direkt am Hochufer des Baikalsees verlaufenden historischen Circum-Baikal-Bahnlinie (russ. *Krugobaikalskaja Schelesnaja Daroga*, kurz *Krugobaikalka*) zwischen Sludjanka und Port Baikal **Touristenzüge.** Am interessantesten ist der von zwei Dampflokomotiven gezogene **Zug Tu-Tu,** der mindestens zwei, meist fünf und in Ausnahmefällen bis zu sieben Waggons zählt. Fahrkarten kosten 4500 Rbl. und können im Internet gebucht werden, bei Tu-Tu Baikal in Irkutsk oder bei einem Reiseveranstalter. Auf jeden Fall ist eine frühzeitige Reservierung empfohlen. Man kann Picknick mitbringen, heißes Wasser gibt es immer kostenlos. Mittagessen kann gegen einen Aufpreis von 750 Rbl. im Voraus bestellt werden. Leider erfolgen alle Ansagen und Erklärungen nur auf Russisch; Audioguides in englischer Sprache sind geplant.

■ **Tu-Tu Baikal,** Ul. Stepana Rasina 26, Tel. 50 08 49, kassa@tutubaikal.ru, www.tutubaikal.ru. Je nach Wetterlage und Nachfrage finden Fahrten von Mai bis Oktober statt: **Mi und Sa Abfahrt vom Irkutsker Hauptbahnhof** gegen 8 Uhr mit einem normalen Zug (Nr. 934), Ankunft in Sludjanka gegen 10 Uhr; dort werden die Dampfloks vorgespannt, und gegen 10.45 Uhr beginnt die gemächliche Fahrt auf der historischen Baikaltrasse. Der Zug hält vier bis fünf Mal, alle steigen aus, und man kann Tunnel, Brücken und Dörfer besichtigen. Ankunft in Port Baikal gegen 18.30 Uhr; eine Fähre bringt die Passagiere nach Listwjanka, von wo sie mit Bussen zurück nach Irkutsk gefahren werden (Ankunft gegen 21.30 Uhr).

Do und So Abfahrt vom Irkutsker Theater (Ul. Karla Marxa 14) gegen 8 Uhr per Bus nach Listwjanka, Ankunft gegen 8.30 Uhr am Fähranleger: Mitte Mai bis Ende Sept. ab/bis Anleger Barscha, ansonstern wechselweise ab/bis Anleger Ragatka oder Zentralny Pirs (manchmal auch Majak genannt nach dem nahe gelegenen Hotel Majak). Empfehlung: Rechtzeitig nach dem korrekten Anleger fragen, da sie 3 km entfernt voneinander liegen und so mancher schon seine Fähre und damit die Dampflokfahrt verpasst hat! Gegen 9 Uhr Fährüberfahrt nach Port Baikal; gegen 10 Uhr beginnt die Fahrt auf der historischen Baikaltrasse. Ankunft in Sludjanka gegen 17 Uhr, dann Weiterfahrt im selben Zug (mit normaler Lokomotive) nach Irkutsk, dort Ankunft am Hauptbahnhof gegen 20.30 Uhr.

Der sog. **Touristenzug** fährt nach dem gleichen Prinzip, allerdings nicht mit Dampfloks, zu gleichen Preisen von Irkutsk nach Port Baikal: im Mai Mi und Fr, Juni bis August Mi, Fr und So, im September Fr und So; von Port Baikal nach Irkutsk im Mai Do und Sa, Juni bis August Do, Sa und So und im September Sa und Mo.

Praktische Infos

■ **Taxi:** Eine der günstigsten Taxifirmen in Irkutsk erreicht man unter Tel. 22 22 22 oder 50 06 00.

■ **Mietwagen:** Beliebt vor allem bei chinesischen Touristen sind Mietwagen/-jeeps, die es bei AVIS am Flughafen gibt, Tel. 007-924 703 77 77, ikt@avis-rentcar.ru. Internationaler Führerschein, Pass und Kreditkarte sind Voraussetzung. Hinweis: Man darf Russland nicht verlassen, z.B. für eine Fahrt in die Mongolei.

■ Telefonate führen und Briefe abschicken kann man im **Postamt** nicht weit vom Hauptbahnhof (wenn man aus dem Gebäude kommt nach links zum Eckgebäude), Mo bis Fr 8–12 und 13–17 Uhr.

Unterkunft

Irkutsk verfügt zwar über eine große Auswahl an Unterkünften, ist aber **in der Hochsaison meistens komplett ausgebucht,** weshalb eine rechtzeitige Reservierung im Sommer dringend empfohlen sei. Bei der Buchung sollte unbedingt die (zentrale) Lage der Unterkunft eine wesentliche Rolle spielen: Warum auf der „falschen" Seite des Flusses Angara nahe des Bahnhofs wohnen, wenn man auch mitten im historischen Zentrum übernachten kann? Die Übernachtungspreise variieren je nach Saison: Am günstigsten ist es von Mitte Januar bis Ende März, gefolgt von Anfang September bis Ende Oktober; am teuersten ist die Hochsaison von Mai bis Ende August sowie von Ende Dezember bis Mitte Januar. Man sollte die Preise vergleichen: Einige große, alteingesessene Hotels sind teuer und wenig spannend, während kleinere, mit Liebe geführte Etablissements weniger kosten. Bisweilen können budgetbewusste Reisende ein Doppelzimmer für nur wenig mehr als ein Bett im Schlafsaal ergattern und das vielleicht sogar inkl. eigener Dusche und WC. Einige Hostels schließen in den Nebensaison.

16 Hotel Rus

Ul. Swerdlowa 19, Tel. 43 63 64, Rezeption Tel. 20 26 08, sales@rusbaikal.ru, www.rusbaikal.ru. Dieses empfehlenswerte Hotel in idealer Lage hat 56 freundlich-helle, schlicht eingerichtete, ein wenig an sowjetische Zeiten erinnernde Zimmer. EZ/F 3000 Rbl., DZ/F 4400 Rbl.

14 Ussadba Jegorowa

Ul. Grjaznowa 2a (Eingang von der Marx-Straße), Tel. 96 63 46 und 8-914 932 04 27, estate_egorova@mail.ru, www.usadba-egorova.ru. Dieses klitzekleine Hotel in einem uralten Holzhaus mitten im historischen Stadtzentrum „hat was" und ist ein echter Tipp! Die Atmosphäre erinnert an das alte Russland von *Iwan S. Turgenev* (man lese z.B. „Väter und Söhne"). Die drei einfach eingerichteten Zimmer im Dachgeschoss haben Gemeinschafts-Dusche/WC und sind mit ihren schrägen Decken sehr gemütlich – als wohnte man weit weg von einer Stadt auf dem Lande. Frühstücken kann man günstig und typisch russisch im Erdgeschoss in dem ebenfalls gemütlichen, ländlich anmutenden Restaurant (s.u.). EZ und DZ 1900 Rbl.

4 Ushanka Hostel

(Ushanka ist eine typische russische Pelzmütze, wie sie viele Touristen als Souvenir kaufen.) Ul. Rabotschaja 3, Tel. 20 03 87 und 8-999 682 93 69, www.ushanka-hostel.com. In dem gemütlichen Hostel in einem über 150 Jahre alten Haus fühlt man sich wie zu Hause! Es beherbergt seit Mitte 2015 Gäste aus aller Welt und hat zwölf Betten in drei gemütlichen Zimmern: ein DZ für 1700 Rbl., ein 4-Bett-Zimmer à 700 Rbl. p.P. und ein 6-Bett-Zimmer à 600 Rbl. p.P. Für Ausflüge und Touren wende man sich an die sehr sympathische, Englisch sprechende Inhaberin *Polina*. Wegbeschreibung: Vom Bahnhof bis zur Haltestelle Skwär Kirowa fahren der Bus Nr. 80 sowie die Marschrutkis Nr. 20, 417 und 116. Gegenüber der kurzen Seite der Raiffeisenbank an der Ul. Proletariatsjaka befindet sich an der Rabotschaja-Straße das Haus Nr. 3; auf der Rückseite des Hauses führt eine schmale Eisentreppe hoch zum Hostel.

15 Hotel Sayen

Ul. Karla Marxa 13b, Tel. 50 00 00, sayen@materik.com, www.sayen.ru. Das im japanischen Stil gehaltene, smarteste Hotel der Stadt (Sajen ist japanisch für Blühender Garten) ist ein elegantes Business-Hotel. Es liegt etwas versteckt mitten im historischen Stadtzentrum und hat 25 Zimmer mit großen Doppelbetten: EZ/F 9300 Rbl., DZ/F 10.300 Rbl. Zimmer Nr. 61 und 64 haben einen Eckbalkon.

21 Sweet Home Hostel

Ul. Lenina 9, Eingang vom Hinterhof, Tel. 8-914 899 91 19, www.sweethomehost.com. Das 21 Betten bzw. vier Zimmer zählende, sehr einladende Hostel ist mit seinen teppichverkleideten Decken, einer Designer-Wendeltreppe und riesigen Fotos von Irkutsk im Winter fast schon ein „Boutique-Hostel". Es empfängt Gäste seit März 2017 und gehört zu den besten der Stadt. Je nach Anzahl der Betten im Zimmer 600–1200 Rbl. pro Bett. Wegbeschreibung: Bei der Lenin-Straße 1 in den Hinterhof einbiegen, links halten, 1. Tür, gelber Pfeil.

6 Hostel 3 Matroschki

Ul. Karla Marxa 41, Tel. 8-950 075 73 33, bron@3matreshki.ru. Das seit 2015 Gäste aus aller Welt empfangende Hostel liegt direkt an der Hauptstraße mitten in der historischen Altstadt. Sechs hohe, helle Zimmer mit insgesamt 28 Betten: ein DZ mit Hochbett für 1100–1800 Rbl., ein weiteres DZ für 1200–2000 Rbl., ein 4-Bett-Zimmer à 650–700 Rbl., zwei 6-Bett-Zimmer à 550–600 Rbl. (eines für Männer und eines für Frauen), ein 8-Bett-Zimmer à 450–500 Rbl., jeweils pro Bett. Das Hostel hat bunte Wände und eine große, einladende Küche mit buntem Geschirr. Wegbeschreibung: Anfahrt vom Bahnhof mit Bus Nr. 80 oder Marschrutka Nr. 20 bis zur Haltestelle Dom Kusnjätsa in der Ul. Dserschinksowo 36; dann nehme man entweder die Ul. Tschechowa oder die Ul. Wolodarskowo bis zur Ul. Karla Marxa; am Haus Nr. 41 ist rechts neben der Eisentür die Klingel angebracht. In der 2. Etage angekommen, befindet sich das Hostel rechts.

6 The Best Hostel

Ul. Karla Marxa 41, Tel. 24 20 91 und 8-964 650 46 70, besthostelirkutsk@mail.ru, www.hostel-irkutsk.com. Der Name „Best Hostel" ist ganz und gar nicht abwegig! Die sehr sympathische *Irina* betreibt ihre Herberge direkt an der Hauptstraße mitten in der historischen Altstadt. Die Zimmer sind sehr unterschiedlich, einige haben viel Platz, einige weniger, die meisten mit Fenster, eines sogar mit Balkon zur Marx-Straße. Entsprechend unterschiedlich sind die Preise: 4-Bett-Zimmer à 600–750 Rbl., 8-Bett-Zimmer mit Balkon à 500–650 Rbl., 8-Bett-Zimmer ohne Balkon 400–600 Rbl., jeweils pro Bett, DZ mit Dusche/WC und Miniküche 2200–2500 Rbl., DZ 1500–2000 Rbl., zu dritt 3000–3500 Rbl. zu viert 3500–5000 Rbl. Wegbeschreibung: Anfahrt vom Bahnhof mit Bus Nr. 80 oder Marschrutka Nr. 20 bis zur Haltestelle Dom Kusnjätsa in der Ul. Dserschinksowo 36; dann nehme man entweder die Ul. Tschechowa oder die Ul. Wolodarskowo bis zur Ul. Karla Marxa; am Haus Nr. 41 ist rechts neben der Eisentür die Klingel angebracht. In der 2. Etage angekommen, befindet sich das Hostel links.

17 Hostel 3952

Ul. Marata 39, Tel. 99 39 52 und 8-914 899 39 52, hostel.irk@yandex.ru. Der äußerst freundliche Inhaber *Iwan* empfängt seit Januar 2017 Gäste in insgesamt sieben Zimmern: DZ, 4-, 6- und 8-Bett-Zimmer ab 650 Rbl. pro Bett. Das Hostel ist eines der beliebtesten der Stadt.

12 Hotel Victoria

Ul. Bogdana Chmelnitzkowo 1, Tel. 34 34 05 und 79 28 79, victoryhotel@mail.ru, www.victoryhotel.ru. Das gemütliche Hotel mitten in der historischen Altstadt zählt zu den besten der Stadt. 30 Zimmer: EZ/F 3000–3800 Rbl., DZ/F 3500–4500 Rbl.

5 Hotel Irkut

Ul. Proletarskaja 7, Tel. 33 15 15, hotel-irkut@bk.ru, www.hotel-irkut.ru. Dieses sympathische kleine Hotel im historischen Stadtzentrum verfügt über insgesamt 30 gemütliche Zimmer: EZ 2600–3000 Rbl., DZ 3300–4000 Rbl., Frühstück 280 Rbl. Zum Ausruhen stehen links und rechts vom Eingang kleine schmiedeeiserne Bänke.

18 Hotel Irkutsk

Bulwar Gagarina 44, Tel. 25 05 00, booking@eas-land.ru, www.irkutsk-hotel.ru. Das neunstöckige Gebäude mit insgesamt 173 hellen Zimmern liegt an der Angara. Das Hotel wurde um 1979 eröffnet und hat dem Sowjetstil entsprechend sehr kleine Zimmer; diese sind schlicht eingerichtet, aber nicht ungemütlich. Die Preise sind in allen Etagen gleich, die Qualität aber ganz und gar nicht! Empfehlenswert sind die mit Abstand besten Zimmer in der 7. und 8. Etage, die anderen Zimmer sind schlecht. EZ/F 4600–5100 Rbl., DZ/F 5700–6200 Rbl.

3 Hotel Angara

Ul. Suche Batora 7, Tel. 21 81 06, www.hotel-angara.ru. Mit knapp 300 Zimmern das größte Hotel der Stadt, überzeugt es dank seiner zentralen Lage am Stadtplatz, doch die Zimmer sind typisch für Sowjetzeiten klein und schlicht. Die besten Zimmer in der 3. bis 6. Etage heißen „Kamfort": EZ/F 4200–6200 Rbl., DZ/F 4800–6800 Rbl.; die günstigeren „Standard"-Zimmer in den anderen Etagen kosten EZ/F 2900–4300 Rbl., DZ/F 3800–5900 Rbl.

1 Courtyard Marriott

Ul. Tschkalowa 15, Tel. 48 10 00, www.courtyard-irkutsk.ru. Mit 220 Zimmern das zweitgrößte Hotel der Stadt und das erste einer internationalen Kette. EZ/F ab 6700 Rbl., DZ/F ab 7700 Rbl. Das Hotel liegt am äußersten Rand des historischen Zentrums, die Zimmer mit einem großen Bett haben Stadtblick, die mit zwei einzelnen Betten gehen zum Innenhof.

Essen und Trinken

14 Ussadba Jegorowa

Ul. Grjaznowa 2a (Eingang von der Ul. Karla Marxa), Tel. 96 63 46 und 8-914 932 04 27, estate_egorova @mail.ru, www.usadba-egorova.ru. In diesem Restaurant in einem alten Holzhaus mitten im historischen Stadtzentrum fühlt man sich wie einem Gasthaus in einer Kleinstadt im zaristischen Russland. Leckeres Essen in altrussischer Atmosphäre gibt es nur hier. Die freundlichen Bedienungen gehen so weit möglich auf alle Wünsche ein. *Business Lunch* 11–20 Uhr (!), ab 250 Rbl. Englische Speisekarte.

23 Totschka

Ul. Dserschinskowa 11, Eingang von der Ecke Ul. Dserschinskowa und Ul. Grjasnowa, Tel. 20 35 41. Günstige und urgemütliche Eckkneipe mit vielen Stammgästen, zu denen auch Studenten gehören – ein absoluter Tipp! Hier bekommt man u.a. Bier vom Fass, sehr empfehlenswerte Wiener Schnitzel und *Grjenki,* in Knoblauch gebackene Schwarzbrotstäbchen, ein in Russland sehr beliebter Snack zum Bier! Da die acht Tische so gut wie jeden Abend besetzt sind, sollte man unbedingt reservieren. Der Dreiertisch rechts von der Bar heißt *Sprawo at bara,* der mittlere Tisch am Fenster *Stol u akna w seredinje.* Mo bis Do 10–22 Uhr, Fr 10–24 Uhr, Sa 11–24 Uhr, So 11–22 Uhr. Hinweis: Eine wachsende Sammlung von Bierdeckeln ziert das Lokal – Neuzugänge sind immer willkommen!

20 Baikal Love

Ul. Lenina 32 (gegenüber Nr. 11), Tel. 8-914 880 45 56, tägl. 10–22 Uhr. Das von *Lena* und ihren beiden Kindern seit Januar 2017 betriebene Lokal ist das günstigste Bistro der Stadt. Wunderbare Käsesuppe (fast schon Käsefondue), Borschtsch vom Feinsten, herrliche Pilzsuppe, Thai-Nudeln mit Huhn und Ingwer, Club Sandwich mit Huhn, Salate etc. – alles wirklich mit Liebe zubereitet! Dazu Bier vom Fass. Der hervorragende Kaffee ist stadtbekannt, auch die hausgemachten Trüffel sollte man probieren. Sofaecken wie daheim im Wohnzimmer. Man hat

007tr11 dk

Das schöne Bahnhofsgebäude in Irkutsk

die Wahl zwischen einem größeren Raum mit Musik, aber ohne TV-Bildschirm, und einem kleineren Raum mit Musikvideos.

3 The London Pub

Im Hotel Angara (s.o.), Tel. 21 81 18, tägl. 12–24 Uhr. Ebenfalls empfehlenswert ist dieses seit 2005 bestehende und von Anfang an durchgehend gute Qualität in angenehmer Atmosphäre bietende Restaurant. Man kann am Tresen sitzen, im Lokal oder in einem Glasanbau mit Blick auf den Stadtplatz. 12–16 Uhr *Business Lunch* mit Hauptgang 350 Rbl., ohne 250 Rbl. Englische Speisekarte.

24 Rassolnik

Im 130. Stadtviertel (russ. *Sto Trizaty Kwartal*), Ul. Ijulja 3, Tel. 68 68 78, www.rassolnik.su (man beachte: su für Sowjetunion und nicht ru für Russland!), So bis Do 12–24 Uhr, Sa/So 12–2 Uhr. Wer Lust hat auf Retro, der sollte unbedingt dieses sowjetisch designte Restaurant besuchen! Auf Stumm gestellte Fernsehgeräte zeigen die beliebtesten Filme der 1970er und 1980er Jahre. Die endlos lange Karte listet Speisen aus der ganzen ehemaligen Sowjetunion auf, d.h. auch mittelasiatische, armenische, kaukasische und baltische Spezialitäten.

Business Lunch Mo bis Fr 12–16 Uhr 400–500 Rbl. Anfahrt: Busse Nr. 16K, 24, 80, 80K, 380.

20 Asador Steak House

Ul. Lenina 34, Tel. 62 22 26, www.asadorsteak.ru. Für Steakfans die beste Adresse der Stadt. Sehr edles Design. Die Bedienung präsentiert zur Auswahl auf einem Silbertablett alle aus Neuseeland eingeflogenen Fleischvariationen von Filet über Rumpsteak und Kalbsrippen bis hin zu dem saftigen, absolut empfehlenswerten, super zarten Ribeye Steak (Hinweis: Da der Koch aus Überzeugung weder salzt noch pfeffert, ggf. gewürzt bestellen). Preise wie in Mitteleuropa. Tägl. 12–24 Uhr.

13 Bierhaus

Ul. Karla Marxa, Ecke Ul. Grjasnowa 1, Tel. 55 05 55. Beliebtes Restaurant mit tschechischer, deutscher und internationaler Küche. Do 12–2 Uhr, Fr und Sa 12–4 Uhr, So 12–24 Uhr. Mo bis Fr *Business Lunch* 12–16 Uhr ab 400 Rbl. Mo, Fr und Sa wird Live-Musik geboten.

2 Amrita

Ul. Oktjabrskaja Rewolutsia 1 (am Ende der Flusspromenade, Plan S. 284), Tel. 8-902 566 29 19, Mo bis Do 10–22 Uhr, Fr und Sa 10–23 Uhr, So 11–22 Uhr. Das einfache und beliebte Lokal ist auf russische und burjatische Küche spezialisiert und sehr günstig. Man probiere die großen, über Wasserdampf gegarten, fleischgefüllten Teigtaschen *Posy*, frittierte Teigtaschen mit Fleisch oder Käse *(Tscherburreki)*, russische Ravioli *(Pelmeni)* und einen der vielen Salate auf der Speisekarte.

9 Govinda

Ul. Furje 11 (gegenüber Nr. 12), Tel. 62 01 67. Das in einem renovierten Holzhaus im Souterrain untergebrachte SB-Lokal bietet ausschließlich Speisen für Vegetarier an, die allerdings nicht frisch zubereitet werden wie im Korjo (s.u.). Tägl. 11–20 Uhr.

10 Korjo

Ul. Furje 4, Tel. 8-964 210 74 01, Mo bis Do 10–21 Uhr, Fr bis So 10–23 Uhr. Günstiges, einfaches Lokal mit schmackhaften, ausschließlich frisch zubereitete Speisen aus der koreanischen und japanischen Küche. Vegetarier haben die Wahl zwischen dem fleischlosen Gericht Nr. 19 *(Jassei-Terijaki)* und den Gerichten Nr. 15 *(Tori Sifudo)* sowie Nr. 16 *(Tori Terijaki)*, die zwar mit Huhn auf der Speisekarte stehen, aber auch bestellt werden können ohne Huhn (russ. *bjäs Kuritsi*). Binnen kürzester Zeit steht das frisch zubereitete Gericht auf dem Tisch!

Einkaufen

8 Das **Kaufhaus Targowy Komplex** direkt neben dem Zentralmarkt beherbergt viele Geschäfte und Shops aller Art. Tägl. 10–22 Uhr.

- Souvenirs in großer Auswahl findet man im **18 Souvenirshop des Hotels Irktusk** (tägl. 8–13 Uhr) und im **19 Künstlersalon Chudoschnik,** Ul. Lenina 40.

22 Lebensmittel rund um die Uhr gibt es in den Geschäften der Kette **Slata,** u.a. in der Marx-Straße 25 (z.B. frische Backwaren aus der Ladenbäckerei und eine große Salatauswahl).

- Alles, was der Mensch braucht, gibt es natürlich auf dem **Zentralmarkt** (s.o.).

Informationen und Touranbieter

- **Irkutsk Tourist Information Office,** Ul. Dekabriskich Sabitii 77b, Tel. 20 50 18 (Anrufbeantworter: Taste 2 für englische Infos; um mit jemanden direkt zu sprechen, drücke man Taste 1), www.irkvisit.info, tägl. im Sommer (1.5.–30.9.) 9–20 Uhr, im Winter 9–18 Uhr.
- **Hostels vermitteln ein- und mehrtägige Ausflüge** nach Listwjanka und auf die Baikalinsel Olchon. Tagesausflüge nach Listwjanka z.B. inkl. Stopp im Museumsdorf Talzy und Fahrt auf der berühmten Circum-Baikaltrasse. Die Preise gelten z.T. pro Fahrzeug, d.h. je mehr Mitfahrende, desto günstiger wird es. Wer nicht von anderen abhängig sein möchte und z.B. Fotopausen einlegen will, nehme einen eigenen Fahrer. Hinweis: Es sei absolut abgeraten von Tagestouren nach Olchon, denn sie loh-

nen sich nicht! Man sitzt die meiste Zeit im Fahrzeug, hat viel zu wenig Zeit vor Ort und einen müden, wenn nicht sogar übermüdeten Fahrer auf dem Rückweg! Immerhin sind es rund 300 km von Irkutsk bis nach Chuschir, plus 70 km von Chuschir an das Cap Chaoi an der Nordspitze von Olchon, plus 370 km zurück bis nach Irkutsk!

1 **Baikal Adventure Travel Company,** Sportiwny Pereulok 9, App. 8 (auf der Bahnhofsseite unweit der Brücke, Plan S. 284), Tel. 8-902 768 05 05, www.baikal-adventure.com. Bergsteigen, Rafting, Angeln, Reiten und diverse Wintertouren.

2 **Baikal Explorer,** Inhaber *Leonid,* Tscherechowski Pereulok 6, App. 1 (unweit des Marriott-Hotels, Plan S. 286), Tel. 8-902 560 24 40, baikalexplorer@gmail.com, info@baikalex.com. Ähnliches Angebot wie Baikal Adventure.

Schiffsverbindungen

■ Von Anfang Juni bis Ende September fahren **Tragflügelboote** von Irkutsk über die Angara zum Baikalsee, u.a. nach Listwjanka, Bolschye Koty und auf die Insel Olchon. Eine rechtzeitige Reservierung ist notwendig, ggf. für Hin- und Rückfahrt die Tickets im Voraus in Irkutsk kaufen. Hinweis: Leider ist es auf diesen Schiffen nicht möglich, an der frischen Luft zu sein. Die Schiffe fahren nicht täglich und nicht bei schlechtem Wetter bzw. hohen Wellen.

■ Die Firma Ostsibirische Schifffahrt *(Wastotschno-Ssibirskoje Retschnoje Parachodstwo)* listet unter **www.vsrp.ru/de** alle Schiffsverbindungen auf dem Baikalsee inkl. aktueller Fahrpläne und Preise.

■ **Fahrkartenverkauf:** Ticketbüro im Flussbahnhof Raketa am Anleger im Stadtviertel Solnetschnaja, Tel. 28 71 15, Fahrplan- und Preisauskunft Tel. 35 67 25, tägl. 10–19 Uhr. Anfahrt mit Bus Nr. 16 direkt bis zum Ticket Office an der Haltestelle Pritschalje Rakjeta (der Bus fährt nicht oft) oder mit Bus Nr. 16K sowie mit der Marschrutka Nr. 16K bis zur Haltestelle Lodotschnaja; von dort geht man in Fahrtrichtung weiter am Ufer der Angara entlang bis zur Straße Prospekt Generala Schukowa 98b (ggf. nach *Pritschalje Rakjeta* fragen).

Busverbindungen

■ **Busbahnhof** *(Aftowaksal),* Ul. Oktjabrskaja Revoluzija 11, Tel. 50 03 66, tägl. 8–20 Uhr. Tickets für alle Busse nur gegen Barzahlung.

■ **Minibusse nach Listwjanka** fahren ab Irkutsk bis zum Anleger Zentralny Pirs von 8.30 bis 16 Uhr alle 30 Min., Fahrtzeit 1 Std., 138 Rbl., Gepäckstücke kosten extra (wie viel, bestimmt der Fahrer).

■ **Öffentliche Busse nach Bolschoje Goloustnoje** starten gegenüber vom Busbahnhof: 125 km, 2½ Std. Fahrt, 300 Rbl. plus 100 Rbl. pro Gepäckstück. Da die Busse so gut wie immer schnell ausgebucht sind, empfiehlt sich eine frühzeitige Reservierung entweder über das Gasthaus Altan Home in Bolschoje Goloustnoje (siehe dort), oder man geht einen Tag vorher zum Bus und bestellt ein Ticket beim Fahrer. Fahrtzeiten Irkutsk – Bolschoje Goloustnoje: im Sommer tägl. 10 Uhr, zusätzlich Mo bis Sa 16 Uhr und So 17 Uhr, im Winter Sa/So 10 Uhr; Balschoje Galoustnoje – Irkutsk: im Sommer tägl. 17 Uhr, zusätzlich Mo bis Sa 8 Uhr und So 13 Uhr, im Winter Sa/So 17 Uhr.

■ **Minibusse (Marschrutka) auf die Insel Olchon** fahren tägl. um 8, 10, 12 und 17 Uhr ab; sie stehen schräg rechts gegenüber vom Busbahnhof neben dem Lokal Kafe Master-Grill. Fahrtdauer 6 Std., 800 Rbl. plus 127 Rbl. pro Gepäckstück. Hinweis: Wegen der lebensgefährlichen Fahrweise der Minibus-Fahrer nach Olchon sei von diesen Bussen dringend abgeraten! Besser man tut sich zu viert zusammen und nimmt einen Privatfahrer mit Pkw oder Minibus. Übrigens haben nur wenige Fahrer eine Genehmigung für Olchon und können die ganze Strecke bis nach Chuschir fahren – es nützt aber nichts, wenn man nur bis zum Fähranleger gefahren wird! Ein empfehlenswerter Fahrer ist **Dima,** Reservierung über eroshenko0607@gmail.com, Tel. 8-950 114 44 22, pro Strecke 8000 Rbl.

Zugverbindungen

Am Bahnhof

Wenn man in Irkutsk ankommt, verlässt man den Bahnhof durch den Haupteingang und geht 100 m nach links zu den **Haltestellen** der Busse und Marschrutkis (Minibusse) bzw. geradeaus zu den Straßenbahnen, die direkt vor dem Bahnhof halten.

Geht man durch den Haupteingang ins Bahnhofsgebäude hinein, führt eine große Treppe nach unten zu allen **Bahnsteigen** außer Gleis 1. Um dieses zu erreichen, verlässt man den Bahnhof durch den Haupteingang, geht nach links und kommt an ein großes schmiedeeisernes Tor zu Gleis 1.

In der Mitte des Bahnhofsgebäudes befindet sich das **Bahnhofsrestaurant** in historischen Räumlichkeiten.

Betritt man den Bahnhof durch den Haupteingang und geht nach links, durchquert man einen Raum mit Kiosks und erreicht einen großen Saal. Links führt eine Treppe nach unten zur **Gepäckaufbewahrung.** Nimmt man die weiße Treppe in die zweite Etage, geht man oben nach rechts zu den **Ruhezimmern** *(Komnata otdycha)*, wo man in Mehrbettzimmern pro Stunde und Bett um 130 Rbl. bezahlt; Bettwäsche und Duschen kostet extra. Nur Barzahlung. Geht man oben nach links in einen grünen Saal, so befindet sich rechts eine **Kasse für Ausländer,** wo allerdings niemand englisch spricht (tägl. 8–12 und 13–19.30 Uhr, mehrmals 15-minütige *technitschäski Pjererif* = technische Pausen = Pinkelpausen).

Alle nachfolgend genannten Zeiten sind Ortszeiten. Die Fahrtdauer bezieht sich stets auf den schnellsten Zug.

Nach Krasnojarsk (1088 km, 18 Std.)

- **Nr. 99:** tägl. 3.52 Uhr
- **Nr. 77:** an geraden Tagen 11.17 Uhr
- **Nr. 3/5:** Mi, Fr 15.22 Uhr
- **Nr. 1:** an ungeraden Tagen 16.14 Uhr
- **Nr. 69:** tägl. 17 Uhr
- **Nr. 19:** Di 19.18 Uhr
- **Nr. 7:** an geraden Tagen 23.04 Uhr
- **Nr. 81:** an geraden Tagen 23.58 Uhr

Nach Nowosibirsk (1850 km, 30 Std.)

- **Nr. 99:** tägl. 3.52 Uhr
- **Nr. 77:** an geraden Tagen 11.17 Uhr
- **Nr. 3/5:** Mi, Fr 15.22 Uhr
- **Nr. 1:** an ungeraden Tagen 16.14 Uhr
- **Nr. 69:** tägl. 17 Uhr
- **Nr. 19:** Di 19.18 Uhr
- **Nr. 7:** an geraden Tagen 23.04 Uhr
- **Nr. 81:** an geraden Tagen 23.58 Uhr

Nach Jekaterinburg (3375 km, 49 Std.)

- **Nr. 99:** tägl. 3.52 Uhr
- **Nr. 3/5:** Mi, Fr 15.22 Uhr
- **Nr. 1:** an ungeraden Tagen 16.14 Uhr
- **Nr. 69:** tägl. 17 Uhr
- **Nr. 19:** Di 19.18 Uhr
- **Nr. 81:** an geraden Tagen 23.58 Uhr

Nach Kungur (3655 km, 57 Std.)

- **Nr. 99:** tägl. 3.52 Uhr
- **Nr. 69:** tägl. 17 Uhr

Nach Perm (1906 km, 25 Std.)

- **Nr. 99:** tägl. 3.52 Uhr
- **Nr. 3/5:** Mi, Fr 15.22 Uhr
- **Nr. 1:** an ungeraden Tagen 16.14 Uhr
- **Nr. 69:** tägl. 17 Uhr
- **Nr. 19:** Di 19.18 Uhr

Nach Nischnij Nowgorod (4692 km, 68 Std.)

- **Nr. 3/5:** Mi, Fr 15.22 Uhr
- **Nr. 1:** an ungeraden Tagen 16.14 Uhr
- **Nr. 19:** Di 19.18 Uhr

Nach Moskau (5194 km, 76 Std.)

- **Nr. 99:** tägl. 3.52 Uhr
- **Nr. 3/5:** Mi, Fr 15.22 Uhr
- **Nr. 1:** an ungeraden Tagen 16.14 Uhr
- **Nr. 69:** tägl. 17 Uhr

- **Nr. 19:** Di 19.18 Uhr
- **Nr. 81:** an geraden Tagen 23.58 Uhr

Nach Ulan-Ude (456 km, 8 Std.)

- **Nr. 82:** an ungeraden Tagen 4.05 Uhr
- **Nr. 72:** an ungeraden Tagen 6.55 Uhr
- **Nr. 2:** an ungeraden Tagen 7.58 Uhr
- **Nr. 4/6:** Sa, So 8.08 Uhr
- **Nr. 306:** Mo, Di, Fr 08.08 Uhr (der Zug hat keinen Speisewagen!)
- **Nr. 8:** an geraden Tagen 8.36 Uhr
- **Nr. 78:** an geraden Tagen 11.08 Uhr
- **Nr. 70:** tägl. 11.18 Uhr
- **Nr. 150:** tägl. 14.20 Uhr
- **Nr. 362:** tägl. 21 Uhr
- **Nr. 100:** tägl. 21.14 Uhr

Nach Chabarowsk (3340 km, 60 Std.)

- **Nr. 2:** an ungeraden Tagen 7.58 Uhr
- **Nr. 8:** an geraden Tagen 8.36 Uhr
- **Nr. 100:** tägl. 21.14 Uhr

Nach Wladiwostok (4106 km, 87 Std.)

- **Nr. 2:** an ungeraden Tagen 7.58 Uhr
- **Nr. 8:** an geraden Tagen 8.36 Uhr
- **Nr. 100:** tägl. 21.14 Uhr

Nach Ulan Bator (1113 km, 23 Std.)

- **Hinweis:** Von Ulan-Ude fahren tägl. Busse!
- **Nr. 4/6:** Sa, So 8.08 Uhr
- **Nr. 306:** Mo, Di, Fr 8.08 Uhr (der Zug hat keinen Speisewagen!)

Nach Peking

- **Nr. 4:** Sa 8.08 Uhr (2674 km, 52 Std.)
- **Nr. 20:** Mi 7.58 Uhr (3808 km, 70 Std.)

Flughafen

- Der **Flughafen** liegt fast im Stadtzentrum, Tel. 26 62 77, www.iktport.ru. Nationale und internationale Flugverbindungen.

Ausflug zum Museumsdorf Talzy

Auf halbem Weg zwischen Irkutsk und Listwjanka am Baikalsee erreicht man kurz vor Km-Stein 47 das rechter Hand liegende, sehr sehenswerte Museumsdorf Talzy. Es besteht aus einer Reihe von **Gebäuden aus der Region,** die man hier zusammengetragen hat: ein Kosakenhaus, ein Küsterhaus, eine Kirche, eine Schule, eine Festung, ein kleines Dorf sowie burjatische Jurten. In einem kleinen Lokal kann man sich stärken.

Es gibt **keine Busse** nach Talzy und ab Talzy, nur vorbeifahrende Minibusse, die zwischen Irkutsk und Liswjanka verkehren. Dadurch hat man ein Problem mit der Weiterfahrt, da die Busse immer voll sind. Am besten in Irkutsk ein Taxi für den Ausflug nehmen.

- **Architekturno-Etnografitscheski Musei Talzy,** Tel. 24 31 46, 76 83 23, www.talci-irkutsk.ru, März bis Okt. tägl. 10–17 Uhr, Nov. bis April tägl. 10–16 Uhr, Ticketverkauf bis 1 Std. vor Schließung, 250 Rbl.

Kunstplakat in Irkutsk

trans18-064 dk

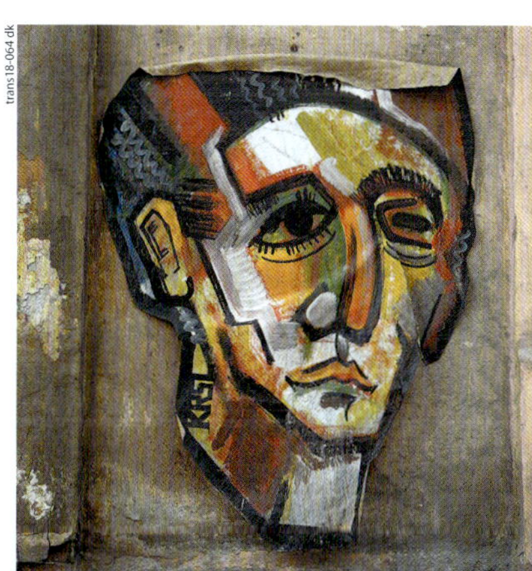

Der Baikalsee

Байкал

- **Zeit:** Moskauer Zeit + 5 Std.
- **Vorwahl (Listwjanka):** 3952
- **Internet:** www.baikalinfo.com

Der Baikalsee (Balschoje Morje), dessen Name so viel wie „Reicher See" bedeutet, ist der **weltweit größte Süßwassersee.** Er gehört wegen seiner einzigartigen Pflanzen- und Tierwelt seit 1996 zum UNESCO-Weltnaturerbe. Der als „Perle Sibiriens" oder „Blaues Herz Sibiriens" bezeichnete See ist das beliebteste Reiseziel in Sibirien, die meisten Transsib-Reisenden legen hier einen längeren Aufenthalt ein.

Die Region rund um den See ist eine **Zone des Ökotourismus** und eine wahre Fundgrube für Naturliebhaber, die hier alles finden, wovon sie träumen. Wer sich einige Tage Zeit gönnt, um **Touren** zu unternehmen, wird auf seine Kosten kommen. Angebote reichen von ein- oder mehrtägigen Wanderungen und Fahrradtouren über Eisangeln und Vogelbeobachtungstouren bis zu mehrtägigen Segeltörns – alle jeweils in Begleitung von Spezialisten ihres Faches.

68 km südöstlich von Irkutsk liegt die inzwischen recht touristische Stadt **Listwjanka,** von der man Wanderungen z.B. auf der historischen Circum-Baikal-Trasse unternehmen und abends den Tag in einer Kneipe ausklingen lassen kann. 125 km von Irkutsk entfernt liegt **Bolschoje Goloustnoje,** ein großes Dorf mit überschaubaren Touristenzahlen, wunderbar geeignet zum Wandern und Relaxen. Mit gut 300 km am weitesten von Irkutsk entfernt ist die **Insel Olchon,** die die größte Auswahl an Aktivitäten bietet und die Anreise nur lohnt, wenn man mindestens zwei, besser drei volle Tage Zeit hat.

Gewaltige Ausmaße und einmalige Natur

Der Baikalsee entstand vor etwa 25 Millionen Jahren und ist der **älteste Süßwassersee der Welt.** Seine 31.722 km² große Oberfläche liegt rund 455 m über dem Meeresspiegel. Die Ausmaße des Sees sind gewaltig: Die Länge beträgt vom Südwesten zum Nordosten 673 km, die Breite maximal 82 km, die schmalste Stelle misst 20 km. Die maximale Tiefe beträgt 1642 m – damit ist der Baikalsee der **tiefste See der Erde** (der zweittiefste ist der Tanganjika-See im zentralen Afrika mit 1470 m). Die Uferlänge misst rund 2125 km. 336 Flüsse speisen den See, der größte von ihnen ist die **Selenga.** Ein Fluss, die Angara, fließt aus dem Baikalsee ab. Der See fasst 23.000 Kubikkilometer Wasser, zweimal so viel wie

☒ Ein Highlight: die Fahrt entlang des Baikalsees

die Ostsee (!), was 20 % des gesamten Süßwasserbestandes der Erde entspricht. Alle Flüsse der Erde bräuchten ein Jahr, um den See zu füllen!

Bei klarem Wetter kann man den Grund des Sees in bis zu 40 m Tiefe genau erkennen. Der maximale Salzgehalt des Wassers liegt bei weniger als 0,1 g Salz pro Liter (in der Ostsee hat der Liter Wasser 7 g Salz). Die **Wassertemperatur** beträgt durchschnittlich 14°C, im Sommer maximal 16°C, minimal 4°C. Das wärmste Wasser findet man im Sommer an den Stränden des Maloje Morje, der Enge zwischen dem Festland und der Insel Olchon. Der Baikalsee hat insgesamt 26 größere und kleinere Inseln, von denen die Insel Olchon die größte ist.

Die **Vereisung** des Baikalsees setzt gegen Mitte Januar ein. Wenn ab Ende Januar/Anfang Februar die Eisschicht bis zu 1,50 m dick ist, wird der Verkehr auf vorgeschriebenen Routen über den See geleitet. Überall sind Eisangler anzutreffen. Ende März setzt die Schmelze ein, und spätestens Mitte Mai sind die letzten Eisschollen verschwunden.

Flora und Fauna umfassen ungefähr 2600 Arten und sind seit vielen Jahren von großem Interesse für die Wissenschaft. In einem Forschungsinstitut für Limnologie (Seenkunde), das zur Akademie der Wissenschaften Russlands gehört, sind viele Wissenschaftler ständig mit der Erforschung des Baikalsees befasst. Auf dem Seegrund lebt eine besondere Fischart, der *Golomjanka,* **Ölfisch** (Comephorus), der etwa 30 cm lang ist und zu einem Drittel aus einem von Fett umgebenen Rückgrat besteht. Der Fisch lebt in bis zu 1400 m Tiefe, wo der Wasserdruck sehr hoch ist (125 bar).

008tr11 dk

Baikalsee bis Ulan Bator
0
50 km
©Reise Know-How
Trans_22 6/18
Bratsk
BAM
Ust-Kut
Taischet
Angara
Lena
Nischneangarsk
BAM
Komsomolsk
Sewerobaikalsk
1464
Kirenga
Oka
Bargusin
Moskau
RUSSLAND
300
Baikalsee
Sima
Katschug
2069
1877
Transsib
Ust-Bargusin
1728
320
Chuschir
1936
Tscheremchowo
Angara
OLCHON
Turka
317
Ust-Ordynski
Jelanzy
2116
Angarsk
Ojok
1707
282
Irkutsk
299
Museums-dorf Talzy
312
Balschoje Goloustnoje
Selenga
1728
Uda
303
3266
Listwjanka
327
Irkut
Kultuk
312
Bolschije Koty
Selenginsk
Ulan-Ude
Port Baikal
290
Myssowaja
Transsib
Sludjanka
Bahnstrasse
2682
Baikalsk
Tanchoi
340
Vydrino
Petrowski Sawod
2623
2316
Wladiwostok
Selenga
REPUBLIK BURJATIA
Naouchki
Kjachta
Suche Bator (Süchbaatar)
2071
2154
2016
2519
2343
Darchan
2067
2093
2311
MONGOLEI
364
Ulan Bator
Peking
1843

Außer dieser Fischart gibt es noch ca. 1500 weitere bisher identifizierte Lebewesen (davon über 200 Krebsarten) und 1085 Pflanzenarten. Ca. zwei Drittel der Tiere und Pflanzen kommen ausschließlich im und am Baikalsee vor. Erwähnenswert ist die **Baikalrobbe,** von der man annimmt, dass sie vor Tausenden von Jahren, als die Angara und der Jenissej noch sehr viel breiter waren als heute, durch diese Flüsse vom Polarmeer in den See gelangt sind.

Listwjanka

Das nur **2000 Einwohner** zählende Listwjanka, was übersetzt Lärchenbaum heißt, liegt 68 km südöstlich von Irkutsk, dort, wo die Angara aus dem Baikalsee fließt. Das Dorf, erstmals von dem Reisenden *I.G. Georgi* 1772/73 schriftlich erwähnt, ist der von einheimischen und ausländischen Touristen meistbesuchte Ort am Baikalsee. Der Großteil der örtlichen Bevölkerung lebt heutzutage vom Tourismus. Die knapp 5 km lange **Uferstraße Uliza Gorkowo,** von der einige mehr oder weniger befestigte Straßen abzweigen, säumen Wohnhäuser, Hotels, Restaurants und Geschäfte.

Sehenswertes und Aktivitäten

Baikalmuseum

Das Baikalmuseum ist von Irkutsk kommend das erste Gebäude nach dem Ortsschild links. Es liegt auf einer kleinen Anhöhe direkt an der Straße. Ein Besuch (am besten mit Führung!) bringt erst die Wunder des Sees – im wahrsten Sinne des Wortes – ans Tageslicht. Das Museum wurde 1993 als Forschungs- und Überwachungsinstitution des Baikalsees gegründet. Hier kann man in einem Aquarium die im Vergleich z.B. zu Nordseerobben leicht gedrungenen **Baikalrobben** beobachten. Ein besonderes Erlebnis ist eine 15-minütige simulierte U-Boot-Fahrt.

■ **Baikalski Musei,** Tel. 49 01 55, geöffnet tägl. 9–19 Uhr, 500 Rbl., die simulierte U-Boot-Fahrt (russ. *Batiskaf*) kostet 60 Rbl., ebenso der Besuch des botanischen Dendro-Parks neben dem Museum. Eine englischsprachige Führung ist kostenlos, d.h. sie ist im Eintrittspreis enthalten (rechtzeitig reservieren).
www.bm.isc.irk.ru/uslugi/10-ceny-na-bilety-v-baikalskiy-muzey

Nerpinarium

Im Baikalsee soll es noch 100.000 Baikalrobben (*Pusa sibirica,* russ. *Baikalskaja Nerpa*) geben. Im Nerpinarium kann man einer **Robben-Show** beiwohnen. Man achte auf den Hinweis „Seal Show" neben dem Hotel Priboi.

■ **Nerpinarium,** Ul. Gorkowo 101a, Ecke Ul. Gudina, Tel. (in Irkutsk) 395 255 44 32, www.baikalnerpa.ru. Shows finden statt außer Mo: 1.6.–31.8. Di bis Fr stündlich 11–18 Uhr, Sa/So sowie an Feiertagen alle 45 Min. 11–18.30 Uhr, 1.9.–31.5. stündlich 11–17 Uhr sowie Sa/So und an Feiertagen 11–18 Uhr, 500 Rbl.

Wanderungen

Es lohnt sich, einen **Spaziergang zum östlichen Dorfende** zu machen und dabei einen Stopp am Souvenir- und Fischmarkt einzulegen. Folgt man der Straße den Hang bergan zu einer Aussichtsstelle in einem lichten Wäldchen, bietet sich ein herrlicher Ausblick auf den Baikal-

Listwjanka

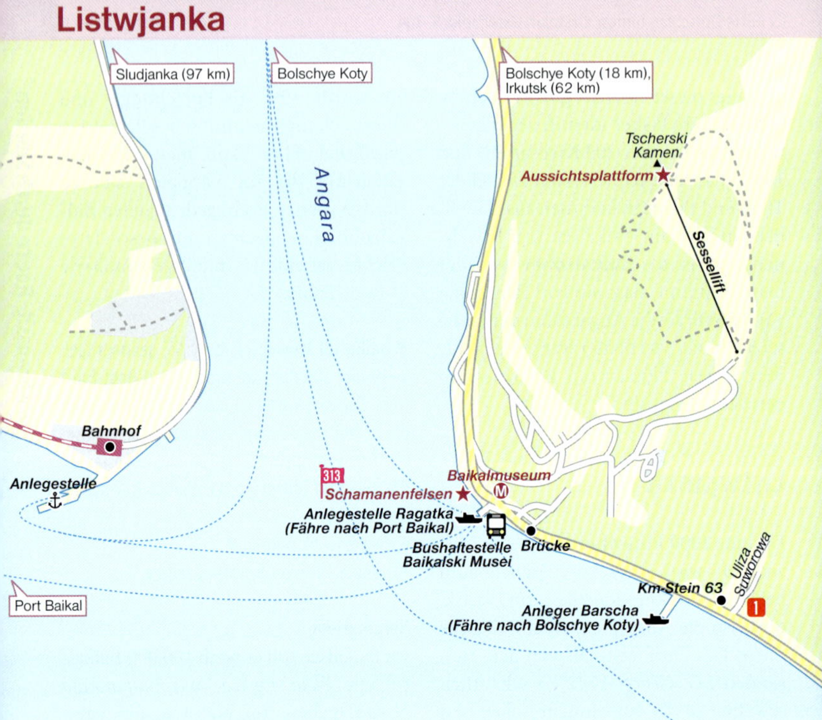

Baikalsee

Übernachtung
1 Hotel U Osera
3 Hotel und Camping Derewjenka
4 Hotel Krestowaja Pad
5 Dauria Hotel
6 Sasha's Guest House
7 Hotel Briz

Essen und Trinken
2 Proschly Wjäk
6 Listwjanka Club

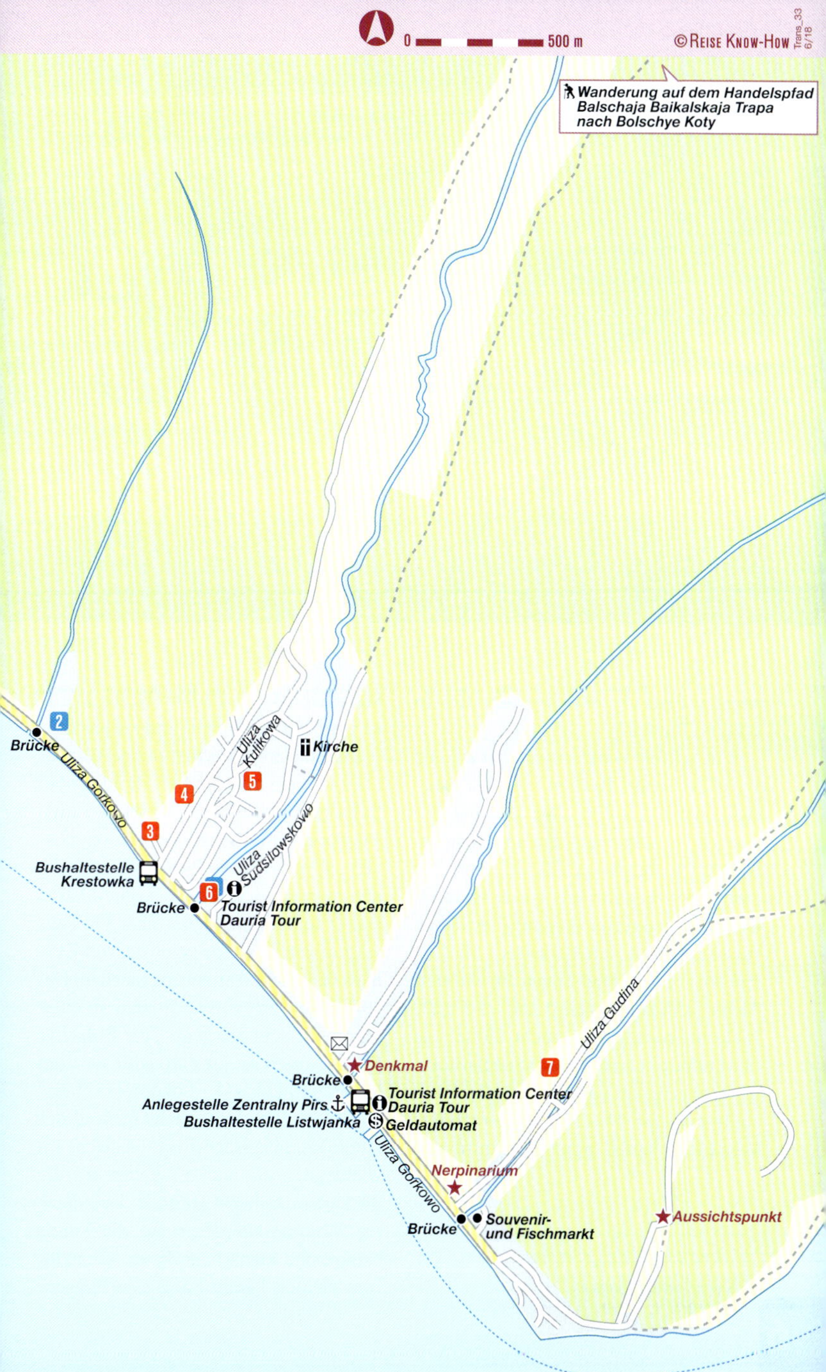
0
500 m
©Reise Know-How
Trans_33
6/18
Wanderung auf dem Handelspfad Balschaja Baikalskaja Trapa nach Bolschye Koty
2
Brücke
Uliza Gorkowo
Uliza Kulikowa
Kirche
5
4
3
Bushaltestelle Krestowka
Uliza Sudsilowskowo
6
Brücke
Tourist Information Center Dauria Tour
Denkmal
7
Uliza Gudina
Brücke
Anlegestelle Zentralny Pirs
Bushaltestelle Listwjanka
Tourist Information Center Dauria Tour
Geldautomat
Uliza Gorkowo
Nerpinarium
Brücke
Souvenir- und Fischmarkt
Aussichtspunkt

trans18-039 dk

Kiesstrand in Listwjanka

see. Der Platz eignet sich bestens für ein schönes Picknick.

Eine schöne Wanderung führt auf den **Berg Tscherski Kamen** zu einer Aussichtsplattform. Von der Hauptstraße aus geht es bergan zu dem am Hang gelegenen Hotel Baikal. Links vom Tor zum Hotel beginnt ein gut ausgeschilderter, asphaltierter Weg mit herrlichen Aussichten auf den Baikalsee. Markierungen auf dem Pfad zeigen an, wie viele Meter man zurückgelegt hat – bei 2200 Metern (Wanderweg, nicht Höhe!) ist der Endpunkt an der Aussichtsplattform (728 m) erreicht. Für Hin- und Rückweg sollte man mit 1½–2 Stunden rechnen. Wer nicht laufen möchte, nimmt den **Sessellift** (Mo 14–22 Uhr, Di bis So 10–22 Uhr, 300 Rbl. hinauf und zurück).

Eine sieben- bis achtstündige Wanderung auf dem **historischen Handelspfad Balschaja Baikalskaja Trapa** von Listwjanka nach Bolschye Koty ist sehr beliebt, aber es sei vor Bären gewarnt, denen man auf dem Pfad begegnen kann. Daher unbedingt vorher über die Lage erkundigen bzw. eine geführte, von Kennern begleitete Wanderung machen. Das 18 km nördlich von Listwjanka in einer schönen Bucht gelegene Dorf **Bolschye Koty** erinnert an Lummerland aus „Jim Knopf und Lukas der Lokomotivführer" von *Michael Ende* und zählt offiziell nur 20 Einwohner, unter ihnen vielleicht am wichtigsten und äußerst liebenswürdig die Ladeninhaberin *Ludmilla Wassiljewna.* Was sie allerdings auf die Palme bringt, sind Menschenscharen, die in ihrem kleinen Laden Fotos von Fliegenfang-Klebebändern machen! Ein Restaurant sucht man vergebens und während der Hochsaison auch ein ruhiges Plätzchen, denn Bolschye Koty wird im Sommer schier erdrückt von Touristenmassen und ist damit nicht unbedingt für jeden das Richtige.

Anstatt mit dem Zug zu fahren (s.o. im Kapitel zu Irkutsk), kann man auf der **Circum-Baikal-Bahntrasse** auch wandern. Auf und neben den Gleisen zu laufen ist gefahrlos möglich, denn es fahren nur selten Züge, entweder der Versorgungszug, der Lebensmittel in die Dörfer an der Bahntrasse bringt, oder Touristenzüge, und sie sind sehr langsam unterwegs. Es besteht auch die Möglichkeit, sich in Listwjanka ein Boot zu nehmen, mit dem man sich ins Dorf Palowinnaja bringen lässt, um dann nach Port Baikal zu wandern und von dort mit der Fähre zurück nach Listwjanka zu fahren.

Ausflug mit dem Boot

Ein Ausflug **nach Port Baikal** (s.u.) ist mit der regelmäßig verkehrenden Fähre möglich und mit kleinen Privatbooten, die von einigen Unterkünften angeboten werden (z.B. Sasha's Guest House) und vom Tourist Information Center Dauria Tour (s.u.). Man kann auch einfach zum Schiffsanleger Zentralny Pirs beim Hotel Majak gehen, wo Bootsbesitzer ihre maximal zehn Personen fassenden Schiffchen anbieten. Lässt man sich z.B. für eine Stunde **zu einer Badestelle** fahren, kostet das 16.000 Rbl. für ein Boot (Fahrtdauer 2 Std. hin und zurück). Je mehr Passagiere, desto günstiger wird es also für jeden einzelnen. Warnung: Man sollte eine Bootsfahrt ausschließlich bei gutem Wetter und ruhiger See machen – der Baikalsee ist ein tückisches Gewässer, und die kleinen Boote sind hohem Wellengang nicht gewachsen!

Eisfischer

Interessant ist es, Eisfischern – die vom Ufer aus als kleine schwarze Punkte auf dem Eis zu erkennen sind – aus der Nähe **bei ihrer Arbeit** bzw. ihrem Hobby **zuzusehen.** Mit einem speziellen Bohrer bohren die Männer ein Loch ins Eis, durch das sie dann angeln. Für Auskünfte und Buchung wende man sich z.B. an das Tourist Information Center Dauria Tour (s.u.).

Unterkunft

Wer in den Sommermonaten kommt, sollte sein Hotel oder Hostel unbedingt rechtzeitig reservieren. Die **Übernachtungspreise** variieren **je nach Saison:** Am günstigsten ist es von Mitte Januar bis Ende März, gefolgt von Anfang September bis Ende Oktober; am teuersten ist die Hochsaison von Mai bis Ende August sowie von Ende Dezember bis Mitte Januar (Weihnachtsferien in Russland). Man sollte die Preise vergleichen; bisweilen können budgetbewusste Reisende ein Doppelzimmer im Hotel für nur wenig mehr als ein Bett im Schlafsaal eines Hostels bekommen. Einige Hostels schließen in der Nebensaison, ganz nach eigenem Ermessen.

6 Sasha's Guest House

Ul. Sudsilowskowo 2, Tel. 8-902 561 70 01, sibmo@rambler.ru, www.usadba-demidova.ru/nomera. Das sehr empfehlenswerte, 19 Zimmer zählende Gästehaus gehört samt Restaurant Listwjanka Club (s.u.) mit Seeblick und Sommerterrasse zu den Besten vor Ort und liegt direkt am See. Die Gastgeber *Julia* und *Sascha* kümmern sich perfekt um ihre Gäste. Alle Zimmer sind geräumig und haben Holzwände und Holzdecken. Im Neubau verfügen alle

Zimmer über eine Terrasse bzw. Balkon sowie Dusche/WC: EZ/F 1800 Rbl., DZ/F 3500–4200 Rbl., 3-Bett-Zimmer 4800 Rbl. Im schönen, alten Holzhaus gibt es vier Zimmer mit Gemeinschaftsduschen und WC: DZ/F 2700 Rbl. Der Swimmingpool im Garten nebenan wurde 2018 eingeweiht.

5 Dauria Hotel

Ul. Kulikowa 44, Tel. 68 68 97 und 8-902 519 19 88, dauriahotel@gmail.com, www.dauriahotel.ru. Die absolut empfehlenswerte Hotelanlage liegt 400 m vom See entfernt und sieht aus wie ein kleines Holzdorf. Die sehr um das Wohl ihrer Gäste bemühten Besitzer *Galina* und *Sergey* betreiben dieses insgesamt 14 Zimmer zählende Holzhotel zusammen mit ihrem Sohn *Andrei*. Alle Zimmer sind mit Dusche/WC ausgestattet. Den besten Ausblick bieten die Zimmer Nr. 6 gefolgt von Nr. 1, 2 und 3. Im Garten sitzt man gemütlich in einer Laube, man kann grillen, und eine Banja (russisches Dampfbad) gibt es auch (bis zu fünf Personen, 1000 Rbl. pro Std.). Von einer überdachten Terrasse aus sieht man den Baikalsee. EZ/F 2800 Rbl., DZ/F 3000 Rbl. Ein für bis zu fünf Personen geeignetes Apartment mit großer Küche und zwei Schlafzimmern – eines davon mit Seeblick – kostet 6000 Rbl. Barzahlung erwünscht, Kartenzahlung mit 3% Aufpreis. Wegbeschreibung: Anfahrt von Irkutsk mit dem Bus bis zur Haltestelle Krestowka; man überquert die Straße und geht in die Kulikowa-Straße, passiert das rechter Hand liegende weiße, eingeschössige Lebensmittelgeschäft Kopeika und folgt der Straße etwa 400 m bis zu dem Lebensmittelladen Dauria rechts. Wenige Meter vor Erreichen des Lädchens sieht man rechter Hand eine rötliche Metalltür mit einer Klingel.

> Geräucherter Fisch ist eine Spezialität Listwjankas

1 Hotel U Osera (russ. Am See)

Ul. Suworowa 2, Tel. 49 67 77, yozera@yandex.ru, www.listvyanka-baikal.ru. Die kleine, sehr ansprechende Hotelanlage bestehend aus mehreren ein- bis zweistöckigen Holzhäuschen mit insgesamt neun Zimmern liegt direkt an der Uferstraße. Am allerschönsten ist das Zimmer Nr. 7, gefolgt von Nr. 5, beide mit Seeblick. Zimmer Nr. 2 ist ein kleines Haus mit Terrasse und Garten, allerdings wegen einer Mauer ohne Seeblick. Auf dem Vorplatz befindet sich eine liebevoll aus Holz gebaute und überdachte Sitzgelegenheit, wo man im Sommer mit Seeblick sitzen und auch essen kann. Das ebenfalls liebevoll gestaltete Restaurant bietet leckere Speisen u.a. vom Grill an. Zum Hotel gehört auch eine Banja (Sauna) für bis zu vier Personen (1500 Rbl. pro Std.). EZ/F 3750 Rbl., DZ/F 4000 Rbl., das Häuschen mit der Zimmer-Nr. 2 kostet 5500 Rbl. inkl. Frühstück für zwei Personen.

7 Hotel Briz

Ul. Gudina 71, Tel. 49 69 44 und 8-904 13 766 09, www.baikal-briz.ru. Die sehr freundliche Gastgeberin *Tatiana* betreibt diese insgesamt 15 Zimmer (alle mit Dusche/WC) zählende, empfehlenswerte Unterkunft seit 2002. Von der Hauptstraße sind es 500 m bergan (bei Ankunft mit Gepäck besser *Tatiana* anrufen, die ihre Gäste kostenlos abholt; Treffpunkt ist vor dem Hotel Majak). Man hat vom Hotel Briz eine tolle Aussicht auf den See und auch von einer zum Haus gehörenden Wiese am Hang, auf der man wunderbar relaxen kann. Ein Grill steht allen Gästen zur Verfügung, ebenso eine Banja (Sauna) für bis zu vier Personen (pro Std. 1500 Rbl.). Zimmer Nr. 4 für bis zu drei Personen hat einen Balkon und den besten Ausblick. Zimmer Nr. 12 und 13 haben ebenfalls einen Balkon. EZ/F 2500 Rbl., DZ/F 3500 Rbl., 3-Bett-Zimmer 4200 Rbl. Nur Barzahlung.

4 Hotel Krestowaja Pad

Ul. Gornaja 14 a, Tel. 8-902 763 23 90 und 94, krestovayapad@mail.ru, www.krestovayapad.ru. Das große, bei Russen beliebte, am Hang gelegene 3-Sterne-Hotel ist eines der teuersten vor Ort. Alle „russisch-neureich“ eingerichteten Zimmer sind hell und geräumig. EZ/F und DZ/F ab 6000 Rbl. Den besten Ausblick auf den Baikalsee – vom Bad, vom Bett und vom Sofa! – bietet das Zimmer Nr. 4 im sog. Korpus 2 (inkl. Frühstück 8000 Rbl.). Von Zimmer Nr. 12 in Korpus 1 sieht man den See und das Dorf (inkl. Frühstück 7800 Rbl.). Etwas See- und viel Dorfblick bietet das Studia Nr. 1 im Korpus 1 (inkl. Frühstück 6500 Rbl.).

3 Derewjenka

Ul. Gornaja 1, Tel. 8-914 877 55 99, fligel@mail.ru, www.baikal-derevenka.ru. Die kleine Hotelanlage namens „Dörfchen" besteht aus sieben Holzhäuschen mit Gemeinschafts-Dusche/-WC. Sie liegt am Hang und bietet herrlichen Ausblick auf den Baikalsee. Drei Häuschen haben ein eigenes WC und kosten für jeweils zwei Personen 2000 Rbl., zwei Häuschen haben oben und unten je ein Zimmer für jeweils zwei Personen (pro Zimmer 2000 Rbl.), ein Häuschen mit zwei separaten Zimmern und eigenen Toiletten für jeweils zwei Gäste kostet 3000 Rbl., ein Häuschen mit eigenem WC mit zwei Zimmern à 3 bzw. 4 Betten ist für 6000 Rbl. zu haben. Frühstück 350 Rbl. Ein Grill steht den Gästen zur Verfügung. Nur Barzahlung. Wegbeschreibung: Anfahrt von Irkutsk mit dem Bus bis zur Haltestelle Krestowka; man läuft 150 m zurück und folgt dem Camping-Schild rechts hoch.

3 Camping Derewjenka

Gleich hinter den Holzhäuschen befindet sich der zum „Dörfchen" gehörende einzige Campingplatz in Listwjanka (pro Zelt 200 Rbl.).

Essen und Trinken

An der Uferstraße öffnen und schließen ständig Bars, Bistros und Restaurants. Verlassen kann man sich auf die Qualität der unten genannten Lokale (die allerdings nicht zu den günstigsten zählen) und auf die **Fischstände** mit warmem, geräuchertem Omul sowie auf Charius-Fisch auf dem Souvenir- und Fischmarkt. Der Charius ist etwas saftiger als der Omul und etwas teurer, beide sind eine echte Delikatesse!

trans18-040 dk

6 Listwjanka Club
Ul. Sudsilowskowo 2, Tel. 49 67 39, tägl. 10–23 Uhr, Bezahlung per Kreditkarte möglich. Das große Restaurant mit Panoramafenstern bietet schöne Ausblicke; bei gutem Wetter kann man auf der Terrasse speisen. Sehr empfehlenswerte Küche, z.B. frischer, grätenloser Omul vom Grill. Als Nachspeise stehen jede Menge Torten zur Auswahl – alle schmecken fantastisch! Auch das Blätterteiggebäck *Sleuki*, gefüllt mit Mohn, Marmelade oder Vanillepudding, ist lecker.

2 Proschly Wjäk
Tel. 49 69 84, beliebtes Restaurant mit Fischspezialitäten und russischer Küche, tägl. 12–24 Uhr, mittags ist während der Saison bisweilen wegen Reisegruppen kein Platz. Wer sichergehen möchte, einen der drei Tische in der 2. Etage mit Seeblick zu bekommen, sollte reservieren.

Einkaufen

■ Auf dem **Souvenir- und Fischmarkt** finden sich neben Fischständen auch viele kleine Andenkenstände mit z.T. schönen Souvenirs. Besonders beliebt sind z.B. kleine Bilder aus Birkenrinde, aus der Baikalszenen und Dorfansichten zusammengesetzt werden. Die Rinde stammt von den Birken des Dorfes und der Umgebung, sodass man quasi ein Stück Baikalsee mit nach Hause nimmt. Auch Ongons (sprich: angon) aus Metall sind eine Besonderheit; Diese Metallmasken sind schamanischen Ursprungs und halten angeblich alles Böse vom Besitzer ab – man kann ja nie wissen! Tägl. 10–20/21 Uhr, im Winter bis 18 Uhr.

Geldautomaten

Geldautomaten gibt es in der Gorkowo-Straße 4a, am Platz vor dem Schiffsanleger Zentralny Pirs mitten in Listwjanka, gegenüber dem Hotel Majak und direkt neben dem Tourist Information Center.

Informationen und Touranbieter

■ **Tourist Information Center Dauria Tour,** Tel. 96 26 26, 67 67 23 sowie 8-914 926 26 26, www.dauriatour.ru (nur russisch), tägl. 10–20 Uhr. Ein Büro befindet sich direkt vor dem Restaurant Listwyanka Club, ein weiteres bei der Anlegestelle Zentralny Pirs, gegenüber dem unübersehbaren Hotel Majak bzw. neben den Bargeldautomaten der Sberbank. Der äußerst freundliche *Andrey Sisych* spricht sehr gut englisch und bietet Bootsausflüge und sonstige Exkursionen an, er vermittelt Zimmer, verleiht Fahrräder (pro Std. 100 Rbl., pro Tag 500 Rbl.), und auch Ausritte sowie Transfers gehören zum Angebot, ebenso Tagesausflüge nach Bolschye Koty als Wanderung oder mit dem Boot (Abfahrt vom Zentralny Pirs, 12.000 Rbl. hin und zurück).

■ Ausritte stunden- oder tageweise u.a. auf dem alten Handelsweg von Listwjanka nach Bolschye Koty bieten **Natalia Bushina** und ihr Mann **Oleg** an, Tel. 96 60 03, 8-914 940 44 74, 8-908 660 50 98, info@baikalsled.ru, www.baikalsled.ru/p/2017-18. Die Preise richten sich u.a. nach der Anzahl der Teilnehmer. Im Winter, in der Zeit zwischen Ende Januar/Anfang Februar und Ende März/Anfang April, werden Fahrten per Snowmobil und Luftkissenboot angeboten. Hundeschlittentouren frühzeitig reservieren, da sie sich größter Beliebtheit erfreuen.

Taxi

In Listwjanka gibt es zwei Taxifirmen, zu erreichen unter Tel. 68 07 05 und 66 16 86 bzw. 8-902 566 16 86. Da die Fahrer nur russisch sprechen, das Taxi **am besten in der Unterkunft bestellen** lassen.

› Fähre über den Baikalsee

Fahrten in Listwjanka, z.B. von der Unterkunft zu einer der Schiffsanlegestellen Ragatka bzw. Barscha, kosten 200 Rbl., von Listwjanka nach Irkutsk werden 1800 Rbl. fällig.

Busverbindungen

- **Minibusse nach Irkutsk** fahren ab dem Anleger Zentralny Pirs von 10.30 bis 18.30 Uhr alle 30 Min., Fahrtdauer 1 Std., 138 Rbl., Gepäckstücke kosten extra – den Preis bestimmt der Fahrer.

Schiffsverbindungen

- Die Firma Ostsibirische Schifffahrt *(Wastotschno-Ssibirskoje Retschnoje Parachodstwo)* listet unter **www.vsrp.ru/de** alle Schiffsverbindungen auf dem Baikalsee inkl. aktueller Fahrpläne und Preise.
- Von Anfang Juni bis Ende September fahren **Tragflügelboote** von Listwjanka nach Irkutsk (1 Std.). Eine rechtzeitige Reservierung ist notwendig, ggf. für Hin- und Rückfahrt die Tickets im Voraus in Irkutsk kaufen. Man kann ein Ticket aber auch direkt an Bord kaufen, vorausgesetzt es gibt noch freie Plätze. Hinweis: Leider ist es auf diesen Schiffen nicht möglich, an der frischen Luft zu sein. Die Schiffe fahren nicht täglich und nicht bei schlechtem Wetter bzw. hohen Wellen.
- Die **Fähre nach Bolschye Koty** verkehrt wie folgt: ab Anleger Barscha in Listwjanka nach Bolschye Koty Abfahrt 13.35 Uhr, von Bolschye Koty nach Listwjanka Abfahrt 18.30 Uhr, jeweils 25 Min. Fahrtzeit; 3.–30. Juni und 1.–23. Sept. tägl. außer Mo und Do, 1.7.–31.8. tägl.; Hinweis: 19.–23.9. Abfahrt von Bolschye Koty um 18 Uhr. Preis pro Strecke 450 Rbl.

010tr11 dk

■ **Privatboote** für maximal 10 Personen fahren morgens **nach Bolschye Koty** und holen die Passagiere abends wieder ab. Hin und zurück kostet das 11.000 Rbl. p.P. Privatboote vermittelt u.a. das Tourist Information Center (s.o.).

■ Im Winter verkehrt auf dem Baikalsee ein **Luftkissenboot** (russ. *Baikalu Chibus*), max. 9 Pers., Tel. 8-902 513 52 22, www.baikal-lotsman.ru (nur russisch), Stundenpreis 6000 Rbl., u.a. zur Insel Olchon.

■ **Fähre nach Port Baikal:** Die Überfahrt kostet 65 Rbl. und dauert 15–20 Min. Die Fähre „Baikalskije Wody" startet von der Anlegestelle Ragatka vor dem Baikalmuseum (2 km vom Hotel Majak entfernt, ein Taxi kostet 200 Rbl.). Fahrtzeiten: 1.–31.1. 8.30, 15.50 und 17.15 Uhr; 1.2.–31.3. 8.30 und 17.15 Uhr; 1.4.–15.5. 6.40, 15.50 und 17.15 Uhr; 16.5.–15.6. 6.40, 10.45, 15.50 und 17.15 Uhr; 16.6.–15.9. 6.40, 10.45, 15.50, 17.15 und 20.15 Uhr; 16.9.–15.10. 6.40, 10.45, 15.50 und 17.15 Uhr; 16.10.–31.12. 8.30, 15.50 und 17.15 Uhr.

Port Baikal

Auf der Listwjanka gegenüberliegenden Angara-Seite leben gut **400 Menschen** in dem Dorf Port Baikal. Der Ort ist Abfahrts- bzw. Endstation für die Touristenzüge der **Circum-Baikal-Bahn** (siehe bei Irkutsk), die von hier bis nach Sludjanka an der Transsibstrecke Irkutsk – Ulan-Ude verläuft.

■ **Unterkunft:** Privatzimmer werden von mehreren Familien angeboten, manchmal steht jemand am Fähranleger.

■ Die Firma Ostsibirische Schifffahrt *(Wastotschno-Ssibirskoje Retschnoje Parachodstwo)* listet unter **www.vsrp.ru/de** alle **Schiffsverbindungen** auf dem Baikalsee inkl. aktueller Fahrpläne und Preise.

■ **Fähre nach Listwjanka:** Die Überfahrt mit der Fähre „Baikalskije Wody"kostet 65 Rbl. und dauert 15–20 Min. Fahrtzeiten: 1.–31.1.: 9.10, 16.15 und 18.15 Uhr; 1.2.–31.3. 9.10 und 18.15 Uhr; 1.4.–15.5. 8.15, 16.15 und 18.15 Uhr; 16.5.–15.6. 8.15, 11.15, 16.15 und 18.15 Uhr; 16.6.–15.9. 8.15, 11.15, 16.15, 18.15 und 20.45 Uhr; 16.9.–15.10. 8.15, 11.15, 16.15 und 18.15 Uhr; 16.10.–31.12. 9.10, 16.15 und 18.15 Uhr.

Bolschoje Goloustnoje

Bolschoje Goloustnoje ist noch ein echter Tipp. Wer am Baikalsee **mitten in der Natur relaxen** möchte, ist in dem kleinen Holzdorf genau richtig. Alle anderen Orte und Buchten sind lauter und deutlich touristischer.

Von Irkutsk sind es 125 km, davon nur 30 km asphaltiert, der Rest ist Schotterstraße. Die Fahrt geht durch herrliche Natur, dichte Wälder und grüne Wiesen zu dem südöstlich von Irkutsk gelegenen, 1673 gegründeten Fischerdorf. Die Landschaft gab dem Dorf seinen Namen, der übersetzt „Baumlose Mündung" bedeutet. Im 17. Jahrhundert war das Dorf Ausgangspunkt für eine Eisüberquerung zu dem am Ostufer des Baikalsees gelegenen Ort Posolskoje (existiert heute nicht mehr). Der Weg war Teil der Teehandelsroute zwischen China und Europa. Im 18. Jahrhundert verlief der **Seiden- und Teehandel** zwischen China und Europa im Winter durch Bolschoje Goloustnoje. Heute leben hier knapp 600 Menschen, von denen die meisten Burjaten sind, gefolgt von Russen und Ewenken. Die erste Kapelle wurde 1701 errichtet, bald gefolgt von der St.-Nikolaus-Kirche (russ. *Zerkow Sswjatowo Nikolaja*) zu Ehren des Schutzheiligen der Seefahrer. Beide wurden 1937 abgerissen, die **St.-Nikolaus-Kirche** 2001 wieder aufgebaut.

Bolschoje Goloustnoje liegt in einer landschaftlich **reizvollen Bucht,** die zu ausgedehnten Wanderungen einlädt. Östlich des Dorfes breitet sich eine Mündungsebene aus, westlich davon kann man am Steilufer direkt am See entlanglaufen. Einheimische wie z.B. *Marina* und ihre Deutsch sprechende Schwester *Tujana* (s.u. Altan Home) können Besucher zu Stellen führen, die für Schamanen heilig sind und an denen regelmäßig Zeremonien abgehalten werden. Auch Bootstouren und Angelausflüge können vor Ort organisiert werden. **Radtouren** mit Leihfahrrädern sind ebenfalls eine interessante Option, die flache Bucht und relativ gute Wege eignen sich bestens dafür. Ein 8 **Fahrradverleih** findet

Die Sage vom Schamanenstein

Es war einmal vor vielen, vielen Jahren, da lebte der alte Vater **Baikal** mit seinen über 300 Söhnen und einer einzigen Tochter in Sibirien. Die Söhne arbeiteten unaufhörlich Tag und Nacht und brachten alle Reichtümer der sibirischen Taiga emsig nach Hause. So sehr sie sich auch abrackerten und um die Zuneigung ihres Vaters bemühten, dieser liebte nur seine schöne Tochter **Angara.** Sie war sein ganzer Lebensinhalt, seine einzige Freude. Der alte Baikal unternahm alles, um sie in seiner Nähe zu haben und nicht zu verlieren. Doch die schöne Angara fühlte sich eingeengt wie in einem Gefängnis und war sehr unglücklich.

Eines Tages hörte sie, wie vorüberfliegende Möwen sich über den schicken, jungen **Jenissej** unterhielten. Bei dieser Neuigkeit schlug das Herz der einsamen Angara sogleich höher. Und obwohl sie den Jenissej noch nie gesehen hatte, verliebte sie sich unsteRbl.ich in ihn.

Eines Nachts, als alle schliefen und keiner es bemerkte, riss sie heimlich aus und lief zu ihrem neuen Geliebten. Als der Vater erwachte und von der Flucht seiner Tochter erfuhr, war er so erbost, dass er im Zorn seiner Tochter einen Felsen hinterherwarf, um sie aufzuhalten. Aber in seiner blinden Wut traf er nur den Saum von Angaras Kleid und sie merkte gar nichts. Als Nächstes versammelte er alle Söhne um sich und befahl ihnen, die ungehorsame Tochter zu suchen und zurückzubringen. Die Söhne brachen sofort auf In alle Himmelsrichtungen.

Nach langen Tagen der Suche fand der jüngste Sohn **Irkut** endlich seine widerspenstige Schwester. Als er sie jedoch aufforderte, ihn zum Vater zurückzubegleiten, entgegnete ihm die schlaue Angara: „Du hast viel zu lange gebraucht, um mich zu finden. Daher werden dich alle auslachen und sich über dich lustig machen. Es ist das Beste, wenn wir gemeinsam zum Jenissej laufen". Ihr Bruder Irkut stimmte ihr zu, und so blieben sie zusammen – Jenissej wurde ihr Mann und Irkut wurde von Jenisseij aufgenommen wie ein Bruder.

Bis heute läuft die schöne Angara mit dem flinken Irkut zum Jenissej und dann laufen sie zu dritt weiter bis zum Nördlichen Eismeer. Der Felsen, den der Vater nach ihr geworfen hatte, ist noch heute zu sehen an der Stelle, an der die Angara aus dem Baikalsee austritt. Man nennt ihn auch Schamanenstein.

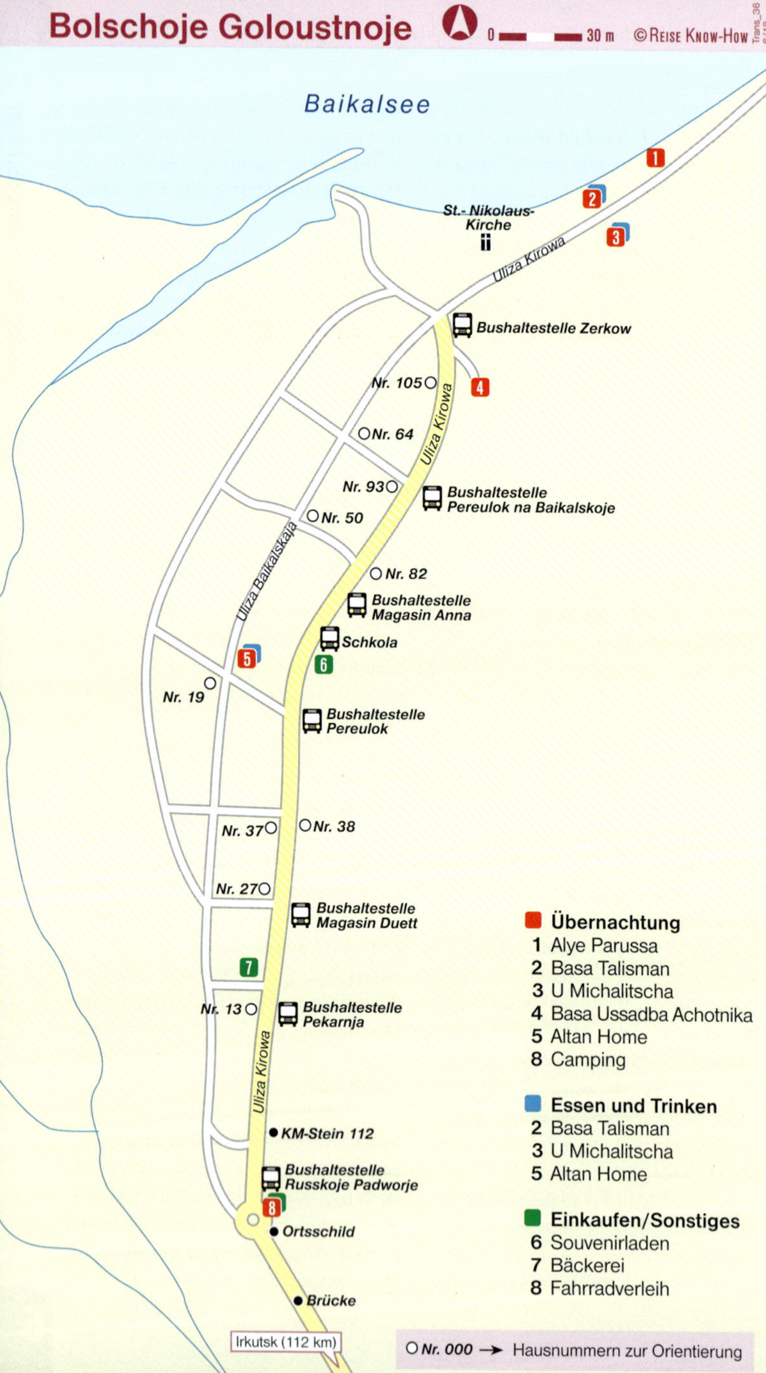

Bolschoje Goloustnoje
0
30 m
© Reise Know-How
Trans_36 6/18
Baikalsee
St.-Nikolaus-Kirche
Uliza Kirowa
Bushaltestelle Zerkow
Nr. 105
Nr. 64
Nr. 93
Bushaltestelle Pereulok na Baikalskoje
Nr. 50
Uliza Baikalskaja
Nr. 82
Bushaltestelle Magasin Anna
Schkola
Nr. 19
Bushaltestelle Pereulok
Nr. 37
Nr. 38
Nr. 27
Bushaltestelle Magasin Duett
Nr. 13
Bushaltestelle Pekarnja
KM-Stein 112
Bushaltestelle Russkoje Padworje
Ortsschild
Brücke
Irkutsk (112 km)
Übernachtung
1 Alye Parussa
2 Basa Talisman
3 U Michalitscha
4 Basa Ussadba Achotnika
5 Altan Home
8 Camping
Essen und Trinken
2 Basa Talisman
3 U Michalitscha
5 Altan Home
Einkaufen/Sonstiges
6 Souvenirladen
7 Bäckerei
8 Fahrradverleih
Nr. 000 → Hausnummern zur Orientierung

sich eingangs der Ul. Kirowa gleich nach dem Ortsschild rechts beim 8 **Campingplatz** und im 1 **Hotel Alye Parussa** (s.u.); 200 Rbl. pro Std.

Hinweis: Im Juli/August 2015 wüteten Waldbrände rund um die **Pestschannaja-Bucht,** sodass sich ein Besuch voraussichtlich erst in einigen Jahren wieder lohnt. Die „Sandbucht", so die Übersetzung des Namens, ist die wärmste Stelle am Baikalsee und gehört(e) zu den schönsten Abschnitten. Sie hat den Status eines Naturdenkmals. Durch die Baikalwinde entstand hier eine 750 m lange und 30 m breite Sanddüne, die der Bucht ihren Namen gab. Von Bolschoje Goloustnoje sind es 40 km, für die man zu Fuß je nach Fitness zwei oder drei Tage braucht. Der **Wanderweg** ist zwar ausgeschildert, aber an einigen Stellen ist es trotzdem nicht einfach, den richtigen Pfad zu erwischen. Außerdem gibt es mehrere schwierige Stellen. Daher sei unbedingt empfohlen, die Wanderung in Begleitung eines Ortskundigen zu unternehmen. Man wende sich an *Tujana* vom Altan Home (s.u.).

Bitte keine Steine aus der Bucht mitnehmen, keine Namen auf Felsen ritzen, nicht auf Bäume klettern, nur an sicheren Stellen ein Lagerfeuer machen und natürlich keinerlei Abfall zurücklassen!

In der näheren Umgebung befinden sich mehrere interessante **Wanderziele,** darunter Felsformationen, die Babuschka-Bucht, die Insel Baklany Kamen, das Kap Arka, die alte Zeder *Muschestwo Schizni* (Lebensweisheit) und ein herrlicher Aussichtsfelsen.

Übernachtungsmöglichkeiten (von Ende Mai bis Ende September) bieten die Turbasa und die Turbasa Buchta, allerdings zu relativ hohen Preisen.

Anfahrt

- Der zwischen Irkutsk und Bolschoje Goloustnoje verkehrende **öffentliche Bus** (45 Sitzplätze) ist von Anfang Juni bis Ende August oft komplett ausgebucht, sodass man Tickets sowohl für die Hin- als auch ggf. für die Rückfahrt im Voraus kaufen bzw. sie z.B. über *Tujana* im Altan Home (s.u.) vorbestellen sollte. Fahrtdauer 2½ Std., Fahrkarten in Irkutsk am Busbahnhof für 300 Rbl., Gepäck kostet 100 Rbl. extra und wird beim Fahrer bezahlt. Fahrtzeiten Irkutsk – Balschoje Galoustnoje: im Sommer tägl. 10 Uhr, zusätzlich Mo bis Sa 16 Uhr und So 17 Uhr, im Winter Sa/So 10 Uhr; Balschoje Galoustnoje – Irkutsk: im Sommer tägl. 17 Uhr, zusätzlich Mo bis Sa 8 Uhr und So 13 Uhr, im Winter Sa/So 17 Uhr.
- Per **Taxi** kostet die Fahrt 3000 Rbl. und dauert 2 Std.; Taxianbieter in Bolschoje Goloustnoje: Tel. 8-964 74 34 620; in Irkutsk wende man sich an den empfehlenswerten Fahrer *Dima* (siehe dort).

Unterkunft

5 Altan Home

Ul. Baikalskaja 26, Tel. 8-964 218 38 12 (*Tujana,* spricht deutsch) und Tel. 8-902 511 77 03 (*Marina,* spricht nur russisch), baikalgol@mail.ru. Die äußerst liebenswürdigen Gastgeberinnen waren die ersten im Dorf, die Gäste empfingen. Ihre neun einfachen Fremdenzimmer sind sauber. Hinzu gekommen ist ein Holzhaus mit vier Zimmern bis zu vier Betten, welches im Winter beheizbar ist. Zimmer in drei kleinen Holzhäuschen à 2 und 3 Betten kann man von 1. Mai bis 1. Okt. mieten, und wenn zusätzliche Betten nötig sind, stellt *Marina* vom 1. Juni bis 15. Sept. zwei bis vier Betten auf eine überdachte Terrasse. WC, Dusche und Waschbecken befinden sich im Innenhof, allen Gästen steht eine gut ausgestattete Küche zur Verfügung. Die Übernachtungspreise beginnen je nach Saison bei 600 Rbl. pro Bett. Leckere Hausmannskost bietet *Marina* auch Gästen an, die nicht im Haus übernachten:

Frühstück 250 Rbl., Mittag- und Abendessen je 350 Rbl., Vollpension 950 Rbl. Altan Home stellt seinen Gästen auch gern einen Grill (russ. *Mangal*) zu Verfügung. Anfahrt: Mit dem Bus aus Irkutsk kommend an der Haltestelle Schkola aussteigen und in Fahrtrichtung etwa 50 m weitergehen bis zum rechter Hand liegenden 6 **Souvenirshop** (Ul. Kirowa 58). Falls er geschlossen ist, die rechts an der Tür angebrachte und mit Pfeil gekennzeichnete Klingel betätigen.

Für den Sommer 2018 plant *Tujana* die Eröffnung eines kleinen Heimatkundemuseums in einer Jurte; die Jurte steht schon. *Marinas* und *Tujanas* Mutter ist die Leiterin eines burjatischen Folkloreensembles, das 40 Min. dauernde Vorführungen mit traditionellem Gesang und Tanz anbietet (6000 Rbl. geteilt durch die Anzahl der Zuschauer).

4 Basa Ussadba Achotnika

Ul. Kirowa 110, Tel. 8-914 899 18 81 und 8-914 878 03 60, baikal-safari@yandex.ru, www.baikal-safari.ru. Die kleine Holzhausanlage liegt am Hang mit herrlichem Ausblick auf das Dorf und den Baikalsee. Der sehr freundliche Besitzer *Oleg* ist passionierter Jäger und bietet Jagdsafaris an. Zu seiner liebevoll rustikal gestalteten Anlage gehört ein kleines Aussichtsrestaurant mit offener Terrasse. 3 DZ mit Dusche/WC, davon 2 kleine à 2500 Rbl. und ein großes für max. 4 Personen für 4000 Rbl. plus 4 Holzhäuschen mit Gemeinschaftsbad/-WC: DZ 700–800 Rbl., Zusatzbett 600 Rbl. Anfahrt bis zur Bushaltestelle Pereulok na Baikalskoje oder zur Busendhaltestelle Zerkow (russ. für Kirche).

1 Alye Parussa

Ul. Kirowa 129, Tel. 8-914 899 96 59 und 8-950 93 01, apansion@mail.ru, www.baikalparus.ru/uslugi-i-ceny/razmeschenie. Die Häuschen der Anlage liegen direkt am Ufer des Baikalsees in einem Mini-Garten mit Zaun zum See. 5 DZ mit Dusche/WC für 3000–4000 Rbl. und ein 6-Bett-Häuschen für 10.000 Rbl. Frühstück gibt es hier nicht, aber im benachbarten Talisman. Anfahrt bis zur Busendhaltestelle Zerkow.

2 Basa Talisman

Ul. Kirowa 121, Tel. 65 52 53, www.talisman-baikal.ru. Die sympathischen Holzhäuser liegen direkt am Seeufer mit großer Rasenfläche und einem gemütlichen Plätzchen, wo man unter freiem Himmel mit Seeblick sitzen kann. Ein sog. *Kottädsch* mit Bad, WC und Küche für bis zu 8 Pers. kostet 9000 Rbl. pro Nacht, Zimmer für 2–4 Pers. mit Bio-Toilette und Waschbecken 900 Rbl. p.P. und einfache DZ mit Gemeinschaftsdusche/-WC 600 Rbl. p.P. Hier kann auch gegessen werden.

3 U Michalitscha

Ul. Kirowa 124, Tel. 99 64 54, 8-914 899 64 54 und 8-904 144 63 93, www.ybaikala.ru. Die sauberen Zimmer sind rund um einen großen, grünen Innenhof angelegt, die Zimmer im Haupthaus haben z.T. Baikalblick. DZ mit Dusche/WC: EZ 1800–2000 Rbl., DZ 2500–2700 Rbl., 4-Bett-Zimmer 4000–5000 Rbl.; mit Gemeinschaftsbad/-WC 600–900 Rbl. p.P. Anfahrt bis zur Busendhaltestelle Zerkow. Mit Café.

Fernwanderweg Großer Baikalpfad

Ein ausgeschilderter Wanderweg, der „Große Baikalpfad", verbindet **Kultuk** mit **Port Baikal** und **Listwjanka** mit **Balschoje Galoustnoje,** der **Pestschannaja-Bucht, Buguldeika** und **Olchon.** Er verläuft auf den Spuren jahrundertealter Jagdwege, die wiederum noch älteren Pfaden der ewenkischen Ureinwohner folgten, die hier fischten, Beeren und Pilze sammelten und im Winter auf Eichhörnchen- und Zobeljagd gingen. Zu Beginn des 17. Jahrhunderts dienten die Pfade den Ewenken als Handelsweg, der sie mit den ersten russischen Siedlern der Region und den Burjaten verband.

Essen und Trinken

5 **Altan Home** (s.o.) ist bekannt für seine leckere Hausmannskost, liebevoll zubereitet von *Marina* und ihrer Schwester *Tujana*.

2 Im **Basa Talisman** (s.o.) gibt es gute Küche. Im Sommer wird das Essen auf einer Terrasse mit Seeblick serviert.

3 **U Michalitscha,** im Café der gleichnamigen Unterkunft (s.o.) wird zwar wirklich gut gekocht, aber beim Bezahlen sollte man sich unbedingt eine detaillierte Quittung geben lassen, um nichts doppelt bezahlen zu müssen …

Insel Olchon

Die Insel Olchon (sprich: Alchon) liegt rund 300 km nordöstlich von Irkutsk im mittleren Teil des lang gestreckten Baikalsees, nah am westlichen Ufer. Ihr Name bedeutet im Burjatischen „Wäldchen“ (*oi* heißt Wald, *chen* bzw. *chon* ist eine Verkleinerung, wie es das „chen“ im Deutschen sein kann). Wenn es heißt, der Baikalsee sei das „blaue Herz Sibiriens“, so ist dessen Herz wiederum die Insel Olchon. Sie zählt gut **1100 Einwohner,** von denen die meisten im **Hauptort Chuschir** leben; die Mehrzahl sind Burjaten. Olchon hat eine Fläche von 730 km^2, ist 90 km lang, 15 km breit und ist die größte der 26 Inseln des Sees. An der schmalsten Stelle ist die Insel nur 1 km vom Festland entfernt.

Landschaftlich hat Olchon viel zu bieten: Schamanenfelsen, Steppenlandschaften, Wälder, warme Quellen, Seen, Sanddünen und herrliche Badestrände. Auch wenn die Insel mit knapp 2300 Stunden pro Jahr **die meisten Sonnenstunden Sibiriens** hat, wird das Wasser des „Kleinen Meeres“ (russ. Maloje Morje) zwischen der Insel und dem Festland

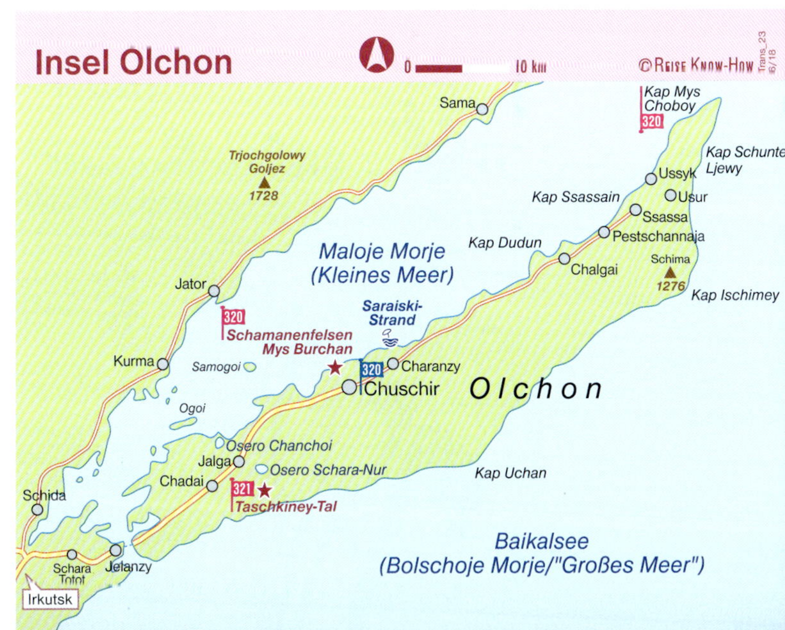

Die Wasserqualität des Baikalsees

Es gibt kaum ein Gewässer dieser Welt, über das so widersprüchliche Aussagen hinsichtlich der Wasserqualität gemacht werden bzw. wurden wie über den Baikalsee. Fehlende Kenntnisse, aber auch bewusst verfälschende Darstellungen präg(t)en dieses Bild, wobei die negative Berichterstattung über die angeblich schlechte Wasserqualität vorherrscht(e). Sehr oft wurde hierbei der Baikalsee mit dem Aralsee verwechselt, obwohl beide Seen nichts gemein haben.

Die bereits zu Sowjetzeiten bestehende Diskussion um das sog. „Blaue Herz Sibiriens" wurde in erheblichem Umfang geprägt durch die **Zellstofffabrik bei Baikalsk** am südlichen Ende des Sees. Diese Fabrik produzierte gebleichten Sulfatzellstoff, wozu elementares **Chlor als Bleichmittel** zum Einsatz kam. Spätestens mit der Schließung der Fabrik im Jahr 2012 kann das Werk nicht für die Verschmutzung des Sees verantwortlich gemacht werden. Ein kleiner Teil der Anlage wird noch zur Erzeugung von Warmwasser und Fernwärme für die Ortschaft Baikalsk genutzt. Die Abwässer der Stadt und der dorti-

Auf dem Baikalsee unterwegs nach Listwjanka

trans18-073 dk

gen Industrie gelangen ungereinigt in den Baikalsee, was zur Belastung des Seewassers wie auch der Böden und der Luft beiträgt. Andererseits ist die Region um den Baikalsee dünn besiedelt, sodass sich Verunreinigungen durch Haushalte, Industrie und Verkehr in engen Grenzen halten; nur wenige Straßen z.B. verlaufen in Ufernähe.

Untersuchungen zur Wasserqualität des Baikalsees zeigen, dass der See durchgehend als **überdurchschnittlich sauber** (Trinkwasserqualität) angesehen werden kann, wenngleich die touristische Entwicklung der letzten Jahre z.B. im Bereich der Insel Olchon Störungen in den typischen Lebensgemeinschaften des Sees mit vielen endemischen Arten erkennen lässt. Sorge bereitet die Verschmutzung stärker frequentierter Uferbereiche, wo sich **Müll und Unrat** häufen – und Gesetzgeber und Aufsichtsbehörden nicht einschreiten bzw. schlicht überfordert sind. So beaufsichtigte auf der 730 Quadratkilometer großen Insel Olchon im Jahr 2017 gerade einmal ein einziger Nationalparkranger die Einhaltung der Nationalparkregeln, trotz einer Vervielfachung der Besucher seit Jahren.

Größere Aufmerksamkeit wird man bei der Reinhaltung des Sees auf die **Selenga** als einem seiner größten Zuflüsse richten müssen, die mit Abwässern aus der Mongolei und der Stadt Ulan-Ude belastet ist. Diese werden zurzeit noch auf Grund des hohen Selbstreinigungsvermögens des Flusses weitgehend abgebaut und beeinflussen die Wasserqualität des Sees bisher nicht nachteilig.

Das Wasser des Baikalsees wird ständig auf natürliche Weise geklärt; für seine Sauberhaltung sorgen winzige **Flohkrebse** (230 Arten, die 90% der Biomasse des Sees ausmachen).

Insgesamt gesehen stellt der Baikalsee in seinem derzeitigen Zustand im internationalen Vergleich ein Gewässer von überdurchschnittlicher Reinheit dar mit einer ungewöhnlich hohen Zahl endemischer Arten, darunter lachsartige Fische, Koppen und Krebse, sowie einer reichhaltigen, alpin beherrschten Flora in der näheren und weiteren Umgebung. Es steht gleichzeitig außer Zweifel, dass die gesamte Region eines erhöhten Schutzes bedarf, vor allem dann, wenn der Tourismus sich in stärkerem Maß weiterentwickelt bzw. gefördert wird.

kaum 20 Grad warm. Die **Ostküste** besteht fast auf der gesamten Länge aus bis zu 80 m tief ins Wasser abfallenden Felsen, während die **Westküste** zum Kleinen Meer hin weiße Sandstrände aufweist. Die Inselmitte ist bewaldet, im Nordosten befindet sich mit 1276 m die höchste Erhebung der Insel.

Strom gibt es auf der Insel seit Sommer 2007, fließendes Wasser kennt man noch nicht. Einheimische und Urlauber nehmen den langen Weg zur Insel auf sich, um in sauberer, mückenloser Luft zu wandern, zu zelten, zu schwimmen, Fahrradtouren oder Bootsausflüge zu machen. Auch im Winter ist ein Aufenthalt auf Olchon etwas ganz Besonderes: Zwischen Anfang/Mitte Februar und Ende März/Anfang April sind **ausgedehnte Wanderungen** zwischen den fantastischen Eisformationen am Seeufer ein unvergessliches Erlebnis.

Der Hauptort von Olchon, **Chuschir,** zählt etwa 1000 Einwohner und liegt ziemlich genau in der Mitte der Insel. Hier befinden sich die meisten Unterkünfte, und von hier aus werden alle Ausflüge organisiert (zu Fuß, zu Pferde, per Jeep und mit dem Boot). Da auf der Insel nur knapp 45 km befestigter Naturpiste existieren (vom Fähranleger via Chuschir bis zum Dorf Charanzy), muss man bei Regenwetter mit Problemen rechnen. Chuschir ist stolz auf sein kleines Heimatkundemuseum *(Krajewetscheski Musei),* das neben der Schule steht und eine interessante Sammlung von Exponaten aller Art zeigt, die man auf der Insel gefunden und zusammengetragen hat.

Der berühmteste Platz auf der ganzen Insel ist der **Schamanenfelsen Mys Burchan,** der sich in unmittelbarer Nähe von Chuschir an einer wunderschönen weißen Sandbucht befindet (nach dem Ende des Fahrwegs sind es noch etwa 500 m zu Fuß). Der Felsen gilt für die Burjaten ebenso wie für die restlichen Inselbewohner als heiliger Ort, um den sich zahlreiche Mythen ranken. Es gibt keine Postkartenserie und keinen Bildband vom Baikalsee, die ohne diesen Felsen auskämen.

An vielen Stellen auf der Fahrt von Irkutsk zum Baikalsee und auf der Insel selbst sieht man bunte **Stofffetzen** in Bäumen, Büschen und an Holzpfählen hängen: Sie markieren **heilige Plätze,** an denen Geister und Ahnen verehrt werden. Gemäß burjatischem Brauch muss der Vorüberkommende hier irgendetwas niederlegen bzw. anbinden, z.B. einen Stein, einen Stofffetzen oder eine leere Flasche Schnaps (Softdrinks zählen nicht!), die man den Geistern zu Ehren an dieser Stelle geleert hat.

Das **Kap Mys Choboy,** burjatisch für Eck- bzw. Stoßzahn, ist der nördlichste Punkt der Insel und ebenfalls eine heilige Stätte. Bei klarem Wetter ist das Ostufer des Baikalsees zu sehen. Hier fällt die felsige Küste steil ins Meer ab. Bucht man eine Tour zum Kap, geht es über das Dorf **Charanzy** zu den Sanddünen des Dorfes **Pestschannaja,** wo sich in den Nachkriegsjahren ein Arbeitslager befand. Im Dörfchen Usury wird eine Mittagspause eingelegt, oder es gibt ein Picknick direkt am Kap.

Der **Osero Chanchoi** ist der zweitgrößte See der Insel, umgeben von einer malerischen Landschaft. Vom Maloje Morje trennt den See eine sandige Landzunge. Der **Osero Schara-Nur** (burjatisch für „Gelber See") liegt weiter südöstlich; den einzigen Salzsee der Insel

umgibt eine herrliche, abwechslungsreiche Natur. Badet man in seinem Wasser, erscheint es rot.

Das **Taschkinoy-Tal** ist von wunderschönen Gebirgskämmen umgeben. An den felsigen Ufern des offenen Baikalsees südwestlich des Tals („Großes Meer") befindet sich eine Ausgrabungsstätte der Eisenzeit.

In der aus wenigen Häuschen bestehenden Siedlung **Usur** im nordöstlichen Teil der Insel kann man wunderbar relaxen. Nur wenige Touristen kommen in die kleine Bucht, meist per Fahrrad. Zelten ist erlaubt, man kann an einem Kieselsteinstrand baden, auf Leihpferden ausreiten und sich an einem Kiosk mit Essbarem versorgen. Nördlich der Siedlung, auf dem Berg Tolgoi, befindet sich eine kleine Höhle, in der der Heimatkundler *N. M. Revjakin* alte Keramikscherben und Messer aus Nephrit fand.

Anfahrt

Wichtig: Es gibt keine Wechselstuben auf Olchon, und es wird kaum Kreditkartenzahlung akzeptiert (erste Ausnahmen bestätigen die Regel). Daher ggfs. **vor Abfahrt in Irkutsk Geld wechseln.** Bargeldautomaten findet man u.a. in den Hotels Irkutsk und Angara.

⌃ Blick auf den Schamanenfelsen Mys Burchan

Auf dem Landweg

■ **Minibusse (Marschrutka) von Irkutsk nach Olchon** fahren tägl. um 8, 10, 12 und 17 Uhr ab; sie stehen schräg rechts gegenüber vom Busbahnhof neben dem Lokal Kafe Master-Grill. Fahrtdauer 6 Std., 800 Rbl. plus 127 Rbl. pro Gepäckstück. Hinweis: Wegen der **lebensgefährlichen Fahrweise** der Minibus-Fahrer nach Olchon sei von diesen Bussen dringend abgeraten! Besser man tut sich zu viert zusammen und nimmt einen Privatfahrer mit Pkw oder Minibus. Übrigens haben nur wenige Fahrer eine Genehmigung für Olchon und können die ganze Strecke bis nach Chuschir fahren – es nützt aber nichts, wenn man nur bis zum Fähranleger gefahren wird! Ein empfehlenswerter Fahrer ist **Dima,** Reservierung über eroshenko0607@gmail.com, Tel. 8-950 114 44 22, pro Strecke 9000 Rbl.

Wer mit einem **privaten Transfer** anreist, erlebt und sieht am meisten, kann zwischendurch anhalten, die Aussicht genießen, sich die Füße vertreten, Fotos machen und z.B. in dem sauberen und sehr freundlichen **Lokal Ujutnoje** bei Km-Stein 105 einkehren. Sehr empfehlenswert sind hier die frischen Berliner (russ. *Berlinskije Puntschiki*); Vorbestellungen unter Tel. 8-924 290 58 66 bei der Chefin *Ludmilla,* damit sie möglichst noch warm sind, wenn man ankommt! Kurz vor dem letzten Festlandsort Jelanzy ist das Lokal Brigantina beliebt.

Fährt man die Strecke ohne Pausen, braucht man von Irkutsk bis zum Fähranleger etwa 4 Stunden. Allerdings sollte man die **Fahrt durch** die **schöne Landschaft** hin und wieder unterbrechen. Anfangs geht es durch Wald und danach meistens durch eine sehr reizvolle Steppenlandschaft, die ein wenig an die Mongolei erinnert. Hin und wieder passiert man kleine, z.T. verlassene Dörfer. Bei Km 63 kommt man an ein linker Hand liegendes Tempelchen, eine gute Stunde später (etwa 2½ Stunden, nachdem man Irkutsk verlassen hat) erreicht man auf einer Anhöhe einen **Ovo,** eine heilige burjatische Stätte. Hier sollte man eine Pause einlegen und vielleicht picknicken und ein symbolisches Geschenk, z.B. eine Münze, hinterlassen. Manchmal hört die asphaltierte Straße auf, und es geht auf einem festen Sandweg weiter.

Etwa eine Stunde nach dem Ovo erreicht man den Ort **Jelanzy** (mit kleinem Restaurant und Lebensmittelgeschäft). Etwa 10 Minuten später passiert man den Baikal-Nationalpark (Baikalski Nationalny Park), weitere 50 Minuten später ist man am **Fähranleger.**

■ **Überfahrt mit der Fähre:** Die Insel ist das ganze Jahr über mit zwei Fähren (max. 12 Fahrzeuge plus 50 Passagiere, gratis) erreichbar. Vom 1. Januar bis 5. Mai bzw. bis die letzten Eisschollen verschwunden sind, muss man per **Luftkissenboot** übersetzen (tägl. 9–18 Uhr, Abfahrt immer wenn genügend Fahrgäste da sind, max. 10 Passagiere, keine Fahrzeuge, 350 Rbl. p.P.). Das bedeutet, dass auf der Insel ein vorbestellter Fahrer am Anleger warten muss, der einen bis Chuschir fährt (mit russischem Jeep 3500 Rbl.). Am **Fähranleger** sowohl auf dem Festland als auch auf der Insel gibt es regelmäßig Ärger (z.T. auch handgreiflich), weil ein ungeschriebenes Gesetz die Inselbewohner bevorzugt: Deren Fahrzeuge dürfen immer als erste auf die Fähre, was dazu führen kann, dass „Fremde" in ihrem Minibus mitunter mehrere Stunden lang warten müssen! Daher gibt es Transfers, bei denen die Reisenden auf der einen Seite aus dem Bus aussteigen, übersetzen und auf der anderen Seite von einem anderen Wagen weitertransportiert werden.

Vom Fähranleger sind es 36 km Naturpiste bzw. ca. 70 Min. Fahrt bis zum Ort **Chuschir.** Die Strecke verläuft durch baumloses Gelände, z.T. mit schönen Ausblicken auf die Meerenge Maloje Morje.

Tagesausflug auf dem Wasserweg

■ Mit einem Tragflügelboot vom Typ *Kometa* kann man **ab Irkutsk** von Mitte Juni bis Mitte September immer mittwochs und samstags einen Tagesausflug nach Olchon machen (hin und zurück 7000 Rbl.; 9900 Rbl. inkl. Rundfahrt auf der Insel, Mittagessen und Schamanenritual). So eine Tour ist aber nicht wirklich sinnvoll, da man auf der Insel viel zu wenig Zeit verbringt, wie der enge Zeitplan zeigt: Abfahrt in Irkutsk per Bus nach Listwjanka um 7 Uhr, dann weiter nach Olchon per Tragflügelboot um 8.30 Uhr, Ankunft auf Olchon um 12.30 Uhr; zurück nach Listwjanka um 17 Uhr, weiter nach Irkutsk um 21 Uhr, Ankunft in Irkutsk um 22 Uhr.

■ Die Firma Ostsibirische Schifffahrt *(Wastotschno-Ssibirskoje Retschnoje Parachodstwo)* listet unter **www.vsrp.ru/de** alle Schiffsverbindungen auf dem Baikalsee inkl. aktueller Fahrpläne und Preise.

Unterkunft/Essen und Trinken in Chuschir

Wer in den Sommermonaten kommt, sollte sein Hotel oder Hostel unbedingt reservieren. Auf Olchon differieren die **Übernachtungspreise je nach Reisemonat.** Die Saison definieren mittlerweile nicht mehr Russen und Europäer, sondern in erster Linie **Chinesen.** Seit es Direktflüge von Peking nach Irkutsk gibt, besuchen chinesische Touristen in immer größeren Zahlen die Insel und das naturgemäß zu chinesischen Urlaubszeiten, z.B. in der ersten Oktoberhälfte und je nach Datum des chinesischen Neujahrs, das sich nach dem Mondkalender richtet, zwischen Mitte Januar und Mitte Februar.

Die meisten Unterkünfte bieten eine **Banja** (russische Sauna) gegen Aufpreis an.

Viele Unterkünfte bieten **Vollpension** an. Wer sich selbst versorgen möchte, kauft Lebensmittel z.B. im großen 9 **Supermarkt Gastronom** oder in einem der kleineren Läden ein. Während der Hochsaison eröffnen kleine **Restaurants,** die aber nicht alle hygienisch einwandfrei sind.

1 Otdych na Baikalje

Am Ortseingang rechts in der Ul. Gorkowo 3, Tel. 8-902 761 97 52, olhon-tur@mail.ru, www.olhon-tur.com. Der äußerst gastfreundliche Familienbetrieb (sein Name steht für „Erholung am Baikalsee“) empfängt seine Gäste in niedlichen, um einen Innenhof herum angelegten Holzhäuschen, die quasi ein kleines Dorf bilden. Gastgeberin *Julia* vermietet seit 15 Jahren Zimmer und baut Jahr für Jahr einige dazu – das Dorf wächst. Derzeit gibt es vier Zimmer mit Dusche/WC: je nach Belegung (2–5 Pers.) 4000–5500 Rbl. pro Zimmer. Am günstigsten sind die Zimmer mit Gemeinschaftsduschen/-WC im Innenhof (800 Rbl. pro Bett). Das Frühstück wird in einem urgemütlichen Blockhaus serviert, man hat zwei Menüs zur Auswahl. Im Innenhof darf gegrillt werden. Bootsausflüge und Jeeptouren im Angebot (Preise nach Anzahl der Teilnehmer).

4 4 Woskressenje

Ul. Pushkina 16, Tel. 8-908 666 99 04 und 8-904 117 75 26, olkhonsng@gmai.com. Das gemütliche, äußerst liebevoll gestaltete und geführte Gästehaus hat sieben Zimmer mit Dusche/WC: DZ/F 4200 Rbl., 3-Bett-Zimmer 6300 Rbl., 4-Bett-Zimmer 7300 Rbl. Jedes Zimmer hat ein eigenes Design. MasterCard und VISA-Kreditkarte werden akzeptiert. Leckere Speisen in sehr gemütlicher Atmosphäre, im Sommer auf einer kleinen Außenterrasse und auf einem überdachten Balkon.

7 7 Baikal Khan Hotel

Ul. Woroschilowa 18, Tel. 8-902 767 36 97 und 8-902 761 11 14, baikalkhan@mail.ru, www.baykal-han-olhon.ruhotel.su/contacts. Der Architekturstil mag nicht gerade ideal in die Landschaft passen, aber die simpel eingerichteten Zimmer haben ein großes Plus: Jedes hat einen großen Balkon mit Seeblick! In der Hauptsaison (10.6.–10.9. und 1.1.–10.3.) DZ/F 6800 Rbl., sonst 5500–5800 Rbl. Zur Anlage gehören ein Freiluftjacuzzi, ein kleiner Pool und ein Restaurant mit großer Terrasse.

6 Minihotel Baikal

Ul. Woroschilowa 36, Tel. 8-983 446 66 04, 8-950 066 27 02 und in Irkutsk 68 32 16, terrabaikal@yan-

Chuschir (Insel Olchon/Baikalsee)

Übernachtung
1 Otdych na Baikalje
4 Woskressenje
5 Nikita Bencharov's homestead
6 Minihotel Baikal
7 Baikal Khan Hotel
8 Basa Solnetschnaja

Essen und Trinken
4 Woskressenje
5 Nikita Bencharov's homestead
7 Baikal Khan Hotel

Einkaufen/Sonstiges
2 Sputnik (Reiseagentur)
3 Baikalskaja Ssamozwety
9 Supermarkt Gastronom
10 Fahrradverleih

Schamanenfelsen
Baikalsee
Uliza Kirpichnaya
Uliza Lenina
Uliza Pushkina
Uliza Gornaja
Sumpf
Heimatkundemuseum
Anlegestelle
Infocenter
Uliza Baikalskaja
alte Fischfabrik
Apotheke
Uliza Rabotschaja
Uliza Gorkowo
Uliza Gorkowo
Uliza Gorkowo
Irkutsk (290 km)

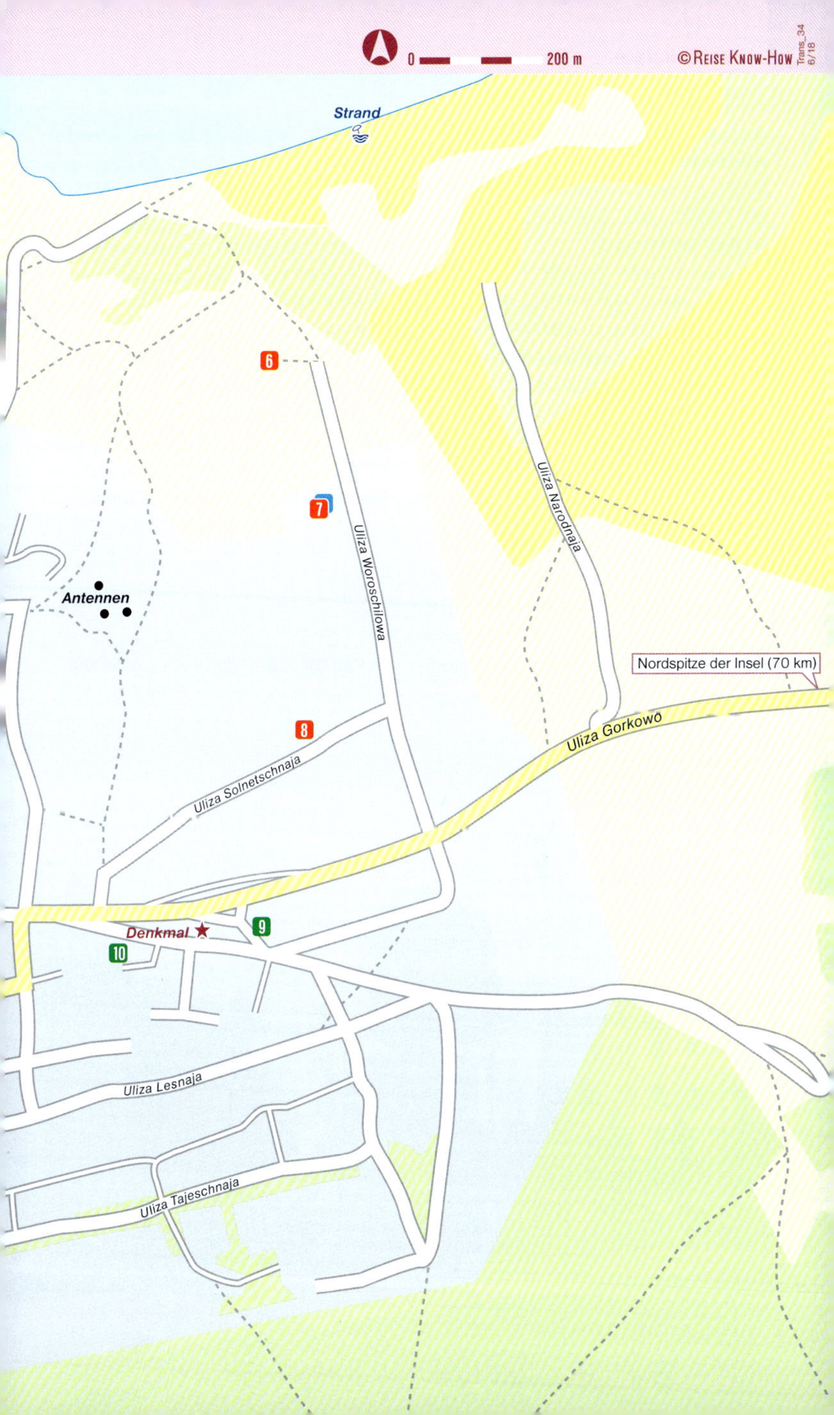

0
200 m
©Reise Know-How
Trans_34
6/18
Strand
6
7
8
9
10
Antennen
Uliza Woroschilowa
Uliza Narodnaja
Nordspitze der Insel (70 km)
Uliza Gorkowo
Uliza Solnetschnaja
Denkmal
Uliza Lesnaja
Uliza Tajeschnaja

dex.ru, www.newbaikal.ru. Das „Minihotel" hat diverse Anbauten erhalten und ist jetzt das größte Hotel der Insel. In der Hauptsaison (1.7.–31.8.) DZ/F 5200 Rbl., sonst 3800–4200 Rbl.

8 Basa Solnetschnaja

Ul. Solnetschnaja 14, Tel. 68 32 16, terrabaikal@yandex.ru, www.olkhon.com/ru/tours/where_to_stay_olkhon/camping_solnechnaya. Die sehr einfache Unterkunft mit Gemeinschaftsbad/-WC auf dem Innenhof liegt mitten im Ort und ist bei Rucksackreisenden beliebt. Preise inkl. Frühstück und Abendessen in 2-Bett- und 3-Bett-Zimmern in der Hauptsaison (1.7.–31.8.) 1400 Rbl. p.P., sonst 1100 Rbl., im 4-Bett-Zimmer 100 Rbl. weniger. In einem Holzhäuschen für 2 oder 4 Pers. in der Hauptsaison 1450–1600 Rbl., sonst 1100–1200 Rbl.

5 5 Nikita Bencharov's homestead

Ul. Kirpichnaya 8, Tel. 8-914 895 78 65, www.olkhon.info (sehr gute Homepage – hier findet man alle Informationen zur Herberge, u.a. Übernachtungspreise, Verpflegung, Transfers, Zeltverleih, Wäscheservice etc.). *Nikita* und *Natascha Bencharov* waren in den späten 1990er Jahren die Ersten auf Olchon, die ausländische Gäste empfingen, und sind damit die Begründer des Tourismus auf der Insel. Heute gehören sie hier zu den größten Arbeitgebern! Wie ein Künstlerdorf wirkt die aus liebevoll gezimmerten Holzhäuschen unterschiedlichsten Aussehens bestehende Anlage. Der Speisesaal ist abends ein beliebter Treffpunkt, wo Traveller aus aller Welt singen, musizieren und tanzen. Auf Wunsch wird vegetarisch gekocht. Übernachtungspreise inkl. Frühstück und Abendessen: DZ mit Dusche/WC 4400 Rbl., DZ mit Gemeinschaftsbad 3600 Rbl.

Ulan-Ude – das größte Lenin-Haupt der Welt

trans18-074 dk

Sonstiges in Chuschir

- **Infocenter,** Ul. Baikalsnaja, Ecke Ul. Lenina, Tel. 8-950 111 02 65, tägl. 8–21 Uhr.
- **Souvenir- und Schmuckladen: 3 Baikalskaja Ssamozwety** (russ. für „Baikal Edelsteine"), Ul. Pushkina 11, tägl. 10–19 Uhr. Die Eigentümerin und ihre Schwester bieten hochwertige Souvenirs und selbst gearbeiteten Schmuck u.a. mit sibirischen Halbedelsteinen an. Wunderschön sind polierte Steine, wahre Wunder der Natur!

Ulan-Ude

Улан-Удє

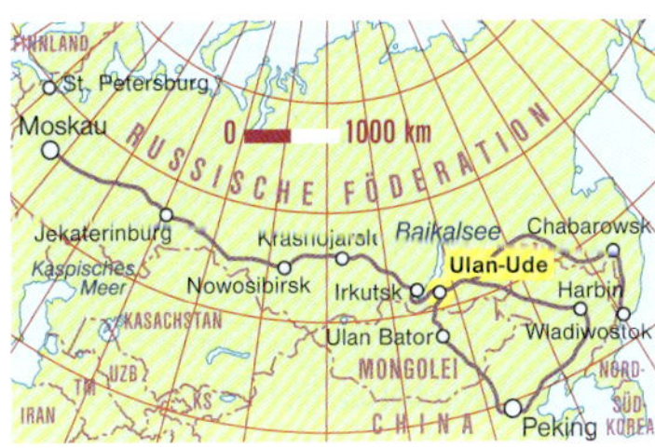

- **Transsib-Kilometer:** 5647
- **Zeit:** Moskauer Zeit + 5 Std.
- **Vorwahl:** 3012
- **www.egov-buryatia.ru/eng**

Ulan-Ude (Betonung auf dem e) zählt etwa **405.000 Einwohner** und liegt rund 5600 km östlich von Moskau und 3500 km westlich vom Pazifik. Die **Hauptstadt der** russischen **Autonomen Republik Burjatien** ist das wirtschaftliche, wissenschaftliche und kulturelle Zentrum Ostsibiriens. In der Republik leben insgesamt 972.000 Menschen, die sich auf verschiedene Nationalitäten und Völker verteilen: Russen machen zwei Drittel aus, Burjaten ein knappes Drittel, Minderheiten sind Tataren, Ukrainer, Sojoten und Ewenken. Die Burjaten wiederum setzen sich aus mehreren seit dem 11. Jahrhundert hier lebenden, vorwiegend mongolischen Völkern zusammen. Drei Viertel der gut 350.000 km² umfassenden Gesamtfläche der Republik sind bergig; der höchste Punkt, der Munko Sardyk, erreicht eine Höhe von 3491 m.

Geschichte

Ulan-Ude, eine der schönsten Städte Sibiriens, wurde **1666** an der Mündung der Uda in die Selenga von **Kosaken** als Winterlager mit dem Namen **Werchne Udinsk** gegründet. Keine zehn Jahre später errichtete man um die Siedlung herum eine hölzerne Festung, die 1680 verstärkt wurde. Schon 1690 erhielt der Ort die Stadtrechte.

Im 18. Jahrhundert war Werchne Udinsk ein **wichtiger Stütz- und Handelspunkt** am Moskauer Trakt, über den der Handel mit Tee, Porzellan, Seide und Fell zwischen Russland, der Mongolei und China verlief und der für die Stadt eine enorme wirtschaftliche Bedeutung hatte. Im Jahr 1729 befanden sich auf dem Territorium der Stadt drei hölzerne Kirchen, zwei Salzspeicher, ein Weinkeller und ein Markt. Von 1741–85 dauerte der Bau des ersten Steingebäudes der Stadt, der Odigitreja-Kathedrale (Sswjato-Odigitrijewski Ssabor), 1768 fand zum ersten Mal ein alljährlich wiederkehrender Jahrmarkt statt, der ab 1780 zweimal im Jahr abgehalten wurde. Das erste steinerne Kaufmannshaus wurde 1795 errichtet. Das Jahr 1822 sah den Bau der ersten Brücke über die Uda,

1862 suchte ein starkes Erdbeben und 1878 ein Großfeuer die Stadt heim. 1881 wurde die erste öffentliche Bibliothek eröffnet, ein Jahr später die erste öffentliche Bank. Mit dem Bau der Transsibirischen Eisenbahn – 1899 erreichte der erste Zug die Stadt – wuchs Werchne Udinsk zur drittgrößten Stadt Ostsibiriens an. 1934 erfolgte dann die Umbenennung in Ulan-Ude (burjatisch für „Rote Uda").

Heute ist Ulan-Ude Universitätsstadt, hat fünf Theater und mehrere Museen. Vor Ort leben 156 verschiedene Minderheiten, die alle in Klubs organisiert sind, in denen sie sich regelmäßig treffen und bemüht sind, ihre Traditionen zu erhalten. In Kirchen und Moscheen üben sie ihre Religionen aus.

Spaziergang durch die Altstadt

Für einen Spaziergang durch das historische Stadtzentrum sollte man mindestens drei Stunden einplanen. Geht man vom zentralen Platz (Ploschtschad Sowjetow) mit dem weltgrößten **Lenin-Kopf** (knapp 8 m hoch, 1970 aufgestellt aus Anlass des 100. Geburtstages des Revolutionsführers) in südlicher Richtung entlang der Lenin-Straße bis zum Fluss Uda, entdeckt man viele reich verzierte Holzhäuser. **Alte Kaufmannshäuser** aus Holz findet man auch rund um die **Odigitreja-Kathedrale** in den **schönen Straßen** Smolina, Baltachinowa, Swerdlowa und Bansarowa. Viele Holzhäuser finden sich außerdem in der Ul. Sowjetskaja. Falls man den **Zentralmarkt** besuchen möchte, kann man das täglich zwischen 9 und 19 Uhr machen. In den Altstadtstraßen sieht man allerorts **Wasserpumpen,** an denen die Bewohner mit Eimern Wasser holen, da ihre Häuser noch kein fließendes Wasser haben und auch keine Abwasserrohre. Dafür stehen Plumpsklos im Garten – der Russe sagt dazu: Ist das Klo im Garten, so stinkt es nicht im Haus.

Historisches Museum

Die meisten Exponate in diesem Museum beziehen sich auf das Thema **Buddhismus.** Gezeigt werden u.a. Thangkas (Meditations-Rollbilder), Buddha-Figuren und – worauf das Museum besonders stolz ist – ein indo-tibetischer Medizinatlas. In einem Saal sind Kleidung, Schmuck und interessante Kopfbedeckungen zu sehen.

■ **Istoritscheski Musei,** Ul. Profsajusnaja 29, Tel. 21 40 08, tägl. außer Mo im Sommer 11–19 Uhr, im Winter 10–18 Uhr, Eintritt für die permanente Ausstellung 120 Rbl., inkl. Sonderausstellungen 200 Rbl. Englischsprachige Führungen müssen spätestens einen Tag vorher bestellt werden, kosten pro Führung (nicht pro Person) ab 400 Rbl. und dauern 40–60 Min.

Stadtmuseum

Das Museum ist in einem 1880 erbauten, **reich verzierten Holzhaus** des Kaufmanns *Iwan F. Goldobin* untergebracht und lohnt allein schon wegen des Ge-

⊡ In der Fußgängerzone von Ulan-Ude

bäudes einen Besuch. Man fühlt sich wie zu Gast bei dem ehemaligen Besitzer und kann sich die wirtschaftliche Blütezeit von damals gut vorstellen.

■ **Musei Istorii Goroda Ulan-Ude,** Ul. Lenina 26, Tel. 21 79 90, tägl. 9–18 Uhr, 60 Rbl.

Dazan Rinpotsche Bagscha

4–5 km vom Lenin-Kopf entfernt liegt dieses moderne **Buddhistische Zentrum** auf einem Berg und bietet eine wunderbare Sicht auf Ulan-Ude. Das im Jahr 2004 eröffnete Zentrum verfügt über ein SB-Lokal (tägl. 10–18 Uhr) und das Restaurant Kailasch (s.u.). Anfahrt mit Bus Nr. 97 ab Hotel Baikal Plaza bis zur Endstation, 20 Rbl.

Theater

Das **Opern- und Balletttheater** von Ulan-Ude (Ul. Lenina 51, Tel. 21 36 72 und 21 44 54) ist eine kleine Sensation und ein ideales Abendprogramm. Auch wenn man nichts versteht, sollte man unbedingt eine Eintrittskarte kaufen und sich von der einzigartigen Atmosphäre überwältigen lassen.

Sehenswertes in der Umgebung

Lamakloster Iwolginski Dazan

Die bekannteste Sehenswürdigkeit der Region ist dieses Kloster etwa 30 km südwestlich von Ulan-Ude und 8 km

trans18-041 dk

Übernachtung
2 Olga's Homestay
3 Hotel Geser
5 Ulan-Ude Travellers House Hostel
9 Hotel Baikal Plaza
13 Hotel Burjatia
14 Hotel Bargusin
15 Otel Menschikow

Essen und Trinken
1 Kailasch
4 Limonad
6 Churchill Bar & Grill
7 Apetiti
8 Modern Nomad
9 Lobby Café, Tengis
11 Botschka
16 Buusa
17 Amtatei Buusa

Einkaufen
10 Supermarkt Sputnik
12 Baikal Naran Tour

nordwestlich des Dorfes **Iwolginsk** mitten in der weiten Landschaft. Wer lamaistische Klöster oder Tempel in China, Tibet, Ladakh oder auch in Ulan Bator gesehen hat, wird eventuell enttäuscht sein, weil diese Anlage vergleichsweise neu ist. Doch ist dieses Lamakloster das **wichtige und größte seiner Art in Russland.** Zwischen 1927 und 1948 wurden alle 47 Dazane in Burjatien geschlossen oder zerstört. Iwolginsk wurde 1946 mit Zustimmung von *Stalin* von Grund auf neu errichtet und ist daher nicht vergleichbar mit den Jahrhunderte alten Lamatempeln in Tibet oder Nordindien.

Highlights in der neueren Geschichte des Dazans sind die **Besuche des Dalai Lama** in den Jahren 1979, 1982, 1986, 1991 (250 Jahre Buddhismus in Russland) und 1993.

Der Klosterkomplex besteht aus **unterschiedlichen Tempeln und tempelähnlichen Gebäuden,** von denen der größte der Sogtschen Dugan (Versammlungshalle) ist. Des Weiteren gibt es u.a. den viel kleineren Tschoira Dugan (Tempel der buddhistischen Philosophie), den achteckigen Dewaschin Ssume (mit einer über 700 historische Bücher zählenden Bibliothek), den Maanin Dugan (Meditationsraum) und den Palast Pandito Chambo Lama Dorscho Etigelowa mit blauen Dachziegeln. Im Kloster leben etwa 30 Mönche auf traditionelle Weise in kleinen Häuschen rund um die Tempel sowie etwa 30 Studenten der buddhistischen **Universität** mit den vier Fakultäten Philosophie, Theologie, buddhistische Medizin und Malerei. An manchen Häusern flattern Tücher, ein Zeichen dafür, dass dort ein Lama wohnt, der Arzt ist. Auf den Stoffstückchen stehen Dankessprüche und die Namen der Dankenden.

Im Dazan gilt **Fotografierverbot,** zudem sollte man nicht mit dem Finger auf etwas zeigen und keine bösen Reden schwingen bzw. schimpfen. Männer und Frauen tragen in den Tempeln keine Kopfbedeckung.

In einem kleinen **Café** vor dem Eingang gibt es weithin gerühmte Buus (mit Fleisch gefüllte Teigtaschen) und heißen Tee. Auf dem Gelände finden sich ferner eine Orangerie, ein Museum und ein Hotel.

Wer morgens gegen 8 Uhr erscheint, kann die religiösen **Zeremonien** mit ihren Singsang-Gebeten miterleben.

■ **Iwolginski Dazan,** geöffnet tägl. 9–18 Uhr, Einlass bis 17 Uhr. Meistens werden Ausländer von Mönchen durch die Anlage geführt; sie erwarten anschließend eine Spende für das Kloster. Anfahrt per Minibus Nr. 130 von der Haltestelle Bansarow-Platz (Ploschtschad Bansarowa) im Süden des Stadtzentrums schräg gegenüber von der Odigitreja-Kirche, tägl. 6–20 Uhr alle 10–15 Min. bis zum Dorf Iwolginsk (Sselo Iwolginsk), 50 Rbl.; dort angekommen warten Minibusse zum etwa 6 km entfernten Kloster (25 Rbl.). Eine wesentlich teurere, dafür aber bequemere Alternative ist der Ausflug per Taxi für 710 Rbl. pro Strecke plus 4 Rbl. pro Warteminute; Taxifirmen sind z.B. Maxim (Tel. 20 00 00) und Pajechali (Tel. 40 04 00).

Besuch eines Dorfes von Altgläubigen

So ein Besuch ist nur nach vorheriger **Buchung** durch einen Reiseveranstalter möglich. Einige Hostels bieten diese sehr interessanten, aber recht kostspieligen Touren an, bei denen man vieles über die

Traditionen der Altgläubigen erfährt, ihre Lieder hört und ihre Speisen probieren kann (s.a. Exkurs weiter unten).

■ Ein guter Anbieter ist z.B. **12** **Baikal Naran Tour** im Hotel Burjatia, Erdgeschoss Büro 105, Tel. 21 50 97, baikalnarantour@mail.ru, www.baikalnaran.com. Die sehr hilfsbereite Inhaberin *Swetlana* und ihre Tochter *Naran* führen die verlässliche Agentur seit vielen Jahren.

Burjatisches Nationalfest Surcharbaan

Nachdem Vorentscheidungen in allen Landesteilen gefallen sind, findet jedes Jahr am ersten Sonntag im **Juli** das Finale des Nationalfestes Surcharbaan statt. In bunter traditioneller Tracht werden Wettbewerbe in Sportarten wie Bogenschießen und Ringkampf ausgetragen.

1 Eingang
2 Archäologischer Themenkomplex (Plattengräber, Hunnen)
3 Ewenken (Winter- und Sommerzelte, Zelt eines Schamanen)

Burjaten, westliches Baikalgebiet

4 Winteranwesen eines reichen Burjaten
5 gewöhnliches Winteranwesen
6 Sommersiedlung

Burjaten, östliches Baikalgebiet

7 Buddhistisches Gebetshaus (aus dem Tamtschinski-Kloster)
8, 9 Jurten
10 Sommerspeicher
11 Winterhaus

Altrussische Siedler und Kosaken

12 Anwesen eines altrussischen Ackerbauern
13 Anwesen eines Kosakenhauptmanns
14 Gebäude aus einem Durchgangslager für Verbannte

Altgläubige

15-17 Wohnhäuser
18 reich verziertes Hoftor
19 Schmiede
20 Sägeeinrichtung
21 Kapelle

Städtische Holzarchitektur

22 Holzkirche aus einem Altgläubigendorf
23, 24 Wohnhäuser aus Ulan-Ude
25 Speicher
26 Wohnhaus aus Ulan-Ude
27 Kapelle aus Alt-Selenginsk

Veranstaltungsort ist die Pferderennbahn (Ippodrom) etwa 7,5 km nordöstlich der Stadt auf dem Weg zum Freilichtmuseum (s.u.). Während des Festes füllt sich der Wald rund um die Rennbahn mit Burjaten, die ausgiebig picknicken, und die Straße wird gesperrt. Anfahrt: Bus Nr. 37 ab Hotel Baikal Plaza.

Ethnografisches Freilichtmuseum

Das **Museum der Völker Transbaikaliens** liegt 8 km nördlich von Ulan-Ude. Das 37 ha große Areal mit 40 Original-Gebäuden wurde 1973 eröffnet und ist eines der größten Museen seiner Art in Russland. Es gibt einen **archäologischen Bereich,** in dem heilige Stätten, Steingräber, Steinsäulen und Torsteine (z.T. aus der hunnischen Xiongnu-Kultur) zu bestaunen sind. Der **ewenkische Komplex** zeigt u.a. ein Schamanenzelt und Behausungen *(Tschum)* aus Baumrinde, Zweigen und Hirschfellen. Noch heute leben etwa 25.000 Ewenken als Nomaden in einem riesigen Gebiet zwischen Jenisej-Fluss und Pazifik vor allem von Rentierzucht, Jagd und Fischfang. Im **altrussischen Komplex** stehen typische Holzhäuser, die sich je nach Region, aus der sie stammen, und dem sozialen Status der Bewohner unterscheiden; man kann z.B. das Haus eines Kosakenführers, das eines gut situierten und das eines armen Bauern besuchen. Ferner sind **burjatische Jurten** aus Holz und Filz sowie Sakralbauten des Lamaismus zu sehen. Auch das Winterhaus eines wohlhabenden Burjaten ist zu besichtigen. Hinzu kommen eine Kirche sowie Holzhäuser von **Altgläubigen,** einschließlich eines Hofes mit Nebengebäuden und Kapelle und einer Schmiede sowie landwirtschaftlicher Geräte. Auch **Beispiele städtischer Holzarchitektur** sind zu sehen – ein Stadthaus mit Dachgeschoss und überdachter Außentreppe aus dem Jahre 1900 stammt aus Ulan-Ude und ist besonders interessant.

Ein **Tiergehege** beherbergt typische Tiere Burjatiens, darunter Hirsche, Kamele, Yaks, Bären und Wölfe.

■ **Etnografitscheski Musei Narodow Sabaikalja,** Tel. 33 25 10, Öffnungszeiten im Sommer Mi bis Fr 10–18.30 Uhr sowie Sa und So 10–19.30 Uhr, im Winter 9–17.30 Uhr, 180 Rbl. Anmerkung: Mo und Di kann man das Museum zwar besuchen, aber die Häuser sind geschlossen. Anfahrt ab Hotel Baikal Plaza mit Bus Nr. 37. Stärken kann man sich in einem kleinen Lokal im Museum und in einem weiteren am Museumseingang.

Praktische Infos

■ **Einkaufen: 10 Supermarkt Sputnik,** große Auswahl wie in Mitteleuropa, 24 Std. geöffnet, mit Geldautomat.
■ **Post:** An der Nordwestecke des zentralen Platzes mit dem großen Lenin-Kopf, Mo bis Fr 8–22 Uhr, Sa und So 9–18 Uhr.

Unterkunft

Der schönste Stadtteil ist der zwischen Bahnhof und Uda-Fluss, uninteressant ist das Viertel östlich der Bahngleise. Falls die Hostels ausgebucht sind, lohnt sich ein Preisvergleich bei den Hotels.

15 Otel Menschikow
Ul. Lenina 24 (schräg gegenüber vom Irish Pub), Tel. 21 77 74, menshikov-hotel@yandex.ru. Das kleine und ruhige, absolut empfehlenswerte Hotel mitten

Die Altgläubigen – Absage an die moderne Welt

Die Altgläubigen (russ. *starovery* oder *staroobradzy*), die in der **Baikalregion,** u.a. in der Nähe von Ulan-Ude, beheimatet sind, leben gemäß **Traditionen der Mitte des 19. Jahrhunderts,** entsprechend kleiden sie sich, bauen sie ihre Häuser, legen sie ihre Dörfer an, benutzen sie Haushaltsutensilien, musizieren sie – und sie sprechen wie damals. Die Altgläubigen entsagen der modernen Welt **aus religiösen Gründen** und leben bewusst weitab der Zivilisation nach eigenen Gesetzen.

Als sich die **russisch-orthodoxe Kirche** im 17. Jahrhundert reformierte und einige Rituale änderte, wandten sich viele von dem neuen Glauben ab. 1652 beschloss das damalige Kirchenoberhaupt, Patriarch *Nikon,* sich anstatt mit drei nur noch mit zwei Fingern zu bekreuzigen. Er bewirkte Änderungen in der Liturgie und legte fest, dass religiöse Prozessionen dem Sonnenaufgang entgegen und nicht mehr mit dem Lauf der Sonne abgehalten werden. Die meisten Änderungen waren eine Annäherung der russisch-orthodoxen Rituale an die **griechisch-orthodoxe Mutterkirche.** Nikon und seine Anhänger behaupteten, dass die Unterschiede zwischen den russischen und den griechischen Texten und Praktiken zurückzuführen seien auf Übersetzungsfehler und Missverständnisse. Nikon ließ neue Kirchenbücher drucken, führte die griechische Priesterkleidung ein und befahl die Bekreuzigung mit zwei Fingern.

Viele Gläubige **widersetzten sich den Neuerungen** und blieben bei den alten Traditionen, was ihnen die Bezeichnung „Altgläubige" einbrachte. Auf einer Synode 1666 beschloss die Russisch-Orthodoxe Kirche den Ausschluss dieser „Altgläubigen" und belegte sie mit dem Kirchenbann; Verfolgung und Flucht in meist ab-

trans18-044 dk

gelegene Gegenden setzten ein. Viele siedelten sich in den Randbereichen des russischen Imperiums an, so z.B. in Sibirien; eine Geschichtsquelle aus dem Jahr 1897 spricht von rund 250.000 Altgläubigen, von denen sich rund 40.000 in der Baikalregion niederließen. Erst Mitte des 18. Jahrhunderts nahmen die Verfolgungen ab, es blieben aber viele diskriminierende Gesetze in Kraft; so hatten die Altgläubigen bis 1905 keine Bürgerrechte. Schlussendlich hob die Russisch-Orthodoxe Kirche – nach Jahren theologischer Diskussionen und Forschungen – im Jahr 1971 den Bann über den altrussischen Ritus auf.

Zu den größten Siedlungen zählen Tarbagatai, Kuitun, Bolschoi Kunalei und Nowaja Brjan. Hier leben die Altgläubigen **ohne Strom und Kraftfahrzeuge,** sie lehnen Alkohol, Tabak, Kaffee und Tee ab. Einige Altgläubige leben mitten in der unzugänglichen Taiga ohne Kontakt zur Außenwelt. Berühmt wurde in den 1970er Jahren eine kleine, aus Vater, Tochter und drei Söhnen bestehende Familie, die rund 200 km von der nächsten Siedlung entfernt lebte und nur durch Zufall von einem Geologenteam entdeckt wurde, das ihren Kartoffelacker mitten in der ansonsten unberührten Natur bemerkt hatte. Der Journalist *Wassili Peskow* schrieb ein Buch über die Einsiedler, das 1996 unter dem Titel „Die Vergessenen der Taiga: die unglaubliche Geschichte einer sibirischen Familie jenseits der Zivilisation" erschien.

◁ Altgläubigendorf

▽ Traditionelle Tracht

trans18-043 dk

in der Altstadt hat sechs Zimmer in der 3. Etage (kein Fahrstuhl). EZ/F und DZ/F je nach Saison 1500–2200 Rbl. Wegbeschreibung: Kommt man vom Lenin-Kopf, befindet sich das Hotel fast am Ende der Fußgängerzone Lenin-Straße (genannt „Arbat“ nach der ersten Fußgängerzone Russlands in Moskau), ca. 50 m bevor diese an der Ul. Kirova endet; an dem Kunstobjekt „Felsen mit zwei Vögeln“ geht man neben Haus Nr. 27 nach links in einen gemütlichen Hinterhof, wo sich geradeaus das Restaurant Lintalia und hinten links in der Ecke der Eingang zum Hotel befinden.

14 Hotel Bargusin

Ul. Sowjetskaja 28, Tel. 21 57 46. Das an Sowjetzeiten erinnernde Hotel ist günstig und liegt zentral. Die Zimmer auf vier Etagen ohne Fahrstuhl sind einfach und sauber, alle mit Balkon (!). Zimmer mit Gemeinschaftsbad/-WC *(ekonom)* kosten EZ 900 Rbl., DZ 2000 Rbl., Frühstück 100 Rbl., Zimmer mit Dusche und WC EZ/F 2000 Rbl., DZ/F 2700 Rbl., 3-Bett-Zimmer/F 3200 Rbl.

5 Ulan-Ude Travellers House Hostel

Ul. Lenina 63, 2. Etage, App. 18, Tel. 8-902 455 22 22 und 8-950 391 63 25, uuhostel3@gmail.com, www.uuhostel.com. Wenige Schritte vom und mit Blick auf den Lenin-Kopf, sehr freundlich und ohne Fernseher! Zwei gemischte 8-Bett-Zimmer inkl. Frühstück: im Sommer 650 Rbl. p.P., im Herbst 600 Rbl. p.P., im Winter 500 Rbl. p.P. Wegbeschreibung: Wenn man den Lenin-Kopf anguckt, sieht man linker Hand ein hellgelbes Gebäude mit vier Etagen und der Werbung „S7 Airlines“ auf dem Dach; in dem Haus befindet sich rechts eine schwarze Metalltür mit einer schwarzen Klingel mit den Buchstaben CTV. Das Hostel bietet Ausflüge u.a. zum Lamakloster Iwolginsk und zu Altgläubigendörfern an, wobei der Preis von der Anzahl der Teilnehmer abhängt.

2 Olga's Homestay

Ul. Modogojewa 3, App. 16, wenige Gehminuten nordwestlich vom Lenin-Kopf, Tel. 21 92 56 und 8-902 168 67 67, Reservierung auf Englisch: mitap@yandex.ru. Die zwei Zimmer der sehr besonderen (!) Burjatin *Olga* sind die beste Privatunterkunft der Stadt! *Olga* spricht fließend französisch (sie war Französischlehrerin und hat als Dolmetscherin in Laos gelebt) und ist, wie man u.a. an einigen exotischen Möbeln sehen kann, absoluter Afrika-Fan. Ihre Wohnung liegt sehr zentral, und sie kocht fantastisch, sodass es absolut empfehlenswert ist, für 700–1200 Rbl. p.P. ein Abendessen bei ihr zu bestellen. EZ/F 1700 Rbl., DZ/F 3000 Rbl. Am besten bestellt man bei *Olga* einen Transfer vom Bahnhof zu ihr (500 Rbl.), da man das Haus auf eigene Faust nicht findet!

9 Hotel Baikal Plaza

Ul. Erbanowa 12, Tel. 21 00 70, sales@baikalplaza.com, www.baikalplaza.com. Das beste Hotel in Bestlage! Auffallend sind die vielen großen Kronleuchter. Das Hotel hat vier Etagen mit einem Fahrstuhl nur bis zur 3. Etage, daher sind die Preise in der 4. Etage günstiger: je nach Saison EZ/F 3500–3700 Rbl., DZ/F 4200–4500 Rbl.; in der 2. und 3. Etage EZ/F 3700–3900 Rbl., DZ/F 4900–5500 Rbl. Die Zimmer mit ungerader Nummer haben Blick auf den Zentralplatz mit dem Lenin-Kopf.

13 Hotel Burjatia

Ul. Kommunistitscheskaja 47, Tel. 21 15 05, hotel@burnet.ru, www.buryatiahotel.com/en. Die Economy-Zimmer in der 5., 6. und 7. Etage dieses wunderbar zentral gelegenen Hotels sind fast genauso gut wie die Standard-Zimmer, sodass sich der höhere Preis nicht wirklich lohnt: 5. bis 7. Etage ohne Frühstück: EZ Mo bis Fr 1500 Rbl., Fr bis So 1300 Rbl., DZ Mo bis Fr 2500 Rbl., Fr bis So 1700 Rbl.; Standard-Zimmer 8. bis 11. Etage: Mo bis Fr EZ/F 2700 Rbl., Fr bis So ohne Frühstück 1900 Rbl., DZ/F Mo bis Fr 3900 Rbl., Fr bis So ohne Frühstück 2500 Rbl., Frühstück 450 Rbl.

› Ankunft in der Stadt

3 Hotel Geser
Ul. Ranschurowa 11, Tel. 21 61 51, info@geser-hotel.ru, www.geser-hotel.ru. Das 63 Zimmer zählende Hotel bietet seit vielen Jahren verlässlich guten Service. Je nach Saison EZ/F 2900–3600 Rbl., DZ/F 4100–4800 Rbl.

■ **Rest Rooms** im Bahnhof (s.u.).

Essen und Trinken

Eine Spezialität der Gegend um Ulan-Ude sind **Buus** (auch *Posy* genannt), kinderfaustgroße, mit Fleisch gefüllte Teigtaschen. Kenner beißen zuerst unten ein kleines Stück aus dem Teig, trinken bzw. schlürfen die fetthaltige Soße und essen dann den Rest. Wer die Soße nicht mag, kann sie auch einfach auslaufen lassen. Pro Stück kosten die Teigtaschen 35 Rbl., mit drei bis vier Stück ist man satt. In den beiden unten genannten Buus-Lokalen – sie zählen zu den besten auf diese Teigtaschen spezialisierten Lokalen, aber man kann es auch in einer der vielen Posy-Kneipen in der Sverdlova Straße versuchen – gibt es auch hervorragende fleischlose Salate!

Hinweis: In Ulan-Ude wird **Business Lunch** uneinheitlich zwischen 12 und 15 bzw. 14 und 16 Uhr angeboten.

17 Amtatei Buusa
Ul. Kommunistitscheskaja 17, hervorragende Buus und leckere Salate, tägl. 9–19 Uhr.

16 Buusa
Ul. Kommunistitscheskaja 11, ebenfalls feine Buus und Salate, tägl. 9–20 Uhr.

6 Churchill Bar & Grill
Lokal gegenüber vom Lenin-Kopf (dieser blickt genau auf die Eingangstür mit einem bunten Churchill-Porträt), Tel. 21 72 00, tägl. 12–2 Uhr. Wunderbare Atmosphäre, langer Tresen aus dunklem Holz, zwei Räume, wo man gemütlich auf Sofas sitzt, gu-

trans18-042 dk

te Musik, viele Biersorten, leckere Speisen, z.B. *Grjenki,* in Knoblauchöl gebackene Schwarzbrotfinger zum Bier, und *Assorti Burjatia,* verschiedene burjatische Snacks, außerdem gibt es Thai Hot Soup, Spare Ribs etc. *Business Lunch* 14–16 Uhr.

4 Limonad
Ul. Suche Batora 7, tägl. 9–22 Uhr, Sa/So 10–22 Uhr. Eine Treppe führt hoch zu diesem schick und modern gestalteten Lokal.

11 Botschka
Ul. Kommunistitscheskaja 52, Tel. 22 20 20, So bis Do 11–1 Uhr, Fr, Sa 11–2 Uhr. Gemütliches Bier- und Speiselokal mit Holzinterieur.

1 Kailasch
Beim Dazan Rinpotsche Bagscha (s.o.), tägl. 12–24 Uhr. Europäsische, burjatische und chinesische Küche mit Ausblick auf Ulan-Ude.

9 Tengis
Im Hotel Baikal Plaza (s.o.), tägl. 11–1 Uhr. Gemütliches und für gute Qualität bekanntes Restaurant.

9 Lobby Café
Ebenfalls im Hotel Baikal Plaza, sehr gemütlich, u.a. gibt es *Tarelka k Piwu* (Teller zum Bier) mit Snacks, die gut zum Bier passen, ferner Salate, Sandwiches, Kuchen etc.

7 Apetiti
Am Zentralplatz (Lenin blickt genau darauf!), tägl. 9–22 Uhr, einfach, günstig, gut.

8 Modern Nomad
Ul. Ranschurowa 1, Tel. 21 45 09, tägl. 11–23 Uhr, burjatische und mongolische Spezialitäten, lecker schmeckt z.B. mit Teig überbackene Suppe.

Feste

- **Nationalfest Surcharbaan,** s.o.
- Januar/Februar: Am ersten Tag des ersten Monats des Mondkalenders wird das **Neujahrsfest Sagaalan** gefeiert. Besondere Festlichkeiten mit zum Teil aufwendigen buddhistischen Zeremonien finden im Lamakloster Iwolginski Dazan (s.o.) statt, z.B. das Dugschba-Fest.

Busse

- Der **Busbahnhof** *(Aftowaksal)* liegt am Ende der Ul. Sowjetskaja, Tel. 21 77 17, tägl. 7–19 Uhr; Ticket-Kassen in dem Gebäude hinten links nach Passieren des Schlagbaums. Nur Barzahlung.
- **Verbindungen** nach Ulan Bator (Busse mit 45 Sitzplätzen, ca. 700 km, 12 Std. Fahrt, 1800 Rbl.) via Kjachta tägl. um 7.30 Uhr (Einstieg um 7 Uhr), Ankunft gegen 19 Uhr. Die Haltestelle in Ulan Bator ist der *Drakon Aftowaksal* etwa 10 km westlich vom Suche-Bator-Platz. Man kann die Fahrkarten frühestens einen Monat vorher kaufen, am besten über einen Touranbieter. Die Haltestelle im Busbahnhof von Ulan-Ude ist an der Ecke des Kassengebäudes, an dem Schild „Mongolia". **Busse nach Irkutsk** fahren vom Hauptbahnhof (!) ab (bis zu 20 Sitzplätze, Tel. 8-924 458 48 88, im Sommer tägl. 7–23 Uhr, im Winter tägl. 9–23 Uhr alle 2 Std., Fahrtdauer 7 Std., 1000 Rbl., Ticketverkauf in dem Gebäude auf Bahnhofsebene links von der weißen Treppe (ABTO KACCA), die hochführt zur Straße, wo alle Busse halten; pro Gepäck sind 450 Rbl. beim Fahrer zu bezahlen). Busse zum Flughafen s.u.

Zugverbindungen

- **Bahnhof Schelesnodaroschny Waksal,** Busse vom Lenin-Kopf zum Bahnhof fahren vor dem Hotel Baikal Plaza ab (Nr. 4, 23 und 36). Fahrkarten gibt es im OG des Bahnhofs an der Ausländerkasse.
- **Rest Rooms** *(Komnaty Otdycha)* im Bahnhof links im Erdgeschoss, 24 Std. inkl. Bettzeug im 3-Bett-Zimmer 600 Rbl. p.P., Duschen kostet 150 Rbl. Die Treppe hoch in die 2. Etage und dort rechts befinden sich weitere Zimmer und eine Dusche, Tel. 28 24 62: Ein EZ inkl. Bettzeug kostet in der ersten Stunde 200 Rbl., jede weitere Stunde 100 Rbl., ein DZ inkl. Dusche und WC 700 Rbl. p.P. für 6 Std. bzw. 1400 Rbl. für 24 Std.; 4-Bett-Zimmer für 1 Std. 190 Rbl. p.P., für 12 Std. 700 Rbl. p.P. und für 24 Std. 1200 Rbl. p.P. Nur Barzahlung.

Alle nachfolgend genannten Zeiten sind Ortszeiten. Die Fahrtdauer bezieht sich stets auf den schnellsten Zug.

Nach Moskau (5650 km, 83 Std.)

- **Nr. 3/5:** Fr, Sa 6.38 Uhr
- **Nr. 69:** tägl. 8.01 Uhr
- **Nr. 19:** Di 9.08 Uhr
- **Nr. 1:** an ungeraden Tagen 9.08 Uhr
- **Nr. 81:** an geraden Tagen 15.53 Uhr
- **Nr. 99:** tägl. 19.35 Uhr

Nach Irkutsk (456 km, 8 Std.)

- **Nr. 3/5:** Fr, Sa 6.38 Uhr
- **Nr. 69:** tägl. 8.01 Uhr
- **Nr. 19:** Di 9.08 Uhr
- **Nr. 1:** an ungeraden Tagen 9.08 Uhr
- **Nr. 149:** tägl. 11.10 Uhr
- **Nr. 7:** an geraden Tagen 14.45 Uhr
- **Nr. 81:** an geraden Tagen 15.53 Uhr
- **Nr. 71:** an ungeraden Tagen 16.06 Uhr
- **Nr. 99:** tägl. 19.35 Uhr
- **Nr. 361:** tägl. 22.20 Uhr

Nach Krasnojarsk (1544 km, 25 Std.)

- **Nr. 3/5:** Fr, Sa 6.38 Uhr
- **Nr. 69:** tägl. 8.01 Uhr
- **Nr. 19:** Di 9.08 Uhr
- **Nr. 1:** an ungeraden Tagen 9.08 Uhr
- **Nr. 7:** an geraden Tagen 14.45 Uhr
- **Nr. 81:** an geraden Tagen 15.53 Uhr
- **Nr. 99:** tägl. 19.35 Uhr

Nach Nowosibirsk (2306 km, 36 Std.)

- **Nr. 3/5:** Fr, Sa 6.38 Uhr
- **Nr. 69:** tägl. 8.01 Uhr
- **Nr. 19:** Di 9.08 Uhr
- **Nr. 1:** an ungeraden Tagen 9.08 Uhr
- **Nr. 7:** an geraden Tagen 14.45 Uhr
- **Nr. 81:** an geraden Tagen 15.53 Uhr
- **Nr. 99:** tägl. 19.35 Uhr

Nach Jekaterinburg (3831 km, 57 Std.)

- **Nr. 3/5:** Fr, Sa 6.38 Uhr
- **Nr. 69:** tägl. 8.01 Uhr
- **Nr. 19:** Di 9.08 Uhr
- **Nr. 1:** an ungeraden Tagen 9.08 Uhr
- **Nr. 81:** an geraden Tagen 15.53 Uhr
- **Nr. 99:** tägl. 19.35 Uhr

Nach Chabarowsk (2884 km, 50 Std.)

- **Nr. 100:** tägl. 5.15 Uhr
- **Nr. 2:** an ungeraden Tagen 14.51 Uhr
- **Nr. 8:** an geraden Tagen 17.03 Uhr

Nach Wladiwostok (3650 km, 61½ Std.)

- **Nr. 100:** tägl. 5.15 Uhr
- **Nr. 2:** an ungeraden Tagen 14.51 Uhr
- **Nr. 8:** an geraden Tagen 17.03 Uhr

Nach Ulan Bator (657 km, 15 Std.)

- **Nr. 4/6:** Sa, So 15.45 Uhr
- **Nr. 306:** Mo, Di, Fr 15.45 Uhr (der Zug hat keinen Speisewagen!)

Nach Peking

- **Nr. 4:** Sa 15.45 Uhr (2014 km, 44 Std.)
- **Nr. 20:** Mi 14.51 Uhr (3352 km, 61 Std.)

Flughafen

- Busse zum Flughafen fahren eigentlich nur bis zu dem Dorf Aeroport, von dem es noch etwa 10 Min. zu Fuß bis zum Flughafen sind. Wenn man dem Busfahrer beim Einstieg „mnjä nada do aeroporta" (Ich muss zum Flughafen) sagt, dann fährt der Bus auch bis zum Flughafen. Die Busse Nr. 28, 55 und 77 fahren am Hotel Baikal Plaza ab und brauchen für die 16 km zum **Aeroport Baikal** (Tel. 22 76 11) südwestlich der Stadt je nach Verkehrssituation mind. 45 Min. und kosten 20 Rbl. Per Taxi sind es knapp 300 Rbl. Zu Flugverbindungen siehe unter www.airportbaikal.ru/eng.

Von Ulan-Ude nach Chabarowsk

Petrowski Sawod

Петровский Завод

Transsib-Kilometer: 5790
Zeit: Moskauer Zeit + 6 Std.

Lange bevor im 17. Jahrhundert Kosaken nach Sibirien kamen, kreuzten sich an der Stelle der heutigen, gut **18.000 Einwohner** zählenden Kleinstadt wichtige **nomadische Handelswege.** *Peter der Große* gestattete den Nomaden im Jahr 1789 die Gründung einer Ortschaft mit dem Namen Petrowski Sawod. Mit der Errichtung einer Eisenhütte wuchs die Einwohnerzahl. Von 1830–39 wurden insgesamt 71 Dekabristen und zehn ihrer Ehefrauen hierher zur Zwangsarbeit geschickt. 1926 bekam der Ort die Stadtrechte verliehen, 1940 wurde die alte Eisenhütte durch eine neue ersetzt. Heute begrüßt den Vorbeifahrenden eine silberfarbene Lenin-Statue.

Tschita

Чита

Transsib-Kilometer: 6204
Zeit: Moskauer Zeit + 6 Std.

Die am Ufer der Ingoda liegende, rund **340.000 Einwohner** zählende Stadt Tschita hat touristisch nichts zu bieten. Sie ist das administrative, wirtschaftliche und kulturelle Zentrum der Region. Die Gründung der Stadt fällt in das Jahr

trans18-072 dk

1653, als Kosaken ein Winterlager am Zusammenfluss von Tschita und Ingoda errichteten, das sich bis 1675 zu einer ständigen Siedlung entwickelte und 1699 mit einer Holzfestung *(Ostrog)* befestigt wurde. Als Poststation auf dem Handelsweg Moskauer Trakt konnte sich Tschita rasch entwickeln und wurde bald ein wichtiges Zentrum für die **Holzindustrie.** Diese Entwicklung bekam einen weiteren Impuls, als 1825 Dekabristen in Tschita angesiedelt wurden. Den bedeutendsten Aufschwung brachte im Jahr 1903 der Anschluss an die Transsibirische Eisenbahnlinie. In Tschita befand sich das Kommando des Transbaikal-Militärbezirks, zuständig u.a. für das sowjetische Truppenkontingent in der benachbarten Mongolischen Volksrepublik. Heute ist Tschita das Zentrum einer Region mit bedeutenden **Goldvorkommen** und großen **Pelztierzuchten;** u.a. werden hier Zobel, Eichhörnchen, Hermeline und Füchse gezüchtet, deren Felle auf den internationalen Pelzauktionen hohe Preise erzielen.

Karimskaja — Карымская

- **Transsib-Kilometer:** 6300
- **Zeit:** Moskauer Zeit + 6 Std.

6300 km östlich von Moskau erreicht der Zug Karimskaja (**35.500 Einwohner**). Aufgrund der günstigen klimatischen Verhältnisse und einer Vielzahl von Mineralquellen gibt es in der Stadt selbst und in ihrer Umgebung eine Reihe von **Kurorten.**

☒ Blick aus dem Zugfenster am frühen Morgen

Schilka — Шилка

- **Transsib-Kilometer:** 6451
- **Zeit:** Moskauer Zeit + 6 Std.

Die Gründung der knapp **13.000 Einwohner** zählenden Stadt fällt in das Jahr 1897, als hier eine **Wartungsstation** für die Transsib eingerichtet wurde; 1936 folgte ein Bahnhof. Seit 1951 hat Schilka Stadtstatus.

Mogotscha — Могоча

- **Transsib-Kilometer:** 6914
- **Zeit:** Moskauer Zeit + 6 Std.

Die Kleinstadt Mogotscha (ca. **13.000 Einwohner**) liegt im Zentrum eines an Goldvorkommen reichen Gebietes. Zwischen Mogotscha und Skoworodino bei Kilometerstein 7313 befindet sich die **kälteste Stelle** an der Transsibirischen Eisenbahnlinie – wie gut, dass die Waggons immer ordentlich geheizt werden! Der Ort entwickelte sich ab 1908 im Zusammenhang mit dem Bau der Transsibirischen Eisenbahn in Richtung Osten zu einem wichtigen Umschlagplatz und Versorgungsort für den Bergbau in der Region. In den 1920er Jahren begann man mit der Goldförderung.

Birobidschan — Биробиджан

- **Transsib-Kilometer:** 8358
- **Zeit:** Moskauer Zeit + 7 Std.

An den Ufern des Flusses Bira liegt Birobidschan, die Hauptstadt des 1934 gegründeten **„Jüdisch-Autonomen Ge-**

bietes der Russischen Föderation“. Gegründet 1915 als Tichonkaja und 1928 unter *Stalin* mit dem Status einer „Siedlung städtischen Typs“ versehen, wurde der Ort 1931 in Birobidschan umbenannt. Der Name lässt sich zurückführen auf die beiden **Flüsse Bira** (ewenkisch für Fluss) und **Bidschan** (ewenkisch für Lagerplatz), die in der Nähe zusammenfließen. *Stalins* Idee eines Siedlungsgebietes für Juden zog Tausende Menschen in diese entlegene, kalte und unfruchtbare Region, in der heute knapp 200.000 Menschen leben, davon etwa 6% Juden. Die Stadt selbst hat 75.000 Einwohner. In ihr erscheint die jiddisch- und russischsprachige Zeitung „Birobidschaner Schtern“. Infolge der jüdischen Emigration nach Palästina/Israel und Europa leben heute nur noch wenige Juden in Birobidschan. Im Bemühen, alte Traditionen am Leben zu erhalten, lernen die Kinder in der Schule Jiddisch, und es gibt in der Stadt ein jiddisches Kammerorchester und Theater. In den 1990er Jahren wurde eine neue Synagoge eröffnet mit einem aus Israel zugezogenen Rabbiner.

⊡ Chabarowsk, eine urbane Perle im Fernen Osten Russlands

Chabarowsk

Хааaровск

- **Transsib-Kilometer:** 8531
- **Zeit:** Moskauer Zeit + 7 Std.
- **Vorwahl:** 4212

Das **577.000 Einwohner** zählende Chabarowsk (ch gesprochen wie in Kirche, nicht als sch), eine der schönsten Städte Russlands, liegt im sogenannten Fernen Osten *(Dalny Wastok)* **am Amur** auf einer Höhe von 25 m ü.N.N. Die Stadt, Zentrum des rund zwei Millionen Menschen umfassenden Chabarowsker Gebietes, feierte 2008 ihr 150-jähriges Bestehen.

1858 ließ der Generalgouverneur Ostsibiriens, Graf *Murawjow,* eine Festung mit dem Namen Chabarowka errichten, um die Region gegen das rund 45 km entfernte China zu sichern. 1880 erhielt Chabarowsk die Stadtrechte und 1895 seinen heutigen Namen. Der Ort war **Militärposten** und ein wichtiger **Pelzhandelsplatz.** Die wirtschaftliche Bedeutung der Stadt entwickelte sich mit der Eröffnung der 766 km langen Bahnlinie nach Wladiwostok, die nach sechsjähriger Bauzeit 1897 eingeweiht wurde.

Wichtige Wirtschaftszweige sind heute Maschinenbau, Holzwirtschaft,

Ölraffinerien, Fischfang und Bergbau. Außerdem haben sich in der Stadt Joint Ventures mit japanischen und koreanischen Firmen niedergelassen.

Etwa jeder zehnte Bewohner der Stadt ist als **Student** an einer der Universitäten, Akademien, Hochschulen, Fachschulen oder einem wissenschaftlichen Forschungsinstitut immatrikuliert. Im ganzen Land bekannt ist die Eisenbahn-Universität, mit rund 10.000 Studierenden die größte ihrer Art im fernen Osten Russlands.

Chabarowsk zieht sich malerisch über drei Hügel und zwei Täler hin. Auf dem mittleren Hügel verläuft die **Hauptstraße,** die **Uliza Murawjowa-Amurskowo.** Von ihr gehen rechts und links die Querstraßen ab – bergab und auf dem nächsten Hügelrücken wieder bergauf. Viele alte und schöne Gebäude aus der Gründerzeit säumen diese Prachtstraße zwischen Leninplatz und Amur.

Von 1996–2008 lenkte *Viktor Iwanowitsch Ischajew* als Gouverneur die Geschicke der Stadt, verbesserte das Straßenwesen, ließ Altenheime, Schulen, Kindergärten, Wohnhäuser, Gasleitungen, Eisenbahnbrücken und Fabriken bauen und die architektonisch interessantesten Gebäude restaurieren. Schön anzusehen ist die abendliche Beleuchtung der Stadt, wenn die prachtvollsten Gebäude angestrahlt werden.

Auf der Vorderseite des größten russischen Geldscheins, der **5000-Rubel-Note,** sind Chabarowsk namentlich erwähnt und das Denkmal von *Nikolai N. Murawjow-Auurski* abgebildet; die Rückseite zeigt die Amur-Brücke.

Fotolia_1868 suvorovalex

Übernachtung
2 Hotel Intourist
7 Hotel Parus
8 Lotus Hotel
10 Hotel Amur
11 Hotel Chabarowsk
12 Hostel Kakadu

Essen und Trinken
1 Bierkopf
3 BeerHaus
4 Café Mona
5 Harley Davidson Bar, Cabaret Saloon
6 Sultan Basar
7 Restaurant im Hotel Parus
9 Russki Restaurant

Sonstiges
2 Intour-Chabarowsk

Sehenswertes

Chabarowsk hat **nur wenige Sehenswürdigkeiten** zu bieten, aber die besondere Atmosphäre der Stadt lohnt durchaus einen Stopp. Schön ist ein Spaziergang auf der Murawjowa-Amurskowo-Straße, das Heimatmuseum ist einen Besuch wert. Falls die Zeit reicht, läuft man am Hotel Parus vorbei runter zum Amur, oder man nimmt die Treppen bei der Kirche auf dem Ploschtschad Sslawy, dem Ruhmesplatz.

Heimatmuseum

Das Museum besteht aus einem Alt- und einem Neubau und ist eines der sehenswertesten in Russland, allerdings werden alle Exponate nur in russischer Sprache erklärt. Interessant sind die topografische Karte der Region, die **Mineraliensammlung** und die **Sammlung von Spielsachen und Kleidung** nationaler Minderheiten. Besonders schön sind die **ausgestopften Tiere,** unter ihnen Amurtiger, die größten Tiger der Welt. Liebevoll gemalt von dem Chabarowsker Maler *W. Torgaschyn* wurden die Hintergründe der Tierabteilung im Neubau.

■ **Krajewetscheski Musei,** Ul. Schewtschenko 11, Tel. 30 31 92, www.museum.ru/xkm/english.htm, tägl. außer Mo und dem letzten Fr jeden Monats 10–17 Uhr (Kasse), das Museum schließt um 18 Uhr, Eintritt 350 Rbl.

Murawjowa-Amurskowo-Straße

Ein Muss ist ein Spaziergang vom Lenin-Platz über die Murawjowa-Amurskowo-Straße bis zum Komsomolskaja-Platz. Dabei sollte man sich das 1895 von den Hamburgern *Kunst & Albers* (siehe im Kapitel zu Wladiwostok) errichtete **Gebäude mit der Hausnummer 9,** das einst ein Kaufhaus war, von innen ansehen, um eine Ahnung vorrevolutionärer Luxusatmosphäre zu bekommen. Ein Abendspaziergang ist ebenfalls empfehlenswert, da die schönsten Gebäude kunstvoll angestrahlt werden.

Kunstmuseum

Das **auffallend schöne Gebäude** des Kunstmuseums wurde 1884 errichtet und ist eine der ersten Ziegelbauten der Stadt. Ursprünglich als „Offiziersversammlung“ bekannt, trafen sich hier die Stadtväter, hohe Militärs, Adelige und einflussreiche Kaufleute zu Gesprächen, Bällen, Konzerten und Theatervorführungen. Auch der weltberühmte russische Schriftsteller *Anton Tschechov* (1860–1904) ließ sich hier im Jahr 1890 auf seiner großen Reise nach Sachalin blicken, um Zeitung zu lesen. 1891 kam aus Anlass der Eröffnung der Zugstrecke Chabarowsk – Wladiwostok Zar *Nikolaus II.* zu Besuch. Nach der Oktoberrevolution 1917 zog hier die Stadtverwaltung ein, 1931 dann das Kunstmuseum. Grundlage der Sammlungen sind Originalbilder aus der Tretjakow-Galerie in Moskau und dem Russischen Museum in St. Petersburg. In den Sälen zur **russischen Malerei** werden u.a. Ikonen und Porträts der Zarenfamilie ausgestellt. Bemerkenswert sind der Saal mit Bildern westeuropäischer Maler und der Saal mit **Kunst der Amurvölker.**

■ **Dalnjewastotschny Chudoschestwenny Musei,** Ul. Schewtschenko 7, Tel. 31 48 71, www.vk.com/club48059671, tägl. außer Mo 10–18 Uhr, 250 Rbl.

Fischmuseum

In dem Museum wird seit Ende 2005 über die im **Amur-Fluss** vorkommenden Fische informiert.

■ **Musei Ryby Amura** (russ. für Amur-Fische), Amurski Bulwar 13a, Tel. 31 56 00, tägl. außer Mo und Di 11–17 Uhr, 260 Rbl.

Kirchen

Chabarowsk hat einige schöne Kirchen, von denen die meisten neueren Datums sind. 1901 eingeweiht wurde die hölzerne **Christi-Geburt-Kirche** *(Christo-Wosdwischenski Katedral)* in der Nähe des Bahnhofs in der Ul. Leningradskaja. Neu und prächtig sind die im Jahr 2001 erbaute **Gottesmutter-Himmelfahrts-Kathedrale** *(Ssabor Uspenija Sswjatoi Bogorodizy)* neben dem Ploschtschad Komsomolskaja und die 2004 eingeweihte **Verklärungs-Kathedrale** *(Spasso-Preobraschenski Ssabor)* mit beeindruckenden goldenen Kuppeln auf dem Ploschtschad Sslawy (Ruhmesplatz).

Bootsfahrt auf dem Amur

Von Mai bis Ende September kann man Bootsfahrten auf dem Amur unternehmen. Der Anleger befindet sich nicht weit vom Hotel Parus entfernt (vom Hotel aus am Fluss links halten), Tel. 69 88 88 und 8-962 224 44 44. Fahrkarten kauft man an Bord (400 Rbl.). Im Sommer legt die **„Maskwa 87"** (erkennbar an der bunten Bemalung und der weithin hörbaren Musik) für eine einstündige Ausflugsfahrt ab; tägl. mind. um 12, 14, 16, 18, 20 und 22 Uhr, bei hoher Nachfrage auch häufiger.

Winterliche Attraktionen

Chabarowsk war die erste Stadt in Russland, die mit einer **Eisskulpturenausstellung** auf sich aufmerksam machte. Auf dem Lenin-Platz entstehen ab Anfang/Mitte Dezember alljährlich aus riesigen Eisblöcken wunderschöne Skulpturen. Tagsüber glitzern die glasklaren Objekte im Sonnenlicht, abends werden sie von bunten Lampen angestrahlt. Am Anfang dieser Tradition standen chinesische Profis aus dem mandschurischen

trans18-075 dk

Harbin, die den Russen in den 1980er Jahren das Schnitzen von Eisskulpturen beibrachten. Es finden auch internationale Eisbildhauerwettbewerbe statt.

Eisbaden im Amur ist nur etwas für total Abgehärtete – Touristen sollten von dieser Mutprobe absehen! Neben der Amur-Klippe (Amurski Utjes) sieht man ab und zu, wie ganz „Coole" ihrem Hobby nachgehen. Das Flusswasser ist im Winter derart eisig kalt, dass sich innerhalb weniger Minuten eine neue Eisschicht bildet und bei jedem Bad das Eis neu zerschlagen werden muss.

Praktische Infos

- **Taxi:** Maxim, Tel. 91 00 00; Amur, Tel. 66 66 60.
- **Hauptpostamt,** Ul. Murawjowa-Amurskowo 28, Mo bis Fr 8–20 Uhr, Sa/So 9–18 Uhr.
- Auf dem **Markt** in der Ul. Puschkina können sich Selbstversorger mit Lebensmitteln und Sonstigem eindecken. Außer am letzten Montag eines jeden Monats tägl. im Sommer 8–20 Uhr und im Winter 8–19 Uhr.
- **Touranbieter:** 2 **Intour-Chabarowsk,** die erfahrenste Agentur vor Ort, betreut seit eh und je ausländische Touristen und ist sehr hilfsbereit. Vertretung im Hotel Intourist (s.u.), tägl. 9–21 Uhr, Tel. 32 76 34, www.intour-khabarovsk.com.

Unterkunft

7 Hotel Parus

Ul. Schewtschenko 5, Tel. 32 72 70, sales@hotel-parus.com, www.hotel-parus.com. Das 1898 erbaute, recht edle 4-Sterne-Hotel hat 82 große, helle Zimmer und ist wohl das beste Hotel der Stadt, sowohl von der Lage her als auch was die Qualität betrifft. Untergebracht ist es in einem historischen Gebäude. EZ/F 6500 Rbl., DZ/F 8500 Rbl.

2 Hotel Intourist

Amurski Bulwar 2, Tel. 31 23 13, spr@intour.khv.ru, www.intour-khabarovsk.ru/en/contacts. Das angenehme Hotel in schöner Lage am Ufer des Amur verfügt über liebevoll eingerichtete Zimmer. Hervorragendes Reise- und Servicebüro. Von den Zimmern mit geraden Nummern in dem zehn Stockwerke hohen Gebäude hat man einen herrlichen Blick auf den gemächlich dahinfließenden Amur. Hinweis: Im Fahrstuhl drückt man die grüne Taste „0", um in die Hotellobby zu gelangen. Die 2. Etage mit Hotelzimmern ist der 4. Stock des Gebäudes! EZ 3400 Rbl., DZ 3800 Rbl., Frühstücksbuffet 450 Rbl.

12 Hostel Kakadu

Ul. Schereponova 10, Tel. 78 80 95, kakadu.hostel@mail.ru, www.kakadu-hostel.ru. Dieses sehr empfehlenswerte Hostel ist nett gestaltet (bunte Blumentapeten) und hat eine große, helle Küche. Es bietet Platz für 80 Personen. Es gibt nur ein EZ bzw. DZ mit Dusche und WC für 2200 Rbl., alle anderen Zimmer haben Gemeinschaftsbad: EZ und DZ 1800 Rbl., 3-Bett-Zimmer à 850 Rbl., 4-Bett-Zimmer à 780 Rbl., 8-Bett-Zimmer à 650 Rbl., ein 8-Bett-Zimmer für Damen mit eigenem Bad/WC à 650 Rbl., ein 14-Bett-Zimmer à 650 Rbl., jeweils p.P. Im selben Gebäude, um die Ecke, bietet das Hostel ruhige, aber etwas dunkle Apartments an. In unmittelbarer Nähe findet sich ein Park zum Joggen, im Haus Fitness-Geräte für jedermann, im Innenhof kann man Fußball spielen (das Hostel stellt den Ball).

8 Lotus Hotel

Ussuriski Bulwar 9, Tel. 31 01 01, info@hotel-ml.ru, www.hotel-ml.ru. Die acht Zimmer dieses äußerst gemütlichen Hotels, das seit Mitte 2014 Gäste empfängt, präsentieren sich elegant und ruhig. Sie liegen in einem Innenhof direkt hinter dem bekannten Russki Restaurant (derselbe Besitzer). Mo bis Fr EZ/F 5200 Rbl., DZ/F 5800 Rbl., Sa bis Mo EZ/F 4400 Rbl., DZ/F 5200 Rbl.

11 Hotel Chabarowsk

Ul. Wolotschajewskaja 118, Tel. 42 02 23, gk.khabarovsk@gmail.ru, www.hotel-khabarovsk.ru. Die Eingangstür zu dem unten grau- und oben rosafarbenen Gebäude befindet sich links unter dem kyrillisch geschriebenen Hotelnamen gegenüber Haus Nr. 123. Die 40 Zimmer dieses empfehlenswerten historischen Hotels sind groß und hell, die Möbel altmodisch aus dunklem Holz. EZ/F ab 2500 Rbl., DZ/F ab 3300 Rbl.

10 Hotel Amur
Ul. Lenina 29, Tel. 22 12 23, reception@amurhotel.ru, www.amurhotel.ru. Das zentral gelegene Hotel hat 102 große, helle und einladende Zimmer. EZ/F 4000 Rbl., DZ/F 6000 Rbl.

Essen und Trinken

Auf dem unteren Abschnitt der Ul. Murawjowa-Amurskowo sowie in und um das Kunst & Albers-Haus befinden sich mehrere gute Bistros, Cafés, Pizzerien und Restaurants.

9 Russki Restaurant
Ussuriski Bulwar 9, Tel. 30 65 87, tägl. 12–1 Uhr. In dem hervorragenden Restaurant mit russischer Küche wird nach Rezepten aus dem 19. Jahrhundert gekocht. In einem Saal herrscht eine urig-gemütliche russische Atmosphäre! *Business Lunch* Mo bis Fr 12–15 Uhr für 350 Rbl. p.P. ohne Getränke.

6 Sultan Basar
Ul. Murawjowa-Amurskowo 3a (altes, rotes Backsteingebäude), Tel. 94 03 40, Mo bis Do 13–1 Uhr, Sa/So 13–1 Uhr. All-inclusive-Erlebnis der besonderen Art! Schon am Eingang wird man mit „Assalamu alaikum" (arab. für Friede sei mit dir) begrüßt (Antwort: „Ua Alaikum Assalam" = Friede sei auch mit dir), das ganze Etablissement will den Gast in den Orient entführen. Einen Kellner ruft man mit „Ey, Torgowjez" herbei, worauf dieser mit „Assa" antwortet und die Speisekarte bringt, die hier „Märchenbuch" heißt. Und wenn man das stille Örtchen aufsucht –genannt *Skasotschnaja Komnata* = russ. für Märchenzimmer –, ertönt aus dem Lautsprecher die Stimme eines Märchenerzählers – schade für den, der Russisch nicht versteht.

7 Restaurant im Hotel Parus
Das Hotel (s.o.) verfügt über ein hochgelobtes Restaurant, in dem man in eleganter Atmosphäre wunderbar speisen kann.

5 Harley Davidson Bar
Ul. Murawjowa-Amurskowo 5, Ecke Ul. Komsomolskaja (Eingang von der Komsomolskaja gegenüber dem Hotel Sapporo – man achte auf das Harley-Zeichen), Tel. 94 05 55, tägl. 19–7 Uhr. Tolle Atmosphäre, hinten in der Bar steht eine echte Harley, selbst die Toiletten sind bikermäßig gestylt. Hinweis: Kein Zutritt in Tanktops und/oder Shorts.

5 Cabaret Saloon
Ul. Murawjowa-Amurskowo 5, offener Saloon, der in der warmen Jahreszeit tägl. bis auf eine Stunde (8–9 Uhr) rund um die Uhr geöffnet hat.

3 BeerHaus
Ul. Murawjowa-Amurskowo 11, Tel. 31 18 45, tägl. 12–24 Uhr, *Business Lunch* Mo bis Fr 12–15 Uhr, 350 Rbl. Unheimlich uriges Restaurant, bekannt für seine deutschen Fleisch- und Wurstspezialitäten.

1 Bierkopf
Ul. Dikopolzewa 46, Tel. 30 65 71. Das urige und absolut gemütliche Lokal mit viel Holz und Naturstein ist eine empfehlenswerte Adresse zum Essen oder auch nur für einen Drink mit einer „Bier-Snackplatte" an der langen Holztheke. Das Menü (auch auf Englisch und Chinesisch) bietet alles, was das Herz begehrt: Pasta, hausgemachte Würste, Schaschlik, japanische Gerichte, wunderbare Steaks (Preise pro 100 g), verschiedene Salate und Fischgerichte. Warme *Grjenki* (in Öl gebackene Schwarzbrotstäbchen mit Knoblauch) passen bestens zu einem kühlen Bier. *Business Lunch* Mo bis Fr 12–15 Uhr, 350 Rbl. Wenn der DJ am Fr und Sa ab 20 Uhr auflegt, wird's laut!

4 Café Mona
Ul. Murawjowa-Amurskowo 11, Tel. 61 02 33, Mo bis Fr 10–23 Uhr, Sa/So 11–23 Uhr. Das elegante Lokal ist auf asiatische Gerichte spezialisiert und für Vegetarier wegen der leckeren Gemüsetempura zu empfehlen. *Business Lunch* Mo bis Fr 12–15 Uhr, 350 Rbl.

Zugverbindungen

Alle nachfolgend genannten Zeiten sind Ortszeiten. Die Fahrtdauer bezieht sich stets auf den schnellsten Zug (Mindestangaben).

Nach Moskau (8534 km, 134 Std.)

- **Nr. 1:** an ungeraden Tagen 8.40 Uhr
- **Nr. 7:** an geraden Tagen11.28 Uhr
- **Nr. 99:** tägl. 15.14 Uhr

Nach Wladiwostok (766 km, 12 Std.)

- **Nr. 8:** an ungeraden Tagen 3.04 Uhr
- **Nr. 100:** tägl. 16.53 Uhr
- **Nr. 352:** tägl. 18.24 Uhr
- **Nr. 2:** an ungeraden Tagen 19.32 Uhr
- **Nr. 6:** tägl. 20.50 Uhr

Nach Ulan-Ude (2884 km, 53 Std.)

- **Nr. 1:** an ungeraden Tagen 8.40 Uhr
- **Nr. 7:** an geraden Tagen 11.28 Uhr
- **Nr. 99:** tägl. 15.14 Uhr

Nach Irkutsk (3340 km, 56 Std.)

- **Nr. 1:** an ungeraden Tagen 8.40 Uhr
- **Nr. 7:** an geraden Tagen 11.28 Uhr
- **Nr. 99:** tägl. 15.14 Uhr

Nach Krasnojarsk (4427 km, 74 Std.)

- **Nr. 1:** an ungeraden Tagen 8.40 Uhr
- **Nr. 7:** an geraden Tagen 11.28 Uhr
- **Nr. 99:** tägl. 15.14 Uhr

Nach Nowosibirsk (5955 km, 85 Std.)

- **Nr. 1:** an ungeraden Tagen 8.40 Uhr
- **Nr. 7:** an geraden Tagen 11.28 Uhr
- **Nr. 99:** tägl. 15.14 Uhr

Nach Jekaterinburg (6714 km, 106 Std.)

- **Nr. 1:** an ungeraden Tagen 8.40 Uhr
- **Nr. 99:** tägl. 15.14 Uhr

Flughafen

- Der **Flughafen** liegt nur knapp 10 km nordöstlich des Stadtzentrums, www.airkhv.ru, Tel. 26 20 08. Nationale und internationale Verbindungen.

Wladiwostok

Владивосток

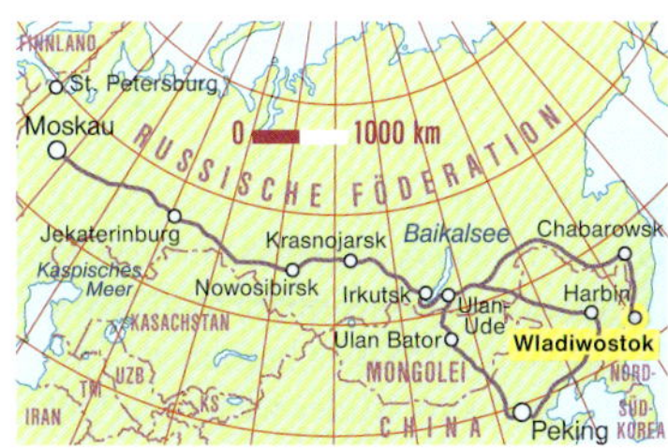

- **Transsib-Kilometer:** 9288
- **Zeit:** Moskauer Zeit + 7 Std.
- **Vorwahl:** 4232

Aus Moskau erreicht man nach 9288 km Bahnstrecke (Luftlinie 6430 km) Wladiwostok (sprich: Wladiwastok), die **Endstation der Transsibirischen Eisenbahn am Pazifik.** Die Stadt zählt **fast 600.000 Einwohner** und ist das wichtigste politische, wirtschaftliche und kulturelle Zentrum im Fernen Osten Russlands sowie das Verwaltungszentrum der Region Primorskije (russ. für Am Meer). Zu den Haupteinnahmequellen zählen Werften, der Fischfang und die Marine. Es gibt 15 Hochschulen und eine Universität, vier Theater sowie Konzertsäle, Museen und Galerien. Die Stadt hat sich in den letzten Jahren zu einem interessanten Reiseziel entwickelt, sodass man kann hier gut und gerne zwei Tage Aufenthalt einplanen kann.

Funde belegen, dass die Gegend um Wladiwostok schon um etwa 2000 v. Chr. besiedelt war. Mitte des 19. Jahrhunderts kamen unter Leitung des Grafen *Murawjow-Amurski* die ersten Russen; sie beschlossen 1859 wegen der **strategisch günstigen Lage** den Bau einer Festung und eines Hafens in der geschützten Bucht. Der Name war Programm: Beherrscherin des Ostens (russ. *wladi* = beherrsche, *wostok* = Osten), Gründungsjahr war 1860, die Stadtrechte wurden schon 1880 verliehen. Am 19. Mai 1891 war es der Sohn des Zaren, Zarewitsch *Nikolai,* der feierlich den ersten Spatenstich machte, mit dem die Bauarbeiten an der Transsib begannen.

Wladiwostok ist der wichtigste Stützpunkt der **russischen Pazifikflotte.** Die strategische Bedeutung der Stadt rührt daher, dass ihr Hafen durchschnittlich nur 72 Tage im Jahr zugefroren ist. Bis 1990 war Wladiwostok eine geschlossene Stadt, die selbst russische Bürger ausschließlich mit einer Sondergenehmigung besuchen durften. Transsib-Reisende konnten mit dem Zug nur bis Chabarowsk fahren und dann nachts – um keine militärischen Anlagen zu sehen – weiter bis Nachodka, von wo Fähren nach Japan verkehrten.

Anlässlich des Gipfeltreffens der Staaten der *Asia Pacific Economic Cooperation* (APEC) im September 2012 wurden in der Stadt **20 (!) Milliarden US-Dollar investiert,** um sie grundlegend auf Vordermann zu bringen. Die an die Golden Gate Bridge von San Francisco erinnernde Brücke Solotoi Rog (russ. für Goldenes Horn) verbindet die Bucht gleichen Namens mit der Innenstadt, eine weitere Brücke führt auf die Russki-Insel (Russki Astrow). Ein neuer Flughafen wurde gebaut inkl. Airport-Expresszug, mehrere Hotels im Stadtzentrum entstanden, Fassaden wurden restauriert und die Fußgängerzone in der Fokina-Straße herausgeputzt. Das Gipfeltreffen fand auf der Russki-Insel auf einem frisch aus

114tr dk

☒ Transsib-Endstation: Wladiwostok am Pazifischen Ozean

dem Boden gestampften Universitätscampus statt, der anschließend der Far Eastern University übergeben wurde.

Sehenswertes/ Stadtspaziergang

Wladiwostoks **historisches Zentrum** ist **leicht überschaubar.** Von den zentral gelegenen Hotels ist alles Sehenswerte in wenigen Gehminuten erreicht. Eine sehr schöne Aussicht auf den Pazifik hat man von der unterhalb des Hotels Wladiwostok verlaufenden Nabereschnaja-Straße, wo man wunderbar picknicken kann.

Einen Stadtspaziergang könnte man mit dem Besuch des **Bahnhofs** beginnen, einem der schönsten Gebäude der Stadt. Er wurde 1912 eingeweiht und 1999 liebevoll und aufwendig von italienischen Spezialisten restauriert. Man achte auf Details wie Kacheln und Fußböden, Geländer und Bemalung und laufe durch alle Räume und Hallen. Ein

großer Prachtsaal befindet sich am Ende des Hauptwartesaals (man betritt den Bahnhof durch die Haupteingangstür und geht links hinten in der Ecke eine Treppe hinunter). Hier wird Bernsteinschmuck verkauft. Vor dem Bahnhofsgebäude steht eine große Lenin-Statue.

Die **Aussichtsterrasse** mit dem besten Hafenausblick liegt rechts vom Hafengebäude, hinter dem Bahnhof. Von dort sieht man die für Fußgänger gesperrte, äußerst elegante **Golden Bridge (Salatoi Most),** das neue Wahrzeichen der Stadt, mit einer Spannweite von 1104 m. Die alles in allem 1872 m lange Brücke (einschließlich der an das Bauwerk heranführenden Vorlandbrücken sind es sogar rund 3 km) ist ein technisches Meisterwerk. Um dem rauen Pazifikklima mit blizzardartigen Stürmen sowie raschen und extrem großen Temperaturunterschieden zu trotzen und außerdem der in der Region herrschenden Erdbebengefahr mit möglichen Magnituden von bis zu 8,1 auf der Richterskala gerecht zu werden, wurde alles eingebaut, was der moderne Brückenbau hergibt. Die beiden landseitigen Brückendecks sind aus Beton, während das längere Stück zwischen den Pylonen aus leichtem Stahl gefertigt wurde. Anders als bei „normalen" Brücken ist das Brückendeck nicht zwischen den beiden Widerlagern fest eingespannt. Es hängt vielmehr wie ein großes Pendel an den von den 320 m hohen Pylonen fächerförmig herabhängenden Seilen, was den Vorteil hat, dass eventuell auftretende Erdstöße abgedämpft und erst gar nicht in das Bauwerk eingeleitet werden. Ein patriotischer Gag sind die Farben der russischen Nationalflagge Weiß, Blau und Rot, in denen die Seile erstrahlen.

Geht man zur Ul. Aleutskaja, der großen Straße vor dem Bahnhof, kommt man zu einem linker Hand auf einer Anhöhe stehenden hellgelben Jugendstilhaus (Nr. 15), welches das **Geburtshaus des berühmten Schauspielers Yul Brynner** ist, der hier am 11. Juli 1920 als *Juli Borissowitsch Briner* das Licht der Welt erblickte (gestorben am 10. Oktober 1985 in New York). Sein Vater *Boris Juliewitsch Brynner* war ein schweizerisch-mongolischer Erfinder und Konsul der Schweiz in Russland, seine Mutter die Russin *Marussia Blagowidowa.* Als der Vater in den 1930er Jahren die Familie verließ, zog die Mutter mit ihrem Sohn zunächst nach China und später nach Paris. *Juli* besuchte ein Elite-Gymnasium, das er aber verließ, um sich als Zirkusartist, Orchestermusiker und Sänger durchzuschlagen. 1940 ging er in die USA. Dort arbeitete er beim Rundfunk als Ansager und Kommentator. Berühmt wurde er für die Broadway-Titelrolle in dem Musical „Der König und ich", für die Hauptrolle in der Hollywood-Verfilmung erhielt er 1956 einen Oscar. Herausragend auch seine Darstellung in dem legendären Western „Die glorreichen Sieben". Auch als Regisseur konnte *Yul Brynner* reüssieren.

Gegenüber dem Geburtshaus von *Yul Brynner* befindet sich im Haus Nr. 12 das **Kunstmuseum** (*Primorskaja Kartinnaja Galereja,* Tel. 41 06 10, tägl. außer Mo 10–18 Uhr, 250 Rbl.). Das Gebäude selbst ist ein ehemaliges Bankierswohnhaus mit wunderbaren Räumen und Sälen. Die Sammlung von Ikonen, Gemälden und Zeichnungen ist unbedingt sehenswert.

Nach etwa 200 m erreicht man die Kreuzung der beiden besonders schönen Straßen Aleutskaja und Swjetlanskaja. An beiden wurden viele Häuser aufwendig restauriert und die Fassaden gestrichen. Biegt man an der Kreuzung rechts ab in die Ul. Swjetlanskaja, hat man einen schönen Ausblick auf den Hafen und erreicht linker Hand bei Haus Nr. 35 das **Kaufhaus GUM** (russ. *Gassudarstwenny Uniwerssalny Magasin,* zu deutsch Staatliches Universal Kaufhaus – heutzutage ist es allerdings nicht mehr staatlich, sondern eine Filiale der Modefirma Zara), das früher als **Kaufhaus Kunst & Albers** firmierte. Hierzu gibt es eine deutsche Geschichte zu erzählen: Kurz bevor der Hamburger Seemann und Juwelierssohn *Gustav Albers* Ende 1864 in der damals aus nur 44 Holzhäusern bestehenden Siedlung Wladiwostok anlegte, hatte er in Shanghai den Hamburger Kaufmann *Gustav Kunst* kennengelernt und beschlossen, mit ihm gemeinsam eine Handelsfirma aufzubauen. Schon ein Jahr später wurde ein Geschäftshaus aus Holz eingeweiht und 1884 das erste Kaufhaus aus Stein, für welches bis auf die Ziegelsteine alle Baumaterialien per Schiff aus Hamburg herangeschafft wurden. 1907 wurde das wunderschöne, von dem deutschen Architekten *Georg Junghändel* im Jugendstil erbaute Kaufhaus Kunst & Albers eingeweiht (1992 in GUM umbenannt). Als 1891 der Bau der Transsibirischen Eisenbahn begann,

113tr dk

setzte ein wirtschaftlicher Boom für die Stadt und das Geschäft der Handelsfirma ein. Aus dem ehemaligen Gemischtwarenladen entwickelte sich ein Handelsimperium, das von Chabarowsk bis nach Harbin (China) reichte und 32 Filialen umfasste. Als im Ersten Weltkrieg die Wareneinfuhr aus Deutschland versiegte und auf die Firma Spionagever-

Im Zentrum der Stadt

dacht fiel, wurden einige der Niederlassungen zerstört und andere enteignet. Als die Bolschewiken die Firma vollständig enteigneten, gab der Juniorchef *Alfred Albers* (1877–1960) das Unternehmen 1924 auf und verlagerte seine Geschäfte nach China.

Geht man vom Kaufhaus Richtung Wasser bis zur Ul. Karabelnaja Nabereschnja und weiter in Richtung Golden Bridge, erreicht man das linker Hand liegende **U-Boot S-56** *(Padwodnaja Lodka C 56)* aus dem Zweiten Weltkrieg, eines der besten sowjetischen U-Boote. Erbaut kurz vor dem Krieg, kam das Boot bis vor Island zum Einsatz. Man kann das U-Boot besichtigen, eine Hälfte ist heute ein Museum (Tel. 221 67 57, tägl. 9–18 Uhr, 100 Rbl.).

Die **Fußgängerzone Ul. Fokina,** auch Arbat genannt (wie die erste Fußgängerzone Russlands in Moskau), lockt mit gemütlichen Cafés und kleinen Restaurants und lädt zum Bummel und Verweilen ein.

Die **Paulus-Kirche** *(Luteranskaja Zerkow)* in der Ul. Puschkinskaja 14 (Haltestelle Universität) ist neben dem Bahnhof und dem Kaufhaus GUM sicherlich eines der architektonisch interessantesten Bauwerke der Stadt. 1905 im neugotischen Stil von dem deutschen Architekten *Georg Junghändel* erbaut (er entwarf auch das Kaufhaus für Kunst & Alters), ist sie die älteste Kirche der Stadt. Die lutherische Gemeinde in Wladiwostok wurde 1864 gegründet und ging 1935 im stalinistischen Terror unter. Das Kirchengebäude diente in der Sowjetzeit als Militärmuseum der Pazifikflotte.

Der Hamburger **Pfarrer Brockmann** ließ sich 1993 von seiner Kirche beurlauben und zog nach Wladiwostok, um die dortige lutherische Gemeinde wieder aufzubauen. *Brockmann* wurde Propst der Propstei Ferner Osten, versammelte die verstreuten Gemeinden und erreichte 1997 die Rückgabe der Paulus-Kirche zur gottesdienstlichen Nutzung. Sie ist heute ein stadtbekanntes Zentrum des geistlichen und weltlichen Lebens; so finden dort neben Gottesdiensten auch viele andere Veranstaltungen statt, von denen besonders die Konzerte geschätzt werden. Am 6. Oktober 2014 wurde *Brockmann* für seinen jahrzehntelangen Einsatz für die deutsch-russischen Beziehungen mit dem Bundesverdienstkreuz ausgezeichnet.

Von der Paulus-Kirche kann man zur nahe gelegenen **Drahtseilbahn** (russ. *Funikuljor*) laufen und zum „Adlernest" (Orlinnoje Gnjesdo) auf einer Höhe von 214 m ü.N.N. fahren, um den Ausblick auf Stadt, Hafen und Golden Bridge zu genießen (Mo bis Sa 7–20 Uhr, So 7.30–20 Uhr).

Bei schönem Wetter sollte man einen **Strandspaziergang** machen, vor allem natürlich im Sommer, wenn dort das Leben tobt. Entlang der Promenade findet man Kiosks mit Snacks, Kneipen, Bars, Restaurants, Spielplätze und Sitzgelegenheiten. Vorsicht: Das Wasser ist stark verschmutzt, vom Baden ist dringend abzuraten!

Es bietet sich auch die **Hafenrundfahrt Masty Wladiwastoka** („Wladiwostoker Brücken") an. Die Saison beginnt Anfang Mai und endet Anfang Oktober. Die Ausflugsschiffe legen vom Anleger Nr. 30 des Hafenterminals in der Nähe des Bahnhofs ab. Einstündige Touren tägl. um 12, 13 und 14 Uhr (600 Rbl.), zweistündige tägl. um 16 und 19 Uhr (900 Rbl.); kein Vorverkauf.

Das **Festungsmuseum** in der renovierten Festungsanlage in der Bataräinaja-Straße zeigt u.a. eine Waffensammlung. Mit der Eröffnung des Museums am 30. Oktober 1966 wurde das 300-jährige Bestehen der russischen Marine gefeiert.

■ **Musei Wladiwastokskaja Krjepost,** Tel. 40 08 96, Ul. Bataräinaja 4a, www.vladfort.ru/english/index.php, tägl. 10–18 Uhr, 200 Rbl.

Und wenn man schon am Meer ist, könnte man das alte **Ocenarium** besuchen, das mit seinen Aquarien allerdings nicht wirklich zu überzeugen weiß.

■ **Okeanarium,** Ul. Bataräinaja 4, Tel. 249 48 77, www.vladivostok-city.com/places/all/all/825, im Sommer Mo 11–19.30 Uhr, Di bis So 10–19.30 Uhr, im Winter (ab Mitte Sept. bis Ende Mai) bis 18.30 Uhr, 350 Rbl.

Einen Busausflug auf die **Russki-Insel** (28 km) kann man mit öffentlichen Bussen unternehmen und sieht nicht nur schöne Natur, sondern kommt auch in den Genuss einer Fahrt über die neuen Hängebrücken mit herrlicher Aussicht! Auf der Insel ist der Strand des Universitätsgeländes einen Besuch wert. Dazu läuft man von der Bushaltestelle Universität durch den Campus zum Strand. Auf dem Unigelände befindet sich ein Hotel mit einem guten, günstigen Restaurant. Im September 2015 eröffnete das architektonisch sensationelle **Ocenarium** auf der Insel.

■ **Anfahrt:** gelber Bus Nr. 15, Fahrtdauer 40–50 Min., 21 Rbl., Abfahrt vom Okeanski Prospekt 18 (Kaufhaus Isumrud) bis zur Haltestelle Primorski Okeanarium; Busse fahren Mo bis Fr 6.30–24 Uhr alle 10 Min. sowie Sa/So und an Feiertagen alle 10–20 Min.

■ **Primorski Okeanarium,** Ul. Akademika Kasjanova 25, Tel. 8-924 732 01 22, primocean@yandex.ru, www.primocean.ru/en. Tägl. außer Mo und Mi 10–20 Uhr (Kassen 9.30–18.30 Uhr), Eintritt ohne Delphinarium wochentags 700 Rbl., mit 800 Rbl., Sa/So sowie an Feiertagen 900 Rbl. ohne bzw. 1000 Rbl mit Delphinarium.

Praktische Infos

■ **Taxi:** Günstig und gut sind Primtaxi (Tel. 09 99 99) und Maxim (Tel. 51 11 15).

■ Das **Post- und Telegrafenamt** liegt vor dem Bahnhofsgebäude neben der Lenin-Statue.

■ Seit 2013 findet alljährlich am letzten Augustwochenende im Sporthafen das **Internationale Musikfestival V-ROX** statt; Infos unter www.musikfestivalv-rox.

■ **SIM-Karten:** Der Anbieter MTC hat eine Filiale am Bahnhof und eine weitere in der Ul. Swjetlanskaja gegenüber Haus Nr. 14 (tägl. 10–20 Uhr), ferner am Flughafen in der Ankunftshalle (tägl. 8–18 Uhr, hier nur Barzahlung)

■ **Touranbieter:** 8 **Sichote,** Ul. Swjetlanskaja 147, office 1/6-8, Tel. 8-924 250 31 34 und 226 00 65, agent@shamora.info, www.shamora.info, Mo bis Fr tägl. 9–18 Uhr, drei Stationen per Bus 31, 49, 54, 55, 62, 90, 99 etc. ab dem Zentralplatz (offiziell Platz der Revolutionskämpfer, Ploschtschad Barzow Revoluzii) an der Ul. Swjetlanskaja bis zur Haltestelle Avangard. Verlässliche Agentur für Privatunterkünfte, Transfers, Hotelreservierungen, Stadtführungen und Ausflüge.

Unterkunft

In Wladiwostok verlangen Hotels bei einer Buchung vor Ort für die Visumregistrierung 100–200 Rbl., Internetbuchungen enthalten die Gebühr.

17 Hotel Primorje

Ul. Possjetskaja 20, Tel. 41 30 40, reception@hotel-primorye.ru, www.hotelprimorye.ru. Sehr empfehlenswertes Hotel in Bestlage mit 112 schönen Zimmern: EZ/F 4200 Rbl., DZ/F 4500 Rbl. Blick auf die Golden Bridge und den Hafen haben die Business-Class-Eckzimmer Nr. 213, 313, 413 und 513. EZ/F ab 5300 Rbl., DZ/F ab 6100 Rbl., Zusatzklappbett 800 Rbl. Am Eingang befindet sich ein kleines Café mit wunderbarem Gebäck (Mo bis Fr 8–20 Uhr, Sa/So 10–20 Uhr). Das zum Hotel gehörende Restaurant Pizza M bietet rund um die Uhr Pizza und warme Speisen an. Wegbeschreibung: Man verlässt den Bahnhof, überquert die große Straße Aleutskaja und geht nach links auf ein modernes, hellgraues Gebäude mit Metallfiguren an der Wand zu (der Statuen-Lenin zeigt auf dieses Gebäude); man geht an der langen Seite des Gebäudes entlang bis zu einer Treppe, die nach oben zur Possjetskaja-Straße führt. Oben hält man sich links und erreicht nach etwa 200 m das linker Hand liegende Hotel Pirmorje.

15 Hotel Schemtschuschina

Ul. Bestuschewa 29, Tel. 41 43 87, reservation@gemhotel.ru, www.gemhotel.ru. Dieses empfehlenswerte und günstige Hotel in Bestlage hat insgesamt 40 „sowjetisch" kleine, aber blitzsaubere Zimmer (alle mit Balkon): EZ/F 4000–4500 Rbl., DZ/F 4700–4900 Rbl. Im Hotelrestaurant kann man günstig essen. Wegbeschreibung: Zunächst wie bis zum Hotel Pirmorje (s.o.); dann biegt man nach rechts ab und läuft knapp 100 m bis zur Bestuschewa-Straße; an deren Ende biegt man nach links ab, passiert das linker Hand liegende Restaurant The Brother's Bar & Grill und erreicht nach etwa 50 m das Hotel Schemtschuschina rechter Hand.

19 Hotel Vladpoint

Ul. Possjetskaja 14, Tel. 239 07 97, www.vladpoint.com. Das moderne, empfehlenswerte Hotel wurde Mitte Juli 2017 eröffnet. Es liegt gut 50 m südlich vom Hotel Primorje auf derselben Straßenseite (im 5. Stock). Nach Möglichkeit ein Deluxe-Zimmer mit Hafenblick buchen. EZ 3500 Rbl., DZ ab 4000 Rbl., jeweils ohne Frühstück (300 Rbl.).

18 Hotel Teplo (sprich: Tjeplo)

Ul. Possjetskaja 16, Tel. 90 95 55, teplo-hotel@mail.ru, www.teplo-hotel.ru. Die insgesamt 28 Zimmer sind schick und modern gestaltet. EZ und DZ mit Dusche, aber mit Gemeinschafts-WC 1800–4000 Rbl., EZ/F und DZ/F mit Dusche/WC 2000–5000 Rbl. Die moderne Küche hat keine Kochplatten, aber eine Mikrowelle. Wegbeschreibung: Zunächst wie bis zum Hotel Pirmorje (s.o.); dieses passiert man linker Hand und kommt nach etwa 100 m an zwei Miniläden, zwischen denen man zum Eingang gelangt. Schräg gegenüber befindet sich das chinesische Restaurant Salatoi Drakon.

12 Azimut Hotel Wladiwostok

Ul. Nabereschnaja 10, Tel. 41 35 00 und 41 19 41, https://azimuthotels.de. Das Hotel hat nach jahrelanger Renovierung im Mai 2015 in neuem Glanz und mit schickem Design eröffnet. Die 378 Zimmer sind zwar sowjetisch-klein, aber ansprechend. EZ/F 5000–8500 Rbl., DZ/F 6500–10.500 Rbl., Zimmer mit Pazifikblick *(superior room)* EZ/F 7000–12.500 Rbl., DZ/F 8500–12.500 Rbl. Wegbeschreibung vom Bahnhof kommend: Entweder man nimmt ein Taxi, oder man läuft 1 km leicht bergan zu Fuß; kommt man aus dem Bahnhofsgebäude, sieht man vor sich die Lenin-Statue und rechts davon die Ul. 1. Morskaja; folgt man ihr, so kann man das auf einer Anhöhe rechts liegende Hotel nicht verpassen.

11 Azimut Hotel Amurski Saliw

Ul. Nabereschnaja 9, Tel. 41 35 00, www.de.azimut-hotels.ru. Das Hotel gehört wie das Hotel Wladiwostok zur Azimut-Gruppe und ist eine gute Adresse mit sehr schöner Lage direkt am Meer – jedes Zimmer hat einen Balkon mit Pazifikblick! EZ/F 1800–3500 Rbl., DZ/F 2800–4500 Rbl.

10 Hotel Morjak (sprich: Marjak)

Ul. Possjetskaja 38, Tel. 49 94 99. Dieses 100 saubere, aber kleine Zimmer umfassende Hotel könnte eine Alternative zu einem Hostel sein. Es liegt zentral, allerdings an einer nicht besonders einladend wirkenden Straße. Sechs Etagen ohne Lift. EZ 2400–2600 Rbl., DZ 3200–3400 Rbl., 3-Bett-Zimmer 3200–3300 Rbl., Frühstück 300 Rbl.

Essen und Trinken

16 The Brother's Bar & Grill
Ul. Bestuschewa 32, Tel. 57 70 70, Mo bis Do 10–24 Uhr, Fr 10–2 Uhr, Sa 11–2 Uhr, So 11–24 Uhr. Schickes, preislich moderates, sehr beliebtes, auf italienische (Suppen, Pasta & Pizza) und amerikanische (Steaks vom Grill und Hamburger) Küche spezialisiertes Lokal – eine der besten Adressen der Stadt! Im Sommer kann man draußen sitzen.

13 Nostalgia (sprich: Nostalschia)
Ul. 1. Morskaja 6/25, Tel. 51 06 08, tägl. 9–22 Uhr. Das Restaurant ist seit vielen Jahren bekannt für seine Qualität. Unten links befindet sich eine Art Wiener Café; von diesem geht es durch eine Tür in das ansprechende Restaurant, in dem man in gemütlicher Wohnzimmeratmosphäre sitzt. Nach oben führt eine Treppe in eine Kunstgalerie und Souvenirladen (tägl. 9–19 Uhr).

14 Gutow
Ul. Possjetskaja 23, Tel. 41 48 21, So bis Do 12–24 Uhr, Fr und Sa 12–1 Uhr. Rustikales Restaurant mit selbst gebrautem Bier, einem langen Tresen, dicken Holztischen und leckeren Steaks sowie wunderbaren Fleischspießen (Schaschlik). Die leckeren *Grjenki* zum hausgebrauten Bier sind ein Genuss!

5 Loschki Ploschki Pelmennaja
Ul. Swjetlanskaja 7, tägl. 11–24 Uhr. Leckere russische Küche in angenehmem Ambiente.

2 Café Pitr
Arbat Nr. 9, Mo bis Fr 10–23 Uhr, Sa/So 12–23 Uhr. Das kleine Lokal ist sehr gemütlich und hat ein breites Angebot: leckere Sandwiches, Suppen, Salate, Steaks, Fischgerichte. Und: Hier stört kein TV!

3 Five o'clock
Ul. Fokina 6, Tel. 94 55 31, Nov. bis April Mo bis Fr 8–20 Uhr, Sa/So 9–20 Uhr, Mai bis Okt. Mo bis Fr 8–21 Uhr, Sa/So 9–21 Uhr. In diesem klitzekleinen und supergemütlichen Lokal kann man bei Kuchen, Gebäck und Sandwiches gut relaxen.

4 Stalowaja Nr. 1
Ul. Swjetlanskaja 1, So bis Do 7–23 Uhr, Fr und Sa 7–2 Uhr. Günstiges SB-Lokal.

Shopping

■ **Kaufhaus GUM,** Ul. Swjetlanskaja 35, vladivostok-city.com/de/places/all/all/882, Mo bis Sa 10–20 Uhr, So 10–19 Uhr. Heute hat die Modefirma Zara alle Etagen belegt und ist bei den Einheimischen äußerst beliebt.

9 Buchladen Dom Knigi, Ul. Swjetlanskaja 43, Mo bis Sa 10–19 Uhr, So 11–17 Uhr. Bücher, Postkarten und Stadtpläne.

7 Flotski Univermag, Ul. Swjetlanskaja 18, Mo bis Sa 10–19 Uhr, So 10–18 Uhr. Hier gibt es alles rund um Marinekleidung und Zubehör wie Kopfbedeckung, Abzeichen, Uhren, Gürtel, Stiefel etc.

Zugverbindungen

Alle nachfolgend genannten Zeiten sind Ortszeiten. Die Fahrtdauer bezieht sich stets auf den schnellsten Zug (Mindestangaben).

Nach Moskau (9288 km, 146 Std.)

- **Nr. 99:** tägl. 1.23 Uhr
- **Nr. 1:** an geraden Tagen 19.10 Uhr
- **Nr. 7:** an ungeraden Tagen 22.50 Uhr

Nach Chabarowsk (766 km, 12 Std.)

- **Nr. 99:** tägl. 1.23 Uhr
- **Nr. 351:** tägl. 16.45 Uhr
- **Nr. 5:** tägl. 21 Uhr
- **Nr. 1:** an geraden Tagen 19.10 Uhr
- **Nr. 7:** an ungeraden Tagen 22.50 Uhr

Nach Ulan-Ude (3650 km, 62 Std.)

- **Nr. 99:** tägl. 1.23 Uhr
- **Nr. 1:** an geraden Tagen 19.10 Uhr
- **Nr. 7:** an ungeraden Tagen 22.50 Uhr

Nach Irkutsk (4106 km, 69 Std.)

- **Nr. 99:** tägl. 1.23 Uhr
- **Nr. 1:** an geraden Tagen 19.10 Uhr
- **Nr. 7:** an ungeraden Tagen 22.50 Uhr

Nach Krasnojarsk (5193 km, 87 Std.)
- **Nr. 99:** tägl. 1.23 Uhr
- **Nr. 1:** an geraden Tagen 19.10 Uhr
- **Nr. 7:** an ungeraden Tagen 22.50 Uhr

Nach Nowosibirsk (5954 km, 98 Std.)
- **Nr. 99:** tägl. 1.23 Uhr
- **Nr. 1:** an geraden Tagen 19.10 Uhr
- **Nr. 7:** an ungeraden Tagen 22.50 Uhr

Nach Jekaterinburg (7482 km, 119 Std.)
- **Nr. 99:** tägl. 1.23 Uhr
- **Nr. 1:** an geraden Tagen 19.10 Uhr

Flughafen

Hinweis: **Es gibt keine Direktflüge nach Westeuropa.** Es sei dringend davon abgeraten, einen Flug von Wladiwostok nach Moskau und sofort weiter nach Westeuropa mit zwei verschiedenen Fluggesellschaften zu buchen. Die Moskauer Flughäfen liegen so weit voneinander entfernt, dass man wegen der Staus allein für den Transfer zwischen zwei Flughäfen mehrere Stunden einrechnen muss. Im Falle eines verpassten Anschlussfluges werden weder eine Erstattung bezahlt noch ggf. die anfallenden Übernachtungskosten ersetzt, und man muss ein neues Flugticket kaufen. Empfohlen sei daher, ein und dieselbe Fluggesellschaft für die Flüge Wladiwostok – Moskau (Zwischenstopp) – Westeuropa zu buchen. Sollte in diesem Fall der Flug aus Wladiwostok verspätet in Moskau ankommen und der Anschlussflug verpasst werden, kommt die Fluggesellschaft für eine Umbuchung und ggf. für die Übernachtung auf.

- Der Wladiwostoker **Flughafen** liegt 44 km nordöstlich des Stadtzentrums, Tel. 30 69 09 und 30 68 09, www.vvo.aero/en. Wenig hilfreich ist der von dem neuen **Terminal A** (internationale Flüge und Flüge nach Moskau) abfahrende **Flughafenzug Express Primorja,** da er da nur fünfmal pro Tag fährt (Tel. 24 54 31, Fahrtzeit ca. 50 Min., 230 Rbl., Ticketverkauf im Flughafen am rechten Ende der Wartehalle): vom Hauptbahnhof zum Flughafen tägl. 7.57, 8.50, 10.30, 13.10 und 17.30 Uhr, vom Flughafen zum Hauptbahnhof tägl. 7.21, 9.05, 11.40, 16 und 18 Uhr. Der **Flughafenbus Nr. 107** (www.vvo.aero/en/passazhiram/transport/avtobusy.html) fährt zwischen Flughafen und Bahnhof (Fahrtdauer 1–1½ Std., Ticketverkauf beim Fahrer, 100 Rbl.) tägl. ab Flughafen um 8.25, 9.40, 10.45, 12.07, 13, 14, 15.50, 17.45 und 20 Uhr, ab Bahnhof um 6.40, 7.30, 7.40, 9, 10.20, 10.30, 11, 12.10, 13.20, 14, 14.30, 15, 16.20, 17.45, 18 und 18.30 Uhr. Hinweis: Man komme rechtzeitig, da der Bus nur 15 Plätze hat! Der Flughafenbus *(Aeroport)* wartet vor dem Bahnhof links auf einem Parkplatz. Ein **Taxi** gebucht am Flughafen bei der Firma Aerotaxi (Tel. 8-908 99 22 555 und 44 44 44) kostet 1500 Rbl.

Fährverbindung via Südkorea nach Japan

Regelmäßig und verlässlich sind die Überfahrten der koreanischen **Reederei DBS Cruise Ferry,** in Wladiwostok vertreten durch die **Agentur Storm-Marine;** die **„Eastern Dream"** fährt einmal pro Woche von Wladiwostok via Donghae in Südkorea nach Sakaiminato in Japan, einer Hafenstadt etwa 250 km westlich von Kyoto. Die Fähre wurde 1993 gebaut, ist 140 m lang, maximal 22 Knoten schnell und hat Platz für 500 Passagiere, 66 Fahrzeuge und 130 Container. An Bord gibt es ein Restaurant, Aufenthaltsräume, Shops, einen Nachtclub und eine Sauna. Reisende haben die Wahl zwischen sechs Klassen von *Economy* mit Matratzen auf dem Boden und Gemeinschaftsbad über *Junior Suites* mit zwei Betten und eigenem Bad/WC bis hin zur *President Suite* mit allem Luxus und bestem Ausblick.

- **Abfahrt von Wladiwostok nach Donghae:** Mi 14 Uhr, Ankunft in Donghae Do 10 Uhr; Abfahrt in Donghae nach Sakaiminato: Do 18 Uhr, Ankunft in

Sakaiminato Fr 9 Uhr. Hinweis: Während des Aufenthalts in Donghae kann man von Bord gehen. Nach einer schnellen Passkontrolle kann man Geld wechseln. Deutsche Staatsbürger benötigen für Südkorea kein Visum.

■ **Storm-Marine Wladiwostok,** Tel. 30 27 04 und 30 26 64, Mo bis Fr 9–13 und 14-18 Uhr, info@stormmarine.net, www.dbsferry.com, www.parom.su. Weg zum Büro: Wenn man ins Hafengebäude (*Marskoi Waksal,* das große graue Gebäude mit Glasfassade befindet sich links hinter dem Bahnhof und ist durch eine Brücke mit diesem verbunden) geht, links halten, das Büro Nr. 124 befindet sich in der Mitte des Gangs auf der linken Seite.

■ **Ticketverkauf** bis spätestens 10 Uhr am Abfahrtstag. Es gibt auch im letzten Moment meistens noch Tickets. Bisher müssen 760 Rbl. **Hafengebühr** bar beim Einchecken in Rubel bezahlt werden; geplant ist, die Hafengebühr in den Ticketpreis einzuschließen. Bei Bezahlung des Fährtickets per Geldkarte werden 2% zusätzlich berechnet (VISA, MasterCard, Maestro-/EC-Karte).

■ Die **Fahrpreise** richten sich nach der Kategorie an Bord und werden in US-Dollar angegeben, sind aber in Rubel zu bezahlen. Fahrpreise bis Sakaiminato: Die günstigste Variante für 265 US$ ist eine Schlafmatte in einem Schlafsaal für 4 bis 20 Personen; 305 US$ zahlt man für einen Matratzenplatz, 365 US$ für ein Hochbett, jeweils mit WC in der Kabine und Gemeinschaftsdusche. Danach folgen die teureren Kabinen inkl. Dusche und WC: Junior Suite für 2 Personen p.P. 615 US$, Royal Suite p.P. 765 US$ und President Suite p.P. 2785 US$. Zusatzkosten: Hafengebühr 760 Rbl. plus Treibstoffzuschlag bis Südkorea 10 US$ p.P. und bis Japan 23 US$ p.P.

■ **Einchecken:** Ab 2 Std. vor Abfahrt (spätestens 30 Min.) muss man im Büro der Agentur Storm-Marine einchecken. Pass mit Migration Card bereithalten, die Hafengebühr in Höhe von 760 Rbl. bezahlen, das Gepäck nach der Zollkontrolle abgeben (man verlässt das Büro, rechts nach 7 m folgt die Tür „Boarding Sea Terminal", dann geht man die Treppe runter). Schließlich erfährt man, wann man an Bord gehen muss (*boarding time*), was i.d.R. 1 Std. vor Abfahrt der Fall ist.

■ **Bezahlung an Bord:** An Bord der Fähre kann man in US-Dollar, mit Kreditkarte sowie japanischen Yen und koreanischen Won bezahlen (nicht mit Rubel und Euro!). Die Verpflegung ist nicht im Fährpreis enthalten. Das Buffet kostet 7 US$ p.P. (Frühstück), Mittag- und Abendessen je 10 US$ p.P.

■ **Donghae:** Alle Passagiere müssen inkl. ihrem Kabinengepäck von Bord gehen (ausgenommen ist das Gepäck, das man im Gepäckraum der Fähre aufgegeben hat). Visa sind nicht erforderlich. Man kann in die Stadt fahren. Eine Stunde vor Fährabfahrt einchecken für die Weiterfahrt. Das Fährpersonal nach der Aufenthaltsdauer fragen und Uhrenvergleich machen!

Transmongolische Route

Transmandschurische Route

7 Die Transsib-Route durch die Mongolei und China

In der Wüste Gobi

trans18-027 dk

Transmongolische Route

Russisch-mongolische Grenze

Die transmongolische Route der Transsib zweigt 13 km südöstlich von Ulan-Ude in **Zaudinsky** ab; weiter südlich wird die Grenze zur Mongolei überquert. **Die russische Grenzstation heißt Nauschki** (Moskauer Zeit + 5 Std.), **die mongolische Suche Bator.** Auf dieser Strecke verkehren seit Dezember 2017 nur noch **drei Züge:** Nr. 4 (Moskau – Peking), Nr. 6 (Moskau – Ulan Bator) und Nr. 306 (Irkutsk – Ulan Bator) bzw. in der Gegenrichtung Nr. 3, 5 und 305.

20–30 Minuten vor Erreichen der Grenze werden die **Zugtoiletten** für mehrere Stunden **geschlossen,** und an der Grenze kann es passieren, dass die Passagiere den Zug über längere Zeit nicht verlassen dürfen. Die Züge stehen gut 3½ Stunden in Nauschki auf der russischen und anschließend 1¾ Stunden in Suche Bator auf der mongolischen Seite. Toiletten gibt es auf dem Bahnsteig: Steigt man aus und geht nach links, kommt man zu einem grauen Gebäude mit sauberen, kostenpflichtigen WCs und Duschen. Wenn der Zug den Bahnhof in Richtung der mongolischen Grenzstation verlässt, werden die Zugtoiletten für kurze Zeit wieder geöffnet.

Mitten auf der Strecke zwischen den beiden Grenzbahnhöfen hält der Zug und die **mongolischen Zoll- und Passkontrolleure** steigen zu und verteilen Zoll- und Einreisepapiere zum Ausfüllen. Nach ca. 40 Minuten Fahrt erreicht der Zug den mongolischen Grenzbahnhof Suche Bator, und die Zugtoiletten werden wieder geschlossen. Nach der Pass- und Zollkontrolle hält der Zug in Suche Bator für kurze Zeit und man darf aussteigen.

- **Warnung:** Auf der mongolischen Seite der Grenze kommen Mongolen in den Zug und wollen Euro in Tugrik wechseln, und zwar zu einem schlechten Kurs – in Ulan Bator bekommt man pro Euro bis zu 500 Tugrik mehr! Also auf gar keinen Fall im Zug Geld wechseln!
- **Speisewagen:** Die Züge haben einen Speisewagen. Es lohnt sich nicht, für den Speisewagen mongolische Tugrik einzutauschen, denn in Euro kostet es weniger als in der Landeswährung.

Ulan Bator

- **Zeit:** Moskauer Zeit + 5 Std., MESZ + 6 Std., MEZ + 7 Std.
- **Landesvorwahl:** 00976
- **Vorwahl Ulan Bator:** 011
- Beginnt eine Telefonnummer mit 9, ist es eine **Handynummer,** die Vorwahl lautet dann 00976 (ohne Stadtvorwahl 11 von Ulan Bator)
- **Internet:** www.mongolei.de

Ulan Bator hat rund 1,5 Mio. Einwohner und ist die **Hauptstadt der** knapp 3 Mio.

118tr hl

Einwohner zählenden **Republik Mongolei.** Die 1639 als Jurtenansammlung gegründete Stadt liegt auf einer Höhe von 1300 m ü.N.N. Den Namen Ulan Bator = „Roter Held" bekam die Stadt im Jahr 1924, als die Volksrepublik Mongolei ausgerufen wurde. Ulan Bator kann mit drei Superlativen aufwarten: Es ist die kälteste Hauptstadt der Welt, die mit der höchsten Luftverschmutzung im Winter, und keine Hauptstadt liegt weiter vom Meer entfernt.

Ulan Bator ist zwar mit Abstand die größte und wichtigste Stadt der Mongolei, doch reicht ein eintägiger Aufenthalt, um alles gesehen zu haben. Seit einigen Jahren erlebt Ulan Bator einen wahren **Bauboom** mit modernen Büro- und Wohnhochhäusern sowie Luxushotels, die wie Pilze aus dem Boden sprießen. Je enger es im Stadtzentrum wird, desto chaotischer der Verkehr. Zu Fuß ist man definitiv schneller als mit dem Auto. Nur wer vor 6.30 Uhr oder nach 9 Uhr morgens abfährt, schafft es, den extremen Staus in der Innenstadt zu entgehen. Im Straßenbild fallen die vielen jungen, nach dem letzten modischen Schrei gekleideten jungen Menschen auf – fast alle sind Studenten der zahlreichen Hochschulen und Universitäten.

Die meisten Reisenden kommen nach Ulan Bator zum berühmten **Naadam-Fest** (alljährlich 11.–13. Juli) oder für Exkursionen in die fantastische Landschaft.

^ Im russischen Grenzbahnhof Nauschki hat man 3½ Stunden Aufenthalt

Die Mongolei – eine kleine Landeskunde

Mit gut **3 Mio. Einwohnern** und durchschnittlich nur 1,9 Einwohnern pro km² gehört die Republik Mongolei zu den am **dünnsten besiedelten Ländern der Erde.** 1.566.500 km² groß, entspricht die Landesfläche knapp viereinhalb Mal der Größe Deutschlands. Die Durchschnittshöhe des Landes ist 1580 m ü.N.N., wobei über 85% des Landes höher als 1000 m liegen.

Die Mongolei hat ein extremes **Kontinentalklima** mit außerordentlich kalten und trockenen Wintern und kurzen Sommern, in denen die meisten der geringen Niederschläge fallen. Die Vegetationsperiode dauert nur etwa vier Monate. Von den 80% des landwirtschaftlich nutzbaren Staatsgebietes entfallen aus klimatischen Gründen rund 80% auf Naturweiden, nur 1% kann für Ackerbau genutzt werden.

Die **Umweltbedingungen** sind von erheblicher Luftverschmutzung in städtischen Bereichen, vor allem in Ulan Bator, gekennzeichnet. Durch Abholzung, Überweidung und Wilderei ist die Balance des empfindlichen mongolischen Steppenökosystems in vielen Gegenden gefährdet. 70% der Landesfläche sind von Desertifikation bedroht. Die teilweise wasserintensive Förderung und Verarbeitung der Rohstoffvorkommen wird den Wasserhaushalt vor noch größere Probleme stellen.

Von dem 42.000 km umfassenden **Straßennetz** sind nur 2000 km asphaltiert, wovon der Löwenanteil auf die Strecke von Ulan Bator zur russischen Grenze und die von Ulan Bator zur chinesischen Grenze entfällt.

Rund 85% der Bevölkerung sind **Mongolen,** 7% Angehörige von **Turkvölkern** wie Kasachen und Urianchaj, und weitere 4,5% sind **russischer oder chinesischer Herkunft.** Die Hälfte der Menschen lebt in Städten wie Darchan (74.000 Einwohner), Erdenet (70.000) und Ulan Bator (über 1 Mio. bzw. etwa ein Drittel der Bevölkerung insgesamt). Weitere 22% leben in ländlichen Siedlungen. Die Zahl der **nomadisch lebenden Menschen** nimmt rapide ab, weil die trockenen Sommer und extrem harten Winter den Herden zusetzen und den Menschen die Existenzgrundlage verloren geht.

Die Mongolei gehört zu den am meisten von **Deutschland** geförderten Ländern weltweit; im Jahr 2016 gingen 5,5 Mrd. Euro in Projekte der Entwicklungszusammenarbeit. Im Mittelpunkt stehen Energie- und Wärmeversorgung, die Unterstützung von Klein- und Mittelbetrieben, der Ausbau der Telekommunikation und Beiträge zur ländlichen Entwicklung und zum Umweltschutz.

Die Republik Mongolei ist eine **parlamentarische Demokratie,** Staatsoberhaupt ist *Khaltmaagiin Battulga,* Regierungschef *Ukhnaagiin Khurelsukh.*

Ausgewählte Wirtschaftsdaten zum Land

- Etwa 30% der Mongolen leben unterhalb der Armutsgrenze. Das **Pro-Kopf-Einkommen** beträgt im Durchschnitt nicht einmal 400 US$ pro Jahr.
- Das **Wirtschaftswachstum** lag 2016 bei 1,2%, was einen deutlichen Rückgang im Vergleich zu den Vorjahren darstellt (2015: 2,4%, 2014: 6 %, 2011: 17%).
- 35% der arbeitenden Bevölkerung sind in der **Land- und Viehwirtschaft** beschäftigt; sie er-

wirtschaften ca. 15% des Bruttoinlandprodukts (BIP), z.B. 518.000 Tonnen Getreide, 270.000 Tonnen Kartoffeln und Gemüse sowie 11 Mio. Stück bearbeitete Tierhäute. Auf die rund 3 Mio. Einwohner kommen knapp 60 Mio. Tiere. 2015 wurden 368.000 Tonnen Fleisch produziert, wovon 128.000 Tonnen in den Export gingen. Der Durchschnittspreis pro Kilogramm Rindfleisch stieg in der Mongolei von 2,50 US$ im Jahr 2008 auf 11 US$ 2015.

■ Die Wüste Gobi ist der größte Kaschmirproduzent der Welt. Von weltweit 21.500 Tonnen **Kaschmirwolle** kamen 40% bzw. 8500 Tonnen aus der Gobi; 90% davon bzw. 7650 Tonnen gingen in den Export, die restlichen 10% bzw. 750 Tonnen wurden in der Mongolei verarbeitet.

■ Die Mongolei ist reich an Bodenschätzen wie z.B. Kohle, Erdöl, Zinn, Kupfer, Gold und Silber. Etwa 60% der gesamten Industrieproduktion des Landes entfallen auf den **Bergbausektor,** d.h. die mongolische Wirtschaft ist extrem abhängig von der Entwicklung auf den Rohstoffmärkten. Der Anteil am BIP beträgt über 30%, der Anteil an den Exporten des Landes ca. 90%, aber nur etwa 3% der erwerbstätigen Bevölkerung sind im Bergbau beschäftigt.

Geschichte der Mongolei

■ **3. Jh. v. Chr.:** Errichtung eines Hunnenreiches.
■ **1115:** Eroberung durch Peking.
■ **ca. 1167:** Geburt *Dschingis Khans.*
■ **1206:** Einigung der Mongolen unter Dschingis Khan.
■ **1241:** Sieg der Mongolen bei Liegnitz über ein deutsches Ritterheer. Die Unterwerfung Russlands durch das Reich der Goldenen Horde ist abgeschlossen.
■ **1264:** *Kublai Khan* beherrscht China und gründet die Yuan-Dynastie.
■ **1368:** Ende der Herrschaft über China.
■ **1557:** Ende der Goldenen Horde.
■ **1911:** Unabhängigkeitserklärung der Äußeren Mongolei (die heutige Republik Mongolei) von der Inneren Mongolei (die heutige autonome Region Chinas „Innere Mongolei") mit russischer Unterstützung.
■ **1924:** Proklamation der VR Mongolei.
■ **1974:** Aufnahme diplomatischer Beziehungen mit der BR Deutschland.
■ **1989:** Beginn eines sowjetischen Truppen-Teilabzugs aus der Mongolei.
■ **1990–91:** Jahr des friedlichen Übergangs mit den ersten freien Wahlen im Juli 1990, Aufhebung des Einparteiensystems, Demokratisierung, Einführung der Marktwirtschaft.
■ **1993:** Die Mongolei erklärt sich zur atomwaffenfreien Zone.
■ **1996:** Wahlen im Juni verdrängen die Exkommunisten, die „Mongolische Demokratische Koalition" gewinnt die Mehrheit im Parlament. Erstmals seit 75 Jahren regieren damit nicht mehr die Kommunisten.
■ **2001–2003:** Dürre und extrem harte Winter dezimieren die Herden und zwingen immer mehr Nomaden zur Aufgabe ihres traditionellen Lebensstils und lassen die Wohnsiedlungen Ulan Bators anwachsen.
■ **2014:** Anlässlich des 40-jährigen Jubiläums der Aufnahme diplomatischer Beziehungen mit Deutschland besucht Bundesaußenminister *Steinmeier* das Land.
■ **2015:** Staatsbesuch von Bundespräsident *Gauck.*
■ **2016:** Asia-Europe Meeting in Ulan Bator mit Teilnahme von Bundeskanzlerin *Merkel.* Parlamentswahlen im Land.
■ **2017:** Präsidentschaftswahlen; in der Stichwahl entfallen 50,61% der Stimmen auf *Khaltmaagiin Battulga,* 41,16% auf *Miyeegombyn Enkhbold.*

Informationen zum Land unter www.liportal.de/mongolei/geschichte-staat und www.auswaertiges-amt.de.

Sehenswertes in der Stadt

Einen Tag verbringt man in Ulan Bator mit dem Besuch des Gandan-Klosters, mit einem Rundgang auf dem Platz Suche Bator sowie mit dem Besuch des Nationalmuseums und einer Folkloredarbietung (abends). Den besten Blick über die Stadt genießt man aus dem Restaurant Monet (s.u.).

Suche-Bator-Platz

Das **Herz der Stadt** wird eingerahmt von dem Parlamentsgebäude mit einem riesigen sitzenden *Dschingis Khan*, dem Operntheater, der Börse und Geschäftsgebäuden. In der Platzmitte steht eine Statue des Volkshelden *Suche Bator;* der General leitete 1921 den Befreiungskampf gegen die Chinesen ein. Seit 2007 ziert ein eleganter, an ein Schloss erin-

Der Lamaismus

Der Lamaismus ist eine **Form buddhistischer Philosophie,** die mit prunkvollem Kult sowie Dämonen- und Zauberglauben einhergeht. Es ist die in **Tibet** und der **Mongolei** vorherrschende Form des Buddhismus, die sich auf der Grundlage stark mit Zaubersprüchen durchsetzter Spätformen des Mahajana-Buddhismus entwickelte.

Der **Mahajana-Buddhismus** versprach allen Menschen, ob arm oder reich, weiblich oder männlich, gut oder böse, Erleuchtung und Erlösung. Im Gegensatz dazu steht der Hinoyanq-Buddhismus, der auf das Mönchswesen ausgerichtet ist. Der Mahajana-Buddhismus kennt nicht nur die eigene Erlösung und das Erreichen des Nirwana, sondern auch das Sichaufopfern für andere.

Die Verehrung von barmherzigen **Bodhisattvas** rückt dabei in den Mittelpunkt. Bodhisattvas sind Mönche, die auf der höchsten Stufe und damit unmittelbar vor der Buddhawerdung stehen und zugunsten der leidenden Menschen nicht ins Nirwana eingehen, sondern auf der Erde unter den Bedürftigen bleiben. Sie wollen diesen auf dem leidvollen Weg durchs Leben und beim Ziel, im nächsten Leben eine gute Wiedergeburt zu haben, helfen.

Der Lamaismus soll 632 n. Chr. in Tibet eingeführt worden sein. Der indische Buddhismus verschmolz mit Elementen der in Tibet verbreiteten Geister verehrenden Bon-Lehre. Im 8. Jahrhundert gelang es den Priestern, die nach ihrer Kopfbedeckung **„Rotmützen"** genannt wurden, den ehemaligen Königen Tibets die Macht zu entreißen.

Der Reformator *Zongkobo* (1357–1419) machte der zunehmenden Verweltlichung der Religion ein Ende. Er setzte bei seinen Anhängern, den **„Gelbmützen"** (Gelugpa), die Ehelosigkeit durch und begründete die Gelbe Kirche, die die Rotmützen aus allen einflussreichen Ämtern entfernte.

Maßgebend für die Erbfolge im Priesterstaat war der Glaube, dass die obersten Priester (Dalai Lama) irdische Erscheinungsformen von Buddhas und Bodhisattvas seien, und dass das Überirdische in ihnen beim Tod in ein neugeborenes Kind übergehe.

Im 13. und später im 16. Jahrhundert gelang es den Gelbmützen, die Mongolen zu bekehren, die seitdem Lamaisten sind.

Der letzte Dalai Lama war bis zum Jahre 1959 das Staatsoberhaupt Tibets mit Sitz in Lhasa (Potala-Gong-Palast). Ende 1959 floh der Dalai Lama mit einigen seiner Anhänger und lebt seitdem im Exil in der nordindischen Stadt Dharamsala.

nernder Vorbau das Parlamentsgebäude, was dem ganzen Platz etwas geradezu Festliches verleiht.

Gandan-Kloster

Die wichtigste Sehenswürdigkeit ist dieses **größte aktive lamaistische Kloster des Landes,** dessen Gründung ins frühe 19. Jahrhundert fällt. Heute leben und lernen hier wieder mehrere hundert Lamas. Rund 150 von ihnen wohnen im Kloster, und über 100 Novizen werden zu Lamas ausgebildet. Besonders interessant ist ein Besuch vormittags von 9 bis 11 Uhr, wenn man viele Lamas in ihren orangefarbenen und roten Gewändern sowie Gläubige antrifft.

Im **Janraisig-Tempel** kann man die über 20 Tonnen schwere, mit Gold und Edelsteinen verzierte, 26 m hohe Statue des Bodhisattva Acalokiteshvara, *Migjid Janraisig,* bewundern.

Info: Offiziell hat das Kloster tägl. 8.30–18 Uhr geöffnet, doch meistens wird das Haupttor erst um 9 Uhr aufgesperrt; die Tempel schließen bereits gegen 17.30 Uhr. Eintritt 4000 Tugrik.

Nationalmuseum

Das Nationalmuseum der Mongolei westlich des Parlamentsgebäudes wurde 1924 als Revolutionsmuseum gegründet. Nach einer aufwendigen Restaurierung zeigt es sehr anschaulich die Entwicklung der Mongolei von den Skythen bis zur sowjetischen Zeit. Der Besuch ist absolut empfehlenswert, um sich mit der **Geschichte des Landes** vertraut zu machen! Alle Exponate sind mit englischen Erklärungen versehen, weshalb die vom

Eingangstor zum Gandan-Kloster

trans18-020 dk

trans18-021 dk

Museum angebotenen ein- bis zweistündigen Führungen auf Englisch nicht unbedingt notwendig sind. Diese können am Vortag gebucht werden und kosten unabhängig von der Anzahl der Personen 80.000 Tugrik (ca. 30 Euro). Zwischen 9 und 11 Uhr ist es am ruhigsten und damit ideal für einen Besuch!

Info: Mitte Mai bis Mitte Sept. tägl. 9–19 Uhr, Mitte Sept. bis Mitte Mai Di bis Sa 9–18 Uhr. Hinweis: Manchmal ist an Feiertagen geschlossen, das entscheidet der Museumsdirektor. Ticketverkauf bis 1½ Std. vor Schließung, Eintritt 8000 Tugrik, Tel. 70 11 09 13, www.nationalmuseum.mn.

Andrang auf dem Nadaam-Fest

Dinosaurier-Museum

Das in einem ehemaligen Kino untergebrachte Museum stellt einige kleine Dinos aus (im Sommer tägl. 10–19 Uhr, im Winter 9–18 Uhr, Eintritt 3000 Tugrik). Hinweis für Dinofans: Ein riesiges Saurierskelett steht mitten in der Hunnu Shopping Mall (tägl. 11–22 Uhr) etwa 10 km südwestlich der Stadt.

Kunstmuseum

Das sehenswerte Museum zwei Straßen westlich vom Parlamentsgebäude zeigt u.a. religiöse Kunst (Erläuterungen auch auf Englisch). Besondere Attraktionen sind die **Bilder „Life in Old Mongolia" und „One Day of Mongolia"** des Malers *Sharow* (1869–1939), die das traditionelle mongolische Leben darstellen. Man beachte die Details: Reiter, Karawanen, Kampfsportszenen, ein Kindergeburtstag, Liebespaare, Airag-Fest etc. Es gibt kostenlos Audioguides in englischer Sprache zum Ausleihen.

Info: tägl. außer So im Sommer 9–18 Uhr, im Winter 10–17 Uhr, Eintritt 8000 Tugrik, Tel. 32 60 60.

Bogd-Khan-Museum

Das Museum liegt etwa 1½ km südlich des Suche-Bator-Platzes auf der anderen Seite des Flusses. Die zwischen 1893 und 1903 erbaute Anlage diente von 1911 bis 1924 dem staatlichen und religiösen Führer des Landes, dem 8. Bogd Khan, als Winterpalast und bietet einen **Einblick in das religiöse Leben der Mongolen.**

Info: tägl. 9.30–19 Uhr, Eintritt 8000 Tugrik, Tel. 34 21 95.

Chojin-Lamatempel-Museum

Der Chojin-Lamatempel wurde im Jahre 1908 im Auftrag des 8. Bogd Khan, *Javzandamba,* für dessen Bruder erbaut. Heute befindet sich in den Räumlichkeite ein **Religionsmuseum** mit einer umfassenden Sammlung interessanter buddhistischer Tanzmasken, Statuen und Tankas aus dem 19. Jahrhundert. Ursprünglich lag der Tempel außerhalb der Stadt im Grünen, doch heutzutage steht er umgeben von modernen Gebäuden mitten in der Stadt.

Info: tägl. 9–19 Uhr, Eintritt 8000 Tugrik, Tel. 32 85 47.

Folkloreshow

Von Mitte Juni (manchmal auch schon Mitte Mai) bis Ende September findet jeden Abend von 18 bis 19.15 Uhr eine hervorragende Folkloreshow **im Dramatheater** statt, wo die besten Musiker des Landes auf über 30 verschiedenen traditionellen Instrumenten spielen und bunt gekleidete Tänzer und Tänzerinnen auftreten. Man lasse sich nicht von dem Wort „Show" abschrecken, denn es ist kein Touristennepp, sondern ein echtes Kulturhighlight! In der Hochsaison von Juni bis Ende August sind die Vorstellungen meist ausverkauft. Direkt rechts neben dem Theater befindet sich das etwas unscheinbare Ticketbüro (Tel. 89 06 60 64, tägl. 10–18.30 Uhr, 25.000 Tugrik p.P.), erkennbar an den großen Buchstaben „KACC" (mongolisch für Kasse). Den besten Blick im Theater hat man von den erhöhten Plätzen Nr. 1–14 auf der „bäletasch"! Fotografieren während der Vorstellung ist nur ohne Blitz erlaubt und kostet 50.000 Tugrik.

Wegbeschreibung: Man überquert die große Straße in der Südwestecke des Suche-Bator-Platzes bei der Hauptpost; geht man auf das rosafarbene Theater mit weißen Säulen zu, sieht man rechter Hand ein großes Tor. Rechts vor dem Tor befindet sich ein kleines, rotes Gebäude mit grauen Marmorsäulen aus Plastik (!); der Eingang zum Kassenraum liegt versteckt rechts um die Ecke.

Naadam-Fest

Alljährlich **vom 11. bis 13. Juli** findet das Naadam-Fest statt (s. Exkurs weiter unten). Wer das **wichtigste Volksfest der Mongolei** in seine Reise einplanen will, muss sich früh um eine Unterkunft kümmern! Vorsicht: Während dieser Tage sind besonders viele **Taschendiebe** unterwegs! Den Pass besser im Hotel lassen und Geld gut am Körper verstecken. Ein Fiasko ist der Verlust des Fotoapparates, mit dem Hunderte Bilder unwiederbringlich verloren gehen! Tipp: Die gegen 10 Uhr auf dem Suche-Bator-Platz beginnende Eröffnungsfeier ist ein absolutes Highlight! Den besten Blick hat

Ulan Bator, Zentrum

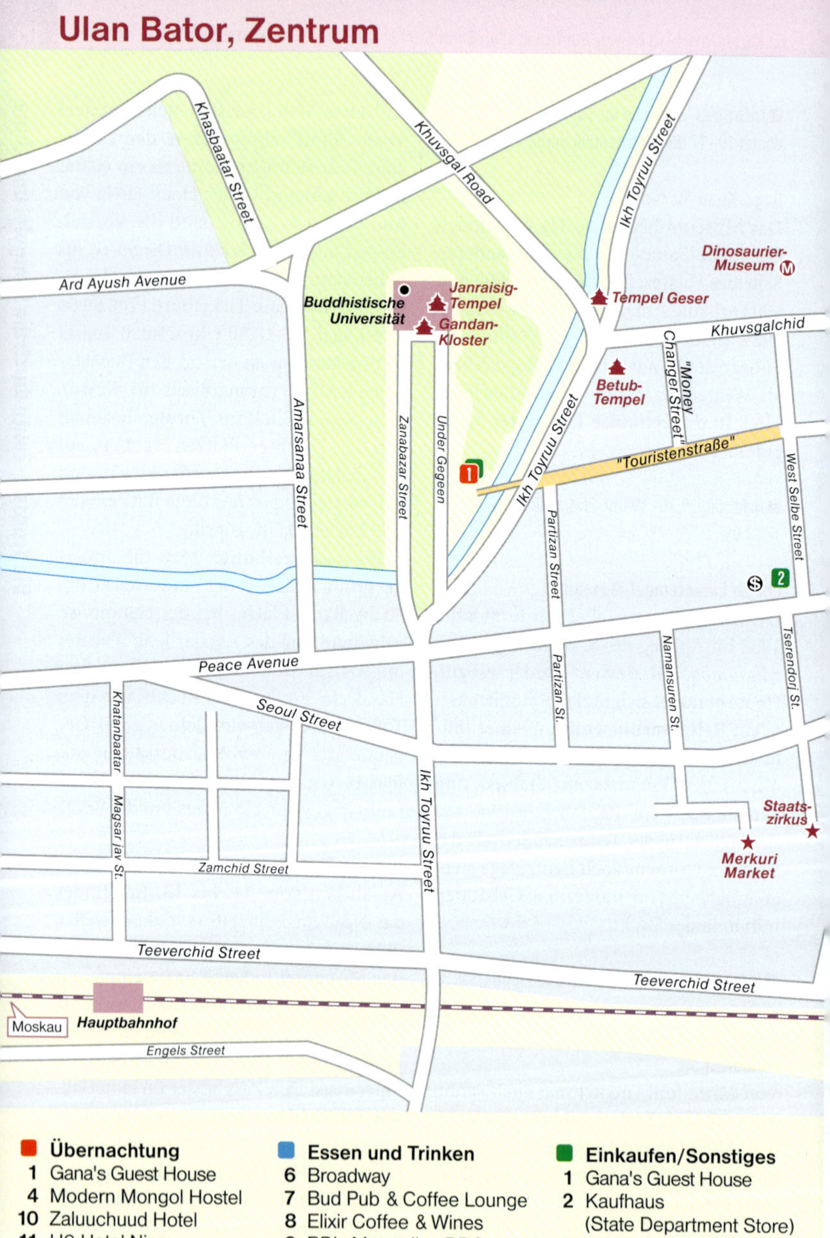

Übernachtung
1 Gana's Guest House
4 Modern Mongol Hostel
10 Zaluuchuud Hotel
11 H9 Hotel Nine
12 Best Western Premier Tuushin Hotel
14 Springs Hotel
15 Platinum Hotel
16 Kaiser Hotel

Essen und Trinken
6 Broadway
7 Bud Pub & Coffee Lounge
8 Elixir Coffee & Wines
9 BD's Mongolian BBQ
13 Restaurant Monet

Einkaufen/Sonstiges
1 Gana's Guest House
2 Kaufhaus (State Department Store)
3 Cashmere House
5 Nature Tours
17 Hunnu Shopping Mall

0
300 m
©Reise Know-How
Trans_32 6/18
Toyruu
Street
Baga
Deutsche Botschaft
Negdsen
Undestniy
Street
Irkutsk Street
WEST-SELBE
Sukhbaatar St.
Ikh Surguul Street
Botschaft der VR China
Zaluuchuud Avenue
Avenue
Parlaments-gebäude
Kunst-museum
Nationalmuseum
Baga Toyruu Street
Amar Street
"Touristen-
straße"
Suche-Bator-Platz
Oper
Reiterstandbild von Dschingis Khan (54 km),
Naturschutzgebiet Tereldsch (70 km)
Baga
Toyruu St.
ehem. Ard-Kino
Suche-Bator-Denkmal
Peace Avenue
Songdo Hospital
Jamyan St.
Botschaft der Russischen Föderation
Chojin-Lamatempel-Museum
German Bakery
Khanddorj St.
Seoul Street
Dramatheater (Folkloreshow)
Schweizer Konsulat
Manlaybaatar Damdinsuren Street
Marx Street
Chengis Av.
Usny Street
OST-SELBE
Narantuul Market
Teeverchid Street
Österreichisches Konsulat
Dund gol
Chengis Avenue
Marx Street
(10 km),
Bogd-Khan-Museum (400 m),
SOS Medica Mongolia International Clinic (3 km),
Dinosaurierskelett (10 km),
alter Flughafen (18 km),
neuer Flughafen (30 km)
Zentralstadion
Beijing

man von dem direkt am Platz gelegenen Lokal Elixir Coffee & Wines, vor welchem man sich frühzeitig einen Stehplatz sichern sollte! Nach der Rede des Präsidenten folgt ein bunter Umzug in Richtung Süden auf der Dschingis Avenue über den Fluss Selbe ins Stadion. Die überdachten Plätze bieten die beste Sicht auf die Tänze und Vorstellungen sowie auf die sich daran anschließenden **Wettkämpfe** im mongolischen Ringkampf. Außerhalb des Stadions finden viele interessante Dinge statt: Man verpasse nicht die Wettkämpfe mit Pfeil und Bogen, die zahlreichen Stände mit mongolischen Fleischspezialitäten und

trans18-022 dk

die vielen, in herrlich bunten traditionellen Trachten gekleideten Menschen, die den Gesangs- und Tanzdarbietungen zugucken. Hinweis: Schon am 10. Juli gibt es Pferderennen-Vorentscheidungen außerhalb der Stadt, die genauso spannend sind wie die Endrennen, zu denen aber viel weniger Touristen kommen.

Sehenswertes in der Umgebung

Außerhalb der Stadt locken **Ausflugsziele,** z.B. das Naturschutzgebiet Tereldsch oder – kostspieliger – der Besuch eines Mongolenlagers wie zu *Dschingis Khans* Zeiten inmitten herrlicher mongolischer Weite! Auf dem Rückweg kann man einen Stopp am größten Reiterstandbild der Welt einlegen (s.u.). Solche Touren sind unbedingt lange im Voraus zu buchen (s.u.).

Naturschutzgebiet Tereldsch

Das 70 km nordöstlich der Hauptstadt gelegene Naturschutzgebiet ist beliebt entweder **als Tagesausflug oder mit Jurtenübernachtung.** Die Fahrt führt zunächst durch wenig aufregende, flache Landschaft. Nach etwa einer halben Stunde geht es links ab, und man gelangt zum Eingangshäuschen des Naturschutzgebiets (hier muss jeder Eintritt zahlen). Erst geht es durch eine Gegend, in der an vielen Stellen Neubauten entstehen, bis der schöne Teil der Fahrt beginnt, durch saftige Täler und über Flüsse, vorbei an Pferde- und Schafherden, bizarren Felsen und Jurten. Pferde werden gegen Bezahlung für Ausritte angeboten. Man sollte immer nur in Begleitung ausreiten und sich vor Hunden in Acht nehmen!

Buchen kann man ein-, zwei- oder mehrtägige Ausflüge nach Tereldsch vor Ort z.B. über Gana's Guest House (s.u.) oder vor der Reise über einen Reiseveranstalter in Europa.

☒ Blick über die Stadt mit dem Suche-Bator-Platz und dem Parlamentsgebäude im Vordergrund

Reiterstandbild von Dschingis Khan

Auf dem Weg in das Naturschutzgebiet Tereldsch steht 54 km östlich von Ulan Bator an der Stelle, wo gemäß einer Legende der 17-jährige *Dschingis Khan* im Jahre 1179 eine goldene Gerte fand, das monumentale, insgesamt 40 m hohe, aus 250 Tonnen Edelstahl gebaute, **größte Reiterstandbild der Welt** (seit 2016 im Guinnes Buch der Rekorde) – genau passend für den größten Mongolen aller Zeiten! Schon aus der Ferne beeindruckt das im Jahr 2008 eingeweihte Denkmal. *Dschingis Khan* sieht in Richtung Osten, wo er in etwa 200 km Entfernung geboren wurde, gleichzeitig hat er eine seine Mutter darstellende Figur im Blick. Der Komplex soll gut 4 Mio. US-Dollar gekostet haben und wurde von einem Geschäftsmann und Goldminenbesitzer finanziert.

Ein Besuch **im Inneren des Rundbaus** lohnt nicht unbedingt: Hier befinden sich Souvenirgeschäfte und Restaurants sowie ein Aufzug, der die Besucher in den Kopf des Pferdes befördert. Oben angekommen folgt man einer schmalen, nicht durchgehend beleuchteten (ggf. Taschenlampe mitnehmen!) Treppe zu einer kleinen Aussichtsterrasse auf dem Kopf des Tieres.

■ **Info:** im Sommer tägl. 9–20 Uhr, im Winter tägl. 10–18 Uhr. Man rechne je nach Verkehr in der Stadt mit mind. 1 Std. Anfahrt von Ulan Bator. Eintritt 8500 Tugrik, Tel. 32 89 60 und 93 22 93 23.

An der Strecke von Ulan Bator zum Reiterstandbild passiert man kurz vor diesem rechter Hand einen sympathischen Mongolen, der dem Reisenden **Greifvögel** wie Steinadler, Seeadler, Aasgeier und Falke sowie eine Eule vorführt – es ist schon etwas Besonderes, diese riesigen Vögel aus unmittelbarer Nähe zu erleben! Man darf die Tiere auf dem Arm halten (pro Tier 2000 Tugrik), vorausgesetzt man hat die Kraft! Angenehmerweise ist bloßes Fotografieren kostenlos, bzw. jeder gibt, was er für angemessen hält.

trans18-023 dk

Groß, größer – Dschingis Khan

Besuch eines Mongolenlagers

Ein **Tages- bzw. Zweitagesausflug** zu dem rund 100 km (75 km Straße, der Rest Naturpiste) südöstlich von Ulan Bator mitten in der mongolischen Weite, auf einer Höhe von **knapp 2000 m ü.N.N.** gelegenen Mongolenlager ist absolut empfehlenswert. Man fühlt sich wie im 13. Jahrhundert zu *Dschingis Khans* Zeiten und besucht Jurten mit Funktionen als Wachtposten, Tempel, Schule, Schmiede und Wohnung. Wer **über Nacht** bleibt, schläft in einer der unterschiedlich ausgestatteten Jurten: Am größten sind die Königsjurten, gefolgt von Königinnenjurten und mehreren Standardjurten. Die allergrößte, die Khanjurte, dient als Restaurant.

Ein Ausflug muss unbedingt **rechtzeitig reserviert werden!** Um das Erlebnis besonders authentisch zu gestalten, gibt es keinen Strom. Die ausschließlich **mongolische Verpflegung** (nichts für Vegetarier, und es gibt auch keine Cola!) ist so hervorragend, als fürchte der Koch wie zu alten Zeiten um seinen Kopf! Noch ist dieser Ausflug ein Insidertipp. Er kostet zwar einiges mehr als der oben genannte in das Naturschutzgebiet Tereldsch, bietet dafür aber unvergleichliche Landschaftseindrücke und macht bekannt mit vom Tourismus weitgehend unberührt gebliebenen Nomaden, da nur wenige Ausländer überhaupt von dieser Tour wissen.

■ **Info:** Tagesbesucher bezahlen 55.000 Tugrik p.P. inklusive Mittagessen und Eintritt für den Besuch der aus sechs Jurtenlagern bestehenden Anlage. Für Übernachtungsgäste ist der Eintritt kostenlos, d.h. sie sparen 55.000 Tugrik. Je nach Jurtentyp kostet die Übernachtung inkl. Frühstück in einer Königsjurte 130.000 Tugrik p.P., in einer Königinnenjurte 110.000 Tugrik p.P. und in einer Standardjurte 85.000 Tugrik p.P.

■ **Buchen** muss man lange im Voraus entweder bei einem Reiseveranstalter in Europa oder vor Ort z.B. bei der Agentur Hidden Mongolia, batscha4@gmail.com, Tel. 99 25 48 39 und 89 25 48 39; der Chef, *Mr. Batscha*, spricht deutsch.

Praktische Infos

Information

Der wöchentlich erscheinende **„The Mongol Messenger"** berichtet über Politik, Wirtschaft, Kultur etc. Ebenfalls über diese Themen kann man sich Mo, Mi und Fr in der „UB Post" informieren. Das Hochglanzjournal **„Ulan Bator Guide"** ist ein Stadtführer mit aktuellen Tipps. Alle drei werden u.a. in Souvenirshops, Hotels und im Hauptpostamt verkauft.

Post

■ Das **Postamt** liegt im Südwesten des Suche-Bator-Platzes. In der Haupthalle findet man eine große Auswahl an Briefmarken, Postkarten, Landkarten und Stadtplänen. Tägl. 8–20 Uhr.

Vorsicht!

In Ulan Bator (besonders auf dem „Schwarzmarkt", im großen Kaufhaus und an dessen Eingangstüren sowie während des Naadam-Festes im Stadion) treiben **Taschendiebe und Diebesbanden** ihr Unwesen. Im Falle eines Falles unbedingt die Polizei benachrichtigen und eine Schadensmeldung für die Reisegepäckversicherung mitnehmen, da diese ohne offizielle Polizeipapiere für den Schaden nicht aufkommt.

trans18-024 dk

Geld

■ Sicher Geld wechseln kann man in der **„Money Changer Street“,** einer Nebenstraße der „Touristenstraße“, zwei Straßen östlich vom Gandan-Kloster (Mo bis Fr 10–19 Uhr, Sa/So 11–18 Uhr), und **rund um das ehemalige Ard-Kino** zwei Straßen westlich vom Suche-Bator-Platz (Mo bis Fr 9–19 Uhr, Sa/So 10.30–18 Uhr). Hier kann man schneller und günstiger als in Banken aus allen Währungen in alle Währungen wechseln. Einen 24-Stunden-Geldwechsel findet man, wenn man vom Kaufhaus an der Peace Avenue kommend auf den Zirkus zugeht, die Seoul-Straße überquert und dann nach rechts geht; nach etwa 200 m folgt die Golomt Bank.

Tipp: Bei Ankunft in Ulan Bator tauscht man Euro, restliche Rubel oder übrige Yuan in mongolische Tugriks und vor der Abreise alle verbliebenen Tugriks in die als nächstes benötigte Währung – man kann Tugriks nur in der Mongolei wechseln!

■ **Geldautomaten** findet man u.a. im Kaufhaus (State Department Store, Golomt Bank, Mo bis Fr 8.30–22 Uhr, Sa 9–22 Uhr, So 9–21.30 Uhr), im Eingangsbereich der Hauptpost sowie im Bayangol Hotel und im Ulan Bator Hotel.

■ **Western Union Money Transfer:** Geldsendungen kann man u.a. über die XAC Bank und die Khan Bank abwickeln; auch beim ehemaligen Ard-Kino gibt es eine Filiale.

Medizinische Hilfe

■ **SOS Medica Mongolia International Clinic,** Khan Uul District, 1st Khoroo, Zaisan Center, 2. Etage, Tel. 77 11 43 25, 99 57 11 80 (englisch), im Notfall Tel. 91 91 31 22; zaison@sosmedica.mn.

■ **Songdo Hospital,** im Stadtzentrum südöstlich vom Suche-Bator-Platz, 1st Khoroo, Choidog St. 5, Tel. 70 11 11 63, www.songdo.mn.

■ Im Notfall kann man die **Deutsche Botschaft** anrufen: Tel. 32 33 25 und 32 09 08 sowie im Notfall mobil 99 11 46 65.

Moderne Architektur im Zentrum: The Blue Sky Hotel & Tower (li.)

Botschaften

Deutsche Botschaft, Baga Toiruu-2, Negdsen Undestenii Gudamj, Tel. 32 33 25, 32 09 08 und in Notfällen (außerhalb der Dienstzeiten) mobil: 99 11 46 65. Mo bis Do 8.30–12.30 und 13–17 Uhr, Fr 8.30–12.30 Uhr.

Österreichisches Konsulat, Khan Uul District, Chingisiin Urgun, Chuluu EREL Group, Head Office Bldg., Tel. 32 48 04, hk_at_ub@magicnet.mn.

Schweizer Konsulat, Chingeltei District, 4 Khoroo, Diplomatic Complex 95, Eingang 4, Tür 36, Tel. 33 14 22, ulaanbaatar@sdc.net, www.swissconsulate.mn.

Botschaft der Russischen Föderation, Enkh Tayvan Av. A-6, Tel. 31 28 51, Konsularabteilung Tel. 32 60 37, embassy_ru@mongol.net. Mo bis Fr 10–12 und 14–15 Uhr. Hinweis: Nur in der Mongolei arbeitende und dort akkreditierte Ausländer können ihr Visum für Russland in Ulan Bator beantragen.

Botschaft der VR China, Zaluuchuud Av. 5, Tel. 32 39 40, Öffnungszeiten der Konsularabteilung Mo, Mi und Fr 9.30–12 Uhr. Hinweis: Nur in der Mongolei arbeitende und dort akkreditierte Ausländer können ihr Visum für China in Ulan Bator beantragen.

Unterkunft

Auch wenn Ulan Bator mittlerweile über viele Hotels und unzählige Hostels verfügt (www.hostelworld.com), kann es kurz vor, während und nach dem **Naadam-Fest** (11.–13. Juli) zu Engpässen kommen, sodass eine frühzeitige Reservierung dringend empfohlen wird.

Die **Übernachtungspreise** werden in einigen Hotels in Tugrik angegeben, in anderen in US$. Während der Hochsaison (für einige Hotels beginnt diese Ende Februar, für andere im April/Mai und endet für alle in der Regel Ende September) liegen die Preise weit über denen der restlichen Monate, wobei die höchsten Preise während des Nadaam-Festes verlangt werden. Wenn unten Preise „ab" genannt sind, so sind damit die Preise in der Nebensaison gemeint. Sowohl Hostels als auch Hotels haben WLAN. Die meisten Hotels akzeptieren Kreditkarten, wobei MasterCard und VISA die gängigsten sind.

15 Platinum Hotel

Tel. 70 12 88 55, info@platinum.mn, www.platinum.mn. Das neun Stockwerke hohe, absolut empfehlenswerte Hotel hat 49 schöne, helle Zimmer und liegt sehr zentral nur wenige Gehminuten vom Suche-Bator-Platz entfernt. In der Hauptsaison (1.5.–31.10.) kosten EZ/F 148.000 Tugrik, DZ/F 188.000 Tugrik und ein Zusatzbett 60.000 Tugrik. Wer vor dem Frühstück abreist, kann am Vorabend eine Lunchbox mit Frühstück bestellen und morgens bei der Rezeption in Empfang nehmen.

4 Modern Mongol Hostel

Tel. 77 05 22 55 und 99 10 18 61, booking@hostel.mn. Dieses in einem modernen Büro (!) untergebrachte, 50 Betten zählende Hostel wurde von seiner Besitzerin *Baigal* mit Liebe gestaltet und ist aufgrund seiner absolut zentralen Lage und guten Qualität für Westler die erste Wahl. Wegbeschreibung: Man gehe zwischen dem roten Dramatheater und den links davon stehenden Bürohochhäusern bis zum dritten Gebäude; eine Metalltreppe führt in einen geräumigen Vorraum mit einem großen Gemeinschaftstisch, wo man sich trifft. Alle Zimmer mit Gemeinschaftsbad und inkl. Frühstück: EZ 20 US$, DZ 30–35 US$, 4-Bett-Zimmer à 15 US$ p.P.

16 Kaiser Hotel

Tel. 31 54 24 und 99 10 54 24, Kaiser.hotel@yahoo.com, www.kaiser-hote.com. Das empfehlenswerte Hotel liegt genau gegenüber vom Platinum Hotel und damit ebenfalls nur wenige Gehminuten vom Stadtplatz entfernt. Es ist mit nur vier Etagen (ohne Fahrstuhl!) viel kleiner und etwas bescheidener, aber dafür überschaubarer und persönlicher. EZ/F ab 60 US$, DZ/F ab 70 US$ und 3-Bett-Zimmer ab 115 US$.

10 Zaluuchuud Hotel

Tel. 32 55 44 und 32 45 94, zaluuchuud@zh.mn, www.zh.mn. Wirklich einfaches Hotel in guter Lage für Reisende ohne hohe Ansprüche, denen ein sauberes Zimmer mit eigenem Bad genügt. 44 Zimmer auf vier Etagen (ohne Fahrstuhl!). WLAN gibt es bisher nicht in den Zimmern, sondern auf dem Flur. EZ/F ab 45 US$, DZ/F ab 70 US$, Zustellbett ab 18 US$. Hinweis: Sollten die beiden für das bescheidene Frühstücksbuffet zuständigen jungen Damen nicht auffüllen, mit Nachdruck darauf bestehen – klappt immer, mal mit mehr, mal mit weniger Druck. Notfalls an der Rezeption beschweren – und man erkennt das Buffet nicht wieder!

11 H9 Hotel Nine

Tel. 77 11 43 34 und 33 03 30, info@hotelnine.mn, www.hotelnine.mn. Dieses absolut empfehlenswerte, nur eine Gehminute vom Suche-Bator-Platz entfernte Hotel wurde im Mai 2015 eröffnet und verfügt über insgesamt 53 relativ kleine, aber angenehme Zimmer. Die Rezeption befindet sich im 3. Stock (Fahrstuhl vorhanden). EZ/F ab 80 US$, DZ ab 110 US$.

14 Springs Hotel

Tel. 32 07 38 und 70 11 91 91, info@springshotel.mn, www.springshotel.mn. Dieses angenehme Hotel liegt wenige Gehminuten südlich des Suche-Bator-Platzes. Wer ein DZ bucht, sollte einen „twin room" mit zwei separaten Betten reservieren, da er viel mehr Platz bietet als ein „double room"! EZ/F 120 US$, DZ/F 145 US$, 3-Bett-Zimmer/F 210 US$.

12 Best Western Premier Tuushin Hotel

Tel. 32 31 62 und 70 00 99 15, www.bestwestern-mongolia.mn. Das 4-Sterne-Hotel bietet in Bestlage 100 m vom Suche-Bator-Platz beste Qualität! EZ/F 250 US$, DZ/F 285 US$.

1 Gana's Guest House

Tel. 99 11 69 60, ganasger@gmail.com, www.ganasger.mn. Läuft man vom Eingangstor des Gandan-Klosters kommend in den ersten Sandweg linker Hand, so erreicht man nach etwa 100 m das links liegende Guesthouse. Der Besitzer *Gana*, ursprünglich Lehrer von Beruf, war der erste Hostelbesitzer der Mongolei! Seine Herberge besteht aus einem Steingebäude mit sehr einfachen Zimmern und acht Jurten auf dem Dach (mit Ausblick!): vier 5-Bett-Jurten und im Sommer vier 2-Bett-Jurten mit eigener Dusche/WC. Eine neunte Jurte dient u.a. als Frühstücksraum. Gana's Guesthouse ist zwar keine Luxusunterkunft und nicht immer perfekt sauber, aber die Lage beim Gandan-Kloster ist unschlagbar! Kostenloser Abholservice vom Bahnhof. 5-Bett-Jurte/F p.P. ab 5 US$, eine ganze Jurte zu viert kostet p.P. 40 US$, zu dritt 35 US$ und zu zweit 25 US$. Im Steingebäude gibt es vier 5-Bett-Zimmer für 6 US$ pro Bett inkl. Frühstück und Zimmer mit Dusche/WC/F: Juni bis Aug. EZ/F 25 US$, DZ/F 35 US$, 3-Bett-Zimmer/F 45 US$; Sept. bis Mai EZ/F 20 US$, DZ/F 30 US$, 3-Bett-Zimmer/F 35 US$. Gepäckaufbewahrung, Internet und WLAN. Waschmaschinenbenutzung 4000 Tugrik pro kg. *Gana* bietet u.a. Gobi-Exkursionen (s.u.) an.

Essen und Trinken

In Ulan Bator gibt es Restaurants mit **Speisen aus aller Herren Länder,** z.B. aus Indien, der Türkei, Thailand, China, Frankreich, Italien, Deutschland, Korea, Russland etc. Viele Restaurants und Bars findet man in der **Seoul Street,** Ulan Bators angesagter Straße. Viele der größeren Lokale bieten ein günstiges *Business Lunch* je nach Restaurant zwischen 12 und 16 Uhr an. Hinweis: Sicherheitshalber auf Fischgerichte verzichten.

9 BD's Mongolian BBQ

Tel. 31 11 91, Mo bis Sa 11–24 Uhr, So 11–23 Uhr. Leider gibt es keine Hausnummer und auch (noch) kein Namensschild. Daher: Nicht verwechseln mit anderen Mongolian-BBQ-Lokalen oder dem ein paar Schritte entfernten Restaurant Modern Nomads! Das BD's liegt direkt gegenüber einem hellgrünen historischen Gebäude bzw. schräg gegenüber dem Metromall Shopping Center. Am Eingang steht SALM BRÄU PUB KARAOKE. Tritt man ein und geht an der rechter Hand befindlichen Garderobe vorbei durch eine Glastür und dann nach rechts, kommt man zur gläsernen Eingangstür des Restaurants. Vorne links ist die Bar, hinten links geht es ein paar Stufen hinunter zum Buffet. Das BD's ist wohl das empfehlenswerteste Restaurant in Ulan Bator.

Man sucht sich aus, welche Zutaten und Soßen dem Koch zum Braten auf einer riesigen Platte gegeben werden. Auch Vegetarier kommen hier auf ihre Kosten. An Wochenenden und für den Abend unbedingt frühzeitig reservieren. Das Buffet „all you can eat" kostet 30.000 Tugrik p.P. bzw. mittags von 11 bis 15 Uhr 5000 Tugrik weniger; wer nur einmal „zuschlägt", bezahlt 15.000 Tugrik, und wer nur einen Salat und eine Suppe isst, 13.000 Tugrik.

8 Elixir Coffee & Wines

An der Westseite des Suche-Bator-Platzes, auf der Höhe des sitzenden *Dschingis Khan*, Tel. 88 11 10 97 und 80 18 00 80, Mo bis Fr 8–23 Uhr, Sa 9–21 Uhr, So geschlossen. Nicht nur die einmalige Lage macht das im Juni 2016 eröffnete, helle und absolut empfehlenswerte Design-Lokal zu einem idealen Spot. Hier kann man wunderbar relaxen bei exzellentem Kaffee. Zudem wird gut gekocht, und wer sein Laptop mitbringt, findet viele Anschlüsse.

13 Restaurant Monet

Im 17. Stock des Central Tower an der Südostecke des Suche-Bator-Platzes (erkennbar an der Louis-Vuitton Schaufensterwerbung) mit einmaligem Blick auf Ulan Bator – daher ein Muss für jeden Besucher der Stadt! Mo bis Fr 12–15 Uhr günstiger *Business Lunch*. Wer reserviert (Tel. 31 07 07), nehme Tisch Nr. 2, und wenn der nicht mehr frei ist, Nr. 3 oder Nr. 6, und wer nur etwas trinken möchte, kann links in der Ecke am Fenster sitzen.

7 Bud Pub & Coffee Lounge

Tel. 99 72 46 50. Im Café (Mo bis Fr 8–21 Uhr) Frühstück, im Restaurant (Mo bis Sa 11–24 Uhr, So geschlossen) Mittag- und Abendessen. *Business Lunch* Mo bis Fr 11–16 Uhr. Das an ein bayrisches Lokal erinnernde, in Holz gehaltene Restaurant ist ein angenehmer Ort, die Küche gut und der Blick auf den Suche-Bator-Platz wunderbar.

6 Broadway

An der Südwestseite des Suche-Bator-Platzes, leicht erkennbar, da im Stil eines griechischen Tempels, Tel. 7010 78 78, tägl. 9–23.30 Uhr, im Sommer kann man bis 22 Uhr draußen sitzen. Gelobt seien die hervorragenden, riesigen Fleischplatten!

Einkaufen

2 State Department Store, Kaufhaus an der Peace Avenue, Tel. 18 00 28 88, für Ausländer das interessanteste Sortiment in der Stadt. Im 5. Stock beeindruckende Auswahl an Souvenirs, u.a. große Auswahl an Filzhausschuhen, im 2. Stock gibt es eine Abteilung mit Kaschmir, im hinteren Bereich des Erdgeschosses befindet sich eine große Lebensmittelabteilung mit vielen Importartikeln, und auch sonst ist alles vorhanden, was man in einem Kaufhaus erwartet. Mo bis Fr 8.30–22 Uhr, Sa 9–22 Uhr, So 9–21.30 Uhr.

3 Cashmere House, Peace Avenue 5, gegenüber der Russischen Botschaft im Gebäude Flower Center, Tel. 32 68 67, Mo 11–19 Uhr, Di bis Fr 10–19 Uhr, Sa/So 11–19 Uhr. Hier findet man eine große Auswahl diverser Produkte aus feinstem Kaschmir von Decken über Mäntel, Kleider und Pullover bis hin zu Kinderkleidung der führenden Hersteller sowie eine sehr gut bestückte Souvenirabteilung, in der es u.a. wunderbare Filzhausschuhe zu kaufen gibt.

■ Auf dem **Merkuri Market** werden neben importiertem Obst und Gemüse aus China und Russland auch mongolische Spezialitäten wie z.B. getrocknete Milchprodukte (sollte man unbedingt probieren!) angeboten. Di bis Sa 10–19 Uhr, So 11–19 Uhr, Mo geschlossen. Der Markt liegt ein wenig versteckt und ist nicht leicht zu finden, daher hier eine Wegbeschreibung: Man gehe auf das runde Zirkusgebäude zu bis zu einem Schmuckpavillon auf dem Mittelstreifen; hier nach rechts abbiegen. Man läuft weiter, bis einem ein Hochhaus den Weg versperrt, dann nach links abbiegen.

■ Der **Narantuul Market** („Schwarzmarkt") im Südosten des Stadtzentrums ist für Ausländer völlig uninteressant. Es handelt sich um ein großes Verkaufsgelände mit u.a. Billig- bzw. Plagiatsware aus China; hier kaufen die Jugend und mongolische Studenten ihre neuesten Modeklamotten ein. Will man den Markt aufsuchen, gilt äußerste Vorsicht vor Taschendieben bzw. regelrechten kriminellen Gangs, die hier ihr Unwesen treiben!

Reiten, Ringkampf, Bogenschießen – das mongolische Naadam-Fest

Der Ursprung des Naadam-Festes liegt lange vor der Zeit *Dschingis Khans* (geb. ca. 1167) und wurde seit Mitte des 12. Jahrhunderts mehr und mehr zu einem festen Bestandteil der Tradition des Landes. Waren die Ringkämpfe, Wettbewerbe im Bogenschießen und die Kamel- und Pferderennen anfangs reine Wehrübungen, so entstand daraus mit der Zeit ein **Sport- und Kulturfest** mit sportlichen Wettkämpfen und musikalischen Darbietungen. Viele bezeichnen das Fest als **„Mongolische Olympische Spiele"**, weil hier alljährlich zwischen Ende Juni und Ende August die besten Ringkämpfer, die schnellsten Reiter und die treffsichersten Bogenschützen des Landes ermittelt werden.

In Erinnerung an die Revolution von 1921 findet das Hauptfest vom 11. bis 13. Juli in **Ulan Bator** statt. Auf dem Lande werden kleinere Feierlichkeiten abgehalten, die keine festen Daten haben und damit meistens während einer Rundreise nur per Zufall entdeckt werden. Dabei sind die örtlichen Naadam-Feste zwar nicht so aufwendig, aber allein die Tatsache, dass sich alle Einheimischen in ihren besten traditionellen Kleidern zeigen, mit den besten Pferden angeritten kommen und im Umkreis ihre weißen Jurten aufschlagen, machen diese regionalen Feste zu einem besonderen Erlebnis.

Die Festlichkeiten werden mit einer bunten Zeremonie, bei der die Teilnehmer ihre wunderschöne traditionelle Kleidung tragen, um 10 Uhr auf dem **Suche-Bator-Platz** eingeleitet. Um 11 Uhr findet im **Sportstadion** die Eröffnungszeremonie mit Hunderten Mönchen und Sportlern statt: Begleitet von Musik ziehen sie festlich in das Stadion ein. Die offizielle Schlusszeremonie findet im Anschluss an die Ringkämpfe gegen 19 Uhr am zweiten Festtag im Stadion statt.

Die wichtigsten Wettbewerbe wie Pferderennen, Ringkampf und Bogenschießen liegen in den ersten zwei Tagen, sie beginnen um 9 Uhr morgens. Dabei kann man beim berühmten **Pferderennen mit bis zu 1000 Reitern** zusehen. Das Rennen beginnt im Dorf Jarmag in der Nähe des Flughafens und verläuft über eine Strecke von etwa 15 km parallel zur Flughafentrasse bis zum Naadam-Stadion. Wer einen Platz am Ziel ergattern kann, erlebt ein Highlight des Festes. Es ist ein Erlebnis, die kleinen, zwischen 5 und 13 Jahre alten Mongolenjungen in leuchtender Rennkleidung auf ihren mitunter mageren Kleppern voller Eifer galoppieren zu sehen! Auf den Gewinner warten eine große Belohnung in Form von Hunderttausenden Tugrik und hohes Ansehen. Gleiches gilt für den besten Bogenschützen (auch Frauen nehmen teil) und den besten Ringkämpfer.

Die Wettbewerbe sind **kostenlos.** Nur für die Zeremonien im Stadion muss man eine Eintrittskarte zum Preis von umgerechnet ca. 15 US$ am Eingang zum Stadion erwerben. Eine Sitzplatzreservierung gibt es nicht, also sollte man sich für einen guten Platz frühzeitig im Stadion einfinden.

Zugverbindungen

■ **Vorsicht vor Taschen- und Gepäckdieben am Bahnhof in Ulan Bator!**

■ Da es vorkommt, dass die **Wechselstuben** an den chinesischen Grenzbahnhöfen geschlossen sind, sollte man bereits in Ulan Bator nicht ausgegebene Tugriks in chinesische Yuan wechseln.

■ **Wichtig zu wissen:** Auf der chinesischen Seite der mongolisch-chinesischen Grenze werden alle Taschenmesser konfisziert – egal ob groß oder klein –, weil Zugreisende (wie sonst nur Fluggäste) keine Messer u.Ä. bei sich tragen dürfen! Bei Bedarf eines in Ulan Bator kaufen und dann verschenken.

■ **Hinweise:** Die Züge von Ulan Bator nach Peking sind schnell ausgebucht, daher unbedingt lange im Voraus buchen! In dem chinesischen Moskau-Ulan Bator-Peking Express Nr. 4 gibt es Zweibettabteile „deluxe" sowie sogenannte „harte" und „weiche" 4-Bett-Abteile, die sich bzgl. Komfort kaum, preislich jedoch gewaltig unterscheiden. Seit 2015 kann man Fahrkarten für den Zug Nr. 5 nach Irkutsk und Moskau sowie für den Zug Nr. 24 nach Peking online unter www.eticket.ubtz.mn buchen, jedoch frühestens einen Monat vor der geplanten Abfahrt, was während der Hochsaison ein großes Risiko darstellt!

■ **Fahrkarten für Inlandszüge** von Ulan Bator zum südlichen Grenzbahnhof Zamen-Ude an der chinesischen Grenze (709 km) und auch zum nördlichen Grenzbahnhof Suche Bator an der russischen Grenze (379 km) werden in dem Gebäude links vom Bahnhofshauptgebäude im Erdgeschoss verkauft, internationale Fahrkarten hingegen im Obergeschoss (tägl. 7–20 Uhr): Man geht die Treppe hoch und nach rechts, wo man in einen großen Saal kommt und auf eine Säule zuläuft, an der man eine Nummer zieht und warten muss, bis man dran ist.

■ **Auskunftsbüro** im Erdgeschoss, Tel. 12 41 33, tägl. 8–20 Uhr, kaum Englischkenntnisse.

■ **Bezahlung:** Bar mit Tugrik oder per MasterCard oder VISA-Kreditkarte.

■ **Nach Datong:** Es gibt keine Direktzüge, man fährt mit Zug Nr. 34 mit Umsteigen in Jining. Das Anschlussticket Jining – Datong sollte man über einen Reiseveranstalter vor der Reise buchen, weil man ad hoc vor Ort keine Chance hat! Der Zug Nr. 34 aus Ulan Bator kommt um 19.26 Uhr in Jining/Südbahnhof an; Weiterfahrt nach Datong um 23.35 Uhr mit Zug Nr. K90, Ankunft dort um 1.25 Uhr.

■ **Nach Erlian** (Grenzbahnhof auf chinesischer Seite) mit dem Zug Nr. 22 Mo, Do, Fr und So um 20.45 Uhr, Ankunft am nächsten Morgen um 10.25 Uhr. Die Weiterfahrt nach Peking ist so gut wie unmöglich, weil es nur zweimal wöchentlich einen Zug gibt (So und Mi, Zug Nr. K4 und K24, Abfahrt 0.57 Uhr, Ankunft in Peking am nächsten Tag um 14 Uhr). Da diese Züge auf Durchfahrt sind, d.h. nicht in Erlian eingesetzt werden, sind sie bei Ankunft in

trans18-025 dk

☒ Eine junge Mongolin trägt zum Naadam-Fest moderne Mode

Erlian bereits ausgebucht. Alternativ ist eine Weiterreise per Bus möglich (12 Std. Fahrt, ab Erlian International Busterminal, Abfahrt nachmittags).

■ **Nach Jining** mit Umsteigemöglichkeit u.a. nach **Datong.** Wichtig: Tickets von Jining nach Datong können nicht in Ulan Bator gekauft werden – entweder in Jining oder über einen Reiseveranstalter vor der Reise. Zug Nr. 34 Mo und Fr 20.45 Uhr, im 4-Bett-Abteil 275.000 Tugrik p.P.

■ **Nach Jining** mit Umsteigemöglichkeit u.a. nach **Peking.** Wichtig: Tickets von Jining nach Peking können nicht in Ulan Bator gekauft werden – entweder in Hohhot oder über einen Reiseveranstalter vor der Reise. Zug Nr. 34 Mo und Fr 20.45 Uhr, im 4-Bett-Abteil 254.000 Tugrik p.P.

■ **Nach Irkutsk** (1113 km) tägl. außer Mi und So Abfahrt um 15.22 Uhr, Ankunft am nächsten Tag um 14.37 Uhr: Mo, Di und Sa Zug Nr. 305, Fr Zug Nr. 5, Do Zug Nr. 3 (das ist der chinesische Peking-Moskau-Express, für den Fahrkarten extrem schwierig zu bekommen sind, daher den Zug besser nicht einplanen). Zug Nr. 3 und Nr. 5 im 4-Bett-Abteil ab 200.000 Tugrik p.P., im 2-Bett-Abteil 300.000 Tugrik p.P.; Zug Nr. 305 kostet weniger. Hinweis: Der Montagszug hat keine 2-Bett-Abteile.

■ **Nach Moskau** (6265 km, 96 Std. bzw. 4 Nächte, Ankunft am 5. Reisetag) mit Zug Nr. 3 (= chinesischer Peking-Moskau-Express, s.o.) jeden Do um 15.22 Uhr, Ankunft in Moskau Mo um 13.58 Uhr. Zug Nr. 5 fährt zu den gleichen Zeiten, Abfahrt Fr, Ankunft in Moskau Di. Im 4-Bett-Abteil p.P. ab 530.000 Tugrik, im 2-Bett-Abteil 715.000 p.P.

■ **Nach Peking** (1561 km) mit Direktzug Nr. 24 ganzjährig Do; alljährlich im März/April wird verkündet, an welchem Zusatztag ein weiterer Zug eingesetzt wird, der von Mitte Juni bis Mitte Okt. verkehrt (in den letzten Jahren fuhr er Fr oder Sa ab Ulan Bator). Außerdem fährt jeden So Zug Nr. 4 (der chinesische Moskau-Peking-Express, s.o.). Abfahrt Zug Nr. 24 Do 7.30 Uhr, Ankunft in Peking am Hauptbahnhof 14.35 Uhr. Im 4-Bett-Abteil ab 300.000 Tugrik p.P., im 2-Bett-Abteil „deluxe" 400.000 Tugrik p.P. Umsteigezüge nach Peking s.o. „Nach Jining".

121tr hl

■ **Nach Ulan-Ude** (657 km) tägl. außer Mi und So um 15.22 Uhr, Ankunft am nächsten Tag um 5.53 Uhr: Mo, Di und Sa Zug Nr. 305, Fr Zug Nr. 5, Do Zug Nr. 3 (= chinesischer Peking-Moskau-Express, s.o.). Zug Nr. 3 und 5 kosten im 4-Bett-Abteil 133.000 Tugrik p.P., im 2-Bett-Abteil 270.000 Tugrik p.P., Zug Nr. 305 79.500 Tugrik p.P. Hinweis: Der Montagszug hat keine 2-Bett-Abteile.

Flughafen

■ Sobald der **neue Flughafen Hoschigtiin-Hondii** etwa 50 km südwestlich von Ulan Bator voraussichtlich 2019 in Betrieb geht, wird der 18 km südwestlich der Stadt gelegene **Dschingis Khan International Airport** stillgelegt. Verbindungen via Peking, Seoul, Moskau und Istanbul in die ganze Welt. Es fliegen die mongolische Airline MIAT, die chinesische Air China, die russische Aeroflot, Korean Airlines und Turkisch Airlines. Aeromongolia bedient die Strecke Ulan Bator – Irkutsk, allerdings nicht täglich. Mehr Infos unter www.kinkaa.de/flughafen/Ulan-Bator_ULN.

Exkursionen in der Mongolei

Immer mehr Transsibreisende nutzen die einmalige Gelegenheit, dieses abgelegene Land mit seinen **atemberaubenden Landschaften** kennenzulernen. Es ist eine Frage von Zeit und Geld, ob man nur einen Tagesausflug in das landschaftlich wunderschöne Naturschutzgebiet Tereldsch oder eine längere Exkursion in die Wüste Gobi unternimmt. Die Schönheit der Natur, die Weite und Vielfalt der Landschaft sowie das Zusammentreffen mit Nomadenfamilien sind ein unvergessliches Erlebnis. Bei mehrtägigen oder gar mehrwöchigen Touren gibt es zwar festgelegte Routen und feste Abläufe, oft aber sind es Zufallsmomente auf der Reise wie z.B. eine Hochzeit oder ein kleines Nadaam-Fest, die man ausnutzen und genießen sollte – lieber die Exkursion unterbrechen und damit eventuell auf eine Sehenswürdigkeit verzichten als ein einmaliges Ereignis zu verpassen. Eine gute Einstimmung auf die Mongolei ist der deutsche **Dokumentarfilm „Die Geschichte vom weinenden Kamel"** aus dem Jahr 2003. Erzählt wird die Geschichte einer Nomadenfamilie, die mit ihrer Schafherde in der Wüste Gobi lebt, und eines neu geborenen weißen Kamels, das von seiner Mutter verstoßen wurde.

◁ Der Bahnhof der mongolischen Hauptstadt

Organisation von Exkursionen

Es gibt **in Ulan Bator** zahllose kleine und kleinste, mehr oder weniger verlässliche Anbieter, von denen viele oft nur kurze Zeit existieren. Traveller mit wenig Geld und viel Zeit können vor Ort über ein Hostel buchen zu Preisen, die von der Anzahl der Teilnehmer und von den im Preis enthaltenen Leistungen abhängig sind. Sinnvoll ist es, über das Schwarze Brett einschlägiger Traveller-Hostels Mitreisende zu finden, um die Kosten zu senken. Ein geländetüchtiges Fahrzeug mit Fahrer für maximal sechs Personen kostet 80 US$ pro Tag, hinzu kommt der Treibstoff (man rechne mit einem Verbrauch von 20 l auf 100 km, wobei der Liter um 1600 Tugrik kostet), ferner müssen ein Dolmetscher und die Verpflegung bezahlt werden. Je nach Anbieter sind Zelte und Campingkochgeschirr im Preis enthalten, einen Schlafsack sollte schon aus hygienischen Gründen jeder selbst mitbringen.

Bei frühzeitiger (und empfehlenswerter) **Buchung über einen Reiseveranstalter in Europa** beginnt die Rundreise ohne Zeitverlust und schließt fast alles ein: Fahrzeug, Fahrer, Dolmetscher, Übernachtungen, Koch und Vollverpflegung; Eintrittsgelder sind nicht immer inklusive. Je nach Anbieter muss man im Falle von zwei Reisenden je nach Komfort pro Tag und Person mit 110–150 Euro rechnen. Eingesetzt werden japanische Jeeps des Typs Toyota Landcruiser oder russische UAZ für bis zu sechs Personen, die zwar aussehen wie hässliche „Badewannen auf Rädern", aber ideale Off-road-Fahrzeuge sind!

Allgemeine Hinweise

Wer keinen Koch dabeihat und nicht selber kocht, muss mit ständigen Magen- und Darmproblemen rechnen! Die Mitnahme von Müsli sei empfohlen, Obst produziert keinen Müll. Nicht den gesamten Proviant in Ulan Bator kaufen, sondern lieber in **Läden unterwegs,** in denen man alles Wichtige findet und so die Leute vor Ort unterstützt. Wer in Jurten bei Nomaden übernachtet, sollte neben der vereinbarten Bezahlung (pro Person zwischen 5 und 10 US$) ein kleines Geschenk überreichen.

Tipp: Da es unterwegs keine Toiletten und keine Möglichkeit zum Händewaschen gibt, am besten eine Flasche mit Seifenwasser und eine mit klarem Wasser mitnehmen. Nach dem Toilettengang übernimmt dann ein Mitreisender die Funktion des Wasserhahns – auch Fahrer und Dolmetscher freuen sich über hygienisch saubere Hände!

Tipps zur Ausrüstung: Taschenlampe, feuchtes WC-Papier, Papiertaschentücher, Gefriertüten und wegen der trockenen Luft Salbe für Haut und Lippen. Wichtig ist die **Müllvermeidung,** denn es ist ein Drama, wie die herrliche Landschaft vermüllt wird: Robuste Abfallsäcke mitnehmen für Plastik sowie Alu- und Blechdosen; Papier kann man unterwegs vergraben oder verbrennen, Glasbehälter in Ulan Bator abgeben.

013tr11 dk

Anbieter in Ulan Bator (Stadtplan S. 372)

1 **Gana's Guest House** (s.o.) hat seit vielen Jahren Budget-Exkursionen u.a. in die Wüste Gobi im Angebot.

5 **Nature Tours,** Dschingis Khan Avenue 13, direkt neben dem Bayangol-Hotelkomplex im obersten Stockwerk eines mehrstöckigen gläsernen Bürohauses, Tel. 31 23 92, 31 18 01, www.naturetours.mn. Sehr zuverlässig, die Inhaberin hat in Deutschland studiert und spricht fließend deutsch. Sie kennt sich mit Ansprüchen und Erwartungen deutscher Reisender aus. Nature Tours hat ein eigenes Touristencamp im wunderschönen Gebirge Hogno Han und bietet u.a. Rundreisen, Wanderungen, Pferde- und Kameltrekking an.

< Jurtencamp für Touristen

Wüste Gobi

Die Wüste Gobi bedeckt **ein Drittel der Landfläche der Mongolei** und reicht weit nach China hinein. Geologen zufolge befand sich an der Stelle der Wüste ursprünglich ein Teil eines Binnenmeeres. Die **steinige, trockene Landschaft** ist sehr dünn besiedelt. Nur ab und zu trifft man auf die **Jurten von Kamelzüchtern.** Die Wüste Gobi ist in erster Linie Heimat von Gazellen, Antilopen, Wildpferden und domestizierten Kamelen sowie von vielen Vogelarten.

Reisenden sei empfohlen, nicht allein, sondern unbedingt **in Begleitung von Ortskundigen** eine Reise in die Wüste Gobi zu unternehmen. Man sollte für die auch im heißesten Sommer kalten Nächte einen warmen Schlafsack mitnehmen. Empfindliche Gegenstände sind gut vor Staub und Sand zu schützen. Nicht nur in der Wüste Gobi, sondern in der gan-

Viehherde am Wasser, bevor sie in höhere Lagen getrieben wird

zen Mongolei ist man überwiegend auf **Naturpisten** unterwegs, die mal besser, mal schlechter sein können, je nach Jahreszeit und je nachdem, ob es gerade geregnet hat oder nicht. Ist es trocken, hüllt sich alles in dicken Staub.

Übernachtet wird je nach Anbieter und Vereinbarung in mitgebrachten Zelten (das ist die beste Variante, es sei denn, es regnet oder stürmt), in einer Gästejurte bei Nomaden, die sich auf diese Weise ein Zubrot verdienen, oder mit Dusche und WC in Jurtencamps mit vielen Touristen.

trans18-076 dk

Nachfolgend **zwei Routenvorschläge** aus der Vielzahl der Möglichkeiten:

Gobi-Rundreise

1. Tag: Ulan Bator – Baga Gasrin Tschuluu (250 km) – Felsformationen mit Tempelruine
2. Tag: Bajandsag (310 km) – Dinosaurier-Fundstätte, Reiten auf Kamelen möglich
3. Tag: Hongoriin Els (130 km) – Sanddünen
4. Tag: Kloster Ongiin Chiid (280 km) – Klosterruine
5. Tag: Sorgol Chairchan (250 km) – Berge
6. Tag: Rückfahrt nach Ulan Bator (150 km)

Rundreise Gobi und Zentralmongolei

1. Tag: Ulan Bator – Baga Gasrin Tschuluu (250 km) – Felsformationen mit Tempelruine
2. Tag: Tsagaan Suvraga (210 km)
3. Tag: Joliin Am (250 km) – Bartgeier-Schlucht, Reiten auf Pferden möglich
4. Tag: Hongoriin Els (180) – Sanddünen
5. Tag: Bajandsag (130 km) – Dinosaurier-Fundstätte, Reiten auf Kamelen möglich
6. Tag: Kloster Ongiin Chiid (150 km) – Klosterruine
7. Tag: Orchon-Wasserfall (280 km) Besuch einer heißen Quelle
8. Tag: Karakorum (80 km) – Kloster Erdene-Zuu
9. Tag: Wüste Bajan Nuur (190 km)
10. Tag: Rückfahrt nach Ulan Bator (210 km)

Mongolisch-chinesische Grenze

Insgesamt dauert das **Prozedere des Grenzübertritts etwa 6 Stunden.** Man sollte darauf achten, dass man im mongolisch-chinesischen Grenzbereich immer seine wichtigsten Papiere und ausreichend Kleidung dabeihat, wenn man den Zug verlässt!

Zwischen der Mongolei und China gibt es seit 2015 im Sommer wieder einen **Zeitunterschied** von plus 1 Stunde, da die Mongolei die Sommerzeit wieder eingeführt hat. Die Mongolei hat im Sommer plus 6 Stunden Unterschied zu Westeuropa, im Winter sieben.

Zamen Ude ist der Grenzort auf mongolischer Seite; die Grenzformalitäten sind hier, wie auch auf chinesischer Seite, recht locker. Man fährt auf Gleis 1 ein. Wer aussteigt, um z.B. die Toiletten aufzusuchen (100 Tugrik, Warteschlangen, kein fließendes Wasser), findet seinen Zug minutenlang gar nicht oder auf einem anderen Gleis wieder. Die ständigen Zugbewegungen verursachen bei einigen Reisenden Unruhe, doch keine Bange: Der Zug verlässt den Bahnhof von Zamen Ude erst nach rund 3 Stunden Aufenthalt endgültig in Richtung chinesischer Grenzstation **Erlian.** Dort werden die Fahrgestelle gewechselt, was ca. 1½ Stunden in Anspruch nimmt; Fahrgäste müssen während des Fahrgestellwechsels im Zug bleiben! Im Falle der Züge Nr. 4 und 24 wird ein chinesischer Speisewagen angekoppelt. Zug Nr. 34 von Ulan Bator nach Datong hat keinen Speisewagen.

Der Zug hat aus der Mongolei kommend rund 2 Stunden Aufenthalt. Wer in Erlian den Zug verlässt und den Weg vom Bahnsteig auf den Bahnhofsvorplatz findet, muss damit rechnen, dass der Rückweg zum Zug bis 15 Min. vor Abfahrt versperrt ist; dann nämlich werden die chinesischen Fahrgäste, die im Hauptgebäude warten, auf den Bahnsteig gelassen.

Datong

- **Zeit:** MESZ + 6 Std., MEZ + 7 Std.
- **Landesvorwahl:** 0086
- **Vorwahl Datong:** 352

Die Bahnstrecke Irkutsk – Ulan Bator – Datong – Peking folgt einem historischen Handelsweg, auf dem Tee, Seide, Porzellan und Felle mit Kamelkarawanen transportiert wurden. Aus dieser Zeit stammen mehrere eindrucksvolle, noch als solche erkennbare **Karawansereien.** Heute dienen die imposanten Lehmmauern Dörfern als eine Art Stadtmauer. Ein Beispiel sieht man rund 30 km vor Datong linker Hand, weitere liegen hinter der Stadt. Es lohnt sich, Ausschau zu halten!

Die gut 3 Millionen Einwohner zählende **Industriestadt** Datong liegt auf einer Höhe von 1190 m ü.N.N. im Kohlezentrum Chinas, in dem ein Drittel des gesamten Kohlevorkommens des Landes lagern.

Im 4. Jahrhundert eroberte das zentralasiatische Volk der Toba Nordchina und gründete an der Stelle der heutigen Stadt Datong die Hauptstadt der nördlichen Wei-Dynastie (386–534). Der **strategisch günstig gelegene Ort** entwickelte sich zu einer wichtigen Grenzstadt, in der ein reger Handel mit der benachbarten Mongolei blühte. Nachdem 494 der Kaiserhof nach Luoyang verlegt wurde, verlor Datong rasch an Bedeutung und geriet in Vergessenheit. Im 6. Jahrhundert, während der Sui-Dynastie (581–618), gefährdeten die nördlichen Völker das Chinesische Reich und die strategische Position der Stadt verhalf Datong erneut zu Bedeutung. Im 10. Jahrhundert überfiel das im Norden ansässige,

Datong

0
1 km
© Reise Know-How
Trans_30 6/18
Bahnhof
Alter Busbahnhof
Neuer Busbahnhof
Krankenhaus Nr. 2
Datong-Park
Huayan Si
Neun-Drachen-Wand (Jiulong Bi)
Trommelturm
Shanhua Si
Busbahnhof Xinkaili,
Yungang-Grotten (16 km)
ICBC Bank
Flughafen (20 km)
Krankenhaus Nr. 3
Übernachtung
2 Garden Hotel
3 Bravo Youth Hostel
4 Datong Binguan
5 Fly by Knight Hostel/ Highrise Hostel
6 Yungang Meigao Dajiudian
Essen und Trinken
1 Fenglingge

nicht chinesische Nomadenvolk der Khitan das Kaiserreich, gründete die Liao-Dynastie (907–1125) und machte Datong zu seiner zweiten Hauptstadt. 1372, am Beginn der Ming-Zeit (1368–1644), wurde Datong mit einer etwa 6 km langen **Stadtmauer** befestigt, die bis heute erhalten ist.

Sehenswertes

Ein Besuch der Stadt lohnt sich unbedingt! Auch die Yungang-Grotten und nach Möglichkeit das Hängende Kloster in der Umgebung sollten Teil eines Tagesprogramms sein.

Neun-Drachen-Wand (Jiulong Bi)

Die Neun-Drachen-Wand ist mit fast 45 m Länge, 1,80 m Dicke und 5,50 m Höhe die größte und eine der eindrucksvollsten Drachenwände Chinas. Erbaut zu Beginn der Ming-Dynastie (1368–1644), soll sie vor dem Eingang der Residenz des Vizekönigs in Datong (Titel des ersten Sohnes des Ming-Kaisers) gestanden haben. Sie wurde aus städtebaulichen Gründen versetzt und hat heute ihren Platz im Zentrum der Stadt. Das **Wandmosaik** aus in fünf verschiedenen Farben glasierten Fliesen stellt neun sich aus dem Wasser erhebende Drachen dar, die um mehrere Sonnen kämpfen – die Sonne ist Symbol der Unsterblichkeit.

■ **Info:** tägl. 8–18 Uhr, Eintritt frei.

Tempel Huayan Si

Die Anlage befindet sich innerhalb der ehemaligen Stadtmauern unweit des Westtores. Die beiden Huayan-Klöster stammen aus der Zeit der Liao-Dynastie (915–1125). Das **Obere Huayan-Kloster**

117tr dk

(Shang Huayan Si) wurde am Ende der Liao-Dynastie zerstört und 1140 in der Jin-Dynastie (1115–1234) wieder aufgebaut. Eine Besonderheit ist die Ausrichtung des Tempels nach Osten, anstatt wie sonst üblich nach Süden. Die Große Halle des mächtigen Schatzes entstand 1140. Die übrigen Gebäude wurden in der Qing-Dynastie (1644–1911) nach den ursprünglichen Plänen der Liao- und Jin-Zeit wieder aufgebaut. Der Baustil der Schatzhalle weicht ab von dem anderer unter den Song-, Ming- und Quing-Dynastien erbauten Tempel: Das Dach ist gerade, die Fassade hat drei hölzerne Tore, jedes knapp 2 m breit, und alle Außenwände sind kahl, ohne jegliche Verzierung. Der strenge Eindruck wird nur unterbrochen durch das um 3,50 m überhängende Dach. Im Inneren des Tempels befinden sich eine schöne Kassettendecke, Fresken, Skulpturen und fünf vergoldete Buddhastatuen aus der Ming-Zeit (1368–1644). Die drei mittleren sind aus Holz, die beiden äußeren aus Terrakotta.

Das **Untere Huayan-Kloster** (Xia Huayan Si) wurde mehrfach restauriert, zuletzt während der Qing-Dynastie (1644–1911). Die Klosterbibliothek geht in ihrer heutigen Form zurück auf das Jahr 1038, stammt also aus der Zeit der Nördlichen Song-Dynastie (960–1127).

Info: tägl. 8–18.30 Uhr (im Sommer), im Winter tägl. 8–17.30 Uhr (Ticketverkauf bis 1 Stunde vor Schließung), Eintritt 65 Yuan.

◁ Detail eines Tempelvorbaus in den Yungang-Grotten

Tempel Shanhua Si

Die **ehemalige Klosteranlage** befindet sich im Süden der ummauerten Altstadt und wurde in den Jahren 713–741 während der Tang-Dynastie erbaut und im Laufe der Zeit mehrfach teilweise zerstört und wieder aufgebaut.

Info: tägl. 8–18.30 Uhr (im Sommer), im Winter tägl. 8–17.30 Uhr (Ticketverkauf bis 1 Stunde vor Schließung), Eintritt frei.

Yungang-Grotten

16 km nordwestlich von Datong, am Fuße des Wuzhou-Berges, ziehen sich über eine Länge von 1 km die äußerst **beeindruckenden Höhlentempel Yungang Shiku mit buddhistischen Skulpturen** aus verschiedenen Dynastien. Die meisten der insgesamt 252 Höhlen, davon 45 Haupthöhlen, entstanden vor über 1500 Jahren zwischen 460 und 494 in der Zeit der Nördlichen Wei-Dynastie (386–534), einer Blütezeit des Buddhismus in China. Mit entsprechender Hingabe und von dem neuen Glauben überzeugt wurden die milde lächelnden Gesichter der riesigen Buddhas kunstvoll gemeißelt, sodass man über ihre Ausstrahlung nur staunen kann. Durch große Löcher im Fels geht der Blick der Buddhas hinaus in die Welt, alles sehend, alles beschützend. Mit Unterbrechungen wurde die Arbeit in den nachfolgenden Dynastien fortgesetzt, und es entstanden bis Mitte des 12. Jahrhunderts weitere Buddha-Darstellungen und Höhlen. Von ursprünglich 100.000 Figuren sind heute noch etwa 51.000 erhalten; die größte Buddhastatue ist 17 m hoch, die kleinste misst 2 cm. Zu den interessantesten Höhlen zählen Nr. 5 bis 7 und Nr. 15 bis 20, wobei es sich bei Letzteren um die äl-

testen Grotten handelt. 2001 wurden die Yungang-Grotten ins UNESCO-Weltkulturerbe aufgenommen.

Die Grotten waren die ersten ihrer Art in China. Als die Wei-Dynastie ihre Hauptstadt nach Luoang verlegte, entstand dort eine Kopie in Gestalt der Longmen-Grotten.

Der indische **Buddhismus** gelangte im 1. Jh. v. Chr. auf der Seidenstraße nach China. Die Kaiser der Nördlichen Wei-Dynastie waren von der neuen Re-

ligion derart beeindruckt, dass sie sie zur Staatsreligion erklärten – natürlich mit einem machtpolitischen Kalkül: Sie waren überzeugt, ein buddhistisches (= friedfertiges) Volk leichter beherrschen zu können. Die Machthaber beauftragten Mönche und die besten Steinmetze sowie Künstler aus den ersten buddhistischen Klöstern an der Seidenstraße da-

Buddhafiguren in den Yungang-Grotten

124tr dk

mit, monumentale Buddha-Höhlen in die Felswand zu schlagen, um das einfache Volk zu beeindrucken. Dabei wurden die großen Buddhas mit den Gesichtern der Wei-Kaiser versehen; so betete das Volk Gott und Kaiser gleichzeitig an.

■ **Öffnungszeiten:** 1.4.–15.10. tägl. 8.30–17.30 Uhr sowie 16.10.–31.3. tägl. 8.30–17 Uhr, Ticketverkauf bis 1 Std. vor Schließung, Eintritt 125 Yuan.
■ **Anfahrt:** vom Busbahnhof Xinkaili in Datong mit Bus Nr. 3 oder 306, Fahrtzeit 10–16 Min.

Hängendes Kloster (Hengshan Si)

70 km südöstlich von Datong befindet sich an einer steilen Felswand diese sehenswerte Klosteranlage. Mit der Arbeit an der **40 Hallen umfassenden Tempelanlage** wurde im 6. Jh. zu Zeiten der Nördlichen Wei-Dynastie begonnen.

■ **Öffnungszeiten:** Juni bis Okt. tägl. 8–18 Uhr, Eintritt 125 Yuan; Nov. bis Mai tägl. 8.30–17.30 Uhr, Eintritt 115 Yuan.
■ **Anfahrt:** Am preisgünstigsten ist es, ab dem Busbahnhof Xinkaili in Datong mit dem öffentlichen Bus zu fahren. Der erste fährt gegen 7 Uhr ab und braucht rund 2 Stunden bis nach **Hunyuan,** einer 5 km vom Kloster entfernten Kreisstadt. Von dort fährt man mit dem Taxi zum Hängenden Kloster und mit demselben Taxi zurück. Der letzte Bus nach Datong fährt gegen 16 Uhr. Allerdings kann man keine Fahrtunterbrechung machen, was in Anbetracht der einzigartig schönen Landschaft mit fotogenen Schafherden und Dörfern am Wegesrand ein Nachteil ist. Wenn es das Budget zulässt, sollte man diesen Ausflug mit dem Taxi machen und sich eventuell mit anderen Reisenden zusammentun.

Pagode Yingxian Muta

Auf dem Rückweg vom Hängenden Kloster kann man über den gut 30 km westlich von Hunyuan gelegenen Ort **Yingxian** fahren und das älteste Holzbauwerk Chinas, die Pagode Yingxian Muta, im Stadtzentrum besichtigen. Die dreistöckige Pagode ist 67 m hoch und 30 m breit. Sie wurde 1056 während der Song-Dynastie (960–1279) erbaut.

■ **Info:** tägl. 7–19 Uhr, Eintritt 60 Yuan.

Praktische Infos

Unterkunft

Hotels und Hostels bieten Stadtführungen und Ausflüge an.

2 Garden Hotel
Yongtaijie 59, Tel. 586 58 88. Angenehmes 4-Sterne-Hotel mit Zimmern, die im chinesischen Stil dekoriert sind (die Standardzimmer sind wegen des Innenhofblicks nicht die besten). Das größte Plus ist die Lage mitten in der Altstadt. EZ/DZ inkl. Frühstück ab 350 Yuan.

6 Yungang Meigao Dajiudian
Yinbindonglu 19, Tel. 539 88 88, liegt etwa 20 Gehminuten südlich der Altstadt und ist ein 5-Sterne-Luxushotel, mg@yungangmghotel.com, www.yungangmghotel.com. EZ/DZ/F ab 510 Yuan.

4 Datong Binguan
Yinbinxilu 37, Tel. 586 86 66, www.datonghotels.com/en. Das im Laufe der Zeit mehrmals renovierte 4-Sterne-Hotel ist das älteste der Stadt und wurde ursprünglich für russische Fachkräfte gebaut. EZ/DZ ab 250 Yuan.

5 Fly by Knight Hostel/Highrise Hostel
Yingbinxilu 15, Tel. 186 36 22 06 34, datongfbk@gmail.com, www.datongfbk.com. Im 22. Stockwerk befindet sich dieses empfehlenswerte, bei Westlern sehr beliebte Hostel mit hellen, sauberen und angenehm ruhigen Zimmern. Wegbeschreibung: Kommt man aus dem Weidu International Hotel, geht man nach links bis zum Gebäudeende und biegt in einen

kleinen Weg (erkennbar an einer Schranke mit Wärterhäuschen) nach links ein; rechter Hand steht ein großes, weißes Wohnhaus, welches man durch die zweite Tür rechts betritt; der Fahrstuhl ist hinten links. 8-Bett-Zimmer p.P. 100 Yuan, ein komplettes 4-Bett-Zimmer kostet 380 Yuan, ein DZ mit Gemeinschaftsbad 280 Yuan und ein DZ mit eigener Dusche 320 Yuan. Das Hostel organisiert u.a. Taxifahrten (max. 4 Personen, pro Taxi 400 Yuan) zu den Yungang-Grotten.

3 Bravo Youth Hostel
Goloudonglu 34 (gegenüber dem Guandi-Tempel), Tel. 186 35 57 10 10, 850918yxq@163.com, www.bravoyouthhostel.com. Das Beste an diesem Hostel (auch Bravo Youth Hostel genannt) ist die Lage mitten in der Altstadt. Futonzimmer für 2 Personen à 35 Yuan, DZ 190 Yuan, 4-Bett-Zimmer p.P. 50 Yuan und 10-Bett-Zimmer p.P. 35 Yuan.

Essen und Trinken

1 Fenglingge
Gulouxilu-Straße, Tel. 205 96 99 und 205 97 99, wenige Schritte nördlich vom Garden Hotel (wenn man aus dem Hotel kommt, an der Kreuzung gleich die erste Straße nach links gehen; auf der gegenüberliegenden Staßenseite sieht man eine Drehtür). In dem empfehlenswerten, schön designten Restaurant mit Bar gibt es eine englische Speisekarte und einen Ober, der gut englisch spricht. Große Auswahl an *Dumplings* (Klößen) und leckerer *Hot Pot!* Tägl. 11.30–14 und 17.30-21 Uhr.

Zugverbindungen

- **Nach Peking** Zug Nr. K616, 382 km, Abfahrt 7.16 Uhr, Ankunft in Peking am Hauptbahnhof 13.16 Uhr, Sitzplatz 75 Yuan.
- **Von Peking** (Hauptbahnhof) Zug Nr. K615, Abfahrt 15.45 Uhr, Ankunft 21.59 Uhr, Sitzplatz 54 Yuan.
- **Nach Hohhot** Zug Nr. K1089, 1179 km, 11 Std., Abfahrt 13.04 Uhr, Ankunft 16.39 Uhr; Zug Nr. Z319, Abfahrt 14.02 Uhr, Ankunft 17.08 Uhr, Sitzplatz 44 Yuan.

Transmandschurische Route

Russisch-chinesische Grenze

Es gibt zwei Möglichkeiten, diese Grenze zu passieren: entweder über die „Eisenbahngrenze" mit den einmal wöchentlich zwischen Moskau und Peking verkehrenden Direktzügen Nr. 19 bzw. 20 oder über die Straßengrenze. Der **Zeitunterschied** beträgt 1 Stunde: Reist man nach China ein, dreht man die Uhr 1 Stunde zurück, reist man von China nach Russland, so stellt man die Uhren 1 Stunde vor.

Grenzübertritt mit dem Zug (von Russland nach China)

Mit der Transmandschurischen Eisenbahn erreicht man die Grenze von Russland zu China (Mandschurei) abends am **russischen Grenzort Sabaikalsk.** Im Zug erfolgt nach dem **Einsammeln der Pässe** die **Zollkontrolle.** Der Zug fährt dann vor die Halle, in der die Fahrgestel-

le ausgewechselt werden – alle Reisenden müssen aussteigen. Das Zuschauen beim Fahrgestellwechsel ist streng verboten! Die **Wartezeit** beträgt **knapp 5 Stunden,** in der kalten Jahreszeit muss man sich warm anziehen. Die Reisenden dürfen den Bahnhof nicht in Richtung Sabaikalsk-Stadt verlassen. Im **Bahnhof** befinden sich ganz hinten links die Toiletten, ein Laden mit Süßigkeiten und Proviant sowie hinten rechts ein gemütliches, holzgetäfeltes Restaurant, in dem man gut einen Teil der Wartezeit verbringen kann. Mehrere Wartesäle stehen ebenfalls zur Verfügung.

Kurz bevor der Zug auf der anderen Bahnhofsseite wieder einfährt, werden im Bahnhof Absperrungen geöffnet und man kann – nun auf der anderen Bahnhofsseite – wieder in den Zug steigen. Man wird vielleicht das Fehlen des russischen Speisewagens bemerken – in China wird ein **chinesischer Speisewagen** angekoppelt.

Auf allen größeren chinesischen Bahnhöfen wird Proviant angeboten

125tr hl

Nach knapp 30-minütiger Fahrt erreicht der Zug den **chinesischen Grenzbahnhof Manzhouli** gegen 18.30 Uhr Ortszeit und fährt kurz vor Mitternacht weiter nach Peking; der Grenzaufenthalt auf der chinesischen Seite nimmt damit gut 5½ Stunden in Anspruch.

Im Zug werden zunächst **Pässe und Einreisekarten eingesammelt,** bald darauf kommen die **Passkontrolleure** in jedes Abteil. Zunächst wird eine Art Campingtisch mit einem Computer aufgestellt, in den alle Passdaten eingegeben werden, dann erhält man den abgestempelten Pass wieder zurück. Nachdem die auf die Passbeamten folgenden Zollbeamten die **Zollkontrolle** mit einen kurzen Blick in die Abteile durchgeführt haben, dürfen alle Reisenden den Zug verlassen.

Im Bahnhofsgebäude wird **Proviant** verkauft. Da man in den meisten chinesischen Bahnhöfen auf den Bahnsteigen direkt am Zug ein großes Proviant- und Bierangebot vorfindet, braucht man sich nicht unbedingt gleich für die ganze Fahrt einzudecken.

Grenzübertritt über die Straße (von China nach Russland)

Diese Variante für die Überquerung der Grenze in umgekehrter Richtung kann nur als Notlösung, wenn man z.B. den Zug verpasst hat, angesehen werden. Man verliert viel Zeit, und im Winter friert man obendrein.

Der täglich verkehrende Zug Nr. 1301 aus Peking kommt gegen 10 Uhr in **Manzhouli** an. (Er kommt nicht an dem Bahnhof an, an dem der internationale Zug Nr. 19 montags gegen 5 Uhr morgens einfährt und nach zwei Stunden Aufenthalt gegen 7 Uhr nach Russland weiterfährt). Mit einem vor dem Bahnhof wartenden **Taxi** geht es zur knapp 10 km entfernten Grenze. Diese ist täglich von 7.30 bis 16.30 Uhr offen. Da alles sehr lange dauert, sollte man Proviant einpacken! Im Winter dürfte es zudem sehr kalt werden und man muss stundenlang die Auspuffgase der wartenden Busse einatmen.

Wenige Meter vor dem Schlagbaum an der chinesischen Grenze warten **Minibusse,** die erst dann zur **Grenzkontrolle** vorfahren, wenn sie voll sind bzw. mindestens fünf bis sechs Fahrgäste ha-

Der Buddhismus in China

Der historische **Buddha Sakyamuni** (ca. 560–480 v. Chr.) lehrte, dass das Leben Leiden bedeute und dass sich vom Leiden nur der befreien könne, der alle Bindungen aufgebe und die Erleuchtung (Nirwana) erlange. Nur dies könne ihn von dem endlosen Zyklus der Wiedergeburten befreien.

Um das Jahr 65 v. Chr. gelangte der Buddhismus **aus Indien** nach China. Ab etwa 150 n. Chr. kamen buddhistische Mönche aus Zentralasien und übersetzten buddhistische Texte ins Chinesische. Als im 3. und 4. Jahrhundert die konfuzianische Ordnung ins Wanken kam und nach dem Jahre 311 Nordchina von Fremdvölkern regiert wurde, schien ein weltabgeschiedenes Leben im Kloster erstrebenswert, und der Buddhismus gewann viele Anhänger. Außerdem förderten die Fremdvölker diese neue Religion.

War der Buddhismus ursprünglich als eine Spielart des Taoismus angesehen worden, so begann sich im 5. Jahrhundert der Buddhismus vom **Taoismus** zu lösen und die beiden Religionen traten in Wettstreit miteinander. Die erste Verfolgung des Buddhismus war teilweise von Taoisten am Hofe der Nördlichen Wei-Dynastie (386–534) angeregt worden.

Seine größte Macht erlangte der Buddhismus während der **Tang-Dynastie (618–907).** Die Tang-Kaiser waren großzügige Mäzene von Klöstern, Kunst und Gelehrsamkeit. Die buddhistische Bildhauerei, die sich im 5. Jahrhundert unter starkem graeco-indischen Einfluss entwickelt hatte, bildete sich in der Tang-Zeit zu einem eigenen chinesischen Stil heraus und wurde von Spendern finanziert. Man spendete den Klöstern großen Landbesitz, nicht nur, um Verdienste zu erwerben, sondern auch um Steuern zu umgehen. Die Klöster brauchten keine Steuern zu zahlen und die Spender konnten es so einrichten, dass sie von gespendetem Landbesitz weiterhin Einkommen bezogen.

Die **Klöster** betrieben Mühlen, Ölpressen und Leihhäuser. Tausende strömten ihnen zu, um ein sicheres Leben ohne Militär- und Arbeitsdienst zu genießen. Die hierdurch entstandenen Verluste von Reichtum und Arbeitskraft waren ein Grund für die dritte und größte Verfolgung des Buddhismus in China (845). An die 4600 Klöster wurden zerstört, 260.000 Mönche und Nonnen in den Laienstand zurückversetzt und große Landgüter eingezogen.

Der Aufstieg des **Neo-Konfuzianismus** in der Song-Zeit (960–1279) beendete die offizielle staatliche Förderung des Buddhismus. Wie der Taoismus blieb auch der Buddhismus beim Volk beliebt. Menschen aller sozialen Schichten beanspruchten die Dienste der buddhistischen Mönche bei Zeremonien für die Toten und versprachen sich davon viel greifbarere Vorteile als von den konfuzianischen Gedächtnisfeiern.

Zwischen 1898 und 1906 begann die chinesische Regierung, im Verfall begriffene Klöster zu enteignen und als **Schulen** zu benutzen, in denen jüngeren Mönchen Kenntnisse der buddhistischen Lehre sowie der Naturwissenschaften, Geschichte und anderer moderner Disziplinen vermittelt wurden.

Im Jahre 1930 gab es immer noch über 500.000 Mönche und 200.000 Nonnen in China, von denen 10% in großen öffentlichen Klöstern lebten, während die anderen in kleinen Tempeln wohnten, die ihnen persönlich gehörten.

Zwischen 1950 und 1952 wurde eine Bodenreform durchgeführt, bei der die **Klöster** ihres Landbesitzes **enteignet** wurden. Die Mönche bekamen weniger und minderwertiges Land zugeteilt, von dem sie sich durch ihre eigene Arbeit ernähren mussten. Viele Mönche waren aber entweder zu alt oder hatten zu wenig Erfahrung mit der Landwirtschaft, sodass Hunger 90% der Mönche veranlasste, in den Laienstand zurückzutreten und gewöhnliche Arbeiter zu werden. Die Übriggebliebenen wurden in den etwa 100 berühmtesten Klöstern des Landes, die auf Regierungskosten instand gesetzt oder wieder aufgebaut worden waren, untergebracht. Den Klöstern wurde nahe gelegt, keine Wandermönche mehr zu beherbergen. Religiöse Feste wurden als Verschwendung betrachtet und nach 1957 wurden auch Weihen verboten.

Seit den späten 1980er Jahren unterstützt die chinesische Regierung erneut den **Wiederaufbau** und die Renovierung der wichtigsten Tempel des Landes. Tempel und Klöster dürfen wieder Novizen aufnehmen, jeder darf sich in den wieder eröffneten Tempeln religiös betätigen.

Die chinesischen Kommunisten vermieden lange Zeit militantes antireligiöses Vorgehen. Stattdessen war es *Maos* Programm, die „objektiven Ursachen" der Religiosität, Ausbeutung und Unwissenheit, zu beseitigen, damit die Religion bedeutungslos würde. Die Verfassung von 1954 garantiert die religiöse Glaubensfreiheit. Dies wurde so ausgelegt, dass das Volk frei war, sich innerhalb der Tempel religiös zu betätigen, aber nicht außerhalb.

128tr dk

ben; sie kassieren 70 Yuan p.P. Die Prozedur beginnt mit stundenlangem Warten im Bus in der Autoschlange. Da die Russen die vielen Importe genau kontrollieren müssen, dauert alles sehr lange. Von der chinesischen Seite darf immer erst dann ein Minibus nachrücken, wenn die Russen ein Zeichen geben.

Mit dem gesamten Gepäck geht es dann zur **russischen Zollkontrolle** – das totale Chaos. Alle steigen über- und untereinander durch, jeder versucht, bei seinen Busmitfahrern zu bleiben, weil man sich gegenseitig hilft und sowieso erst dann weiterfahren kann, wenn alle Insassen des Minibusses die Kontrollen passiert haben.

Oft kommt man zu spät auf der russischen Seite in **Sabaikalsk** an, um den **Zug nach Tschita gegen 15 Uhr** zu erwischen. Daher warten auf der russischen Seite, etwa 8 km von der Grenze entfernt, **Privatfahrer** mit bequemen japanischen Pkw, die die „gestrandeten" Reisenden nach Tschita fahren. Für die etwa 480 km lange Strecke werden pro Wagen rund 100 US$ verlangt, die sich die Insassen teilen.

In **Tschita** lässt man sich am besten am Bahnhof absetzen und kauft sofort eine **Zugfahrkarte.** Danach verlässt man die Kassenhalle und geht nach links und gleich am Ende des Bahnhofsgebäudes wieder links. Nach einigen Schritten geradeaus und dann links erreicht man die Bahngleise. Dort steht in etwa 50 m Entfernung, quasi direkt an den Gleisen, das **Bahnhofshotel.** Auf der Seite der Gleise findet man am Ende des Gebäudes den Eingang. Nur unter Vorlage einer gültigen Fahrkarte bekommt man hier zum Preis von umgerechnet etwa 25 US$ ein Doppelzimmer (es gibt auch Dreibett- und Vierbettzimmer).

Harbin

- **Zeit:** Moskauer Zeit + 4 Std., MESZ + 6 Std., MEZ + 7 Std.
- **Landesvorwahl:** 0086
- **Vorwahl Harbin:** 451

Die Industriestadt Harbin zählt rund **10 Millionen Einwohner** und ist die Hauptstadt der Provinz Heilongjiang im Nordosten Chinas. Sie liegt auf einer Höhe von 171 m ü.N.N. Vor mehr als 1000 Jahren gründeten Mandschuren an der Stelle der heutigen Stadt ein kleines Fischerdorf. Der Name Harbin bedeutet im Mandschurischen „Platz zum Trocknen der Fischernetze". Seit dem Bau der Eisenbahnlinie im Jahr 1896, einem Teilstück der Transsib (Transmandschurische Eisenbahn), hat sich Harbin zu einer bedeutenden Industriestadt entwickelt. Zwischen 1890 und 1955 lebten viele Ausländer in Harbin und beeinflussten die Architektur. Vor allem Russen hinterließen hier einige schöne Gebäude. Heute ist Harbin eher eine Stadt wie viele andere mit modernen Hochhäusern und McDonald's an jeder Ecke.

Wer auf seinen Anschlusszug warten muss, sollte das Bahnhofsviertel verlassen und nach links in Richtung Fluss gehen. Dort befindet sich der Rest der z.T. europäisch anmutenden **Altstadt.**

Der **Stalin-Park** *(Sidalin Gongyuan)* ist das beliebteste Ausflugsziel der Einwohner Harbins. Im Sommer eignet er sich zum Baden und Bootfahren, im Winter zum Schlittschuhlaufen.

Seit 1985 findet alljährlich vom 5. Januar bis 25. Februar das große und berühmte **Festival der Eis- und Schneeskulpturen** in Harbin statt. Tausende riesiger Eisblöcke verwandeln sich in Tiere, Blumen, Pavillons etc. und werden von innen beleuchtet. Eine begehbare Schneestadt inklusive Eisrestaurants, gefertigt aus über 2000 Eis- und Schneeskulpturen, begeistert die Besucher, die aus der ganzen Welt anreisen. Für eine 958 m lange Kopie der Großen Mauer gab es einen Eintrag ins Guinness Buch der Rekorde.

Zugverbindungen

- **Harbin (Hbf) – Peking (Hbf):** Zug Nr. D26 tägl. 9.32–17.28 Uhr, Zug Nr. Z16 tägl. 21.20–7.24 Uhr, Zug Nr. Z18 tägl. 22.08–9.48 Uhr.
- **Peking (Hbf) – Harbin (Hbf):** Zug Nr. D25 tägl. 9.58–18.37 Uhr, Zug Nr. Z203 tägl. 20.31–6.44 Uhr, Zug Nr. Z17 tägl. 21.15–7.18 Uhr, Zug Nr. Z15 tägl. 21.21–7.26 Uhr.

trans18-077 dk

trans18-033 dk

8 Peking (Beijing)

< Willkommen in der Hauptstadt Chinas!

Überblick

■ **Zeit:** Moskauer Zeit + 5 Std., MESZ + 6 Std., MEZ + 7 Std.
■ **Landesvorwahl:** 0086
■ **Vorwahl Peking:** 10

In der Metropolregion der chinesischen **Hauptstadt** leben fast **22 Mio. Menschen.** Peking (chin. **Beijing**) ist nach Shanghai (über 24 Mio.) die zweitgrößte Stadt des Landes. Sie hat eine Fläche von 17.000 km² und ist seit Mitte des 13. Jahrhunderts die Hauptstadt Chinas.

Seit der Öffnung der Volksrepublik Ende der 1970er Jahre entwickelte sich die Stadt zu einer modernen Weltmetropole und einem wichtigen Wirtschaftszentrum.

Die **Geschichte** Pekings beginnt im Jahre 1180 v. Chr. (Shang-Dynastie, ca. 1600 bis ca. 1100 v. Chr.), als in der Region die kleine Siedlung Ji entstand. 221 v. Chr. nahm der erste Kaiser von China, *Qin Shi Huang Di* (reg. 221–210 v. Chr.), Ji ein. Eine Militärbastion gegen die Nomadenvölker im Norden wurde eingerichtet. Das Volk der Khitan gründete im 10. Jahrhundert die Liao-Dynastie (907–1125) mit der Hauptstadt Kaifeng. Peking entwickelte sich zur zweitwichtigsten Stadt des Reiches. Eine 10 m hohe und knapp 20 km lange **Mauer** mit acht Toren zog sich um die Stadt. Im 12. Jahrhundert (Jin-Dynastie, 1115–1234), wurden prunkvolle **Paläste** erbaut und die Stadtmauer erweitert.

Nach der Jin-Dynastie folgte im 13. Jahrhundert die mongolische Herrschaft, die Yuan Dynastie (1271–1368) unter *Dschingis Khans* Enkel *Kublai Khan* (reg. 1260–1294), der Peking zu seiner Hauptstadt machte. Peking erlebte eine einmalige Blütezeit. So prunkvoll und überwältigend waren die Paläste, Tempel und Parkanlagen, dass man von ihnen in Europa schwärmte. Der venezianische Kaufmann *Marco Polo* wurde wegen seiner Beschreibungen des höfischen Lebens und seiner Reiseberichte als Lügner beschimpft und eingekerkert.

Im 14. Jahrhundert, als die Ming-Dynastie (1368–1644) den Mongolen die Herrschaft abnahm, blieb Peking Hauptstadt des Reiches. 1407 begann Kaiser *Yongle* (reg. 1403–25) mit dem Ausbau des **Kaiserpalastes.** Zu jener Zeit erhielt Peking auch seinen heutigen Namen, **Beijing,** „Nördliche Hauptstadt".

Im 17. Jahrhundert blieb Peking unter der Qing-Dynastie (sprich: *Tsching,* 1644–1911) weiterhin Hauptstadt Chinas. Ende des 19. Jahrhunderts wurde Peking mehrmals von militärischen Angriffen durch ausländische Mächte heimgesucht, viele schöne Gebäude wurden zerstört und der Kaiserhof verließ die Stadt zeitweilig.

Die ersten Jahrzehnte des 20. Jh. waren gekennzeichnet von Unruhen, Aufständen und revolutionären Umtrieben.

tsib13-001 Fotolia L_zhu_difeng

☒ Megacity Peking (Beijing)

Peking, Zentrum

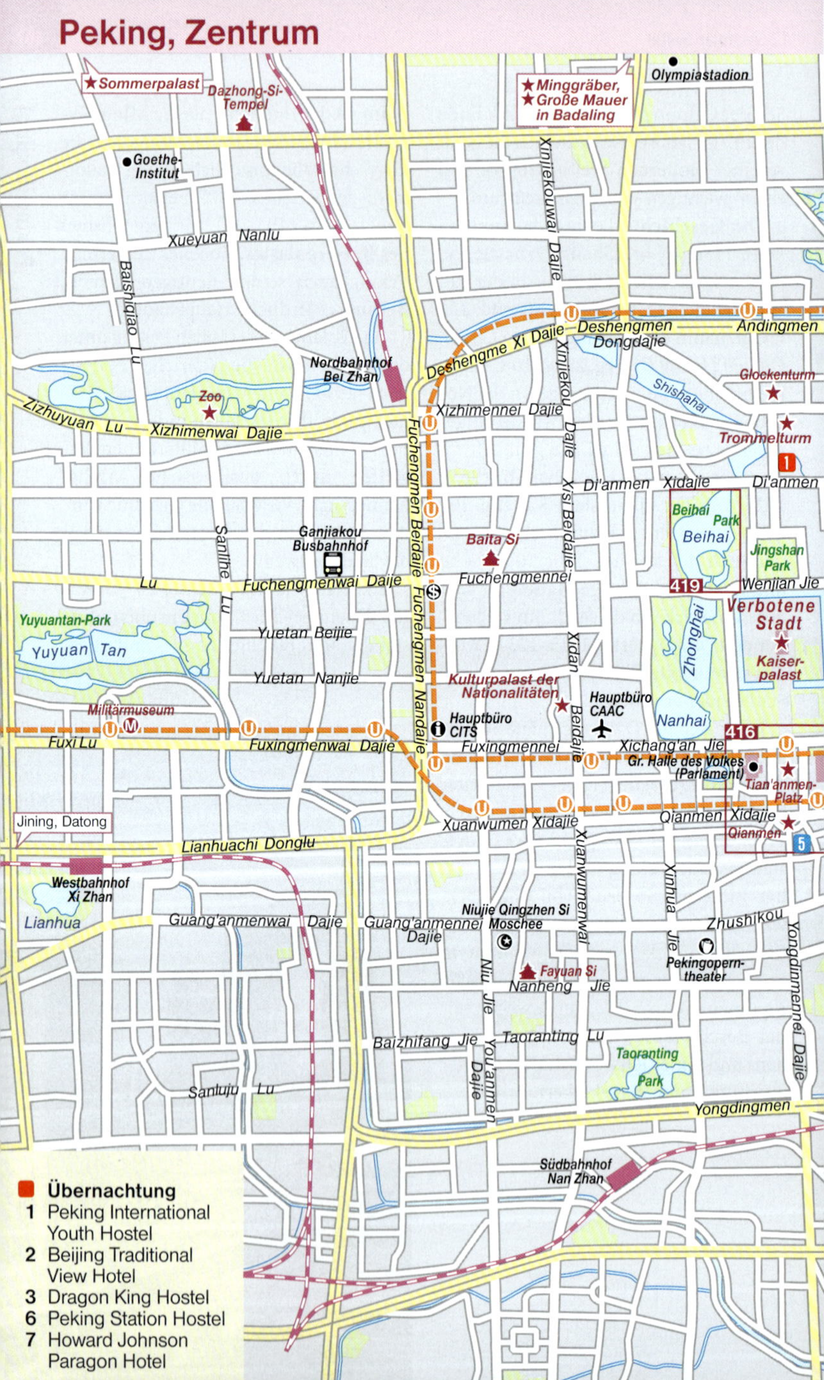

Übernachtung

1 Peking International Youth Hostel
2 Beijing Traditional View Hotel
3 Dragon King Hostel
6 Peking Station Hostel
7 Howard Johnson Paragon Hotel

0 1 km
© Reise Know-How
Trans_11 6/18
Flughafen
Dongzhimenwai Xie Jie
Sino-japan. Freundschaftshospital
Ditan Park
Xidajie Andingmen
Dongdajie
Russ. Botschaft
Konfuzius-Tempel
Lamatempel (Yonghe Gong)
Dongzhimen Beidajie
Lufthansa Center
Deutsche Botschaft
Botschaft der Schweiz
Botschafts-viertel
Gulou Dongdajie
Dongzhimennei Dajie
Dongzhimenwai
Dajie
Sanlitun
Beilu
Gongren
Tiyuchang
Beilu
Dongdajie
Chaoyangmen Beidajie
CAAC
Chaoyangmennei Dajie
Dongsi Qingzhen Si
Wangfujing
Dongsanhuan
Chaoyang Akrobatentheater
Chaoyangmenwai
Dajie
Botschaftsviertel Jianguomanwai
Chaoyangmen Nandajie
Ritan Park
Ausländerpolizei
Botschaft von Österreich
Zhonglu
Chang'an Jie
National-museum
Observatorium
Hauptbahnhof Beijing Zhan
Qianmen Dongdajie
Chongwenmen Dongdajie
Huashi Dajie
Dongsanhuan
Dajie
Guangqumen
Dajie
Tiantan Lu
Himmelstempel (Tiantan)
Tiyuquan Lu
Guangming Lu
Jingsong Lu
Tiantan Dongdlu
Tiantan Park
Dongdajie
Essen und Trinken
5 Restaurant Quan Zhude (Pekingente)
Einkaufen
4 Shopping
2
3
6
7

1937 besetzten die Japaner Peking, am 31. Januar 1949 marschierte die chinesische Rote Armee in die damals 1,6 Mio. Einwohner zählende Stadt ein. Am 1. Oktober 1949 verkündete *Mao Zedong* die Gründung der Volksrepublik China – die kulturelle und wirtschaftliche Entwicklung des Landes und der Stadt nahmen eine ganz neue Richtung.

Ankunft

Am Flughafen

Internationale Flüge kommen am **Terminal 3** an. Am besten sofort etwas Geld wechseln, das man braucht, um das **Taxi** in die City zu bezahlen; die ersten 3 km kosten den Grundpreis von 13 Yuan, jeder weitere Km 2,30 Yuan. Zusätzlich fällt eine Mautgebühr an, sodass es vom Flughafen bis ins Stadtzentrum ungefähr 100 Yuan kosten dürfte (zwischen 23 und 5 Uhr kommen 20% Nachtaufschlag dazu). Eine Transportalternative ist der **Airport Express Train** (en.bcia.com.cn/traffic); dieser fährt tägl. zwischen 6.20 und 22.50 Uhr alle 10 Min. bis zur Metrostation Dongzhimen der dunkelblauen Linie bzw. bis zur Station Sanyuanqiao der hellblauen Linie (25 Yuan). Ein U-Bahn-Ticket kostet für 6 km 3 Yuan, für 12 km 6 Yuan usw. Die U-Bahn fährt tägl. von 6 bis 22.30 Uhr; Fahrpläne bekommt man in jedem Hotel und Hostel kostenlos.

Taschendiebe!

In der Pekinger **Metro, in Bussen und auf Märkten** sowie überall da, wo viele Menschen aufeinander treffen, treiben Taschendiebe ihr Unwesen. Im Falle eines Falles unbedingt die Polizei benachrichtigen und eine Schadensmeldung für die Reisegepäckversicherung mitnehmen, da diese ohne offizielle Polizeipapiere für den Schaden nicht aufkommt.

Am Bahnhof

Wer mit dem Zug anreist, kommt entweder am **Westbahnhof** (aus Hohhot) oder am **Hauptbahnhof** (Moskau-Peking-Express Zug Nr. 4 und Ulan-Bator-Peking-Express Zug Nr. 24) an. Vor den Bahnhöfen finden sich Bushaltestellen, vom Hauptbahnhof fährt die Metro, und in beiden Fällen stehen natürlich Taxis bereit. Taxifahrer am Hauptbahnhof sind extrem unverschämt, sodass man sich erst ein paar hundert Meter entfernen sollte (man gehe an die große Straße und biege dort nach rechts ab), um in „sicherer“ Entfernung ein Taxi heranzuwinken!

Sehenswertes

Wer **nur einen Tag** Zeit hat, sollte unbedingt die Verbotene Stadt und die Chinesische Mauer besuchen. Ein gemietetes Taxi für den ganzen Tag ist in dem Falle sehr hilfreich. Abends bietet sich der Besuch der Pekingoper und eines typischen Lokals an, wo man einmal original Pekingente kosten sollte.

Wer **mehr Zeit** hat, kann sein Besichtigungsprogramm auch nach dem Wetter richten. Wenn es besonders schön und klar ist, sollte man zur Chinesischen Mauer nach Badaling und zu den Ming-Gräbern im Nordwesten der Stadt fahren; nach Möglichkeit beide Gräber besuchen: das Ding-Grab (unterirdisch) und das Chang-Grab (oberirrisch).

Kaiserpalast (Verbotene Stadt)

Der Kaiserpalast, auch „Verbotene Stadt" genannt, wurde **ursprünglich im 13. Jahrhundert erbaut,** als die Yuan-Dynastie (1271–1368) ihre Hauptstadt nach Peking verlegte. Zwischen 1403 und 1424, in der **Ming-Zeit** (1368–1644), entstanden die heutigen Gebäude mit ihren enormen Ausmaßen. Der Kaiserpalast gehört zu den wichtigsten Sehenswürdigkeiten des Landes. Er ist ein Symbol des traditionellen China und gleichzeitig das größte und besterhaltene **Meisterwerk klassischer chinesischer Architektur.** Der etwa 720.000 m² große, angeblich 9999 Räume zählende Palast ist von einem 50 m breiten Wassergraben und einer über 10 m hohen Mauer mit Wachtürmen umgeben. Er diente den Ming- und Qing-Kaisern als Residenz. Innerhalb der Anlage findet sich eine Vielzahl imposanter Gebäude, Tore, Innenhöfe, Thronsäle und Empfangshallen, es gibt ein Museum mit Porzellan, ein Uhrenmuseum, Bildersammlungen, Bronzelöwen und -gefäße und einen schönen Palastgarten. Alle Gebäude richten sich an einer 7,5 km langen **Nord-Süd-Achse** aus, die im Norden am Trommel- und Glockenturm und im Süden am Südtor endet.

☑ Am Hauptbahnhof kommen die Transsibzüge an

Der Kaiser, Sohn des Himmels und verantwortlich für Frieden, Wohlstand und Sitten auf Erden, residierte im **Kaiserpalast,** dem Zentrum des Reiches der Mitte. Die Mehrzahl der über 15.000 Palastbewohner waren Bedienstete der 15 Palastämter. Sie durften die Verbotene Stadt in der Regel ihr Leben lang nicht verlassen.

Der offizielle Name für die Verbotene Stadt lautet heute **Gu Gung (Palastmuseum).** Der Komplex ist nicht nur das Herz der Hauptstadt, sondern er symbolisiert auch die Mitte des chinesischen Universums und steht für den kaiserlichen Glanz vergangener Zeiten: Von hier aus regierten ab 1420 über 500 Jahre lang insgesamt 24 Kaiser und Kaiserinnen das riesige Chinesische Reich. Bis 1920 durften nur der Kaiser und seine Würdenträger die Stadt betreten, für alle anderen war sie eine „Verbotene Stadt".

Zahlen, deren Bedeutung sich aus der Philosophie von Yin und Yang ergibt, spielen bei der Architektur des Palastes eine große Rolle. Das männliche Element symbolisieren ungerade Zahlen; so findet man allerorten die Zahlen 3, 5, 7 und auffallend häufig 9. Es gibt in der Verbotenen Stadt drei Terrassen, die die drei Hallen der Harmonie tragen, und fünf Marmorbrücken. Da 9 mal 9 für besonderes Glück steht, zählt man an vielen Türen und Toren 81 Messingknäufe. Die Zahl 9 als die größte ungerade Einzelziffer symbolisiert die ultimative Männlichkeit und steht somit auch für den Kaiser. Kaiserliche Paläste hatten neun Innenhöfe, das Neujahrsabendessen der Kaiser hatte 99 Gerichte, und das Theater, das an seinem Geburtstag für ihn aufgeführt wurde, bestand aus 99 Teilen.

Rundgang

Die Zahlen in Klammern beziehen sich auf nebenstehenden Lageplan.

Der Haupteingang, das **Mittagstor (1),** wurde im Jahre 1420 während der Ming-Dynastie (1368–1644) erbaut und zuletzt 1982 restauriert. Das **Tor der Höchsten Harmonie (2)** führt in den Innenhof vor der 27 m hohen und 63 m langen **Halle der Höchsten Harmonie (3).** Das 1420 erbaute und 1697 erneuerte Gebäude diente als Thronhalle. Die 24 Säulen dieser Halle stehen für die Stunden des Tages, die 18 Weihrauchbecken auf der Terrasse für die 18 kaiserlichen Provinzen. Die bronzenen Schildkröten und Reiher symbolisieren langes Leben, während der Drache das Symbol des Kaisertums ist.

In der quadratischen **Halle der Mittleren Harmonie (4)** überprüfte der Kaiser einmal im Jahr das Saatgetreide, das für eine gute Ernte sorgen sollte. In der **Halle der Erhaltung der Harmonie (5)** fand alljährlich aus Anlass des Laternenfestes (am 15. Tag des ersten Mondes) ein großer Empfang der Fürsten, Prinzen und Minister des Landes statt. Im späten 18. Jahrhundert wurden hier die Kaiserlichen Prüfungen abgehalten. Jeder Chinese, egal welcher Herkunft, hatte die Möglichkeit, an diesen Examina teilzunehmen – erst auf regionaler Ebene und zuletzt im Kaiserpalast. Die Besten wurden an den Kaiserhof gerufen und hatten als Hofbeamte ein gesichertes Einkommen und großen Einfluss.

Verlässt man den oben beschriebenen öffentlich-zeremoniellen Bereich, gelangt man über einen Platz zum **Tor der Himmlischen Reinheit (6),** dem Eingang zu jenem Palastbezirk, in dem Kaiser und Kaiserin, die zahlreichen Kon-

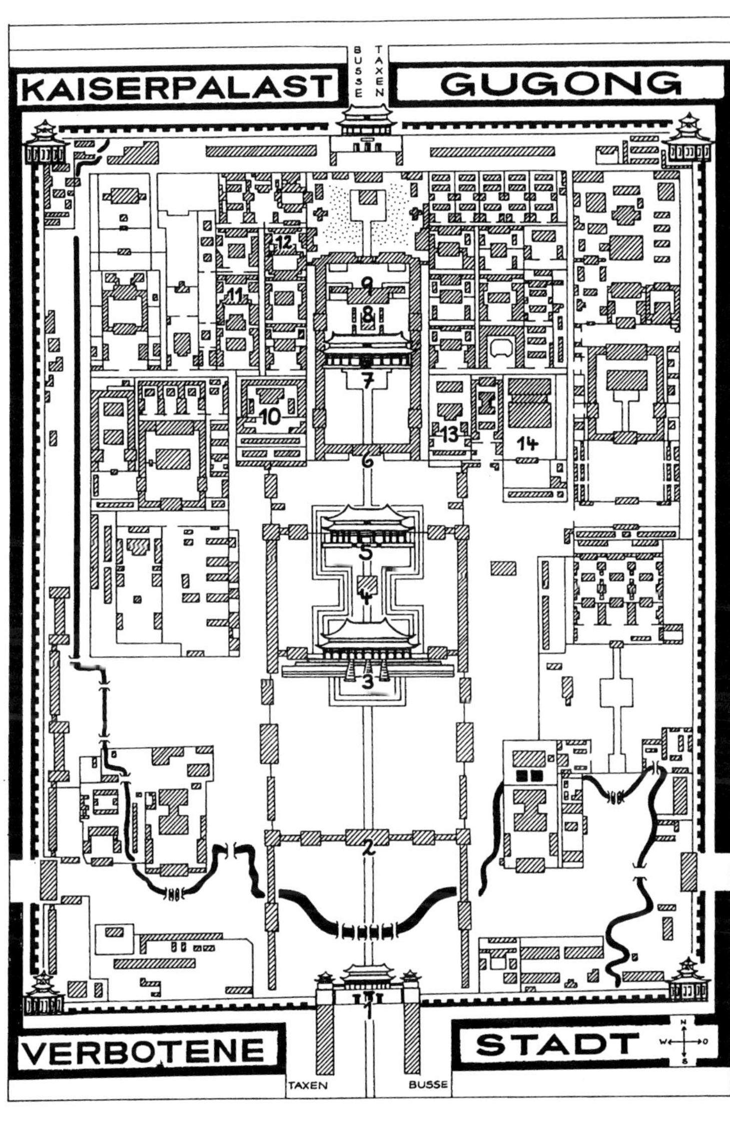
KAISERPALAST
GUGONG
BUSSE
TAXEN
1
2
3
4
5
6
7
8
9
10
11
12
13
14
VERBOTENE
STADT
N
W
O
S
TAXEN
BUSSE

kubinen und ihre unzähligen Kinder lebten. Außer ihnen hatten nur die adeligen unter den rund 5000 Palastdamen, die dem Kaiser geschenkt worden waren, und einige der 10.000 Eunuchen Zutritt zu den Inneren Gemächern. In Ausnahmefällen, wie dem Geburtstag der Kaiserin oder dem Neujahrsfest, durften Minister oder auch fremde Gesandte diesen Teil der Verbotenen Stadt betreten.

Ursprünglich diente der **Palast der Himmlischen Reinheit** (7) dem Kaiser als Schlafgemach, seit Mitte des 17. Jahrhunderts wird er für Empfänge einheimischer und ausländischer Würdenträger genutzt.

Der Konfuzianismus – Grundlage des chinesischen Kaisertums

Der Konfuzianismus stellt ein vielschichtiges Gebilde dar, in dem **religiöse, philosophische, sozialethische und lebensanschauliche Aspekte** fast untrennbar vermischt sind. Die Bezeichnung „Konfuzianismus" stammt ab von dem Namen, den Jesuitenmissionare im 17. Jahrhundert dem Begründer der Schule gegeben hatten: „Kong Fuzi" (übersetzt: „Meister der Familie Kong").

Konfuzius wurde 551 v. Chr. in Qufu in der Provinz Shandong als Sohn einer Familie des niederen Adels geboren. 479 v. Chr. starb er im Alter von 72 Jahren in Qufu. Auf weiten Reisen durch China war Konfuzius von Fürstenhof zu Fürstenhof gereist und hatte versucht, einen Herrscher zu finden, der seine auf moralischen Werten basierende Lehre annehmen und anwenden würde, jedoch ohne Erfolg. Später gründete Konfuzius eine Art Privatschule, in der er seine Lehre an Schüler weitergab, um sie auf Stellungen als Verwaltungsbeamte vorzubereiten.

Im Mittelpunkt der Lehre stehen **Menschlichkeit** und **edles Handeln.** Rechtschaffenheit und Wohlwollen sollen das Verhalten eines tugendhaften Menschen gegenüber seinen Mitmenschen bestimmen. Nur ein tugendhafter Herrscher würde sein Land ordnen und seine Untertanen durch sein Vorbild zu Sittlichkeit und Rechtschaffenheit anhalten können.

Konfuzius unterteilte die Menschen in **drei Gruppen:**

1. die **Heiligen** oder **Weisen,** die die höchste Stufe außergewöhnlicher Vollkommenheit erreicht hatten und somit die höchste Stufe der Menschlichkeit verkörperten;

2. die **Edlen,** eine allgemein erreichbare Stufe, die sich durch tugendhaftes Verhalten, Pflichterfüllung und Menschlichkeit erreichen ließ. Hierfür wesentlich war das rechte Verhältnis im menschlichen Umgang. Es wurde in den „fünf menschlichen Beziehungen" kategorisiert. Die Anerkennung der Autorität übergeordneter Personen wurde Pflicht im Verhältnis Herrscher – Untertan, Vater – Sohn, Mann – Frau, älterer Bruder – jüngerer Bruder, Freund – Freund. Kindes- und Bruderliebe stellen Werte dar, die von der konfuzianischen Tradition immer wieder betont und als Wurzel der Menschlichkeit angesehen werden. Das bedeutet, dass Konfuzius einen Menschen nicht aufgrund seiner Abstammung beurteilte, sondern aufgrund seiner moralischen Integrität und Vollkommenheit.

In der **Halle der Berührung von Himmel und Erde (8)** residierte anfänglich die Kaiserin, später wurden hier die kaiserlichen Siegel aufbewahrt. Heute sind hier eine Uhr aus dem späten 18. Jahrhundert, ein 2500 Jahre altes Instrument zur Zeitmessung und eine Wasseruhr aus dem 18. Jahrhundert ausgestellt.

Nicht Profit, sondern Rechtschaffenheit sollte den Menschen zum Handeln motivieren;
3. die **Gemeinen** oder **Unbedeutenden.**

Erst zwischen 176 und 104 v. Chr. wurde am Hof der Han-Dynastie (206 v. Chr. bis 220 n. Chr.) eine **konfuzianische Staatsdoktrin** geschaffen, die die Grundlage des chinesischen Kaisertums werden sollte. Diese Doktrin stützte sich auf **drei Komponenten:**
1. die religiöse, in der der Himmel als höhere Macht anerkannt und der Ahnenkult betont wurde. Die Legitimation der Herrscher war das „Mandat des Himmels".
2. die philosophische, die sich um die Wiederbelebung der Kultur der frühen Zhou-Zeit (ca. 1100 bis 221 v. Chr.) bemühte.
3. die sozialpolitische, wonach nur derjenige die Beamtenlaufbahn einschlagen konnte, der das Studium der konfuzianischen Schriften mit einer anschließenden Prüfung abgeschlossen hatte. Die Kandidaten brauchten nicht notwendigerweise der aristokratischen Oberschicht zu entstammen, sondern konnten sich aus unteren Schichten rekrutieren, wodurch der Einfluss der bis dahin geltenden Erbaristokratie abgebaut wurde und folglich eine größere soziale Mobilität entstand. Die so geschaffene konfuzianische Beamtenelite blieb bis zum Ende der Kaiserzeit entscheidender Machtträger.

Im östlichen Flügel des **Palastes der Irdischen Ruhe (9)** verbrachten die kaiserlichen Hochzeitspaare ihre Hochzeitsnacht.

Westlich der Nord-Süd-Achse befindet sich der **Palast der Herzensbildung (10)** mit den Privatgemächern der letzten drei Qing-Kaiser.

Der **Palast des Immerwährenden Frühlings (11)** und der **Palast der Konzentrierten Eleganz (12)** dienten den Nebenfrauen als Wohnquartiere.

In den Palästen östlich der Nord-Süd-Achse, z.B. im **Palast des Fastens (13)** und in der **Halle der Ahnenverehrung (14),** befinden sich Museumsräume.

Die in den Palastgebäuden ausgestellten **Kunstwerke** wie Kalligrafien, Bronzegefäße, Tuschbilder, Skulpturen, Porzellangegenstände oder Cloisonné-Arbeiten stammen von den berühmtesten Meistern des alten China.

Informationen

- **Öffnungszeiten und Eintritt:** 4.7.–24.8. tägl. 8.30–17 Uhr (Kasse bis 16.10 Uhr), 1.4.–31.10. tägl. außer Mo 8.30–17 Uhr (Kasse bis 16.10 Uhr), 1.11.–31.3. tägl. außer Mo 8.30–15.30 (Kasse bis 15.40 Uhr), Eintritt 60 Yuan; diese Gebühr schließt alle Ausstellungen außer dem Uhren-Museum (sehr sehenswert!) und dem Kostbarkeiten-Museum ein, die jeweils 10 Yuan kosten (Ticket jeweils am Museumseingang).
- Seit dem 10. Oktober 2017 ist die Zahl der **Besucher auf 80.000 pro Tag begrenzt.** Chinesen müssen ihre Eintrittskarte online erwerben, ausländische Touristen können ihr Ticket weiterhin an der Kasse für Ausländer kaufen.
- Wegen **extremer Ticketknappheit** am besten über die App *Get Your Guide* Eintrittskarten so früh wie möglich im Voraus buchen.
- Am Eingang zum Kaiserpalast muss man den **Reisepass vorzeigen,** der eingescannt wird.

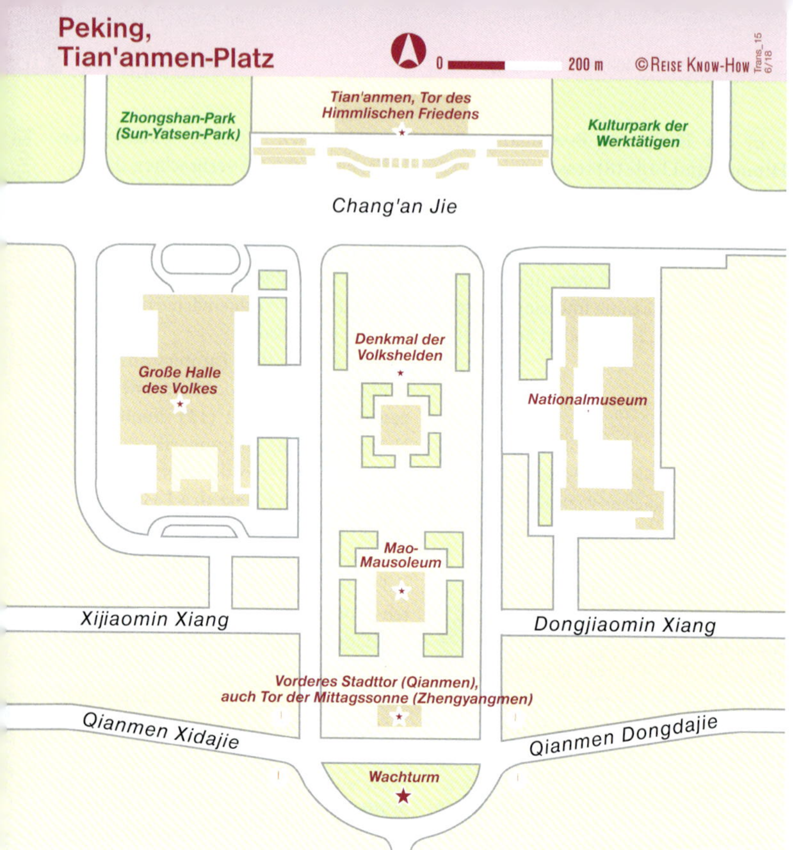

- Ein **Audioguide** (Kassettenrekorder mit Kopfhörer, deutschsprachige Führung) kostet 40 Yuan (Rückgabe am Ausgang).
- Wegen des Sonnenlichteinfalls und des architektonischen Aufbaus des Kaiserpalastes sollte man den **Besuch am Südtor beginnen** (in diesem Fall gibt man den Audioguide am Nordtor wieder ab).

Rund um den Tian'anmen-Platz

Tor des Himmlischen Friedens

Vom Tor des Himmlischen Friedens *(Tian'anmen),* dem **Haupttor des Kaiserpalastes,** hat am 1. Oktober 1949 *Mao Zedong* die Gründung der Volksrepublik China verkündet. Der ursprünglich 1417 während der Ming-Dynastie (1368–1644) errichtete Holzbau brannte 1457 ab und wurde 1651 in der Qing-Zeit (1644–1911) wieder aufgebaut. Das 34 m hohe Tor ist von einem Ringgraben umgeben, der von fünf weißen Marmorbrücken überspannt wird und zum Schutz des Kaiserpalastes angelegt worden war.

Platz des Himmlischen Friedens

Der Tian'anmen-Platz *(Tian'anmen Guangchang)* wurde 1651 angelegt und

1958 um das Vierfache vergrößert. Er misst über 400.000 m², womit er einer der **größten öffentlichen Plätze der Welt** ist. Abends ist der Platz Treffpunkt der einheimischen Bevölkerung, was ein beeindruckendes Schauspiel ergibt.

Große Halle des Volkes

Die Große Halle *(Renmin Dahuitang)* auf der Westseite des Platzes wurde 1958/59 innerhalb eines knappen Jahres von Kadern, Studenten und Arbeitern errichtet. Der Hauptversammlungssaal ist 7000 m² groß und hat **Sitzplätze für 10.000 Menschen.** In einer Bankettthalle haben 5000 Personen Platz. Hier finden u.a. die Sitzungen des Nationalen Volkskongresses und Diplomaten-Empfänge statt.

Nationalmuseum

Auf der Ostseite des Platzes befindet sich dieses Museum *(Zhongguio Guojia Bowuguan)* zur **chinesischen Geschichte** und maoistischen Revolution.

■ **Info:** tägl. außer Mo 9–17 Uhr (Tickets bis 15.30 Uhr, letzter Eintritt um 16 Uhr). Der Eintritt ist kostenlos, man muss nur seinen Pass vorzeigen.
■ **http://en.chnmuseum.cn/tabid/496/Default.aspx**

Denkmal der Volkshelden

Das Denkmal der Volkshelden *(Renmin Yingxiong Jinianbei)* im Zentrum des Platzes ist ein Wahrzeichen der chinesischen Revolution. *Mao Zedong* legte am 30. September 1949 den Grundstein für das Monument, am 1. Mai 1958 wurde es eingeweiht. Das Denkmal besteht aus 17.000 Granit- und Marmorblöcken.

Auf der Nordseite des 38 m hohen **Obelisken** lautet eine Inschrift Maos: „Die Helden des Volkes sind unsterblich". Auf der Rückseite befindet sich eine Inschrift *Zhou Enlais:* „Die Helden, die in den letzten drei Jahren ihr Leben dem Volksbefreiungskampf und der Volksrevolution opferten, sind unsterblich. Die Helden, die in den letzten 30 Jahren ihr Leben dem Volksbefreiungskampf und der Volksrevolution opferten, sind unsterblich. Die Helden, die seit 1840 ihr Leben in den Kämpfen gegen innere und äußere Feinde für die Nation, die Unabhängigkeit, für Freiheit und das Glück des Volkes opferten, sind unsterblich".

063tr hl

□ Stau in Peking – keine Seltenheit

Mao-Mausoleum

Die Halle zum Gedenken *Mao Zedongs (Mao Zhuxi Jiniantang),* zu der am 24.11.1976 der damalige Parteivorsitzende *Hua Guofeng* den Grundstein legte, wurde am 9.9.1977, dem ersten Todestag von Mao Zedong, fertiggestellt. Sie ist 33 m hoch und misst 20.000 m². Man beachte die fantastische **Kalligrafie** in der Ausgangshalle, wo an einer riesigen Wand aus weißem Marmor in goldenen Schriftzeichen Maos Gras- bzw. Konzeptschrift zu sehen ist. Mao war unbestritten einer der größten Meister in dieser Kategorie chinesischer Kalligrafie mit ihren vereinfachten Schriftzeichen.

Info: tägl. außer Mo 8–12 Uhr. Taschen und Fotoapparate müssen an einer Gepäckaufbewahrung am östlichen Rand des Platzes abgegeben werden. Der Eintritt ist kostenlos, man muss nur seinen Pass vorzeigen.

Vorderes Stadttor

Das Vordere Stadttor *(Qianmen)* stammt aus den Jahren 1403–24 (Ming-Dynastie, 1368–1644). Es ist eines der wenigen noch erhaltenen Stadttore der Mauer, die einst die Kaiserstadt umgab.

Beihai-Park

Während das Gebiet um Zhonghai- und Nanhai-See Sitz des Staatsrates und des Zentralkomitees der Kommunistischen Partei Chinas ist und damit ohne Zutritt für die Öffentlichkeit, erfreut sich der 68 ha große Beihai-Park („Nordsee-Park") aus dem frühen 10. Jahrhundert (Liao-Dynastie, 907–1125) als Ausflugsziel und touristische Attraktion größter Beliebtheit. Während der Jin-Dynastie (1115–1234) ließ man den 39 ha großen **See** ausheben und die überschüssige Er-

trans18-031 dk

☐ Stadtpläne S. 406, 408

de zu Hügeln und Inseln aufschütten. In der Mitte der Insel Qionghua Dao steht die knapp 36 m hohe, 1651 im tibetischen Stil erbaute **Weiße Beita-Pagode** (Qing-Dynastie, 1644–1911).

Zahlreiche Pavillons, Terrassen, Brücken und Wandelgänge sowie die 27 m lange, 5 m hohe und 1,20 m breite **Neun-Drachen-Wand** von 1417 (Ming-Dynastie, 1368–1644) machen den Park zu einem typischen Beispiel für chinesische Gartenbaukunst.

Die von einer Mauer aus dem 15. Jahrhundert (Ming-Dynastie, 1368–1644) umgebene **Runde Stadt** *(Tuan Cheng)* war während der mongolischen Yuan-Dynastie (1271–1368) das Zentrum der ehemaligen Hauptstadt Dadu. In einem kleinen Pavillon in der Mitte des Hofes steht ein aus dem Jahr 1265 stammendes **Jadebassin** von 1,50 m Durchmesser mit Darstellungen von Drachen, Fischen und Seepferdchen. Das 3000 l fassende Gefäß soll dem großen Mongolenkaiser *Kublai Khan* (1215–1294) als Weinfass gedient haben.

In der **Halle der Erleuchtung** *(Chengguang Dian),* einem hervorragenden Beispiel chinesischer Baukunst, befindet sich ein aus einem einzigen Stück weißen Marmors gefertigter sitzender Buddha. Er wurde zur Regierungszeit des Qing-Kaisers *Guanxu* (1875–1908) aus Burma nach China gebracht.

☐ Kanal im Jingshan-Park

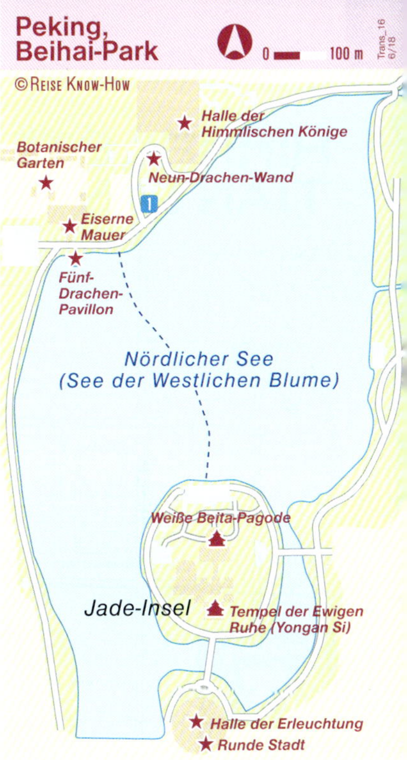

Peking, Beihai-Park

0 100 m

Halle der Himmlischen Könige
Botanischer Garten
Neun-Drachen-Wand
Eiserne Mauer
Fünf-Drachen-Pavillon
Nördlicher See (See der Westlichen Blume)
Weiße Beita-Pagode
Jade-Insel
Tempel der Ewigen Ruhe (Yongan Si)
Halle der Erleuchtung
Runde Stadt

Info: April, Mai, Sept. und Okt. tägl. 6–20.30 Uhr, Juni, Juli und Aug. tägl. 6–22 Uhr, Jan., Febr., März, Nov. und Dez. tägl. 6–20 Uhr, Ticketverkauf bis 30 Min. vor Schließung, Eintritt 5 Yuan.

www.beihaipark.com.cn

Jingshan-Park

Der 22 ha große Park Jingshan Gongyuan mit dem dreistöckigen **Pavillon des Ewigen Friedens,** von dem aus sich ein herrlicher Ausblick auf die Verbotene Stadt und Pekings Zentrum bietet, war während der Yuan-, Ming- und Qing-Zeit ein kaiserlicher Garten.

HIMMELSTEMPEL TIANTAN

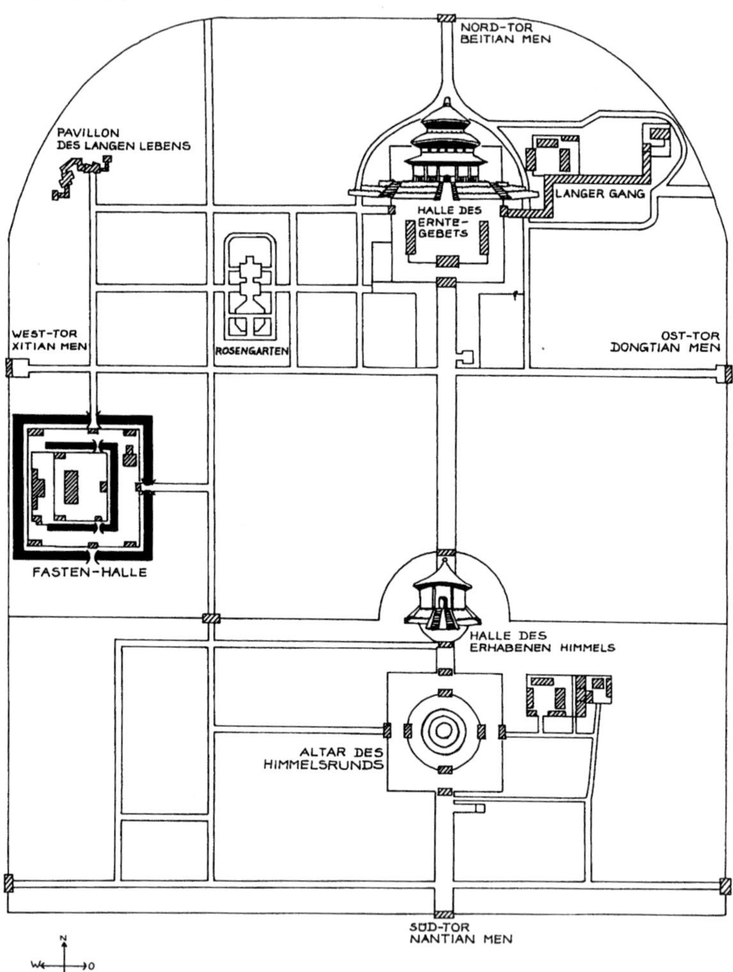
NORD-TOR
BEITIAN MEN
PAVILLON
DES LANGEN LEBENS
LANGER GANG
HALLE DES
ERNTE-
GEBETS
WEST-TOR
XITIAN MEN
ROSENGARTEN
OST-TOR
DONGTIAN MEN
FASTEN-HALLE
HALLE DES
ERHABENEN HIMMELS
ALTAR DES
HIMMELSRUNDS
SÜD-TOR
NANTIAN MEN
N
W
O
S

■ **Info:** 1. April bis 31. Okt. tägl. 6–21 Uhr (Ticketverkauf bis 20.30 Uhr), 1. Nov. bis 31. März tägl. 6.30–20 Uhr (Ticketverkauf bis 19.30 Uhr), Eintritt 2 Yuan.

Himmelstempel (Tiantan)

Der Himmelstempel steht in einem **273 ha großen Park,** der sich in einen nördlichen und einen südlichen Abschnitt unterteilt. Der nördliche ist halbkreisförmig angelegt und symbolisiert das Himmelsgewölbe, der quadratische südliche Teil des Parks die Erde.

Die **Halle des Erntegebets** *(Qinian Dian)* aus dem Jahre 1420 (Ming-Dynastie, 1368–1644) fiel einem Feuer zum Opfer und wurde Anfang des 20. Jahrhunderts nach alten Plänen wieder aufgebaut. Das 38 m hohe, ohne einen einzigen Nagel errichtete Gebäude misst 30 m im Durchmesser. Die vier mittleren, 19 m hohen Säulen repräsentieren die vier Jahreszeiten, zwei weitere, jeweils zwölf Säulen zählende Reihen symbolisieren die zwölf Monate des Jahres, bzw. nach altchinesischer Rechnung die zwölf Zeiteinheiten des Tages. Alle 28 Säulen wurden aus Baumstämmen aus der Provinz Yunnan gefertigt. Man bedenke den langen und schwierigen Transportweg über kleine Flüsse bis in den Yangtsekiang und dann weiter über den Kaiserkanal bis nach Peking!

Die **Halle des Erhabenen Himmels** *(Huangqiongyu),* 1530 während der Ming-Dynastie erbaut, diente als Aufbewahrungsort für bei Zeremonien benötigte Gegenstände.

Jedes Jahr zur Wintersonnenwende zog der Kaiser mit seinem Gefolge, etwa 1000 Personen, zum **Altar des Himmelsrunds** *(Huanqiu Tan),* einer dreistufigen, von zwei Mauern umgebenen Steinterrasse aus weißem Marmor. Hier wurden Opferzeremonien abgehalten, die gute Ernten sichern sollten.

■ **Öffnungszeiten der Parkanlage** (Haupteingang): tägl. 6–22 Uhr (Ticketverkauf bis 20 Uhr), im Winter tägl. 6.30–20 Uhr (Ticketverkauf bis 18 Uhr).
■ **Öffnungszeiten des Tempels:** 1. März bis 30. Juni tägl. 8–17.30 Uhr (Ticketverkauf bis 16 Uhr), 1. Juli bis 31. Okt. tägl. 8–18 Uhr (Ticketverkauf bis 16.30 Uhr), 1. Nov. bis 28. Febr. tägl. 8–17 Uhr (Ticketverkauf bis 15.30 Uhr).
■ **Eintritt** für alle Gebäude 30 Yuan.
■ **http://en.tiantanpark.com/ShowContent2.aspx?Sortid=7**

Lamatempel (Yonghe Gong)

Der Lamatempel, **einer der besterhaltenen Tempel Pekings,** wurde 1694 während der Qing-Dynastie (1644–1911) als Wohnhaus des kaiserlichen Thronfolgers errichtet und 1723 in ein Kloster umgebaut, von dem nur noch der Tempel erhalten ist. Hier leben wieder junge Mönche, die sich u.a. dem Studium der tibetischen und mongolischen Sprache und der buddhistischen Sutren widmen.

■ **Info:** 1. April bis 31. Okt. tägl. 9–16.30 Uhr (Ticketverkauf bis 16 Uhr), 1. Nov. bis 31. März tägl. 9–16 Uhr (Ticketverkauf bis 15.30 Uhr), Eintritt 25 Yuan.
■ **www.insidebeijing.de/yonghegong.htm**

Zoo

Hauptattraktion des Pekinger Zoos *(Dongwuyuan)* sind die **Pandabären.** Um nicht enttäuscht zu sein, muss man wissen, dass sich Pandas wegen ihrer schlechten Futterverwertung nicht viel Bewegung leisten können und daher die meiste Zeit des Tages faul herumliegen (müssen!). Wer eine Chance haben will, Pandas in Bewegung oder beim Spielen zu beobachten, muss ganz früh kommen (am besten gleich um 7.30 Uhr das Eintrittsticket kaufen!). Sobald das Futter verteilt ist, sitzen die Pandas nur noch da und fressen.

Info: 1. April bis 31. Okt. tägl. 7.30–18 Uhr (Ticketverkauf bis 17 Uhr, Eintritt inkl. Panda-Haus 20 Yuan), 1. Nov. bis 31. März tägl. 7.30–17 Uhr (Ticketverkauf bis 16 Uhr, Eintritt inkl. Panda-Haus 15 Yuan).

www.insidebeijing.de/zoo.htm

Abendprogramm

Abends empfiehlt sich der Besuch der **Pekingoper** oder einer **Akrobatenshow.** Eine speziell für ausländische Touristen gedachte, absolut empfehlenswerte Pekingopernaufführung findet allabendlich im Liyuan-Theater im Qianmen Hotel statt. Dem ungeübten Ohr und Auge wird hier ein interessantes Gemisch sowohl musikalischer als auch optischer (akrobatischer) Highlights aus verschiedenen Opern geboten. Man sollte möglichst mittig in der obersten Tischreihe sitzen, und zwar mit dem Rücken an der Trennwand zwischen Tisch- und reinen Sitzreihen in der Tribüne (Ticketpreis 150 Yuan). Hier kann man auch mal kurz zum Fotografieren aufstehen, ohne allen die Sicht zu nehmen. Hinweis: Im traditionellen China traf man sich zum Knabbern und Trinken in der Oper, während im Hintergrund die eigentliche Inszenierung ablief – daher die Tische.

Pekingoper: Im Liyuan-Theater im Qianmen Hotel, Tel. 138 01 06 75 68, tägl. ab 19 Uhr Einlass (wer zuerst kommt, kann sich den besten Platz aussuchen!), Vorstellung 19.30–20.45 Uhr. Ein Platz am Tisch inkl. Knabberkram und Tee lohnt sich wegen des hervorragenden Blicks und kostet 150–400 Yuan, ein Tribünenplatz 100 Yuan. Vorverkauf online, Tickets an der Abendkasse gibt es nur am Tag der Aufführung.

http://theatrebeijing.com/theatres/liyuan_theatre

Figuren der Pekingoper: links Xiao Sheng, rechts Lao Sheng

Den Besuch einer Pekingoper sollte man sich nicht entgehen lassen

■ **Akrobatenshow:** Im Chaoyang-Theater, Dongsanhuanlu 36, Tel. 65 07 24 21 und 65 06 08 37, tägl. drei Vorstellungen: 15.50, 17.30 und 19 Uhr. Vorverkauf online zu reduzierten Preisen, Tickets für die einstündige Show an der Kasse ab 280 Yuan.
■ **www.chaoyangacrobaticshow.com**

In der Umgebung von Peking

Sommerpalast (Yihe Yuan)

Der Sommerpalast ist der größte und am besten erhaltene kaiserliche Garten Chinas und ein **hervorragendes Beispiel klassischer Gartenbaukunst.** Mit dem Bau der Anlage wurde im Jahr 1153 begonnen, Erweiterungen erfolgten während der Yuan- (1271–1368), Ming- (1368–1644) und vor allem in den Jahren 1736–95 der Qing-Zeit (1644–1911). Nachdem 1860 englisch-französische Interventionstruppen die 290 ha große Parkanlage verwüstet hatten, ließ sie die Qing-Kaiserin *Cixi* im Jahr 1888 mit Geldern, die eigentlich für den Ausbau der chinesischen Flotte gedacht waren, wieder aufbauen. Als der Park 1890 erneut von ausländischen Truppen geplündert und niedergebrannt wurde, ließ ihn die Kaiserin abermals instand setzen.

Die insgesamt **3000 Räume** der Anlage erfüllen festgelegte Funktionen. Die Gebäude am Osttor in der Nähe des Haupteingangs dienten der Erledigung von Staatsgeschäften. Vor dem Hauptgebäude, der Halle des Wohlwollens und der Langlebigkeit, stehen bronzene Drachen und Phönixe. Auf dem heute noch

133tr hl

trans18-030 dk

vorhandenen Thron empfing der Kaiser kaiserliche Beamte und ausländische Gäste. Die Halle der Freude und Langlebigkeit beherbergte die Privaträume der Kaiserinwitwe *Cixi* (1835–1906). Der westliche Raum diente ihr als Schlafgemach, der östliche als Ankleidezimmer.

Das höchste Gebäude des Sommerpalastes ist das **Theater,** mit drei übereinander liegenden Bühnen, die mit Falltüren miteinander verbunden sind.

Der 728 m lange **Wandelgang,** dessen Dach von 273 Säulenpaaren getragen wird, ist mit 8000 äußerst detailreichen historischen und mythologischen Bildern sowie Landschaftsszenen bemalt. Auf halbem Wege steht linker Hand ein Schmucktor.

Das **Marmorschiff** ließ Kaiserinwitwe *Cixi* ebenfalls mit Geldern erbauen, die eigentlich für den Bau einer Kriegsflotte bestimmt waren.

Ganz besonders schön ist der **Garten der Harmonie und des Vergnügens,** quasi ein kleiner Garten im großen Garten, angelegt im Jahr 1751.

Mit dem Bau des **Tempels Biyuan Si** wurde 1321 begonnen, die Halle der 500 Lohans und die knapp 35 m hohe Pagode kamen 1748 hinzu.

Info: 1. April bis 31. Okt. tägl. 6.30–20 Uhr (Kasse bis 18 Uhr, schon um 17 Uhr schließen Innenhöfe und Gebäude), Eintritt 30 Yuan; 1. Nov. bis 31. März tägl. 7–19 Uhr (Kasse bis 15 Uhr, um 16 Uhr schließen Innenhöfe und Gebäude), Eintritt 20 Yuan.

www.summerpalace-china.com/ywy/time.html

Unterwegs im Sommerpalast

Ming-Gräber

Die Ming-Gräber liegen rund 50 km nördlich vom Stadtzentrum Pekings in einem 40 km² großen Talkessel. Gemäß alter chinesischer Tradition bestimmten Geomanten (Erdwahrsager) noch zu Lebzeiten des Herrschers den Platz seiner letzten Ruhestätte. 13 von insgesamt 16 Ming-Kaisern wurden hier mit ihren Frauen und ersten Nebenfrauen beigesetzt. Bisher hat man nur das **Chang-** und das **Ding-Grab** restauriert und für Besucher zugänglich gemacht.

Je nach Bedeutung des Kaisers unterscheiden sich die Grabstätten in Größe und Ausstattung, jedoch nicht in ihrer **Grundkonzeption:** Über der Gruft mit den Särgen erhebt sich ein Erdhügel, außerdem gehören Opferhallen und Stelenpavillons zu jeder Anlage.

Der 1540 angelegte **Weg der Seelen** führt vom Ehrentor aus Marmor zum Chang-Grab. Nach etwa 800 m kommt man zum **Großen Roten Tor,** dessen mittlerer Durchgang nur für die kaiserliche Bestattungsprozession geöffnet wurde. 500 m weiter befindet sich der **Stelenpavillon,** in welchem eine 6,50 m hohe Marmorstele auf dem Rücken einer steinernen Schildkröte steht. Hinter dem Stelenpavillon beginnt die **Allee der Steinstatuen** mit zwölf Tier- und sechs Menschenpaaren aus dem Jahr 1435.

trans18-029 dk

Das **Chang-Grab** des dritten Ming-Kaisers *Zhu Di* bzw. *Yongle* ist eine oberirdische Anlage aus drei hintereinander liegenden Höfen. Im ersten Hof befanden sich die Vorratsspeicher für die Opfergaben. Beeindruckend ist die auf einer dreistufigen Terrasse stehende Halle mit 32 gigantischen Sandelholzsäulen. Diese wurden aus der Tausende Kilometer südwestlich gelegenen Provinz Yuannan über den Yangtse und den Kaiserkanal bis nach Peking transportiert.

Die Halle beherbergt heute ein **Museum.** Zu den wertvollsten Ausstellungsstücken gehören die mit zwei Drachen verzierte goldene Kaiserkrone, die blauen Phönixkronen der Kaiserin, Seidengewänder, goldenes Essgeschirr, Jadegürtel, Haarspangen sowie Silber- und Goldbarren.

Das **Ding-Grab** des 13. Ming-Kaisers *Zhu Yinjun* bzw. *Wanli* wurde in sechsjähriger Bauzeit von 1584–90 von 30.000 Arbeitern fertiggestellt. Die oberirdische Anlage besteht aus drei Höfen, Pavillons und Hallen, die z.T. als Museum dienen. Die unterirdisch liegende Gruft hat eine Gesamtfläche von knapp 1200 m². Durch ein erst später erbautes dreistöckiges Treppenhaus gelangt man in die aus fünf Sälen bestehende Grabkammer. Tonnenschwere Marmortüren verschlossen einst die drei hintereinander liegenden Räume im Mittelteil. Zu sehen sind u.a. drei jeweils 3,30 m breite und 1,70 m hohe Marmorthrone, Altäre und Weihrauchbehälter. Die blauweißen Porzellangefäße waren ursprünglich mit Öl gefüllt und sollten als Ewiges Feuer dienen. Im hinteren, 30 m langen und 9 m breiten Querraum stehen auf einem Podest drei Särge: Im mittleren befand sich der Leichnam des Kaisers, im linken der der Kaiserin und rechts der der ersten Nebenfrau des Kaisers. 26 Holztruhen bargen die Grabbeigaben, die zum Teil im Museum des Chang-Grabs ausgestellt sind.

- **Eintritt:** zur Straße mit den großen Steinfiguren im Sommer 30 Yuan, im Winter 20 Yuan; Ding-Grab im Sommer 60 Yuan, im Winter 40 Yuan; Chang-Grab im Sommer 45 Yuan, im Winter 30 Yuan.
- **Öffnungszeiten:** 1. April bis 31. Okt. tägl. 8–18 Uhr, 1. Nov. bis 31. März tägl. 8.30–17.30 Uhr.
- **www.mingtombs.com**

Chinesische Mauer

Die Chinesische oder auch **Große Mauer** (*Wanli Changcheng* = „10.000 Li lange Mauer", 1 *li* entspricht 0,576 km), gilt als das **längste Bauwerk der Erde.** Im 5. bis 8. Jahrhundert v. Chr., während der sogenannten Frühlings- und Herbstperiode (770–476 v. Chr.), begannen die Herrscher einzelner miteinander rivalisierender und nach Hegemonie strebender Reiche, hohe Mauern um ihre Herrschaftsgebiete zu errichten. Als im Jahr 220 v. Chr. das Chinesische Reich unter dem ersten chinesischen Kaiser *Qin Shi Huang Di* vereinigt wurde, ließ er die einzelnen Mauern zum Teil abreißen und zu einer einzigen, durchgehenden Mauer verbinden.

Während der Han-Dynastie (206 v. Chr.–220 n. Chr.) wurde eine zweite Mauer nördlich der ersten erbaut. Sie ging jedoch über diese hinaus und erfüllte bis in die Tang-Zeit (618–907) eine schützende Funktion gegen die nördlichen Eindringlinge aus der Mongolei. In der Tang-Zeit geriet die Mauer in Vergessenheit und verwahrloste, denn die

Macht und Stärke des Tang-Reiches waren so groß, dass es einer Mauer nicht mehr bedurfte.

Erst nachdem die mongolische Yuan-Dynastie (1271–1368) in der Mitte des 14. Jahrhunderts von der chinesischen Ming-Dynastie (1368–1644) entmachtet wurde, ließen die neuen Machthaber die Große Mauer erneuern. Die Mauer der Ming-Zeit beginnt im Westen in Jiayuguan in der Provinz Gansu und verläuft über **6000 km,** meistens der heutigen Grenze der Inneren Mongolei folgend, durch die Provinzen bzw. Autonomen Regionen Ningxia, Shaanxi, Innere Mongolei und Shanxi bis nach Shanhaiguan in der Provinz Hebei, wo die Mauer im Meer endet.

Die **erste Mauer** bestand aus Felsbrocken und Erde, in Wüstenregionen aus Sand und Steinen, Gras und Zweigen. Im 14. Jahrhundert, während der Ming-Dynastie, wurde die ursprüngliche Mauer mit Ziegelsteinen und Steinplatten umschlossen. Durchschnittlich ist die Mauer unten 7 m und oben 6 m breit, die Durchschnittshöhe beträgt 7–9 m, an einigen Stellen bis zu 16 m.

An strategisch wichtigen Punkten wurden **Befestigungsanlagen** und im Abstand von 200 m **Aussichtstürme** errichtet, von denen aus mittels Spiegel-, Licht-, Feuer- oder Rauchsignalen über Tausende von Kilometern eine rasche Nachrichtenübermittlung möglich war. An einigen besonders gefährdeten Stellen wurden sechs oder mehr parallel zueinander verlaufende Mauern errichtet. Auf der Mauer konnten sich ganze Heere fortbewegen und zu weit entfernten Stützpunkten verlegt werden.

Als im Jahre 1644 die Mandschus die Qing-Dynastie (1644–1911) gründeten, verlor die Mauer ihre Bedeutung und begann erneut zu verfallen. Nach 1949 wurde das Bauwerk mit Regierungsgeldern für touristische Zwecke aufwendig restauriert.

75 km nordwestlich von Peking, in **Badaling,** befindet sich der bei Touristen beliebteste Abschnitt der Chinesischen Mauer. Sein Besuch lässt sich verbinden mit einer Visite der Ming-Gräber, Hauptgrund dafür, dass die meisten chinesischen und ausländischen Touristen genau diesen Mauerabschnitt besuchen. Da hier je nach Jahreszeit bis etwa 17 Uhr wahre Menschenmassen unterwegs sind, sollte man erst danach ankommen. Man gehe links hoch, damit einem die Sonne nicht in die Augen scheint und man die von der Sonne angestrahlten Mauerteile in der Ferne sehen kann.

- **Anfahrt/Buchung:** Ausflüge kann man in Hotels und Hostels vor Ort buchen oder bei einem Reiseveranstalter vor der Reise.
- **www.badaling.gov.cn**
- **Öffnungszeiten:** 1. April bis 31. Okt. tägl. 6.30–19 Uhr (Ticketverkauf bis 17.30 Uhr), Eintritt 45 Yuan; 1. Nov. bis 31. März tägl. 7–18 Uhr (Ticketverkauf bis 16.30 Uhr), Eintritt 40 Yuan. Das Betreten der Mauer vor und nach Kassenschließung ist nicht gestattet.
- **Seilbahn:** Für die einfache Strecke hoch auf den Bergkamm, auf dem die Mauer verläuft, bezahlt man 80 Yuan, für Hin- und Rückfahrt 100 Yuan.

Für den in **Jinshanling** 150 km nordöstlich von Peking gelegenenen Abschnitt der Chinesischen Mauer ist zwar ein voller Besuchstag einzuplanen, dafür aber genießt man den riesigen Vorteil von Ruhe und Menschenleere, da nur wenige Touristen so viel Zeit haben.

■ Anfahrt/Buchung: Entweder mit einer gebuchten Individual- bzw. Gruppentour oder auf eigene Faust per Taxi. Mit öffentlichen Verkehrsmitteln braucht man mehr Zeit, als einem dann auf der Mauer bleibt! Tipp: Eine frühe Abfahrt in Peking erspart Stunden der Verzögerung im Stau!

■ Öffnungszeiten: offiziell tägl. 8–17 Uhr, doch gibt es eine Wache, die schon vor 8 Uhr und noch nach 17 Uhr anwesend ist und Eintrittskarten verkauft. Morgens und abends bei Dunkelheit darf man die Mauer nicht betreten, auf der Mauer übernachten ist verboten!

■ Seilbahn: tägl. 8.30–16.30 Uhr, für die einfache Strecke hoch auf den Bergkamm, auf dem die Mauer verläuft, bezahlt man 40 Yuan, für Hin- und Rückfahrt 60 Yuan.

Praktische Tipps

U-Bahn

Mit dem Bau der Pekinger U-Bahn, nach der Metro in Shanghai die **zweitlängste der Welt,** wurde bereits zu Zeiten von *Mao Zedong* im Jahr 1965 begonnen. Die feierliche Eröffnung der ersten Strecke fiel auf den 20. Nationalfeiertag am 1. Oktober 1969 (Gründung der VR China am 1. Oktober 1949). Anfangs durften nur Beamte fahren, seit 1977 auch das gemeine Volk. Heute befördert die U-Bahn auf gut 550 km Streckennetz mit knapp 320 Stationen täglich 10 Mio. Fahrgäste.

Die erste U-Bahn fährt um **5.10 Uhr,** die letzte um **23.40 Uhr,** und zwar während der Hauptverkehrszeit alle 3–4, sonst alle 8 Min. Auf der U-Bahnlinie 6 verkehrt mit durchschnittlich 80 km/h und maximal 100 km/h der schnellste Zug. Die tiefste Haltestelle liegt 34 m unter der Erdoberfläche. Am Eingang der U-Bahnstationen erfolgt eine Sicherheitskontrolle, z.B. sind Messer und Scheren jeder Art und Größe verboten.

Fahrscheine kann man an Ticketkassen mit Personal oder an Automaten lösen. Das Menü am Automat funktioniert wie folgt: Auf dem Bildschirm unten links „English" auswählen, dann oben die U-Bahnlinie wählen und die gewünschte Haltestelle anklicken; es wird der Preis pro Ticket angezeigt (je nach Entfernung 3–8 Yuan); links die Anzahl der Tickets auswählen und dann Geld einwerfen (einige Automaten nehmen nur Münzen. Das Ticket nicht verlieren, denn es muss am Ausgang vorgezeigt werden!

Überall sind die **Stationsnamen** auch in lateinischer Schrift angegeben, und die Ansage an den Stationen erfolgt auf Englisch und Chinesisch.

▷ Essen auf Rädern

Taxi

Ein Taxi **für den ganzen Tag** kann man nicht bei allen Taxifahrern ordern. Im Hotel bzw. Hostel wird bei Verhandlungen um Route und Preis geholfen. Tipp: Hat man mit Hilfe der Hotelrezeption einen Tagespauschalpreis ausgehandelt, so sollte man die Bezahlung am Ende der Tour vor dem Hotel vornehmen, um im Falle von Unstimmigkeiten mit dem Chauffeur dieselbe Person von der Rezeption als Zeuge rufen zu können.

Preis: Ein Tag innerhalb von Peking kostet 600–700 Yuan, ein Tag außerhalb des Stadtzentrums 800–1000 Yuan, z.B. für einen Ausflug zu den Ming-Gräbern und zur Chinesischen Mauer in Badaling.

Post

■ Jiannei Lu 18A, Tel. 65 19 66 49, tägl. 8–18 Uhr. Wegbeschreibung: Man geht vom Hotel International aus auf der Südseite der Chang'an Avenue in Richtung Osten bis zur dritten Kreuzung; das Postamt liegt zwischen den Metrostationen Dongdan und Jianguomen an der Linie 10. Große Auswahl an Briefmarken und Postkarten; Briefmarken für Postkarten nach Europa kosten 4,50 Yuan. Briefe und Postkarten nehmen fast alle Hotelrezeptionen entgegen und sorgen für den Versand.

Geld

In China unterscheiden sich die Kurse von Wechselstube zu Wechselstube und von Bank zu Bank kaum, sodass man keine Zeit mit Kursvergleichen vergeuden muss. In manchen Hotellobbies finden sich Geldautomaten. Wechselschalter in den Hotels dürfen nur für Hotelgäste wechseln.

- **Wechselkurse:** 1 Euro = 7,72 Yuan, 1 SFr = 6,68 Yuan, aktuelle Kurse siehe z.B. www.oanda.com.
- **Filialen der Bank of China** finden sich in der ganzen Stadt (Mo bis Sa 9–17 Uhr).

Botschaften

- **Deutsche Botschaft**
17, Dong Zhi Men Wai Da Jie, Chaoyang District, Tel. 85 32 90 00, www.china.diplo.de.
- **Botschaft von Österreich**
Jian Guo Men Wai, Xiu Shui Nan Jie 5, Tel. 65 32 20 61, 65 32 20 62, www.bmeia.gv.at/oeb-peking.
- **Botschaft der Schweiz**
Sanlitun Dong Wu Jie 3, Tel. 85 32 27 36, www.eda.admin.ch/beijing.
- **Botschaft der Russischen Föderation**
Dong Zhi Men Nei Bei Zhong Jie 4, Tel. 65 32 20 51, 65 32 13 81, embassy@russia.org.cn.

015tr11 dk

Botschaft der Mongolei
Xiushui Beijie Jian Guo Men Wai Da Jie 2, Tel. 65 32 18 10, momembbj@public3.bta.net.cn.

Unterkunft

In Peking findet man **Unterkünfte jeder Art und Preiskategorie** von ganz einfach bis ultraluxuriös. Wichtig bei der Wahl einer Herberge ist eine zentrale Lage, am besten rund um die Verbotene Stadt, entlang der Einkaufsstraße Wangfujing Lu (diese beginnt beim Peking Hotel) und in der Nähe des Hauptbahnhofs. Für Individualreisende haben Hostels den großen Vorteil, dass sich hier viele Rucksackreisende und „Einzelkämpfer" finden, um Tipps auszutauschen und sich für günstige Ausflüge zusammenzutun.

Hinweis: **Preise** gelten in China pro Zimmer, egal ob Einzel- oder Doppelzimmer, und variieren nicht nur nach Lage und Saison, sondern auch abhängig von der Auslastung des Hauses. In einem Mehrbettzimmer kann man schon ab 45 Yuan übernachten.

Hostels findet man online u.a. bei www.booking.com, www.hostels.com/beijing/china sowie www.hostelworld.com. Einen Preisüberblick bietet www.hostelbookers.com/hostels/china/beijing.

7 Howard Johnson Paragon Hotel
Äußerst praktisch gegenüber vom Hauptbahnhof gelegen, Tel. 65 26 66 88, Zimmer inkl. Frühstück ab 850 Yuan.

2 Beijing Traditional View Hotel
Juer Hutong Nr. 33, Jiaodaokou Nanlu, Dongcheng District, Tel. 84 03 28 99 und 64 00 56 56. Dieses besondere Hotel liegt mitten in einem alten Hutong-Gassenviertel – interessanter und chinesischer geht es nicht! In den Gassen pulsiert das Leben, es finden sich kleine Restaurants, laute Kneipen und elegante Boutiquen. Zimmer inkl. Frühstück ab 400 Yuan.

6 Peking Station Hostel
Babaolou Hutong Nr. 12, unweit des Hauptbahnhofs in der Nähe der U-Bahn. Diese Ruheoase ist absolut empfehlenswert. Hier trifft man etwas besser betuchte Traveller vornehmlich aus asiatischen Ländern, aber auch Westler. Die hellen Zimmer sind geschmackvoll eingerichtet, ein wahrer Grünpflanzen-

trans18-028 dk

dschungel sorgt für eine angenehme Atmosphäre. Es gibt eine Kochgelegenheit und einen Kühlschrank, das Personal ist freundlich – wenn beim Frühstück etwas fehlt, einfach nachfragen! Neben 6-Bett-Zimmern à 110 Yuan pro Bett und 14 Bett-Zimmern à 100 Yuan pro Bett gibt es auch DZ ohne Frühstück ab 400 Yuan.

3 Dragon King Hostel
Dongsi Jiutiao Nr. 78, Dongcheng District, Tel. 84 03 61 46. Das Hostel ist empfehlenswert und bei westlichen Travellern sehr beliebt. Die Zimmer sind zwar nicht besonders schön und die Betten (zu) hart, aber das Personal spricht sehr gut englisch, und es wird ein umfangreiches Ausflugsprogramm zu fairen Preisen angeboten. Ferner befindet sich ganz in der Nähe eine U-Bahnstation, und viele Restaurants stehen zur Auswahl. Alle Zimmer haben ein eigenes Bad; Preise ohne Frühstück: DZ 260 Yuan, 4-Bett-Zimmer je nach Saison ab 100 Yuan pro Bett, 6-Bett-Zimmer ab 50 Yuan pro Bett.

1 Peking International Youth Hostel
Nan Luo Gu Xiang Nr. 113-2, Dongcheng District, nördlich der Verbotenen Stadt, Tel. 84 03 90 98, www.peking.hostel.com. Dieses Hostel zählt ebenfalls zu den wirklich empfehlenswerten Unterkünften in der Stadt! Alles stimmt: Lage, Sauberkeit, Personal, Preise! Auf einer herrlich mit Pflanzen und Blumen geschmückten Terrasse kann man unter freiem Himmel sitzen! 4-Bett-Zimmer à 140 Yuan pro Bett, DZ à 160 Yuan pro Bett.

Essen und Trinken

In Peking gibt es unendlich viele gute Restaurants aller Kategorien und Geschmacksrichtungen! An dieser Stelle sei nur ein Restaurant hervorgehoben:

5 Ein Muss ist ein Pekingentenessen im **Restaurant Quan Zhude** in der Qianmen Dajie, an der großen Straße südöstlich vom Mao-Mausoleum (am Platz des Himmlischen Friedens) oder in einer der Filialen dieser Restaurantkette. Mittags hat das berühmteste und beste Pekingenten-Lokal nur bis 13.30 Uhr geöffnet, abends kann man genau ab 20.31 Uhr nichts mehr bestellen außer Getränken; sitzen darf man aber bis 22.30 Uhr und länger. Wer ab 19 Uhr kommt, findet normalerweise einen frei gewordenen Tisch. Wer in der Wartezone warten muss, kann zu einem großen Panoramafenster in die Küche gehen und bei der Zubereitung der Enten zugucken. Tipp: Ausschließlich Ente bestellen, pro Person eine halbe – wenn schon, denn schon! Man sollte unbedingt die Haut vom Fleisch trennen lassen. Wenn die Ente am Tisch zubereitet wird, müssen die „Pfannkuchen" sofort serviert werden. Sobald die heiße Haut abgetrennt wurde und auf dem Servierteller liegt, mit dem Essen beginnen, weil

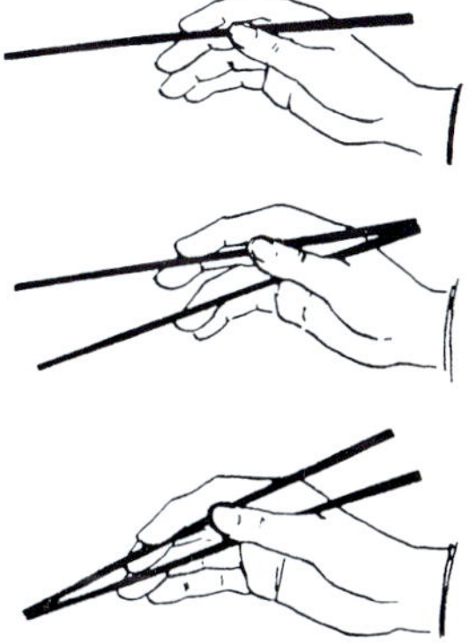

Essstäbchen: So wird's gemacht

Jugendliche stehen Schlange vor einem beliebten Restaurant im Hutong-Viertel sonst alles kalt wird. So wird's gemacht: Pfannkuchen auf die Handfläche legen, mit den Stäbchen ein wenig von der dunklen Pflaumensoße auftragen (nicht zu viel und nicht zu wenig), zwei oder drei Streifchen Frühlingszwiebel (nicht Gurke!) dazu und dann ein bis zwei Hautstücke von der Brust dazulegen. Das Ganze einrollen, überflüssigen Pfannkuchen abreißen (nicht essen, lieber Platz für viel Ente lassen) und dann abbeißen – herrlich!

Feste und Feiertage

- **Januar/Februar: Chinesisches Neujahr** (12. Vollmond), ein buntes Tempelfest findet im Erdtempel-Park *(Ditan Gongyuan)* statt. Bereits eine Woche vor dem Neujahrstag beginnen die Festlichkeiten. An unzähligen Ständen und Buden werden handgemachte Spielsachen und leckerste Spezialitäten zum Naschen angeboten. Termine: 5.2.2019 (Jahr des Schweines), 25.1.2020 (Jahr der Ratte), 12.2.2021 (Jahr des Büffels).
- **September: Mondfest,** am 15. Tag des 8. Mondkalender-Monats. Termine: 24.9.2018, 13.9.2019, 1.10.2020, 21.9.2021.
- **Oktober: Nationalfeiertag,** am 1.10.1949 rief *Mao* die Volksrepublik China aus. Bis in den frühen Nachmittag ist das Stadtzentrum abgeriegelt, und man sollte besser einen Ausflug z.B. zu den Ming-Gräbern oder zur Chinesischen Mauer planen. Ganz China hat die erste Oktoberwoche über Ferien.

Zugverbindungen

Internationale Zugfahrkarten können frühestens 1½ Monate vor der geplanten Abreise persönlich bestellt werden unter Angabe der Passnummer und Anzahlung von 100 Yuan *(deposit),* die man zurückbekommt, wenn man die Reservierung spätes-

„Ulan Bator – Peking", in mongolischer Schreibweise „Ulaanbaatar – Beijing"

044tr hl

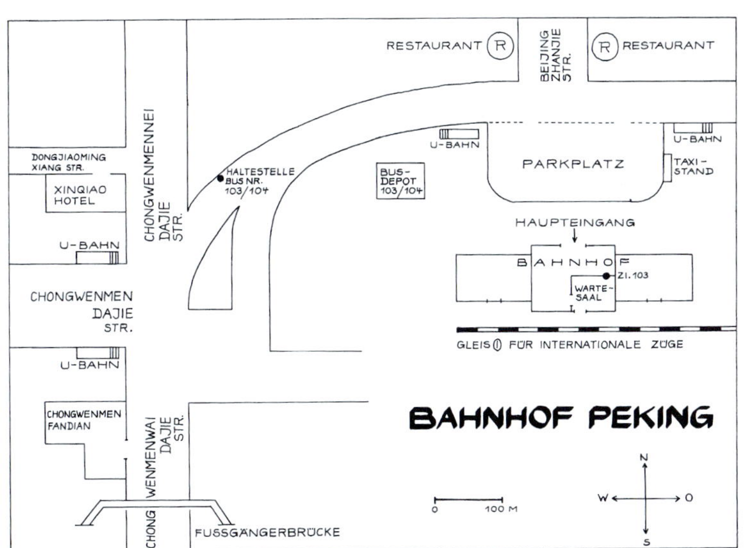

Formular für die Zugreservierung

国 际 旅 客 订 票 单

RESERVATION SHEET

订票日期 *Monat* 月 *Tag* 日
Date

订票单位 Organisation		国籍 Nationality *German*	
姓名 Name *Hans Meyer*	电话 Telephone *XX XX XX XX*		住址 Address *Peking Hotel*

乘座 20*XX* 年 *Monat* 月 *Tag* 日第 次国际列车
Train No. *Zug Nr.* Dateof of Departure *XX.XX.20XX*

起站 From *Peking*	到站 To *Ulan Bator*	席别 Class *2*	整票张数 Adult ticket *X*	童票张数 Children ticket
起站 From	到站 To	席别 Class	整票张数 Adult ticket	童票张数 Children ticket
旅客声明事项：Remarks			人民币 RMB	外汇券 FEC

注意：请于开车 7 天之前取票，愈期不取，预订位不予保留，订金不退。
NOTICE: TICKETS MUST BE COLLECTED 7 DAYS BEFORE TRAIN'S DEPARTURE, OTYERWISE IT WILL BE CANCELLED WITHOUT BOOKING CHARGE REFUND.

032tr hl

Ob mit Wodka oder Wein – auf der langen Fahrt wird gern mal angestoßen

tens sieben Tage vor der Abreise annulliert (sonst werden sie mit dem Ticketpreis verrechnet). Holt man ein reserviertes Ticket nicht bis sieben Tage vor der Abreise ab, verfällt die Reservierung samt Anzahlung. Kann man nicht sieben Tage vor der geplanten Abreise das Zugticket abholen, bezahlt man bei der Reservierung sofort den vollen Preis. Nur Barzahlung.

Die höchste Zahl ist 10.000

Chinesen können nur bis 10.000 zählen. Alle höheren Zahlen müssen auf der Basis von 10.000 ausgedrückt werden. 20.000 heißt also 2x 10.000, 100.000 10x 10.000. Mit den Millionen wird es dann zumindest für Ausländer anstrengend. Die City von Peking hat 2200 x 10.000 Einwohner. Wie viel ist das also? Genau: 22 Mio.

■ **International Train Ticket Center,** Hotel International (Guoji Fandian), Jian Guo Men Nei Dajie (nördlich vom Hauptbahnhof; betritt man die Hotellobby durch den Haupteingang, links halten), Tel. 65 12 05 07 und 65 12 05 08, Mo bis Fr 9–12 und 13.30–17 Uhr.

Peking-Moskau-Transsibexpress via Mandschurei nach Russland

■ **Nach Moskau** (8961 km, 144 Std.) Zug Nr. 19: Sa 23 Uhr, Ankunft Fr 14.13 Uhr, im 2-Bett-Abteil 6044 Yuan, im 4-Bett-Abteil 3891 Yuan.

■ **Nach Irkutsk** (3810 km, 67 Std.) Zug Nr. 19: Sa 23 Uhr, Ankunft Di 15.51 Uhr, im 2-Bett-Abteil 5492 Yuan, im 4-Bett-Abteil 2256 Yuan.

Peking-Moskau-Transsibexpress via Mongolei nach Russland

■ **Nach Moskau** (7865 km) Zug Nr. 3: Mi 7.40 Uhr, Ankunft Mo 13.58 Uhr, im 2-Bett-Abteil „de luxe" (zwei Abteile teilen sich eine Nasszelle) 5604 Yuan, im 4-Bett-Abteil mit „weichen" Betten 5114 Yuan, mit „harten" Betten 3496 Yuan. Anmerkung: Der Unterschied bzgl Komfort zwischen „hart" und „weich" ist geringer als der Preisunterschied!

■ **Nach Ulan Bator** (1561 km, 30 Std.) Zug Nr. 3 und Zug Nr. 23 plus alljährlich im Sommer ein Zusatzzug (die Abfahrtstage werden von Jahr zu Jahr neu bestimmt, in den letzten Jahren waren es Di und Sa): Zug Nr. 3 fährt jeden Mi 11.22 Uhr ab, Ankunft Do 15.35 Uhr, Zusatzzug Nr. 23 ebenfalls 11.22 Uhr ab, 15.35 Uhr an; 2-Bett-Abteil 2000 Yuan, 4-Bett-Abteil mit „weichen" Betten 1800 Yuan, mit „harten" Betten 1300 Yuan. Auch hier gilt: Der Unterschied bzgl. Komfort zwischen „hart" und „weich" rechtfertigt nicht den Preisunterschied!

■ **Gepäck:** Ohne Zusatzkosten dürfen max. 35 kg p.P. mitgenommen werden – das Gepäck wird am Bahnhof gewogen! Übergewicht kostet 100 Yuan pro Kilo! Das Gepäck darf höchstens 200 cm Umfang haben.

■ **Mitnahme von Fahrrädern:** Man muss sie am Morgen des Vortags abgeben und zwar links vom Hauptbahnhofsgebäude beim Zollbüro. Neben dem Ticketing Office befindet sich ein Korridor mit uniformierten Gepäckträgern, erkennbar an ihren roten Kappen; dort ist das Zollbüro: Tel. des Zollbüros 51 83 14 79, tägl. 9–12 und 13–16.30 Uhr. Bis Ulan Bator 150 Yuan, bis Moskau ca. 200 Yuan.

Fotografieren & Essen, das Glück auf Erden

trans18-032 dk

9 Anhang

trans18-051 dk

In Taischet glänzt Lenin in Gold

Reise-Gesundheits-informationen

Stand: August 2018

Die nachstehenden Angaben dienen der Orientierung, was für eine geplante Reise in die Länder an Gesundheitsvorsorgemaßnahmen zu berücksichtigen ist. Die Informationen wurden uns freundlicherweise vom **Centrum für Reisemedizin** zur Verfügung gestellt. Auf dessen Homepage **www.crm.de** werden diese Infos stetig aktualisiert – es lohnt sich, dort noch einmal nachzuschauen.

Einreise-Impfvorschriften

Russland, Mongolei und China: Keine Impfungen vorgeschrieben (bei direkter Anreise aus Europa oder einem dieser Länder).

Empfohlener Impfschutz

Generell den allgemein zu empfehlenden Impfschutz (Details unter www.crm.de) überprüfen, ggf. ergänzen bzw. auffrischen.

Welche Impfungen letztendlich vorzunehmen sind, ist **abhängig** vom aktuellen Infektionsrisiko vor Ort, **von der Art und Dauer der geplanten Reise,** vom Gesundheitszustand sowie dem eventuell noch vorhandenen Impfschutz des Reisenden.

Da im Einzelfall unterschiedlichste Aspekte zu berücksichtigen sind, empfiehlt es sich immer, rechtzeitig (4 bis 6 Wochen) vor der Reise eine persönliche Reise-Gesundheits-Beratung bei einem reisemedizinisch erfahrenen Arzt oder Apotheker in Anspruch zu nehmen.

Unter www.crm.de finden Sie Adressen von

- Apotheken mit qualifizierter Reise-Gesundheits-Beratung (nach Postleitzahlgebieten)
- Impfstellen und Ärzten mit Spezialsprechstunde Reisemedizin (nach Postleitzahlgebieten)
- Abruf eines persönlichen Gesundheitsvorsorge-Briefes für die geplante Reise

Malaria

Gilt nur für China; Russland und die Mongolei sind malariafrei.

Malaria-Risiko: nördlich 33° N: Juli – November; zwischen 33° und 25° N: Mai – Dezember; südlich 25° N: ganzjährig; geringes Risiko auch für *P. falciparum* in Yunnan, v.a. im Süden der Provinz; kein Risiko in den übrigen Landesteilen.

Vorbeugung

Ein konsequenter Mückenschutz in den Abend- und Nachtstunden verringert das Malariarisiko erheblich **(Expositionsprophylaxe);** die wichtigsten Maßnahmen sind: In der Dämmerung und nachts Aufenthalt in mückengeschützten Räumen (Räume mit Air Condition, Mücken fliegen nicht vom Warmen ins Kalte); beim Aufenthalt im Freien in Malariagebieten abends und nachts weitgehend den Körper bedeckende Kleidung (lange Ärmel, lange Hosen);

Anwendung von insektenabwehrenden Mitteln an unbedeckten Hautstellen (Wade, Handgelenke, Nacken), Wirkungsdauer 2–4 Std.; im Wohnbereich Anwendung von insektenabtötenden Mitteln in Form von Aerosolen, Verdampfern, Kerzen, Räucherspiralen; Schlafen unter dem Moskitonetz (vor allem in Hochrisikogebieten).

Ergänzend ist die Einnahme von Anti-Malaria-Medikamenten **(Chemoprophylaxe)** zu empfehlen. Zu Art und Dauer der Chemoprophylaxe fragen Sie Ihren Arzt oder Apotheker bzw. informieren Sie sich in einer qualifizierten reisemedizinischen Beratungsstelle. Malariamittel sind verschreibungspflichtig.

Aktuelle Meldungen

Zu aktuellen Meldungen für alle drei Länder siehe unter der entsprechenden Rubrik auf **www. crm.de.**

Nothilfepass für China: Kopiert und ausgefüllt kann man diese Seite immer bei sich führen und sich so in Notsituationen schnell verständlich machen

Ich heiße …	我叫…

Ich komme aus:	我从…来
Deutschland	德国
Schweiz	瑞士
Österreich	奥地利
Niederlande	荷兰

Bitte helfen Sie!	请帮忙

Holen Sie schnell … !	快叫….
Arzt	医生
Krankenwagen	医院
Polizist	警察

Bringen Sie mich bitte zur/zum …	请带我去…
Arzt	医生
Krankenhaus	医院
Polizei	警察局
Hotel	饭店

Holen Sie bitte jemanden, der Englisch spricht.	请叫一个会说英语的人

Bitte informieren Sie die Botschaft meines Landes in Beijing.	请通知我国驻京大使馆

Literaturtipps

Einige der nachfolgend genannten Titel sind nur noch antiquarisch erhältlich.

Russland

Belletristik

- **Transsib-Lesebuch,** *B. Thöns, H. Engberding,* Trescher. Prominente und weniger prominente Transsib-Reisende schildern ihre Reiseerlebnisse – sehr empfehlenswert.
- **Meine vergnüglichen Reisen mit der Transsibirischen Eisenbahn,** *H. Brunken-Wegner,* Ziese Verlag. Reisebeschreibungen einer alten Dame zu Zeiten der Sowjetunion – zum Totlachen!
- **Die verbotene Reise.** Die Geschichte einer abenteuerlichen Flucht, *Peter Wensierski,* Goldmann Verlag
- **Zwei Angsthasen in Sibirien.** Ein Reisetagebuch zum Schmunzeln, *Toni von Atens,* Kindle Unlimited
- **Couchsurfing in Russland.** Wie ich fast zum Putin-Versteher wurde, *Stephan Orth,* Piper Verlag.
- **Die Prinzessin von Sibirien,** *C. Sutherland,* Fischer Taschenbuch.
- **Die Vergessenen der Taiga,** *Wassili Peskov,* Goldmann Verlag.
- **Das vergessene Dorf,** *T. Kröger,* Fleischhauer & Spohn.
- **Doktor Schiwago,** *Boris Pasternak.*
- **Krieg und Frieden,** *Leo Tolstoi.*
- **Russland im Herzen,** *M. Fürstin Gagarin.*
- **Katharina die Große,** *H. Kneifel.*
- **Anastasia,** *W. Megre,* Wega Verlag. Leicht schräge Geschichten aus der sibirischen Taiga.
- **Fluch der Treue: 44 Jahre Leben in Russland,** *W. Schätzle,* TH Guur Verlag. Historischer Roman über ein deutsches Hausmädchen, das die Oktoberrevolution und Stalins Terror durchlebt.
- **Fremde Heimat Sibirien – Leben an der Seite eines Taigajägers,** *Karin Haß,* Verlag Malik National Geographic. Das Buch schildert das Alltagsleben in einem sibirischen Dorf. Der Nachfolger „Bärenspeck mit Pfeffer – Mein kleines Stück Sibirien" ist ebenfalls lesenswert.

Sachliteratur

- **Die große Taiga. Vom Ural zum Baikalsee,** Bucher. Ein empfehlenswerter Bildband.
- **Sibirisches Tagebuch,** *Gerd Ruge,* Droemer Knaur.
- **Die Ballade vom Baikalsee,** *Klaus Bednarz,* Luebbe Verlagsgruppe.
- **Östlich der Sonne. Vom Baikalsee nach Alaska,** *Klaus Bednarz,* Rowohlt Verlag.
- **Von der russischen Seele,** *Gabriele Krone-Schmalz,* Econ.
- **Schlafende Erde – Erwachendes Land,** *C. Thubron,* Klett-Cotta.
- **Im Reich der Zaren,** GEO Epoche Heft 6.
- **Die Stroganoffs, Eine ungekrönte Dynastie,** *T. Metternich,* Bastei.
- **Alexandra – Tragik und Ende der letzten Zarin,** *E. Heresch,* Ullstein TB.
- **Reisen im Rückwärtsgang,** *K. Drawert* und *Cendras,* Arche.
- **Russland,** Baedeker 1912/1914. Der 100 Jahre alte Reiseführer ist eine unterhaltsame Lektüre – nur die empfohlenen Gewehre zur Abwehr von Gaunern und Bären bitte nicht einpacken!
- **Das sowjetische Jahrhundert,** *Karl Schlögel,* C.H. Beck Verlag.
- **CityGuide Moskau,** *Heike Maria Johennig,* Reise Know-How Verlag. Alles über Russlands Hauptstadt.
- **CityGuide St. Petersburg,** *Christian Funk, Aglaya Sintschenko,* Reise Know-How Verlag. Alles über die geschichtsträchtige Metropole.
- **Die Transsibirische Eisenbahn – Die frühen Jahre 1900 bis 1916,** *Bodo Thöns,* Sutton Verlag. Historischer Bildband mit vielen alten Postkarten.
- **Kunst & Albers Wladiwostok,** *Lothar Deeg,* Klartext Verlag, Essen. Die Geschichte eines deut-

schen Handelshauses im russischen Fernen Osten 1864–1924.

- **Russisch – Wort für Wort, Russisch Slang – Wort für Wort,** Reise Know-How Verlag, Bielefeld, aus der Kauderwelsch-Reihe. Die handlichen Sprachführer bieten eine auf das Wesentliche reduzierte Grammatik und viele Beispielsätze für den Reisealltag (s.a. **Kauderwelsch digital Russisch** auf CD-ROM). Der **AusspracheTrainer Russisch** (Audio-CD) enthält die wichtigsten Sätze und Redewendungen des Kauderwelsch-Bandes „Russisch" zum Hören und Nachsprechen.
- **KulturSchock Russland,** *Lothar Deeg, Susanne Brammerloh,* Reise Know-How Verlag, Bielefeld.
- **KulturSchock China,** *Manuel Vermeer,* Reise Know-How Verlag, Bielefeld.
- **Hochchinesisch – Wort für Wort,** Reise Know-How Verlag, Bielefeld, Sprachführer aus der Kauderwelsch-Reihe. Chinesisch für den einfachen Einstieg und die schnelle Verständigung im Reisealltag (als **Kauderwelsch digital Chinesisch** auch auf CD-ROM erhältlich). Der **AusspracheTrainer Chinesisch** (Audio-CD) enthält die wichtigsten Sätze und Redewendungen des Kauderwelsch-Bandes zum Hören und Nachsprechen.
- **Chinesisch kulinarisch – Wort für Wort,** Reise Know-How Verlag. Ein geniales Handbuch, mit dem man, ohne Schriftzeichen lesen zu können, chinesische Speisekarten entziffern kann.

Mongolei

- **Dschingis Khan und seine Zeit,** Volkmer Verlag, Wiesbaden.
- **Dschingis Khan,** Bastei 12879.
- **Mongolisch – Wort für Wort,** Reise Know-How Verlag, Bielefeld, Sprachführer aus der Kauderwelsch-Reihe. Mongolisch zum Einsteigen, ermöglicht die schnelle Verständigung. Der **AusspracheTrainer Mongolisch** (Audio-CD) enthält die wichtigsten Sätze und Redewendungen des Kauderwelsch-Bandes zum Hören und Nachsprechen.

China

- **Das Alte China,** GEO Epoche Heft 8.
- **Chinas Osten mit Beijing und Shanghai,** *Oliver Fülling,* Reise Know-How Verlag, Bielefeld. Ein umfangreiches Reisehandbuch mit einer Fülle an praktischen Tipps.

trans18-077 dk

Mongolische Familie in traditioneller Kleidung

Kleines Reisewörterbuch Deutsch – Russisch

Allgemeines

ja – da
nein – njet
Danke – spassiba
ich – ja
Guten Tag – dobryi djen
Hallo – priwjätt
Russland – Rossija
russich – russki
Deutschland – Germanija
deutsch – nemjetski
Österreich – Avstrija
österreichisch – awstriski
Schweiz – Schwezarija
schweizerisch – schwezarski
Mongolei – Mongolija
mongolisch – mongolski
China – Kitai
chinesisch – kitaiski
groß – balschoi
gut – charascho
schlecht – „nje charascho“
schnell – bistro
Pardon! – pardon!
Prost! – na oder za sdarowje!

Zahlen

1 adin
2 dwa
3 tri
4 tschitire
5 pjat
6 schäst
7 sjäm
8 wosjem
9 devjat
10 desjat
100 sto
1000 tisjatscha
1.000.000 miljon

Im Land unterwegs

Abteil – kupe
Arbeit – rabota
Architektur – architektura
Asphalt – asfalt
Auto – maschina
Bad – wannaja
Bahnhof – waksal
Beruf – prafessija
Bus – aftobus
Direktor – direktor
Dusche – dusch
Fahrrad – velossipjed
Fahrschein – biljet
Film für Fotoapparat – pljonka
Fotoapparat – fotoapparat
Flughafen – aeroport
Freundschaft – druschba
Fußball – futbol
Gepäck – bagasch
Geschäft – supermarket
Geschichte – istorija
Gleis – platform
Gruppe – grupa
Haltestelle – stanzija
Hotel – gastiniza
Hotelzimmer – nomer
individuell – individualno
Kasse – kassa
Film (Kino) – film (kino)

Katastrophe – katastrofa
Kontrolle – kantrol
Konzert – kanzert
Kurort – kurort
Landschaft – landschaft
Lokomotive – lokomotiv
Markt – rinok
Metro – metro
Moment! – mamjent!
Musik – musika
Oper – opera
Orchester – arkjestr
Plan (Stadtplan) – plan (karta)
Pass – passport
Park – park
Pause – pausa
Picknick – picknik
Polizei – milizija
Post – potschta
Postamt – potschamt
Preisliste – praislist
Professionell – professjonalno
Radio – radio
Registrierung – registrazija
Restaurant – restoran
Sport – sport
Strom – elektritschestwo
Student – studjent
Tanz – tanz
Taxi – taxi
Telefon – telefon
Theater – teatr
Ticket – biljet
Toilette – tualjet
Tour – tur
Tourismus – turism
Videocamera – videokamera
Visum – visa
Waggon – wagon
Wasser – wada
Wohnung – kwartira, apartemjent

Essen und Trinken

Apfelsine – appelsin
Banane – banan
belegtes Brot – buterbrot
Bier – piwo
Bistro – bistro
Brot – chljeb
Büfett – bufjett
Butter – sliwotschnoje masslo
Früchte – frukti
Grill – grill
Kaffee – koffi
Kartoffel – kartofel
Ketchup – ketschup
Marmelade – marmelad
Mayonnaise – majones
Mineralwasser – mineralnaja wada
Nudeln – makaroni
Quittung – kwitanzija
Reis – ris
Salat – salat
Schokolade – schokolad
Soße – sous
Sportstadion – stadion
Tee – tschai
Toast – tost
Tomate – tomat
vegetarisch – wegetarjanski
Wasser – wada
Wein – wino
Wodka – Vodka (Wässerchen)

Transsib-Bahnhöfe

Verzeichnis der wichtigsten Bahnhöfe an der Strecke Moskau – Wladiwostok

km		Zeitzone: Moskauer Zeit
0	**MOSKAU- (MASKWA-) JAROSLAWSKI**	Москва-Ярославский
100	Arechowo-Sujewo	Орехово-Зуево
191	Wladimir	Владимир
240	Nowki	Новки
260	Kirow	Киров
441	**NISCHNIJ NOWGOROD**	Нижний Новгород
861	Joschkar-Ola	Иошкар Ола
870	**Katolnitsch**	Котольнич
900	Bystrjagi	Быстряги
915	Oritschi	Оричи
925	Strischi	Стрижи
940	Ljangasswo	Лянгасово **(ab hier + 1 Std.)**
957	**Wjatka (Kirow)**	Вятка (Киров)
975	Posdino (Nowowjatsk)	Поздино (Нововятск)
1005	Prossniza	Проcница
1030	Ardaschi	Ардаши
1062	Sujewka	Зуевка
1090	Faljenki	Фаленки
1128	Jar	Яр
1165	Glasow	Глазов
1194	**Baljesino**	Балесино
1216	Pibanschur	Пибаньшур
1226	Tschepza	Чепца
1248	Kes	Кез
1295	Baradulino	Бородулино **(ab hier + 2 Std.)**
1318	Wereschtschagino	Верещагино
1341	Mjendjejewo	Менделеево
1372	Grigorjewskaja	Григорьевская
1387	Tschaikowskaja	Чайковская
1415	Owerjata	Оверята
1434	**PERM**	Пермь
1465	Muljanka	Мулянка
1475	Jug	Юг
1511	Jergatsch	Ергач

km		
1535	Kungur	Кунгур
1555	Kischert	Кишерть
1572	Schumkowa	Шумково
1585	Tulumbassy	Тулумбасы
1605	Kordon	Кордон
1630	Schamary	Шамары
1669	Schalja	Шаля
1708	Ssabik	Сабик
1727	Kusino	Кузино
1770	**Pjerwouralsk**	Первоуральск
1777	**Europa-Asien (Obelisk)**	Европа-Азия (Обелиск)
1819	**JEKATERINBURG**	Екатеринбург
1822	Schartasch	Шарташ
1840	Putjowka	Путевка
1855	Kossulino (Werch. Dubrowka)	Косулино (Верх. Дубровка)
1871	Baschjenowa (Bjelojarski)	Баженово (Белоярский)
1900	Grjasnowskaja	Грязновская
1917	**Bogdanowitsch**	Богданович
1945	Jelanski	Еланский
1961	**Kamyschlow**	Камышлов
1980	Aksaricha	Аксариха
2006	Oschtschepkowo	Ощепково
2033	**Taliza (Troyzki)**	Талица (Троицкий)
2065	Juschala	Юшала
2080	Tugulym	Тугулым
2105	Karmak	Кармак
2144	**Tjumen**	Тюмень
2171	Winsili	Винзили
2186	Bogandinskaja	Богандинская
2218	**Jalutorowsk**	Ялуторовск
2241	Sawodoukowskaja	Заводоуковская
2288	**Wagai**	Вагай
2311	Omutinskaja	Омутинская
2336	Lamjenskaja	Ламенская
2355	Golyschmanowo	Голышманово
2433	**Ischim**	Ишим
2491	Karassulskaja	Карасульская
2481	Massljanskaja	Маслянская
2501	Nowoandrejewski	Ново-Андреевский
2523	Mangut	Мангут **(ab hier + 3 Std.)**

km		
2567	**Nasywajewskaja**	Называевская
2616	Dragunskaja	Драгунская
2663	Ljubinskaja	Любинская
2716	**OMSK**	Омск
2763	Kormilowka	Кормиловка
2795	Kalatschinskaja	Калачинская
2885	**Tatarskaja**	Татарская **(ab hier + 4 Std.)**
2937	Tschany	Чаны
2949	Ósero Karatschinskoje	Озеро Карачинское
2984	Tjebisskaja	Тебисская
3040	**Barabinsk**	Барабинск
3083	Koschurla	Кожурла
3124	Ubinskaja	Убинская
3165	Kargat	Каргат
3183	Kokoschino	Кокошино
3211	Tschulymskaja	Чулымская
3308	Tschik	Чик
3343	**NOWOSIBIRSK**	Новосибирск
3379	Ssokur	Сокур
3401	Moschkowo	Мошково
3424	Ojasch	Ояш
3346	Tschebula	Чебула
3470	Balotnaja	Болотная
3500	**Jurga**	Юрга
3541	Jaschkino	Яшкино
3571	**Taiga**	Тайга
3602	Anscherskaja	Анжерская
3631	Jaja	Яя
3647	Ischmorskaja	Ижморская
3686	Berikulskaja	Берикульская
3719	**Mariinsk**	Мариинск
3744	Ssusslowa	Суслово
3779	Tjaschin	Тяжин
3816	Itat	Итат
3852	**Bogotol**	Боготол
3886	Kritowo	Критово
3920	**Atschinsk**	Ачинск
3960	**Tschernoretschenskaja**	Чернореченская
3986	Kosulka	Козулька
4034	Seljedejewo	Зеледеево
4079	Minino	Минино

km		
4104	**KRASNOJARSK**	Красноярск
4160	Ssorokino	Сорокино
4180	Kamartschaga	Камарчага
4206	Balai	Балай
4235	**Ujar**	Уяр
4270	**Saosernaja**	Заозерная
4283	Kamala	Камала
4299	Ssoljanka	Солянка
4351	**Kansk-Jenisseyski**	Канск-Енисеский
4383	**Ilanskaja**	Иланская
4405	Ingaschskaja	Ингашская
4432	Tinskaia	Тинская
4439	**Reschoty**	Решоты
4465	Kljutschi	Ключи
4498	Jurty	Юрты **(ab hier + 5 Std.)**
4502	Birjussinsk	Бирюсинск
4522	**Taischet**	Тайшет
4560	Rasgon	Разгон
4593	Alsamai	Алзамай
4635	Kamyischet	Камышет
4655	Uk	Ук
4685	**Nischnjeudinsk**	Нижнеудинск
4733	Chidojelanskaja	Худоеланская
4733	Schjerbjerta	Шеберта
4802	**Tulun**	Тулун
4825	Schuba	Шуба
4881	Kuitun	Куйтун
4895	Charik	Харик
4915	Kimjeltey	Кимельтей
4941	**Sima**	Зима
4955	Tyrjetj	Тыреть
4996	Salari	Залари
5005	Golowinskaja	Головинская
5025	Kutulik	Кутулик
5040	Sabityi	Забитуй
5061	**Tscheremschowo**	Черемхово
5076	Palawina	Палобина
5085	Bjelaja (Taiturka)	Белая (Тайтурка)
5087	**Ussolje-Ssibirskoje**	Усолье-Сибирское
5130	Tjelma	Тельма
5140	Kitoi	Китой

km		
5152	**Angarsk**	Ангарск
5165	Mjegjet	Мегет
5184	Irkutsk Sort.	Иркутск Сорт.
5191	**IRKUTSK-PASSASCHIRSKI**	Иркутск-Пассажирский
5226	Balschoi Lug	Большой Луг
5317	**Sljudjanka**	Слюдянка
5341	Utulik	Утулик
5351	Baikalsk	Байкальск
5371	Murino	Мурино
5391	Wydrino	Выдрино
5483	**Missowaja (Babuschkin)**	Мысовая (Бабушкин)
5531	Passolskaja	Посольская
5568	Sselenga	Селенга
5670	Tataurowa	Татаурова
5647	**ULAN-UDE**	Улан-Удє
5655	**Saudinski** (nach Ulan Bator)	Заудинский
5674	**Talzy**	Тальцы
5683	Onochoi	Онохой
5704	Saigrajewo	Заиграево
5727	Ilka	Илька
5737	Nowoilinski	Новоильинский
5756	Gorchon	Горхон
5771	Kischa	Кижа
5793	**Petrowski Sawod**	Петровский Завод **(ab hier + 6 Std.)**
5805	Baljaga	Баляга
5823	Tarbagatai	Тарбагатай
5831	Nowopawlowka	Новопавловка
5842	Tolbaga	Толбага
5871	Chochotui	Хохотуй
5893	Bada	Бада
5911	Schipchegen	Жипхеген
5940	**Chilok**	Хилок
5976	Chuschenga	Хушенга
5999	Charagun	Харагун
6060	**Magson**	Могзон
6102	Ssochondo	Сохондо
6125	Jablonowaja	Яблоновая
6146	Ljessnaja	Лесная
6164	Ingoda	Ингода
6204	**TSCHITA**	Чита
6231	Atamanowka	Атамановка

km		
6251	Nowaja	Новая
6261	Makawejewo	Маккавеево
6271	Darassun	Дарасун
6300	**Karimskaja**	Карымская
6312	**Tarskaja** (nach Peking)	Тарская
6344	Urulga	Урульга
6382	Subarjewo	Зуаарево
6400	Rasmachnino	Размахнино
6425	Onon	Онон
6451	**Schilka**	Шилка
6471	Cholbon	Холбон
6496	Priiskowaja	Приисковая
6532	Kuänga	Куэнга
6570	Ukurey	Укурей
6593	**Tschernyschewsk Sabaikal.**	Чернышевский Забайкал.
6631	Buschuley	Бушулей
6676	Silowo	Зилово
6703	Uljakan	Ульякан
6719	Urjum	Урюм
6765	Sbjega	Сбега
6805	**Ksenjewskaja**	Ксеньевская
6836	Kisly Kljutsch	Кислый Ключ
6861	Arteuschka	Артеушка
6914	**Mogotscha**	Могоча
6926	Taptugary	Таптугары
7011	Amazar	Амазар
7119	**Jerofey Pawlowitsch**	Ерофей Павлович
7217	Uruscha	Уруша
7281	Bamowskaja	Бамовская
7313	**Skoworodino**	Сковородино
7329	Balschoy Njewer	Большой Невер
7408	Taldan	Талдан
7451	Gonscha	Гонжа
7501	**Magdagatschi**	Магдагачи
7545	Ssulus	Сулус
7565	Tygda	Тыгда
7609	Uschumun	Ушумун
7635	Ssiwaki	Сиваки
7680	Muchinskaja	Мухинская
7700	Bjereja	Берея
7731	**Schimanowskaja**	Шимановская

km		
7785	Busuli	Бузули
7815	**Swabodny**	Свободный
7818	Michailo-Tschesnokowskaja	Михайло-Чесноковская
7850	Sseryschewo	Серышево
7873	**Bjelagorsk**	Белогорск
7895	Wosschajewka	Возжаевка
7922	Posdjejewka	Поздийейешка
7946	Jekaterinoslawka	Екатериноославка
7992	**Sawitaja**	Завитая
8037	Bureja	Бурея
8051	Domikan	Домикан
8088	**Archara**	Архара
8162	Kundur-Chabarowski	Кундур-Хааровский
8201	**Oblutschje**	Облучье **(ab hier + 7 Std.)**
8231	Kimkan	Кимкан
8242	**Iswjestkowaja**	Известковая
8256	Birakan	Биракан
8266	Tjoploje Ósero	Теплое Озеро
8276	Londoko	Лондоко
8314	Bira	Бира
8358	**BIROBIDSCHAN**	Биробиджан
8430	In	Ин
8482	Wolotschajewka	Волочаевка
8493	Djeschnjewka	Дежневка
8500	Nikolajewka	Николаевка
8516	Priamurskaja	Приамурская
8531	**CHABAROWSK**	Хаароовск
9297	**WLADIWOSTOK**	Владивосток

Weitere Titel

Schon wenige Sätze in russischer Sprache genügen, um die Herzen vieler Russen im Sturm zu erobern.

Kauderwelsch
Russisch – Wort für Wort
ISBN 978-3-8317-6433-4
€ 9,90 [D]

Unsere Kauderwelsch Sprachführer sind einfach anders. – Warum?

Die Grammatik wird in einfacher Sprache so weit erklärt, dass es möglich wird, ohne viel Paukerei mit dem Sprechen zu beginnen.

Alle Beispielsätze werden doppelt ins Deutsche übertragen: zum einen Wort für Wort, zum anderen in „ordentliches" Hochdeutsch. So wird das fremde Sprachsystem (anderer Satzbau und Ausdrucksweise) sehr gut durchschaubar und einzelne Wörter lassen sich schnell austauschen.

Reisen? We know how!

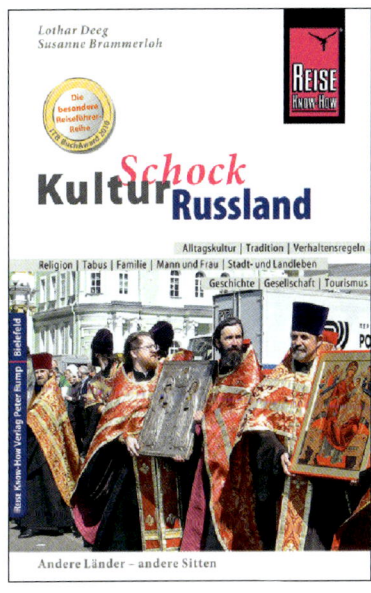

Register

A

B

C

D

E

F

G

L

M

N

O

T

U

V

W

Y

Z

Fotonachweis

Die Bilder in diesem Buch stammen von D. und G. Knop (dk), H. Lange (hl) und © www.fotolia.de: S. 2 (Pavel Parmenov), 136, 255 (Aikon), 139 (irinaorel) 142 (balakate), 159 (miras2011), 185 (sborisov), 211 (Dagmar Richard), 224 (r_andrei), 247 (becklasl), 250 (frank-j-hoffman), 263 (Alex_Po), 268 (sirus), 343 (suvorovalex), 407 (zhu difeng).

trans18-066 dk

Die Autorin mit Kindern im Schneetreiben von Jaroslawl

Die Autorin

Doris Knop reist seit ihrer Jugend leidenschaftlich gern. Sie spricht acht Sprachen und verbrachte als Schülerin ein Jahr in den USA, als Studentin ein Jahr in Moskau und nach ihrem Dolmetscherexamen drei Jahre in Asien, u.a. in der VR China, Taiwan und Hongkong. 1985 kam im Knop-Verlag ihr erster Reiseführer über China (der erste Individualreiseführer über dieses Land in deutscher Sprache) und gleich anschließend ein Reiseführer über die Transsib heraus. Mit zehn Auflagen wurde „Reisen mit der Transsib" der meistverkaufte deutschsprachige Transsibreiseführer (der vorliegende Reiseführer ist eine Weiterentwicklung dieses Buches). Heute betätigt sich *Doris Knop* als Reiseveranstalterin. Die Knop-Reisen GmbH (www.knop-reisen.de) in Bremen ist auf die Transsib, die Mongolei, China, Usbekistan, die Seidenstraße, Vietnam und Costa Rica spezialisiert.